近代社会思想コレクション 19

伊藤宏之
Hiroyuki Ito
渡部秀和
Hidekazu Watanabe
訳

フィルマー著作集

Patriarcha and Other Writings

京都大学
学術出版会

凡　例

1．本訳書のテクストは、次のとおりである。

・SIR ROBERT FILMER, *Patriarcha and Other Writings*, ed., by Johann P. Sommerville, Cambridge University Press, 1991

本書には、次の諸著作が収録されている。

・*Patriarcha*

・*The Free-holders Grand Inquest*

・*The Anarchy of a Limited or Mixed Monarchy*

・*The Necessity of the Absolute Power of all Kings*

・*Observations Concerning the Originall of Government, upon Mr Hobs 'Leviathan', Mr Miilton against Salmasius, H. Grotius 'De Jure Belli*

・*Observations Upon Aristotles Politiques Touching Forms of Government, Together with Derections for Obedience to Governmen in dangerous and doubtful times*

上記テクストに未収録分について。

・『有徳な妻を讃えて』：In Praise of the Vertuous Wife, in M. Ezell, *The Patriarch' Wife. Literary Evidence and the History of the Family*, Chapel Hill and London, 1987

・『魔女論』：*An Advertisement to the Jury-Men of England, touching Witches. Together with A Difference between An English and Hebrew Witch*（1653),

・『利子論』：*Quaestio Quodlibetica, Or a Discourse, whether it may bee lawfull to take Use for Money*（1653), in *The Usury Debate in the Seventeenth Century*, New York, 1972

2. 原文のイタリックはラテン語および強調語句であるが、いずれも「・・・」で表した。
3. サマーヴィルおよびその他の編者の注は、編者注と表記する。
4. 訳者による注は、訳注と表記する。
5. 訳文、解説、フィルマー略歴、フィルマー引用文献一覧訳はすべて訳者双方の共同作業である。
6. 索引は本文についてのもののみとした。

目次

フィルマー著作集

家父長制君主論（パトリアーカ）

家父長制君主論[a]

神学的、合理的、歴史的、法的な論拠によって、人民の生まれながらの自由を批判して、弁護される王たちの自然の権力について

第一章　最初の王たちは、家族の父親であったこと

（一）人類の生まれながらの自由という新奇でもっともらしく危険な教義 tenet。（二）ベラルミーノの提出した問題、ベラルミーノの注解のいくつかの矛盾。（三）ベラルミーノ自身によって答えられたベラルミーノの論拠。（四）ノアの洪水以前の家父長たちの王的な権威。（五）バベルの塔の崩壊後の世界中への民族の分散は、父親が王であった純粋な家族によるものであった。（六）そして、全ての王はかれらの末裔《えい》である。（七）すべての王は、人民の父親であるか、（八）または、父親の相続者か、父親の権利の簒奪者である。（九）王国の没収 escheating について。（一〇）王権と父権について、そして、それらの一致について。

一　スコラ哲学が栄え始めた時以来、様々な他の学者と同じように神学者によっても次のことが共通の意見として主張されるようになっている。「人類は、生まれながらに全ての従属からの自由を付与され、許され、好むままに統治形態を選ぶ自由を持ち、誰かある人が他の人に対して持つ権力は、最初は、人間の権利によって、民衆 multitude の思慮分別に従いながら授与されたものである」。

この教義は、当初、諸大学[b]で抱かれ、良き神学のために全ての後続のカソリック教徒によって育まれて来ている。また、改革教会の神学者もそれを容れているし、そして、いたるところで、普通の人々も、人間にとって最もふさわしいものとしてそれを受容している。というのは、それは、社会の最下層の者たちに対しても自由の分け前を惜しみなく分配するからであり、彼らは、あたかも、人間の幸福の最高のものは、そこにおいて見出されるもののみであるかのように自由を賛美するからである。つまり、自由への欲望が、アダムの堕落の原因だったことを思い起こすことは決してないからである。

しかしながら、この卑俗な意見が、最近どれほど大きな評判を得たとしたところで、それでもなおそれは、古代の教父たちや原始教会の博士たちの中には見出されることのないものである。そのような意見は、聖書の教理や歴史にも矛盾するし、全ての古代の君主政の通例にも、また自然法のまさに諸原理にも矛盾するものである。その意見が、神学においてより錯誤を導くものとなるのか、それとも、政治形態において、より危険なものであるのかどうかは判断し難い。

さらに、こうした教理の基礎の上に、イエズス会もカルヴァン派の大変熱心な支持者も、ともに「人民ないし民衆 multitude は、もし君主が王国の法を侵害すれば、その君主を処罰し放逐する権力を持っている」という危険な結論を打ちたてようとしている。パーソンズ[1]とブキャナン[2]を見よ。前者は、ドールマンという

(1) パーソンズ(Parsons, Robert 一五一六年—一五四六年)。イングランドのイエズス会士。オックスフォード大学で学ぶが、カソリックに共鳴し大陸に渡る。ドールマン Doleman という筆名で『イングラン

ド王位の次期継承権についての会議『*A Conference about the next Succession to the Croun of Ingland*』を著す。この著作の中でパーソンズは、君主は国家共同体の全体から権力を受け取ると論じ、人民は、正当な理由があれば継承権を変更し得るとした。この考えは、元々はフランス・カルヴィニズムのモナルコマキ（暴君放伐理論）に由来し、それがフランス・カソリックのリーグ（対抗宗教改革カソリック強硬派）によって借用され、リーグと関係の深かったパーソンズがさらにそれを利用するという流れとなる。（*The Dictionary of Seventeenth-Century British Philosophers*, 2 Volumes 2, Thoemmes Press, 2000, pp.629-633）。

（2） ブキャナン（Buchanan, George 一五〇六年―一五八二年）。スコットランドの人文主義者。セント・アンドリュース大学でスコラ主義の教育を受ける。後にフランスへ渡り、フランス・カルヴィニズムの抵抗権論（モナルコマキ）を、テオドール・ド・ベーズ Theodore de Beze とデュ・プレン・モルネ Du Plessis Mornet から継承する。その際、ブキャナンは、ベーズやモルネにはなかった「自然状態論」を設定することにより、抵抗権を、道徳的な権利や宗教的な義務という見地から考察することから、自然権という見地から考察することへ転換させた。フィルマーの家父長権論は、「一二世紀ルネッサンス」以降絶えることなく継続されてきた自然法の改鋳作業の結果として生まれたパーソンズやブキャナンの、つまり、フランス・カソリックやカルヴィニズムの「生まれながらの自由」という観念を強く意識したものであり、ホッブズ・ロックの自然権論を主要な論敵としたものではない。ここから、フィルマーが論敵としている「自然権論」とホッブズやロックの「自然権論」の差異はどこにあるのかが問題となる。（Quentin Skinner, *The Foundation of Modrern Political Though, Volume One Renaissance, Volume Two The Age of Reformation*, Cambridge University Press, 1978. 門間都喜郎訳『近代政治思想の基礎』、春風社、二〇〇九年。619-628頁）。

名前で、王たちがコモンウェルスによって合法的に懲罰を受けることを証明することに、彼の著書の第三章で骨を折っている[パーソンズ、36-37頁]。後者は、彼の著書『スコットランド王権論 *De Jure Regni apud Scotos*』で、君主を廃位する人民の自由を主張している。ベラルミーノ枢機卿(3)(『教会の構成員 *De Laicis*』第三編第六章)やカルヴァン氏(『キリスト教綱要 *Institutes*』第四編第一〇章)はこの方向を疑わしげに見ている。

王たちが臣民たちの譴責と剥奪に従わされるということの絶望的な断定は、(その著作者たちが考えている通り)、人類の生まれながらの平等と自由、その好むままに統治形態を選ぶ自由という前述した仮定の命題の必然的帰結なのである。

さらに、ジョン・ヘイワード卿(4)、アダム・ブラックウッド(5)、ジョン・バークレイ(6)、その他は、ブキャナンとパーソンズを学者らしく論駁し、多くの点で王の権利を立派に擁護しているのではあるが、それでもなお、彼らはすべて、人類の生まれながらの自由と平等から引き出される議論に来ると、まさに、一人の異議もなく、それが疑問の余地のない真理だと認めてしまい、それを一度も否定しないし、批判もしない。ところが、もし、この最初の誤った原理さえ論駁すれば、人民動乱のこの巨大な道具の全体構造は、おのずから崩壊するものなのである。

人類の生まれながらの自由というこの第一条がもたらす反逆的な帰結こそが、その根源的な真理についての控えめな検証をする私を正当化する。それを肯定するために、多くのことが、多くの者たちによって語られて来た。それを否定するために少しばかり耳を貸すことを、公正さが要求している。

この論文において、私は、次の点に留意するつもりである。

第一に、私は、現在の国家の秘密に手をつけることはしない。そのような国家機密 arcana imperii、もしくは、閣議について、大衆は、根掘り葉掘りしないものである。下手な職人は、己の作品を盲信するもので

（3） ベラルミーノ（Bellarmino, Roberto 一五四二—一六二一）。イタリア人イエズス会士。対抗宗教改革の立場から『教会の構成員』を書く。しかしながらその中心論点は、政治社会は神が造ったものではなく人間が作ったものであるということであり、「支配権の土台は恩寵ではなく、自然にある」というものだったのでフィルマーの反発を招いた（Quentin Skinner, *ibid.* 門間都喜郎訳、同上書、415-420頁）。

（4） ヘイワード（Hayward, John 一五六四—一六二七）イングランドの法律家・歴史家。『確定会議の第一部に対する返答 *An Answer to the First Part of a Certaine Conference*』（ロンドン、一六〇三年）でジェームズ一世の王位請求を擁護し、ロバート・パーソンズの考えを批判した。しかしながら彼も、王の権威を、直接的な神からの贈与よりも人民による撤回できない承諾によるものとし、フィルマーの反発を招いた（*The Dictionary of Seventeenth-Century British Philosophers*, 2, Volumes 2, Thoemmes Press, 2000. pp. 404-406）。以下、Dictionary of seventeenth-century と略記。

（5） ブラックウッド（Blackwood, Adam 一五三九—一六一三）。スコットランド生まれの人文主義者。カソリックのみが王政を支持し得ると主張。純粋なスコットランドの事例に限定することなく、また王国ではない外国の政治体制を引用して自説を展開していることを理由として、ブキャナンを批判した（*Dictionary of Seventeenth-Century*, 2, Volumes 2, pp.96-97）。

（6） バークレイ（Barclay, William 一五四六—一六〇八）。スコットランドの法学者。ローマ法の研究から、ローマにおいて支配者が人民からその権威を引き出す場合は、非常時に限られたと主張して、ブキャナンを批判した（*Dictionary of Seventeenth-Century*, 2, Volumes 2. pp.59-62）。

ある。それならば、統治の深遠な秘密において君主に帰されるべきものはいかばかりのものとなろうか。公務の運営に常に通暁している者を除くなら、最高の政治的行為の原因と目的、そして国家の運動は、全ての人々の能力を超え、その目を幻惑するものである。その上、いかなる点で君主に服従すべきかを知る規則は、主権者が命令する点についての適切な知識がなければ学び得ないので、上位に立つ者達の命令や意志が知れわたり、全ての人が、彼の行為、もしくは苦労をどのように規制するのかを自分自身に知らせる臣従が、出される時が必須となる。というのは、「皇帝のものは皇帝に、神のものは神に返しなさい」(「マタイによる福音書」二二・二一)というように、命令された事柄に従いながら、能動的、もしくは受動的な服従が、強いられるべきものとなるであり、これは、君主の権力を制限することではなく、臣民の服従の範囲のことだからである。

第二に、私は、わが国民、もしくは他の国民の権利や自由について疑問にしたり口論したりしない。私の仕事は、誰からこれらが最初に来たのかを主に探求することであって、それがどのようなものであり、どれほどの数であるのかを論ずることではなく、それらが生まれながらの自由の法から引き出されたのか、それとも、君主の恩恵や賜物から引き出されたのかを論ずることである。私が望み期待することは、イングランドの人民が、この世のいずれの国民とも同様に十分な特権を享受し得ることである。世界中で最大の自由は(もしそれが正しく考察されるならば)、人民が君主政の下で生存することである。それが、この王国のマグナ・カルタである。自由についてのその他の全ての見せかけや口実は、奴隷制の諸段階、そして、自由をただ破壊するだけの自由にしか過ぎない。

もし、人類の生まれながらの自由を主張する者が、私がそれの検討を試みる自由に対して腹を立てるならば、彼らは、卸売りによって確信している彼らの自由を小売によって否定しないように用心しなければならない。というのは、もし、彼らの命題が真実であるのなら、その仮説は、彼らが主張し保持する相続財産、もしくは不動産自由保有権の彼ら自身の認可状、権利証書、もしくは証言を、全ての人間が検討し得ることに帰結するだろうからである。

第三に、生まれながらの自由という点について反対の判断を持つ学識者の価値を減ずる必要性は全くない。知られて来たこれまでの最も深遠な学者でさえも、発見し得る全ての真理を探究し得たわけではない。すなわち、自然哲学におけるアリストテレスも、神学におけるフッカー[7]もしかりである。彼らも人間以外ではあり得ない。しかし私は、多くの点で彼らの判断を尊敬すると同時に、その中に多くの誤りもあることを正直に言う。私が彼らの意見の中で見出し損なった何事かが、（私自身は確信していることだが）彼らが捕らえ損なっている真実の発見に私を導いた。小人は、ときに巨人が見すごしたものを見ることがある。というのは、一つの真理が入念に探求される間は、他の真理は、必然的に看過されざるを得ないからである。最近の

（7） フッカー（Hooker, Richard 一五五四—一六〇〇）。イングランドの神学者。オックスフォード大学出身。ロンドンのテンプル教会の同僚であり厳格なピューリタン神学者であったワルター・トラヴァース Walter Travers のカルヴァン主義に対抗して、『教会統治法論 *Of the Laws of Ecclesiastical Polity*』を著した。これは「英語で書かれた最初の偉大な神学書」とされている。英国国教会の「中道」神学の確立に努めた（*Dictionary of Seventeenth-Century*, 2, Volumes 2, pp.445-454）。

著作家たちは、深遠なスコラ哲学者[c]にあまりの多くの信頼を置き過ぎている。スコラ哲学者は、教皇の下位に王を押し下げることを確かに行った。とはいえ、それは、王の上位に人民を押し上げるための最も安全な道だった。それゆえ、教皇の権力が、王位 the regal に、より容易に取って代わることができるようになったのである。このようにして、無知な臣民が、上述の信条へとだまされて来た。つまり、人は、彼の君主に対する反逆者であることによって国家への殉教者となり得たのである。しかしながら、勤王家と愛国者という臣民の新たな区別は、最も不自然なものである。なぜなら、王と人民の間の関係は、彼らの安寧が互恵的なほど偉大なものだからである。

二　人類の生まれながらの自由についてのこうした問題の根拠を明らかにするために、この論争の状態を最も良く示す、ベラルミーノ枢機卿の章句を引いてみたい。彼は次のように述べている。

　世俗ないしは国家の権力は、人間によって設立される。その権力は、人間が君主にそれを与えなければ、人民の中にある。この権力は、民衆全体に従属するかのように、民衆全体の中に直接にある。というのは、この権力は神法によって存在するのであるが、神法は、どのような特定の人間にもこの権力を与えていないからである。もし実定法が取り去られれば、（誰もが平等な）民衆の中で、ある者が他の者より、残りの者に対する支配を担うべきであるという理由は存在しなくなる。権力は、民衆によってある一人の人に与えられるし、また同じ自然法によってより多くの人に与えられる。というのは、コモンウェルス自体は、この権力を行使し得ないからであり、それ故、それは、ある一人の人か又はわずかの人に権力を与えざるを得ないからである。それは、王、執政官、その他の官僚を、民衆自身の上に定める者たちの同意に依存する。そして、もし、合法的な理由があれば、民衆は、王国を、貴族政ないし民主政に変更することも可能である。(『教会の構成員』*De Laicis* 第三編第四章)

このように、ベラルミーノは、これまで私が読んで来たり耳にして来たりした全ての知力が包含される章句において、臣民の生まれながらの自由を擁護している。

これらの原理を検討したり、批判したりする前に、私としては、彼の言葉に少しばかり所見を述べておかねばならない。

第一に、彼は、神の法によって、権力が人民の中に直に置かれたという。これによって彼は、神を、民主的な状態の直接的創始者としている。というのは、民主政は、民衆の権力以外の何ものでもないからである。仮にこれが真実であれば、神自身が民主政を選んだのだから、(彼が考えているように)人間によって制定された貴族政ばかりではなく全ての君主政もまた共に非合法なものとなる。

第二に、彼は、民主政が神の定めであるけれども、人民は、神が与えた権力を行使するどのような権力ももたず、ただ、彼らの権力を人に渡す権力のみを持っていると考えている。したがって、民主政的統治はあり得ない。なぜならば、人民は、彼が言うように、「彼らの権力を、ある一人の人、または、少数の者に与えなければならない」、ということになるからである。つまり王国的 regal 状態や貴族政的状態をつくることに、本源的に彼らに権力を与えた同じ自然法によってでさえ、民衆が束縛されているということになる。それで、どうして、彼は、民衆が王国を民主政に変更し得るなどと言えるのだろうか。

第三に、彼は、「合法的な理由があれば、民衆は、王国を貴族政ないし民主政に変更し得る」と結んでいる。ここで、私は、この合法的な理由というのを誰が判断するのかを喜んで知りたいと思う。もし、これが民衆だとしたら（というのは、私は、他に誰も見出せないからだが）、これは、有害で危険な結論である。

三　さて、ベラルミーノによって用いられ、また、人民の生まれながらの自由の証明のために何れかの著作家によって作られたと私が知り得る唯一無二の論拠を検討してみよう。それは次のように構成されている。すなわち、神が、権力を与えた、もしくは定めたということが、聖書によって証明される。しかし、神は、それを特定の人間に与えたのではない。何故ならば、生まれながら、全ての人間は、平等だからである。それ故、神は、人民、もしくは民衆に対して権力を与えた。

生まれながらの人類の平等性ということから引き出されるこの理由に答えるために、私は、ベラルミーノ自身の助けを最初に利用しよう。彼の真の言葉は次のようである。「もし、多くの人が、大地から共に創造されたとするならば、彼ら全ては、彼らの子孫に対して君主であるべきである」。（『ローマ教皇論』第一編第二章）。これらの言葉の中に、我々は、創造が人をして彼らの子孫の君主とすることの明白な自認を見る。そして実際のところ、アダムばかりではなく、それ以後の家父長も、父親たる権利によって、彼らの子どもに対する王の権威を持った。ベラルミーノもまたこれを否定する勇気はない。彼は「家父長たちが、王のような権力を賦与されたことは、彼の行為がまさに証明している」と言っている（『ローマ教皇論』第一編第二章）。というのは、アダムが彼の子どもたちの主人であったように、彼の下にあった彼の子どもたちも、彼ら自身の子どもたちに対して命令する力や権力を持ったのではあるが、しかしながら、最初の親への従属がまだあり、その人は彼の人民の祖父であるかのように、全ての世代にわたる彼の子どもの子どもに対する最上の主人だからである。

それからどのようにして、アダムの子どもたち、もしくは他の人間の子どもたちが、彼らの両親への臣従から自由になり得たのか、私は知らない。そして子どもたちのこの臣従は、神自身の定めによって、全ての王 regal の権威の唯一の源泉である。当然の帰結として、国家の権力は、一般的に、神の制定によるだけではなく、特に最年長の親に対して割り当てられていた任務でさえあった。それは、絶対的であるような唯一の普遍的権力を神に帰するばかりではなく、統治の特別な形態に関する個々の権力を人民に帰する新奇でよく見かける区別を全く取り去る。そしてまた、多くの者が夢想するような王と彼らの人民との間の想像上の協定の余地もまた取り去るのである。

四　アダムが天地創造によって全世界に対して持ったこの支配は、そして権利によってアダムから継承した家父長たちがまさに享受している支配は、創造以来存在するどのような君主の絶対的な支配権とも同じ大きさと広がりを持つものであった。というのは、「彼女を引き出して焼き殺してしまえ」(「創世記」三八・二四)と、父ユダが、姦淫の故に、嫁のタマルに対して死を宣告していることから、我々は、生死の権力を見出すからである。戦争については、我々は、アブラハムが自己の家族のうち三一八人の兵士の軍隊を率いたこと(「創世記」一四・一四)や、エサウらが四〇〇人の軍隊を率いて、その弟ヤコブに会った(「創世記」三三・一)ということを見ている。和平に関しては、アブラハムは、アビメルクと同盟をなし、宣誓によって条項を裁可した(「創世記」二一・二三、二四)。死罪、宣戦、講和の判断といったこれらの行為は、どの君主政にも見られた主権の最も主要な指標である。

五　洪水以前だけではなく、その後も、この家父長的権力は、まさに、継続した。そのことは、家父長 patriarch というその名前がまさに部分的に証明している。ノアの三人の息子は、彼らの父親によって、全世界を三分割して与えられた。というのは、全世界は「生めよ、殖えよ、地に満ちよ」（「創世記」九・一）という、彼と彼の息子たちに与えられた祝福に従いながら広がったからである。世界における最も文明化した国民の大部分は、ノアの息子の一人か、もしくは、甥の一人の誰かから彼らの起源を引き出そうと骨を折っている。それは、バベルの塔の崩壊の後、広く四散してしまった。この分散の中に、我々は、世界の王国の全ての王的権力 regal power の設立を確かに見いださねばならないのである。

言語の混乱から七二の異なった国民が創設されたと普通言われる。それら全ては、支配者や統治者が存在しなくとも、混乱した民衆ではなかった。そして彼らが好むように統治者や政府を選ぶ自由を持っていたのではあるが、彼らは、彼らに対する支配者として父親を持つ異なった家族だった。それによって明らかなことは、混乱時においても、神は、家族の違いに応じて別個の言語を分配することによって、父たる権威を維持することに気を使ったということである。というのは、それは聖書の原句によって明白だからである。第一に、ヤペテの息子たちを列挙した後で、「これによって、異教徒の島々が国に分割され、それぞれの地に、その言語、氏族、民族に従って住むようになった」（「創世記」一〇・五）と結論づけているからである。同じく「これらが、氏族、言語、地域、民族ごとにまとめたハムの子孫である」（「創世記」一〇・二〇）と述べられている。また同じく、「これらが、氏族、言語、地域、民族ごとにまとめたセムの子孫である。ノアの子孫である諸氏族を、民族ごとの系図にまとめると以上のようになる。地上の諸民族は洪水の後、彼らから別れ出た」(「創世記」一〇・三一、三二)とある。

この世界分割については、ノアがその分配のためにくじを用いた、という意見がある。その他に、ノアは、十年間地中海を航海し、各々の息子たちにその取り分をあてがうために奔走し、それ故、息子の数に従いながら、アジア、アフリカ、ヨーロッパとして知られる世界の区分を作ることになったことを確言する者もいる。その三つの部分の境界は、地中海に全てが見出せるのである。

六 だが、その分割の様式がどれほど不確かなものであれ、それでもなお、分割自体が、ノアとその息子たちの家族によって行われたことはほとんど確かであり、それを超えて、その先祖が支配者、そして、君主となったのである。

これらの中に、ニムロデがいて、彼は疑いもなく(ウォルター・ローリィー卿が証言しているように)、正当な権利によって、彼の家族の主人であり、君主であった(ローリィー、1、第一章第一〇節一)。だが、彼は、権利に反して、その他の家族の主人の権利を暴力的に把握することによって彼の帝国を拡大したのであって、この意味で、彼は、君主政の創始者、最初の設立者と言われ得るのである。王的な権力 regal power の起源を彼にまさに帰するそれら全てのことは、彼がそれを、暴政と簒奪とによって得たのであって、人民や民衆のなんらかの正当な選挙によって得たのではないし、また、彼らとのなんらかの合意 paction によって得たのでもないことを思わせるのである。

この家父長的権力は、アブラハム、イサク、ヤコブ、そしてエジプト捕囚までも継承されたので、我々は、それを、イシュマエルやエサウの息子らに見出すことができる。そこでは「以上が、イシュマエルの息子たちで、村落や宿営地に従って付けられた名前である。彼らはそれぞれの部族の一二人の首長であった」(「創世記」二五・一六）と述べられているし、「エサウ系の首長たちの名前を氏族と場所の名に従って挙げれば、……」(「創世記」三六・四〇）と述べられている。

七　これらの家族の君主や公爵たちは、より大きな王たちの下にある小さな主人に過ぎない、なぜなら、その数があまりにも多くて、これらの固有の領土はきわめて小さく、王国という名に値しないからである、と考える人もおそらくいるであろう。しかし、そういう人は、最初は、王たちが、今日ほど大きな領土を持っていなかった、ということを考えなければならない。洪水後三〇〇年のアブラハムの時代に、アジアの片隅で、九人の王たちが一度に会戦したこと、その大部分はソドム、ゴモラ、シナイなどのような、隣接した地域のそれぞれの都市の王であったことを、我々は知っている。これと同じ章は、エルサレムの一都市サレムの王メルシセデクの話である(「創世記」一四)。そして、エドムの王たちの一覧目録において、それぞれの王の都市の名前が彼らの領土を区別する唯一の標識として記されている(「創世記」三六)。小さな領域にすぎなかったカナンの土地において、ヨシュアは三一人の王たちを滅ぼした(「ヨシュア記」一二・二四)。そしてほぼ同じ時期に、アドニベゼクは、七〇人の王たちの手足の親指を切り取り、彼の食卓の下で食べかすを拾わせた(「士師記」一・七)。これより数世代後、三二人の王たちが、シリアの王ベネハダデのところに来たし(「列王記上」二〇・一六)、ギリシアの王約六〇名がトロイの戦争に出陣した。シーザーは、そこに今存在する州より多くの王を、フランスに見出した。そしてこの島への遠征で、ケント州の中に四人の王を見出している。各々の民族におけるこれらの王の群れは、彼らの領域がきわめて小さいということを物語っており、王国の設立が最初は家族の区別からのみ来たという我々の断定を強く根拠づけるものである。

明白な足跡によって、我々は、エジプトに来るまでのイスラエル民族に対する家父長的統治をたどることができる。エジプトでは、彼らがより強い君主に臣従したので、至高の家父長的支配権の行使が中断された。捕囚からイスラエル人が帰国した以後、神は、特別のはからいをもって、至高の父親たちの代わりとしてその地でモーゼとヨシュアが引き続き君主として統治するように選んだ。そして、彼らの後には、同様にしばらくの間、危機の時代に人民を守るために士師を立てた。しかし、神がイスラエル人に王を与える時、神は、父権的統治に対する系統的継承の古代的、原初的権利を再確立した。そして神が、王としてある特別な人物を選ぶ時にはいつでも、彼は、父親の人格の中に十分含まれているような便益を子孫たちもまた得られるように意図した。もっとも、その認可においては、父親のみが指名されたのではあるが。

八　経験が反対のことを示すので、現在の王たちが、彼らの人民の父親であると主張することは、馬鹿げたことであると思われるだろう。全ての王が、彼らの臣民の生みの親ではないことは真実であるが、それでもなお、彼らは、人民全体の最初の生みの親であった祖先に対する次の継承者であり、ないしはそう見なされているのであって、その権利において至高の支配権の行使を継承しているのである。そうした継承者は、彼ら自身の子どもたちの主人であるだけでなく、その兄弟や彼らの父親に従属する全てのその他の人の主人なのである。

そして、それ故、我々は、神が「彼の望みは、お前に従うことである。お前は彼を支配せねばならない」

（「創世記」四・七）と弟のアベルについて、カインに述べたことを見出す。したがって、ヤコブが、彼の弟の生得権を買った時、イサクはヤコブを祝福して、「お前は兄弟たちの主人となり、母の子らもお前にひれ伏す」（「創世記」二七・二九）と述べている。家族の最初の父親たちの生存中は、家父長という名は、まさに適切に彼らに属していた。しかし数世代の後、本当の父なる身分それ自体が断絶して、ただ父親の権利だけが真の後継者に伝わると、君主もしくは王の称号は、彼の先祖がまさに生まれながら享受した父性の権利を継承する者だけの権力を表現することがより重要なものとなった。こうして、王を継承することで、数多くの子どもたちが、数多くの年老いた民衆に対して父の権利を持ち、そして祖国の父 pater patriae の権原を持つということになる。

九　後継者がいなくて王冠が没収されるという場合に、父たる身分の権利がどうなるのか、それは人民に委託されることにはならないのか、ということが問われるかもしれない。その答えは次の通りである。

（1）それは、真の後継者についての知識を失った人民の不注意や無知であるにすぎない。というのは、後継者は常にそこにいるからである。後継者が誰かという知識が全く失われたとしても、仮に、アダム自身がなお生きていて、今ちょうど死ぬところだとすれば、次の後継者である一人の人間、そしてこの世で一人の人間が存在することは確かである。

（2）人民のこの無知が認められるなら、後継者の欠如の故に、至高の権力が民衆に委託され、彼らが支配する権力を持ったり、彼らが好むままに支配者を選任するということには決してならない。否である。つまりそういう場合には王権は、家族の首位者そして独立した支配者に復するのである。というのは、全ての王国は、最初にそれが作られた諸部分に解体するからである。いくつかの大きな家族や小さな王国を統一することによって、より大きな君主国が最初に作られ、そして再び、つまり、最初のように、何度もそれらは戻るのである。古代の家族のその従属性が、しばしばあいまいな知識、もしくは擦り切れた知識であったので、全てないしは大部分の君主の知恵は、諸家族の者たちの利点、能力、もしくは、財産が、王の好意に値し適するようにさせる、もしくは可能とする家族の首位者、もしくは地域の君主のために、彼らをしばしば採用することが良いと考えた。そうした第一の首位者や父親は、彼らが好む者の上に主権的権威を彼らの父権的権利に統合することや授与することに同意する権力を持っていた。そしてそのように選ばれた者は、彼の権力を、人民からの贈与ではなく、神によって正当にその代理者とされたと主張するのである。彼は、神から、普遍的な父親の王的な特権を受ける。もっとも、人民の首位者たちによって承認されるのではあるが。

貴族の内紛、もしくは人民の反乱か、どちらかによって、君主に対する懲らしめ、もしくは人民に対する処罰のために、君主を退位させ、他の者をその地位につけることを神が望むなら、そういう場合、神の判断は、つまり神は王国を与えたり奪ったりする権力を持っているので、最も正しい。しかし、委託なしに神の判断を執行する人々の代理人は罪深く地獄に落ちるものである。神は、人間の不正な行為を、彼の正しい命令の遂行にまさに使用し、変えるのである。

一〇　この世のすべての王国、もしくは、コモンウェルスにおいて、その君主が人民の至高の父親であろうが、もしくは、父親の真の後継者であろうが、もしくは、彼が簒奪によって王位についた者であろうが、もしくは、貴族か人民の選挙によって王位についた者であろうが、もしくは、その他のどのような方法によって王位についた者であろうが、もしくは、少数者または民衆がコモンウェルスを統治するとしても、いずれかの一人の者、もしくは多くの者、もしくは上記の全ての者にある権威は、至高の父親の唯一の権利そして生まれながらの権威だけである。全ての民衆に対する至高の父親の生まれながらの権利が存在し、そして常に存在し続けるだろう。もっとも、神の秘密の意志によって、多くは最初、その行使を大部分不正に獲得するのではあるが。

王権 regal power のこの生まれながらの権利を確証するために、我々は、王に対する臣従を要求する法が、あたかも全ての権力が父親の中に元々あったというように「汝の父を敬え」（「出エジプト記」二〇・一二）という言葉で述べられていることを十戒の中に見出す。もし、両親への服従が、自然法に直接起因し、君主に対する臣従が人間の法令の仲立ちによるとしたら、子どもたちに対する父の権力が、官僚の権力に席を譲り、下位に位置することになるので、自然法が人間の法に席を譲ることにどのような理由もいらなくなる。

もし我々が、父親の生まれながらの義務と王のそれとを比較するならば、我々は、それらが、それらの範囲もしくは程度以外に全く異なることがなく、全く同一のものであることに気づく。父親が一つの家族になすように、君主は多くの家族の父親として、コモンウェルス全体を維持し、食べさせ、着させ、教育し、防衛する世話を施す。君主の戦争、和平、司法、そして主権者として彼の全ての行為は、すべての従属的で下位の父親と彼らの子どもたちの権利と特権をただ維持し分配することであり、したがって、王の全ての義務は、彼の人民に対する普遍的な父親としての世話ということに要約される。

第二章　人民が統治者を統治すること、もしくは選任することは、不自然である

（一）アリストテレスは、人民の自由について検討し、正当化した。（二）スアレスは、アダムの王権regality に反対する議論を行っている。（三）家族は、アリストテレス、ボダン、その他によって種々に定義されている。（四）スアレスは、以下のように、ベラルミーノを反駁している。（五）王の選挙について、（六）人民の過半数による、（七）代理人による、そして、黙認による。（八）人民が彼らの王を選任するということは、聖書には例がない。その点でのフッカー氏の判断。（九）神は常に君主政によって統治した。君主政についてのベラルミーノの判断。（一〇）アリストテレスの判断。（一一）ローマの民主政の欠陥。（一二）ローマは、王の下で帝国が開始され、皇帝の下で完成した。（一三）危機に際して、人民は、常に、君主政に逃げた。（一四）民主政は、暴君を抑制するために案出された、というよりむしろ、こっそりと導入された。（一五）民主政は、それ自身の歴史家によってそしられた。（一六）民衆統治 popular government は、暴政よりも残忍である。（一七）王と人民との混合統治について。（一八）人民は、彼らの王を、

裁いたり、罰したりできない。〔一九〕ノルマンの征服以後、イングランドに暴君はいない。

一　聖書の典籍から引き出される証拠と推論に照らせば、ベラルミーノやその他の人が、民衆が好むままに支配者を選ぶ自由を確言することは、矛盾と同然であるように思われる。

家父長らはその子どもらによって権力を与えられるのだろうか。ベラルミーノは、そのようにいう勇気がなくそれとは反対のことを言っている。それから、もし、父なる身分が、自然法によって長い間その権威を享受したとしたら、それはいつ失われたのか、あるいはまた、剝奪されたのか、あるいは、どのようにして民衆の自由にゆだねられたのだろうか。[d]

聖書は、人民の自由に好意的ではないので、多くの人は、自然理性やアリストテレスの権威に飛びついている。私は、手短に、この偉大な哲学者の意見について検討し説明する自由を懇願せざるを得ない。

私は、『政治学』第三巻第一六章において、「国家は平等な人々からなるのだから、一人の人が全ての国民の主人であるということは、〝ある人々にとっては〟、不自然だと思われている」〔1287a10–12〕と述べられているのを見出す。これらの言葉は、人類の平等性ということに賛成しているように思われる。ランバンは、このテキストの彼のラテン語訳において、「ある人々にとっては τισιν ティシン」という言葉の訳を省いている〔デュヴァル、第二巻359頁〕[e]。これによって、彼は、アリストテレスが、ただある人々の意見であるとして引用した文章を、アリストテレスの意見だとしているのである。そのように重要な言葉を翻訳しないこのランバンの怠慢ないし意識的な逃避は、多くの人を欺くことになったのであって、彼らはラテン語訳以外のものを参照することがなく、アリストテレスがここで「人間の生まれながらの自由」を主張していると結論し、昨今の世界中の人々をそのように信じさせることになったのである。そして、アリストテレスの『政治学』の英語訳者はこの箇所についてランバン〔『アリストテレス　政治学』179頁〕によって誤り導かれるだけではなく、かの博学のデュヴァル氏もその分析的な『一覧 *Synopsis*』において同じようにしているのである〔デュヴァル、第二巻53頁〕。しかも、このランバンの翻訳本は、この箇所の翻訳において、その他の翻訳がもっと信頼できるものであるにもかかわらず、最良のものとして評価され、カゾーボーンの校訂ギリシャ語版と合わせて出版されているのである。このラテン語版とギリシャ語版テキストを比較しようとする人は、カゾーボーンがアリストテレス著作集への序文において、アリストテレスの最良の諸翻訳書は訂正を要すると不満を述べる理由があることに気づくだろう。〔デュヴァル、第一巻折記号 a5a〕

人類の平等に好意的に見えるこの言葉において、アリストテレスが他の人の意見をただ暗唱しただけであって、彼自身の判断に従って語っているのではないということの証明として、統治の権力は本源的には父たる身分の権利より生じたものであり、人が夢想する生まれながらの平等と一致する可能性はあり得ないと彼がはっきりと述べていることを我々は見出す。というのは、『政治学』の第一巻で、アリストテレスは聖書と全く同じく、次のことを統治の基礎に据えているからである。すなわち「多くの家からなる最初の共同体 society は村であり、この上もなく自然に家々からの分家によって出来たように思われる、もしくは、「同じ乳を呑んだ」子どもたち、そして子どもの子どもたちであったように思われる。それゆえにまた、もろもろの国家は最初には王によって治められていた。というのは全ての家は最年長者が王であったからであり、したがってもろもろの分家もまた血を同じくするところから、そのようにして治められていたからである」と彼は言っている（1258b15-21)。『政治学』第四巻第二章で、アリストテレスは、国制の中で、僭主政を第一の最も神的な国制から外れたものと定義することによって、「王政に対して、第一の最も神的な国制」（1289a39-40）という称号を与えた。

これらの章句を慎重に熟慮する人は誰でも、民衆の生まれながらの自由を証明するためにアリストテレスの中の自然理性には全く希望を見出せないことに気づくだろう。また、アリストテレス以前に、聖人プラトンは、「コモンウィールは、大きな家族に他ならない」（『政治家 *Statesman*』259b）と結論づけている。私は、この点に関して、アリストテレスが彼の先生と論争したこと、しかし、全く不当であったことを知っている。というのは、そこでアリストテレスは、自らの原理と矛盾しているからである。というのも、彼らは、家族の原初的な統治から国家的な統治の起源を引き出すことに一致しているからである。疑いもなくモーゼの創世の歴史が、これら二人の哲学者を、聖クリュソストムス[8]のかの規則、すなわち「神は、一人の人間から全ての人類を作った。つまり、この世が、民衆によってではなく、王によって統治されるべきであることを教えた」（スアレス、第三巻第二章第三節、ベラルミーノ *De Romano Pontifice*, 第一巻第二章）ということに従って、最初の両親の子からのこの直系の臣従を見出すことに導いた。

創世についての無知は、異教徒の哲学者たちの中に、いくつかの誤りを引き起こした。ポリュビオス[9]は、さもなければ最も深遠な哲学者で賢明な歴史家なのではあるが、それでもなお彼はここでつまずいている。というのは、政治社会 civil society の起源を探究するなかで、彼は、「洪水、飢饉、悪疾の後で人々の群れは、最強の身体と大胆な精神が同輩から勝利を得るまで、どのような依存もなく家畜の群れのように会合したのであって、ちょうど雄牛や雄豚、雄鶏同士のようなものであった」（ポリュビオス、第六巻五、五―八）と想像したからである。

そして、アリストテレス自身は、自らの最初の原理を忘れて、最初の英雄的な君主が、「技術や戦争に関して民衆の恩恵者となったことのために、あるいは、彼らを寄せ集めて国を作ったことのために、あるいは、土地を提供したことのために」（『政治学』第三巻第一四章）〔1285b4-11〕彼らの民衆への功労から人民によって選出されたと我々に教えている。また、アリストテレスは、「心の働きによって予見することの出来る者は、生まれながらの支配者、生まれながらの主人であるが、肉体の労力によって他の人が予見したことを為すことの出来る者は、被支配者であり、生まれながらの奴隷である」（『政治学』第一巻第二章）〔1252a34-36〕といった他の思いつきも持っていた。しかしこれは危険で不確かな規則であって、多少の愚かさがなくもなかった。というのは、もしある人が賢明で、身体も強いとしたら、アリストテレスはその人を

（8） 聖クリュソストムス（Chrysostom, Sain John 三四九―四〇七）。コンスタンティノープルの大主教であり、ギリシア教父の中で最大の説教家であった。スアレスは彼から多くの引用を行っている（『諸聖略伝一一月』82-110頁、日本ハリストス正教会、二〇〇四年）。

（9） ポリュビオス（Polybius 前二〇五―一二三）。ギリシアの歴史家。『歴史』全四〇巻でローマの世界統一を叙述した。その歴史観は、ギリシア的な不可避的循環論であった（ポリュビオス『歴史』城江良和訳、京都大学学術出版会）。

どうすることもできないからである。その人は、賢いのだから、奴隷ではないし、また身体が強いのだから、主人ではない。加うるに、哲学者のように言えば、自然は、全ての人を機智と体力の双方において完全であるようにもくろんでいる。愚かさ、もしくは愚行は、産育、もしくは教育におけるなんらかの誤りから生じた。というのは、自然は、全て己の作品において完全を目指すからである。

二 イエズス会の教父スアレス(10)は、人民の解放 the freedom や自由 the liberty の擁護においてアダムの王的権威に反対するために立ち上がり、次のように論じた。

創世の権利によって、アダムは、経済的権力のみを持ったのであって、政治的権力は持たなかった。アダムは妻に対して権力を持ち、子どもらに対して父権を持ち、彼らは自由にはされなかった。彼はまた、時がたつにつれて、召使やそろった家族を持ち、その家族の中で、全くの経済的権力を持った。しかし、家族が多くなり始め、人々が分離し、各々の家族の長になると、彼らは彼らの家族に対して同じ権力を持った。しかしながら、政治権力は、家族が一つの完全な共同体へ集合し始めるまでは、始まらなかった。それ故、共同体がアダムの創造からも、アダムの意志だけからでも始まらず、この共同体に合意する人々から始まったのだから、アダムが生まれながらに、その共同体に政治的優位を持っていたとは言えない。というのは、それはなんらかの自然の原理によっても集合させられ得ないものであるからである。なぜなら、自然法の力だけでは、子孫がまた王であることは、先祖に起因することにはならないからである。そしてもしこれが自然の原理から集合させられないとしたら、「神が特別の贈り物又は摂理によってアダムにこの権力を与えた」ということはできない。というのは、これについてのどのような啓示も聖書の証拠もないからである。(『法と立法者たる神について *Le*

Legibus』第三巻第二章〔第三節〕)

スアレスはこのように述べている。

彼は、アダムに子どもらへの父権を持たせ、しかもこの権力を一家族の中に閉じ込め、全てのアダムの子どもは一つの屋根の家に住み、その家から子どもが出て住めば、従属者であることもやめ、それによって自由になった、と想像している。アダムが世界の唯一の帝王であったが、彼の子どもたちのかなりの部分を容れ得る広大な宮殿を持っていたとは、私には信じ難い。いくつかの中位の小屋やテントがアダムの宮廷を保つために役立った、という方がもっともらしい。アダムの子どもらが家の壁の中にいなければアダムの権威の一部を失うということは理解し難い。しかしながら、どれほどアダムの子どもたちの住居が分かれていても、アダムの父親としての命令が容易に受けとれるほど隣接もしくは似たような距離のいずれかにあって、アダムの命令の下にある全ての人が家族である場合、つまり彼らは結婚した子どもや召使を持ち、彼ら自身も子どもを持つのであるが、もし、スアレスがアダムの全ての子どもを彼の家族として認めるのなら、言葉について争うことを除けば、アダムの家族をコモンウェルスと呼んでよいであろう。というのも、アダムは

---

(10) スアレス(Suarez, Francisco 一五四八—一六一七)。スペインの神学者。政治社会が、アリストテレスのいうように自然的な存在であることを主張したが、同時に教皇の権威も強調した。イエズス会の抵抗権理論者の一人であり、国家の法と自然法とを区別することにより国際法研究の先駆者ともなった。(Quentin Skinner, *ibid.* 門間都喜郎訳、同上書、454、612、623頁)。

九三〇年間生存し、七ないし八世代を見ていたので、多くのコモンウェルスや王国よりもさらに大きな彼の子どもたちや彼らの子孫の民衆を命令するために生存し得たからである。

三　政治家やローマ法学者は、家族の定義について満足な同意をしていない。ボダン[11]は、ある箇所で、一つの家に、家族をまさに限定しようとしている。だが、彼は定義において、「同一の主人に服従する家族の全ての人々」〔第一巻第二章、〔8頁〕〕、と言って意味を拡大している。そして、ボダンは、一つの家を意味する「オイコス οἶκος」から派生した家族というギリシャ語よりも、君主とか主人を意味する言葉から派生した所有されているものを意味するヘブライ語の所有 propriety の方を好むとしている。また、アリストテレスは、一つの家に、家族を限定せず、「日常的にお互いに交わる者達」から作られるものとそれを見ているし、また一方でアリストテレス以前には、カロンダス[12]は、「一つの共通のパンかごから」共に食する人々を家族の意で「ホモスィピオイ homosypioi」と呼んでいるし、クレタのエピメニデス[13]は、「共有の火または煙のそばに坐っている人々」を家族として「ホモカプノイ homocapnoi」と呼んでいる〔1252b11–15〕。しかし、教父スアレスに、アダムの家族によって彼が好んでいることを理解させよう。アダムや家父長が、彼らの家や家族の中で、生と死、平和と戦争、その他についての絶対的な権力を持っていることを、もし、スアレスが必要不可欠なものとして認めざるを得ないなら、彼は、少なくとも、彼らを家や家族の王と呼ぶことを許さねばなるまい。もし、彼らが自然法によってそうであれば、どのような自由が、それを処理するために子どもらに残されているだろうか。

アリストテレスは、一つの大きな家と小さな国家との間にはどのような違いもないかのように、政治社会

political society と経済社会 economical society は同じことであって、*specie*〔種において〕異なるのではなく、*multitudine et pauciatate*〔数の大小において〕のみ異なると言っているプラトンやその他の人々を、うそつきだといって責めている（『政治学』第一巻第二章）。彼らを批判するアリストテレスの議論の全ては以下の通りである。

男と妻の共同体 community は、主人と召使の共同体 community とは異なる。それぞれ目的が異なるからである。男性と女性との結合によって自然がもくろむことは、出産である。しかし主人と召使の目的は保護だけであって、妻と召使とは自然によって区別される。なぜなら、自然はデルフォイの刃物師のようには働かないからである。というのは、自然は、一つのものを一つに向くように作るからである。（1252b1-4）

もし、この議論が正しいというのであれば、夫婦共同体と専制的共同体はまさに相異なるということ以外

（11） ボダン（Bodin, Jean 一五三〇―一五九七）。フランスの法学者。『国家に関する六篇 *Les six livres de la Republique*』で歴史上最初に主権概念を確立した（*Quentin Skinner, ibid.* 門間都喜郎訳、同上書、564-573頁）。

（12） カロンダス（Charondas 生没年不詳）。イタリア・シチリア島カターニャの法学者。偽証訴訟を取り入れたといわれている（Lacy, W. K., *The Family in Classical Greece*, Ithaca, NY: Cornell University Press）。

（13） エピメニデス（Epimenides 前六世紀または七世紀）。ギリシアのクレタ島の預言者・詩人・哲学者（ディオゲネス・ラエルティオス、加来彰俊訳『ギリシア哲学者列伝』第一巻第一〇章、岩波文庫、一九八四年）

にはなくなる。しかし、それ故、経済社会と政治社会が同一のものという結論にはならない。というのは、それは、家族が、二つの異なった共同体からなるということを証明するのではあるが、それでもなお、家族とコモンウェルスが異なったものであることは帰結しないからである。なぜなら、家族においてと同様に、コモンウェルスにおいても、これらの共同体は共に見出せるからである。

この議論は、我々の気持ちにはそぐわないので、それが例証しようとしていることを少しも証明することができないのである。というのは、出産と保護 preservation とは「個人 *individuum*」においては異なるということが認められても（それでもなおそれは偽りであるが）、それらは「一般」には一致し、人類の保存 conservation には双方とも役立つからである。たとえ、ある者は醸造し、他の者は焼くといった具合に、召使たちがそれぞれの目的や仕事において異なったとしても、それでもなお、家族の一般的な保護においては同意している。さらに、アリストテレス自身も、（彼はギリシャ人以外を全て野蛮人と呼んでいるのだが）野蛮人の中では、

妻と召使とは同じものである。なぜなら、生まれながら、どのような野蛮人も統治することに適していないからである。ギリシャ人が野蛮人たちを治めるというのが適切なのである。というのも、生まれながらに、召使と野蛮人とは同じものだからである。彼の家族は、男召使としての雄牛と女召使としての妻からのみ成り立っているからである。それ故、彼らは彼らの妻と野獣とを支配することのみに適している。（1252b4-21）

最後にアリストテレスは、それをもし彼が気に入ればだが、自然が、必ずしも、一つのものを一つに向く

ように作るのではないことを思い出すかも知れない。彼は、舌が、話すことと味わうことの双方に役立つことを知っている。

四　しかし、アリストテレスから離れることとしよう、そしてスアレスに戻ろう。スアレスは、「アダムは、その子どもらが自由にされなかった間、子どもらに対する父権的権力を持った」（スアレス、第三巻第二章第三節）と述べた。ここで、私は、どのように、そして、いつ子どもらが自由になったのか、そのイエズス会修道士に教えていただきたいのである。自然法によっては、どのような手段も知られない。私が思うに、それは、子どもらが、父親的な保護の面での両親の負担を幾分か軽くするほどの年齢と分別になった時、父権的権威の幾分かを軽減することに満足する両親たちのみの好意だと思う。それ故、ある国の習慣は、いくつかの場合に、劣等な両親の子どもをまさに解放している。しかし、多くの国ではそのような習慣はなく、それとは逆に、子どもたちの服従のための厳しい法律がある。（ボダン、第一巻第四章〔20‐31頁〕）。モーゼの裁判の法は不服従の息子に石を投げて殺す父親の権力を十分認めているし、それは為政者の面前でも為されるのである。しかも、ある人がいうように、その裁きの正しさを問うたり、吟味したりすることは為政者に属することではなく、父親が怒って突然にまたは秘密に息子を殺すことがないようにと定められたのである。また、ペルシャ人、アジア高地の人々、ゴール人、それに西インド諸島の法律によれば、両親は、その子どもらに対して生殺の権力を持っている。ローマ人は、その最も良く知られた所領で、この法律を執行し、両親のこの権力は十二表法によって承認され詳述されており、両親がその子どもらを二、三度売り飛ばすこともできるとしているのである。こうした父権のおかげで、ローマは長く栄え、しばしば強敵から守られたのである。護民官がいて反乱に対処する法律を公布した場合には、父親たちは、彼らの息子たちを彼らの集会から軍隊に派遣したのである。

カッシウスの例は注目される。彼は「人民のための土地分割である『国有地再配分法』を公布し、集会の場所からまっさかさまに彼の息子を放り投げた。そしてその後彼自身の判断によって、タルペイアの岩から飛び降りて自殺した。〔ボダン23頁〕そこに立ち会った為政者も人々も驚いたが、父親の権威にあえて抵抗しようとはしなかった。もっとも彼らは、心から喜んで国有地再配分法を手にしたのだが。これによって、為政者や人々の意見に反して自分の子どもの命を父親が処置することは合法的であった、ということが明らかである。また、ローマ人は、子どもが得たものは本人自身のものではなく、父親の所有物であるという法律を作った。もっとも、ソロンは、もし父親がそれによって息子が生計を得るどのような職業教育も施さない場合、その息子は父親を扶養する義務はないという法律も作ったのではあるが（ボダン27頁）。

スアレスはさらに、「時の経過の中で、アダムは、完全な経済的権力をもった」（スアレス、第三巻第二章第三節）と述べている。この「完全な経済的権力」とは何か、そして、それが、実際に本質的に政治的権力とどのようにいかなる点で異なるのか、私には分からない。もしアダムが、今日、コモンウェルスにおいて王が行っているものと同じ支配を家族の中で行う、もしくは、行い得るなら、その権力の種類は異なるものではないし、それらは一方より他方が大きいとか、領域による偶然の相違があるのではあるが、それでもなお、そうした相違は、政治的な領域において見られるものだから、小さなコモンウェルスが大きなそれと異なるという程度でしか経済的権力と政治的権力とは異ならないということになる。

次いで、スアレスは、「共同体は、アダムの創造時代には始まらなかった」（スアレス、第三巻第二章第三節）と述べている。これは確かなことである。なぜなら、アダムは交流する相手がいなかったからである。だが、共同体は、アダムの創造に続いて間もなく始まった。そしてそれは彼の意志のみによった。というのは、彼の息子が所有するものは何であり、共有するものは何であるのかを指定することは、すべての主人である彼の権力の及ぶ範囲のみのものだったからである。したがって、財産のその「所有」と「共同体」は、アダムからのみ本源的に生ずるのであって、子どもらに共有財産はもとより個別財産を与えることは父親の義務なのである。

最後に、スアレスは、「自然法によるだけでは、また、いずれかの祖先が彼の子孫の王になるのか決定し得ない」と結論づけている。この主張は、ベラルミーノによって正面から論駁された。ベラルミーノは、「最初の両親が、彼らの子孫の君主であるはずである」（*De Roman Pontifice* 第一巻第二章）と明白に定義している。スアレスが、その主張のためにいくつかの理由を持ち出すまで、私は、彼のあからさまな否認よりも、ベラルミーノの証明を信頼することにしよう[f]。

五　しかし、しばらく、すべての人民の中に最高権力を置くベラルミーノやスアレス等に同調してみよう。そして、もしそれが、世界の全ての人民の中に唯一の最高権力があるという意味であるとすれば、地上の人民全てが統治者を選ぶために会合し同意する以外にはどのような権力も認められないのではないのかと問うてみよう。ここにスアレスの回答がある。

世界中の全ての人々が一つの共同体に結合するということは、ほとんど不可能であるしまた好都合というわけでもない。この権力が、人々が集合した民衆全体において前述のような仕方であるということは、決してあり得なかったか、もしくは、非常に短期間しかないということの方がもっともらしいことである。しかしながら、創造以後しばらくして、人々は、いくつかのコモンウェルスに分かれ始め、これら別個の権力は、それぞれの中にあったのである。（スアレス、第三巻第二章第五節）

神が民衆全体にのみこの別個の権力を与え、いくつかの個々の集合体に与えたのではないのに、「ほとんど不可能であるしまた好都合でもない……ことの方がもっともらしいことである」という回答は、上記の別個の権力がどのようにしてそれぞれの個別の共同体に帰したのか、という新たな疑問を生んでしまう。神が一体として与えたこの権力を、民衆全体で集まっていく束かに割り、別個の権力をそれぞれのコモンウェルスに割り当てることによって分割したということを示す、もしくは、証明することができるのであろうか。そのような契約 a compact なしには、私は、彼ら自身の原理に従いながら、コモンウェルスによる統治者の選出がいかにあり得るのかを理解出来ず、全世界の特権の単なる簒奪によるものとしてしか理解できないのである。もし何れかの人が、個別の民衆が、随意に、彼ら自身をいくつかのコモンウェルスに分割する権力を持っていると考え、彼らが、そのように考える理由も証拠もなくそう考えるとしたら、それによって、新しいコモンウェルスを作るために全ての取るに足らない党派的民衆のために隔たりが広がり、世界中の家族よりももっと多くのコモンウェルスを作ることになってしまうであろう。

しかし、ここでもまた、彼らに一歩譲って、各々個別のコモンウェルスの民衆の中に別個の権力が存在するとしよう。さて、君主の選挙のために今までに知られた王国全体の一般集会があったであろうか。世界中でその例として見出されるものが今までにあっただろうか。そのようなことを想像することは、不可能なことを想像することと変わらず、それゆえ帰結として、この想像上の自然法に従って樹立されたどのような統治形態も王国も今まで存在しないということになる。

六　もし、王国の大部分、もしくは、自分たち自身は少数でそして残りは代理人、もしくは、選挙に加わらなかった人々は後に暗黙の同意で他の人々の行為を承認するというような場合、全てのこれらの場合、全民衆の行為であるといえようと、答える人がいるかもしれない。

民衆の過半数の行為に対して、確かに政治的な制度によって、大多数の者の意見は、残りの者達を支配するということがしばしば定められている。そしてそのような法令は、その者達をまさに集会させるその権力がまたその権力の行使の仕方を限定し、方向づけるということを義務付ける。なぜならば、そこにおいては人々が人間の権力によって集会させられるからである。法や慣習として知られるものによって作られるそのような派生的な権力によって、大多数、もしくは、三分の二、もしくは、五分の三の部分、もしくは似たようなものが、彼らの反対者の自由を左右する権力を持つ。しかしながら、自然法からその権威を導出している集会においてはそうではない。というのは、自然法によって何れかの者に帰された自由や身勝手は、どのような下位の権力も、変更、制限、減少したりすることができないからである。どのような一人の人も、もしくは、民衆も、他者に自然権を渡すことはできない。自然法は不変であり、いかにある者が他者の自然権の使用や行使を妨害しようが、それでもなお、それによってどのような人であれその権利自体を失うことはない。というのは、権利と所有とがしばしば区別されるように、権利と権利の使用とは区別され得るからである。したがって、もし、過半数、もしくは何らかの他の部分の者達が、民衆の残りの者達を支配する権力を持つということが何らかの自然法によって証明され得ないのならば、当然の帰結として、全体ではない民衆の行為は、彼らに対してそのように同意する者達の他には、だれも義務付けないということになる。

七 代理という点に関していえば、人民投票に欠席した者達全てが、彼らの同輩の誰かに彼らの投票権を与えたということは示され得ないし、証明され得もしない。全世界の歴史から一つの例だけでも聞きたいものだ。民衆やその大部分の人々が君主の選出にあたって、投票または代理によって同意したコモンウェルスの名前を挙げてみよう。時には、一人の人間の、時には多くの人間の野心が、あるいはまた都市や市民の党派が、あるいは、軍隊の反乱が、君主を押し立てたり、引きずりおろしたりした。しかし、彼らは、この民衆全体の偽って秩序立てられた手続きというものを決して待ちはしなかったのである。

最後に、もし、人民の一部による支配者の黙認が、支配者の選出における彼らの同意の根拠であるならば、同じ理由によって、コモンウェルス全体の暗黙の同意も主張され得る。そうなれば、王冠をつけた全ての君主は、継承にしろ、征服にしろ、簒奪にしろ、人民によって選ばれたということになる。その推論はあまりにも途方もないものである。というのはそのような場合、人民は、「明記」の自由からほど遠く、「反対」の自由すら求めるだろうからである。

八 しかし、その例が聖書に見出せるということを人々が納得する限り、王の選出における人民の自由を論難することは無駄というものである。それ故、この誤りの根底を発見することが妥当であろう。王を選ぶことと、人民の上に王を位置づけることとが別のことであるのは、明白な聖書の原句によってはっきりしている。イスラエルの子どもらが持ったのは、後者の権力であって、前者の権力ではなかった。この区別は、『申命記』一七・一五において、最も明白に見出される。そこでは、神の法が「主が選ばれる者を王としなさい」と述べられている。そこで、神が選ぶ eligere ねばならず、人民は、まさに樹立 constituere するのみなのである。フッカー氏は、『教会統治法論 *Ecclesiastical Polity*（草稿）』の第八巻において、この区別をはっきりと説明している。彼の言葉は引用する価値がある。

聖書には、イスラエルのコモンウェルスの貴族、古老、人民によるサウルやダビデ、ソロモンなどの神聖な戴冠式、もしくは、就任式に関する幾多の記述がある。あたかもその神聖な行事が、一種の偉業であるかのようであり、それによって統治の権利が与えられるのである。騒乱の種をまく人によって広められたその奇妙で、不実で、不自然な技巧を凝らした表現は、動乱の精神を活発化させるだけであり、王座への熱望の可能性を育成するのだが、もし彼らが人民の心を獲得し得たなら、彼ら以前のどのような他者の世襲の称号も持ち得るものであり、私は、私が言及しないこれらの不正で無礼な地位は、それによって、虚飾以上の真実の支持を作ることはないと言う。というのは、もし我々が、全ての法、衡平、そして理性に対する無視を公に示さないなら、我々は、（どのような治療法もなく）世襲の王国においては、生得権が主権的支配への権利を与えることを承認しなければならないからである。そして先代の死は血縁によって後継者を固定することを承認しなければならないからである。すでに述べた公の神聖な行事は、相続者の権利の公の証明に役立つものであるし、相続者が権

利を持つ物への所有へ彼を就任させる形態に属するものである。（フッカー、第八巻第二章第八節）

これが、ユダヤ人自身に対して王を置くイスラエル人の権力についてのフッカー氏の判断である。もしイスラエルの民が彼らの王を選ぶ権力を持っていたとしても、ソロモンが述べているように「あなたの王は童子であって、禍なる国だ」（「伝道の書」一〇・一六）から、わずか七歳の子どもであるヨアシや（「列王記下」一一・二一）、わずか一二歳のマナセ（「列王記下」二一・一）を選ぼうとしなかったことは疑いを得ない。悪を行い偶像崇拝を行い家来に殺された父アモンの幼い息子のヨアシを民が選んだなどということとありえない。なお、その民の全ては、ヨアシを王としその父アモンを殺した陰謀者全てを殺害した（「列王紀下」二一・二四）が、この民の正義に対して、神は、その民が享受するヨアシを最も宗教的な王となしてそれに報いたのである。

九　我々が最初に引用した箇所におけるベラルミーノの意見で、人民は、彼らが好む統治者と同じように統治の形態をも選択する権力を持つことが確言されているので、私が主張する王国のこの自然な形態に反対して人民共同体の擁護のために述べられていることの強力さを吟味する必要があろう。始めに私は、他の箇所で冷血にかの枢機卿が確言した意見に彼を置いて見なければならない。そこにおいて彼は、「神は、一人の人間から人類を作った、明らかに、多くの人の統治よりも、一人の人の統治を是認したように思われる」（ベラルミーノ、*Romano Pontifice* 第一巻第二章）と、述べた。次に、「神の考えは、人間だけでなく全ての生物に対して、君主政への自然の性向を授けた時に示されている。また自然の性向が自然の創り主である神に属することは疑い得ないことである」。(同上)とも述べている。さらに第三の箇所で、「神の権威によって彼が確定したどのような統治形態も、彼がヘブライ人の中に設立したその共同体によって推測し得る。それは、(カルヴァンが言うような)貴族政ではなく、明らかな君主政だった」(同上)とも述べている。さて、もし神が(ベラルミーノの述べるように)君主政の卓越性を自然本能によって我々に教え、創造によって我々に意味づけ、神自らの例でもって確定したとしたら、何故、ベラルミーノや我々は、それが自然のものであることを疑いえようか。我々は、各々の家族において、ただ一人の統治が最も自然であることを見出さないであろうか。神は、君主政のみによって彼自身の民をまさに常に統治した。家父長、公爵、士師そして諸王は、全て君主だった。聖書全体の中に、これ以外の統治形態への言及も認可もない。聖書が「そのころ、イスラエルには王がいなかったので、各々自分の目に正しいと見るところをおこなった」(「士師記」二一・二五)と述べる時、その時でさえ、イスラエルの民は各々の家族の父親たちの王的統治の下にあったのである。というのは、「士師記」二一・一六にあるように、ベンヤミン人に妻を提供するためのベンヤミン戦争後の相談において、我々は、会衆の長老のみが権力を振るうのを見出すからである。また、同書二一・二二にあるように、彼らに対して不平不満が起こった。「イスラエルの子ども全て」とか、「イスラエル人全て」「全ての民」とか述べられているが、聖書は、「全て」という言葉によって、全民衆をではなく、父親たち全てを意味しているのである。このことは、「歴代誌下」一・二に明白に詳述されているのであって、そこでソロモンは、「全て」のイスラエル、隊長たち、裁判官、全ての指導者、家系の長に呼びかけている。イスラエルの長老は、「列王紀上」八・一や「歴代誌下」五・二にあるように、イスラエルの子どもらの家系の長であるとされている。

また、イスラエルの民がサムエルに王を請い求めた時、彼らは王的な権力によって統治された。神は、イスラエルの血統への特別の配慮と愛を離れて、自らを彼らの王として選び、彼の副王としてサムエルと彼の息子たちによって同時に彼らを統治させた。それ故、神は、「彼らが退けたのはあなたではない。彼らの上にわたしが王として君臨することを退けているのだ」(「サムエル記上」八・七)とサムエルに述べている。彼らは、代理による王を好まず、全ての民族のように継承による王を求めたようである。全ての民族は、その時、王を持っていたらしく、そしてそれは、選挙によるものではなく、相続によるものだった。というのは、イスラエル人が彼ら自身の王を彼ら自身で選ぶことを祈ったとは見えないからである。彼らはそのような自由を夢見なかったし、そしてなお集まったイスラエルの長老たちだった(同上第4節)。もし他の民族が彼の王を選挙していたのなら、疑いもなく、彼らは、王を持つことと同じように選挙することにおいても他の民族を模倣することを熱望していただろう。

一〇　アリストテレスは、『政治学』において、統治の種類の比較に及んだ時、どのような形態を最良のものとするかについて、非常に慎重であった。彼は多くの点について充分にあれこれ議論し、多くの欠陥を思慮深く論難したが、自らは結論を下さなかった。その書物の全編において、私は、君主政についての賞賛をほとんど見出せない。ギリシャ人が多くのコモンウェルスに分かれていた時、その時代に偶然彼が生きており、それ故彼はそれらが煽動的にさせられることを充分に学んでしまった。だが、『倫理学』において彼は、「君主政が最良の形態であり、民衆国家は最悪である」(1160a36)と徹底的に言明するほどのすぐれた態度を持っていた。そして『政治学』においては、それほど自由ではないのだが、それでもなお、真理の必然性は、ここそこで、君主政の尊さに対する少なからざる評価を引き出している。彼は、君主政を、「その最初の自然で神性のある統治形態」（1289a39-40）と述べているし、神々自身が君主政の下で生きていた。一人の異教徒がこれ以上言えることがあろうか。

実際のところ、世界は長い間、君主政以外の統治形態を知らなかった。最良の秩序、最大の力、最高の安定性、それに最も平明な統治は、君主政において全てが見出されるのであり、その他の統治形態にはない。コモンウェルスの新しい台地は、世界の一角で最初に発生したのであって、それはギリシャの二三の都市の中においてであり、それは他の場所ではほとんど模倣されなかった。まさにそれらの都市は、最初のころ、君主によって長い間統治されたのであって、気まぐれや、野心それに党派が新しい統治の種類を企てる以前はそうであった。変化は、それの張本人たちの流血や悲惨な事態を示したし、幸福は、彼らが維持しえた短い時間の中以外には存在しなかった。

一一　民衆的統治がいかに不完全なものであるかを少しく証明するために、世界で今までに知られている最も華やかな民主政を検討してみよう。それはローマの民主政のことである。

（一）第一に耐久性について。せいぜいのところ、それは（タルクイニウスの追放からジュリアス・シーザーまで）四八〇年間続いたに過ぎないが、他方、アッシリアの君主政は、中断もなく、少なくとも一二〇〇年間継続した。また、東ローマ帝国は一四九五年まで存続しえたのである。

（二）第二にその秩序について。四八〇年間に、ローマの統治形態を確立した人はだれもいなかった。というのは、彼らが君主の自然的権力をいったん失った後は、彼らは、安住すべき統治形態を見出すことができなかったからである。彼らの不安定性は、彼らが、全ての統治変更に不適当なことを見出した証拠である（ボダン『国家論』第六巻第四章700～712頁）。最初、彼らは君主の代わりに一年毎の二名の執政官を選んだ。次に、彼らは、執政官を長くは喜ばず、彼らの自由を守るために護民官を持たねばならなくなる。第三番目には、執政官や護民官から離れ、法律を作る十人を選んだ。第四番目には、再び、執政官や護民官を求める。時には、独裁官を選んだのではあるが、これは一時的な君主であった。また、時には、執政権力を持った軍人護民官を選んだ。全てこれらの変更は、統治に著しい変化を引き起こしたのであって、そうした多くの混乱の中に統治の完全な形態を見出そうとする歴史家や政治家を困惑させている。ある時は、元老院が立法をし、また別の時には人民が立法する。貴族と平民との毎日の抗争は、高利や婚姻や為政者に関わる重大な暴動をもたらした。また、グラックス派[14]やアプレイウス派[15]、ドルスス派[16]の暴動によって、市民の血が市場や寺院、それに神の神殿自体を満たした。同盟市戦争は明らかに内乱であった。奴隷と騎士との争い、マリウスとスッラの内乱、放埒な陰謀家たちの内乱、シーザーとポンペイウスの内乱、それにアウグストゥス、レピドス、及びアントニウスの三頭政治、これらはすべて、イタリアとローマの街並みを血の海と化した。

(三) 第三に、その統治について。この民衆的統治の時代のある期間は、民衆的であった、と認めよう。だが、それは都市ローマについてのみであって、領土ないしはローマ帝国の全域についてはそうではなかった。というのは、どのような民主政も一つの都市以外には広まらなかったからである。人民全体ないしは人民の最大部分によって一王国を支配することはできないし、いわんや多くの王国を支配することなどできないことなのである。

一二　しかし、それでもローマ帝国はこの種の民衆統治の下で隆盛し、その都市は世界の支配者になった、と言われるかもしれない。決してそうではない。というのは、ローマは王の下で帝国が始まり、皇帝の下で帝国が完成したからである。かの民主政の下では、人口の増加のみがあったに過ぎない（ボダン、第六巻第四章700〜721頁を見よ）。ローマ帝国の最長の平和の時期はアウグストゥスの治下であったように、その最高の時期はトラヤヌスの治下であった。領土の外でのローマの勝利が世界を驚かせた時でさえ、国内での市民同士の悲劇的虐殺は、ローマに征服された敵からの同情に値するほどであった。

一三　ローマの民主政の時代においてさえ、その国家は多くの賞賛すべき最高指揮官や命令者（その人々は軍隊を率いるのに有能であったが、彼らの多くは人民によって悪意をもって報復された）を育んだのではあるが、

（14）　グラックス派（The Gracchian）。共和政ローマ末期に、没落しつつあった中小農民救済のための改革を行うが、元老院の反発で失脚した（モンタネリ『ローマの歴史』中公文庫、一九七九年、192頁）。

（15）　アプレイウス派（The Apulian）。共和政ローマ期の政治家であり、ガイウス・マリウス派の護民官であったルキウス・アプレイウス・サトゥルニヌスLucius Appuleius Saturninusを中心とする勢力。グラックス兄弟の後継者を自認した（Chisholm, Hugh, ed. (1911). *Encyclopaedia Britannica*, 11th ed., Cambridge University Press. 以下固有名詞について参照文献掲示なき場合は、同書を参照）。

（16）　ドルスス派（The Drusian）。古代ローマ元首政期の軍人・政治家であった小ドルススDrusus, Julius, Caesar（前一四—後二三）の考えを信奉する党派。

それでもなお、彼らの多くは、危機の時代においてローマ帝国を支えることができず、ローマ帝国は、その最大の混乱時に独裁者を生むことを余儀なくされた（彼はしばらくの間、王であった）のであり、それによって、国家が危機の場合、最後の逃げ道は王の regal 権威に逃避することであるという君主政についての名誉ある立証をなしている。ローマの民衆国家は、しばらくは、ローマ自身よりも大きな神意によって奇跡的に全盛にまで持ち上げられたけれども、間もなく、種々の変更の後に、ローマ帝国は自らの手でほろんだ。*Suis et ipsa Roma viribus ruit*（ローマは自らの力によって崩壊した）。というのは、ローマが他の国民を征服するために準備した武器は、自らの上にふりかかり、そして最後には、市民の激論は、君主政の中に再度統治を置くことにしたからである。

一四　民主政的統治がもたらされた理由の第一は、君主政の暴政を抑制するためであった、というのが多数の意見である。しかし、このような意見が間違いであることは、最初に花開いたアテネの民衆的国家によって最もよく示されている。というのはそれは、アテネの最後の王の悪行の故に見出されたのではなく、その王の有徳な行為の故にその王を継承するに値する人がいないと、人々が考えたからである。君主政への何と過度な言いがかりであることか！　というのも、王コドロス[17]が神託によって、この国はもし王が激闘で殺害されなければ救われないだろうということを理解した後、彼コドロスは変装して敵陣に入り込み、彼の王国のために自らを犠牲にするべく一兵卒を挑発したからであった。彼の死でもって王の統治は終わったのであり、彼以後、アテネの王はいなかったのである。このように、アテネの人々がコドロスの愛の故にその統治を変更したように、ローマはその反対に、そのタルクイニウスへの憎悪のために、同じようにした。そして、これら二つの有名な国家共同体commnwealsは相対立する理由で君主政を廃止したのではあるが、それでもなお、彼らは、彼らの国家を民主政に変更するのが適当であるとは考えないという点では一致していたのである。そして、一方は執政官を選び、他方は護民官をその支配者として選んだのであって、両者とも王に非常に良く似ていたし、人々がそれらの統治者の権威を弱め、徐々にこっそりと民衆的な統治をもたらすまで継続した。そして、私は、どんな民主政的国家といえども、選挙という入り口からこの世に最初は公平に登場したことがないばかりか、すべての暴力や抗争といった裏口からこっそりと入り込んだと確信しているのである。

一五 もし、民衆的統治の本質について最も通じている人々の判断に耳を傾けるならば、高名な人々がそうした統治を望んだり選択したという理由は見出せない。すぐれた学者であり兵士でもあったクセノフォン(18)は、アテネの国家共同体commnwealを許すことはなかった。というのは、そこでは「邪悪な人々が常に最大の信用を得ているし」、有徳な人々が支配されていた（ボダン、第六巻第四章702頁）からである。アテネの

(17) コドロス（Codrus 前一〇八九／八六頃）。アテネの半神話的な最後の王。彼の息子が最初の執政官となった。

(18) クセノフォン（Xenophon 前四三四―三五五）。アテネの軍人・歴史家。『アナバシス』で有名。

人々は、正義の人アリステイデスを追放した[19]。テミストクレス[20]は流刑中に死んだし、ミルティアデス[21]は獄中にて死んだ。ホキオン[22]は、当代きっての有徳で正義の人であり、四五回、アテネの将軍に選任されたのではあるが、それでもなお人々の激怒により、判決も告訴も何らの理由も全くないままに、友人、親族、召使とともに処刑された。ローマの人々も立派な人間に対してより好意的であるとは言えなかった。彼らは、ルティリウス[23]、メテルス[24]、コリオラヌス[25]、それに大スキピオ[26]、小スキピオ[27]とタリー[28]を追放した。最悪の人々が最高に繁栄した。というのは、クセノフォンがアテネについて述べているのと同じように、ローマは、無法で不満を抱き暴動を起こす人々すべてにとっての聖域であったからである。邪悪な人々の免責は以下のごとくであった。つまり、彼らが、神に反するものであろうが、人に反するものであろうが、どのような侵犯をしようとも、再度違反したら死刑という条件の下で、全ての為政者が死刑の宣告を行うことが禁止され、もしくは、どのような市民の追放も禁止され、もしくは、自由の剥奪も禁止され、もしくは、鞭の刑でさえも禁止されたのである。

アテネの人々は、他のものを売買するように、正義を売買したのであって、プラトンは、これをもって、民衆的国家 a popular estate を「そこでは全てのものが売買される定期市」だと呼んだ（『国家』第八巻557E）。役人が、彼らの責務を果たす時、彼らは、黄金の収穫に行くのだと自慢するのであった。ローマの腐敗はかくのごとくであったので、マリウス[29]とポンペイウス[30]は、人々の意見を買い取るために諸集会に大量の銀貨を持って行くほどであった。多くの市民は威厳ある衣服をまとい、あたかも戦いに行くかのように、公の集会に武装して出かけた。時には、対立する党派がなぐり合いを始め、石や剣を交えることもあった。

市場では血が生パンでもって吸い取られ、テベレ河は、市民の死体で埋り、公衆便所もそれで一杯になっ

(19) アリステイデス(Aristides 前五三〇—四六八)。アテネの政治家・将軍。マラトンの戦いでペルシア軍に勝利したが、オストラキスモス(古代ギリシアの秘密投票による追放制度)により追放された。

(20) テミストクレス(Themistocles 前五二七—四六〇)。アテネの政治家・将軍。サラミスの海戦でペルシア軍に勝利したが、失脚し、ペルシアに逃亡した。

(21) ミルティアデス(Miltiades 前五四〇—四八八)。アテネの将軍。マラトンの戦いでペルシア軍に勝利。

(22) ホキオン(Phocion 前四〇二—三一七)。アテネの政治家・将軍。プラトンに師事した。

(23) ルティリウス(Rutilius 前一五八—七八)。ローマの政治家。官職の立場を利用して不法所得を得たと告発された。

(24) メテルス(Metellus ?—前九一)。ローマの政治家・軍人。コグルタ戦争で活躍したが後に追放された。

(25) コリオラヌス(Coriolanus 前五世紀頃?-)。ローマの伝説的将軍。平民への穀物供給に反対し追放された。

(26) 大スキピオ(Scipio, Major 前二三七—一八三)。ローマの将軍・政治家。第二次ポエニ戦争で、カルタゴの将軍ハンニバルをザマの戦いで破る。

(27) 小スキピオ(Scipio, Minor 前一八五—一二九)。ローマの将軍・政治家。第三次ポエニ戦争でカルタゴを滅亡させた。

(28) タリー(Tullius, Marcus Cicero)。いわゆるキケロのこと。古代ローマの政治家・雄弁家・著述家。ラテン散文の第一人者。

(29) マリウス(Marius 前一五五—八六)。共和政ローマ末期の将軍・執政官。民衆派として七回執政官に就いた。

(30) ポンペイウス(Pompey 前一〇六—四八)。共和政ローマ末期の将軍・執政官。第一次三頭政治を形成した。

た。

民衆的国家のこうした無秩序が、ただたまたまに発生することであるとか、そうしたことはどんな統治形態においても起こることだともし誰かが考えるとしたら、その人は、そのような惨禍が、全ての民主的な支配 regiments には不可避的で必然的にまさに起こるということを知らなければならない。その理由はといえば、全ての人民は、制限のない自由を望むものであり、邪悪な者が支配を担うところ以外には、それはあり得ないからである。そして、もし、人民が有徳な人を昇進させるほど無分別ならば、人民は自らの権力を失うことになろう。何故なら、善き人は善き人以外を好まないし、善き人は少数であり、邪悪で悪徳な人は(なお多数を占めているのだが)、全ての昇任から除外され、結局は、徐々に、堅い人が国家を掌握し、人民からそれを奪取するだろうからである。

私は、民衆的統治の中かまたは近くに生きた著作家から推測し得る以上に人民の性格を把握する方法を知らない。ツキディデス、[31]クセノフォン、[32]リウィウス、[33]タキツス、キケロ、それにサルスティウス[34]は、人民をそれぞれの色合いで描いている。彼らの文言のいくつかを借りてみたい。

「人民ほど不安定なものはありません。彼らの意見は、大嵐のように突然変わります。その中には、真実も思慮分別もありません。彼らは、何事についての判断も、知恵ではなく暴力と無分別によって行いますし、真偽の間に相違をつけられません。家畜並みに、彼らは、前を行く牛飼いに従います。羨ましげな目でもって、他人の至福を見ます。彼らには、最も悪い者や弱い者に常に好意を持つ習慣があります。彼らは、非常に疑いに陥り易く、また、どんな怪しい推測を根拠にしても人を有罪だと宣告しがちです。彼らは、珍聞を信じ勝ちですし、そしてそれが悲しいことであれば特にそうですし、うわさを好み、それを信じこみます。作り手がいない時には、自らででっち上げた悪魔を恐れます。彼らは、新しい騒ぎや変化を非常に好みますが、静寂と安静の敵です。目の回るようなもの、もしくは、頑固なものを、どのようなものであれ彼らは、雄雄しく勇敢であるといって評価しますが、謙虚で思慮深いものは、どのようなものであれ怠惰だと見なします。各人が自分に関係のあることに関心を持ち、公共の福祉は軽視します。彼らは近づく惨禍を雷が近づいているように見なし、全ての人が自分の身体には触れないようにと願うのみです。これが人民の性格です。彼らは卑しく尽くすか、それとも誇らしげに威張り散らすかのいずれかであって、中庸というものを知りません」。このようにして、まさに、彼らの友人たちは、多頭の野獣を実物どおりに描いたのである。民衆的統治形態についての暗号解読のカギを私が提供してみよう。それは、暴動によって生まれ、武器で育てられる。それは、国の内外の敵との戦いなしには成り立ち得ない。民衆的統治を維持する唯一の手立ては、王の代わりになってそれを制御する隣の強力な敵国を持つことであって、民衆的統治の中には王はいないけれども、それでもなお敵国が王と同様な良い働きをする。というのも、敵国という共通の危険によっ

(31) ツキディデス（Thucydides 前四六〇―四〇〇）。ギリシアの歴史家。ペロポネソス戦争を叙述した『戦史』で有名。

(32) リウィウス（Livy 前五九―一七）。ローマの歴史家。『ローマ建国史』で有名。

(33) タキツス（Tacitus 後五五―一二〇）。ローマの歴史家。『年代記』で有名。

(34) サルスティウス（Sallust 前八六―三四）。ローマの歴史家・政治家。『カティリーナ戦記』で有名。

て、彼らは、自ら作る法律よりもよく統一を保つからである。

一六　多くの人は、王 regal の統治と民衆的統治との不便さを比較することにおいて彼らの理知を行使している。しかし、もし、我々が、哲学的思索よりも経験を信頼するとすれば、全ての民主政に不可避に待ち構える暴動という一つの惨禍が、君主政に見出され得る決してそれほど多くはない全ての不便さを打ち負かすことを否定できないだろう。次のように語られている。「皮には皮を、と申します。まして命のためには全財産を差し出すものです」(『ヨブ記』二・八)「財産が自分の身代金になる者もある」(「箴言」一三・八)それ故、暴動と暴政の惨禍がお互いに対して持つ度合いを検証する方法は、いずれの統治形態において、臣民が命を多く失ったかを調べることである。民衆性の故にたたえられ、他方、皇帝という暴政的な怪物の故に腐されているローマを、例にとってみよう。この都市国家をかつて支配した暴政的な皇帝の全ての残虐さが、かの栄光の民衆的国家共同体による最後の一〇〇年間に流された血の四分の一を流したかどうか考えてもらいたい。ティベリウス[35]、カリグラ[36]、ネロ[37]、ドミティアヌス[38]、コンモドゥス[39]による殺人は、全部合わせても、マリウスとスッラとの一つの内乱で生じた国家的惨劇には及ばない。いや、スッラの側だけでも(マリウスの行為は数えなくとも)、九〇人の元老院議員と＊一五人の執政官、それに二六〇〇人の紳士及びその他の二万人が死んだのである。

これがローマの自由の極地であった。殺そうとする者が殺されるということは、王 royal の統治の下では許されないことなのである。こうした放縦な時代の惨状を、プルタークは次のように簡潔に描写している。

スッラはその殺戮を開始した。そしてローマ中を言語に絶した数え切れない殺人で満たした。これはローマだけではなく、イタリア中の全ての都市で行われた。血と恐ろしい殺人で汚されないようなどのような神殿、各家の祭壇、慈善施設の特権、元老院議員の家もなかった。夫らは妻の腕の中で殺され、子どもらは母親のひざの中で殺された。その上、個人的な敵意のために殺された者達は、彼の財産のためのみに殺されたのだった。……殺人者スッラは、国家の椅子に誇らしげに座って、呼び売り商人に奪った財産を大っぴらに売りさばかせたので、財産が奪い去られるのを見ることよりも、彼が与えたり売却した者達によって彼らの財貨が荷造りされるのを見ることの方が、一層人々を傷つけた。時にスッラは、美しい女性に一つの州全体、もしくは、ある都市の収入全部を与えたり、こっけいな道化師や吟遊楽人それに自由となったいたずらな奴隷にこれらを与えた。そして、力づくで他の男の妻をある男に与えたり、又、彼の意志に反して彼らを結婚させたりした。（プルタルコス『スッラ伝』第三一節、第三三節）

---

(35) ティベリウス（Tiberius 前四二—後三七）。ローマの将軍・第二代皇帝。敵対するセイヤヌス派を殺害した。

(36) カリグラ（Caligura 後一二—四一）。第三代ローマ皇帝。狂気的性格の持ち主で、虐殺を繰り返したとされる。

(37) ネロ（Nero 後三七—六八）。第5代ローマ皇帝。残虐な行為で知られる。

(38) ドミティアヌス（Domitian 後五一—九六）。第一一代ローマ皇帝。元老院議員を次々と処刑したことで知られる。

(39) コンモドゥス（Commodus 一六一—一九二）。第一七代ローマ皇帝。側近を次々と処刑したことで知られる。

さて、タキツスとスエトニウス[40]を調べて、さきの残忍な皇帝たちが、広く行われた市民の殺戮ないしは国家的虐殺において、このような民衆的悪党と同じであるかどうか見ておきたい。神のみが彼に匹敵し得た。そして、彼の人生にまさに相適う最も驚くべき死を彼に与えることによって彼に勝った。というのは、彼が彼の同国人の何千もの人々の死因であったように、彼自身の生きている類似の性質の何千ものものが、彼の死因だったからである。というのも、スッラは、

膿瘍[g]によって死んだ。この病気のために肉が腐ってことごとくに虱に変じ、大勢の人間が昼も夜も絶えずその駆除にかかったが、取り去った数は、後から増えるものに比して何分の一にもならず、このひどい害虫の群れにただちに満たされない着物やシーツ、浴槽、洗濯もの、そして食物そのものはなかった。（プルタルコス『スッラ伝』第三四節）

私は、この文章をいずれの専制的な君主の残酷な行為を軽視するために引用しているのではないし、残酷さを弁護するつもりもない。私の主張は、ただ、国家に対する惨禍は、比較する限り、暴君的な君主の下ではより広くないということにある。というのは、そうした暴君の残酷さは、通常、暴君に背く具体的人間以外には及ばないし、王国全体に及ぶものではないからである。まことに、誉れ高い先代の国王陛下は、「王というものは、それほど悪名高く邪悪にはなりえないし、一般的には、正義を愛し秩序を維持しようとするのであって、特別の場合に、彼の法外な欲望に夢中になるだけである」（ジェームズ一世、第二巻、66頁）とのべている。残酷なドミティアヌス、暴君ディオニュシオス[41]その他多くの王さえも、史家によって、偉大な正

義の監視者だとしてほめられている。自然理性は、そのために奉仕をするものである。全ての君主の力と栄光は、ただ、人民が多数であることと彼らの富が充分であることである。彼の臣民の身体は戦いにおいて兵として仕えるし、臣民の財産は公の支出を支える。したがって、たとえ、臣民を愛するからではなくて、自ら自身を愛するゆえに、全ての暴君がその臣民の生命を維持し財産を保護することを望むのだとしても、それは正義によること以外には為しえないし、もし、そうでなければ、国王の損失は最大のものとなろう。

これに反して、民衆国家においては、公共の善は一人ひとりの人間の配慮には全く依存せず、彼らは自分自身の個人的な利益を求めるのに、コモンウェルスは、他者によって充分良く統治されることを全ての人がよく知っている。人は、公共の事柄を自らの仕事とは考えない。こうして、一つの仕事が多くの召使によって為される一家族のように、人は他者を傍観する。そして全ての人は、その仕事が全ての者によって全く無視されるまで仲間のためにそれを残しておく。そしてまた、彼らはその無視を咎められることはない。なぜなら、彼らの無視は、まさに大きな賭けのようなものだからである。というのは、人民の中の為政者は、大部分が一年交代であるので、常に彼らがその仕事を理解する以前にその仕事から離れがちである。それゆえ、より鈍い理解力の国王でさえ、習慣と経験によって、彼らを凌駕するに違いないからである。

さらに、自分が神ではあるのだけれど、それでもなお人と同じように死ぬ定めにあることを、そして、自

(40) スエトニウス（Suetonius 後六九―一四〇）。ローマの歴史家・伝記作家。『皇帝伝』で有名。

(41) デュオニュシオス（Dionysius 前四〇五―三六七）。イタリア南部シラクサのギリシア人僭主。残虐で猜疑心が強く、最悪の暴君として有名。

分を攻撃する不正に対して自ら仇を討つ手段を見出し得ない劣等な臣民は存在しないことを、自分の理性や感覚が彼に教えないほど残忍で邪悪な暴君は存在しない。したがって、ディオニュシオス一世がそうであったように、偉大な専制君主は、卑劣な恐怖の中で絶えず生きるということである。ティベリウス、カリギュラ、それにネロは全て、突然の恐怖でおびやかされていたと、スエトニウスによって描かれている。しかしながら、悪が、民衆によってある特定の人物に為されるところではそうではない。その人を害する人が誰かは分からず、誰が不満を持っているかも分からず、また、誰に補償を求めたら良いのかも分からない。大胆にも、全民衆集会において、悪意や残忍さを行使する人がいるかもしれない。民衆的専制政治に匹敵する専制政治はないのである。

一七 人民の統治は、我慢できるものではないし、いわんや弁護できるものではないのであるが、それでもなお、多くの人々が、人民は統治し得ないのだが、それでもなお彼らはその統治に王と共に加わり参加し得るという意見に喜ばされる。そしてそれ故、民衆的権力と王的 regal 権力の混合国家を作る。そしてそれを彼らは、最高に調節された、最も公平な統治形態であると受け取ってしまう。しかし、この空想の虚しさは、あまりにも明白である。それは、全く不可能なこと、もしくは、矛盾したことにしか過ぎない。というのは、もし、王がただ一度でも彼の同伴者として人民を認めれば、彼は王ではあり得なくなり、国家は民主政になるからである。彼はたんに名目上の王であって、実際の王ではない。つまり主権がないのである。というのは、この主権だけが、王をして王になさしめるのであって、これがなければ何にもないからである。公の法律を作る際の協議のための総会を持つような王国において見出される民衆性の顕示に関しては、そういう会議は、君主と主権を分担したり分割したりするものではなく、ただ協議し、至高なる首長に助言するだけのものであって、絶対的権力は、国王の手中にある、ということをぜひとも思い出さなければならない。というのは、もしそのような集会において、王、貴族、それに人民が主権の同等な分け前を持つというのであれば、その時は、王が一票のみを持ち、貴族が同様に一票持ち、そして人民が一票持ち、それからこれらの投票権のいずれかの二つは、第三のものを支配する権力を持つことになるからである。こうして、貴族と平民とが共に王を束縛する法を作る権力を持つならば、こういうことは王国においては今までみられないことなのだが、もしそれが生起し得たなら、その国家は民衆的であり、王的ではないということにどうしてもなるにちがいない。

一八　もし、民衆が彼らの支配者を選任したり、統治したり、統治を分担するということが不自然であるなら、民衆が彼らの国王を選任したり、もし必要ならば君主を罷免することができるといったあまりに多くの人によって作られたあの忌々しい断定について、どのように考えることができるだろうか。確かに、この見解の不自然さや不正は充分には言い表せない。というのは、王が、もともと彼の祖先かまたは彼の戴冠式の時に彼自身か、いずれであれ（というのも、誰かが夢想するこれらの協定は、いずれかのためのどのような証拠も提出不可能なので）彼の人民と契約か合意をするということを認めるとしても、それでもなお、どの国のどのような法律によっても、

まず、それの侵犯者についての通常の判事による合法的な裁判が為される場合か、または、これは一旦考え

てみれば馬鹿げたことだが、自らの裁判において、全ての人が当事者であると同時に裁判官であるという場合を除けば、契約が破られたとは考えられないからである。というのは、それならば、彼らが裁かれ罰せられる人を裁き罰する（神が彼らに下された）統治のくびきを喜んで放棄する時、愚かな民衆の手中に契約があることになるからである。（『自由な君主政の真の法』（ジェームズ一世、第二巻、68～69頁））

アリストテレスは、民衆が自らの訴訟事件においてどのような裁きをするかを語っている。（『政治学』第三巻第九章）〔1280a15〕――「民衆は、自分のものに関しては拙い裁判官である。οἱ πλεῖστοι φαῦλοι κριταὶ περὶ τῶν οἰκείων」。

主権の扱いについての民衆の判断は、ローマ史の中に見られる。そこにおいて我々は、人民によって殺害された多くの立派な皇帝を見出すことができるし、そして、人民によって選任された多くの有害な者を見出すことができる。ネロ、ヘリオガバルス[42]、オト[43]、ウィッテリウス[44]及びその他本質的にそのような怪物は、民衆のお気に入りだったし、民衆によって高位につかされた。ペルティナクス[45]、アレクサンデル・セウェルス[46]、ゴルディアヌス[47]、ガッルス[48]、アエミリアヌス[49]、クインティッルス[50]、アウレリアヌス[51]、タキッス[52]、プロブス[53]、それにヌメリアヌス[54]といった人々の多くは、すべての史家によって立派な皇帝と判断されているのであるが、しかし、民衆によって殺害された。

一九　想像上の恐怖から、多くの人が、専制君主の傲慢さを抑制するためには、人民の権力が必要であると偽りを言うのだが、しかしこの点で、彼らは病気よりもはるかに悪い治療法を提示する。そうした病気は、彼らが言うほどしばしば起こるものではない。わが国の歴史によって判定してみよう。我々は、ノルマンの征服以後今や約六〇〇年間近く、王位の継承を享受してきている（今までのどんな民衆的国家の継続よりも

(42) ヘリオガバルス（Heliogabalus 二〇三―二二二）。第二三代ローマ皇帝、マルクス・アウレリウス・アントニウス・アウグストゥスのこと。ローマ史上の最悪の君主として知られる。

(43) オト（Otho 後三二―六九）。「四皇帝の年」の二番目の皇帝。先帝を暗殺して帝位についた。

(44) ウィッテリウス（Vitellius 後一五―六九）。「四皇帝の年」の三番目の皇帝。オトを排して帝位に就いた。

(45) ペルティナクス（Pertinax 一二六―一九三）。「五皇帝の年」の最初の帝位請求者。近衛兵に対して緊縮財政を取った。

(46) アレクサンデル・セウェルス（Alexander, Severus 二〇八―二三五）。第二四代ローマ皇帝。軍縮政策を採った。

(47) ゴルディアヌス三世（Gordianus 二二五―二四四）。ローマ帝国の軍人皇帝。文学にも秀でており民衆に愛された。

(48) ガッルス（Gallus 二〇六―二五三）。軍人皇帝。ゴート族との和平交渉に活躍した。

(49) アエミリアヌス（Aemilianus 二〇七―二五三）。軍人皇帝。ゴート族を撃退した。

(50) クインティッルス（Quintillus 生没年不詳）。軍人皇帝。

(51) アウレリアヌス（Aurelianus 二一四―二七五）。軍人皇帝。ガリアとパルミラを滅ぼし帝国領を回復。

(52) タキツス（Tacitus 二〇〇―二七六）。軍人皇帝。小アジアでゴート族を撃退した。

(53) プロブス（Probus 二三二―二八二）。軍人皇帝。蛮族の侵入の大半を撃退した。

(54) ヌメリアヌス（Numeriaus ?―二八四）。軍人皇帝。ペルシア遠征を指揮した。

はるかに長きにわたっている)。ノルマン民族の君主は二五人いるが、これらの誰一人として専制統治をしたといって史家に責められるものはいない。これらの王のうちの二人が人民によって廃位させられ、野蛮にも殺害されたということは確かなことであるけれども、二人とも専制君主ではなかった。というのは、今日の学識ある史家が述べているように、エドワード二世[55]とリチャード二世[56]は、その性格と支配において耐えられないというのではなかったのだが、人民は、何らかの困窮というより気まぐれから、彼らに対して慎みのない対応の道をとった。

エドワード二世は、わが国の史家の多くによって、立派で有徳の持ち主であり、学識もないわけではなかったと伝えられえいる。彼らは、彼の欠点を、公務についての思慮分別や態度ではなく、運命に帰している。彼の廃位は、残忍で不貞な妻によって導かれた暴力的な激怒によるものであり、冷遇と死という彼の悲しみの表情がそれを何よりも物語っている。同様に、リチャード二世の廃位も、激怒によるものであり、いかなる理性の規則や国家の法によって行われたものでもなかった。偏った判断ではなく、彼の行為を検証してみると、彼を、不適任とか有害とかで責めることはできない。彼に向けられた濡れ衣を考慮してみれば、いかなる真実も重大さもないことがわかるだろう。ホーリンシェッドは、リチャード二世が臣民によって最も嫌がられて悪用されたと書いている。というのは、その若年時代に若さ故、彼は、その領地の王族には不釣合いなほどふしだらということで声価を落としたけれど、それでもなお、王に就任以前の頃、平民は富を蓄え、貴族は誉れ高く、聖職者も虐待されていなかったが、彼らは、にもかかわらず、悪魔にそそのかされて、彼リチャードに敵対し、以後の、また、部分的には次の後継者ヘンリーの統治の間の全き破壊に向かうことになった。ヘンリーの偉大な業績は、リチャード王に敵対し、彼と共に共謀した人々を死刑に処すことによって彼の国民に敵対したことである。しかし、それを引き継ぐ時代の無秩序に際して、ノルマンの征服以来の全ての対外戦争より多くの英国人の血が費やされた。(ジョン・ヘイワード卿のドールマンへの返書 *Sir John Hayward in answer to Doleman* ヘイワード、第一巻、折記号 kia-b)

この王国は、二度の内乱で惨めに荒れた。しかし、いずれも、国王の専制におって引き起こされたのではなかった。ヨーク家とランカスター家の流血[57]の不和が人民の気まぐれから発生したように、諸侯戦争[58]の原因は、高名な史家たちによって、貴族たちの強情さに帰せられている。これら二つの不自然な戦争によって、

---

(55) エドワード二世(Edward II 一三〇七―一三二七)。成長しつつあった議会政治を軽んじ、寵臣政治を行ったため廃位され、国王廃位の前例を作った(*The Constitutional History of England*: A Course of Lectures delivered by F. W. Maitland, Cambridge, 1908. メイトランド『イングランド憲法史』小山貞夫訳、創文社、一九八一年、138頁)。以下、メイトランド、小山貞夫訳、と略記。

(56) リチャード二世(Richard II 一三六七―一四〇〇)。エドワード二世と同様な寵臣政治を行い廃位された。メイトランド、小山貞夫訳、138頁)。

(57) 一四五五年に始まる、いわゆる「ばら戦争」のこと。旧勢力であったランカスター家と新勢力を結集したヨーク家の争い。ヨーク家側が勝利し、旧勢力の大半が没落した。(富沢霊岸『イギリス中世史』ミネルヴァ書房、一九八八年、220-226頁)。以下、富沢霊岸と略記。

(58) 諸侯戦争(the Baron's wars)。一般的に、ジョン王に反抗した第1次諸侯戦争とヘンリー三世の専制に対するシモン・ド・モンフォールを中心として挙兵した第二次諸侯戦争を指す(メイトランド、小山貞夫訳、24頁)。

外国人の目には我が国の名誉が損なわれたことになったのである。スペインの王は、その臣民の真心の忠誠の故に、人の王と呼ばれている。フランスの王は、その無制限の課税と賦課の故に、課税の王と呼ばれていた。しかし、イングランドの王は、その臣民がたびたびに反乱をおこしたり君主を廃位させたりしているので、悪魔にとりつかれた王と呼ばれている。

第三章　実定法は、王の自然的かつ父権的な権力を侵害しない

（一）王 regal の権威は実定法には従属しない。王は、法より以前に存在した。法律に拘束されなかったユダヤやイスラエルの王と（二）「サムエル記上」第八章でのサムエルの王についての記述。（三）新約聖書で王に帰せられた権力。（四）法律は専制君主を抑制するために考案されたのかどうか。（五）法律の利便性。（六）王は法によって拘束されないけれども、法律を維持する。（七）王の宣誓について。（八）法律を上回る王の大権の便益について。（九）王は、コモンローの制定者であり解釈者であり改訂者でもある。（一〇）王は、征服以前も以後も全ての事件を裁く。（一一）王と枢密院顧問は、星室裁判所で事件を裁いた。（一二）議会について。（一三）最初に議会に召集された人民。（一四）議会の自由は本質的なものではなく、君主の厚意によるものである。（一五）王のみが議会で法を作り、（一六）両院を自ら支配し、（一七）彼の枢密院顧問によって支配し、（一八）もしくは、彼の裁判官によって支配する。

一　ここまでは、王 regal の権威が自然の制度であること、そしてそれは人民の恣意的な選出に従うこと

から自由であることを示す努力をして来た。同様に、人間の法が君主より優位にあるのかどうかを探求する必要がある。なぜなら王 royal の司法権が人民から獲得されたものであることを主張する人が、その執行を人間の実定法にまさに従属させるからである。しかしここでもまた彼らは間違っている。というのは、王 kingly の権力は神の法によるので、王の権力は、それを制限するどのような下位の法も持たないからである。一家族の父親は、自分自身の意志以外のどのような法によっても支配しないし、法律や彼の息子や召使の意志によっても支配されない。不正に支配されているからといって、子どもたちに自由な行為や救済策を許す国民はいない。それにもかかわらず、全ての父親は自然法に拘束されていて、自分の家族の保存に最大限の努力をしなければならない。しかしながら、まして王は、この一般的な基盤を保つべくその同じ自然法に常に拘束されているのであって、彼の王国の安全が彼の主要な法である。彼は、全ての個人の個別な利益と全ての人の一般的な利益とが必ずしも一致しないことや、公的なものが私的なものに優先することを忘れてはならない。そして法律の力が自然的衡平それ自体ほど大きくはないこと、つまり、自然的衡平が、法律によって充分に包含されることはあり得ないので、時と所と人との無限の多様性に従いながら、国家の事柄をどのように経営するのかを知っており、特殊な利益と公共の利益との均衡を賢明にも量ることのできる者たちの宗教的裁断に残されることになることを忘れてはならないのである。

法律よりも君主が優位にあることの決定的な証明はこれであり、どんな法律よりも以前に王は存在したのである。長い間、王の言葉が唯一の法であった。ウォルター・ローリィー卿が述べているように、「そして、もし、実践が権威の偉大さを示すものであれば、ユダヤやイスラエルの最良の王も法律には拘束されず、最大事において彼らが好むことを何でも行った」（ローリィー、1、第二巻、第一部第一六章第一節）。

二　王の無制限な支配はサムエル（「サムエル記上」八・一一～一八）によって余りにも充分に述べられているので、人によっては、これはイスラエルの人々を王政での惨禍で威すことによって、自らと家族の中での統治を保とうとするサムエルの陰謀や罠ではないかとか、サウルの後の悪政の予言的記述にしか過ぎないのではないかという想像をおこさせるほどであった。しかし、こうした推測の誤りは、その威厳のある論考『自由な王政の真の法』（ジェームズ一世、2、56～59頁）において公平に明らかにされたのであって、そこでは、サムエルの見識は、たとえ人民自身が有害であるとか不便であるとか評価したことであっても、王に対して義務感にあふれた服従を人民はなすべし、と教えていることが明らかにされている。というのは、王が人民に何をするかを語ることによって、臣民が耐えねばならないことは何か、しかも、王が不正を為す権利があるというのではないが、たとえ王がそうしたとしても、王は人民によって罰せられないという権利を持っている、ということを、サムエルは人民に教えているからである。そして、この点では、サムエルが王について述べているのか、専制君主について述べているのかは問題ではない。というのも、忍耐強い服従が両者に対して当然とされているからである。『聖書』には、専制に対する救済はなく、ただ、かの日において叫び祈るのみである。厳しい解釈によって、サムエルの記述がどれほど専制君主に適用されようとも、温和な解釈によってそれらの言葉は、正当な王の態度に一致し得るのであって、『聖書』の見識と一貫性は、それらの言葉のより穏当な、または限定された意味を暗示している。というのも、ウォルター・ローリー卿が述べているように、「そうした不便や惨状は全て（これらはサムエルによって、王的統治に当てはまると考えられているが）、耐えられないものではないし、そうしたことは、臣民が彼らの君主に対して自由に同意することによっても、生じて来たし、なお生ずることなのである」（ローリィー、1、第二巻第一六章第一節）。否、今日、この国においても、多くの借地農はその不動産保有の条件や徭役によって、従属する下級地主への服従に拘束されている。生まれや条件に応じて、戦時においては王に仕え、王の土地を耕すことは、単に臣民の本性と一致するのみではなく、臣民によって望まれていることなのである。同じようなことが、女召使、菓子製造職人、料理人、パン屋についても言える。というのは、『聖書』それ自体が、王の召使の十分な報酬について述べているのだから、賃金を払わないで使役しようと思うとは考えられないからである。収入に関していえば、臣民の種子、ワイン、それに羊、それらの一〇分の一は、（「サムエル記上」八・一五、一七）、王の家計の必要な食料であり、それは公租権に属している。というのは、それが一〇分の一の収入に言及しているので、それは専制君主にはそぐわないからである。専制君主は、その人民の金品を巻き上げる際に比率を考えたりしない。

最後に、臣民の耕地、ブドウ畑、それにオリーブの木からの収入だが（「サムエル記上」八・一四）、もしそれが、無理強いや詐欺、もしくは私的な個々人への損害の補償がないというなら、それは許されない。しかし、もしそれが、公の費用とか一般的な同意によるものの場合は、王国の最初の建国に必要なものとして正当化される。というのは、彼らの王が輝かしく、強力で富んでいることは国民の名誉、利益それに安全なのだから、王を持とうとする人々は、王位のための収入を提供することによって、王室の安定を許すことに義務づけられる。その上、多くの臣民の土地や財産が、しばしば、罰金、不動産復帰、私権剥奪、法益剥奪、私財没収等々によって合法的に王によって没収されることを全ての臣民が知っている。こうして、王についてのサムエルの性格づけは、文字通り穏当な意味を伝えていることがわかる。サムエルがそのように意味づけ、イスラエルの人々がそれをそのように理解したということのより高い蓋然性については、次を見られたい。サムエルは、イスラエルの民に語る。「あなたたちの上に君臨する王の権能は次のとおりである」（「サムエル記上」八・一一）「あなたたちは、自分たちが選んだ王のゆえに、泣き叫ぶ」（「サムエル記上」八・一八）。すなわち、これが、あなた方の王サムエルのありふれた習慣であり、きまったやり方であり、処置の仕方であったということである。あるいはまた、平俗なラテン語が表わしているように、これがあなたの王の権利であり、法であるのであって、ある人が説明しているような、ある日あなたにとって突然に専制を行うといった「気まぐれな王 *individuum vagum*」もしくは、不定の王の気まぐれな出来事や行為を意味しているのではない。それ故、サウルとサウルの通例の実践は、この『聖書』の文字通りの意味と一致しているのである。

さて、サウルが専制君主ではなかったということについて、我々は、人民が、全ての国民が持っているような王を彼らも求めたことを特に挙げることができる（「サムエル記上」八・五）。神は答え、そしてサムエルに民の声を聞くように命じ、彼らに王を使わす（「サムエル記上」八・七）。彼らは専制君主を求めたのではなかった。もし、全ての民族が専制君主を持つというのでもなければ、彼らが王を求めた時に、彼らに専制君主を与えたことや、彼らが卵を求めた時に、さそりを与えたことは、彼らの声に耳を傾けたということではなかった。その上、聖書のどこにも、サムエルが描くようななんらかの行為を犯したことの故に、サウルが罰せられたとか、責められたとかは語られていない。そして、もしサムエルの大意が人々を恐れさせるだけであったならば、彼は、八五人の無実の聖職者を殺害したり、ノブの街の男女それに子どもに抜剣を突きつけて急襲するといったサウルの流血の残虐さを予言することを忘れることはなかったろう（「サムエル記上」二二・一八～一九）。さて、イスラエルの民は、サムエルによって企てられたこれらの諸条件を回避せず、全ての民族が拘束されているように、それらを受け入れた。彼らの結論は次の通りである。「いいえ。我々にはどうしても王が必要なのです。我々もまた、他の全ての国民と同じようになり、王が裁きを行い、王が陣頭に立って進み、我々の戦いをたたかうのです」（「サムエル記上」八・一九～二〇）。つまり、彼らのために仕事をし、裁き、戦うことによって王は特権を受ける、という意味である。最後に、神に対する嘆願についての言及は、人々が専制的な圧迫の下に置かれていたことを示すのだが、人々の不満や叫びは、必ずしも専制君主の下に生きることについての議論ではないことを思い起こそう。だれもソロモン王が専制君主だとは言えない。しかし、イスラエルの会衆は全て、ソロモンは彼らの服従を苦しいものにしたと不満をのべ、それ故、レハブアムに対して、「あなたの父上はわたしたちに苛酷なくびきを負わせました。今、あなたの父上がわたしたちに課した苛酷な労働、重いくびきを軽くしてください。そうすれば、わたしたちはあなたにお仕えいたします」（「歴代誌下」一〇・四）と彼らは嘆願した。結論を述べよう。サウルが王国を失ったことは事実である。しかし、それは、彼の臣民に対して残虐であるとか、専制的であるとかの故ではなく、彼の敵に対してあまりに寛大であったが故であった。サウルがアガクを殺すべきときに、アガクを打ったのは（「サムエル記上」一五・九）、その王国が彼から分離したからである。(h)

三　新約聖書の命令では、我らがキリストは、王の権力を限定し特徴づけている。「皇帝のものは皇帝に、神のものは神に返しなさい」（「マタイ福音書」二二・二一）。聖バジリウス[59]は、このテキストを、「我々は、神の十戒が妨げられないところのものについては、君主に服従しなければならない *Obediendum est in quibus mandatum Dei non impeditur*」と解釈している。我々の服従を妨げるのは、神の法以外にはない。「我々はただ神を信ずる。その他のことでは、我々は喜んであなたに仕える」、とあるキリスト教徒は皇帝に答えた。「我らがキリストは、上手に、我らの金を皇帝に割り当てた。さもなければ、もし全てが皇帝のものだとしたら、何が神の持分となろうか *Bene apposuit Caesar, pecuniam, te ipsum Deo, alioqui quid erit Dei, si omnia Caear*」と述べた時、テルトゥリアヌス[60]は、神のものでないものは何であれ、皇帝のものだと考えていたように見える。教父たちは、土地の法や人民に対していかほども権力の制限を述べていない。聖アンブロシウスは『ダビデ弁論 *Apology for David*』において、「彼は、王であった。それ故、法律によって拘束されなかった。なぜならば、王というものは、いかなる責任の束縛からも自由であるからである」（アンブロシウス Ambrose、第一〇章）、と明確に述べた。また、聖アウグスティヌスは、「皇帝は法律に従わない。彼は他の法律を作る権力を持っている *Imperator non est subjectus legibus, qui habet in postestate alias leges ferre*」と結論している。というのは、事実、それがソロモンの法であり、「我らは、王の命令を守らねばならない。そ

(59)　聖バシリウス（St. Basil 三二九―三七九）。ローマ領パレスチナの首都カエザレアの司教。

(60)　テルトゥリアヌス（Tertullian 一六〇―二三〇）。カルタゴのキリスト教神学者。

してあなたは何を行うのかと語ってはいけない。なぜならば、王の言葉があるところには権力はあり、彼は全てその好むところをなすからである」(「伝道の書」八・二〜四)。

イングランドでこの神学を好まぬ人がいるならば、ただヘンリー三世時代の最高法官であったブラクトンに耳を傾けさせよう。これは議会の設立以後のことである。ブラクトンは王について次のように述べている。

全てが王の下にある。王は神以外の誰の下にもいない。もし王が罪を犯したならば、令状は王に向けられることはないのだから、人々の救済は、王がその誤りを償うように請願することである。もし、王が償おうとしないならば、報復者としての神が王に下す罰で充分であろう。王の行為を僭越にも探ることはできないし、その行為に敵対することなどできない *Omnes sub eo, et ipse sub nullo, nisi tantum sub Deo,* etc。(ブラクトン Bracton, 頁数5b-6a)

ユダヤの民が、貢租を支払うべきかどうか、我らが神聖なキリストにたずねた時、キリストは、土地法はどうなっているかとか、貢租を支払わないでいいというような成文法があるかどうかを聞かなかったし、貢租が議会の法令によって与えられるのかどうかもたずねることもなく、また、議会が貢租を認めるまでは民に支払いを待つようにとも述べなかった。彼は、(デナリオン銀貨の皇帝の――訳者挿入)銘だけを観察し、結論を下した。「あなたは、これを皇帝の銘であるという、それでは、皇帝のものは皇帝に対して返しなさい」(「マタイによる福音書」二二・二一)。ここで、キリストは、征服されたユダヤの民にのみこの教えを述べたのだと受け取ってはならない。というのは、ここでキリストは、征服者や簒奪者や何であろうと同じく、合法的な王に服している全ての民族に対して指示しているからである。

聖パウロが我々に、「上に立つ権威に従うべきです」（「ローマ人への手紙」一三・一）と命じたのだが、この言葉を、土地法を暗示するとか、王権と同じく貴族的及び民主的権力の最高権力をも意味すると、歪めて受け取る人がいる。聖パウロはそうした解釈者をさがしたように見える。それ故、自らが解説者として適当だと考え、権力によって自らが考えているのは、剣を携えた王だということを知らせようとした。「あなたは、権威者を恐れないことを願っているのか。つまり剣を帯びた支配者を恐れないことを願っているのか。というのは「権威者はいたずらに剣を帯びているのではなく、神に仕えるものとして汝に対するからである」（「ローマ人への手紙」一三・三〜四）。「神に仕えるもの」もしくは「剣を帯びるもの」は法ではなく、支配者、もしくは、為政者である。だから、法律が王国を支配するという人は、大工の法がその家を作るのであって、大工が作るのではないと言っているようなことになる。というのは、法律は、支配者の規則ないしは道具であるにすぎないからである。そして聖パウロは、結論を下している。「権威者は、神に仕えるものであり、そのことに励んでいるのです。貢を納めるべき人には貢を納め、税を納めるべき人には税を納めなさい」（「ローマ人への手紙」一三・六〜七）彼は、貢租を贈り物として神の代理人に与えよとは言わず、貢租を、当然支払うべきものとして、「納めよ ἀπόδοτε アポシュテー」、もしくは、返還せよ、と言っている。また、聖ペテロは、この聖パウロの見解を最も明確に解釈している。「主のために、すべて人間の立てた制度に従いなさい。それが統治者としての王であろうと、王が派遣した総督であろうと、服従しなさい」（「ペテロの手紙一」第2章13〜14節)。ここで聖パウロが権力と結びつけて考えた「より上位の」もしくは「より優れたὑπερέχοντι ヒュペレコンティ」を、聖ペテロは王「より優れた者としての王 βασιλεῖ ὡς ὑπερέχον バシレイ・ホース・ヒュペレコン」に連結しており、それによって、王と権力とは同一物であると言明している。また、聖ペテロは、王であるものが人間の法であることについて彼自身の言葉で説明している。つまり王は「法を示す者 *lex loquens*」、ということである。彼は、王自身が人間の法であることを意味しているのではない。というのは、聖パウロが、神の法を最高の権力と呼んでいるからである。そして神の知恵は「わたしによって王は君臨する」(「箴言」八・一五)と語っているからである。しかし彼の言うことは、王の命令ないし法律は人間の法であるということである。次に、彼によって、つまり神ではなく王によって派遣された総督についてだが、ある者たちは、神によって権威づけられた民主的総督を正当化するものとしてそのテキストを曲解する。それに反して、文法上からは、関係代名詞「彼によって」の「彼」は、「王」という先行詞に言及していることは間違いないのである。その上、「より上位の」と「派遣された」は対句であり、総督が王によって派遣されたことを明らかに証明している。というのは、もし、総督が神によって派遣され、王が人間の法であるなら、当然の帰結として、総督がより上位のものとなり、王はそうではなくなるからである。あるいは、もし、王と総督がともに神によって派遣されたというのなら、彼らはともに対等であって、いずれも「より上位のもの」ではなくなるからである。聖パウロの意味することは要するに「王の法、もしくは、彼の代理の者の法に従え」ということである。これによって、聖ペテロも聖パウロも共に、君主政的な統治以外のことを考えていなかったし、人間の法への君主の従属などあり得ないということが明白である。

学者たちの周知の区別、つまりそこでは、彼らは、王たちを、法の「強制的 coactive」権力にではなく、「指導的」な権力に従わせるのだが、その区別は、王がどの国民の実定法によっても拘束されないということを表わしたものである。なぜなら、法の強制的 compulsory な権力は、服従に対する報酬、もしくは、処罰によって人々を拘束することによって法を法とするからである。これに反して、法の指導的な権力とは、王の枢密顧問官が王に与える助言や指導であって、それは、王に対する法とは言えないからである。

四 法の最初の発明が、王の行き過ぎた権力を抑制し、和らげることであったことを信ずる者たちがいないわけではない。しかし、法の起源は、民衆を秩序づけることであったというのが真相である。民衆的国家は、法がなければ全く存続し得ないが、これに反して、王国は、それがなくとも多くの時代で統治されていた。アテネの人民は、王を捨てるや否や、王を抑制するためではなく彼ら自身を抑制する法を作るために、最初にドラコン、[61] 次にソロン[62]に権力を与えるよう強いられた。そしてそれらの法の多くは非常に苛酷で残虐なものだったのだが、それでもなお、彼らの立法者への畏敬のために、喜んでそれに従った。人々は、ソロンにいかなる制限もつけない権力を与え、その権力は彼が適当と考えるものを彼の意のままに廃止したり、承認したりする絶対的な支配権であったが、人々は決してそうした権力に挑戦しようとは思わなかった。そ

---

(61) ドラコン (Draco) 前七世紀後半のアテネの立法家。アテネ最初の成文法を制定した。

(62) ソロン (Solon 前六三八―五五八)。古代アテネの政治家。ギリシア七賢人の一人。

してローマの人々は、法律を選び改訂して十二表法を作る十人に、人々の訴えを何ら認めない絶対的権力を与えた。

五 また、王によって法律が作られて来た理由は以下の通りである。すなわち、王が戦争で多忙であるとか、公務で心を悩ませているので、全ての私人が王の意志や意向を知る術がないという場合に、必要性から法律が発明され、全ての個々の臣民が法律の中で解読される君主の意向を知ることができ、あいまいな法の解釈とか厳格な法の軽減とか、新しい事例とか、法に欠陥があり補充のためとか以外は、王の許にしげしげ通う必要がないということなのである。この法という手段のおかげで、君主も人民も多くのことで安心なのである。すなわち、

（一）王は、まさにモーゼ自身が長老の選択で自由になったように、法律を作ることによって、大きく耐え難いトラブルから自分を自由にする（「出エジプト記」一八・一三〜一六）。

（二）人民は、王の意向の身近な警告者や解釈者として法律を持つことになり、その法律は、王国中に公布され、王の存在と威厳とを代表するものである。

また、裁判官や行政官（多くの事例について判断を与える彼らの援助を、王は必要としているのだが）は、法の共通規則によって、他の人への権利侵害に対する彼らの自由の行使を制限される。なぜなら、彼らは彼ら自身の考えに従うのではなく、その法律に従って判断すべきだからである。

六 さて、亡き国王陛下が述べているように、法律を作る王は、法を超えているのではあるが、それでもなお彼の臣民を法律によって支配する（ジェームズ一世、2、63頁）。「また、一定の王国を支配する王が、彼

の法律に従って支配することをしなくなるや否や、王は、王であることから離れ、専制君主に堕落していく」（ジェームズ一世、1、309頁）。

だが、法が厳しすぎるとか、あいまいだとか王が思う場合には、王は、軽減したり、もしくは、解釈したりする。王に対する敬意の上で、議会によって作られる法一般は、王が知るのみの事件については、王の権威によって軽減されたり、延期されたりする。そして王は、法律に従って彼の行為の全てを組み立てるのではあるが、それでもなお、王は、彼の善き意志や善き先例以外には拘束されるようなことはない。（ジェームズ一世、2、63頁）

あるいは、ここまでは、コモンウィールの安全という一般法が王を自然に拘束するのである。というのは、そのような場合、実定法のみが、実定法であるからではなく、コモンウェルスの維持のために最良、もしくは、唯一の手段であるという限りで、王を拘束するといわれるからである。この手段によって、全ての王は、たとえ専制君主や征服者であっても、土地についての国内法によってではなく父なる自然法によって、彼らの全ての臣民の土地、財産、自由、そして生命を維持することに拘束される。父なる自然法は、王をして、彼らの臣民の福祉のために必要な事柄については、彼らの祖先や先行者の布告を批准するように王を拘束するのである。

七　この他に、法律それ自体は王を拘束しないのではあるが、それでもなお、戴冠式での王の宣誓が王国の法律を全て守るように王を拘束すると断言する人がいる。この主張が真理からいかに離れているか、戴冠式でのイングランドの王の宣誓を検討してみよう。その言葉は、次のようである。「汝は、汝の全ての判断において、公平で真正な正義で治める者となり、慈悲と真実で分別を働かせる者となることを望むか。我らの真正の法律や慣習を守ることを望み、汝によって、それらが堅持され、維持されることを約束するか」（ミルズ、53頁）。これら二つは、一般に平信徒ないしは臣民に関わる王の宣誓の項目であるが、これに対して、王はカンタベリー大司教の最初の問いに対して肯定的に答える。「英国民に対して正当で敬虔な王を通じて神から認められた古来の法律及び習慣を、特に高名なエドワード王によって聖職者と平信徒に認められた法律、習慣それに自由を、宣誓によって承認しかつ守ることを望む」。（ミルズ『高貴について *On Nobility*』53頁）宣誓の条項についてのこれらの言葉には、王が法律「全て」ではなく、「真正な」法律と分別と慈愛を持った法律を守ることが求められている、ということがわかる。「真正な」という言葉は、「全て」の法律を意味しない。なぜなら、リチャード二世の言葉の中には、「有害で不正な法律」とあるし、それをリチャード二世は廃止すると宣誓したからである。そして、ヘンリー八世の時代に着手された旧簡略法において、王は完全に「有害な法を取り止める」と誓ったが、もし、王が「全て」の法律に拘束されていたら、これは不可能であったろう。さて、どの法律が真正で、どの法律が有害かは、王だけが判断する。なぜならば、王は、分別と慈愛をもって真正な裁きを行うことを誓うからである。もしくは、ブラクトンは、「正義と慈愛を王に命じさせよう *aequitatem praecipiat, et misericoridiam*（ブラクトン、107 a）」と述べている。それ故、実際に、王は、彼自身の判断において真正であるもの以外のどのような法律を守ることも誓わないし、常に文字通りにではなく、慈愛の伴った良心の衡平に従って誓うのであって、それは固有には、裁判官の仕事よりもむしろ大法官の仕事である。そしてもし、王が、全ての法律を厳格に守ることを誓うとすれば、王は、宣誓を破ることなしには、議会の法令によるどんな制定法も廃止すること、もしくは、同意することはできないだろう。それは国家にとってきわめて有害 mischevable なことである。

王が、王国の全ての法を遵守することをまさに誓うことが真実であると仮定してみよう。それでもなお、普通の人々が彼らの自由意志的誓約によって拘束される以上に王が彼の自由意志的誓約によって拘束されるべきであることを理に適ったことであるとは誰も思わないだろう。もし、私人が、誓約と共に、もしくは、誓約なしに、契約するとしても、彼は、彼を拘束するその契約の衡平と正義以上の更なる拘束を受けることはないだろう。というのは、人間は、もし、それが詐欺、もしくは過失、もしくは彼をそこへ誘い込む強制や恐怖によるのなら、もしくは、それが実行するには有害で苛酷ならば、不合理で不正義な約束に反して安心を得ることが可能だからである。多くの場合において法は、王に対して、普通の人々を超えた大権を与えるので、私は、彼の臣民の最も卑しい者たちさえ享受する特権が彼に否定される理由が分からない。

ここで、もし、王が、彼の定めた法律に反することを何か命令した場合に、臣民が王に従わないことは罪になるのかどうかという幾人かが提議している問題を検討することが好都合である。この点において満足するためには、我々は、実定法ばかりか神法においても、ある事が法律に反することが命令される場合、それでもなお、その命令への服従は必要であるということを解き明かさなければならない。安息日を正当化するのは神の法である。しかしながら、もし主人が召使に安息日の教会に行かないように命令するとすれば、最もすぐれた神学者は、主人は罪であり、非合法であるであるけれども、召使は、この命令に従わねばならない、というであろう。なぜならば、主人がそのように命令したことが罪なのかどうかを召使は調べたり判断したりする権威も自由も持たないからである。というのも、『ルカによる福音書』一四・五にあるように、主人が召使の教会行きを阻止するのと同じ事例があるからである。だが、彼の秘密や計画や現在の必要性を召使に伝えるように主人を束縛することは正当ではない。そしてそのような場合に、召使が教会に行かないことは、主人の罪であって、召使の罪ではない。これと同じことが、戦争に行くようにとの王の命令についても言える。臣民は、その戦争が正しいかどうか吟味できず、従わなければならない。なぜならば、臣民は、その王国の権原とか戦争の原因を判断する権限を持っていないし、臣民は、王に対して彼自身の法の違反のかどで責める権力を何ら持っていないからである。

八　法律に従わない誰かある人の意志に従うことは隷従的であり危険な状態であると、すぐに言う人も多いであろう。しかし、そのような人は、次のようなことを考えていない。

（一）王の大権は、全ての法律の上位にあるということ、それは法律の下の人々のためだけに、そして人々の自由を擁護するためにあるからである。このことは、陛下が権利の請願への最終回答の後の演説で、丁寧に承認したとおりである。大権という名称を人がどれほど恐れようとも、それでもなお、彼らは、それがなければ臣民の状態が、絶望的に惨めなものになることを認めるだろう。衡平裁判所は、それ自体が、法律の容赦ない厳格さに反して人々を救済する王の大権の一部であって、それがなければ、専制君主も同然なのである。なぜなら、「極端にまで徹底させられた法律は *summum jus*」「極端な不正である *summa injuria*」からである。戴冠式や議会での一般恩赦は、ただ大権の気前よさなのである。

（二）法律を命じたり作ったりする最高権力がなければ、法律はあり得ない。全ての貴族政では貴族が法律より上にあり、また、民主政では、人民が法律より上にある。それと同じ理由で、君主政では、王が必然的に法律より上にいなければならない。法の下の王にはどのような主権的威厳もあり得ない。王であるのはまさに、法律を与える権力である。この権力がなければ、彼はいかがわしい王に過ぎない。選挙によるか、贈与か、それとも継承かその他かといった権力取得の方法は、問題ではない。というのは、まさに王になるのは、王冠を取得する方法ではなく、最高権力による統治の仕方であるからである。もし、立法権力が複数の臣民の手中にないとすれば、法律の多様性も、相対立する慣習、つまりそれは各王国で異なるものだが、それもコモンウィールの形態を異なったものとしない。

この点を確定すべく、アリストテレスは、「完全な王国とは、王が自らの意志で全ての事柄を支配するところにある。というのも、法律に従うことが王と言われるならば、いやしくも王国にはならないからである」（『政治学』第三巻第一六章 1287a8-10）と述べている。これは、また、ローマ人が君主政において最も必要なことと充分に理解していたことでもある。というのは、ローマ人は自由を最も渇望する人民であったのだが、それでもなお、元老院は、「アウグストゥスを法律の全ての必要性から自由にした。彼は、自らの権威を自由にふるい、彼自身や、彼が望んだことをしたり彼が選んだことをしないでおく法律より上にある絶対的権力を自由にふるった。そして、この法令は、アウグストゥスがまだいない時に作られた」（ディオ[63]、五三

(63) ディオ（Dio, Cassius 一五五―二三〇）。ローマの歴史家。『ローマ史』を著した。

巻第二八章二～三）。したがって、偉大な法律家ウルピアーヌスが、これをローマ法 the civil law の規則と述べている。「国王は法律によって拘束されない *Princeps legibus solutus est*」（『学説類集 *Digest*』第一巻第三章三一節三四）

九　法律の性格を慎重に比較考量すれば、法律の上位に君主の存在が必要であることが、より一層明らかになるだろう。法律が一般的には最高権力の命令であることは周知のことである。法律は実定法と不文法とに（ちょうどベラルミーノが神の言葉を分類したように）分けることができる。（ベラルミーノ『神の言葉 *De Verbo Dei*』第四巻第一章）。「コモンローは不文法であり、制定法は成文法で、制定法は成文法である τῶν νόμον, οἱ μὲν ἔγγραφοι, οἱ σε ἄγραφοι トン・ノモン・ホイ・メン・エングラフォイ・ホイ・セ・アグラフォイ」とウルピアヌスは国家法で述べている（『学説類集』、第一巻第一章六節、29頁）。コモンローは、全く成文でないからということで不文法と呼ばれるのではなく、それが、最初の遺贈者または作り手によって文章化されなかったから、そのように呼ばれているのである。コモンローは、（大法官エガートンが述べているように）「王国における共通の慣習法」である（エガートン）『特別な出来事の後 *Postnati*』（35頁）。ここで慣習法について言えば、全ての慣習法が慣習法ではなかった時があったということ、そして、今ある先例はそれが始まった時には先例ではなかった、ということが考えられねばならない。全ての慣習法が始まった時には、それを法的なものにした慣習以外の何かがあったし、全ての慣習法の始まりは非合法であった。慣習法は、当初、その始まりへの命令か同意をした至高の権力によってのみ、法的なものとなった。そして、我々が見出す最初の権力は（全ての人が認めているように）、王の権力であり、それは、いかなる法律やその他の種類の統治が考えられる以前において長い間、世界のあちこちの全ての民族において存在した。これによって、コモンロー自体またはこの国の共通の慣習法は、もともとは、最初は王の不文の法や慣習法であった、と必然的に推論されねばなるまい。

また、我々は、共通の慣習法（それは、コモンローの原理であり、非常に少ないのだが）が、全ての具体的な事例を決定する固有な規則となり得る、もしくは、いくつかはそうであるということを考えてはならない。事例の多様性は無限であり、どんな法律によっても規則化されることはできない。そしてそれゆえ、我々は、モーゼによって述べられた神法の中に、まさに高位の司祭や行政官を決定づけるのではなく、方向づける一定の原則的法のみが存在することを見出す。彼らの具体的な事例の判断とは、一般法が意図していることを決定することである。コモンローについてもそのように言える。というのは、完全な規則がないところでは、裁判官は、以前の裁判官によって似たような事例において示された判例における原理やコモンロー原理に頼るからである。そして裁判官は、全て、その権限と名前において、古代の規則や先例に従って判決を示す王から権威を受けるのであるからである。そして、先例が失敗したところでは、裁判官は理性の一般法に頼り、そして裁判官を方向づけるいかなるコモンローもない場合には、所与の判決に頼る。否、方向づける先例があった時代には、よりよい理由だけで、刑事及び民事の双方の事例で法律を変更したし、その理由を吟味したり訂正したりするほど、以前の判例に固執しなかった。したがって、大法官エガートンが数々の例でもって証明しているように、ある法律が今や廃れたり使われなくなったり、前の時代でのものと全く反対の実例があるということになる。

これは、コモンローを傷つけることではない。というのは、全ての民族の法のいくつかは、成文で確立された彼らの法や原理を持つのではあるが、上記の事例は全ての民族の法の中にあるからである。というのも、我々は、このことにおける証拠を、アリストテレスの『倫理学』において見出すし、『政治学』におけるいくつかの箇所においても見出すからである。それらのいくつかを引用しておこう。

> 法は、すべて一般的なものであるが、ある事柄の中には、一般的な規定を行い得ないものがある。……、だから、法が一般的に語ってはいても時として一般的規定の律し得ないような事態が生ずるならば、その場合、立法者の残しているところ、つまり、彼が無条件的な仕方で規定することによって過っているところをうけて、不足する事柄、――立法者がその場に臨めばやはり彼自身も規定のなかに含ませるであろうような、そうしてもしすでにそれ知っていたならば立法していたであろうような――を補正するということは正しい。（『ニコマコス倫理学』1137b13-14, 19–24）
>
> 役人は、それが一人であれ多数であれ、凡てのことに当てはまる一般的な規則を定めることが容易でないために、法律が精密にはどうしても語ることの出来ないことだけに対しては、支配者でなくてはならぬ。……、法律が定め得ないことについては、その判断は、統治者に委ねられるのであって、裁判は成文法よりももっとよいものが見出されれば、修正することも許されている。（『政治学』1282b3-6）[j]

そして、全ての法律は、それ自体は無口であって、具体例に対するそれらの適用を誰かが託される。その人は、全ての条件を吟味することによって、その法が侵害された時と侵害した人を宣告することになる。法の正しい適用というこの仕事は簡単な仕事ではないし、人々の普通の能力では容易に理解できるものではなく、真相を究明することへの深い洞察力を必要とする。いくつかの困難な問題においては、学識ある裁判官にも見解の多様性や、時には対立さえ見られることがその証拠である。

一〇　これが法律の通常の状態なのだから、立法者に法律の適用や解釈を任せるべきだということが最も合理的なのである。そしてこのような理由で、古くは、この国の王が裁判の法廷に自ら席を占めてきたのであるし、全ての法廷に今もなお、代理人が出席しているのである。裁判官はたんに代理をするだけであり、王の裁判官と呼ばれ、王が本来の場所にいる時は、彼らの権力は休止する。こうした目的のため、ブラクトン、つまり、ヘンリー三世治下のかの博学なる裁判長は、はっきりと、「疑わしかったりあいまいな点については、我らの首長である王の解釈と意志があてにされるべきである。なぜならば、解釈することは、法律を作った人の役割だからである」（ブラクトン、34 a、エガートン、108頁）と述べている。というのは、彼は他の箇所で次のように述べているからである。*Rex et non alius debet judicare si solus ad id sufficere possit, etc*、すなわち

王は、宣誓のおかげでそれに縛られているのだから、できることなら、他のだれでもなく王だけが判決を下すべきである。それ故、王は、神の代理人乃至は従者として権力を行使すべきである。しかし、もし我々の首長たる王が全ての事件を裁くことができないならば、他の人々に仕事を分担させることによって、王の負担を部分的に軽減すべく、王は、神を恐れるような賢者を選び彼らに判決をさせるべきである。（ブラクトン、107 a）

同じような目的のために、エドワード一世の命によって、ヘレフォードの司教ジョン・ブリトンの著したその法律書の冒頭に、エドワード一世の言葉がある。エドワード一世[64]は、「朕は、重罪・犯罪・契約、また人事であれ不動産であれ全ての他の行為においても、その正しい真理を判決として知る時はいつでも、その他の訴訟手続きなしに、朕の王国の全ての司法権の上に朕の司法権を置くものである」と述べている（ランバート1、57頁）。これもまた王の法廷における王の人格の想像上の臨席を意味していると受け取られてはならない。なぜならば、王は、その同じ場所に何度も席を占めた後に、まさにただちに彼の通常の法廷の司法権を彼自身によって振るうからである。必然的に、司法権は、王の王的な人格の中に存在すると理解されなければならない。「そしてこのことは、ノルマンの征服によって、新しく作られたり、最初にもたらされたものではない」（ランバート、1、58頁）ということが次のような言葉において、エドガー王[65]によって作られたサクソン法[66]によって明白であるし、私はそれらをランバート氏の次の語句の中に見出す。「もし、人が、家で権利を持っていないことはないとしても、誰も王に対して訴訟において訴えることはできない。しかしもし、その権利がその人にとって余りに重いというのであれば、王のところへ持って行ってそれを軽くすることはできる。*Nemo in lite regem appellato, nisi quidem domi justitiam consequi, aut impetrare non poterit sin summon jure domi urgeatur, ad regem ut is onus aliqua ex parte allevet, provocato.*」（ランバート、1、58頁）

征服以前に王の司法権が行使されていたように、議会が多く開かれるようになった征服後の安定した時代にも、王に従う高等法院[67]があったし、そこは、法律と良心の双方の事柄についての主権的司法の場であったのであり、また、エドワード一世時代の議会によって、「法廷の大法官と判事は、提出された訴訟について王が判断するために有能な人物を常に間近におくという目的で、王に付き添うということが」（ランバート、1、28、63頁）適切に処置されたことは、明白である。民事訴訟の法廷が常設された以後、王は、コモンロー(68)の不備を補ったり厳格さを正したりする主権を留保したのであって、これは、多くの場合を想定している実定法が、時や経験がもたらす全ての特殊な事例を予見できないからである。

一一　それ故、コモンローは一般的には充分で正しいのだけれども、それでもなお、いくらか特殊な事例の場合には、修正が必要となるのであって、これは、立法時には考え及ばなかったある重要な出来事が起こるという理由による。また、法律以外の援助を必要とする種々様々な事が、戦時にも平時にもまさに起こるのであって、それは、コモンローの通常の配慮を待つことはできない。コモンローは、ある種類の総計的な

(64)　エドワード一世（Edward I 一二三九―一三〇七）。卓越した指導力の持ち主で、諸侯との協力関係を続けた。一二九五年、模範議会を召集した（メイトランド、小山貞夫訳、26-33頁）。

(65)　エドガー王（King Edgar 在位九五九―九七五）。ノルマンコンクエスト以前、ペプターキー時代のウェセックス王。デーン人を撃退し、イングランド統一を進めた（富沢霊岸、58-59頁）。

(66)　エドガー王が制定した法律。州の下に郡を定め、郡は月1回集会法廷を持つこととし、州は年2回集会法廷を持つことが規定された（富沢霊岸、58-59頁）。

(67)　高等法院（High of Justice）。一般に民事事件を処理する第1審裁判所を指すが、この場合は、ノルマンコンクエストから12世紀にかけて王に従っていた司法機関を指すものと思われる。

(68)　コモンロー（the common law）。ヘンリー二世時代の司法改革によって成立が促され、エドワードⅠ世時代に確立した全国共通法・慣習法・不文法。以後国王の恣意的な判断に対抗するために活用された（メイトランド、小山訳、22-27頁）。

形でしか実行されないのであり、援助の遅延と時の犠牲なしにはあり得ないものなのである。それ故、ほとんどの訴訟事件は、コモンローの通常の訴訟手続きに任せられるのであり、また、そうあるべきなのではあるが、それでもなお、時々起こるまれな事については、正しい判断のために、王の絶対的で無制限な援助が頼りとなる。そしてマグナ・カルタは、通常の訴訟手続における通常の裁判について作られた制度であったし、そのように理解されねばならないのであって、「まれで、唯一の事例」（ランバード、1、62頁）において役立つ絶対的権威の制限のためではなかったのである。というのは、特に、エドワード三世治下で彼がフランスでの戦いに行って不在の時のことだが、臣民たちは、彼の治世では何人といえども正当な法手続きによらなければ王や国王評議会(69)の前で答えることできないと規定する幾多の法律が作られたが故に、王や国王評議会に対してなされた偽りの告発や悪意のある助言のために大きな被害を受けたのではあるが、それでもなお、エドワード三世治世以前及び治世それに彼の死後も、いくつかの制定法が王と国王評議会の訴訟を助け処理するために作られたということは、そうした訴訟の必要性がまことに大きかったということを示している。（ランバード、1、63-64頁）。

エドワード一世治世五年法律第二八号における議会は「王の法廷の大法官及び裁判官は王に付き添うべきであり、それで、王は、必要性が要求する時はいつでも法廷に出される全ての事件を処理する法律を学んだ人を手許におくようになる」（『制定法大典』51頁）と規定した。エドワード三世治世一八年第三七号に制定法によって、無効法 taliation が、万一に対する助言が不真実である場合に備えて規定された。次に、エドワード三世治世九年法律第三八号は、その無効 taliation を取り去り、心痛の王と党派とが満足するまでの禁固刑を定めている（ランバード、1、64頁）。リチャード二世治世六年第一七号及びヘンリー六世治世四年第一五号の制定法においては、そのような事例における損害と出費とが、見受けられる（ランバード、1、64-65頁）。これらの制定法全てにおいて、正しい訴訟の事由に基づく不服申し立ては、王と国王評議会においてなされるということが必然的に含意されている。

リチャード二世治世二年のグロセスターでの議会で、庶民院が、衡平裁判所や国璽からの令状によって、自由土地保有に関して答弁するために王及び国王評議会に出頭することは誰も強制されることはない、との請願を採択した時、王の回答は次のようなものであった。

合理的な理由で王の許に送られることが禁止されるのは、不合理であると王は考えた。そして、王は、自由土地保有に関する断固たる（最終判決）に答弁すべく送られることを目的とするのではなく、法律が求める公判のために召喚されるべきであると王は考えたのである。つまり、王は「不法援助や圧迫や他の暴行の故に、コモンローが正当に手続きをふめないということが王や国王評議会に確実に知らされているような当事者の訴

(69) 国王評議会（King's Council）。アングロ・サクソン時代の賢人会議 Witenagemot を継承してノルマンコンクエスト後に設置された王政庁 Curia regis が大会議と小会議に別れ、前者が後に議会となり、後者が、王と側近の会議である国王評議会となった。国王評議会はエリザベスの時代に枢密院 Privy Council となり現在の内閣 Cabine とへと連なる。国王評議会は、一三世紀以降の議会発達後も実質的な司法・立法・行政に関する力を持っていた（メイトランド、小山貞夫訳、187-189頁、中村英勝著『イギリス議会史』有斐閣叢書、一九五九年、18頁。以下、中村英勝と略記）。

訟では、国王評議会は当事者を呼びにやることができる、と常に規定されている」述べたのである。(ランバード、1、70頁)

また、リチャード二世治世一三年に、庶民院が、

議会の閉会後は、大法官または国王評議会がコモンローに反して、没収の罰をもって命令を下すべきではない、と求めた時、リチャード二世は、「先例のとおりに行われるのであって、王の特権は保たれる。王は、祖先がなしたと同じように、王の大権を保持する」と答えた。(ランバード、1、71頁)

また、ヘンリー四世治世四年に、庶民院が、偽りの助言に基づく召喚状やその他の令状に対して不満を述べた時に、ヘンリー四世は次のように答えた。

王は、そうした方法において臣民たちに王の役人が召喚状を送らざるを得ないような状態よりも以前のままで控えることを担当の役人に申し渡した。しかし『我らがよき祖先の時代にそうであったように、必要な事件や事由にあっても、我が臣民は召喚されるべきではないと、我が役人が差し控える、というのは、我らの意図するところではない』と王は述べた。(ランバード、1、72頁)

同じく、ヘンリー五世治世三年に、庶民院が、同じ理由で不満を述べた時に、ヘンリー五世は、貴族院と庶民院が可決したものを、王が否決するというような特有な文句によって、この不満を認めないように、王の答えとして、『すなわち、王は助言されるであろう *Le roi s'advisera*』と答えた。(ランバード、1、72頁)

これらの庶民院の訴えと王の返答は、臣民が正当な理由もなく王や国王評議会に召喚されることのないように、そして国王評議会の訴訟は、わずかな助言に基づいて、相続に関する自由土地保有について最終的に決定することがないように、コモンローの手続きが通常は維持されるような中庸が行われるべきことを明らかにしている。そして、しかも、合理的理由のため、「重大事における信頼できる情報に基づき、臣民を召喚するという王の特権ないしは大権は権利として維持される」し、以前の時代にも定期的に行使されていた、ということを明らかにしている。（ランバード、1、72-73頁）

エドワード一世は、議会においてボゴ・デ・クレア[70]に反対して提出された告発から、彼が免責されるのを目にして、いくつかの形式的欠陥が、その告訴人において見出されたので、上記にかかわらず、王と枢密院の前に出頭することを彼に命じた。つまり「王と枢密院が定めたことを行い、受け入れるよう命じた *ad faciendum et recipiendum quod per regem et ejus consilium fuerit faciendum*」、そして、（エドワード一世治世一八年の）その訴訟全体の検証に進むことになった。

エリザベス・オードレイの訴えについて星室裁判所[71]（これはウエストミンスターにおける古来の会議所であった

（70） ボゴ・デ・クレア（Bogo de Clare 一二四八—一二九四）。第六代グロスター伯で、第五代ハートフィールド伯であったリチャード・ド・クレアの三番目の息子。正式に聖職者に任命されていないにもかかわらず、多くの教会財産を持っていた。

（71） 星室裁判所（Star Chamber）。一四八七年に法的に整備された刑事裁判所。陪審制を取らず専制的であり民衆の反発を受けた（メイトランド、小山貞夫訳、289-294、346-350頁）。

のだが）におけるエドワード三世は、「彼と国王評議会の前に出頭することをジェームズ・オードレイに命じた。そして彼女の寡婦資産についての捺印証書に含まれる土地に関する彼らの間の論争に決定を下した」。（エドワード三世治世の四一年の非公開記録 *Rotulo clauso de Anno*）（ランバード、1、73頁）

ヘンリー五世は、「ケント州のタネット島にあるセリとセント・ロウレンスの荘園の所有権をめぐる王とその国王評議会での訴訟において、権利が審理されるまでは、荒廃と腐食の防止と治安妨害を避けること及び収益の差し押さえを命じた」。（ヘンリー五世治世六年の土地認可 patent roll において）（ランバード、1、74頁）

ヘンリー六世は、「法廷の裁判官に、王と国王評議会から別の命令があるまで、ロンドンのファーニー Verney の罪状認否を延期するように命じた。なぜならば、王とその他の人に借金のあったファーニーは、重罪で告発されるように企てられたのだが、彼は彼の牧師を得、彼の債権者をだますための意図の罪障消滅を行ったからである」。（ヘンリー六世治世三四年の王の法廷における記録三七）（ランバード、1、75頁）

エドワード四世と国王評議会は、星室裁判所において、

「ヒュー・ヘイスティングス卿その他が、ヨークのセント・レオナルドの親方とその貧しい同胞の生計の資を取り上げたという訴えを聞いた。その生計の資は、主にヨーク、ウェストモーランド、カンバーランドそれにランカシャー各州の全ての耕地の穀物一スレーブ（二四束）の所有からなっていた」。（エドワード四世治世八年の土地認可、第三部、記録一四）（ランバード、1、75頁）

ヘンリー七世と国王評議会は、星室裁判所において、

「最初は、エドワード六世の国王評議会で、その後は、ヘンリー七世の委嘱した議長の前で、そして最後はヘンリー七世の国王評議会で、審理されたのだから、マージェリー及びフロレンス・バケットは、ウールヴィチ及びブラムステッドの土地に関して、未亡人アリス・ラドリーに対する告訴を、以後することはできない、との判決を下した」。（ランバード、1、76頁）

ここまでで、主権的君主に対するコモンローの依存性や従属性が確認されたが、これと同じことが、成文法についても言える。というのは、王はまた、成文法の唯一の直接の作り手であり、訂正者であり、調節者であるからである。これら二つの種類の法律のいずれも、王が父なる身分の権利によって彼らの人民に対して持つ生まれながらの権力を減少させる根拠ではなく、もしくは、あり得ず、その真理性を強化する論拠である。こうしたことの証拠のために、議会の本質について、若干考えてみたい。なぜなら、議会によってのみ、全ての成文法が制定されるからである。

二二　カムデン氏が述べているように、「議会」という名称は、「どのような古代人によるものでもなく」、フランスからもたらされたものであるが、それでもなお、我が祖先のイギリスのサクソン人は、「賢者の集会」と呼ばれた彼らの会議を持っていた。これはラテン語では、「つまり、貴族の集会、もしくは、王の御前で高位聖職者と貴族が集合したこと *conventum magnatum, or praesentia Regis procerumque, praelatorum collectourm*」（カムデン、177頁）又は、一般的に、「大会議 *magnum concilium*」または、「普通の会議 *commune concilium*」[72]と呼ばれた。そして、祖先の時代において我々の王の多くは、国事の重要事項を相談するために、このような大きな会議を用いたが、一般的な意味においてそれらの会議の全てを「議会」と名づけることができる。

充分に秩序づけられた議会は、大きな利益を王と人民の双方にもたらす。そうした会議ほど、王の権威と至高の権力を示すものはなく、そこで、全ての彼の人民は、王を主権者として認め、謙虚な請願と嘆願によって王に彼らの意志を伝え、人民の依頼や助言や補佐で王が定める全ての法律を、人民の同意や容認によって強化する。こうして人民は、従属する行政官や強情な民衆に対していずれも法律を明白なものとすることによって、王の統治を容易なものとする。この場合、議会によって臣民の手に入る便益とは、彼らの嘆願や請願によって王が彼らの苦情を除くために数多く注意を向けさせられたり、さもなければ、彼らが屈しない多くの物事を許諾することのしつこい要求によって王が屈服させられるということである。というのはつまり、民衆の声がより耳に届きやすいからである。人民の多くの悩みを王は知らないが、彼は、議会で、彼の人民を見聞し、これに反して、別の時には、王は、通常、他の人の目や耳を使用する。

一三　議会の古い存在については、議論する必要はあるまい。というのも、古ければ古いほど、議会は、王政の名誉を形作っているからである。だが、考察されるのに適した議会の形態に関する一定の事実が存在する。

第一。ノルマンの征服の頃までは、イングランド王国全体の全階級が集まるどのような議会も存在し得なかったが、それについては、その頃までは、一つの王国に統一されていたことが知られず、いくつかの王国に分かれ、数種の法律によって統治されていたからであることを、我々は思い起こすべきである。ジュリアス・シーザーが上陸した時、ケントに四人の王を見出したし（シーザー『ガリア戦記 *De bello Gallico*』第五巻二二）、ダンモニイ、ドロトリゲス、ベルゲ、アモリバッティ、トリノガンテス、イセニ、シルウレスなどという英語名は、ローマ人が我らの支配者になった時、ブリテン人が数々の王国に分かれたいたことの証拠である。ローマ人が我らのもとを去るや否や、サクソン人が我らを七つの王国に分割した。これらのサクソン人が一つの君主国に統一した時、彼らはエドワード懺悔王[73]の時代まで帝国においてデーン人[74]を常に仲間又は支配者としていたのであり、エドワードの時代以後、イングランドの王国は、今日のように統一して続いて来た。しかし、千年前ともなると、我々は、誰か一人の王の統治の時代の間の全くの安定を見出すことはできない[75]。法律について言えば、王国の中部はマーシア法の下にあり、西サクソン人は、サクソン法の制約下

(72) おそらく、ノルマンコンクエスト前の「賢人会議 Witenagemot」のこと（*The Constitutional History of England*: A Course of Lectures delivered by F. W. Maitland, Cambridge, 1908. メイトランド『イングランド憲法史』小山貞夫訳、創文社、一九八一年、77頁）。

(73) エドワード懺悔王（St Edward Confessor 一〇〇二―一〇六六）。信仰が厚く、また、ウエストミンスター寺院建築にも貢献したのでそう呼ばれる（富沢霊岸『イギリス中世史』ミネルヴァ書房、一九八八年、67-72頁）。

(74) 九世紀から一一世紀に掛けてイングランドに侵攻した北欧人（富沢霊岸『イギリス中世史』ミネルヴァ書房、一九八八年、46-50頁）。

(75) アングロサクソン・ヘプタ―キー時代のこと。この時代イングランドは、サセックス、ウェセックス、イーストアングリア、マーシア、ノーザンブリアなどの七国に分かれていた。

にあり、エセックス、ノーフォーク、サフォークその他の地域は、デンマーク法[76]に苦しめられていた。ノーサンブリア人もまた、別に彼らの法律を持っていた。そして、ノルマン征服者の直前のエドワード懺悔王の御世まで、王国の法律は、数多く不安定であったので、それらのうちで最も公平で優れたものを抜粋することを強いられたのである。それは、聖エドワードの法と呼ばれている。だが、エドガー[77]がそれらの法律を作り、懺悔王は、それらを復元し修正したに過ぎない、という人もいる。アルフレッド[78]はまた、マルムティウス法[79]から集成し、サクソン語に翻訳した。こうして、サクソン人の時代には、法律は多様であったので、王国全体の議会の恒常的な形態を見出すことはほとんどできないし、あり得ない。

第二に、サクソン時代における議会では、貴族や聖職者だけが議員であったのかどうか、または、庶民も召集されていたのかどうか、考えておかねばならない（ランバード氏、『アルケイオン *Archion*』）。ある人の意見では、どのようなサクソン法も、庶民院に明白には言及していないのではあるが、それでもなお、「*wite-na* 賢者」という語によって、庶民院がその集会と意図されていたことが推測されるということなのである。そしてその意見の者達は、（彼らが思いつくままに）ノルマンの征服以前に衰退したが、それでもなお自治都市選出議員を送り出した自治都市の古事から、そして、「古代の直属地」における公権剥奪によって議会にどのような自治都市選出議員を送ることがなかったこと、また、州選出代議士[80]に報酬を支払うこともなかったことから、それを証明するもっともな議論を行う。

もし、西サクソン人が、彼らの都市のいくつかから自治都市選出議員を集める習慣を持っていたことが真実であるとしても、それでもなお、他の王国が同じしきたりをもっていたかどうかは疑わしい。しかしながら、古代英国の七王国の時代において、人民が州の州選出代議士を選ぶことがありえなかったということは確かである。なぜならば、イングランドは当時、州に分かれていなかったからである。

反対に、ヘンリー一世が、「初めて、王自身の任命する州選出代議士や自治都市選出議員からなる集会を庶民院としたこと、それ以前は、その領国の貴族と高位聖職者の一定の者だけが、国事の重要事項について協議すべく召集されていた」ということを確言する我が歴史家がいる（ジョン・ヘイワード卿のヘンリー一世についての記述）〔ヘイワード、2、283-284頁〕。もし、この意見が正しいとすれば、庶民院は、このヘンリー一世の単なる恵みに過ぎないこと、そして、人民の権利として議会や州選出代議士や自治都市選出議員を選任

---

(76) ヘプターキー時代にデーン人の侵攻がたびたびあり支配された地域はデンマーク法が施行された。

(77) エドガー。85頁訳注(65)を参照のこと。

(78) アルフレッド（Alfred 八四九—八九九）。ウェセックスの王。エドガーの祖父。デーン人の侵攻からイングランドを救った（富沢霊岸『イギリス中世史』ミネルヴァ書房、一九八八年、47-52頁）。

(79) マルムティウス法。イングランドのコモンローは前一一〇〇年まで遡ることが出来、またそれがユダの末裔であるアイエネアスの孫のブルートスによって集成され、その法がマルムティウスによって前五〇〇年ごろ集成されたという古代の伝承がある。

(80) 州選出代議士（州の騎士 Knight of the shire）。本来は、国王—諸侯（バロン Baron）—騎士（ナイト Knight）という封建制内部において封を得る代わりに軍役義務を果す戦士のことであったが、ヘンリーII世のころから、軍役義務が軍役代納金へと変化し始め、それと同時に騎士の性格も、州や郡内の税の徴収や治安の維持、裁判結果の宮廷への報告などのように州選出代議士的なるものに変化した。（中村英勝『イギリス議会史』有斐閣叢書、一九五九年、23-33頁）。

することが認められているのではないことが証明されよう。そしてもし、王冠への称号がより良いものであった王が、それについての形態の著者であったなら、それは議会の名誉をより高めたものであったろう。なぜならば、ヘンリー一世は彼の不正な目的のためにそれを使用したのだからである。というのは、彼は、議会における貴族の宣誓を獲得し、そして、彼の子どもに王冠がすえられるようにすることによって、彼の対抗者や兄に対して自らを確保したからである。王が人民を利用したように、人民は、議会を口実に彼らの要望をかなえたのである。というのは、無理やりに武力によって議会を設立した後には、人民は、王から大憲章を勝ち取り、王は、貴族や人民にへつらうことを認めたからである。ウォルター・ローリィー卿[81]は、議会についての論説において、次のように証言している。

大憲章は、本来、王者らしく自由に認められたわけではなかった。というのは、ヘンリー一世は王国を簒奪したのであり、それ故、彼の兄ロバートに対して自らを確保すべく、彼は、これらの大憲章によって、貴族や人民にへつらったからである。いやそれどころか、それらを追認したジョン王も、これと同じ顧慮を払った。というのも、ブリテンのアーサー公はまぎれもない王位継承者であったが、それをジョン王は簒奪したからである。結論的に言えば、これらの大憲章は、「権利上 *de jure*」ではなく、「事実上 *de facto*」の王に由来するものである……。大憲章は第一に、簒奪によってあいまいな生まれ方をしたのであり、第二に、反乱によって助成され世界に現れたのである。（ローリィー、2、4-6頁）

一四　第三に考慮すべきことは、ヘンリー一世やヘンリー三世の時代以来、設立され継続している議会の形態の中には、人民の生まれながらの自由という慣習が見出されない、ということである。というのは、議会の中で主張されるそうした自由の全ては、王からの恵みの自由であって、人民にとっての生まれながらの自由ではないからである。もしその自由が生まれながらのものであれば、それは、民衆に彼らが望む「時と処」で集会する権利を与え、主権を与え、同意によって、主権の行使を制限し指示する権力を与えるであろう。これに対して、議会で主張されている厚意と恵みの自由は、時、処、人物及びその他の条件についていずれも、唯一王の意向に制限される。人民は自分たちで集合することはできないのであって、王が令状によって王の望む処に人民を召集し、そして再び、彼の意志以上のどのようなことも示されることなく、王の一呼吸ですぐに、散会させる。人民全員が呼び出されるのではなく、王の令状が指名する人のみが呼び出される。賢明なるエドワード一世は、後の議会に最も賢い旧家の貴族たちを常に召集し、もしその貴族の死後、その息子が理解力において親に匹敵しない場合には、その子息を除いた（カムデン、169頁）。州や自治都市での議員の選出にあたり、全ての人民が発言するのではなく、州の自由土地保有者及び司教座都市と自治都市の自由民だけが発言した。だが、ウエストミンスターでは、自由民や自由土地保有者ではなかったが、全ての家父長が選出において発言権を持った。

また、議会開会中は、庶民院特権、つまり、言論の自由、議員懲罰権、裁判所や官吏の審理や態度を調査

（81）　ローリィー（Sir Walter Raleigh 一五五二—一六一八）。イングランドの軍人・探検家。エリザベス一世の寵臣。

すること、それに王の身体に近づくことなどは、庶民院の正式な認定に示されているように、自然権によるものではなく、王の恵みないしは寛恕から派生している。というのは、議会の開会式において、発言者は王の前に進み出て、庶民院の全てのために、言論の自由、王の身体に近づくこと等の慣習上の自由を認めてくれれば有難いということを、陛下に恭しく懇請するからである。これらの特権は、議員たちが忠誠と服従という制約下に自らを保つという意味での条件でもって認められているのであって、もしそうでなければ、庶民院が、議員に対してこれらの特権のいくつかに関して罪を犯したという理由で懲罰を課すのは何故か、わからない。そして、王は、支配者として、何度も、そうした違反の故に、議員を罰したのである。王が、処罰のために彼の裁判官や他の者たちに彼の法廷において与えた権力は、たとえ彼が委任した権力として預けられているものと同じものであっても、防止、同意、呼び出しの方法によって彼が似たようなことを行うことをやめさせることはない。というのは、委任によって権威を与える者は、常に、認めたもの以上の権威を保留しているからである。一般の会議と同じく、両院も、過誤絶無ということを主張することはできない。両院の大半の議員が誤るとか、ある特定の議員の過失において少なくとも利害関係や何らかの関わり合いに巻き込まれることはあり得る。このような場合、支配者たる王が正すのが最も適当なのであって、議会の同意や誤った判断を持つ党派を当てにすることはできない。その場合、なんらかの法廷の範囲内に王を限定する必要はない。王は全ての法廷における最高の裁判官であるからである。そして、まれで新しい事件の場合は、まれで新しい救済手段が探求されねばならない。というのは、「新しい事件については、新しい救済手段が当てられるべきである *novo casu, novum remedium est apponendum*」ということがコモンローの原理だからである。そして、ウエストミンスター第二制定法第二四号は、救済を求めて衡平裁判所[82]に出向いた人が救済手段がなく放逐されることがないように、新しい事件の場合には、新しい令状の形態を作る権力を、衡平裁判所の書記にさえ与えたのである。（『法令集』、34-35頁）。全ての事件に対して先例があるわけではないし、めったにない事件や異例の事件については、共通の慣習はあり得ない。法外の犯罪がそれに相当する処罰の先例を見出すことを困難にするけれども、王や国王評議会は、だからといって、処罰しないで見すごすことはできない。

州選出代議士や自治都市選出代議士を選んだ人民が、自ら選んだ人々の責任を問うということを私は今まで耳にしたことがない。又彼らは、州選出代議士や自治都市選出議員に議会で何を述べたり行ったりするかを指図しない。それ故、彼らが帰宅した時、やり損なったという理由で、彼らを処罰することはできないのである。もし、人民が、彼らの選んだ自治都市選出議員に対してそのような権力を持つならば、それを人民の生まれながらの自由と呼ぶ口実とはなろう。しかし、彼らは、処罰することはできないのであって、彼らは、議会での仕事に干渉すれば、彼ら自身が処罰される。彼らは、たんに選ぶのであって、自治都市選出代議士が欲することをするように彼らが選んだ人を信頼しなければならない。それは、我々の不規則な選出に対して、我々の多数が受けるに足る自由である。

（82）衡平裁判所（king's court of chancrey）。大法官府にあり、コモンローでは対応しきれない事業を扱う裁判所。

一五　考慮されるべき第四点は、議会における全ての法令もしくは法律は、人民の法律草案提出から王のみによって正式に作られるということである。このことは、故ジェームズ一世陛下がその『自由な君主政の真正な法』（ジェームズ一世、2、62頁）で認めている通りであり、又、フッカー氏が、[83]「法律は、それを案出する身分の人からではなく、法律という力をそれに付与する権力から、拘束力を得るのである」（フッカー、第一巻第一〇章八節）と我々に教えている通りである。「すなわち、王がそのように定める *Le roi le vault*」というのは、議会の全ての決定を王が許可する際に表明される強制力を持った文句である。そして両院を通過した法案が王のもとに届けられた場合、彼が好むものを大なり小なり選択し、彼が好まぬものを排除し、そのようにして王が選んだものが法律として策定されたというのが、ヘンリー四世の治世までの長年にわたる古来の習慣であった。しかし、それ以後の王は、慈悲深いので両院を通過した法案は全て、常に裁可してきた。

一六　議会は王の法廷である。というのは、全ての最古の制定法が「彼の議会における王」と呼んでいるからである。しかし、両院のいずれといえども、最高の法廷ではなく、両院合わせてもそうではない。王が頭であり支配者であるのであって、両院は身体の構成員であり、部分にすぎない。制定法それ自体によっても、また、王が時に自身で、時に彼の国王評議会によって、そしてその他の裁判官によって、議会の両院の判断を先例としないで破棄したり指図したりしてきたという明らかな慣例によって、議会という身体の王の統治ということを、我々は最も重要な証明として見出すのである。王に関しては、マグナ・カルタや御猟場[84]令、それにそのころの多くの他の制定法が、ただ王の開封勅許状の形態を持っており、国璽の下に裁可されたということを我々は見出す。それらの偉大な諸自由は、王の単独の法であり賜物であったということが証拠である。マグナ・カルタの言葉は次のように始まっている。――「神の恩寵によって、エドワードは云々。我が全ての司祭および我が信心深い臣民に対してあいさつを述べる。汝らは、我が「単なる自由意志」が、全ての自由民に自由を認めることを知る」。(『制定法大典』、1頁)

御猟場令やその他の制定法も、これと同じ形式である。ヘンリー三世第一四年二月九日のウエストミンスターで策定されたアイルランドの制定法 *Statutum Hiberniae* は、アイルランドの裁判官、マウリスの息子ジェラルド宛の王の書簡に過ぎないのである。(『制定法大典』、4-5頁)。閏年法 The statute *de anno bisextili* は、次のように始まった。すなわち、「裁判所の裁判官に対して王は挨拶を交わし云々」(エドワード一世治世第六年)(『制定法大典』、25頁)、で始まっている。「グロスター制定法[85]の解釈 *Explanations statute Glocestriae*」は、王と裁判官によってのみ作られ、常に制定法として受け入れられ、今もなお、制定法の中に印刷されている(エガートン、15頁)。

(83) フッカー、11頁訳注(7)を参照のこと。
(84) 御猟場令(御料林令 Charter of forests)。ノルマンコンクエスト以後、王や貴族の猟場として人民の出入りが制限された森林に関する法令(メイトランド、小山貞夫訳、13頁)。

(85) グロスター制定法(the statute of Gloccester)。1278年に、貴族特権その他の地方慣習を尊重するために、エドワードI世によって制定された法令(J. H. Baker, *An Intorduction to English Leagal History*, London, Butterworths. 1971. J・ベイカー、小山貞夫訳『イングランド法制史概説』創文社、一九七五年、14、18、21、83頁、富沢霊岸、144頁)。

グロスター制定法の第一二章の改正のために策定された制定法は、国璽が押され、ウエストミンスターで王の手で日付が付けられ密封された一定の令状をつけた開封勅許状の形式で、裁判所の裁判官に送付されたが、そこには、「同一のことが、全ての点においてグロスター制定法と一致しないけれども、ここに含まれた全てを執行すべきである」（『制定法大典』、26頁）とある。

ラトランド制定法は、王の会計官及び財務部と侍従に対する王の書簡である（『制定法大典』26-27頁。財産考察法 *The statute of circumspecte agatis* は「王は、裁判官らに挨拶を送った」（『制定法大典』、43頁）と述べている。

これと同じ形態の制定法がこの他にも多くあるし、それらのいくつかは、「王の命令」とか「王の意志」とか、「我らが王は確定した」とか、「我らが王は定めた」とか、「陛下の特別のはからいで認める」とか、庶民院や人民の同意の言及されずに、効力を持つとされている。実のところ、それらのいくつかは、マートンの布告[86]のように、王とその妃エレノアの戴冠式のために集まった高位聖職者や貴族に対する王の布告以外の何ものでもない。それは「マートンでの国王陛下の法廷で規定された *Provisum est in curia domini regis apud Merton*」という言葉で始まっている（エガートン、14頁）。又、ある規定が、ヘンリー三世第一九年に、「税の最終証書について *De assia ultimate praesentationis*」（ヘンリー三世第二〇年）と作られ、それは「エドワード一世治世第一三年の制定法第五号、ウエストミンスター制定法Ⅱが明確にそれと反対の規定をするまで、法律として継続も許されていた」。（エガートン、15頁）この規定は、「王、大司教、司祭、貴族の前で規定された等々 *Provisum fuit coram domino rege, archiepiscopis, episcopis et baronibus, Qoud, etc*」で始まっている。（エガートン、15頁）。もともと、宣言と制定法との差異は大きくなかったようである。後者を、王は、王国の平民会議によって策定した。前者においては、王は、貴族の会議や国王評議会のみの助言だけを得た。王が議会の他に特別の会議を持ったことは、ヘンリー四世の第五年の記録に、王とノーサンバーランド伯爵[87]の交換について見られる。そこで、王は、諸侯たちに、彼らの価値にあった土地を与えることその他を約束したとあり、それは、議会の助言か、または、議会開会中は、王が召集した会議や他の領主らの助言によってなされたとある。（ランバード、1、59-60頁）。

我々は、ヘンリー八世治世三一年第八号の制定法による宣言について、議会が後年どのような判断をしたかを、次の文言の中に見出す。

王が彼の王的な権力によって行い得ることを考慮せずに、彼の評議会の助言によって嘆願などに左右されない者たちが軽蔑している宣言を述べるという点からすれば、突然の原因や機会が、迅速な対策を要することをたびたび惹起することを考慮し、そして、議会にがまんすることによって王国に継起する大きな偏見を起こすかもしれないことに鑑み、そしてまた、そのような場合に多くを為し得る神によって彼に与えられた王権によって御し難い臣民のわがままによって、王権の自由と至高性を無理に企てるべきではない[k]ということを熟慮すれば、王が名誉ある評議会の助言を得て、必要な場合に、人民の福祉と王の威厳を守るために、宣言を公表すべきであるというのが、適切と考えられる。（『制定法大典』、64頁）

（86）マートン布告（the provision of Merton）。一二三五年にヘンリー三世と諸侯との間で作られた王国最初の制定法として知られる（メイトランド、小山貞夫訳、23頁）。

（87）ノーサンバーランド伯爵。武勲に対する処遇に不満を表明して一四〇三年にヘンリー四世に反乱。

議会の第一院のこうした見解は、後に第二院によって確認され、そしてて制定法は、あたかもそれが議会によって作られたかのように、宣言を法的効力を持つものとした（ヘンリー八世治世法律第23号）（『制定法大典』、807-808頁）。この法律は、エドワード六世の未成年期に、国家統治が摂政の下におかれる間は続き、エドワード六世治世一年に無効とされた（エドワード六世治世一年）（第一二号、『制定法大典』、918頁）。

また、ヘンリー七世の治世一一年に、議会は王の振る舞いや法令に非常な崇敬を払い、制定法によって、王に対して許可された強制献金を徴収する策や手段を与えた（『制定法大典』、363頁。ヘンリー七世治世二年法律第一〇号）ことを私は見出す。もっとも、最近作られた制定法によって、全ての強制献金は、ののしられ、永久に破棄されたのではあるが。（リチャード三世治世一年法律第二号）（『制定法大典』、328頁）。

フラー氏は、高等宗務裁判所 the High Commission Court の訴訟手続きを論難する『論文集 *Argument*』において、臣民を投獄する権力を与え罰金を科すというヘンリー四世治世二年第一五号の制定法が、庶民院の同意なしに策定された、というのも庶民院がその決定において言及されていないからだ、と確信している（フラー、7-8頁）。もし、この議論が妥当であれば、これと同じ種類の非常に多くの旧い制定法を我々は見出すはずである。というのは、庶民院の同意は昔の議会ではめったに言及されないからである。エドワード三世、リチャード二世、ヘンリー四、五、六世、エドワード四世それにリチャード三世治世での議会の最も通常の見出しは、「議会における王は、高位聖職者、伯爵及び男爵の同意をもって、又、請願や特別の要請の場合には、庶民院の同意をもって、命令を下す」というものであった。同じことを、フラーは述べていて、ロラード派[88]抑圧のために作られた制定法は、庶民院の同意なしであった。このことは、次のようなロラード派の請願によって明らかである。「最近の議会で、ある制定法が作られたが……、それは、庶民院によって同意も承認もされず、同意なしに作られた」（リチャード二世治世法律第5号）。（フラー、8頁[1]）

一七　議会において、国王評議会がどの程度方向付けを左右したかは、すでに提示されたことで、部分的には明白にされたと思う。さらなる証拠として、ウエストミンスター第一制定法[89]を追加したい。それは次のとおりである。「これらは、エドワード一世の決定であり、議会において、国王の評議会によって、また、王国の司祭、大修道院長、修道長、伯爵、男爵及び全ての自治団体による同意によって、作られたものである云々」（エドワード一世治世三年）（『制定法大典』、15頁）。重婚についての制定法は次のようである。「イングランドの大主教、司祭及び国王評議会の他の人々の出席の下に、制定法の下書きが朗読され、そしてその後、国王とその評議会の面前で公布された。他の人々と同じく判事と国王評議会が一致したので、文章化され公布に付された」。（エドワード一世治世4年）（『制定法大典』、23頁）

アクトン・バーネルの制定法[90]は次のようである。「国王は、自ら、そして彼の評議会によって、命令し確定した」。（エドワード一世治世一三年）（『制定法大典』、27頁）

大憲章が「高位聖職者、伯爵及び男爵の要請で」確定された時の「憲章に付される文言 *articuli super*

（88）　ロラード派（Lollards）。一四―一六世紀に、ジョン・ウィクリフの教説を信奉したイングランドとスコットランドの人びとのこと。

（89）　ウエストミンスター第一制定法（the statute of Westminster the first）。一二七五年にエドワードI世によって制定された法。国王裁判権の優越と、国王による自由保有権の保護を打ち出した（メイトランド、小山貞夫訳、20頁、富沢霊岸、143頁）。

chartas」の中に、次のような文章が見える。「にもかかわらず、国王とその評議会は、王権を縮小することをこの制定法によって意図しているわけではない。云々」（第2章）（『制定法大典』、50頁）「そして、これまで述べられたことやそれらのどの部分にもかかわらず、国王とその評議会及びこれらの決定を行う際に参加している全ての人は、彼の王位の権利及び大権が全てのことについて留保されているということを望んでいる」。（第二〇章）（『制定法大典』、52頁）ここに、我々は、同じ議会において、臣民の自由の憲章が確立し、そして国王の大権が保全されたことを認めるのである。その時代は、名称につまずくこともなかったし、双方が両立しない用語間の対立があるなどと考えることもなかった。

復帰地管理官[91]についての制定法は、次のような見出しとなっている。「我が至上の主権たる国王の議会で、国王評議会によってこれが同意され、国王ご自身によって命ぜられた」。（エドワード一世治世二九年）（『制定法大典』、52頁）

査問会の法令は次のようになっている。「王と全ての彼の評議会によって一致して認められる」。（エドワード一世治世三三年）（『制定法大典』、54頁）

エドワード三世治世九年にヨークで策定された制定法は次のとおり。

州選出代議士、司教座都市の自由民 citizens それに自治都市の選出議員 burgesses が、彼らの請願によって、国王の利益と高位聖職者、大諸侯[92]、諸侯[93]それに庶民院の必要物のために、恐れながらも救済策の提供を議会における今上陛下に望んだので、今上陛下は、彼の領国の高位聖職者、大諸侯、諸侯それにその他の貴族の同意によって、彼の議会に要求し、また、そこにいる彼の評議会の助言によって、定めた（エドワード三世治世九年）。（『制定法大典』、74頁）

エドワード三世治世二年の議会で、マグナカルタが確定したのだが、その前文に次のようにある。「議会における王と彼の評議会に提出された請願による庶民の要求について、集合した高位聖職者、大諸侯、諸侯それにその他の貴顕らによって、それは承認された」。（『制定法大典』、55-67頁。エドワード三世治世一年）

国王の評議会が好まなかった庶民院提出の国王への請願は、修正され弁明されることに甘んじた。請願の形態は次のようである。

「恐れ多くも今上陛下に対し、かの庶民院が請願して、巡回裁判等の条項の全ての慣習を取り消すように求め

---

(90) アクトン・バーネル制定法（the statute of Acton Burnell）。一二八三年にエドワード一世によって制定された法。取引の自由・度量衡の規定・商法裁判の規定を定め、商人と利益を保護した。（富沢霊岸、144頁）。

(91) 復帰地管理官（esheators）。法律上の相続人がいない場合、土地が国王のものに復帰し、それを管理する役職。

(92) 大諸侯（earls）。国王から直接封土を得て軍事義務を負う者一般をバロン（Baron）と呼ぶが、その中でも大封土を所有し伯（earl）の称号を持つ者を大諸侯と呼ぶ。現在に通じる公（Duke）、侯（Marquis-se）、伯（earl）、男爵（Baron）の区別は、リチャードⅡ世の開封勅許状による世襲貴族の創設による（メイトランド、小山貞夫訳、57-58、87-90頁）。

(93) 諸侯（Barons）。伯より下位で、騎士より上位の封建諸侯一般のこと（メイトランド、小山貞夫訳、57-18、87-90頁）

たが、その請願は、もしそれが一般的に承認されれば、国王に害となり王冠の剥奪ともなると国王評議会には見えたので、かの庶民院は、不動産復帰というような、彼の王位の相続権放棄等となる事柄については望まないこととして、ただ、侵害、官吏の非行、過失、却下等についての要求をした……（エドワード三世治世二七年）」。（『制定法大典』、119-120頁。エドワード三世治世三六年）

ヘンリー三世の時代に、一つの命令ないし条項が、国王評議会King's councilによって策定された。それは寡婦財産についての令状について、法廷でコモンローを弁論するものであった（ヘンリー三世治世四年）。「原告の弁護人は、それを否定できず、それ故に、判決は、期限なしに有効である *ideo sine die*（フッターバート寡婦財一七九）（エガートン、13-14頁）。当時は、国王評議会がコモンローの一部または上位にあったようである。

「尊敬すべき裁判官たちは、新しい事例については、判決を下す前に、国王の枢密院King's privy councilに相談することを審理に際して留意していた」（エガートン、50頁）。ウインチェスターでの裁判における、R・Wによって攻撃されたアダム・ブラブソンの事件の場合には、裁判官は「国王評議会の助言を」得た、「というのは、R・Cがウエストミンスターで自分の友人一人に対する審問を承認した陪臣員を殴打したが故に、評議会によって、彼の右手は切断され、その土地と所有物は王に罰金として払うように裁かれたという似たようなことがあったからである」（エガートン、51頁）。

「グリーンとソープは、法廷の裁判官によって、国王評議会に送られたが、それは、エドワード三世治世一四年第六号の制定法によって、令状における一語が修正されるかどうかという彼らの請求であった。そして、制定法は、文字または一語についてだけ述べているけれども、その一語は修正され得るという判断が下された」。（エガートン、52-53頁）

州選出代議士トーマス・ウグトレッド卿の事件だが、彼は、

貧しい男とその妻に訴えを起こし、二人は来て、原告に屈したのだが、法廷には疑わしく思えたので、判決は延期された。（エドワード三世治世三九年）。ソープは、それは議会で話題となったギル・ブラケットの事件と同じく、同様の事件の場合は、よき助言なしには判決を下すべではないと我々は命じられている、と語った。

したがって、裁判官の結論は、「評議会に訴えよ、そうすれば、評議会が我らにするように、我らは行うであろう。このような事件でなければ、その限りではない」というものであった(三)。

一八　最後に、議会が王の裁判官の所信に帰するところがいかに大きいかを考えてみよう。すると、王の評議会が裁判官を導き支配し、そして、裁判官が議会を導いたということがわかる。

ヘンリー六世治世二八年の議会で、庶民院が、サーフォーク公ウイリアム・デ・ラ・プールを多くの反逆及びその他の罪で投獄すべきである、と告訴した。上院の貴族たちは、どのように答えてよいか困惑した。裁判官の所信が求められた。裁判官らの意見は、投獄されるべきではないというものであった。というのは、庶民院はなんらかの罪状ではなく、一般的な情報と中傷で彼を責めているという意見だからであった。（エガートン、

19頁）

これとは別の議会（停会中であった）（ヘンリー六世治世三一年）で、庶民院議長が、休暇中に、

犯罪行為で一千ポンドの罰金の有罪とされ、同じ理由で投獄に処せられた。議会が再開されると、庶民院は、王と貴族院に議長を解放するように請願した。貴族院は、議長を議会特権によって釈放されるべきかどうかについて、裁判官の所信を求めた。（エガートン、20頁）

判事の回答は、次のように結論している。

議会特権及び議長であることにもかかわらず、法律に従って獄に引き続き留め置かれるべきである、と。決定は、王の高級弁護士モルイによって庶民院で告知され、庶民院は、リンカーンの司教（カンタベリーの大司教不在の場合、次席司祭である）によって王の名の下に、他の議長を選任するように命ぜられた。（エガートン、21頁）

ヘンリー八世治世七年に、

犯罪事件で、宗教界の人間が、世俗的な裁判官に召喚されるかどうかという問題が議会に提出される。そこで、ジョン・フィニュー卿とその他の裁判官は、召喚されるし、されるべきであるとの所信を述べた。そして彼らの意見は、王及び貴族院で認められ維持された。スタンディッシュ博士は、同じ意見を抱く前に、司教か

ら次のように語られた。（エガートン、22頁）

もし、誤った令状が、王の法廷でなされた判決について議会で誓願された場合、上院の貴族だけが（庶民院を除いて）、その誤りを検討することができる。貴族院はその法律にしたがってそれを行い、そしてその判断にあたっては、裁判官の助言及び評議会によって告げられる。裁判官らは、その法律が何であるかを告げ、その判断にあたって貴族院を導く。というのは、貴族院は、それ以外に自らの判断や決定の自由には従い得ないからである。（エガートン、22-23頁）

記録に明らかなように、ニュートンパネル Newtonpanell の副修道院長及び修道院に対してリッチフィールドの首席司祭及び管区総会によって議会に持ち込まれた令状の誤りについては、そのようであった。（エガートン、23頁）ヘンリー七世治世一年第一九号以下のフラワー・デュー事件を見よ。（エガートン、23頁）

付録　シカゴ手稿においては省かれているが、ケンブリッジ手稿においては含まれている三つの節

一　「ローマ法 the Civil Law の解明」の二つの節について。（ケンブリッジ大学図書館手稿増補 7078; タイトルはix頁、テキストは43-45頁。また一六八五年のBohun版において省略と錯誤とともに出版された。この章はグロティウスについての二つの章の後に挿入される。すなわち、第二章直後の注記dを参照のこと。原文はBである。）

自然な共同体についてのグロティウスの意見を強化することになると思われるローマ法 the civil law から引用された二つの箇所がある。それらは、彼によって強く断言されたものではないのだが、それでもなお、考慮されるにふさわしいものである。なぜならそれらは、この点における最大の古代についての権威だからである。そして後の学者がその上に研究を重ねる基礎だからである。『学説類集 *Digests*』において、最初に次の原理がある。すなわち「自然法によって、全ての人間は、自由に生まれる。*Jure naturali omnes homines liberi nascuntur*」（*Digest*、I、i、4、29頁）。第二に、君主について語っているところの法には次

のようにある。「人民は、全て彼らの権力と権威とを君主に授与する *Populus ei et in eum omne suum imperium et potestatem confert*」。ローマ法に対するこれら二つのテキストに対する一般的な返答に関しては、この法の基礎が、聖書の歴史、もしくは創造を知らない、もしくは、信じていない異教徒の意見と言う習わしであることが銘記されなければならない。そして、この法が、ローマ人の共同体や帝国に、もっぱらふさわしいものであったことも銘記されなければならない。これらの原因のために、ローマ人の諸法の原理が聖書の規則や他の国民の慣習と異なっていたとしても何ら大きな驚きではない。

最初の原句に特に答えるために、次の語の意味、つまり「自然法によって、全ての人間は、自由に生まれる」という語の意味は、「主人」と「奴隷」との間にあるような服従とは反対の自由のみを意味せざるを得ず、「父」と「息子」との間にあるような服従からの自由ではないものを意味せざるを得ないということができる。これは、法についての原句によって明白にされる。というのは、ウルピアヌスは、その箇所で奴隷解放 manumission についてのみ語っており、それは奴隷である事からの奴隷の自由の規定であり、父親の保護からの子どもの自由である解放 emancipation ではないからである。「奴隷であること」とは、その法が教えるように、「国民についての法のあり方であり、それによって人は、自然に反して何れかの他人の支配に服従することになる」（*Digest* I、v、4、35頁）。それ故、全ての服従が奴隷であることではなく、自然法に反する服従が奴隷であることなのである。どのような人間も奴隷としては生まれないし、もしくは、自然法によって主人の権力に服従するのでもなく、全ての人間は父親の権力に服従するように生まれるのである。このことについては、その法自体が次のように述べている。すなわち「我々の子どもたちは、我々の権力の内にある。*In potestate nostra liberi nostril sunt*」(*Institues* I、ix)。そして、ウルピアヌスは、子どもたちの教育は自然法によって行われるのだから、「私と私の妻とに生まれた者は、私の権力の内にある *qui ex me et uxore mea nascitur in potestate mea est*」(『学説類集』*Digest* I、iv、4、36頁)と教えた。

第二の原文、つまり、「人民は、君主に全ての権力を与える」ということに対する答えに関しては、確かにその法は、ローマの人民の「特殊な事実」を記すことのみを意図しており、他の全ての人民の「普遍的な権利」を記すことを意図しているのではないことが明らかである。シーザーとアウグストゥスが彼らの手中に引き続いて権力を得た時、ローマ人民は彼らが以前に得ていた権力をアウグストゥスに、国王の法によって、非常に気前良く与えた。その法が言及する人民のこの行為は、君主に権力を与える全ての人民の権利を証明するのではなく、人民に反対するそれを示す。つまり、それら自身の行為によって君主が全ての法から自由であることを彼らに明らかにするためにそれを示す。したがって、そのまさに同じ箇所で、ローマ法は、「君主を喜ばすものは法の精神を持ち、分別ある熟慮の上の書簡、詔書、もしくは命令による、もしくは勅語による皇帝のどのような決定であれ、法であった」。「君主が定めることについて *De constitutione principum*」という見出しは、人民によって君主の定めることに関することではなく、君主によって法について定めることに関することである。

二 Aにおいて省かれてはいるがBにおいては入っている節(第三章第二節直後を参照のこと。原文はB95-96頁であり、Dに照らして訂正されている)

サウルが王とされた時、彼は、それによって彼が統治すべき制定法を彼に与えた。それ故、サウルはその法に従ったということには異議が唱えられる。その答えは、サウルが書いた法が、人民の義務において人民を教授するためのものであり、王の職務を教えるためのものではなかったというものである。というのは、その原句が、「サウルは、王国の民に王国の作法を教えた」（「サムエル記上」一〇・二五）と語っているからである。人民が王を望んだ時、サムエルが以前に人民に教えた王に対する読むべきどのような言葉も無かった。王の作法と人民が辛抱しなければならない諸事について彼は、今や、書き、全ての子孫に対して銘記されるように残した。そして、主の前にそれを置いた。このように、ヨセフスは言う（『ユダヤ古代誌』第六巻第五章Ⅵ、66頁）。彼はユダヤの記録について最も良く知った者だった。彼らは、王の義務に関する「申命記」一七における法を、サムエルが書き置いた法と同じ法であると考える過ちを犯した。もしそれが同じものであったなら、どのような必要があってサムエルがそれを書き置いたのだろうか。なぜなら、それは「申命記」三一で櫃の中に遠い昔に書き置かれたものだからである。第二に、申命記における法は、もっぱら王に関係するものであり、人民に対してよりもむしろ彼が読むべきものだったからである。第三に、申命記一〇・七における法自体が、馬や妻を増やさないこと、エジプトに帰さないことという、もっぱら、ユダヤに固有の王に関する少数の一般的戒律にしか過ぎないからである。そして、神が全ての王に法を与え得るということにはどのような疑問もないのではあるが、そして人民が法を与え得ることはないということにはどのような疑問もないのではあるが、それでもなお、「申命記」一七における法は、ヘブライ人の固有の国家共同体の王のためのみの法だったからである。

三　Aにおいて省かれているがBにおいては入っている節（前出第三章第一三節最終段落を参照のこと。原文

はB128-131頁であり、Dに照らして訂正されている）

何が、ノルマン人の最古の慣習であったのかは、セルデン氏が彼の『名誉の称号』の中で証拠付けているものによって最良に表現され得る。ウィリアム征服王は、彼の治世四年に、諸侯 barons らの同意を得て全ての州から一二人を得、彼らは王国の慣習とはなんであるのかを示し、諸侯の同意によってその慣習が法として確立された。それはまた、ヘンリー一世の法によっても現れている。そこにおいては「私は、私の父が彼の直臣の会議によって彼らを正したその改正条理でエドワード王の法をあなたに与える」と語られる（セルデン、1、701頁）。もし、サクソン時代に、州選出代議士や自治都市選出代議士 burgesses を召集する何らかの慣習が存在していたのなら、ウィリアム征服王（彼は古代の慣習を知り、確定することを強く望んでいた）は、全ての州からの一二人を呼び集めるよりむしろそのような州選出代議士と自治都市選出代議士とを召集したことだろう。セルデン氏は、ウィリアム一世治世における議会に関する証拠を引用している。しかしながら、それらのいずれにおいても、「大諸侯と諸侯と主要な者達の会議 *comites et primates et principum conventus*」以外には言及していない。それは諸侯や大諸侯だけのものだった。

ウィリアム二世治世二年において、「王国の主要な者たち *cunctis regni principibus*」による議会があった。そして、「王国の貴族ごと *quosque regni proceres*」の別の議会があった。「ヘンリー一世の戴冠式で」王国の全ての人民が召集され、「諸侯一般評議会によって *per commune consilium baronum*」法が作られた（セルデン、1、702頁）。ヘンリー一世治世三年に「王国の貴族が *proceres regni*」召集され、そしてしばらくして、「大諸侯と諸侯との合意によって *consensu comitum et baronum*」別の議会が、そして、彼の治世一〇年に「*comites and proceres* 大諸侯と貴族」によって別の議会が持たれた（セルデン、1、703頁）。治世一〇年には、ノーザンプトンでの議会に、「借地人頭として王から土地を受けている者全て *omnes qui tenebant de rege in capite*」が召集された。引き続く年に、その同じ王は、「聖俗の諸侯 *barons spiritual and temporal*」による議会、もしくは、大会議を持った。（セルデン、1、706頁）。

ジョン王の治世一五年には、「王と有力者たちが会合し *Rex et magnates convenerunt*」、その年の記録には、ウィンチェスターで「豪族共通会議 *commune consilium baronum meorum*」を持ったとある。（セルデン、1、707頁）。ジョン王の晩年に作られた大憲章は、「王国の大諸侯、そして、私から土地を受けた主要なる者たち maiores barones regni, et qui in capite tenent de nobis」という言及がある。ヘンリー三世の一二二五年には、「王国中の聖職者と法律家とが *omnes clericos et laicos totius regni*」召集された。エドワード一世王の治世三年には、国の「平民 *communalite*」が召集された。エドワード二世王の治世一四年には、「彼の王国の全平民会議 *tout le cominalite de son royaume*」が持たれた。

これらの証拠によって、最古に召集された者たちが、大諸侯と地方の諸侯たちであったことが明らかとなる。そして王たちが、彼らの思うがままに、多様に召集を行っていたことが明らかとなる。それはカムデン氏によってさらに確かにされるだろう。彼は、諸侯について次のように語る。

騒々しく荒れ狂う多くの庶民のために、ヘンリー三世王は、議会に、彼の令状によって彼らの中の最良の者たちを召集した。そして、慎慮のあるエドワード一世王は、議会に最も賢明な古来の家族であるそれらの諸侯を常に召集した。しかしながら、もし彼らの息子たちが知性において彼らの両親にかなうものではないなら両親の死後、息子たちを召集することは省いた。（カムデン、169頁）

ヘンリー三世王は、州選出代議士のために仕えるものを選ぶ権力を、「二人の思慮のある適任の州選出代議士に授与する *duos milis gladio cinctos magis discretos et idones*」ように命じた。そして、「我々が見出す最初の召集状が、貴族院はもとより庶民院への議会に対する召集の他の状況を伴っていたことが、ヘンリー三世治世四九年においてあった」ことはセルデン氏も承知していることである（セルデン、1、717頁）。古代の議会から産出された私が見出すことができる全てのそれらの証拠の中に、私は、ヘンリー三世王の時代以前に人民の選挙による州選出代議士や自治都市選出代議士の推挙を見出すことはできない。もっとも、ヘンリー一世は、人民全てを召集した最初の者ではあるが。

編者サマーヴィルの注

（a）『家長権論』A　シカゴ大学レジェンステン図書館写本手稿 413.
B　ケンブリッジ大学図書館手稿　増補 7080.
C　一六八〇年の日付のあるチスウェル版、しかしながら、おそらく後に出版された（ドナルド・ウイングの著作目録、F923、つまり、同 F922、一六八〇年の最初の（デービス）版の訂正再版である。この書物に収録された全てのものは、チスウェル版とデービス版に一致している。）

D　ウイングの著作目録　F928　一六八五年のボウン版。

Bは、一九三九年に東サットン公園のフィルマーの先祖代々の家でピーター・ラズレットによって発見された。そして今は、ケンブリッジ大学図書館にある。それは清書であり、ラズレットは、フィルマーの筆跡と鑑定した。明らかに、それは、高い信頼性のある原文である。Aは、一九二九年にタンブリッジウェルズの書籍商『パーシー・ドベルとその息子Percy Dobell & Son』からシカゴ大学図書館が購入したものである。その由来についてはそれ以上のことは何も知られていない。それは幾人かの筆跡によるものである。スコチェットとワラスは、少なくとも手稿のいくつかは、フィルマーによって書かれたと論ずるが、タックは、その作品が、専門的な筆記者による写しであると主張する。いずれにしても、Aは、明らかにBからの写しではない良き原文を提供する。そしてそれは、誤筆写を、表面上は大いに免れている。Aが、より初期の原文であることを支持する強い証拠がある。二つの原文の日付についてのより充実した議論に関しては、Cambridge Texts in the History of Political Thought, Filmer, *Patriarcha and Other Writings*, Edited by Johann P. Sommerville の xxxii-xxxiv 頁を参照のこと。

底本は、Aであり、Bにおける異文は、注として記した。例外は、Bが、王の名前の前にKをつけること、すなわち、K・ヘンリーⅦというようにすることである。これは注には収録しなかった。Aにおいて、省略された章句に関する底本は、Bである。もし、注がAからの異文を示すなら、その原文は、Bからのものであり、逆もまた同様である。CとDからの異文は、時折しか提示されない。そして特に、それらが、AとBとにおける誤りをほぼ間違いなく矯正できる場合にしか提示されない。一般的に、Cは、Aの劣悪版であり、Dは、Bを、もしくは、Bに密接に関係する未知の手稿と思われるものを基礎とした修正と付加を持つCの変形版である。諸節への分割と節番号は、Aに従った。そして、内容についてのAの小見出し一覧を考慮に入れた。しかしながら、Aが落としたり、置き違えたりした番号は、収録していない。そして、Bにおいて採用された修正版番号体系や内容の小見出し一覧もまた収録しなかった。Bに含まれていた二つの章は、一六五二年にグロティウスについてのフィルマーの『考察』において出版された。そして、この本においてその作品とともに出版された。『考察』における他のところで、フィルマーは、それらの章からの資料について言及しており、『考察』は、実際のところ、それらなしには不完全なものである。それゆえ、それらは『家父長制君主論（パトリアーカー）』においてよりもむしろそこに含まれてきた。AとBとの間の最大の差異は、その二つの章のBにおける編入である。そして、他の相違の幾つかは、その新しい資料を適応させるために生じた。それらの章は、（フィルマーが意図したように）この本においては、『考察』の中に印刷されたので、『家父長制君主論』の主要な原文としてAを使用することは道理に適うことである。しかしながら、変更された節番体系と小見出し一覧と共に、Bにおける全ての多様な異文がこの書物において収録されたことは再度強調されるべき価値のあることである。

（b）中世ローマカソリック諸大学。

（c）哲学や神学を教えた中世ローマカソリックの学者たち。

（d）この箇所で、Bには、AとCによって省かれていた3つの章がある。Dは、それらの章の最初の二つを省いている。しかしながら、この本書では三番目のものも収録した。グロティウスやセルデンについてのその章は、本書の102頁から108頁にかけて収録した。国家法についてのその章は、付録の（1）節にある。Bには、グロティウス、セルデン、そして国家法についての三つの章の後、スアレスとアリストテレスについての（2）―（4）の節があり、それから、（1）節の残部がある。

（e）フィルマーはまた、大英図書館ハリー写本 6867, ff. 251a-2a における興味深い草稿書簡においてアリストテレスからのこの章句について論じている。

（f）Bでは、—がこの箇所で再び取り上げられている。

（g）[a festering sore　化膿性腫瘍]

（h）Bにおいてここで挿入された文章は、付録「第2節（2）」において掲載してあるので参照のこと。

（i）哲学や神学を教えた中世ローマカソリック聖書者たちのこと。

（j）Bではここに次のような付加がある。

ローマ法はアリストテレスに同意する。というのは、それは次のように語るからである。すなわち、「法は、例外に関してではなく、普通に起こることに関して作られるべきである *Jura constitui oportet (ut dixit Theophrastus) in his quae,* ἐπὶ τὸ πλεῖστον エピ・ト・プレイストン *accident, non quae,* ἐκ παραλόγου エク・パラログー」（『学説類集 *Digest*』第一巻第三章三節。34頁）。それらは、ポンポニウスの言葉である。また、アリストテレスは「法は、ただ一度の事件において起こり得る事例に対しては作られない。というのは、法は、めったに起こらないことに対してではなく、ふつうに、そして、頻繁に起こることに対して適応されるべきだからである。*Ex his quae forte uno aliquot casu accidere possunt jura non constituuntur ...nam ad ea potius debet aptari jus quae et frequenter et facile, quam quae perraro eveniunt*」（『学説類集 *Digest*』第一巻第三章五節。34頁）という。ケルススは、「立法者は、一、二度だけしか起きない事柄には目を留めない。*Qae semel aut bis accident praetereunt legislatores*」（『学説類集 *Digest*』第一巻第三章四節五節。34頁）。「また、法は、起こり得るどのような事例にも対応するように書かれるものではなく、起こることの大半に対応できれば十分である。*Neque leges ita scribi possunt, ut omnes casus qui quandoque inciderint comprehendantur, sed sufficit et ea quae plerumque accident contineri*」（『学説類集 *Digest*』第一巻第三章一〇節。34頁）。ユリアヌスは、「もし、判決のための理由が、一つの事例においても明快であれば、裁判官は、他の事例に対してもそれを拡張すべきである。*Cum in aliqua causa sententia eorum est manifesta, is qui jurisdiction praeest, ad similia procedure atque ita jus dicere debel*」（『学説類集 *Digest*』第一巻第三章一二節。34頁）という。

（k）「増加させる」

（l）Bでは、この文章は、前述の第一五節の終わりに位置している。

（m）Sue au conseil et comment ils violent que nous devomus faire, nous volomus faire, et auterment nient en cest case この法についてのフランス語は、エガートンのものではなく、フィルマーによる英訳であり、（エガートン、52頁）において印刷されているものと一致する。

今上陛下と彼の議会に関する自由土地保有者の大陪審

君主の下で生活することは奴隷であると信ずる者はだれであれはなはだしい誤りを犯している。すなわち、正しき王の下にある以上の歓迎すべき自由など存在しない。クラウディアヌス[1]

Claudian. de laudibus Stiliconis.

Fallitur egregio quisquis sub Principe credit
Servitium: Nunquam LIBRTAS gratio extat,
Quam sub rege pio ——

Claudian, *De Consulatu Stilichonis*, III, 113-15

前口上

イングランドの議会が、最初は、フランスにおける三つの階級の集会の模倣であったという一般的な信念が存在する。したがって、我々が着手している探求における理解に備えるために、それらの集会におけるフランスの様相についての簡略な説明を与えることが妥当である。スコットランドとアイルランドもまたイングランド王の支配の下にあるので、彼らの議会のあり方に関しても、序文で触れられるべきだろう。

一　フランスにおいて、王の令状は、地方行政官、貴族の執事、もしくは、特別自治区の管理人に送付された。それは彼らの自治区の内部に世襲地や所有地を持つ全ての者たちに保証を与えていた。そして令状は全ての都市にも送られた。主要な都市において会合することに不満を持つ全ての都市の要求に応じたのである。そこでは、議会での代表としてその地方の名において二又は三名の代議士が選ばれていた。

指定された日に、彼らは地方行政官の管轄地域の主要な都市で会合した。王の令状が読まれ、全ての者の名前が呼ばれ、王と国家共同体の幸福のために、その地方の不平の原因と要求とを忠実に伝える代議士として議会に出席すべき立派な人物を選ぶことが誓われた。それから彼らは彼らの代議士を選び彼らに宣誓した。次に、彼らは、不平の原因として必須のものは何かを、そして王の求めに適うものは何かを相談した。そしてこれらの事柄について彼らは目録や索引を作った。そして全ての者が自分の不満や要求を自由に提出できたので、全ての者が彼の文書を入れることができるように市役所に設置された箱があった。目録が作成

（1）　クラディアヌス（Claudius Claudianus 三七〇頃—四〇四頃）。英語表記では、通常 Claudian と表記されるクラディアヌスは、皇帝ホノリウスの宮廷のラテン語詩人であった。将軍スティリコ（Consulatu Stilichonis）と特に交流があった。彼の作品の大半は、ホノリウスへの詩、スティリコへの詩、神話的叙事詩の三つに分類される（Chisholm, Hugh, ed. (1911) *Encyclopaedia Britannica,* (11th ed). Cambridge University Press. 以下、固有名詞について参照文献掲示なき場合は同じ）。

され、署名された後、それは、議会に運んでもらうために代議士たちに手渡された。

全ての地方行政官管轄地域は、一二の教区に分割された。混乱を避けるために、そして終わりまで全ての投票が集まることによる集会の大きすぎる遅延を避けるために、全ての教区は、その教区の内部の管轄地域全ての不平不満や要求の目録や書物を編集した。それからこれらの教区は集会において、王国全体の不平の原因や要求についての一つの書物を作成した。これは第三階級の議事の順序なのであるが、似たような順序が聖職者や貴族においても見られた。三つの階級の三つの書物が完成された後、議長によってそれらが王に提出された。第一に、聖職者たちの議長がひざまずいて彼らの演説を始めた。王は、議長に起立脱帽を命じ演説が続いた。そして貴族の議長も同じようなことを行った。しかしながら、平民たちの議長は、終始ひざまずいたまま演説をした。聖職者の議長が語っている間、その階級の残りの者たちは、王が着席と着帽を命ずるまで、起立脱帽していた。貴族の場合も同様だった。しかしながら、平民たちの議長が語っている間、着席も着帽も命ぜられなかった。このようにして、不平の原因や要求は、王と議会に伝えられ、残され、三つの階級の議会は終了した、「そのようにして全ての議事日程は終了した *atque ita totus actus concluditur*」。

このように、議会は、王の熟慮に対して王国全体の公的な不平の原因や要求を提出する唯一の秩序だった方法であったように思われる。つまりそれは、長期に渡って行われて来た英国の慣行と似ていなくもないのである。つまり、当時の英国において、全ての法が、議会において王に対して提出された請願に彼が答えたもの以外の何ものでもなかったのであり、それは多くの法令や議会文書やサー・エドワード・クック(2)の権利の請願によって明日である。

（2） サー・エドワード・クック（Sir Edward Coke 一五五二―一六三四）。イングランドの法律家・政治家。ケンブリッジ大学のトリニティカレッジ、ロンドンの法学院で教育を受けた後、一五七八年に弁護士資格を得る。一五九二年、法務次官、一五九三年、庶民院議長、一五九四年、法務長官、一六〇六年、人民訴訟裁判所主席裁判官となる。この間の一六〇五年、大主教バンクロフト Bancroft が教会裁判所へのコモン・ロー裁判所の干渉をジェームズ一世に訴えた事に関する王へ返答は次のようなものであった。「次いで、王が、法は理性に基づきしかも王及びその他の者も裁判官と同じように理性を有していると考える、と述べた。これに対して。私は次のごとく答えた。神が陛下に優秀なる知識と偉大な天賦の才能を与えたことは確かである。しかしながら陛下はイングランド国王の法と、陛下の臣民の生命、相続不動産、動産あるいは運命に係わる訴訟とについては習われはしなかった。これらの法と訴訟とは自然理性ではなく、人工的理性とその認知に達しうるまでには長年の勉学と経験を必要とする行為である法の判断とにより決定されるものなのである。しかも法は臣民の訴訟を審理する黄金の計量標準であり、陛下を安全にして平和に保護するものなのである、と。王は、私の言に大いに感情を害され、そうならば王は法の下にいることになると述べた。このことを肯定することは、王が述べたごとく反逆罪であった。これに対して私は、ブラクトンは国王は人の下には立つことはないが、神と法の下には立たねばならないと *quod Rex non debet esse sub homine set sub deo et kege* 述べていると、言った」（Coke, *Report*, 12, 65. Gardiner, *History of England*, vol. 2, pp. 36-9）。一六一三年、懐柔策として、王はクックを王座裁判所主席裁判官に任命。しかしながら、クックは、一六一五年、大法官府裁判所との論争、一六一六年、聖職禄委託保有事件での王との論争に突入、議会と王に対してコモン・ローの優位性を主張した。それは、法律家の人為的な理性によってよりよく解釈できるとし、コモン・ロー優位の立場を譲ることはなく同年罷免。一六二一年、庶民院議員に選出。以後、国王の内政外交政策を批判しロンドン塔に九ヶ月拘禁。ベーコンやバッキンガム公を弾劾し、庶民院が大臣を

二　スコットランドにおいては、議会が開始される前およそ二〇日間、一定の期日以前に、その議会の開催中に示されるべき全ての訴状を、王の官吏もしくは記録長官に対して手渡すために王国中に布告がなされた。それから訴状は王の下へもたらされ、彼によって精読され、彼によって許されたもののみが大法官の手に渡され議会に提出された。それ以外はあり得なかった。そして、もし、議会において何れかの者が、王に許された以上の事柄を語ったならば、大法官が、彼に、王に許されたそのような訴状はどこにもないと告げるのだった。それらが法として通過した時、王に示された。笏を持った王の手に大法官によって手渡され裁可された。そして、もし王の気に入らない事柄が存在した場合には、前もって削除されていた。

アイルランド議会においては、ヘンリー七世の治世一〇年法律第四号[3]において作られた制定法に現れているように、以下のような事態であった。

その国の国璽に基づいて、王の代理者や評議会がまさに最初に王のものと正式に証明する時期以外にはどのような議会も開かれない。訴訟、考慮すべき問題、そして全ての妥当な条例が、上記の議会で通過するであろう。そのような訴訟、考慮すべき問題、そして王と王の評議会によって確認された条例は、その国にとって良きもの、そして役立つものとなる。そして王の認可は直ちに、上述の訴訟や条例の確認においてはもちろんのこと、国璽の下で議会を召集するために行なわれることとされた。そのようになされたならば、議会は、前述の復唱の形式と効果の後に開かれることになる。そしてもし何らかの議会がこの国において前述の形式や用意に反して開かれたのならば、それは無効であり、法においてはどのような効力もないとされる。(「アイルランド法令全書」55-56頁)

弾劾する権利を確立。一六二八年、第三議会で「権利の請願」を提出。ロバート・パーソンズ Robert Parsons は、全ての法が、主権的君主と人民によって作られ、認められて来たものであると主張し、イングランドの法が人為によるものではないというクックの概念を攻撃した。ホッブズは、クックの概念の根本が主権者を侵害すること、もしくは主権を裁判官に認めるものであることとの理由でクックを批判した。フィルマーの『自由土地保有者の大陪審』は、クックの見解に異議を唱えたものであり、そしてまた、そこにおいて、イングランドの憲法史の解釈を確かにするためにクックの権威を引き合いに出したものと思われる（*The Dictionary of Seventeenth-Century British Philosophers*, 2 Volumes 1, General Editor Andrew Pyle. Thoemmes Press, 2000, pp.194-197）。

（3） ヘンリー七世（Henry VII 一四五七―一五〇九）。ヘンリー六世の死によってランカスター家の家長となる。一四八五年、フランスからイングランドに来襲し、ボズワースの戦いでリチャード三世の軍隊を破る。次の年、エドワード四世の娘エリザベスと結婚し、ヨーク家とランカスター家を結合することによりチューダー朝を創設した。裁判によって抑圧をする専制支配というチューダー朝の伝統を作り上げ、星室裁判所の権力を増加させた。

（4） ポイニングズ法（Poynings' Act）。ヘンリー七世が一四九五年にアイルランド議会から得た制定法。王の国王代理の名前に由来する。同法は、イングランド議会により「近時 lately」制定された制定法はアイルランドでも効力を有すべきことを定めていた。（Maitland, *op.cit.*, pp.333-335. メイトランド、小山訳、443-446頁）。

（5） フェリペ二世（Philip II 一五二七―一五九八）。スペイン王。神聖ローマ帝国カール五世とポルトガル王イザベラの息子。最初の妻であるポルトガルのマリアの死後、一五五四年にイングランドのメアリー一世と結婚した。一五八八年イギリスとの海戦でスペインの誇る無敵艦隊が絶滅し、スペイン帝国衰退の原因となった。

（6） メアリー一世（Mary I 一五一六―一五五八）。イングランド・アイルランド女王、スペインのフェリペ

議会に提議されるべきそのような全ての訴状は、まずはその王国の国璽に従って送られるように規定されていた。そして、認可と許可を受けたならば、この国の国璽の下に置かれ、それから議会に提出されるべく戻されるということだった。ポイニングズ法Poyning' Act[4]の拡張のためのフェリペ二世[5]とメアリー一世[6]の制定法三と四によって、上述の法令は、イングランドへ送られるか、もしくは、それらが変更されるか、もしくは、部分的に変更されるかのような形式と趣旨において王がそれらの法令を通過させるように整理された(「アイルランド法令全書」253頁)。

我々の近隣であり友好的な王国における議会の慣例の手短な話の後、我々自身の「大陪審 *the inquisition magna*」が穏健で知性のある読者たちの評決と判決を申し受ける順序である。

冒頭弁論

議会への召集令状を説明する多様な法令、記録、判例の提示についての大審院公告申し立て

(Ⅰ)庶民院は召集令状によって、議会の命令に対して実行し同意するのみであるということ。

(Ⅱ)貴族院、もしくは王国の一般評議会[7]は、召集令状によって、議会において助言を取り扱い、伝えるのみであるということ。

二世の妻、ヘンリー八世の娘。新教徒を迫害し、旧教会を復活した。

（7）王国の一般評議会（common council）。ノルマンコンクエスト後に行われた王と諸侯との会議であるクレア・レギスが、後に議会となる大会議と後に内閣と裁判所となる小会議に分離し、議会以前には王国の一般評議会と呼ばれていた。（中村前掲書、18頁）。

（8）ブラクトン（Henry de Bracton 一二一六―一二六八）。一七世紀においては、重要な中世の法学的論考である『イングランドの法と習慣について *De Legibus et Consuetudinibus Angliae*』は、ヘンリー・デ・ブラクトンによって書かれたものと一般的に思われていた。ブラクトンは裁判官としてヘンリー三世に仕えた。実際は、その書物は、パティシャルのマーチン Mattin of Patishall がヘンリーの主席裁判官であった一二一八年から一二二九年の間に作られたものであった。その書物はその後の数世紀に及びイングランドの法に大きな影響を与え、一五六八年に最初に印刷され、一六四〇年に再び印刷された。フィルマーは、それを、ブラクトンつまりイングランドコモンローの最大の権威であるブラクトンが、王の権力が無制限であり、神以外にはどのような上位者を持たないことを信じていたことを証明するために引用した。また、ブラクトンは、多くをイタリアの法律家であるボローニャのアーゾ Azo of Bologna の著作に負っていた。そこからローマ法の影響を推測できる。しかしながら、ブラクトンの著作は、国王裁判官の判決を五〇〇余り引用しており、ここから、イングランド法がすでに「判例法」へと進みつつある事が分かる（Maitland, *op. cit.* pp.17-18. メイトランド、小山訳、24-25頁。Filmer, *Patriarcha and Other Writings*, Edited by Johann P. Sommerville, Cambridge Text in the History of Political Thought, Select biographical note, pp. 287-295)。

（9）ヘンリー・スペルマン（Henry Spelman 1562-1633）。スペルマンは、初期近代イングランドにおける最も重要な古物収集学者である。彼の『考古学』（フィルマーの『自由土地保有者』はここから引用している。）は、中世法学用語辞典であり、一六二六年に出版された（AからLまでの項目が入っていた）。

（Ⅲ）王自身のみが、命令し法を作り、議会において至高の裁判官となるということ。

ヘンリチ・デ・ブラクトン(8)　ヘンリー・スペルマン(9)
ジョン・ブリトン(10)　ジョン・グランヴィル(11)
トーマス・エガートン(12)　ウィリアム・ランバード(13)
エドワード・クック　リチャード・クロンプトン
ウォルター・ローリィー(14)　ウィリアム・キャムデン(15)
ロバート・コットン(16)　ジョン・セルデン(17)

以上の同意による。

完全版（『古語論考 *Glossarium Archaiologium*』）は、一六六四年に出版された。スペルマンの作品は、イングランドの歴史編纂史の中で非常に重要な位置を占めるものであり、また彼は、中世社会と国制についての理解に重要な進展を与えた。彼の他の著作物は、冒涜的な行為を公然と非難するいくつかの作品を含んでいた。そして神慮は、俗世界の思想を保持している者を打ちのめすと論じた。また、クックの同時代人であり、比較法学の初期的な試みとしてヨーロッパ大陸の法とイングランド法との類似性を探求し、イングランドに「封建制」の概念を持ち込んだ。ここでイングランド人は、封建法が中世の万民法、すなわち西洋全ての国民に共通の法体系である事を知った（Maitland, *op.cit.*, pp.142-143. メイトランド、小山訳、190-191頁。Sommerville, *op.cit.*, pp.287-295）。

（10）ブリトン（Britton）。フィルマーは、ジョン・ブリトン John Britton と記しているが、それはエドワード一世の命によってフランス古語で書かれたと伝えられるイングランド法の最初期の要約である『ブリトン Britton』の著者のことである。しかしながらこの著書の作者は確定していない。フィルマーが指しているのは、ハーフォードの主教であったジョン・ブリトンJohn le Bretonのことのように思われる。『ブリトン』は、一二九〇年ころ書かれたといわれており、制定法によって導入された変化に注目しながらブラクトンの著作を要約しているものである。この著作から当時のイングランドがローマ法を学んでいないことがわかる。(Maitland, *op.cit.*, pp21-22. メイトランド、小山訳29-31頁)。

(11) グランヴィル (John Glanville 一五八六―一六六一)。ジョン・グランヴィルは、一六一四年から一六四四年にかけて庶民院議員であったイングランドの政治家。短期議会の間、庶民院議長を務めた。ピューリタン革命において王党派の訴訟を助けた。

(12) エガートン (Thomas Egerton 一五四〇―一六一七)。エガートンは、法務次官、法務長官、そして最後には大法官にまで昇進した法律家。王権問題については、彼は、クックの見解よりもむしろジェームズ一世の見解に傾く傾向があった。一六〇九年、彼は、ジェームズ一世のイングランド王位継承以後生まれたスコットランド人はイングランド臣民として帰化させられると主張する談話を出版した。この書物は、王の権力についての高い見識に支えられた非常に多くの法学的先例を含んでいた。『家父長制君主論(パトリアーカ)』と『自由土地保有者の大陪審』の双方は、エガートンの談話を自由に模倣している(Sommerville, *op.cit.*, pp.287-295)。

(13) ランバード (William Lambarde 一五三六―一六〇一)。古物収集家、法律家、政治家。リンカーン法学院でローレンス・ノウェル Laurence Nowell から法学を学び、彼の勧めでアングロ・サクソン法を収集・説明した『古代サクソン法 *Archainomia*』(一五六八年)、最初の地方史研究といわれる『ケント州巡回 *Perambulation* of Kent』(一五七〇年)を出版。前者は、一七世紀の憲法闘争のさいに、議会派、コモン・ロー法律家の主張の根拠として多用された。また、マグナ・カルタに関しては、治安判事を扱った『治安判事職 *Eirenarcha*』(一五八二年)と中央裁判所の歴史を扱った『高等法院論 *Archeion*』(一五九一年)がある。前者では、一二二五年のマグナ・カルタ第三九条の「同輩の裁判」という語を初めて「陪審」と同一視し、「陪審」を自由の身に生まれた人の古来の相続財産であると賛美している。後者においては、ランバードは、マグナ・カルタが「ノルマンのくびき」からの最初の解放文書である位置づけている。それにより、チューダー朝期に、ランバードによって、マグナ・カルタが自由の憲章として意識され始めてきていたことがわかる。『家父長制君主論（パトリアーカ）』と『自由土地保有者の大陪審』の双方は、この資料から自由に引用を行った。『アルケイオン』は、初版が一六三五年であり、二つの別種の版があるが、フィルマーは、初版の写本を用いている。（ホッブズ『哲学者と法学徒との対話』田中浩・重森臣広・新井明訳、岩波文庫 262-263 頁）。

(14) ローリィー（Walter Raleigh 一五五二―一六一八）。「家父長制君主論」訳注(81)参照。

(15) キャムデン（William Camden 一五五一―一六二三）。近世イングランドにおける主要な歴史家の一人。キャムデンは、ウエストミンスタースクールの校長であり、また、クラレンス紋章官の職務も務めていた。オーブリーの伝記によるなら、フィルマーは、キャムデンと非常に親密にしていた。一六一〇年、キャムデンは、ジョン・ヘイワードと一緒に、チェルシーカレッジの歴史家に任命された。そのカレッジは、ローマカソリックに反対するイングランドの論争勢力を組織するために設立された。一六一五年、キャムデンは、エリザベス女王治世の『年代記 *Annales*』の第一部を出版した。そして第二部が、一六二八年に死後出版された。彼の最も有名な作品、つまり、それをフィルマーが引用したのだが、その『ブリタニア *Britannia*』は、一五八六年に最初に出版された。この書物は、後に普及し、一六一〇年に英訳された。『年代記 *Annales*』は、あまにもエリザベスとジェームズ一世に好意的であると批判される時がある（Sommerville, *op.cit.*, pp.287-295）。

(16) コットン（Robert Cotton 一五七〇―一六三一）。エリザベス女王時代およびジェームズ王時代の指導的古物収集家。コットンは、まさに、ジェームズの助言者であったノーザンプトン伯爵がそうであったように、歴史的そして法学的な先例を彼に相談していたジェームズ一世によって一六〇三年に騎士に叙せられた。コットンは、一六二四年、一六二五年、そして一六二八年から一六二九年まで庶民院議員の職についた。彼は、写本の貪欲な収集家であり、彼の図書館は、キャムデン、セルデン、ローリィーを含む学者たちによってよく利用された歴史探求の中心機関となった。彼自身の作品は、法学的、歴史的主題についての短い随想で大半が占められていた。それらの大半ものは、生前は手稿のみで回覧された。『自由土地保有者の大陪審』は、これらの手稿の二つから引用を行っている。フィルマーは、コットンの作品の手稿の一つを所有していた（Sommerville, *op.cit.* pp.287-295）。

(17) セルデン（John Selden 一五八四―一六五四）。イングランドの法学者、歴史家、政治家。一六一二年弁護士資格取得。ロバート・コットンの友人で歴史研究のために彼の図書館を有効に利用した。一六一〇年、中世のイングランド法と慣習についての書物『決闘もしくは一騎打ち *The Duello or Single Combat*』で、クックが主張したノルマンコンクエストによってはイングランド法には変化は起きなかったという論点を批判。一六一四年、イングランドやその他の地域の名誉の称号についての歴史的調査書『名誉の称号 *Titles of Honor*』を出版。これは混合王政の理論を擁護したものでもあったのだが、ホッブズによって『リヴァイアサン』の中で引用された数少ない書であった。一六一八年、『十分の一税の歴史 *The Historie of Tihes*』を出版し、王権神授権説を否定し、それを肯定するスペルマンと論争になる。一六二四年から庶民院議員となり、「権利の請願」の起草に参加し、王との論争に入り、エリオットらと共に投獄される。それ以前の一六〇九年には、グロティウスの『海洋自由論』への反駁として『海洋閉鎖論』を書いていた。一六四〇年にはオックスフォード大学選出議員として長期議会に参加。ピューリタン革命勃発後は、議会側の助言者として残り、長老主義を支持した。セルデンは、教会に対してはエラスムス的な見解を取り、それがホッブズとの親交を生むことになった。また、セルデンは、『十分の一税の歴史』を出版することによって一六一八年聖職者の多くを敵に回すことになった法律家であり歴史家であった。その書物は、十分の一税が、神の権利

今上陛下と彼の議会に関する自由土地保有者[18]の大陪審[19]

議会のための州選出代議士（騎士 knight）、司教座都市選出議員[20]、自治都市の議員の選挙において投票権を持つ全ての自由土地保有者は、彼が選んだ者に彼が信託した権力がどのようなものであるのかを知るべきである。なぜなら、そのような信託が、庶民院の権力の基礎だからである。

王から州の長官への召集令は、自由土地保有者に対して、その召集令の受諾の後の次の州裁判日に彼らの選挙を行うことの許可と委託を与える。そして、その召集令において、また、そこで選挙される州選出代議士、司教座都市選出議員、自治都市の議員の義務と権力とが表明される。

その選挙によってその地域や自由土地保有者がどのような信託や権威を授けたのかを知る手段は、他の似たような場合と同じように、ここにおいては、委託、もしくは召集令それ自体の言葉に留意することである。それによって、庶民院が彼の委託の制限の内部でまさに行動しているのかどうかが分かる。もし、自由土地保有者がその召集令に服従しないのなら、彼らは、その召集令に含まれる以上の、もしくは他の信託を与えないし、与えることもできない。ラテン語で存在し、国語では現存しない召集令については、大半の自由土地保有者はそれを理解できず、ほとんどがそれを遵守できない。私は、それを、ラテン語と国語で示してみよう。

によって聖職者に帰するという考えに疑いを投げかけていた。一六二八年から一六二九年の議会における王党派の政策に敵対する者として、セルデンは、一六二九年の騒乱を先導したために投獄された。一六三〇年代、宮廷と和解し、王の最も重要な助言者の一人であったロード大司教を助けた。一六三五年、グロティウスの海洋自由論に反対する書物である『海洋閉鎖論』を出版した。フィルマーは、所有権の起源についてのこの書物の説明を引用した。セルデンの他の多くの書物の中には、『名誉の称号』と呼ばれる貴族と他の称号についての歴史がある。これは一六一四年に初版が出された。改訂版と拡大版が一六三一年に出版され、この版が『自由土地保有者の大陪審』とケンブリッジ版『家父長制君主論（パトリアーカ）』写本で使用された歴史的情報の主要な源泉の一つとなった（*The Dictionary of Seventeenth-Century British Philosophers*, 2 Volumes 1, Thoemmes Press, 2000, pp. 717-723）。

（18）　自由土地保有者（Freeholder）。「封建制」を、公的権利義務のすべてないしは大部分が土地の不動産保有条件 tenure と密接不可分に織り交ぜられている社会状態と定義する。すると「封建制」においては、第一に、全ての土地は国王から保有されるということになる。そして国王以外の全ての保有者は、何らかの上位者、つまり領主を有することになる。そして、あらゆる場合において保有者はその土地に関してなんらかの奉仕を領主に負っていることになる。つまり、全ての保有者はある不動産保有条件によって土地を保有することになる。イングランドの「封建制」において、この不動産保有条件は、（一）自由寄進保有 Frankal-moign〈修道院・主教〉、（二）騎士奉仕保有 knight service〈大諸侯・諸侯・騎士〉、（三）大奉仕保有 grand serjeanty〈国王の旗手・剣持・厩舎係等〉、（四）小奉仕保有 petty serjeanty〈国王への剣・槍等の提供者〉、（五）自由鋤奉仕保有 free socage〈領主に貨幣や生産物を支払い一定の犂耕労働を負う者〉、（六）隷農保有 villeinage〈隷農・農奴〉の六種に分類することができる。このうち、（一）から（五）までを「自由土地保有者」と分類することができる。その基準は、（一）から（五）であれば、その者は、領主に

国王から親愛なる州長官諸氏へ

朕、そしてイングランドの我々の王国とイングランド教会の名誉と防衛に関する確かに困難で緊急の仕事なるが故に、朕の評議会の助言や同意によって、朕は、次に保証する期日に朕の都市で我々の議会を開催することを定める。そしてそこで協議会を持つこと、そして朕の王国の高位聖職者、重要な人物たち、そして貴族たちと交渉を持つことを定める。朕は、前述の場所でその日に開催されるべくこの朕の令状の受諾の後の次の州裁判所で布告を作ることを命令し、厳格に申し付ける。汝らは前述の州で最もふさわしく思慮深い帯剣した二人の州選出代議士（騎士）を、そしてその州の全ての都市の二人の司教座都市選出の代議士を、そして全ての自治都市の思慮深く重要な代議士二人を、そのような布告に示されたものによって、そのような場合に作られ準備された法令の方針に従いながら、自由に、そして宗教的に中立に選挙させる。そしてそのように選ばれた州選出代議士、司教座都市選出の代議士、自治都市の代議士の名前が、そのように選挙された党派が出席していようが欠席していようが、そのような選挙に参会した者たちと汝らとの間で作られた確かな証書の中に書き入れられる。そして彼らを、上述の期日と場所に来させる。それゆえ、上述の州選出代議士たちは自分たちのために、そして州のために、上述の司教座都市の代議士や自治都市の代議士は、自分たちのために、そして前述の都市や自治都市の平民のために、前述の国難の問題に関する朕の王国の一般評議会によって定められたどのような事柄も、それは神意によるものなのだからそれに「同意」し、それを「実行」する十分で重要な権力を彼らから受け取るのである。それ故、その国難の問題は、そのような権力の

対して各種の奉仕義務を負うが、自由土地保有権を有しており、国王自身の裁判所で領主から保護されるということである。それに対して、（六）であれば、国王裁判所は、それがあたかも領主の意思にもとづく任

意不動産権に過ぎないかのごとく扱かった。つまり、隷農保有者の場合には、彼らは、領主の土地を去ることは許されず、領主の土地で週三日から五日働かねばならず、領主の許可がなければ、牛馬を売ることも、娘を婚姻させることもできず、領主によって投獄されることもあったが、以上のことに関して国王の裁判所は一切保護しなかった（*op. cit.*, pp23-39. メイトランド、小山訳、33-55頁）。

(19) 大陪審（Grand Inquest）。一般に「陪審制」とは刑事事件において、専門の裁判官のほかに、一般市民から選定された陪審員が審判に参加する裁判制度のことであるが、この制度は特殊イングランド的なものとされてきた。しかしながら現在では、カロリング朝ガリアやノルマンコンクエスト以前のイングランドでも事実認定に「陪審」が行われてきていたことが明らかとなっている。イングランドにおいて強制的制度として「陪審制」を布いたのはヘンリー二世である。「陪審制」は、起訴が正しいかどうかを争う一二名「大陪審」と、その起訴を審理する審理陪審である「小陪審」に分けられる。フィルマーがこの論考のタイトルを「大陪審」としているのは、エガートンなどの王党派とクックなどの議会派を陪審員として一二名平等に登場させて「大陪審」であるように演出しながら自己の主張を客観的なものと見せようとすることにある（Maitland, *op.cit.*, pp.126-127.メイトランド・小山訳169-171頁）。

(20) 司教座都市選出議員（Citizens）。一二世紀以降、自治都市 borough の名の下に一定数の共同体が一般の村落よりも高度の機構を有するに至る。一二六五年になると、シモン・ド・モンフォール Simon de Montfort が初めて都市代表（司教座都市選出議員 Citizens・自治都市選出議員 burgesses）を議会に召集した。その都市の中でも、司教の司教座でもある自治都市は司教座都市 Cities として区別された。その司教座都市から選出された議員が司教座選出議員であった。しかしながら、司教座という語はこれ以上のことは何一つ意味しておらず、それは自治都市 borough という語が示している以上に高度な都市機構や独立性を示しているわけではなかった（Maitland, *op.cit.*, pp.52-54. メイトランド・小山訳、72-75頁）。

欠落、もしくは、前述の州選出代議士、司教座都市の代議士、自治都市の代議士の不用意な選挙という理由によって、何らかの手段によって行われず残るということはあり得ない。しかしながら、朕は、いかなる場合においても、汝ら、もしくは、朕の王国の州長官を選ぶつもりは無い。前述の期日とその場所で、確かな州裁判において行われた選挙で、汝らは、この令状と一緒に前述の証書の他の部分も同封し返送することで、汝らの印章とそこに参会した者たちの印章の下に、朕の大法官庁において朕に対して遅延なく認証すべきである。ウエストミンスターおいて朕自身が記す。

'Rex vicecomiti salutem, etc.

Quia de advisamento et assensu concilii nostril pro quibusdam arduis et urgentibus negotiis, nos, staum et defesionem regni nostril Angliae, et ecclesiae Anglicanae concernentibus, quoddam parliamentum nostrum apud civitatem nostrum Westmonasterii duodecimo die Novembris proxime futuro teneri ordinavimus, et ibidem cum praelatis, magnatibus et proceribus dicti regni nostril colloquium habere et tractatum; tibi praecipimus, firmiter injungentes, quod facta proclamatione in proximo comitatu tuo post receptionem hujus brevis nostori tenendo die et loco praedicti, et de qualibet civitate comitatus illius duos cives, et de quolibet burgo duos burgenses de discretioribus et magis sufficientibus, libere et indifferenter per illos, qui proclamationi hujusmodi interfuerint juxta formam statutorum inde editorum et provisorum, eligi, et nomina eorundum militum, civium et burgensium, sic electorum in quibusdam indentures, inter te et illos, qui hujusmodi absentes, inferi: eosque ad dictos diem et locum venire facias. Ita quod iidem milites plenam et sufficientem potestatem pro se et communitate comitatus praedicti, ac dicti cives et burgenses pro se et communitate civitatum et burgorum praedictorum, divisim ab ipsis habeant, ad faciendum, et consentiendum his, quae tunc ibidem de communi consilio dicti rengi nostril (favente Deo) contigenrint ordinary super negotiis antedictis: Ita quod, pro defectu potestatis hujusmodi, seu propter improvidam electionem militum civium, aut burgensium praedictorum, dicta negotia infecta non remaneant quovismodo. Nolumus autem, quod tu, nec aliquis alius vicecomes dicti regni nostril, aliqualiter sit electus. Et electionem illam, in pleno comitatu factam, distincte et aperte, sub sigillo tuo et sigillis eorum qui electioni illi interfuerint, nobis in cancellariam nostram ad dictos diem et locum certifices indilate, remittens nobis alteram partem indenturarum praedictarum, praesentibus consutam, una cum hoc breve. Teste meipso apoud Westmonasterium.'

この令状によっては、我々は、庶民院が、王国の一般評議会の、もしくは最高裁判所の何らかの部分として召集されたこと、もしくは立法的な権力の何らかの一翼として、もしくは「王国の国難について *de arduis regni negotiis*」助言をするために召集されたということを見出すことができない。令状は、ただ、王は会議を持ち、高位聖職者、主だった人物たち、そして貴族と協議するとのみ語っている。つまり、庶民院との協議や会議という言葉はないのである。庶民院は、まったくのところ宮廷と呼ぶことが正当ではあり得ない彼ら自身の仲間以外には宣誓を行わないし、科料を科すことも、監禁することもないし、いわんや、王国の最高裁判所の一翼などでは全くあり得ない。全ての会議において着席着帽する貴族院議員の前で帽子を手に持ち、無帽で起立するという庶民院議員の今日までも絶えず続くその慣例は、貴族院議員と庶民院議員とが、王国の同等の委員でも、参議でもなかった目に見える証拠である。

令状において言及された州選出代議士、司教座都市の代議士、自治都市の代議士の義務は、王国の一般評議会によって定められた事柄を「実行し同意すること *ad faciendum et consentiendum*」だけである。令状の中には庶民院において同意することを拒む権力さえ存在していない。人が、法廷に出頭するよう義務づけられる時、その言葉は、「法廷によって彼に義務づけられたことを行い、耐えること *ad faciendum et recipiendum quod ei per curiam injungetur*」というものだった。すなわち、それは、このことば「*faciendum*」が、「服従を与えること」を意味する法における用語として使用されていたことを示している。これに関して、我々は、議会令状自体と同じほど古い先例に出会う。それは、エドワード一世治世三三年の議会における議事録に関するものである。すなわち「国王陛下は、陛下自身の意志を聞かせるために、そして王の宮廷がその記述事項について更なる熟考を重ねた事柄を実行し、受諾させるために、ニコラス・セグレーブ[22]を、次の議会において陛下の下へ召集するよう州長官に命じた」(議会記録第一巻、172頁)。

サー・エドワード・クックは、聖職者が議会においてどのような発言権も無いことを証明するために、令状の言葉によって、彼らの同意は、王国の一般評議会によって定められた命令の事柄にのみ存在すると言った(クック、4、4頁)。もし彼のこの証明が妥当なことであるなら、それはまた、議会における庶民院議員の発言権も否定するだろう。というのは、その令状においては、全く同一の言葉、すなわち、王国の庶民院によって定められた事柄に同意すること、とあるからである。サー・エドワード・クックは、「聖職者の行政長官 *procuratores cleri* は、熟慮、相談、同意のための精神的な助手として議会に何度も登場しているが、そこで決して発言権は無かった」と結論づけた(クック、4、4頁)。彼らがどのようにして発言権なしに、助言と同意を行ったのかについては彼は示していない。彼が言うように、「聖職者」は「たびたび議会に現れた」のではあるが、それでもなお、それは、私が言ったように、ただ「同意 *ad consentiendum*」のみであり、「代議する *ad faciendum*」するためではなかった。というのは、*faciendum* という言葉は、令状の中では省かれているからである。その原因は、聖職者が、承諾はするのだが、それでもなお、聖職者義務免除の理由で、全ての決定、もしくは議会の法令の実行を要求されないことにあるように思われる。

しかしながら、人は、令状が、州選出代議士、司教座都市の代議士、自治都市の代議士の召集を表明していないのではあるが、それでもなお、それは、彼らが王国の一般評議会の一員であることを承諾していることに疑問の余地は無いと思うだろう。

実際のところ、もし令状が、会議に出席する高位聖職者、主だった人物、貴族の召集に言及していないのなら、そのような推測に少しはためになる口実もあり得るだろう。しかしながら、真実は、そのような推測は、令状自体を、まさに無益で無効なものとするということなのである。というのは、人々が既に定めたことに承諾を命ずることは意味の無いことだからである。なぜなら、決定は承諾であり、承諾以上のものでもあるからである。

(21) エドワード一世。『家父長制君主論（パトリアーカ）』訳注(64)参照のこと。

(22) セグレーブ（Nicholas Segrave 一二五六—一三二一）。ニコラス・セルゲーブは、ノーサンプトンシャーのストーの領主で、一三〇八年—一三一六年までイングランドの式部官だった。ヘンリーⅢ世と戦ったシモン・ド・モンフォールの主要な支持者であり、初代セグレーブ侯ニコラス・セグレーブの次男。

令状の趣意や語の意味を明らかにすることに関して、そして上述のような考えを満足させるためには、イングランドの庶民院議員が、常に、王国の一般評議会の一員であったことを知ること以外には不可能である。私は、以下の点を強調しようと思う。一、昔は、王の諸侯は、王国の一般評議会議員であったということ。二、ヘンリー一世[23]の時代まで、庶民院議員は議会に召集されなかったということ。三、庶民院議員は、ヘンリー一世によって召集されたのではあるが、それでもなお、彼らは、絶えず召集されたのではなかったし、ヘンリー三世[24]の時代までは、令状によって定期的に選出されたのでもなかったということ。

第一の点に関しては、キャムデン氏が、彼の『ブリタニア *Britania*』で、「英国サクソン人の時代において、そして、それに続く時代において、議会が王国の一般評議会 *commune concilium* と呼ばれていた」と教えている。それは、「王の面前に、高位聖職者や貴族が集められたもの *praesentia Regis, praelatorum, procerumque collectorum*」であったと彼は言っている（キャムデン、177頁）。庶民院議員についてはどのような言及もなく、高位聖職者や貴族は、全て諸侯だった。

セルデン氏によって引用されたリッチフィールドの教会の年代記の著者は、「すなわち、イングランドの諸侯の会議によって王となったエドワード王の後 *postquam rex Edwardus, etc., concilium baronum Angliae*、彼は、六七年もの間眠りについていた法を復活させた。そしてこの法が聖エドワード王[25]の法律と呼ばれた」（セルデン、4、171頁）。

その同じ年代記の中で、ウィリアム征服王[26]は、「彼の治世の第四年、ロンドンにおいて *anno regni sui quarto apud Londinitas*、彼の諸侯の会議を持った *concilium baronum suorum*」と言われている。そしてこの議会については、彼の息子ヘンリー一世が「私は、私の父が諸侯会議によって改正したような改正をもって、汝らを、聖エドワード王の法に再び従わせることにする」（セルデン、1、701頁）。

（セルデン氏がそう考えているように）ノルマンコンクエストの第五年には、ケント州ピネンデン・ヒースに

(23) ヘンリー一世（Henry I 一〇六八―一一三五）。ウィリアム征服王の三男。次男であったイングランド王ウィリアム二世の死後、長男であったノルマンディー公ロベールが十字軍遠征中に自ら王位に就く。一一〇一年、これに反発したロベールがイングランドに侵攻するが、それを斥ける。さらにヘンリー一世は、ノルマンディーに侵攻しロベールを破る。彼の統治下に国王裁判権が高まった。また、即位に際して『戴冠の証書』を発布し、マグナ・カルタの先例を作った。

(24) ヘンリー三世（Henry III 一二〇七―一二七二）。マグナ・カルタを発したジョン王の息子。幼くして王位に就き摂政政治を行っていたが、成人するに及びマグナ・カルタを無視した寵臣政治を行うようになり、シモン・ド・モンフォールを中心とした貴族の反発を呼び内乱（諸侯戦争）が勃発。貴族側の反発を抑えるために「オックスフォード条令」「ウエストミンスター条令」「マールバラ制定法」を発して中産階級、市民、騎士層の利害をも考慮する体制をとった。

(25) 聖エドワード王（Edward the Confessor 一〇〇四―一〇六六）。エドワード懺悔王のこと。エドワード懺悔王の法とは、ウィリアム征服王やヘンリー一世らの数々の宣言の中に登場するものであり、それによって聖エドワードの立法神話が作られたのだが、メイトランドの研究によれば、懺悔王が作った法は一つとして存在していない（Maitland, *op.cit.*, pp.6-9. メイトランド・小山訳10-13頁）。

(26) ウィリアム征服王（William The Conqueror 一〇二七―一〇八七）。ノルマンディー公ロベールの庶子。父の死後ノルマンディー公となる。ハロルド二世がイ

において、議会もしくは大諸侯と諸侯の会議 *principum conventus* が存在した。カンタベリー大主教ランフランクとケント伯オドとの間の訴訟事件などもこの会議で議論された（セルデン、1、702頁）。王は、「論争を審問するために本人の代理として、ゴッドフリッドに委任状を与え、それからノルマンディーのコンスタンス主教に与えた」。ランバート氏は次のように言う。

チチェスターの主教、エゲリック（彼は老人であり、王国の法と慣習とを熟知しているため独自に推薦されたのであるが）は、評議会の援助のために馬車であちらへ運ばれた。ケント州の長官であるハイモによって推薦された。証拠とするために地域全体に召集がかかった。丸三日が議論に費やされた。終盤に当たって、ランフランクとロチェスター主教は、デトリングの所有を回復し、他方で、オドが保留していた土地も手に入れた。（ランバード、2、222-223頁）

エドワード三世[27]治世二一年法律第六〇号。そこには、ウィリアム征服王の下で開かれた議会への言及がある。そこにおいて、国の全ての主教、大諸侯、諸侯がノーウィッチの主教からバリーの修道院の免責事項に関する決定を行った（セルデン、1、702頁）。

征服王の治世一〇年、「主教、大諸侯、諸侯たちが、総会において訴訟を審問・処理するために王の権威によって召集された *episcopi, comites et barones regni regia potestate ad universalem synodum pro causis audiendis et tractandis convocati*」ということがウエストミンスター文書にある。

ウィリアム二世[28]治世二年には、「王国の全ての指導者たちの *de cunctis regni principibus*」議会が存在した。別の議会は、「王国の全ての貴族が *quosque regni proceres*」参加した（セルデン、1、702頁）。

治世七年には、ノーザンプトン州のロッキンガム城で議会があった。「主教、大修道院長、そして王国の全ての指導者が集まった *episcopis, abbatibus cunctisque regni principibus una coeuntibus*」（セルデン、1、702

ングランド王になったとき、エドワード懺悔王から王位継承を約束されたとしてイングランドに侵入。「ヘースティングスの戦い」で勝利。「ノルマン朝」を開いた。ノルマンの封建制度を移入して、ノルマン人をイングランド各地に封じ、アングロ・サクソンの貴族をおさえたと言われる。「ドームズデー・ブック Doomsday book」というイングランド全土にわたる土地台帳を作って土地所有関係を明らかにした（ホッブズ『哲学者と法学徒との対話』田中浩・重森臣広・新井明訳、岩波文庫、250-251頁）。

(27) エドワード三世（Edward III 一三一二―一三七七）。幼少時は、フランス王フィリップ四世の娘で母であったイザベラと辺境伯モティマーに支配されていたが、一三三〇年、イザベラとモティマーに不満を持つ貴族らとともにモティマーを処刑に追い込み、イザベラを幽閉した。一三三三年、スコットランド問題では、イングランド宮廷に迎えられていたエドワード・ベイリアルを支持し、スコットランド王デイヴィット二世を破りベイリアルをスコットランド王位につける。一三三七年、百年戦争が始まる。エドワード三世の治世には、多くの憲政の発展があった。もっとも重要なことは、議会において庶民院が貴族院とは別個の力のある集団として現われたことである。王の各種の戦争遂行のための資金の恒常的な必要性が税への同意を必要とし、それが庶民院の勢力拡大の原因となった。

(28) ウィリアム二世（William II 一〇六〇―一一〇〇）。ウィリアム征服王の次男。長男であったノルマンディー公を抑えてイングランド王位に就く。三男のヘンリー一世に暗殺されたと伝えられる。ここから、ノルマンコンクエスト当時には長子相続が確立していないことが窺える。

頁)。

同じ王は、一二年後、「国家の状態を処理するために *de statu regini acturus*、彼の令状によって、主教、大修道院長、そして王国の全ての貴族を召集した」。(セルデン、1、702頁)。

「ヘンリー一世の戴冠式で」、イングランド王国の全ての人民が召集され、法が作られた。しかしながら、それは、「国王の一般評議会 *commune concilium baronum meorum*」によるものだった(セルデン、1、702頁)。

彼の治世三年には、王国の貴族が、庶民院議員へのどのような言及もなしに召集された。少し後に、別の議会が「大諸侯と諸侯との同意によって *consensu comitum et baronum*」召集された(セルデン、1、703頁)。ウースターのフロレンス[29]は、ヘンリー王の臨席の下、アンセルムスと他の主教たちが、王の諸侯の同意によって定めた法令が存在するという(ウースターのフロレンス、478頁)。そして治世一〇年には、大諸侯と貴族の同意によって、そして治世二三年には、大諸侯と諸侯の同意によって定められた法令が存在するという。

その翌年には、同じ王は、議会、もしくは、大評議会を、「彼の聖俗諸侯」と共に開いた。

ヘンリー二世[30]は、彼の治世一〇年に、クラレンドンで大会議、もしくは、議会を開いた。それは、高位聖職者と貴族の集会だった(ホリンズヘッド、第二巻、119-120頁)。

ヘンリー二世の治世二二年、ノティンガムで大評議会があったと、ホヴェデン[31]は言った。大主教、主教、大諸侯、そして、諸侯の一般評議会によって、王国を六つの部分に分割した。そしてさらに、ホヴェデンは、その同じ王が「ウインザーで(*apud Windeshores*)主教、大諸侯、諸侯の一般評議会 *communi concilio*

において、イングランドを四つの部分に分割した」と言っている。そして彼の治世二一年において、ウインザーの議会では、主教、大諸侯、諸侯が参加した。そしてノーザンプトンの評議会でも同じような人物が参加している（ホヴェデン、312b-314b）。

(29) ウースターのフロレンス（Florence of Worcester ?—一一一八）。イギリスの修道会士、年代記作者、ウースター教会の神父。アイルランドのマリアヌス・スコトゥスの年代記、ベーダの『英国民教会史』『アングロ・サクソン年代記』、アッサーの『アルフレッド大王伝』などを材料として『大年代記』を著した。

(30) ヘンリー二世（Henry II 一一三三—一一八九）。プランタジネット朝初代イングランド国王。父がフランス国王の有力貴族アンジュー伯ジョフロワ四世、母は神聖ローマ帝国ハインリッヒ五世の皇后だったが、皇帝ハインリッヒの死後にイングランドに戻りフランスに渡ってジョフロワ四世と再婚したマティルダの父がヘンリー一世であった。母方と父方からの相続と自身の結婚により南フランスからイングランドにまたがる広大な「アンジュー帝国」を築いた。巡回裁判官を各地に派遣し地方の行政を監視させ、起訴陪審制を定め、土地などの占有権侵害回復訴訟を令状によって国王裁判所に集中させた。現在に続くイギリスの諸制度の多くはこの時代に整えられたものだといわれる。ヘンリー二世の統治のもとで、イギリス議会制度のもととなる封建的諸勢力からの干渉を排した王権に直属の地方自治制度の大枠が作られた。

(31) ホヴェデン（Roger Hoveden ?—一二〇一）。イングランドの年代記編者。一一七四年からヘンリー二世に仕える。アングロ・サクソン時代から彼の時代までの年代史を著した。

リチャード一世[32]は、彼の治世五年にノッティンガムで、主教、大諸侯、諸侯からなる議会を開いた。この議会は、四日間しか続かなかったが、それでもなお、そこにおいては多くのことが行われた。初日、王は、リンカーンの州長官職にあったゲラルド・デ・キャンビルとヨークの州長官職にあったヒュージ・バルドルフから城と土地を奪った。二日目、彼は、後に王となる彼の弟ジョンとコベントリーの主教であるヒュージ・デ・ノーバントに反対する判断を求めた。三日目には、王に対して、二シリングでイングランドにおける全ての耕地が授けられた。彼は、ノルマンディーへの彼の侵攻のために全ての州選出代議士の従者の三分の一を求めた。そして、システアオックスの修道士たちのその年の全ての羊毛を要求した。それは、苛酷で負いかねるものだったので、彼らは上納金を納めた。最後の日は、苦情への審問の日だった。それ故、議会は解散させられた。そしてその同じ年、別の議会が、ノーザンプトンにおいて王国の貴族たちによって持たれた（ホリンズヘッド、Ⅱ、247-248頁）。

ジョン王[33]においては、彼の治世五年に、「彼と彼の主だった者たちの会合 *rex et magnates convenerunt*」、すなわち、その年の記録には、ウインチェスターで「諸侯との一般評議会 *commune concilium baronbum meorum*」を開いたとある（セルデン、1、707頁）。

ヘンリー三世の治世六年には、貴族たちは、王に、「すべての騎士の封土につき」、銀二マルクを与えた（ホーリンズヘッド、Ⅱ、351頁）。

彼の治世七年には、彼は、諸侯の集会として、ロンドンで議会を開いた（ホリンズヘッド、Ⅱ、353ページ）。彼の治世一三年には、大諸侯の集会がウエストミンスターであった（ホリンズヘッド、Ⅱ、364ページ）。彼の治世一五年には、聖俗双方の貴族の会議があった。

マシュウ・パリス[34]は、ヘンリー三世治世二〇年に、「主だった人々が、王国の問題について情報を交換し、論ずるために召集された *Congregati sunt magnates ad colloquium de negotiis regni tractaturi*」という（マシュウ・パリス、429頁）。そして、メルトンで、「国王陛下は、彼の主だった者の同意によって、今後、法外な暴利が、被相続人の死によって、後見人に反して徴収されることがないことを認可した」と言う（マシュウ・パリス、422頁）。

ヘンリー三世治世二一年に、王は、「彼の王国に属する者全てに、すなわち、大主教、主教、大修道院長、小修道院長、大諸侯、諸侯に、彼らが全王国に関する王の問題を処理するためにロンドンで会合すべきことを命令するために勅令を」送付した。そして「その日に、ロンドンで、王国の貴族の全集団が会合すること

(32) リチャード一世（Richard I 一一五七―一一九九）。ヘンリー二世の三男。生涯の大部分を十字軍等の戦闘の中で過ごし、イングランドには六ヶ月しかいなかった。戦闘のために国内から不当に土地や税を徴収した。国内は、ヘンリー二世時代に育成された法務官僚によって統治された。

(33) ジョン王（John 一一六七―一二一六）。ヘンリー二世の四男。兄がリチャード一世。リチャード一世の死後イングランド王位に就く。フランス王フィリップ二世と戦い、フランスにあったイングランド領の大半を喪失する。戦いの費用捻出のために軍役代納金・課税の徴収を繰り返し、国内の諸侯・聖職者らの反発を買い、マグナ・カルタが成立した。

(34) パリス（Matthew Paris 一二〇〇―一二五九）。ベネディクト会修道士、イングランド年代史家、写本家、地図製作者。『大年代史』は頻繁に引用された。

をその前に付加した」とマシュウ・ウエストミンスター[35]は言う（143ページ）。

彼の治世二一年に、君主勅許状の会議によってその要求が確認されている（ホリンズヘッド、Ⅱ、380頁）。

ヘンリー三世治世二二年には、「ウインチェスターで、王が、大主教、主教、小修道院長、大諸侯、諸侯に、王国全体に関する問題を取り扱うために勅令を発した」（マシュウ・ウエストミンスター、228-229頁）。

ヘンリー三世治世四九年には、王は、王国の貴族たちとオックスフォードで交渉を持った（マシュウ・ウエストミンスター、330頁）。

ヘンリー三世治世五五年には、マルボローでの議会で、「大諸侯と諸侯の合意」によって制定法が作られた。

ブラクトンが引いている箇所はここである。つまりこの王の時代に、首席裁判官が、尊重に値するものとなったのであり、そしてだからなおさら、後に、王の上位にある議会を作るために大いに強調されることになる。ブラクトンの言葉は「王は、より上位のものとして神を持つ。また、それによって彼が王となった法を持つ。また、彼の宮廷、すなわち、大諸侯や諸侯を持つ」（ブラクトン、34a）というものである。王を超えるものとして語られたその当時の宮廷は、大諸侯と諸侯の宮廷であって、庶民院議員もしくは上位裁判所のある部分が王国の代表となっているものではなかった。ここにおいて、ブラクトンの言葉の真の意味に関して、つまりどのように法や大諸侯と諸侯の宮廷が王を超越していたのかということなのだが、彼らは、王自身の恩恵や良き意志からの王への助言や指示という限りにおいてのみ超越していたと必然的に理解されなければならない。そのことは、次のように王について解説するブラクトン自身の言葉によって現れている。

「もし王自身の意志がないのなら、誰も彼の侵害を矯正し、修正することを王に強いることはできない。なぜなら、彼には、神以外のどのような上位者もいないからである。復讐者として神を期待することは、彼にとって十分な処罰となるだろう *Nec potest ei necessitatem aliquis imponere quod injuriam suam corrigat et emendet, cum superiorem non habeat nisi Deum, et satis ei erit ad poenam, quod Dominum expectat ultorem*」（ブラクトン、368b-369a）。ここで、法と大諸侯と諸侯の法廷が王より上位にあるという者たちの意見について語りながら、ブラクトンは、この箇所で彼自身が我々に「王は、神以外の上位者を持たない」と教えているのである。この相違は、スコラ哲学者の区別に従うなら容易に一致させることができる。彼らは「王は、法や相談者の強制的な権力から自由であるが、」彼自身の意志に従いながら、「指導的な権力には従い得る」（エガートン、106頁）とする。つまり、神のみが彼に強いることができるが、法や彼の宮廷は、彼に助言を与えるのみなのである。

（ヘンリー四世治世一年議会記録七九号）には、庶民院は、議会における判断が王と貴族に帰属すると明白に断言した（議会記録第三巻、451頁）。

これらの先例は、ノルマンコンクエストからヘンリー三世の統治の大部分（その中で州選出代議士のための選挙の令状が作られたと考えられるのだが）そしてそれはおよそ二〇〇年間に渡るものであり、ノルマンコンク

（35）マシュウ・ウエストミンスター（Matthew Westminster 生没年不詳）。匿名の修道士たちによる年代記に与えられた作者名。年代記の資料の大半はマシュウ・パリスに依拠している。

エストから今日までの時代の三分の一を占めるものなのだが、諸侯が、王国の議会もしくは一般評議会を形作っていたことを示している。諸侯の名の下に、大諸侯ばかりではなく、主教もまた包含された。というのは、ウィリアム征服王は、主教も諸侯としたからである。したがって、その令状において、我々が、貴族のみが相談者であり、庶民院は決定に同意し実行するためだけに呼ばれたということを見出してもそれほど大きな驚きではない。

それらの者たちの中には、諸侯という名の下に古来の自由不動産保有者裁判所[36]の領主が含まれており、諸侯として議会に召集された者と思われる。しかしながら、もしこれがいつの時代においても真実であると証明されたとしても、それでもなお、王国の庶民、もしくは自由土地保有者が自由不動産保有者裁判所の領主を議会の代表として選んだことが証明し得る場合を除いては、それらの自由不動産保有者裁判所の領主たちは、イングランドの庶民の代表を成してはいなかった。荘園の領主は、最初、人民の選挙によって生じたのではなく、サー・エドワード・クックが自由不動産保有者裁判所の領主の制度について論じているように、次の言葉で我々に説明が与えられる。

古代の王たち、特に、アルフレッド大王の法と勅令によって、この王国の最初の王は、イングランドの全ての直轄地を占有していたように思われる。そして彼らが彼ら自身に取っておいた荘園や領地、そして残りのものを、王国の防衛のために、王国の諸侯に荘園裁判所の領主が現在持っているような管轄権と共に与えたように思われる。([クック、1、58a–b])。

ここにおいて、私は、サー・エドワード・クックが言うように、もし「最初の王がイングランドの全ての直轄地を占有していたのなら」、そして、もし、最初の王が（多くの者たちがそう思っているように）人民によって選ばれたのなら、その時は、確かに、我々の祖先は、（もし浪費家ではないのなら）彼らが望むものは彼らのために留保する自由を持ちながら、彼らの王たちに王国全体の全ての直轄地をあたえ、そして残りを王国の防衛という条件の鎖をつけながら王の臣従者に与える非常に慈悲深い人民であったと書き留める他はない。これは、原設立、原契約による制限王政についての悪しき印でしかない。しかしながら、前者の論点を結論づければ、サー・エドワード・クックの意見は、「古代の法において、諸侯の名の下に全ての貴族が包含されていたということである」（クック、1、58b）。

王国の一般評議会の存在としての諸侯というこの学説は、多くの者を不快にさせ、そして庶民院への軽蔑を招くものとして、そして、「庶民院議員は、人民によって王に対して助言者として割り当てられた」ということを教える者たちの意見への反駁と不信のために否定された。したがって、私は、プライ[37]氏の証言を

(36) 自由不動産保有者裁判所（court-barons）。封建的土地保有の主要な法理の一つは、領主はすべて、不動産保有によって作り出された関係に基づいて、彼から保有者に対して裁判所を有するということである。イングランドでは、荘園には、封建裁判所はほとんど常に荘園に付着していた。荘園には、自由不動産保有者に対して自由不動産保有者裁判所があり、隷農保有者に対しては荘園法裁判所があった（J. H. Baker, *An Introduction to English Legal History*, London, Butterworths. 1971. pp.18-19. ベイカー『イングランド法制史概説』小山貞夫訳、創文社、一九七五年、33-34頁）。

我々の助けのために呼ぼうと思う。彼は、『反逆と不忠』という彼の書物の中で、ノルマンコンクエスト以前には、エドワード懺悔王の法第17章によって、王は宣誓によって、「彼の王国の貴族たちの評議会によって裁判を行う存在であった」ことを証明している。彼はまた、「大諸侯と諸侯とは議会において王を超えた存在であり、王が法から逸脱する時にそれを抑制するものである」と説明する。彼はさらに、「貴族と高位聖職者は、正式な相続人から王位をたびたび移す」ことを我々に教える（プライ、9頁）。

一、「エドガー[38]の死後正しい相続人であった非嫡出子エドワード殉教王[39]は、エセルレッド二世[40]によって廃位させられた」（プライ、9頁）。

二、「エゼルレッド王の正しい相続人エドモンドに反対して単なる外国人であるカヌート[41]を選び、王位につけること」（プライ、9頁）。

三、「エドモンドとアルフレッド[42]（正しい相続人であった）が立ち退かされた後、称号なしに連続して選ばれた王であるハロルド[43]とハルデカヌート[44]」（プライ、9頁）。

四、「イングランド貴族は、ハロルドの死の直後、どのようなデンマーク人王家の者もこれ以上彼らを支配しないと規定した」（プライ、9頁）。

五、「最高の資格を持っていたエドガー・アシリング[45]は、退けられ、ハロルドが選ばれ王位についた」（プライ、9頁）。

六、エドワード二世[46]治世第二年と三年に、「王国の貴族たちは、自分たち自身を卑下し、諸侯の評議会に

(37) プライ（William Prynne 一六〇〇―一六六九）。プライは、内乱期に、最も有名で多産なパンフレット起草者となった法律家。彼は、一六二〇年代と三〇年代の宗教改革のために議員たちへ働きかけを行った。禁固を受け、結果として聴覚を失った。内乱の間、彼は、議会側に立ち、一六四三年、『議会の主権的権力と王国』を四巻に分けて出版した。その第一巻（『主権者に対する教皇主義者の反逆』）は、『自由土地保有者の大陪審』で攻撃された。プライは、議会において代表される人民の主権と専制的な王に抵抗する議会の権利を支持した。しかしながら彼は、チャールズ一世の処刑と君主制と貴族院の廃止には反対した。貴族院を擁護する中で、彼は、『自由土地保有者の大陪審』から多数引用した。また、カンタベリー大主教ウィリアム・ロードの教会政策に対する卓越したピューリタン敵対者だった。教会政策に対する彼の見解は、長老主義だったのだが、一六四〇年代には、宗教的な事柄を全体的な国家管理にする議論を行い、エラストゥス主義者として知られるようになった（Sommerville, *op.cit.*, pp.287-295）。

(38) エドガー。『家父長制君主論（パトリアーカ）』訳注(65)参照。

(39) エドワード殉教王（九七五―九七八）。エドガーの息子。

(40) エセルレッド二世（?―一〇一六）。エドガー王の第二夫人エルフスリームの実子。

(41) カヌート。デンマーク王ハロルドの弟。

(42) エドモンドとアルフレッド。エセルレッド二世の双子。

(43) ハロルド。カヌートの息子。

(44) ハルデカヌート。ハロルドの弟。

(45) エドガー・アシリング（Edgar Aetheling 一〇五一?―一一二六?）。ウェッセックス王家最後の男子。ハンガリー生まれ。祖父がイングランド王エドモンド二世。

よって国事をつかさどることを王に懇願した。王は同意を与え、貴族たちが定めたことを裁可することを誓った。そしてそれらの条項の一つが、「朕は、これ以後、国事の全てを、朕の聖職者と貴族の評議会によって定める」というものであった（プライ、20-21頁）。

七、ウィリアム・ルフス[47]は、貴族の大半が彼に反していると気づき、もし彼らが彼を王として選ぶのならば、彼らにとって耐え難い法を破棄することを誓った」（プライ、52頁）。

八、ヘンリー一世の勅許状の冒頭に次のようなことを目にする、すなわち、「知れ、神の恩寵によって、イングランドのヘンリーは、神の御慈悲と王国の諸侯の一般評議会によって、王位を受ける」（プライ、53ページ）。

九、「正当な相続人であった皇后モード[48]は、高位聖職者と諸侯によって王位につけられた。モルタインの大諸侯スティーブン[49]は、どのような良き資格も持っておらず、主教や貴族を集め、彼らの好みに従いながら法の改正を約束したのだが、彼らによって、王と宣言された」（プライ、53頁）。

一〇、「ジョン王の代わりに、フランスのルイ[50]が、諸侯によって王位につけられた」（プライ、55頁）。

プライ氏からのこれら全ての証拠は、昔、諸侯たちがイングランドの王国の一般評議会もしくは議会であったことを十分に示し得るものである。そして、もし、プライ氏が、それと同じ昔に、王国の一般評議会の参加者として、州選出代議士、司教座都市の代議士、自治都市の代議士のための証拠を見出すことができるなら、私は、第一の学識者としての彼からそれを聞くことにやぶさかではない。しかしながら、ああ、悲しいかな、彼は、その古き時代に、前述の名前に出会うことは全くないのである。彼は、王に対して相談役として人民によって諸侯が割り当てられたとは敢えて言わない。というのは、彼は、「議会における全ての諸侯は、まさに彼本人として、彼自身のみの振る舞いとして語る。しかしながら、州選出代議士、司教座都市の代議士、自治都市の代議士において全王国の庶民が代表される」と我々に教えるからである。したがって、庶民院議員の全ての者がイングランにおける最大の諸侯よりも大きな発言権を議会において持つのである。それにもかかわらず、プライ氏は、もし我々が、王国の代議政体として諸侯のこれらの議会を、許容し、鵜呑みにするなら、大変満足するだろう。そして、その目的のために、もしくは王に対するカソリック議会、高位聖職者と貴族の反逆と不忠を証明する以外のどのような目的に対してでもなく、上記の引用を行ったことを我々が許容し、鵜呑みにするなら大変満足するだろう。というのは、それが、プライ氏が、彼の書物の題名によって、目的を遂げ、証明する主要な点であったからである。

(46) エドワード二世(『家父長制君主論(パトリアーカ)』訳注(55)参照)。

(47) ウィリアム・ルフス。ウィリアム二世のこと。

(48) 皇后モード(Moud the Empress)。マティルダのこと。ヘンリー一世の娘、神聖ローマ皇帝ハインリッヒV世の妻にして、夫の死亡後アンジュー伯ジョフロアの妻となり、ヘンリー二世を生む。

(49) スティーヴン。ウィリアム征服王の孫。ヘンリー一世の死去に際し王位を継いだマティルダに対して王位を主張し戦争となるが、自分の王位を承認することと引き換えにマティルダの息子を王位につけることで和解。その息子がウィリアム二世である。

(50) フランス王ルイ。ジョン王からフランス領を奪ったフィリップ二世の息子

第二の点に関して、それは、ヘンリー一世の時代まで、庶民院議員たちは議会に召集されなかったということだが、それはその時代まで議会に来ている庶民院議員に全く注意が払われなかったという昔の一般的な沈黙は除外するとしても、我々の歴史は、彼の時代以前に、一定の貴族が国家の最重要事について協議するために召集されたことを語る。彼は、州選出代議士、司教座都市の代議士、自治都市の代議士を彼ら自身の約束で庶民院として集めた。同じ目的に対して、サー・ウォルター・ローリィーが多くのことを書いている。彼の言によれば、イングランドの王は、「ヘンリー一世の治世一八年までどのような正式の議会も持たなかった。というのは、彼の治世第三年に、彼の娘の結婚ために王は枢密院のみの助言によって土地の全てに税をかけたからである」(ローリィ、2、2-3頁)。そして、「この議会が設立された後すぐ、臣民たちは、王と折り合いを付け始め、力ずくで彼らの武力と大憲章を王から引き出した。彼らがそれほど大胆不敵さを持ったのは、外観上からも議会が設立された後からであった」(ローリィー、2、3ページ)。そしてもし誰かが、ヘンリー一世が議会に人民を呼んだ理由を知りたいとしても、どのような良き根拠もない。もし我々がサー・ウォルター・ローリィーを信ずるなら、

大憲章は、初めから王者らしく、腹蔵なく承諾されたようなものではなかった。ヘンリー一世、まさに王国を強奪したのであり、それ故、彼の長兄であるロベールに反して彼自身をより確かなものとするために、彼はその『戴冠の証書』で人民にこびへつらったのである。否、それどころか、それらを確かにしたジョン王は、同様の尊敬を得た。というのは、ブルターニュのアーサー伯(51)は、ジョンが簒奪した王位の疑いのない

相続人であったからである。それゆえ、これらの諸憲章は、権利 *de jure* としてではなく、事実 *de facto* として、王から初めて得たのである（ローリィー、2、4頁）

そしてその後、彼の結論は、「『戴冠の証書』は、最初、簒奪によって曖昧に誕生した、そして育まれ、反乱によって世に示された」ということになる（ローリィー、2、6頁）。要するに、王は、議会に人民を呼び入れ、彼らが王位を彼に確かにするためにマグナ・カルタを承諾したのである。

第三の点は、二つの部分からなる。一つは、庶民院議員たちは、ヘンリー三世の時代まで議会に恒常的に呼ばれることはなかったということである。これは、諸侯が王国の一般評議会であることを証明するために先に引用した判例に現れている。というのは、ヘンリー一世は、彼の戴冠式に国土の全人民を呼び入れたのではあるが、そして、さらに彼の治世第一五年と一八年に再び呼び入れたのではあるが、それでもなお、彼は恒常的にそうしたのではなかったからである。そしてまた、以前に現れたような、彼を継承する王は多くはいなかった。

二つは、令状によって庶民院議員を召集することに関することだが、私は、次のような言葉で、『議会の特権と慣例』と題された書物において承認されていることを見出す。すなわち、

古代において、王が議会を召集した後、彼らに属する権利の特権を口実として無数の人民大衆がまさにそ

（51）ブルターニュのアーサー伯。ウィリアム二世の孫。

こへ接近した。しかしながら、ヘンリ三世は、そのような民衆的混乱を理由とした災いや厄介なことを経験していたので、特別召集された者以外のどのような者も彼の議会に来ることができないという体制をまさに作った（スターキー、6-7頁）。

この論点に対して、セルデン氏によって次のような考察が与えられた。「我々が目にする最初の令状は、ヘンリー三世治世四五年の議会への召集の貴族院議員はもとより庶民院議員のための他の詳細を伴っていた」。（セルデン、1、717頁）同じようなことを、キャムデン氏は、諸侯の尊厳について語りながら次のような言葉で示した。

ヘンリー三世は、煽動的で不穏な多くの民衆の中から令状によって、もしくは召集によって議会に最良の者たちを集めた。というのは、王とシモン・ド・モンフォール(52)や他の諸侯との間の多くの紛争や厄介事の後、そしてそれの鎮静の後、彼は、王自身が召集の令状を差し向けるよう賜る大諸侯や諸侯の全てが彼の議会に来るべきであること、そしてその他のどのような者も参加すべきではないことを命じ、定めたからである。そして、彼が彼の死の少し前に開始したそのことは、エドワード一世とその後継者たちによって絶えず守り続けられた。賢明な王と言われたエドワード王は、彼の議会に、最も分別のある古くからの一門を常に召集した。そして、もし彼らの息子たちが理知において彼らの両親に匹敵しない場合には、両親の死後その息子たちを召集することはなかった（キャムデン、169頁）。

また、キャムデン氏は、別の場所で次のようなことを言っている。「エドワード一世の時代に、郷神 the

gentryたちの中から、分別がありそれに値する者たちが選ばれ、議会に召集された。そして子孫たちは、もし欠点があれば召集されなかった」。

選挙のための召集令状の送付の権力は、ヘンリー三世によって初めて行使されたので、それに続いた王たちも、王自身の名と権力において全てが語られるいくつかの法令によって窺われるように、その令状に基づいて選挙を規定した。つまり我々の祖先の言葉使いで規定したのである。

リチャード二世[53]治世五年法律第四号には次のような言葉あった。「王は、議会に来る召集状を持つ全ての人物を決定し命じた。そして欠席する一人ひとりの人物には（理に適い、公正に、今上陛下より許された者を除く）、罰金を科し、さもなければ処罰することを求め、命じた」（制定法大典、140頁）。

---

(52) モンフォール（Simon de Montfort 一二〇八―一二六五）。シモン・ド・モンフォールはイングランドの貴族。イングランド議会制度の基礎を作り上げた。シモンは、ヘンリー三世の失政の連続を目にし、ヘンリー三世に反発する貴族を糾合して挙兵し、一二五八年に王権制限と貴族による国政監督組織を作ることを定めたオックスフォード条令を認めさせた。一二六一年再び挙兵したヘンリー三世と戦いに入る（第二次諸侯戦争）。勝利したモンフォールは、諸侯、聖職者、州選出代議士（騎士）、都市選出代議士などによる議会を召集して議会政治の先例を作った。

(53) リチャード二世。『家父長制君主論（パトリアーカ）』訳注（56）参照。

ヘンリー四世[54]治世七年法律第十五号

今上陛下は、州選出代議士の不当な選挙による庶民院の嘆かわしい不平不満に対して、州長官に温情を示し、さもなければ州の大きな口頭非毀に対して令状の形式でそれに抵抗した。今上陛下は、反対の何らかの要求や命令があったにせよ、起訴提起者はもとより、その他の者たちも、そしてそこに出席した全ての者が、自由に選挙を行うべきであるという、そして選挙が全員参加の州裁判所においておこなわれるべきであるという矯正策を、貴族院と庶民院とが定めた同意によって、用意した（制定法大典、194頁）。

ヘンリー四世治世一一年法律第一号、国王陛下は、不実な返礼をなした州長官に対して、「国王に一〇〇ポンドの罰金を支払うように」定めた（制定法大典、197ページ）。

ヘンリー五世[55]治世一年、法律第一号

今上陛下は、貴族院の助言と同意によって、そして庶民院の特別訴訟と請願とによって、もし州選出代議士が令状の日付の日に州の内部に居住していなければ、彼らは選ばれることがないことを定めた。そして、司教座都市の代議士や自治都市の代議士が居住し、存在し、その司教座都市や自治都市において自由であるならば、決してその他のものが選ばれることはないと定めた（制定法大典、200頁）。

ヘンリー六世[56]治世六年、法律第四号、「今上陛下は、」議会に選出された州選出代議士や、州長官のために進んで矯正策を用意しながら、「彼らが、彼らに反して見出される職務の審問に対して承認や否認を与える

べきである事を定めた」（制定法大典、226頁）。
ヘンリー六世治世八年、法律第七号

州選出代議士の選挙は、大変な非道行為と人民の過度の人数によって行われてきているのであるが、その人民の大半の者は無価値な者であり、彼らの一人ひとりは皆尊敬すべき州選出代議士や郷士 esquires と同等の投票権があると偽る。それによって、郷紳 gentlemen の中で、殺人、動乱、不和が起こり得るのである。すなわち、今上陛下は、州選出代議士が、州に居住する少なくとも年40シリングの価値を持つ土地や借地を

（54）ヘンリー四世（Henry IV 一三六七—一四一三）。一三三九年、リチャード二世の専制に対して反乱を起こした貴族たちと共にリチャード二世を破り、議会は、リチャード二世の廃位とヘンリーの王位継承を議決、ヘンリーはランカスター朝を開く。この事件を一三九九年の革命とも呼ぶ。しかしながら、ヘンリー四世は、王室庁を重用し、ランカスター派貴族を宮廷に登用し、ランカスター一色の専制体制を布き反発を招いた。

（55）ヘンリー五世（Henry V 一三八七—一四二二）。ヘンリー四世の子。エドワード三世の主張したフランス王位継承権を再度主張し、フランスに出兵、勝利し、ノルマンディーを占領。ランカスター朝の絶頂期を築いた。内政においては、ほとんどあらゆる立法が庶民院の請願にもとづいて行われ、立法における庶民院の優位が確立された。

（56）ヘンリー六世（Henry VI 一四二一—一四七一）。ランカスター朝最後の王。ジャンヌ・ダルク等の出現によってフランスとの百年戦争との和平交渉をすすめる。ランカスター派の貴族を重用し、ジェントリーの勃興と専横を抑える政策を怠り、ヨーク派貴族や庶民院の反発を受け、薔薇戦争が起こる。薔薇戦争に負け、ロンドン塔に幽閉され死亡する。

持っている人民によって選ばれるべきである事を定めた。そして、選ばれた者は、その州の内部に居住、在住すべきことを定めた（制定法大典、230頁）。

ヘンリー六世治世一〇年、［法律第二号］「今上陛下は、州選出代議士が、その州の内部に居住しており、年四〇シリングを得ている人民によって選出されるべきであると定めた」（制定法大典、243頁）。

ヘンリー六世治世一一年、法律第十一号

王は、王の命令によって王の議会や評議会に来る者たちの容易さを進んで提供するために、もし、王の議会、もしくは、他の評議会に来る者たちに何らかの危害や騒ぎが起こされたのなら、そのような騒ぎや危害を起こした党派のものは、倍の損害を支払い、そして王の意のままの罰金や賠償金を支払うよう定めた（制定法大典、248頁）。

ヘンリー六世治世二三年、法律第十五号、王は、ヘンリー五世治世一年の法律第一号とヘンリー六世治世八年の法律第七号と、州選出代議士、司教座都市の代議士、自治都市の代議士の選出における州長官の懈怠を考慮して、次のように定めた。

一、前記の法は、正しく守られるべきであること。

二、州長官は、司教座都市の代議士や自治都市の代議士を選挙するために市長や代官に命令書を手渡すべきであること。

三、州選出代議士、司教座都市の代議士、自治都市の代議士の選挙に関して不正な選出をした州長官に関する一〇〇ポンドの罰金
四、不正な選出があった市長や代官に関する四〇ポンドの罰金
五、正当な州選出代議士の選挙は、午前八時から午前一一時の間に、満場の州裁判所において行われなければならない。
六、当事者は、議会が始まって三カ月以内に告訴しなければならない。
七、州選出代議士は、州の著名な騎士であるべきである。もしくは、その州で生まれた騎士に値する著名な郷士もしくは郷紳たちであるべきである。そして自作農やそれ以下の階級にあるどのような者も州選出代議士ではない（制定法大典、271-272頁）。

私が、議会の議員の選挙のための令状で気づいた最後の事柄は、令状の言葉によれば、州選出代議士はもちろんのこと、議会に関して司教座都市の代議士や自治都市の代議士も、州裁判所で適格者となるということである。そして、自由土地保有者ばかりではなく、全ての他の者たちも、州裁判所に出席した者たちは、そのような選挙の投票権を持つということである。ヘンリー四世治世七年法律第十五号（制定法大典、194頁）を参照のこと。

私は、久しく、その令状の検証を主張している。なぜなら、庶民院の権力と訴訟は、この令状の力で自由土地保有者が彼らに委託した信託によって主に正当化されるからである。

私は、たとえ王が望んだとしても、庶民院が行う、もしくは執行し得るどのような権力が決定されたのかを理解することはできない。私は、その令状における権力だけに自分自身を限定する。私は、庶民院の助言を求めたヘンリー七世[57]王のブルターニュ公爵の訴訟やジェームズ王[58]のパラティン伯事件に無知なのではない。そして、庶民院ばかりではなく、特に臣民一人ひとりは、主権者が下問された助言を持つことが重要であると考えた時に、義務と忠誠とによって、主権者に対して最良の助言を与えることが義務づけられている。

エドワード三世治世一三年法律第十号、イングランドの全ての商人は、その人本人が、王の名誉に関する大きな問題を協議するために、そして王国の救済と自分たち自身の救済のために、ウエストミンスターに出頭することを令状によって命じられた（議会記録第二巻、108頁）。

公協議の過程において、古代には、イングランド王はまさに「庶民院議員をしかるべき根拠をもって歓待し、それによって彼らの咎めの用意を抑止した。そして、庶民院議員は出費を避けるために、助言を与えることを注意深く回避した」ことが認められるとサー・ロバート・コットンは言う（コットン、34頁）。

エドワード三世治世一三年、貴族院と庶民院が、どのようにして国内和平を持続させるのか、スコットランドの行軍から防衛するのか、そして外敵から海を防衛するのかを協議するために召集された。貴族院と庶民院とは、別々に協議し、庶民院は「彼らがどのような裁判権も持たない事柄へ助言するために咎められないことを要求した *de queux ils n'ont pas cognisance*」（議会記録第二巻、105頁）。

エドワード三世治世二一年、裁判官ソープは、対フランス戦が貴族院と庶民院との助言によって開始され、彼らの同意の後に休戦が受け入れられ、現在、停戦に至ったと、貴族院と庶民院に宣言した。王の意向は、その実行において彼らの助言を持つことだった。庶民院は、集会するよう命じられ、彼らが同意に至った時、王と貴族の評議会に、四日間の協議の後、「王がそのような事柄において貴族や経験豊かな者たちによる助言を受けるという王の謙遜した要望」を通知した（議会記録第二巻、165頁）。

リチャード二世治世六年、王本人がGaunt救済のために行くべきか、それとも軍隊を送るべきかを協議するために、議会が召集された。庶民院は、二日間の議論の後、貴族院に協議を要請した。そして（彼らの議長であった）サー・トーマス・プッカリングは、戦争のための協議は、まさに、「王と貴族院とに」ふさわしく帰属するものではあるが、それでもなお、庶民院が彼らの助言を与えるように命じられたので、「庶民院は、卑しくも、王の船旅を望むものである」と助言した（議会記録第三巻、145頁）。

リチャード二世治世七年、第二会期で、庶民院は、戦争か、もしくは友好を受け入れるべきか、フランスとの平和条項についての見解に助言するよう求められた。彼らは、そのような重大事項に助言するにはあまりに弱体なものであるとして、謹んで辞退した。しかしながら、再度の命令に、彼らの名誉と王の権利のた

(57) ヘンリー七世（Henry VII 一四五七—一五〇九）。チューダー朝最初の王。一四七一年、ヘンリー六世の死去によりランカスター家の長となり、一四八五年、リチャード三世を破って即位する。議会からの干渉をさけるために王室財産の増大につとめた。星室庁を設け、チューダー専制政治の基礎を作った。

(58) ジェームズ王（Jsmes I 一五六六—一六二五）。スコットランド王。エリザベス一世の死後、イングランド王となる。『自由な王政の真の法』により絶対君主政を主張した。

めに、戦争よりもむしろ和平という彼らの意見を返答した（議会記録第三巻、170頁）。

議会における庶民院の召集、選挙そして権力に関してどのようなことが言われてきたのかということのより十分な証明に関しては、サー・エドワード・クックの議会の裁判権についての彼の論考によって伝えられる論点を見ることがふさわしい。そこには次のようにある。

第一に、彼は、「英国議会（the high court of parliament）は、陛下の臨席と三つの階級から構成される」ということを基礎付け、公平に議論を開始する（クック4、1頁）。すなわち、

一、聖界貴族
二、俗界貴族
三、庶民院議員

の三つである。

ここから以下のことが推測される。つまり、全くのところ当然に、国王本人がそこに臨席している一定の時以外には英国議会は召集され得ないということである。それゆえ、現今の次のような疑問、つまり、議会は王を超えた存在なのかどうかという問題は、間違ったものであるか、用の無いものだったのである。すなわち、あなたが、議会という語の中に王本人を含まないのであれば間違っているし、含むのであれば、用の無い問題である。真に仮定される問題は、そしてそれが意味するように、議会に集まった三つの階級が（もしくは、全く同じことだが、貴族院と庶民院とが）王を超えるのかどうかということであり、三つの階級と共にあ

る国王が、国王を超えるのかどうかということではない。そしてまた、プライ氏が20頁で指摘し、他の多くの者たちも行っているように、三つの階級の一つとして王を数えることは非常なる誤りであるように思われる（プライ、41頁）。というのは、サー・エドワード・クックが自認しているように、三つの階級は、身体を作り、王は、「頭であり、議会の創設者であり、目的 *caput, principium et finis parliamentorum*」であるからである。

第二に、サー・エドワード・クックは、「確かに、両院は、最初、一緒に座っていた」、そしてエドワード三世の時代においては、「貴族院と庶民院とは一緒に座り、庶民院は、どのような継続的な議長ももっていなかった」と伝えている（クック4、2頁）。もし彼が、貴族院と庶民院とがまさに一つの統一体として一緒に座り、投票したことを意味するなら、それを信ずる者はほとんどいないだろう。なぜなら、庶民院は、彼らの自由や特権を手放したり、捨てたりすることを常とするようなことは決してなかったからである。つまりそこで（それは威厳のある姿勢ではないのだが）帽子を手に今立つ彼らにとって、そこで座り、投票することを常としていたのなら、それを変更することが、庶民院によって耐えられるものであるとは想像し得ないものであるからである。より以前の時代において、庶民院が恒常的な議長を持たなかった時、彼らはたびたび、そして恐らく大半は、大評議会の議論や諮問を聞くために同じ議場にいたのだろう。そして貴族院議員の前にいたのだろう。しかしながら、彼らと共に座り、投票したのではなかったのだろう。というのは、庶民院が彼ら自身の中で助言しようとした時、彼らが議場に座る以前には、ウエストミンスター修道院の聖堂参事会会議場が、たびたび彼らの会合の場所であったからである。そして彼らの会議が頻繁ではなかった理由がある。私が思うに、庶民院という名称が古い時代には存在せず、気づかれないことがその理由である。しかしながら貴族院だけは、議会と呼ばれていた。そして「議会保持の在り方 *Modus Tenendi Parliamentum*」と呼ばれる論文は、一つの議事堂のみを議会として言及している。いまやウエストミンスターにおいて庶民院議員が座る議事堂は、その後の慣行であり設立であった。というのは、エドワード六世[59]の時代においては、それは、聖スティーヴン聖堂参事会の教会であったのであり、主席司祭、聖堂参事会会員、合唱隊員を持ち、彼らはウエストミンスターの王の宮殿の合唱隊だったからである。そして、解散時には、ホワイトホールの王の礼拝堂へ移されたからである（ストウ[60]、418-419頁）。

また、私は、ウエストミンスターホールが修理されるので、リチャード二世[61]が次のようにさせたことを読んだ。

宮殿中庭の中央の大きな古い大広間の門と時計台の間に大きな議事堂が作られるべきである。その議事堂は、長く大きなものであり、化粧レンガで覆われた木材で作られ、両側が開き、会衆の全てが、双方の側で何か言われ行われたのかを見ることや聞くことができるものである。チェシャーの四千の弓隊、それは王の警護をする者たちだが、その弓隊が、議事堂に参列し、「宮廷から食物と飲み物 *bouche a court*」を受け取り、日に6ペンスの収入を得た（ストウ、415-416頁）。

第三に、彼は、「庶民院は、彼らの議長を選ぶことになっていたが、彼らの選択の後、国王がその議長を拒否し得たという事実から、その慣行は、（主教の *the conge d'eslier* のように）国王が、分別があり、学識のある者を指名し、庶民院が決めたというものだった」。欄外の注には、「庶民院が選び終わった時、国王は、サー・ジョン・ポップハムの場合のように、彼の抗弁を与えたし、不認可もし得た」とある（クック4、8頁）。

第四に、彼は、議会の初日に四人の裁判官助手と二人のローマ法学者・民法学者（大法官府の主事たち）が請願の受取人として指名され、それは引き続く六日以内に伝達されたこと、「そしてそれらが、貴族院に提出され提議されることが必須であり、妥当であり、良きものであるのかどうか、必要がある時には、上述の請願の審査官として、六人の貴族と二人の主教が王の学識ある評議会に召集されたことを我々に教える」（クック4、10-11頁）。彼は、庶民院の誰が請願の受取人であり、もしくは、審査官であったとは言わないし、その請願が貴族院の外の彼らに提出されるものであったのかどうかについて語っていない。

第五に、彼は、「州選出代議士、司教座都市の代議士、自治都市の代議士は、代理人を使えなかった。何故なら、彼らは人民の多数によって選ばれ信託されたからである」と我々に教える（クック4、12頁）。ここでの問題は、委員会が、もし何らかの職務を行うことを信託されていたとしても、代理ではないのかどうかということである。なぜなら、彼は、「二、三の者に委託された議会の高い権力は、議会の尊厳に反するも

(59) エドワード六世（Edward VI 一五三七—一五五三）。ヘンリー八世の息子。生来病弱であり、一五歳で死亡した。

(60) ストウ（John Stow 一五二五—一六〇五）。エリザベス朝の歴史家、古物収集家。『ロンドン検分 *The Survey of London*』（一五九八）がある。

(61) リチャード二世（『家父長制君主論（パトリアーカ）』訳注(56)参照。

のとしてみなされる。そしてそのような委員会はどのようなものであれ認められるべきではない」と言うからである。（クック4、42頁）。

第六に、彼は、「国王は、庶民院議会の報告以外には、庶民院において言われた、もしくは為されたどのようなことも知ることができない」と言う（クック4、15頁）。確かに、もし、庶民院が、貴族院と共に座っていたら、そして国王が臨席していたら、国王は、彼の面前で何が行われたのかを知り得ただろう。そして、私は、ヴォエル(62)が「古い慣行は、議会の全ての階級が、一緒に座り、そこで話をしなければならない全ての者は、国王と議会全体の前で公にそれを行うということであった」と書いているのを目にする（ヴォエル、22頁）。

エリザベス女王(63)治世三五年においては、庶民院が臨時税に反対したという記録が存在する。それは女王に対して述べられたものであった。その件について、サー・ヘンリー・ナイヴェット(64)は、「議会における演説の内容や行なわれた事柄を報告することは、法廷で行なわれるべき事柄である」と言った（ドゥーズ、487頁）。サー・ジョン・ウォーリー(65)は、女王のみを例外とする秘密の動議を好んだ。つまり、彼女に秘密にしておく事柄などなにもないと、彼は言った。そして、サー・ロバート・セシル(66)は、「議会の協議が秘密裏に保持されることを許した。そして悪しき目的 *malam partem* に対しては何事も報告されないことを許した。しかしながら、その意味が、彼らはここで行われた何事も女王に報告し得ないということであるなら、彼は、全くそれに反対した」（ドゥーズ、488頁）。

第七に、彼は、「国王の訴訟進行停止に反対して議会から許可なしに去る庶民院の三九人に反対する王座裁判所における告発状と通知」を確証した。「その内、六人は彼らへの科料に従い、エドモンド・プラウドゥン(67)は、彼が議会の最初から最後まで継続して残ったと抗弁した」(クック4、17頁)。エドモンド・プロウドゥンは、王座裁判所の司法権に対して申し立てしているのではなく、議会における恒常的な彼の参列を申し立てたのであって、それは王座裁判所の司法権に対する承認と服従だったこと、そして、もし彼の主張が議会において審問されるべきということだけのものなら、それほど学識ある法律家による議会の特権の許しがたい裏切りであったことに注目されたい。

第八に、彼は、「議会における貴族院が、そして庶民院が、そして双方共に、議会において、司法権を持っていること」を説明した(クック4、23頁)。彼は、双方の議会が一緒に司法権を持っており、何れか一

(62) ヴォエル(John Vowell 一五二七―一六〇一)。歴史家、著作家、事務弁護士、古物収集家、市の行政官、エクスターの収入役、エクスター選出の代議士。議事手続きについての影響力のある論考を書いた。

(63) エリザベス女王(Elizabeth I 一五三三―一六〇三)。父であったヘンリー八世と同じように宗教的には中立政策をとる。一五五九年に「首長令」、「礼拝統一令」を制定。メアリのカソリック政策に反対する一方で、ピューリタン急進派も抑圧した。

(64) ヘンリー・ナイヴィット(Henry Kynvet 一五三七―一五九八)。エリザベス朝の軍人、政治家。

(65) ジョン・ウォーリー(John Wolley ?―一五九六)。エリザベス女王のラテン語書記。枢密院の構成員。政治家。

(66) ロバート・セシル(Robert Cecil 一五六三―一六一二)。イングランドの政治家。エリザベス朝後期からスチュアート朝初期のイングランドの政治を主導。

(67) エドモンド・プラウドゥン(Edmond Plowden 一五一八―一五八五)。チューダー朝後期の著名な法律家。

方だけではないことを証明するために記録を持ち込んだ。彼は、双方に共にある司法権のためにエドワード一世治世法律第三三号を引用した。そこでは、ニコラス・デ・セグレーヴが、「高位聖職者、大諸侯、諸侯、そして評議会の者たち *per praelatos, comites et barones, et alios de concilio* によって裁かれていた」（議会記録第一巻、172頁）。ここには、庶民院の判断へのどのような言及もない。「評議会の者たち」とは、王の枢密院、もしくは法における学識者評議会を意味しているのだろう。それは、令状によって助言を与えるように召集されてはいたが、それゆえ庶民院ではなかった。その判決自体が次のように言っている。

ニコラス・デ・セグレーヴは、議会において自分の罪を承認した。そして国王の意志に服従した。そこで直ちに、国王は、大諸侯、諸侯、主要なる人物、そして国王の評議会の者たちの助言を進んで受けながら、彼らが負っている臣下の礼、忠誠の義務、臣従の義務によって、そのような犯行にためにどのような処罰が科されるべきかを彼に誠実に助言することを命じた。すべての者たちは、入念に助言し、そのような犯行は、生命と身体の喪失に値するといった（議会記録第一巻、173頁）。

このようにして、（私が思うに）貴族院は、フランスに戦いに行く国王の軍隊生活を見捨てた者に対してどのような判決を与えるのかを国王に助言するのみだったのである。

第九に、彼は、「近年、貴族院による、庶民院が起訴者である裁判への多様で顕著な判決を目にする」という（クック4、23頁）。庶民院が起訴者であるところでは、彼らは、どのような裁判官でもなく、（彼の言葉に従えば）「一般尋問者である」（クック4、24頁）。もしくは、王国の大陪審である。彼が引用した判例は、ジェームズ王の時代のみのものであり、それより古いものはない。

第一〇に、彼はまた、庶民院のみの司法権についても我々に教える。彼の最も古い判例は、「司教座都市の代議士に選ばれるためにウエストブリーの市長に一〇ポンド与えたトーマス・ロング」についてのエリザベス女王の御世のものだけである（クック4、23頁）。

第一一に、彼は、「（多くの目的に対する）別個の法廷としての庶民院」という題名の節を設けている。そして「注、多くの目的に対する別個の法廷としての庶民院」という。それらの多くの目的について、彼は、一つのもののみ、つまり、「それは延会の場合に使用される」とだけ教える（クック4、28頁）。証人を検査するためだけに存在する委員たちは延会することができるが、それでもなおそれは法廷ではない。

第一二に、彼は、議会の特権を取り扱う。そこにおいて驚嘆すべきことは、この法についての偉大なる精通者が、彼はたびたび議員でもあったのだが、議員の不逮捕特権の他には、もしくはそれだけしか特権として見出していないことである。彼は、その特権が、反逆、重罪、治安の三つに関わっていなければ保持されるという。そしてこの不逮捕特権に関して、彼は、貴族院におけるそれらの判例を引用する。しかしながら、彼は、庶民院の不逮捕特権のための判例を一つも持ち出してはいない（クック4、24-25頁）。

自由土地保有者は、貴族院にどのような権力があるのかを考察する義務がある。というのは、自由土地保有者は、貴族院の選挙においてどのような投票権も持たなかったのではあるが、それでもなお、もし貴族院の権力が自由土地保有者を義務づける法令を作ることに及んだならば、その権力がどのようなものであり、いつ行われるのか、そしてその適応範囲はどれ位なのかを問いただすことが必須だったからである。貴族に対する召集の主要な令状は、次のような文言だった。

神の恩寵によって英国王チャールズは、全てのイングランドの大主教であり首都大主教であるカンタベリー大主教、クリスト・ウィリアム師の健勝を祝す。朕、そして国家、そしてイングランドの我々の王国とイングランド教会の防衛のために関する確かに困難で差し迫った問題に関する朕の評議会の助言と同意にもかかわらず、朕は、ウエストミンスターで持たれるべく朕の一定の議会を設けた。そしてそこで会議を持つこと、そして汝らと共に、高位聖職者、重要な人物、そして朕の前述の王国の貴族たちと論じ合うことを定めた。朕は、汝らが朕に義務づけられた信頼と愛とによって、前述の仕事の困難性を考慮しながら、そして差し迫った危険を考慮しながら、そして全ての弁解を差し控えながら、前述の事柄に助言を与えるために朕と高位聖職者、重要なる人物、そして貴族たちと共に、汝ら本人が前述の期日と場所に参列することを厳格に訓告し、命令する。そして、このこと、つまり汝らが朕と朕の名誉を愛すること、前述の王国と教会の防衛、そして、前述の問題の緊急性のために、汝らには怠る道はない。カンタベリーの汝らの教会の主席司祭や参事会員、汝らの主教管区の副主教とすべての牧師に前もって警告すること。つまり、その主席司祭、副主教は彼ら本人を、そして参事会員や聖職者は、参事会員や聖職者としての権力を彼らから受け取っている適切な二人の代理に警告すること、前述の期日と場所に参列し、それらの事柄に同意するために、参事会員と聖職者らから完全で十分な権力を得ること。それは、その時そこで、我が王国の一般評議会によって定められるべく神のご加護によってただちに生ずるものである。ウエストミンスターで証人が記す。

令状のそれと同じ形式のものが、必要に応じて変更を加えて *mutatis mutandis*、「汝らは決して怠ってはならない。証人……」という結びの言葉で、俗界の諸侯にも送られた。しかしながら、聖界諸侯が、信仰と愛とによって命令されるのに反して、俗界諸侯は、臣従の義務と臣従の礼とによって命令されているのである。

二つの令状の間の差異は、貴族院が助言を論じ与えること、庶民院は、定められたことに同意し、実行するということにある。

この令状によって、貴族院は、困難な公務への助言について論じ、それを与える審議的、諮問的な権力を手にする。そして同じような権力を、裁判官、財務府の諸侯、国王評議会、そして大法官も手にする。しかしながら、貴族院は、この権力の他に、そしてこの権力を超えた重大で決定的な権力をまさに行使する。そしてそれは、その令状には言及されていないなし、見出されないものなのである。

これら二つの異なった権力についてのより良き理解のために、我々は、君主政における裁判官と助言者との間の区別に注意深く目を向けなければならない。裁判官の正規の義務、もしくは職務は判決を与えること、そして王の代わりに命令することである。しかしながら、助言者の正規の義務は、国王が国王自身で行うべきこと、もしくは、行うように仕向けるように国王に助言することである。裁判官は、国王の不在中に王本人の代理を行い、助言者は、国王の面前で助言を与える。裁判官は、彼らの職権や制度によって義務や権力が制限される。そしてそのような事態において、彼らは、判断を行い、彼らの判決を実行に移させる。しかしながら、助言者は、彼らの助言を実行させるべく命令するどのような権力も持たない。というのは、それは、彼らの君主から主権を取り去ることになるからである。君主は、彼らの知恵によって、彼の評議会の助言を斟酌し、彼の評議会のより賢い者たちの判断に従いながら自由に決断する。そしてそれは多数派の判断であるとは限らない。要するに、全くのところ、助言者は、国王の面前の他においてはどのような権力も持たず、裁判官は、彼の臨席の外部でしか権力を持たないということである。このように区別されるこれら二つの権力は、それでもなお次のような一致点を持つ。そして裁判と助言とには次のような類似点がある。つまり、裁判官の正規の権力は、判決を与えることではあるのだが、それでもなお、彼らの宣誓によって、国王が彼らを助言者として召集した時は、彼らは例外的な根拠において義務づけられるということである。そして、もう一方で、助言者の固有の仕事は、彼の主権者に助言をすることのみなのではあるが、それでもなお、多くの時に、国王の許しがある場合にのみ、助言者は、そこにおいて正規に彼らが君主の精神を知る点において判断し命令することが許されるのである。そして彼らが行うことが王的権力自体の行為である事が許される。というのは、評議会は、国王本人と一体である事が常に前提とされるからであり、それゆえ、評議会の布告は、「国王の枢密院において国王によって」一定の型に作られるからである。

貴族院にこの区別立てを適応するために、我々は、彼らが、元来は王の参議と呼ばれていたことを見出す。そして、それゆえ、彼らが彼らの令状に記された審議の権力のみを持っていたことを見出す。したがって、貴族院は、彼らが国王の面前にある時、彼らがそのために呼ばれた義務をひたすら実行するだけである。つまり、国王は、彼らと協議会を持ち論じ合うことができるということである。令状のまさにその言葉は次のようなものである。「朕と共に、そして高位聖職者、重要なる人物と貴族と共に、論じ合い、汝らの助言を許す」。「我々と共に *nobiscum*」という語は、国王の臨席をさりげなくほのめかすものである。議会の意見に王を同意させること、そしてその協議に国王を全く参加させないということは道理上全く馬鹿げたことである。これは、国王を臣下と仮定するようなものである。もし、助言が、それに国王が必然的従うものとされるのなら、助言は、助言という名を失い、命令となる。そのような傲慢な助言は、助言者でしかない者を、事実上、国王という名前の者にし、国王自身を、臣民でしかない者とする。我々は、サー・ロバート・コットンが「アングロサクソン時代が終わりに向かう時、そして、ノルマン人の王の最初の時、復活祭、聖霊降臨節とキリスト降誕祭に固着した慶事として議会があった」と記すのを読む。そして、国王の宮廷もしくは宮殿で、議会が、王の臨席もしくは宮廷の私室で行われた、と記すのを読む（クック4、44-45頁）。ここから、彼は、「国王が自分自身の臨席を排除すると信ずることの不可能性と、歓待を来客に与える交際から王を締め出すことの無作法さ」を推断する（クック4、44頁）。そして今日、議会は、王の家族がそこにいる宮廷にはないのだが、それでもなお、いまだ今日でさえ、議会が王の来客である事を示すために、王室の宮内庁長官が議会の開期中に貴族を歓待するための慣例の食事を用意する。そして彼のみ、そして彼からの、もしくは彼の下にある幾人か、つまり王室会計局長官、王室会計取締役が、議会の初日に庶民院議員から宣誓を受ける。

今上陛下の宮内庁長官サー・リチャード・スクロープは、大議場において全議会が参加した貴族院の命令によって、サー・ジョン・ゴメニッチとウィリアム・ウエストンに反して出された告発上のいくつかに答えるために彼らを呼び出した（セルデン3、14-28頁）。

議会における国王の臨席の必要性は、より以前の時代においては議会自身の要求によるもののように思われる。そしてその実際は、サー・ロバート・コットンがいくつかの先例によって証明している。その事実から、彼は、「国家についての協議において、そして個人的な訴訟申し立ての決定において、全ての時代に渡って、国王が助言のためのみならず、決定のためにも臨席したことは明白である」と結論付けた。国王が臨席している時にはいつでも、判断を下す全ての権力、つまりそれは彼に由来するものだが、それは停止するのだった。貴族院の発言権は、助言のためのみに奉仕した。最終的な判断は国王の（King's）ものだった。実際のところ、メアリー女王（Queen）とエリザベス女王（Queen）の数年間において、彼女らの性別が公的な集会に適したものではないという理由によって用いられないようになっていた。その手段によって、当然の帰結として、それ以前の時代において国王自身によって実行されていた多くの事柄が近年貴族の判断するものとして残されてきた。つまり、例外的な判断という特質を持って、貴族たちが国王の仕事の軽減として判断を許された。そして国王の不在の際は、国王本人の臨席によって専ら行われてきたような事柄を決定することが、高位聖職者と貴族の王国の評議会において行われてきた。そしてそこで作られた布告は、議会において国王の臨席の下での制定として受け取られるか、つまり国王の玉座は常にそこにおかれたからであるが、もしくは少なくとも全ての法廷において、そして全ての訴訟において至高の裁判官である王の確認によるもののいずれかであると受け取られていた。全ての判断が彼によるものか、彼の下で行われたものだった。それ以外はあり得なかった。いわんや彼の認可に反することなどあり得なかった。「もし国王が可能ならばではあるが、国王のみが、そして彼以外の何者でもないものが、全ての訴訟に判断を下すべきである」と、ヘンリー三世時代の首席裁判官であったブラクトンは言う（ブラクトン、107a）。

私は、セルデン氏によって引用された、ノルマンコンクエスト以前の諸侯の刑事事件における司法手続きについての古い先例に遭遇した。そこにおいて、私は、貴族たちが、彼自身が当事者である訴訟の裁判官であるべきであるということが国王の意志であることを認める。そして、国王は、彼らの訴訟手続きを裁可したのである。その判例は以下のようなものであった。

グッドウィン伯爵は、（エセルレッドの息子であり、後のエドワード懺悔王の弟である）イングランドから逃亡していたアルフレッドの死に関して、ハルデカヌート王の下、諸侯の面前で裁判を持っていたのであるが、彼の帰国に関して、エドワード懺悔王の支持を得ようという希望を持って、彼は王と彼との仲裁を貴族たちに懇請した。王は（顧問官と共に）、慈悲と寵愛とを得させるために、グッドウィンを彼らと共に王の面前に引き出した。しかしながら、王は、彼を見つめるや否や、直ちに、「汝、反逆者、グッドウィンよ、朕は、汝が最も反逆的に殺害した我が弟アルフレッドの死について汝の心にまさに訴えるものである」と言った。グッドウィンは、それについての弁解をしながら、「陛下、お恐れながら申し上げます。私は、陛下の弟君を裏切ったこともも殺害したこともございません。それについて、私は、私自身を陛下の御法廷の判断にお預けいたします」と答えた。王は、「汝ら、この国の高貴なる貴族、大諸侯、そして諸侯たちよ、汝らは、忠節の臣として今ここに集ったものである。そして、我が訴えとグッドウィンの抗弁を聞く者である。朕は、双方のこの訴えの中で、汝らが正しき判決を定め、真実の裁判を行うことを願う」と言った。これを仲間内で取り扱う大諸侯や諸侯は、異なった意見を持っていた。ある者たちは、グッドウィンは、臣従の礼、奉公、忠誠の義務のいずれによっても、国王に決して束縛されるものではない。それゆえ、彼を反逆者とすることはできないし、彼は、彼自身の手によってアルフレッドを殺害したのではないと言った。別の者たちは、どのような大諸侯も、諸侯も、国王の臣民も、上訴において国王に反対する法によって国王に対する戦争を遂行することはできない。そして全くのところ王の御慈悲の為すがままにしなければならないのであり、十分な償いを申し出なければならないと言った。「それから、チェスターの領事だったレオフリックは、彼は神と万物の前で良き人だったのだが、彼は、国王の次にゴッドウィン伯爵が全てのイングランドの中で最も家柄の良い人物である、そして彼は彼の助言によって国王の弟のアルフレッドが殺害されたことは否定できない。それゆえ、私としては彼そして彼の息子、そして彼の友人であり血縁のある者である我々一二人の大諸侯全てが、国王の面前で卑しくもまさに行動を起こし、つまり我々一人ひとりが我々の腕に抱えられるだけの金銀を持ち、彼の犯罪のために提供すること、そして許しを請うことを願う。そして国王は大諸侯を許し、彼の臣従の義務と臣従の礼を受け取りながら、彼を再び国王の手の中に迎えいれるだろう」といった。このような形式において彼ら自身の財宝を持ち、国王の下にはせ参じる彼ら全ては、彼らの熟慮のあり方と様式とをまさに示す。それに対して国王は、進んで否定することもなく、彼らが行った判断を全てまさに裁可した。

（セルデン1、634-635頁）。

ヘンリ二世治世二三年には、次のようにある。

四旬節に、スペインにおける多様な城郭と領地に関するカステリア王アルフォンゾとナバル王サンチョとの間の大きな争い、それは和解案によってイングランド王の判断に服することになっていたのだが、その争いを裁定するためにウエストミンスターで聖界と俗界の諸侯全てが参加する集会があった。国王は、主教、大諸侯、そして諸侯と相談しながら、判決の認証謄本の中で、一人称で彼自身が言っているようにそれを決定した（セルデン1、706頁）。

ジョン王の治世第二年には、また、ヘンリー二世の時代から安堵されてきたスチュテヴィリのウィリアムの所領に対してモウブライのウィリアムがそれを要求するという所領に関する大きな論争が、王国の一般評議会と王の意志 *concilio regni, et voluntate regnis* によって終結させられた（セルデン1、707頁）。

議会の貴族院は、バーウィック城引渡しのために、ウィリアム・デ・ウェストンに死刑を判決した。しかしながら陛下はそれに関して、どのような判断が行われたのか知らされなかった。ロンドン塔の治安官、アレン・ブックスヒルは、「上述のウィリアムが陛下から別の命令を受け取るまで彼の安全を保証するように命じられた」、リチャード二世治世第二年（セルデン3、14-26頁）。

また、貴族院は、アルデ城とその町の明け渡しのために、ゴメニッツのジョン・ロードに判決を下した。そして彼が、郷紳であり、ヴァナレット騎士[68]の家柄であり、前王に仕えていたにもかかわらず「彼の判決は打ち首であった。今上陛下は、その判断の様子を知らされていなかったので、それが陛下に知らされるまで刑の執行は延期になった」。ロンドン塔の治安官、アレン・ブックスヒルは、「上述のジョンが陛下から別の

(68) ヴァナレット騎士（banneret）。自分の旗印の下に一団の臣下を戦場に連れて行くことが許される騎士。

命令を受け取るまで彼の安全を保証するように命じられた」（セルデン3、28頁）。

リチャード二世治世第七年のノーリッチの主教ヘンリー・スペンサーの場合には、彼はフランスの要求を受託したことと他の失敗により告発されたのだが、主教は、彼に行われたことが貴族たちの同意や承認を受けていないと不平を言った。それゆえ、議会において「イングランド王国の古来の習慣と常識とに照らして行われた彼の違反の認知と処罰とは、全く完全に陛下に帰属するものであり、他の者に帰属するのではない」と言われた（議会記録第三巻、36頁）。

ロード・デ・ラ・ワリーの場合においては、貴族院の判断は、「彼は、ロード・ウィンドサー以外の全ての者の同意によって、エレズビーのロード・ウィルオウバイの後に席を占めるべき、というものだった」。「そして国璽尚書は、それに関する陛下の満足を知るために、貴族の決定を陛下に告げることが要求された」（ドゥーズ、528頁）。

これらの先例からの結論は次のことである。つまり、貴族の議場で執行された重大で司法的な権力は、単に派生的なものであり、王に存在する至高の権力に対して補助的なものであるということである。そして、王の恩寵と恩恵に全く基礎付けを持つということである。というのは、どれほど庶民院が、自然の原理の上に彼らの権利を基礎付けようとしても、つまり、彼らがいうように彼らが王国を代表する組織であるとしても、そしてそれゆえ全体であるので、彼ら自身を保持するために生まれながら注意を払い、権力を持ち得るとしても、それでもなお、貴族院は、そのような最低限の口実を作らないし、作りえない。なぜなら、生まれながら平等である人々の仲間の中で、少数の者が、彼らの同輩を越えた高い地位に拾い上げられ、生まれながらの仲間である者たちを統治する権力を持つ理由などまったくないからである。貴族と庶民との間の差異は、生まれながらのものではなく、君主の恩寵によるものである。君主は名誉を創造し、それらの名誉を世襲のものとする（それに反して、王は、名誉を一代限りのものとすることも、一時のことにすることも、不都合な行いのない限りの者とすることも可能である）。そしてまた、君主は、庶民院よりより広大な特権として供給される世襲の助言者として議会において発言する権力の名誉も付加する。貴族に授けられるこれら全ての恩寵は、自然法から引き出されるものであるどころか、かえって多くの者たちが庶民院の特権と自由の基礎であると考える人類の生まれながらの平等と自由と矛盾し、それを破壊するものなのである。恩寵による自由と生まれながらの自由との間には、それほど強い対立が存在する。つまり、両院にとって、そのような根本的な対立を生じさせる死の対立と永遠の衝突なしには、並び立つことは決して不可能な対立が存在するのである。しかしながら、両院の自由と特権とは、一つの同じ基礎を持つということが真実の事柄なのである。それはつまり、全く唯一つ、王の恩寵に他ならない。

以上で、王国の貴族の審議し決定する権力の本質と起源を示すには十分であると思う。

審議的な権力が関係する事柄とは、国王、もしくは王国の防衛に関するなんらかの緊急事態についての一般的な相談や助言である。そして、時々だがより特殊には新しい法を立案することである。そしてこの権力は、令状によって基礎付けられる。

決定する権力は、いくつかの困難な訴訟において判決を与えることにおいて執行される。しかしながら、貴族のこの権力に関して、私は令状の中にどのような正当な根拠も見出すことができない。

議会は至高の法廷であると称されるが、国王本人が当然のごとく貴族院に臨席しているものと理解されなければならない。そして国王の存在しない議会は不適当なものであると理解されなければならない。全ての至高の法廷は、至高の権力を持たなければならない。至高の権力とは、常に独断的なものである。つまり、地上にそれを統制するどのような超越者も持たないという意味での独断である。全ての統治における最後の手段は、いまなお、独断的な権力とならざるを得ない。さもなければ、訴えは、決して尽きることのない *in infinitum* ものとなるだろう。立法権は独断的な権力である。というのは、それらは同義語 *termini convertibiles* だからである。

今の我々の時代における主要な問題は、この立法権力がどこに残っているのか、もしくは、どこにあるのかということである。議会についての我々の古い法令の権利と権源を持つ両院召集令状の授与において、我々は、法を作る権力が王にのみ残っていることを見出すだろう。ある者たちは、立法権力の一部が、両院の何れかにあったと断言する。しかしながら、至高の権力のみが持つべき君主政の本質からの打ち勝ち難い理由の他にも、それに反する古代から絶え間なく続くこの王国の布告があった。というのは、議会についての我々の法令の権限や体制において近年、我々の法について誰が起草者であり、立法者であるのかそれほど詳細に表現されることはないのだが、それでもなお、我々の古き法令の全てにおいて、それらが王自身によって作られたことが正確に表現されていたからである。近年使われている一般的な言葉、つまり法は議会の権威によって作られるということは、王が定め、議会が助言し、庶民院が同意したことを意味するより以前の法令において詳細に説明される。令状を解説する法令と令状とを比較することによってそれはより明らかになるだろう。

マグナ・カルタは、次のように始まる。「神の恩寵によって、ヘンリーが、まったく自由なものとして、以下の諸権利を与えるだろうことを、汝らは知れ」(制定法大典、1頁)。

全く同一の様式において、「御狩場令 *Carta de Foresta*」も流布している。そしてその起草者を我々に教える。

ヘンリー三世治世四一年の「財務について *de scaccario*」の制定法は、次のような言葉で始まっている。「全ての代官、州長官、その他の官吏に王は命じた」。また「チェスターの裁判官に関して、国王は望んだ」。そしてさらに「彼らの臣従の義務に基づいて、国王は、国庫長や財務府の諸侯に命じた」。(ヘンリー三世治世五一年、制定法大典、7-8頁)

ヘンリー三世治世五二年の「モールバラ制定法[69]」では次のようにある。「国王は、次の法令、条例、そし

(69) ①モールバラ制定法(The statute of Marlborough)、②ウエストミンスター第一制定法(Westminster I)、③グロスター制定法(Gloucester)、④ウエストミンスター第二制定(Westminster II)。以上の四つの制定法はいずれもエドワード一世の立法である。それには四つの主眼点があった。第一は、国王裁判権の優越と、国王による自由保有権の保護を打ち出した点であり、それは上述の①、②、④の法に示された。第二は貴族特権、その他の地方慣習を尊重する姿勢を示した点であり①、④の法で示された。第三は、治安維持規定であり、①~④全般で示された。第四は、取引や負債に関する規定であり②において示され

て制定法を定めた。彼は、それが、彼の臣下の上下に関わらず遵守されることを望んだ」（制定法大典、9頁）。

エドワード一世治世三年［ウエストミンスター第一制定法］においては、その法の名称は「これらは、エドワード王の制定法であり」となっており、つづいて「国王はこれらの法令を定めた」とある。そして第一章で、「国王は、誰も傷つけないこと、損害を与えないこと、もしくは、どのような宗教的人間、教会の人物にも不平を与えないことを命じた」（制定法大典、15頁）。そして第一三章において、「王は、誰も、若年の娘たちに乱暴したり、連れ去ったりしてはいけないことを命じた」（制定法大典、17頁）。

エドワード一世治世六年［グロセスター法］において「今上陛下は、この王国でそれらが遵守されるべく命じながら、以下の法令を定めた」（制定法、23頁）。そして第一四章の言葉は以下のようなものだった。「彼の特別な恩寵によって国王は、ロンドン市民が、土地の存在を巡回裁判において回復すべきことを許可した」（制定法大典、25頁）。

ウエストミンスター第二法［第一章］は「今上陛下は、贈与者の意志が遵守されるよう定めた」と言う（制定法大典、28頁）。そして第三章においては、「今上陛下は、夫の死後、その婦人は不動産占有回復の令状によって回復すべきであることを定めた」と言う。（制定法大典、29頁）。

「権原開示 *Quo Warranto*」法[70]は「今上陛下は、彼の議会で、彼が彼の高位聖職者、大諸侯、諸侯、そしてその他のものへ抱く温情と恩寵のために、時効によって保持される権利を彼らが享受することを許可した」と言う。（制定法大典、44頁）。

「上納金賦課法 *De finibus levatis*」の中の王の言葉は「朕は、朕の議会において補償を提供する意図で、定める」というものだった（制定法大典、48頁）。

エドワード一世治世二八年法律第五号では「国王は、大法官と裁判官とが彼に従うことを願った。それゆえ、国王は、法において学ぶべき国王の傍に常時その幾人かをはべらし得た」とある（制定法大典、51頁）。そして、第二四章における言葉は「今上陛下は、大諸侯、諸侯、高貴なものたち、そして他の重要な人物たちの全員出席する会議と議論の全会一致の後に定めた」というものであった。

「タレギウム法[71] *De tallagio*」（もしそのような制定法が存在すればだが）では、国王本人が「朕は、朕のどのような官僚から、どのようなタリジも徴収しないことを命じ、許可する」と語る（制定法大典、56頁）。

エドワード二世治世一年は、以下のよう始まった。「今上陛下は願い、命令した」（制定法大典、57頁）。

同じ王の治世九年の制定法は、「今上陛下は、高位聖職者、大諸侯、そして他の高位の者たちの同意に

た（Maitland, *op. cit.* pp.17–23. メイトランド、小山訳、24–33頁）。

(70) 権限開示法（クオ・ワラント Quo Warranto）。いかなる権限によりいかなる権原に基づき領主は、原則として国王の所属となっている裁判権・所有権を行使しているのかを領主たちに開示させる法。（(Maitland, *op. cit.* pp.45–46. メイトランド、小山訳、63–64頁）。

(71) タレギウム法（De Tallagio）。国王は、直領地すなわちマナー領主として領有する土地上の農奴に対しては「農奴税（tallegium）」を賦課する権利があった。また、都市にも王領地に準じてタレギウムが賦課された。

よって、定めた」という（制定法大典、59頁）。

エドワード二世治世一〇年には「今上陛下と彼の裁判官によって任命される」とある。（制定法大典、59ページ）。

カーライル法には、「朕は、堅く遵守せられるべく令状において朕の命令を送付した」とある（エドワードⅡ世治世十五年、制定法大典61ページ）。

エドワード三世治世一年は、「議会においてエドワード三世王は、彼と彼の評議会の面前で彼らの請願による全体の要求として、定めた」（制定法大典、54頁＝66頁）。そして第五章では、「王は、どのような人も、自分が望んだ場合の他に武装の義務を負わないことを望んだ」ということばで始った。（制定法大典、55－67頁）。

エドワード三世治世五年は「今上陛下は、彼の人民の要求において、以下のことを制定した。それが守られることを望んだ」とある。（制定法大典、72頁）。

同じ王の治世九年には、「今上陛下は、同意によって、そしてそこに存在する国王評議会によって、定めた」とある（制定法大典、74頁）。

同王の治世一〇年には、「今上陛下エドワード三世は、高位聖職者、大諸侯、諸侯の苦情を受け、また、上述の議会に提出された彼らの請願による州選出代議士と庶民院の要求を受けたので、上述の州選出代議士と庶民院の要求を同意によって定めた」（制定法大典、76頁）。

同年の別の議会には、「これらのものが、上述の議会において提出された彼らの請願による州選出代議士と庶民との要求において同意によって今上陛下によって許容された条項である」というものがある（制定法大典、76頁）。

エドワード三世治世二二年の年報3. pl. 25で「王は、貴族と庶民院議員によってではなく、貴族と庶民院議員との同意によって法を作った」。「エドワード三世治世二二年、年報3b」。

リチャード二世治世一年の制定法は、次のように始まった。「リチャード二世は、高位聖職者、公爵、大諸侯、諸侯の同意と庶民院の特別なる懇請と要望とによって、定めた」（制定法大典、129頁）。

ロラード派(72)に反対してリチャード二世治世五年に作られた法律第五号があったのだが、次の年に、庶民院から次のような請願があった「庶民院はお願い申し上げます。法が、先の議会において作られましたが、*Supplient les Commons que come un statute fuit fait* それは庶民院によって承諾されたものでも、決して同意されたものでもなく、それは、我々の同意なしに行われたものであります」（制定法大典、140頁）。この請願において、庶民院は、それに同意はしていなかったのではあるが、それを制定法と認め、それを制定法と呼んだ。

リチャード二世治世一七年法律第四四号では「庶民院は、彼らが国家共同体に対して有害であると考える立法をある者たちが追求しているので、陛下にそれを通過させせないよう望んだ」（議会記録3、321頁）。

---

(72) ロラード派（Lollards）。ジョン・ウィクリフの教説、つまり教会の世俗財産所有批判を信奉する人びと。

ヘンリー四世、ヘンリー五世、ヘンリー六世、エドワード四世そしてリチャード三世の御世における議会に関しては、それらの大半が、次の一つの権原に同意している。「今上陛下は、貴族院の助言と同意とによって、そして庶民院の特別なる請願と要望とによって、定めた」。この特徴を持つ先例は、引用に終わりがないほど多数ある。

ヘンリー七世時代の制定法は、その大半のものが、次のような言葉で、法令の権原と中身について同意を与えている。「今上陛下は、聖界と俗界の貴族の同意によって、そして議会に参集した庶民院とその権威によって定めた」。

この国王の時代に、我々は、庶民院が非常にたびたび請願していることに気づく。しかしながら請願されているのではない。諸制定法の中で私が出会う庶民院に対して最初に作られた請願は、このヘンリー七世の御世の中頃のものばかりである。それらは、その請願自体が制定法になるほどよく是認された。それは次のように始まっている。「今議会に参集された庶民院議員各位に対して、ロンドン家具職人組合の管理者たち汝らの思慮深い知恵に対して示す」。この請願は、権原上は庶民院に対して出されてはいるのではあるが、それでもなお、請願の嘆願は、王に向けられているのであり、庶民院に向けられているのではない。というのは、それが「議会における聖界と俗界の貴族院と庶民院の助言によって、殿下に恐れながら申し上げます」と結ばれているからである（制定法大典、367頁、ヘンリー七世治世二年法律第十九号）。

次に、ヘンリー八世の法についてであるが、彼らの大半はまさに、父であるヘンリー七世王の制定法の権原と内容の双方に同意している。

最後に、エドワード六世、メアリー女王、エリザベス女王、ジェームズ王、そして今上陛下の制定法については、貴族院と庶民院の何らかの同意の権原において作られたというどのような言及も、もしくは国王によるどのような布告も存在せず、一般的な用語で、「議会において作られた法令」と呼ばれている。もしくは「議会で制定された」と言われている。それでもなお、これらの最近の諸君主の法令の多くの内容において、貴族院と庶民院の同意について作られた言及が存在する。それは次のような言葉か、もしくはそれに似たような言葉である。「それは、貴族院と庶民院との同意で、国王によって制定された」。今上陛下チャールズの制定法においてのみ例外があり、そこにおいては、私が気づき得た貴族院や庶民院のどのような同意についての言及も、国王によって定められるという言及もない。しかしながら、あたかも彼らが全て同輩の委員であるかのように、「議会の権威によってそれを制定せよ」という言葉がある。もしくは「国王、聖界と俗界の貴族院、そして庶民院によってそれを制定せよ」という言葉がある。

このように、我々の父親の時代に生きていたヘンリー六世王の時代までさえ、制定法と布告とが国王によって作られていたということが、全ての国王の法において几帳面に表現されている。その上我々は、どの階級によって、議会の法令の様式や権原が変化させられ、誰の損失となってきたのかを目にすることができる。より古い時代を見れば見るほど、より絶対的な、法を定める国王の権力を目にすることになる。そしてまた、我々は、最初は前述の貴族院の同意や助言にさえも出会わない。否、それどころか、もし我々が最も古い多くの制定法に目を投ずるならば、それらが、あたかも全く法ではなく、王の随意の処罰として多くの侵犯に対して作られたものであったことを我々に教えるだろう。法の懲罰的な部分、それは法に対して全ての有効で拘束的な権力を与えるものだが、その部分が、あたかもどのような法も存在していないかのように、制定法によって王の単なる意志や随意に対して委託されていたことを見出す。

エドワード一世治世三年法律第九号「ウエウストミンスター第一法」で「州長官、王室私有財産管理者、代官は、重罪の隠蔽のために、国王の随意の苛酷な罰金を支払うべし」とある（制定法大典、16頁）。

第一三章では「女性に対して咎めるべき乱暴が見出された場合、王は随意に罰金を科すべし」とある。

第一五章では「主犯である拘留中の犯罪人の刑罰は、王の随意によるべし。その者の解放のために報償金を受け取る者は、国王の大きな恩寵によるべし」（制定法大典、17頁）。

御狩場や御漁池における侵犯者は、「国王の随意による罰金を払うべし」（第二〇章）（制定法大典、18頁）。

搾取や不正裁判に関わった者は、「国王の随意によって処罰されるべし」（第二五章）（制定法大典、19頁）。

料金未払いの食糧徴発官は、「国王の随意によって厳罰に処されるべし」（第三一章）（制定法大典、19頁）。

「争を擁護するような州長官は、国王が厳罰に処するべし」（第三二章）（制定法大典、19頁）。

「国王は、そこにおいて国王が必要であると思われた土地についての私権の剥奪を許可すべし」（第三七章）（制定法大典、20頁）。

エドワード一世は治世七年に次のように言った。

それ故、近年、さる人物たちが、朕とある重要人物との間の議論を取り扱うことを委託する以前に、朕の次の議会において条項が朕と高位聖職者、大諸侯、諸侯の共通理解によって作られるべきであること、そして、全ての議会で永久に、全ての人が、武力やよろいかぶとなしに来るべきことが許容された。そして今や、朕の次の議会において、高位聖職者、大諸侯、諸侯、庶民は、朕に対して「朕が望む時はいつでもよろいかぶとの武力を厳格に禁ずることは国王の権威を通して朕に帰属することであり、そうしない者たちを処罰することも同様であり、ここにおいて、必要があるときには何時でも現在の主権者である朕を助けることを、彼らは義務づけられる」というのである（制定法大典、25頁）。

エドワード一世治世一三年には「修道院から修道女を連れ去る者は、国王の意志で罰金が科される」とある（制定法大典、37頁、ウエストミンスター第二法、25頁）。

「もし、公道のみぞ、やぶ、下生えを予防する意志のない領主の過失によって事故死が生起したなら、その領主は、国王の随意によって罰金が科される（制定法大典、41頁、ウィンチェスター法第5号）。

エドワード一世治世二八年法律第二十号、「もし、金細工師が、金の器を正当に試金、試作、製作しなかったなら、彼は国王の随意の賠償金によって処罰される」（制定法大典、52頁）。

ヘンリー四世治世二年には次のような議会記録がある。

特別援助金の贈与の前に、庶民院は、彼らの請願への答えを得ることを求めた。それに対して国王は、貴族院と協議し、彼らの助言の中で最良のことを行うと答えた。そして、議会の最終日、国王は次のような答えを与えた。どのような問題にせよ、今行われているようなことは、先祖たちもしくは先任者たちのどのような時代にも今まで見られたことも、行われたこともないものである。つまり、彼らが議会の全ての他の仕事を解決し、終了させる以前に、請願についての答えや請願についての理解を持つことなどはなかったのである。それゆえ、国王は、どのようなことがあろうとも、古き時代に作られ用いられて来た良き慣習と慣例とを変更するものではない（議会記録、3、458頁）。

ヘンリー四世治世五年法律第五号では、サマーセット州の州選出代議士であるトーマス・ブルークの奉公人であったリチャード・チェッダーなるものが、ある暴漢に殴打され、不具にされたので、制定法が「暴漢は、国王の随意によって、罰金と補償金が科される」と命じた（制定法大典、189頁）。

ヘンリー四世治世八年には、「君主の権力は、法の中に包含されない *potestas principis non est inclusa legibus*」と言われた。

ヘンリー四世治世一三年法律第二十号は、「国王による、そして聖界貴族、庶民院の同意によるウィリアム・ラゼンビーの血統と領地の復位」ということが記されている（議会記録3、655‐656頁）が、俗界貴族は省略されている。

ヘンリー五世治世二年に作られた法において、次のような節がある。「随意に請願を承諾し、否定することは国王の特権である」。

ヘンリー六世治世六年法律第六号では、布告は、「国王の満足が続く限りにおいて」継続するようにつくられる、とある（制定法大典、254頁、ヘンリー六世治世一五年法律第六号）。

ヘンリー七世治世二年法律第六号には次のような法がある。

今上陛下は、彼の王国への臣下の臣従の義務を思い出しながら、そして、国王に対しておこされた全ての反乱や力に対して国と国王とを防衛するために、戦時の場合には陛下や君主に仕えることが義務づけられていることと同じ理由によって、そしてもし事態が要求するならば、国王と共に軍役に参加しその任に耐えるために、そしてその奉仕のために、（この国において過去幾度か目にしたように）君主の精神と意志とに反して、これまで偶然にどのような富が崩れ去ったのか、それは理に適ったことではなく、全ての法と理性と良心に反したものであったこと、彼本人が参加し戦場に陛下と共に赴く上述の臣下たち、もしくは国王の命令によって国の内外に行くことになる者たちは、臣従の義務の奉仕と彼らの真の義務を行うために、何事も失わないし没収されることもないということをお考えになった。したがって、国王と共に参加し、真の奉仕を行うどのような者も反逆罪となることはないし、議会やその他によって攻撃されることもないということが制定される（制定法大典、356-357頁）。

またその同じ年の第一八章には次のようにある。

臣従の義務によって、全ての臣下は、必要な時にはいつでも、彼の君主と陛下に仕え助けることが義務づけられている。そして敵の悪しき目的と彼らを征圧し鎮めるために反乱と敵に反対して、もしくは王国の防衛のために戦争において本人がたまたま行かねばならぬ時、国王と共に赴くことが義務づけられている（制定法大典、367頁）。

上級法廷弁護士であったクリストファー・ワレイは、エリザベス女王治世一三年に庶民院議長に選ばれ、

陛下に対する彼の演説において次のように言った。国家共同体の通常の統治のためには、以下の三つが必須である。すなわち、

一、宗教
二、権威
三、法

の三つである。

「第一によって、我々は、神に対する義務ばかりではなく、女王に対する義務も教えられる。そして俗界においてばかりではなく、聖界においても、女王が絶対的であることが教えられる」(ドゥーズ、141頁)。

グランヴィレ氏は、エリザベス女王治世三五年に、議会において、次のように言った。私は多くの法を作ることは望まない。なぜなら、「我々が作れば作るほど、我々が持つ自由が少なくなり」女王はそれらの法に拘束されることがないからである(ドゥーズ、490頁)。

立法権力が国王に固有のものであるということのさらなる証拠に関しては、サー・エドワード・クックが言うように、古代においては、「議会の全ての法令が、請願の形式であった」ということに、我々は気づくことができる(クック4、25頁)。もし、その請願が庶民院からのものであり、それらへの返答が王のものであったのなら、それによって、議会の法令を作ったのが誰であるのかを判断することは容易である。また、サー・ジョン・グランヴィルは、次のことを断言している。

以前の時代においては、国王に請願する順序は以下のようなものであった。貴族院と庶民院議長が、言葉もしくは書面のいずれかによって、国王に彼らの請願を提出した。それからこれは、庶民院の議案と呼ばれ、それは国王によって受け取られ、受託、消去、裁可の部分に分けられた。国王から生じたもの関しては、法として作成された（グランヴィル、3頁）。

また、従来、議会から作られた条款、布告、そして宣言は、法や法令として常に承認されてきたように思われる。（エガートン、12-16ページ）。我々は、数ある印刷された制定法の中で、ヘンリ三世治世一四年二月九日、ウエストミンスターの日付を持つ、いわゆるアイルランド法というものを持ち、それは、アイルランドの司法長官マウリスの息子ゲラルドに対する国王の書簡に他ならなかった（制定法大典、4-5ページ）。国王と彼の裁判官のみによって作られたグロスター制定法の解釈は、常に法として受け取られ、今だにそれらと共に印刷されている（エガートン、15頁）。

また、グロスター制定法第一二章修正のために作られた制定法は、国璽の下に記され、「それらは、その名前が、全ての事柄においてグロスター制定法と一致するわけではないのだが、その中に含まれる全ての事柄が行われ、執行されることを命ずる」というエドワード一世治世九年五月二日ウエストミンスターでの国王の手による日付があり、封印令状と共に特許令状の様式で王座裁判所[73]に送付された（制定法大典、26頁）。マートン条令、それは、王と彼の女王であるエリナーの戴冠式のために、高位聖職者、大諸侯と諸侯の大半の者による集会において王によって作られたものなのだが、それは、宣言の形式だった。そしてそれは、

「マートンにおいて今上陛下の宮廷で規定される *provisum est in curia domini Regis apud Merton*」というように始まる（エガートン、14頁）。

ヘンリー三世治世一九年には、「税についての最終提示 *de assisa ultimate praesentationis*」についての宣言が作られ、それは、「表現においては逆のようであるが、ウエストミンスター第二制定法まで、法として許され継続された」（エガートン、15頁）。

古い制定法においては、どの法が、議会における国王によって作られ、どの法が議会によって作られたのかを区別することは困難である。国王が、議会に貴族のみを呼び入れた時、それらについて、幾人の者を呼んだのか、もしくは（古代においてはそうであったので）誰を好んで呼んだのかということに関して、評議会と議会との間に、もしくは宣言と制定法との間に区別を置くことは容易ではない。その上、古い時代においては、国王の特別評議会、もしくは、枢密院と国王の一般評議会との間に区別があったことは最も明白なことである。そして彼の特別評議会はまさに議会において貴族と同席し、そこにおける大きく並外れた権威であった。

ウエストミンスター第一法の中において次のことが言われる。「彼の最初の議会において、国王評議会によって作られ、主教、大修道院長、小修道院長、大諸侯、諸侯、そして王国の全ての庶民によって同意されたエドワード一世王の法令が存在する」（制定法大典、15頁）。

アクトン・バーネル Acton Burnell の制定法[74]は次のような言葉を持つ。「国王は自身で、そして彼の評議会によって、布告し制定する」（制定法大典、27頁）。

大憲章が、高位聖職者、大諸侯、諸侯らの要求によって確認された時、「大憲章の条項 *articulis super chartas*」の中に、次のような二つの規定が見られた。

一、「それでもなお、国王と彼の評議会は、この法を理由として国王の権利を減じる意図はない」（制定法大典、50頁）。

二、「前述の全ての事柄、もしくは、それらのある部分にもかかわらず、国王と彼の評議会、そしてそこに参列した者たち全ては、王位の特権が、全ての事柄において国王にとっておかれるべきであることを意志し、そして意図した」（制定法大典、52頁）。

---

(73) 王座裁判所（the Bench）。一三世紀末に成立したイングランドの裁判所の一つ。人民訴訟裁判所、財務府裁判所と共に、当時の司法を三つで競合しながら分担した中の一つ。上記の三つはもともと立法司法行政の未分化であった「クレア・レギス」から司法を担当する部署として徐々に成立してきたものであり、十三世紀末には、立法を扱う議会と行政を扱う「国王の評議会」も成立した（中村前掲書、17-18頁）。

(74) アクトン・バーネル制定法（The statute of Acton Burnell）。エドワード一世は、イギリス人、外国人の区別なく商業を奨励したが、特に羊毛貿易を奨励した。エドワード一世は、地方の独占を排して国内市場の統一につとめ、一二八三年のアクトン・バーネル制定法、一二八五年の商人制定法により、取引の自由、度量衡の規定、負債、貸借に関する商法裁判の規定などを定めて商人の利益を保護した。（富沢前掲書、147頁）。

復帰地管理官[75]の法は、次のような権原を持っていた。「今上陛下の議会で、彼の評議会によって、それらは合意され、そしてまた国王御自身が命じられた」(制定法大典、52頁)。

エドワード三世治世一年には、マグナ・カルタが確認されたのだが、この前文には以下のことが見出される。「庶民の要求で、議会における国王と彼の評議会の面前で作られた請願によって、高位聖職者、大諸侯、諸侯その他の同意によって……」(制定法大典、54頁)。

エドワード三世治世九年に、ヨークで作られた制定法には、次のように書いてあった。「州選出代議士、司教座都市の代議士、自治都市の代議士が、請願によって議会で今上陛下に要望したが故に、今上陛下は、彼の人民の利益を願いながら、高位聖職者、大諸侯、諸侯、そして彼の王国の他の貴族たちの同意によって、そしてそこに参列した彼の評議会の助言によって、定めた」(制定法大典、74頁)。

エドワード三世治世二五年、食糧徴発官[76]の法において、「貴族院と庶民院の要望で、国王は、どのような違反が反逆罪と判決されるべきなのか宣言を発した」とあり、さらに続けて「どのような場合であろうとも、もし、ある者が他のある者を殺害するために、もしくは強奪するために、武装して馬上にあった場合、それを反逆罪とすることは国王や彼の評議会の考えではない」とある。この制定法によって、たとえ次のような場合、つまり、国王自身に関するもののような場合でも、つまり「ある者が、今上陛下の殺害を企て、想像するのではあるが、もしくは、今上陛下の王国において彼に反対して戦争を遂行するのではあるが、もしくは、今上陛下の王国において彼の敵に援助や助力を持って味方するのではあるが」これら全ての場合においても、それを反逆罪とするのは「国王の宣言のみ」であったと思われる。そして、反逆罪の困難な特徴が王や彼の評議会に気づかされ、示されるべきであると当然いわれるのではあるが、それでもなお、何が、反逆罪であるのかを宣告すること、そして、何が重罪であるのか、もしくは不法行為であるのかを宣告することを決定するのは王と彼の評議会の考えであるといえるのである（制定法大典、96頁）。

エドワード三世治世二七年、庶民院は国王に請願を提出し、それは国王の評議会をまさに不快にさせるものだったのだが、彼らは、彼らの請願を修正し、説明することで直ちに満足した。その請願は次のようなものである。

陛下の庶民院は、願わくは、陛下にお恐れながら申し上げます。庶民院は、呰の条項の全ての様式を取り消すよう国王にお願いするのではありますが、その請願は、もしそれが一般的に認められるならば、国王に対して損害を与え、王位を廃するが如きものであると国王の評議会に思われているようであります。国王の

(75) 復帰地管理官（escheator）。一三世紀―一七世紀のイングランドで、死亡した直属封臣の相続人が不在のため国王に復帰した土地や、国王の後見のもとにある土地の管理を主な職務とした官職。（Maitland, *op. cit.*, pp.29-30. メイトランド・小山訳、創文社、42頁）。

(76) 食糧挑発官の法（The statute of purveyors）。挑発権 purveyance と先買権 preemption、すなわち食糧を最低価格で買い、所有者には売却することを強制し、しかも自ら決めた時に支払う（ということはきわめてしばしば永久に支払わないということを意味した）ことができるという国王及び国王役人の権利を基礎付ける法。（Maitland,*op.cit.*, p.183. メイトランド・小山訳、245頁）。

庶民院は、国王が必要とすることを、もしくは、永遠の王位や不動産復帰[77]を願わなかったり、望まなかったりするものではなく、不法行為、犯罪隠匿、職務怠慢、無知を願わず、望まないものであります（制定法大典、119-120頁、エドワード三世治世36年）。

そして、国王の評議会が、議会において卓越した権力であったように、国王は議会の外でも、評議会を大いに利用した。

国王エドワード一世は、ボンゴ・デ・クラレ Bongo de Clare に関する、議会において彼に反対して起こされた告訴が取り下げられたことを目にしながら、それにもかかわらず、国王と国王の評議会の前に出頭することを命じた。つまり「王と彼の評議会が命じたことを行い、耐え忍ぶこと *ad faciendum et recipiendum quod per regem et ejus concilium fuerit faciendum*、それ故、エドワード一世治世八年のその訴訟全体を検証することを命じた」（ランバードI、73頁）。

エドワード三世は、星室庁（それはウエストミンスター宮殿にある同名の会議室だった）において、エリザベス・オードリーの苦情に基づき、ジェームズ・オードリーに王と王の評議会に出頭することを命じた。そして、エリザベスの寡婦財産（結婚の際に設定され夫の死後終身享受の効力が生ずる）に含まれる土地に関する彼女らの間の論争を集結させた。（*Rotulo clauso de anno* 封印年書、エドワード三世治世四一）（ランバード1、73-74頁）。

ヘンリー五世は、ケント州タニットの小島におけるセリーとセント・ローレンスの荘園の権原に関する彼と彼の評議会の面前の訴訟において、その権利が審理されるまで関連する諸利益を一時差し押さえる決定を下した（ランバード1、74頁）。

ヘンリー六世は、王座裁判所に、罪状認否の召喚者たちが王と評議会から別の命令を受け取るまでロンドンのあるバーニーに留まるよう命じた（ヘンリー六世治世三四年、王座裁判所記録 *rotulo in banco* 三七）（ランバード1、75頁）。

エドワード四世と彼の評議会は、星室庁において、ヨークの聖レオナルドのマスターとより低級な同一教会員の訴訟事由を審理した。

不平事由は以下のようなものである。サー・ヒュー・ハズティングスと他の者たちは、教会員の収入の大半を持っていった。それは、ヨーク、ウエストモーランド、カンバーランド、そしてランカシャーの全ての耕地の穀物の脱穀されたものが大半だった。（年間専売特許登記簿 *rotulo patente*）エドワード四世治世八年、第三部、羊皮紙十四）（ランバード1、75頁）

ヘンリー七世と彼の評議会は、星室庁において、次のような布告を行った。

---

(77) 不動産復帰（escheat）。イングランドの土地の大部分は軍事的奉仕保有つまり騎士奉仕保有によって国王から各領主へ下封されていたが、これには、通常七つの付帯条件がついていた。つまり、（一）上納金、（二）相続料、（三）先占権、（四）後見権、（五）婚姻権、（六）移転許可料、（七）不動産復帰の七つである。この中の不動産復帰とは、保有者が相続人なしに死亡した場合、その土地は不動産復帰する、すなわち上位の領主の手に戻るというものであった。（Maitland. *op.cit.*, pp.27-30. メイトランド・小山訳、36-42頁）。

マーゲリー・ベケットとフロレンス・ベケットは、ケント州のウーリッジとプルムステッドの土地に関して、未亡人であるアリス・ラドリーに対する告訴においてどのようなさらなる訴えも起こすべきではない。なぜなら、その訴えは、最初にエドワード四世の評議会で審理され、その後そのヘンリー七世王の請願書長官の面前で審理され、最後に、上述のヘンリー七世の評議会の面前で審理されてきたからである（ランバード1、76頁）。

ヘンリー三世の御世に、国王評議会によって布告や条例が作られた。そしてそれは、寡婦財産の令状についての法廷におけるコモンローに即した訴訟であった。「原告の代理人は、それを否定できない。それゆえそれについて、判決は、その理由により招集なしというものである *ideo sine dei*」（エガートン、13-14頁）。その当時、王の評議会の布告は、コモンローの部分であったか、もしくはそれを越えたものであったように思われる。

また我々は、「裁判官たちが、新しい訴訟を解決し、判決を与える前に、国王の枢密院[78]と協議することに重きを置いていたこと」を見出すことができる。

ウエストミンスターのアサイズ裁判官[79]の面前で、R・Wによって攻撃されたアダム・ブラブソン Adam Brabson の事件においては、裁判官は「似たような訴訟に関しての、国王の評議会の助言を待つべきである。なぜなら、ウエストミンスターでR・Cがまさに彼の友人の一人に反対して判決を下した陪臣員を攻撃したので、評議会全員によって、彼の右手を切り落とし、彼の土地と財産とが国王に没収されることが決定された、ということがあるからである」ということも我々は目にする（エガートン、50-51ページ）。「グリーンとソープは、エドワード三世治世一四年の法律第十六号によって、令状における文言が変更され得るかどうかを詰問するために裁判官たちによって国王の評議会に送られた。そして、その法は文字と綴りで語るのみなのではあるが、言葉はより良く変更し得るという返答だった」（エガートン、52-53頁）。

サー・トーマス・アグトレッドの訴訟においては、彼は、

貧民や彼の妻に反対して贈与捺印証書として昔使われた権利令状を出した者だが、そしてそれを出された者たちが出頭し、原告に屈することになったのだが、裁判所はそれを疑いの目で見た。それ故、判決は猶予された。そしてソープは、ギレス・ブラケットの同様の訴訟において、議会で次のような演説があったと言った。つまり、似たような事件の場合、我々は、良き助言なしに判決を急いではならないと命じられる、ということである（エガートン、52頁）。

したがって、裁判官たちの結論は、「評議会に告訴せよ、彼らは為すべきこと我々に示し、我々はそのように行うだろう。この件については、別の方法はない」ということだった。（エドワード三世治世三九年）。

(78) 枢密院（privy council）。立法・司法・行政の混合した組織であるクレアレギスの中の行政を担当する部分が、十三世紀に国王評議会として独立し、それが十五世紀には枢密院となった。

(79) アサイズ裁判官（The justices of assize）。アサイズ裁判官任命書を受けて裁判を行う巡回裁判官。通常はコモンロー裁判官が年に二、三回巡回にでかけた。

このようにして、我々は、裁判官たち自身が国王の評議会に導かれていたことを目にするし、その上、裁判官たちの意見が法の趣旨において議会の貴族たちを導いていたことも理解するのである。

「王国の全ての裁判官、財務府の諸侯、上級法廷弁護士、国王の学識ある評議会、そしてローマ法学者、大法官庁の修士たち」は、クックによって、「俗界の助言者」と呼ばれた。そして、彼は、議会における彼らの発言権を否定したのではあるが、それでもなお、彼は、彼らへの令状によって、彼らが「助言を論じ、与える」双方の権力を持っていることを自認している。（クック、4、4頁）。私は、貴族たちが、令状によって何らかの他の権力を持っていたということを見つけることができない。貴族たちへの令状の文言は「汝は、助言を論じ、与えるために、朕、高位聖職者、重要なる人物たち、そして貴族たちと共に参列すべし」というものだった。裁判官たちへの令状の文言は、「汝は、助言を論じ、与えるために、朕、そして評議会の他の者たちと共に（そして時には朕一人と共に）参列すべし」というものだった。

裁判官たちは、エリザベス女王の御世においてさえ、女王の治世三九年まで、全ての議会の貴族院の委員会に通常は加わっていた。それから、一一月七日に、裁判官たちは、「貴族院に参列する」ために任命された（ドゥーズ、527頁）。それ故、裁判官たちは、彼らが保護されずに常に参列する委員会で今や、彼ら自身を保護するために、国璽尚書によって彼らに与えられた許可に基づいて、貴族院自体において自由を持っていた。

議会における裁判官の権力は、もし我々が、どのようにして貴族の司法権力が裁判において執行されてきたのかを考察すれば、最も良く理解できる。我々は、国王の不在においては貴族院が法の問題に判断を下すのではあるが、それでもなお、彼らが、通常は貴族院には不明である法の困難な問題に指導を与える最も高い能力のある国王の裁判官たちによって指導され、規制されることが慣例であったことを見出すことができる。したがって、王座裁判所において何らかの誤りが犯された場合には、それは、王国におけるコモンローについての最高の普通裁判所だったのだが、その誤りは、議会において是正されなければならなかった。そしてその方法は、次のように、大法官エガートンによって語られている。

もし、王座裁判所の裁判官によって与えられた判決についての誤りの令状が議会に提訴されたなら、（庶民院を除いた）貴族院のみが、その誤りを検証する。貴族院は、法に従いながら処分し、そこにおける彼らの判断に関しては、裁判官らの助言や勧告によって形作られることになる。その裁判官たちは、法とは何かを彼らに教え、彼らの判断を導くことになる。というのは、貴族院は、さもなければ彼ら自身の判断や意見を追究できないからである。（エガートン、22-23頁）

ヘンリー六世治世二八年には次のようなことがあった。

庶民院が、サフォーク州の公爵であるウィリアム・デ・ラ・ポールは、多くの反逆罪と他の罪ために監獄に引き渡されるべきであるという告訴を行った。貴族院の貴族たちは、どのような返答を与えるべきか覚束なかった。裁判官たちの意見が求められた。彼らの意見は、彼は引き渡されるべきではないというものだった。というのは、庶民院は、何らかの特定の違反によって彼を告発しているのではなく、一般的なうわさや中傷によって告発しているからである。この意見は受け入れられた。（エガートン、19頁）

ヘンリー六世治世三一年には次のようなことがあった。定期休暇において停会されていた議会で、庶民院議長が、

反逆罪の行いにおいて千ポンドの損害を与えたとして有罪が宣告され、そのための処分として監獄への引渡しが求められた。議会が再召集された時、庶民院は、彼らの議長を引き渡すよう王と貴族とを告発した。貴族院は、議長が議会の特権によって監獄から引き渡されるべきかどうかについて裁判官らの意見を求めた。

それに対する裁判官たちの返答は、次のようなものだった。議長は、

議会特権があるにもかかわらず、そして議長であるにもかかわらず、法に従って監獄に留まるべきである。その決議は、国王の上級法廷弁護士モイレ Moyle によって庶民院に宣言された。そして庶民院は、別の議長を選ぶことをリンカーン主教（カンタベリー大主教と大法官が不在のため）によって国王の名において命じられた。（エガートン、21頁）

ヘンリー八世治世七年には次のようなことがあった。

「聖界の人物は、刑事訴訟のために俗界の裁判官の前に召喚され得るかどうか」という動議が議会に提出された。「そこで、サー・ジョン・フィネウックスと他の裁判官たちは、聖界の人物たちもそうされ得るし、され得るべきであるという意見を伝えた。彼らの意見は受け入れられた。そして国王と貴族とによって支持された。そして、スタンディッシュ博士は、彼は以前から同じ意見を持っていたのだが、主教たちから解放さ

れた」。（エガートン、22頁）

私は、貴族院における判決を受け入れた訴訟事件において、国王が、大臣的裁判管轄権を持つ他の法廷以上のどのような投票権もないことの証言を見出す。真実のところ、もし我々が、数ある中の一つの発言権として国王の投票権を理解するのなら、国王は全く投票権がなかった。というのは、彼は判決を与えることにおいてどのような仲間もいなかったからである。しかしながら、もし、どのような投票権もないということの意味が、彼が判決を行うどのような権力も持たないということなら、我々は彼の主権を彼から奪うことになる。最上級の訴訟と上告において判決を下すことが至高性の主要な印である。このことについて、イスラエルの子孫たちは、彼らが彼らを裁くために王を求めた時、十分によく理解をしていた（「サムエル記上」八・五）。もし、「最後の手段 *dernier resort*」が貴族院だけであるなら、その時は、彼らが至高権を持つ。しかしながら、小さな訴訟を裁くために長老たちによって選ばれたモーゼが、喜んで小さな訴訟に当たっていた時でさえ、彼自身が裁く権威をそれによって失うことがなかったし、彼が自分自身に取って置いた最大の事件においてはなおさらそうであったように、彼らの下で裁くことを他者に委任し、国王が彼らの都合によって裁く権力を彼らに剥奪されるようなことはない。

以下の諸時代には差異が存在する。つまり、国王自身は、裁くことができず、裁判官たちを確かめ検分だけした時代、つまり、裁判官たちが法に従いながら判決を与えた時代である。そしてこの目的のみのために（ある人が言うように）国王は、裁判所に時折参列した。しかしながら、国王にとって、いつ法が正しく執行され、いつそうではなかったのかを判断することは、国王に権力が存在しなければ、執行されたその法を確かめることは不可能である。そしてまた、裁判官たちが義務を全うしない場合でも、彼らに服従を強いることは不可能である。そのような権力なしに、国王が法廷に参列しているのなら、彼は物笑いの種であり、裁判官たちの嘲笑の的であろう。そして、もしこの権力が国王に許されるなら、その時は、その判断が全ての法廷において至高のものである。そして実際のところ我々の「この目的に対するコモンローは、国王が、彼の胸の小部屋 *in scrinio pectoris* の内部に全ての法を保持しているとまさに仮定している」とクロンプトン Crompton の『司法権 *Jurisdiction*』はいう（クロンプトン、108頁）。

我々の制定法のいくつかが、「国王の随意に」多くの事柄を残す時、我々にとって、国王の裁判官のみの意志と随意にそれらの全ての制定法の解釈を委ねることは、我々が、国王に対してはそれを否定した全ての訴訟において裁判官に対して絶対的で任意の権力を与えることである。

ヘンリー四世治世五年の制定法法律第二号は、次の文言において、国王と国王の裁判官との間の違いを表現した。「多様な悪名高い重罪犯人は、多様な重罪、殺人罪、略奪罪で告発されるべきである。そして国王の裁判官の面前ではもとより、国王自身の面前においても、その重罪が糾弾されるべきである（制定法大典、189頁）。

私は、一二五六年に、ヘンリー三世が、財務府裁判所[80]に座し、州長官の出廷のための規則を規定し、彼らの釈明を求めた記録を読んだ。全ての州長官一人当たりに向けて罰金として五マルクが記してあった。なぜなら、彼らが、州長官ごとに命令されていた騎士の爵位を受けるために年に一五ポンドを支払える人物たちを差し押さえることをしていなかったからである（ホリンズヘッド第二巻、439頁）。

一四六二年のミカエル祭開廷期[81]に、エドワード四世は、「王座裁判所の公開法廷に三日間同席した」。

この点に関しては、どのような更なる証拠も必要がない。なぜなら、プライ氏は、国王自身が本人として王座裁判所と他の法廷に座し、そこで判決を与えたことを自認しているからである（『反逆と不忠』32頁、プライ、92頁）。

王の立法権と司法権のために言われていた以上全てにもかかわらず、プライ氏は、国王に立法権力を与えるどころかかえって彼は、既に作られている法を妨げる権力さえ王に与えようとしない。つまり、彼は、国王に、ほとんどの訴訟において「拒否権」ではないものを許すのであり、それは、他の全ての者たちにも当然与えられるべきものであった。つまり、国王の判断において庶民院の最も卑しい議員にさえ当然あたえられるべきものであった。

国王が「拒否権」を持っていないことを証明する彼の主要な、そして実際のところ唯一の強調される論点は、戴冠式の宣誓だった。それは、イングランドの我々の国王の幾人かが行ったと昔から言われているもの

(80) 財務府裁判所（Court of Exchequer）。王座裁判所、人民訴訟裁判所と並ぶ三大裁判所の一つ。元来国王の財政を管理する役所であった財務府が、国王に対する債務を負っていないと主張する者が出てきた時に裁判にあたっていたのだが、十三世紀になるとそれが独立の裁判所となった。
(81) ミカエル祭開廷期（Michaelmas Term）。上級裁判所開廷期（十一月二日から二五日）。一八七三年に廃止された。

であり、そこにおいて「国王たちは、一般民衆が、持ち、選ぼうとする正しい法と慣習とを、すなわち、*justas leges et consuetudines quas vulgus elegerit* とを守り保護することを承諾した」。それ故、プライ氏は、国王は、貴族院と庶民院とが選択するどのような法も否定することができないと結論づけた。というのは、そのようにして彼は、「民衆 *vulgus*」に重きをおかねばならないからである（プライ、56頁）。

おそらく、我々の王も、彼の先任者の多くも、これまでこの宣誓をしたことはなかったし、それに拘束されたこともなかったのではあるが、それでもなお、我々は、我々の王がそれを行い、返答をしたことを認められ得るし、どのような主教も、枢密院も、議会も、他の誰かも、どのような者たちも、これまでこの「民衆 *vulgus*」という言葉が議会における庶民院を意味する、いわんや貴族院を意味するこの宣誓を案出し、著したことがないことには自信がある。彼らは、卑しさと不誠実さの双方の称号で彼らを貶すために議会の議員をそしったことは決してなかった。それでもまだ足りないのならば、彼らは人民 *populus* と呼ばれてきているのだが、民衆 *vulgus*、野蛮な群衆（それは生まれの卑しい大衆 *ignobile vulgus* というあだ名を持つ）は、宣誓を与えるための構成者としては不名誉な言葉だった、もしくは、議会に受け入れるためには、つまりそれは最も卑しい言葉だったので、国王が使用するのには不名誉な言葉だった、ということで十分である。というのは、貴族は、王国の最も重要な人物たちなので、民衆 *vulgus* にはなり得ないからである。次に、州選出代議士たちは、「著名な」騎士、もしくは「騎士足り得るような著名な名家、もしくは、その州生まれの名望家」であり、またそうであるべきであった。それから、「司教座都市の代議士と自治都市の代議士は、十分に能力のある者たちだった」。これらのいずれの者たちも民衆 *vulgus* ではあり得ない。たとえ、州選出代議士を選んだそれらの自由土地保有者が、彼らの州で最高で最も有能な人々であったとしても、自由土地保有者一人につき、民衆 *vulgus* と称されるべく見出される庶民が一〇人は存在する。それ故、*vulgus* は民衆、もしくは、庶民を意味するに違いなく、貴族院や庶民院を意味するのではないということになるのである。

しかしながら、今や、問題は、議会の外の庶民や民衆が選択しなければならない法とは何なのかということである。その答えは容易であり準備はできている。「民衆の *Quas vulgus*」先立つ「慣例 *consuetudines*」としてあったもの、つまり、「民衆が持ち、選択する慣習」である。慣習の本質をともかく観察せよ。慣習を選択するのは民衆、もしくは大衆のみである。太古からの共通の振舞い方が慣習を創る。そしてその振舞い方が共通であればあるほど、慣習はより強くより良きものとなる。民衆の中にあるような共通の振る舞い方は他のどこにも見出され得ない。民衆は、いまだ、「全社会 every multitude」の中の最大部分である。もし、慣習が王国全体を通して共通であるならば、それは、イングランドの慣習法と同じことである。それは、共通慣習と呼ばれる。したがって、簡単に言えば、民衆が選択した慣習を保護することは、イングランドのコモンローを保護すると誓うことである。

しかしながら、宣誓における *vulgus* が貴族院と庶民院とを意味することを認め、*consuetudines* が慣習ではなく制定法であることを（プライ氏の捨て鉢の方法的断定のように）意味することを認め、*elegerit* を未来時制、もしくは過去完了時制とさせ、それらをプライ氏がたとえ喜んだとしても（プライ、56頁）、それでもなお、それは、国王の拒否権を排除し得るものではない。というのは、「慣習 *consuetudines*」が「民衆 *quas vulgus*」に先立つように、まさに、「正義 *justas*」は、「法 *leges*」や「慣習 *consuetudines*」に先立つからである。すなわち、ことは、全ての法についてではなく、全ての正しい法についてなのである。もし、貴族院と庶民院だけの選択が、拒否権なしにその選択を保護するよう国王を義務づけるなら、ある法が不正ではないのかという疑念を生じさせるために、どのような必要性とどのような理由があって、正義という言葉を使用するのだろうか。プライ氏は、一般評議会の命令や教皇の命令が全然誤りのないものであるという意志はなく、そしてまた、私が思うに、庶民院と貴族院の起訴状も全然誤りのないものであるという意志もなく、誤ることが不可能であるという意志もないというつもりらしい。もし、彼がそのつもりであるなら、サー・エドワード・クックは、彼に、議会がこれまでのところ全くだまされたことが無かったと教えるだろうし、重大事件の訴訟において、それが大逆罪の場合でさえ、そうであったと教えるだろう（クック4、37-38頁）。そして、彼は、ヘンリー七世治世二年の制定法「不正で未熟な条例」を呼び出す（クック4、41頁）。しかしながら、プライ氏は、庶民院と貴族院によって選択された法が不正であり得ることを自認するつもりだったのかもしれない。それ故、貴族院と庶民院自体が、正と不正の裁判官であり得ることを自認するつもりだったのかもしれない。しかしながら、宣誓によって国王が、正しい法を保護することを彼の良心に義務づけられるところでは、それらが盲信や盲従によるものではない正しいものが国王の良心において満足されるべきものとして王に関係してくる。どのような人も、法の正義の防衛や保護のために自分の魂を危うくするような妥当な裁判官であることは不可能である。

その上、まさにこの宣誓において、国王は、「彼の全ての判断における慈悲と真実において、平等そして正しい正義そして思慮分別を行うことを誓うのである」。もし、我々が、王の判断において思慮分別と慈悲とを許すなら、必然的に彼は法の正しさについて判断を行わなければならないのである。

さらに、「民衆の選びしもの *quas vulgus elegerit*」、という宣誓の一節は、何らかの新しい法に同意すること、もしくは承諾することを意味するのではなく、「既に存在している正しい法を、全力を尽くして維持すること、保護すること、強化すること」を意味している。もし、新しい法に同意することがそこで意味されているなら、力や強さについてのどのような必要性もない。

ある者たちは国王の拒否権を否定するために何故それほどの労力が存在するのか不思議に思うだろう。なぜなら拒否権は、それ自体においては、もし人が王国における全ての拒否権を持っていたとしても、それは彼を国王にするものでもないし、彼に一つの法を作る権力も与えないほど貧困な事柄だからである。拒否権は、「否定的」な権力、つまり、何事かを行ったり、為したりする権力ではまったくなく、ただ別の権力を妨害する権力にしか過ぎない。否定とは、もしそれらが破壊に他ならないなら、それらが出会った時、お互いを破壊し合う有害で破壊的な本質を持つ。つまり、それが、肯定を妨害する打ち消しを破壊することによって、二つの否定が肯定を作る理由である。拒否権のみと共にある国王は、純粋否定命題の三段論法のようなものにしか過ぎない。それは、何事も結論づけることができないのである。国王と法の双方を作るのは、賛成投票でなければならず、それなしには、どのような想像できる統治もあり得ない。

なぜ国王の拒否権がそれほど熱心に反対されるのかについての理由は簡単である。というのは、それは国王にどのようなことを行う権力も与えないのではあるが、それでもなお、それは別のものを妨害する権力を国王に与えるからである。それは彼を国王にはできないのではあるが、それでもなお、それは他者が国王であることを妨げることを彼に可能にするのである。

国王の拒否権のこの論考の結論として、私は、彼自身をリンカーン法学院の全くの法廷弁護士と呼ぶ彼の意見に対するイングランド首席裁判官の判決に反対の意を表明したい。そして、二人のうちどちらが良き法律家であるのかを他の者達に判断させたい。その言葉はブラクトンのものであるが、プライ氏に関するものとして、深く心に刻まれたい。

国王の宣言や証書に関して、首席裁判官も私人も論駁すべきではないし、論駁できない。その上また、もし、国王の宣言において疑問が生じたとしても、彼らはそれを解釈することもできない。そして、疑わしく不明瞭な点においては、もしくはもし言葉が二つの意味を含んでいるなら、宣言を作る者が解釈をするのが役目であるという事実からすれば、今上陛下の解釈と御意志が期待されるべきである。（ブラクトン、34a、エガートン、108頁）

ブラクトンがこれを書いた時、プライ氏は、その時作られ、争われる法が、マグナ・カルタ、「御狩場令 *Carta de foresta*」そしてその他のもののように、国王の憲章と呼ばれるということを十分良く知っていた。それ故、ブラクトンの判断において、国王は、妨害のための拒否権を持っていたばかりではなく、立法のための確認権も持っていた。それは、プライ氏が国王に許すつもりのものよりも相当大きなものだった。

ブラクトンの判断の中には、「立法者であるばかりではなく、人民の唯一の裁判官が王である」ということがある。以下のものが彼の言葉である。「もし、国王のみで可能なのであれば、国王と他の者とで判決を下すべきではない *Rex et non alius debet judicare, si solus ad id sufficere possit*」（ブラクトン、107a、ランバート1、76頁）。

まさに、『ブリトン』で語られたブラクトンの言葉のように、そこでは、彼は、国王が神の副王であることを示し、そして国王が種々様々な部分に彼の責務を分配していることを示した後、国王のみでは、彼の人民の不平不満の全てを聞くことは十分ではないので、国王という人物に次のような言葉を付加した。すなわち「朕は、あらゆる種類の重罪、不法行為、契約において、そして法人もしくは実在の人物の行為において、朕の司法権が、王国の全ての司法権の上位にある事を願う。朕は、他の訴訟手続きなしにまさに王の任務である判決として譲歩させる権力、もしくは譲歩させられることを停止する権力を持つ。どこであろうと、朕は、裁判官として正しい真実を知る *Nous volons que nostre jurisdiction soit sur touts jurisdictions, etc*」。（ランバート1、57頁）

さらに次のいずれのものも、王座裁判所の意図することとは受け取ることはできない。つまり、そこにおいて王本人が、想像上でのみ存在し、しかしながら、それが王の王位である身体と胸中に残されたものである司法権と必然的に理解されざるを得ないということは王座裁判所の意図ではないということである。そして王座裁判所や他の普通の裁判所から区別される。なぜなら、彼は、王座裁判所の権威はもとより、他の裁判所で彼自身によって幾度も規定を行った後、直接的に行うものだからである」とランバード氏はいう。（ランバード1、57-58頁）

「そしてこれは、どのような新しい立法でもなかった」と、ランバード氏は、エドガー王のサクソン法の精神に、我々を導く。

「もし、人が、我が身の明しを、我が家で立ててくれるなら、どのような人も、王に訴えさせるな。しかしながら、その明しの立て方ががその人にとって余りに重いものなら、それを容易に立てられるように彼を国王の下に行かせよ *Nemo in lite regem appellato, etc*」このことによって、相当の昔においても、正当な理由がある場合にはいつでも、国王本人に対する上訴が存在し得たということが明白であるように思われる。(ランバート1、58頁)

「時折この王国の国王であったデーン人カヌートの法において、結果としてまさに似たような法が見られる」(ランバート1、16頁)。その法から、ランバート氏は、「国王自身が最高裁判所を持ち、そこにおいて彼自身が席を占めていたと推測している。というのは、「人に王を捜し求めさせるな」という言葉があるからであり、国王のその裁判所は、単に権利と法とに従うばかりではなく、衡平と良心とにしたがってまさに裁いたからである」(ランバート1、17頁)。

結末にあたって、私は、我々の今は亡き古物研究家サー・ヘンリー・スペルマンの賛同で終えるとしよう。彼の『用語辞典』の中で、彼は語った。

もし、国王が有能であり、それを処理し得るなら、王国の全ての裁判官は、国王の裁判官だけであり、国王だけである。しかしながら、それが不可能であるので、彼は、法の制限によって義務づけられる諸大臣たちにそれを委任することを強いられる。実定法は、一般論であって、個々の訴訟においてはそれらは時にはあまりにも厳しいものであり、時にはあまりにも怠慢なものである。そしてそれ故、我々が厳格な法に固執するなら、たびたび善の代わりに悪を為してしまう。そしてまた、どのような法律書にも載っていない困難で難解な訴訟事件が日々生ずる。それらにおいて、正義の源泉であり神の代理人である王への退避の必然性が存在する。ユダヤ人の国家共同体の王は、彼自身が司法権のある裁判所にそのような訴訟を持ち込んだ。そしてそのような司法権の前例が国王に残されたばかりではなく、その大権も残された *Omnis regni justitia solius Regis est,etc.*。（スペルマン、129頁）

議会の特権について

令状はそうではないのではあるが、それでもなお、議会の特権が両院の全ての訴訟手続きのために十分な権力を与えることは確かなので、議会への庶民院の選挙に関する令状に何が含まれているかを篩い分けるために、上記の全ての骨折りが何故必要なのかを問う者がいるだろう。それに対する答えは、以下のものである。令状がどれほど軽く取り扱われようとも、それでもなお、一切の訴訟の中で、最初の令状が全ての職務や行為の源泉である。そしてその令状が訴訟事件や訴訟手続きを無効とすることからその実質を変更することの源泉である。そして、委員が委任によって保証される以上の権力を行使するところでは、全てのそのような行為は、無効であり、多くの事例において処罰されるべきものである。それでもなお、我々は、令状を取って置き、議会の特権の本質について考察してみよう。この努めはより一層困難なものである。というのは、我々は、特権の数がどれ位であり、何がそれであるのか教えられていないからである。ある者たちは、いまだ宣言されていないローマ教会の潜在的信仰箇条が存在するように、いまだ発露されていない庶民院の潜在的特権が似たように存在するとまさに考える。したがって、我々は、議会の特権の質や状態の論考についての一般論で満足しなければならない。そして以下の三点に我々自身を限定しなければならない。

一、議会の特権は、どのような権力を与えるのでもなく、令状によって与えられた権力の執行への助力のみを与えるということ。

二、自由土地保有者は、彼らの選挙によって、どのような特権も与えないということ。

三、議会の特権は、国王の賜物であるということ。

第一に、議会の特権の目的と範囲は、令状によって保証されない何らかの公的な行為を行うための何らかの権力を与えることではなく、命令された義務の遂行に資する助力のみが意図されている。そしてそれ故、令状の中に包含されている権力に貢献することが意図されている。例えば、逮捕からの自由という重要な特権は、庶民院に対して何らかの行為を行うためにどのような権力を与えるものでもなく、逮捕の権力を自由土地所有者や他の臣民たちから取り去ることによって、庶民院が、そのために王に呼ばれた奉仕に対してより精勤できるようにするための特権である。

多くの他の場合において、国王の従者や大臣は、特権が与えられる。そして同じ理由によって大切に保護される。国王の家庭の従者は、特別の許可が無ければ逮捕されない。また、国王の裁判所の官吏は、彼らが仕え参列するところ以外の他の裁判所には告訴されないという特権を持つ。そしてこの目的のために、彼らは、特権の令状が与えられる。同じように、国王の戦争において仕えるもの全て、もしくは彼のために外交に従事する者たちもまた、訴訟や告発から保護される。否、王の保護は、サー・エドワード・クックが「洗濯女、もしくは乳母、もしくは産婆に及びまで *quia lotrix, seu nutrix, seu obsterix*」(クック1、396頁)といったように、もし彼女たちが野営地に参加していれば、洗濯女、乳母、そして産婆の特権にさえ及ぶ。その上、王は、彼の債務者を、彼自身の債務が払い終わるまで臣民の逮捕から守る。

保護のこの種のものは、コモンローも丁重に扱い、許している特権である。そしてそれらにはいくつかの区別がある。つまり、いくつかのものは、「促進的 *quia profecturus*」(何故なら、国王は宣言をするつもりだからであり)、他のものは、「遅延的 *quia moraturus*」(何故なら、国王は遅延させるつもりだからである)である。そしてまた、いくつかのものは、訴訟の猶予のために、「希望 *volumus*」という条項が付帯し、他のものには、本人、従者、財産の安全のために「拒否 *nolumus*」という条項が付帯していた。そして、国王の令状は、事件の本質に従いながらまさに多様に変化した(クック1、394-395頁)。

しかしながら、これらの特権、もしくは保護のどれもが、何らかの権力を与えるものではまさになかった。それらは「肯定的」なものではなく、「否定的」なものだった。すなわち、それらは、ある場合においてのみ、逮捕や告訴の権力や自由を臣民から取り去り、奪うのである。どのような保護や特権も、反逆罪、重罪、もしくは治安妨害を擁護するものではまさになかった。特権は、法に直接的に反するものだった。というのは、さもなければ、それらは特権ではなかったからである。そしてそれらは、法に反し憎むべきものであったので、厳密な方法で解釈されるべきものだった。我々は特権の効用を知っている。すなわち、それらは、保護される党派自体の便益に二次的にそして偶発的に時折資するものではあったのだが、元来主として、国王の仕事をはかどらせるために意図された法の適応免除としてのみまさに役に立つものだった。厳密に、そして、正確に言えば、全ての特権は、公共の法、そして、コモンローに反するものであるに違いない。というのは、それに反するどのような公共の法も存在していないところでは、保護のための否定的な法はどのような効用も必要性もないからである。通常の用法ではそれらを区別しないのではあるが、法に反するものを除いた愛顧と恩寵は、当然のごとく、特権の名の下に働くことはない。私は、真実にそのように呼ぶことが可能であり、庶民院に帰属している他のどのような特権も知らない。それは、彼ら本人、召使、財産についての広大かつ巨大な特権である。もし、王国全体がそれによって制限を受けなければならないなら、このことは、実際のところコモンローに反しているので、そしてそれに注意を向けることはまさに王国全体の関心事である。

逮捕からの自由というこの重要な特権に関しては、私は、ヘンリー三世治世三三年において、貴族院が、庶民院に対してそれについての処罰を言及するまで、庶民院は、それについての侵犯のための犯罪者の処罰を実行しなかったことを目にする。その事例は、次のように報告されている。すなわち、ジョージ・フェレルズ、彼は郷紳であり、国王に仕えるものであり、プリマスの自治都市の代議士だったのだが、議事堂に向かう途中で、負債のために王座裁判所からの令状によってロンドンにおいて逮捕された。彼は、ホワイトという人の訴訟事件でウェルドンという人の保証人として前から非難を受けていた。その逮捕は、議長であったトーマス・モイレ卿とその他の者たちに知らされ、（ジョンと呼ばれた）上級法廷弁護士が、フェレルズを要求するためにブレッド街の都市裁判所付属拘置所へ送られた。都市裁判所付属拘置所の官吏は、彼の引渡しを拒否し、彼らは騒動を起こしたという間違った言葉を上級弁護士に与えた。州長官が来て官吏と職務を交代した。上級法廷弁護士は、拘置されている者を伴わずに戻った。これは、議長や自治都市の代議士に関係することだったので、自治都市の代議士無しにはそれ以上座することができず、立ち上がり、貴族院に赴いた。そこでその事件は、大法官トーマス・オウドレイ卿の前で、庶民院議長によって宣言された。そしてそこに貴族と裁判官たちが参集し、彼らは非常に大きな侮蔑を受けたと判断したので、庶民院自体の処罰について言及した（ホリンズヘッド3、824-825頁）。

逮捕からの自由というこの特権は、サー・エドワード・クックが庶民院に帰属することを見つけた唯一の特権だった（クック4、24頁）。彼は、議会の特権についての彼の一節の中で他のいずれのことについてもそのような呼び方ができないし、少なくともしてはいない。そしてまた、彼は、庶民院のためのこの一つの特権の証拠のために先例を示すことさえしていない。つまり、それは、この単独の特権が、多くの者たちが想像しているほどには明白なものではなかったのではないのかという疑問を生じさせる。というのは、エリザベス女王治世二七年の議会において、大法官府の召喚令状係で勤務していた議員であったリチャード・クックが「大法官は、議会が主張するような召喚令状のためのどのような特権も議会は持っていないと考えている」と言っているからである（ドゥーズ、347頁）。そしてまた、彼は、もし庶民院が大法官府裁判所(82)において先例によって許され裁可されて来ていたことを証明できなければ、それに関して形式的に使用され、彼らに委任されていた議会のどのような先例も許さなかった。

エリザベス女王治世三九年において、サー・エドワード・ホビーと公爵領代理人であったブログレイブ氏は、議会によって、国璽尚書へ送られた。

議会全体の名において、召喚令状二通を無効にすることを閣下に要求する。それは議会の冒頭に、議員であるトーマス・ニベット氏に突きつけられたものである。国璽尚書は、議会がこれまで行って来たり、行って来なかったような仕方で、つまり「要求する」ということの言葉で国璽尚書にこのことづてを伝えるために議会の忠告的慎慮によって彼らが指名されたのかどうかを彼らに詰問した。彼らは、閣下に、しかり、と答えた。閣下はそれから次のように言った。私は、議会を恭しく、名誉なものと考えているように、そして彼らの自由や特権についても同様に考えているように、その種の上記の令状を無効なものとすることは、女王の最高の権力を抑圧することであると思う。それが女王陛下の下にお仕えするものの正義である。

それ故、彼は、彼らが彼の令状を無効とすることを彼に要求したように、彼も、熟慮することを彼らに要求した（ドゥーズ、554頁）。

エリザベス女王治世一八年、二月二二日水曜日には、公爵領代理人氏によって報告が作られた。それはホールという人の解放のための委員会についてのものであり、委員会が、逮捕中の何らかの人物にために庶民院議長によって設置される先例がなく、令状によるものばかりであるというものだった。上記の委員会によってよく調べられた多様な先例によれば、特権を要求する全ての州選出代議士・司教座都市の代議士・もしくは自治都市の代議士は、その場合、大法官、もしくは国璽尚書の前で聖書に手を触れて行う宣誓をすることが常となっていたように思われた。そして、その令状が請われた者の当事者たちは、彼と共に出頭し、行われた逮捕の時に彼の従者であった者たちのそうであるのが常であったように思われた。

そこで直ちに、ホール氏は、国璽尚書の下に、賠償するために議会によって送られた。そして宣誓を行い、それから彼の従者のために特権令状の証明書を取った。（ドゥーズ、249頁）。

ある者たちによって、裁判所や官僚の悪行を審問する権力を持つことが議会の特権であるべきであると説

（82）大法官府裁判所（the court of chancery）。大法官府とは、国璽を保管し、国王の書記として機能した大法官の役所だった。国璽を押捺した令状の中に、コモンロー裁判所（三大裁判所）における訴訟を開始するために必要な「訴訟開示令状」が含まれていた。十四世紀以降、コモンロー裁判所で十分な救済が得られない場合に大法官が個別的・恩恵的に救済を与えることが始められ、その先例の集積からエクイティ（equity 衡平、英米法の歴史的淵源のうち、コモンローと並ぶ重要なもの）が生まれた。そして大法官府において、エクイティを司った裁判所が、大法官府裁判所と呼ばれた。（Maitland, *op.ciy.* pp.225-226 メイトランド・小山訳、298-300頁）。

明される。しかしながら、もし彼が裁判所や官僚によって苦しめられたとしても、彼らの悪行を尋問するまさに正当な理由についての自由を持たないようなどのような最も卑しい臣民も存在しない。そのように行う者に反対するどのような法もない。それ故、このことが、特権と呼ばれることは不可能である。なぜなら、それはどのような公共の法に反するものでもないからである。そのような審問を許すことは国王の偉大なる寵愛として尊重されて来ていた。というのは、貴族たちが、ピアーズ・ギャヴィストン[83]の横行に立腹した時、次の議会において「全体集会は、彼らの不平の種の条項に対する国王の注意を引き出すことに成功した」、そしてそれは行われた、と言われているからである。それらの条項の二つのうち、第一のものは、「全ての第三者は、宮廷と王国とから追放されるべし」というものであり、ギャヴィストンはその一人だった。第二のものは、「国家経営は、聖職者と貴族の評議会によって行われるべし」というものだった。

ヘンリー六世の御世において、ヨーク公の手先だったモティマー[84]という人は、税金からの自由と改善とをケント州の人々と約束することによって、人々と協働し、彼らは機が熟するとこのモティマー（さもなければジャック・ケード）を彼らの頭目とかついだ。彼は彼自身を世直し大将と呼んだ。彼は、庶民の不満の種を議会に提出した。そしてヨーク公と他の貴族たちが、王の面前で命令されたサフォーク[85]と共謀者による不当な実施の故に、王の恩寵を受けることを請願した。そして、全ての彼らの敵対者が、宮廷から追放され、公職を離れること、そして汚職官僚の総罷免が行われることを請願した。これらの請願は、庶民院から貴族院へ送られた。そしてそこから国王の枢密院の貴族たちに委任された。彼らは詳細を審問し、それらを取るに足らないものと論破し、それらの起草者たちを僭越な反逆者であるとした。

言論の解放と自由とに関しては、ヘンリー八世治世十四年におけるブラックフリアーズでの議会で、サー・トーマス・モア(86)が庶民院議長に選ばれていたのだが、彼は、最初は自分自身では不可能であったのだが、国王に次のように誓願した。「もし、伝達や論法において、庶民院におけるある人物たちが、彼らが為すべき義務を超えてものを言ったならば、それらの全ての侵犯は、許されるべきであるし、記録されるべき

(83) ピアーズ・ギャヴィストン(Piers Gaveston 一二八四―一三一二)。初代コーンウォール伯。イングランドの貴族。エドワード二世の寵臣として権勢を振るったが、諸侯や議会の反発を招き、一三一二年に諸侯の私刑により殺害された。

(84) モティマー(Mortimer ?―一四五〇)。本名ジャック・ケイドJack Cade。アイルランドの医師。当時、農村では貴族や領主の支配体制がくずれ、地主ジェントリー層が勃興しつつあった。その土地所有の動揺につけこむ悪質な地主たちの無法な土地獲得をヘンリー六世は抑圧できなかった。それに対してジャック・ケイドは、多数の群衆を率いてロンドンに侵攻したが、個別的な恩赦という王側の戦略によって暴徒は分断され、ジャック・ケイドも殺害された(富沢前掲書、221-222頁)。

(85) サフォーク(William de la Pole, 1st Duke of Suffork 一三九六―一四五〇)。百年戦争期のイングランドの主要な司令官の一人。後に王室侍従長としてヘンリー六世に仕えた。しかしながら、勃興するジェントリー層の専横を抑えられず殺害され、ヨーク派の台頭を招いた(富沢前掲書、221-222頁)。

(86) トマス・モア(Thomas More 一四七八―一五三五)。イングランドの法律家、思想家、政治家。政治・社会を風刺した『ユートピア』で知られる。庶民院議員や大法官を務めるが、ヘンリー八世の離婚問題にカソリックの立場から反対し、ロンドン塔に幽閉された後に処刑された。

である。このことは承諾された」（ホリンズヘッド第三巻、682-683頁）。この請願の中で、言論の解放もしくは自由は、彼らが意志し、願うことを議会の中で語る権力ではなく、「為すべき義務を超えて」語ったことの侵犯に対して処罰ではなく、許容される特権であることが見て取れる。それは衡平法上の解釈において、故意や悪意の侵犯の類のものではなく、無分別、軽率、無知、演説における不注意な逸脱や言い損ないとして理解されなければならないものだった。そしてそれから、全ての振る舞いが法廷において弁護されるように、国王の許しが記録されるように望まれた。そして、リチャード・ストロウド(87)と彼の共謀者たちは、もし彼らの許しが議会において国王によって確かにされなければ、議会のおける彼らの言論の自由のために十分保護されたとは思われなかった。というのは、ヘンリー八世時代においてその目的のために印刷された制定法が存在するからである。

言論の自由に関しては、庶民院は、エリザベス女王の御世に、「女王御本人、国家、もしくは、教会統治」には干渉しないように警告された。女王の時代においては、教会の規律は、議会の開催中に庶民院において連祷が毎朝読まれるほど厳格なものだった。そして、庶民院が日曜日の教会で断食をすることを最初に決めた時、女王がそれを妨害したほどだった。

エリザベス女王治世二三年、一月二一日土曜日、その事例は次のように報告されている。すなわち、ポウル・ウェントワース氏(88)は、庶民院が揃うまえに、公的に規定された断食と毎朝七時の説教のために出向いた。議会は、断食について意見が分かれていた。百十五人がそれに賛成し、一〇〇人がそれに反対だった。次のような命令が下された。

議員たちの多くは、都合に応じて、二週間後の日曜日に、そこで説教を聞き、共に祈るために、卑下と断食と共に、この議会の間全ての彼らの協議において神の聖霊の御加護のために、そして女王陛下と王国の保持のために、教会堂に参集し会合すべし。そして、議員たちの枢密院によって指名されるべき説教者は、新奇で不穏なものと関わりあわない思慮分別のある者であるべし。（ドゥーズ、282-283頁）

この命令には、議会に対する女王陛下からのことづてが、副侍従卿の宣言によって次のように続いた。「女王陛下は、彼女の気脈を通じた、もしくは満足した最初の得心なしに、そのような革新を実行する彼女が表明した命令に対する明らかな侮蔑に関与するこの議会の無分別さに大いに驚異の念をもった」。そこで直ちに、副侍従卿は、「上述の侵犯や侮蔑を承認し、その容赦を懇願して、今後似たような関与を慎むという十分な意図を以って、女王陛下に対してへりくだった臣従を示すよう議会に提議した」。そして議会全体の同意によって、副侍従卿は、女王陛下に彼らの臣従を伝達した（ドゥーズ、284頁）。

エリザベス女王治世三五年に、

ピーター・ウェントワース氏とサー・ヘンリー・ブロメリーが国璽尚書に、それについての法案がすでに

(87) リチャード・ストロウド（Richard Strode）。議会特権を扱う最も初期で最も有名な「ストロウド訴訟」を扇動したことで知られる。

(88) ポール・ウェントワース（Paul Wentworth 一五三三―一五九三）。エリザベス一世時代の庶民院の有力な議員。ピューリタンに共鳴し、一五六六年、女王の後継者問題についての議会での議論禁止を批判して注目を集めた。

彼らによって作成されていた王位の継承に伴うことに関して、貴族院議員が女王陛下に対して庶民院議員と共に嘆願者である事を望み、請願書を送った。女王陛下は、これにより大いに立腹し、先の困難な命令に反して、評議会に当事者たちを召喚するよう命じた。サー・トーマス・ヘネージが、彼らに対して送られ、彼らと語らった後、議会に慎むよう命じ、禁足も命じた。その後、彼らは財務卿バックハースト議員とサー・トーマス・ヘネージの前に召喚された。ウェントワース氏は、彼らによってロンドン塔に移された。サー・ヘンリー・ブロメリーは、ウェルチ氏とウォーセット州の他の州選出代議士のように、リチャード・ステファンと共に、つまり、サー・ヘンリー・ブロメリーが彼と共謀していたので、フリート監獄に送られた。（ドゥーズ、470頁）

同じ議会において、「モリス氏が、彼は被後見人の代理人だったのだが、種々様々な学識ある信心深い聖職者や説教者に慣れ親しまれていた彼らの法廷の主教、通常の人々、教会裁判官たちの厳しい慣行に反対する動議を提出した。そして、寄付や宣誓に反対する演説を行い、宣誓拒否のために収監されることに反対する読み上げられるべき法案を提出した。ドルトン氏は、女王陛下の命令に干渉する事柄が表明されているので、それを読むことに反対した」（ドゥーズ、474頁）。レーウィン博士は、寄付がジェノヴァで使用されたことを示した（ドゥーズ、475頁）。その日の午後二時に、そこにおいて女王自身が議会に命令として言伝を与えるために、議長であったクック氏（後のサー・エドワード・クック）が、法廷に送られた。女王は彼に次のように言った。

議会において為される何事かに対して、召集すること、決定すること、同意すること、もしくは不同意することは女王の全くの専権事項である。つまり、この仕事は、神の尊厳が、それへの奉仕をおろそかにする者を賢明な法によって矯正することによってより信心深いものへと思われるようにすることである。そして、女王陛下本人と王国との安全に備え得るものである。それは、議員たちが国家の問題、もしくは聖職者の訴訟事件（というのは女王陛下がそのように呼ぶので）に干渉することを意味するものではない。女王陛下は何者かが、女王陛下が命じられたことと全く反対のことを企てるほど高い神の命令者（それらは女王陛下の言葉であるが）足り得ることに驚いている。それ故、女王陛下はこれに大いに立腹したのである。そして、女王陛下の国璽尚書によって話された言葉が、今や恐らく十分には記憶に留められず、もしくは、その時には参列していなかった者たちが、今やここに参列しているので、女王陛下の参列による訓令や特別の命令が、どのような上述の国家の問題に関する法案も、もしくは聖職者の訴訟事件のおける改善に関する法案も提示されていないということに驚いているのである。そしてそのような法案が提示され、それが読まれるべきではないなら、（クックが言うのには）私の忠心にかけて、私は咎められるだろう。（ドゥーズ、478‐479頁）

女王が、庶民院に、使者、もしくは守衛官を送り、モリス氏を連行し監獄に収監したことを私は確かな筋から耳にしている。二、三日の後、監禁されていた議会のそれらの議員たちを女王が喜んで自由にするために女王陛下に対して議員たちのへりくだった起訴者としてワース氏が議会に来たことを私は見出す。これに対して、枢密院全員によって、次のような返答が為された。つまり、女王陛下は、陛下の最も良き理解者として知られる枢密院に彼らを委託した。そして、この請願に陛下の高貴さを賦与するために、議員たちの善が探求されること以外の妨げを行わなかった（ドゥーズ、497頁）。つまり、議会は、女王陛下が彼女の王位の権威で行うことに関する説明を求めてはならないということである。つまり、彼らが拘禁された事例は、高度で危険な問題だったのであり、陛下は、そのような問題に耳を貸さないし、議会がそのような問題について探求することもないということである。

エリザベス女王治世三九年において、庶民院は、彼らの特権が「しかり」か「否」かを告げられた。そして女王陛下の御意向は、もし議長が議員たち自身の所領を賭けることに一心ではない怠惰な支配者を認めるのであればというものであった。その者たちは、教会や国家共同体の改革に干渉し、その目的のために法案を提出するものであった。議長は、それらがよりよく判断可能でありそれらの事物に通じている者たちによって良く検分され、考察されるまで、それを受け入れなかった。そして、議会の終わりに当たって、女王は、両院を通過した四八法案を通過させることを拒否した。

エリザベス女王治世二八年において、女王は、「庶民院が、ノーフォーク州の州選出代議士の選挙や選出に干渉していることを、女王は遺憾に思っている。それは議会が扱うには差し出がましい事柄であり、大法官の職務と責任に唯一帰属するものであり、その令状は、彼らから発行され、彼に戻されるものである」と述べた（ドゥーズ、393頁）。

ヘンリー四世治世四年には、

一〇月一〇日に、王国の共有財産に関する議会における事務上の事についてある貴族たちと助言や連絡を持ちたいと陛下に請願するために庶民院が国王に使いをよこしたと、国王の面前で大法官が、奏上した。請願者が義務や慣習からそれ行うのではなく、この折の特別な慈悲からそれ行うということを主張するために、その請願者を今上陛下は、慈悲深く受け入れられた。それ故、今上陛下は、この主張が議会記録に残されるよう議会の書記に命じた。

国王は、庶民院への伝達を、貴族セイとその秘書によって行わせた。

議会に関する問題について、今上陛下は、どのような当然の権利においても、慣習においても、何らかの貴族と連絡することをお許しにはならない。しかしながら、この折の陛下の特別の御慈悲によって、陛下は、この度特別に彼らの望みを承諾なされた。その事柄に関して、上述の家令や秘書は議会に臨席した国王に報告書を提出した。つまり、上述の庶民院は、陛下ご自身の特別の慈悲と命令がなければ、彼らが議会の問題についてどのような貴族たちとも連絡をすることができないということを良く知っているということを報告した。(議会記録、486頁)

それは、これまで、令状なしに貧民救済や負担金の事例についての貴族院との会議に庶民院が加入することが庶民院の自由と特権に対する侵害もしくは既得権侵害ではないのかどうかという問題だった。

エリザベス女王治世三五年、三月一日火曜日、総代理人であったエガートン氏とキャリー博士が、貴族院から伝言を携えて来た。貴族たちは、議会が国璽尚書によって伝えられた演説を思い出すよう望んだ。それは、初日に、王国の大きく差し迫った危機に反対して出された財貨への協議と供給に関して為されたものだった。そこでただちに、貴族たちは、この時以前のそれらの事例に関する議会から出されたものに注目した（そうではあるが、議会はたった三日しか開催されなかった。というのは、それは二月二六日に開始されたからである）。そしてそれ故、貴族たちは、この時点までは、そこにおいて彼ら自身で何事かを行うことを省いていた。そこで直ちに、貴族たちは、それに類似した事例における両院の間の以前からの賞賛に足る慣行に従うことを望んだ。つまり、庶民院の委員会が、王国の大きな危機に対する財貨の供給に関して貴族院の委員会と協議をし得るという慣行に従うことを望んだ。それはほどなく議会全体によって決定され、彼らは、議会全体の自発的で迅速な同意を貴族たちに伝えた。その会合で、貴族院は、三つの臨時特別税のいずれも同意することはないと否定的に断定した。そして第二の協議会をまさに強要した。フランシス・ベーコン氏(89)は、臨時特別税に従った。しかしながら、庶民院の特権に反するので貴族院と一緒になることには反対した。直ちに、下院議会は、貴族院とどのような協議会も持たないことを決定した。しかしながら、

貴族たちの協議会についての好意ある丁重な申し出に関して崇敬の念を持ってうやうやしくも忠心な感謝の意を表わした。そして貧民救済や負担金のそのような事例において、庶民院議会の自由や特権への侵害無しに貴族たちとの協議会に合流することはできないと伝えることを決定した。そして、協議会のための貴族たちの上述の考えに同意しないことで拘禁されている議会議員を容赦することを要求した。というのは、それは、庶民院議会の特権や自由に反していた法案なしに同意したということだからであり、また、同様な事例における庶民院議会の先例に反していた法案なしに同意したということだからである。（ドゥーズ、486頁）

この返答は、財務卿によって貴族院に伝えられた。「彼らは、彼らの以前の要求に従いながら、協議会を持つことを大いに希望している。そして、庶民院が、上述の協議会を拒絶していたように思われる先例を検討するように望んでいる」と告げた（ドゥーズ、486頁）。しかしながら、結論として、「必要性の大きさに従いながら、王国の危機とそのために王国に迅速のそれを用意するための財貨の必須の供給に関する協議会」を持つことが、一般的な言葉で、つまり臨時特別税という言葉なしに提出され得るというサー・ウォルター・ローリィーが提出した考えにもとづいて、それは同意を得た（ドゥーズ、488頁）。

エリザベス女王治世四三年には、議会において、上級法廷弁護士ヘルが次のように述べた。

我々が持っているもの全てが女王陛下のものであり、陛下は、我々から随意に合法的に取ることが出来るのに、そして王位の収入源として我が国の全ての領地と財貨とを保持しているのに、議会が臨時特別税の承諾と支払いの時期に固執していることに驚いた。そして、それは、ヘンリー三世、ジョン王、スティーヴン王の時代における先例においても証明できない。（ドゥーズ、633頁）

この上級法廷弁護士がまくしたてた理由こそが、サー・エドワード・クックが彼の『リトゥルトン注解』において伝えたものと同じものであるように考えられ得る。そこにおいて彼は、「この王国の最初の国王たちは、イングランドの全ての土地を占有した。そして彼ら自身に大きな荘園や王の特権を留保した。そして残

(89) フランシス・ベーコン（Francis Bacon 一五六一—一六二六）。ジェームズ一世の国璽尚書や大法官を務める。仮説実験を重んずる新しい学問体系の構築を模索した。

余のものを、王国の防衛のために諸侯に封土として与えた」と言う（クック1、58a-bページ）。ここから、どのような人も、王国を防衛という条件以外にどのような土地も持ち得ないということになると思われた。そしてまた、全く同じ理由によって、国王の大権も生じた。それは、所有や相続の法以前の、そして以上の、緊急時の卓越性に依拠するものだからである。庶民院議員が議会に選ばれる以前から、彼らの贈与なしに、税、もしくは臨時特別税が生まれ支払われてきたことは、確かなことである。大きなものであり、そして長く継続されたデーン臨時特別税は、庶民院からの贈与とは関係なかったし、もしくは証明され得る全ての議会とも全く関係がなかった。ヘンリー八世治世八年において、全ての州選出代議士の領地に対して、銀二マルクの臨時特別税が、庶民院に関係なく、貴族たちによって王に認められた。臨時特別税の法案の通過時の国王の言葉は次のようなものであった。「朕は、忠実な臣下たちに感謝し、汝らの良き志を受け、そしてまた、そのように望むものである *Le roy remercie ses loyaux subjects, accept leur benevolence, et ausi ainsi le vault*」。この最後の言葉「そのように望むものである *ausi ainsi le vault*」が、臨時特別税を、それの支払いを全ての者に義務づける法とする唯一の言葉である。

エリザベス女王治世三九年において、庶民院は、議長によって、独占権についての苦情を提出した。女王は、国璽尚書に個人的に話をした。国璽尚書はそれから独占権に関して次のような返答を作った。「女王陛下は、陛下の忠順で忠実な臣下たちが、陛下の大権を取り去ることのないようお望みである。それは陛下の花冠の中心となる花であり、彼女の王冠の要となる真珠である」。そして「それらは、陛下の随意の処分に適うものとして残されたものである」（ドゥーズ、547頁）。

第二は、自由土地保有者、もしくは州の素封家たちは、議会における庶民院に対して特権を与えてもいないし、与えることも出来ないという点である。法の下にある彼らは、それに反対して抵抗することはできない。彼らは、逮捕や起訴からの自由のようなどのような特権も持っていない。というのは、もし彼らがそれらを持っているのなら、その時は、それはコモンロー以外のどのような特権でもあり得ないからである。そして、「彼らが持っていないものを、彼らは与えることができないのである *Nemo dat quod non habet*」。そしてまた、自由土地保有者は、彼らの選挙で、もしくは、その後の行為によってそのような特権を与えると主張することできない。令状の見返りの中には、もしくはまた、州長官と自由土地保有者との間の歯型捺印証書[90]の中には、そのような事柄への言及は全くない。

第三もある。すなわち、議会の特権は、国王によって認められたということである。「形式を与えたものは、形式の結果も与える」ということは良く知られたきまりである。令状によって国王は、議会に対してまさに本質と形式とを与えるのである。したがって、形式の結果に他ならない特権は、国王から流出することが必然的とならざるを得ない。

全ての他の特権や保護は、国王の行為であり、国王の令状によるものである。サー・エドワード・クックは、その人本人、召使、そして財貨の保護は、国王から賜った令状によるという（クック1、394-395頁）。議会

(90) 歯型捺印証書（indenture）。証拠証書として通用する正式の証書。昔、同文の契約書を当事者の数だけ作成し、ぎざぎざの切り取り線によって分け、切れ目を合わせれば真偽を確かめられるようにしたことに由来する。

の最初の日に、国王に対する庶民院議長の陳述に際して、庶民院の名誉と名において、議長は、陛下が彼らの慣れ親しんだ自由と特権とを慈悲深くも喜んで承諾くださることをうやうやしくも懇願する。彼らの請願は、特権の贈与における国王の古来の慈悲と恩寵の公平な承認だった。そして、他の権限に反対する抜け目のない議論だった。というのは、我々の祖先は、恩寵によってそれを得るほど儀礼的でも敬意的でもなかったからである。彼らは、権利によってそれを主張し得たのである。そして、この請願を復活させることにおいて、全ての議会は、現在の議会の間だけの暫時の承諾であることを議論した。そして、彼らが慣習的に訴え、請願して来た時、彼らが慣習的であったことを議論した。私は、ジェームズ王の判断をもってこの問題の決着をつけるつもりである。国王は、一六二一年の『議会における朕への訴訟行為に関する宣言』において、「先例から生じて来た議会の大半の特権は、相続財産というよりもむしろ、寛容さを示している」。したがって、彼は「それを古来の疑いのない権利と相続財産と呼ぶことで許さないのではなく、彼らの特権が国王の祖先と国王からの恩寵と許しから引き出されたと彼らが述べてきていることをむしろ望んでいるということなのである」。そして直ちに、陛下は、「それらが陛下の先祖の慈悲と恩寵によって彼らに与えられたことを追加することなしには、彼ら臣民に対して彼らの自由に関する反君主政的な言葉を使うことはどのような忍耐を持ってしても我慢がならないと結論づけるのである」（ジェームズⅠ世3、47頁）。その上で、陛下は、「彼らが長い慣習と手に負えないが合法的な先例によって享受するどのような特権も注意深く扱うことを」約束するのである（ジェームズⅠ世3、48頁）。

制限王政、もしくは、混合王政の無政府状態について

または、王の権力の権利はもとより、人民の本源的もしくは生まれながらの自由についてと同じく我が王国と種々様々な王国における「君主政」の諸基礎についての簡潔な検証、この時代において最も必須なものではあるが、いまだかつて論じられたことのない問題

王の統治に臣従する人民の自由は、人民がそれを過大に獲得するならば、失われる。

ルカヌス『内乱記』第三巻145–146

Lucan Lib. 3.

Libertas (—) *populi quem regna coherent*

Libertate perit: — neque enim libertas gratior ulla est

Quam domino servire bono —

そしてまた、良き主人に臣従するより歓迎すべき自由は存在しない。

クラウディアヌス[1]

Claudian

[Claudian. *De Consulatu Stilichonis* III, 114-15.]

序文

我々は、もし我々が専制的権力なしに統治されていればと、内心ではまさにそれのみを信ずる者である。しかし、それは誤りだった。つまりその問題は、専制的権力が存在すべきかどうかではなく、その専制的権力は誰が持つべきなのか、一人なのか多数なのか、ということが唯一の論点だったのである。立法権力なしに統治されるどのような人民も存在しなかったし、これからも存在し得ない。そして法を作るすべての権力は、専制的なものとならざるを得ない。というのは、法に従って法を作ることは、「自己矛盾 *contradictio in adjectio*」だからである。民主政においては、法を作る至高の、もしくは専制的権力が、民衆の中にあり、貴族政においては、立法、もしくは専制的権力が、少数者の中に、もしくは貴族たちの中にあることが一般的に認められている。したがって、必然的な帰結として、「統治は、一人の者の中に、もしくは少数の者たちの中に、もしくは多数の者の中にある」（『政治学』1279b27–28）と言うアリストテレスに従うならば、君主政においては、その立法権力が一人の者の中に存在しなければならなくなる。

（1）クラディアヌス Cladian。『今上陛下と彼の議会に関する自由土地所有者の大陪審』訳注（1）を参照のこと。

統治についてのこの古代の学説は、最近においても、カソリック派研究者たち(2)によって、奇妙に精密化され、宗教改革以来驚くほど改良されてきている。殊に君主政の問題については、人民が、随意に、統治の他の形態で君主政を制限、混合するために、君主政のいくつかの種類を創造する権力を元々持っていたということが世評となっている。

人民のこの自然的な権力に関しては、彼らは、それを、聖書から見つけたのでも、理性から見つけたのでも、それを正当化する実践から見つけたのでもない。というのは、いくつかの王国は、お互いに区別されたいくつかの法を持っているのではあるが、それでもなお、君主政のいくつかの種類を作るわけでもないし、至高の権力を獲得することの差異が、つまり、征服、選挙、相続、もしくはその他の方法が、統治の異なった種類を作るのではないからである。統治の形式を変更することは、法の作り手の違いのみなのであって、法自体の違いではない。つまり、法を作る者が、一人なのか、一人以上なのかということである。

制限・混合君主政についてこの新しい学説の成長以来、君主政は、教皇と人民との二つの盗賊の間で（あたかも）押さえつけられているような状態にあることは全く明白である。というのは、教皇主義者が、王を超えた教皇の権力に関して利用する原理は、平民主義者が、主権者に反対して使用するために取り上げるものとまさに同じものだからである（教皇という言葉を覆い隠し、そこに人民という言葉をおくだけである）。

もし我々が、カトリック教というものは何かを真に知るならば、我々は、その王国の法や制度によって、それを見出すだろう。つまり、カトリック教の主要な、実際のところの唯一の特徴は、騒乱や反乱を起こすために、君主に対する臣民の服従から臣民を奪い取り去ることだからである。もし、カトリック教と民衆主義とがこの点において合意したなら、教皇の権力を払いのけるキリスト教国家の王は、それについてどのような合意もできなくなるだろう。そして、国外の一人の支配者の代わりに、彼ら自身の王国の内部で国内に多くの支配者を持つことになるだろう。

　私は、神ご自身の人民ために、そして全て他の国民のために許され、利用される統治の形式を崇敬せざるを得ない。彼の選ばれた人民のために公正な法を選ぶことに慎重な神が、彼らに最高の統治の形式を提供しないと考えることは、もしくは王への服従のために救世主キリストと彼の使徒によって福音書における様々な場所で与えられた規定が、いまや、時代遅れの暦のように、我々に対して何の役にも立たないと思うことは、不敬なことであろう。なぜなら、我々が、その当時に一度も思いを至らせず今日の統治の形式を持つということは偽りだからである。我々キリスト教徒にとって、詩人、演説家、哲学者、異教徒の歴史家の案出

（2）　カソリック派研究者（Romanist）。おそらく、カソリックの抵抗権理論を形成した、ローマのベラルミーノ、フランスのボーシェ、スペインのスアレス等を指していると思われる。フィルマーは、パーカー、ハントン、グロティウス、ホッブズ、ミルトンなども批判しているが、『家父長制君主論（パトリアーカ）』の冒頭でも現われているように、最も注意を払っているのがこのカソリック派研究者であったように思われる。生まれながらの自由を主張し、国家があくまで人民のために設立されたとする抵抗権理論は、一方の流れにカルヴィニズムに連なるベーズ、オマーン、モルネーがおり、他方で、カソリックに連なるベラルミーノ、ボーシェ、スアレス等がいる。近代的な自然権に直接繋がるものとして前者に注目が集まることは多いが、フィルマーが後者を主要な敵としていたことにもっと注目すべきであると思われる。

物や虚構物から統治の起源を探究することは恥辱であり、不面目である。彼らは天地創造の後の数千年間活動し、天地創造に対して無知だからである。そして聖書を無視することもまた恥辱であり、不面目である。聖書は、統治についての真の基礎と原理とを我々により権威を持って最も詳細に与えるからである。

以上の考察は、私をして、制限・混合王政に関する政治学の現代の諸論考に対して恐れを抱かせた。そして匿名の著者のもの以外には、制限・混合王政の本質と意味を我々に提示したものが見出せないことに対して恐れを抱かせた。私は、ハントン氏の『論考』[3]の最も考慮されるべき部分についての若干の検討を行う。もし可能ならば、著者の序文における約束に従って、私は、著者自身から満足感を受け取ることを望んでいる。もしくは、彼自身からでなければ、彼に関連する他の誰かから満足感を受けることを望んでいる。

制限王政、もしくは、混合王政の無政府状態について

今日、イングランド王国の統治が制限・混合王政であることを我々に教えることができない民衆の中の卑賤の者はめったに存在しない。そして、それは全く驚くべきことではない。なぜなら、説教壇と出版物の双方から近時の狂乱の時代の全ての論難と議論が、まさに、この結論に終始しているからである。『君主政論考』の著者は、制限・混合王政の本質や方法について内容豊富に論じている。そして（私が知る限り）それについて述べる仕事を請け負った最初で唯一の者である。他の者たちは、それが当然の如くであ

るかのようにそれについて言及しただけである。

フェルネ博士(4)は、この『君主政論考』の著者に、次のような証言を与えた。「統治の混合性は、『十分なる返答』(フェルネ、3頁)の著者よりもこの論考によって正確に伝えられ、主張された」(フェルネ、3頁)。そ

---

(3) 『論考』(*Treatise*)。フィリップ・ハントン Philip Hunton (一六〇〇―一六八二) の『君主政論考 *Treatise of Monarchy*』のこと。ハントンは、上述の著書で、イングランドの政体を制限・混合王政と把握し、これを賛美した。一方で国王の至高性を擁護し、他方で議会の特権と人民の自由を擁護しようとする彼の理論は、イングランドに伝統的な均衡憲法的な発想であり革命期の憲法思想には大きな影響を与えた(安藤高行著『近代イギリス憲法思想研究』御茶ノ水書房、102-124頁)。

(4) フェルネ博士 (Doctor Ferne 一六〇二―一六六二)。一六四〇年代に王党寄りの主要なパンフレット起草者の一人となった王党派牧師。一六四二年、彼は、王の権威の本質について熟考しているどのような人も、内乱において議会に賛成することは良心的に不可能である事を論じた『良心の決定 *Resolving of Conscience*』を出版した。この書物は、フェルネと議会派聖職者チャールズ・ヘイルとの間の論争を引き起こした。この間に、ヘイルは、フィルマーが言及した『フェルネ博士によって書かれた論考に対する完全なる返答』を出版した。フェルネとフィルマーは多くの意見を共有していた。しかしながら、フェルネの目的が、王党主義に対してためらう人を説き伏せることと王党主義の中庸を強調することであったのに対して、フィルマーは、絶対主義の理論の含意を順を追って詳細に説明することに疑問を持たなかった。一六五六年、フェルネは、ジェームズ・ハリントンの『オシアナ』を攻撃した。王政復古において、彼は、トリニティカレッジの学寮長になり、ケンブリッジ大学の副総長になった。そして程なく死の直前には、チェスターの司教に任命された (Sommerville, *op. cit.*, pp. 287-295)。

して別の箇所においてフェルネ博士は、「君主政の特質が制限王政と混合王政にあると認めた」と言った（フェルネ、12-13頁）。

私は、この『論考』の吟味に精勤した。しかしながら、彼が提出した上述の区別に賛成することはできない。私は、私の嫌悪の理由を他者の判断に委ねよう。私は、制限・混合王政についての彼の学説が、全くその能力に適したものであるのだが、昨今のものに過ぎず、どのような古代のものでもなく、政策におけるちょっとした案出にしか過ぎず、ニューイングランド[5]より古いものでもないことに多少の自信を持っている。というのは、君主政一般に関するその論考の最初の部分において、制限・混合王政についての彼のうぬぼれを正当化するために示される聖書における一つの証拠も、原文も、例も存在しないからである。そしてまた彼は、我々に、その天性の理性が、聖書に次いで全ての道理をわきまえた人間の大きな権威であり、信頼の基となっているアリストテレスの『政治学』からの章句や根拠を与えることすらしていない。否、どれほどフェルネ博士がこれらの新しい意見がアリストテレスの諸原理の上に生じていると考えようとも（フェルネ、6頁）、私は、アリストテレスが、制限・混合王政の双方をまさに論駁していることを断言し、証明し得ることを望むものである。他の政治家や歴史家たちに関しては、神学者、もしくは、人文学者のいずれにせよ、古代人、もしくは、現代人のいずれにせよ、ハントン氏は、彼の意見を確かにするためにその何れの者も持ち出すことは出来ない。そしてまた、彼は、これまでいずれかの国民や人民が制限・混合王政によって統治されていたことを示さないし、示すこともできない。

マキアベェッリ[6]は、混合統治について書いたことが見出し得るキリスト教国において最初の者であるが、混合君主政については一言も書いていない。彼は、ローマ共和国の魅力に引き込まれていたので、リウィウスについての一〇章の彼の論考と論争の中で、その中に君主政の何事かが存在したと彼が言わなかったならば、その民衆統治に決して十分な名誉を与えたことにはならないと思ったほどであった。それでもなお彼は、それが混合王政であるというほど無分別な者では決してなかった。そして、マキアベェッリがローマのために言ったことは、コンタリニー(7) Contarini がヴェニスのために言ったことと同じことである。しかしながら、ボダンは、同じような意見を持っていたポリュビオス(8)と残りの数人のように、上述の二人の誤りを暴いた。イングランド王国に関しては、もし（『論考』が断言したような）他のどのような人民も決してなし得なかったそのような完璧な統治の形式が見出されるとしたら、それは、それを最初に解読した国民と著者の双方の名誉である。

(5) ニューイングランド（New England）。米国北東部地方（コネチカット、マサチューセッツ、ロードアイランド、バーモンド、ニューハンプシャー、メイン）。

(6) マキャベェッリ（Machiavelli 一四六九―一五二七）。イタリア、ルネッサンス期の政治思想家、フィレンツェの外交官。『君主論』や『リウィウスについての一〇章』などを書く。基本的に共和主義者であったが、イタリア戦争などを体験し、現実主義的な政治理論を構想するようになった。

(7) コンタリニー（Gasparo Contarini 一四八三―一五四二）。イタリアの外交官、枢機卿。宗教改革後の初期の有力な反プロテスタント主義者。ヴェニスに関する論考がある。

(8) ポリュビオス（Polbius 前二〇四―一二五）。古代ギリシアの歴史家。『歴史』を著述。第一次ポエニ戦争から前一四六年まで叙述した。政体循環論を述べた。

さて、その書物自体に近づいてみよう。書名は『君主政論考』である。第一部は「君主政一般について」であり、そこで咎められることは、最初に、著者が、我々に、君主政一般についてのどのような定義も叙述も与えないことである。というのは、方法論の規則によるならば、彼は、最初に定義を行い、その後に分類を行うべきだからである。というのも、もし、君主政にいくつかの種類が存在するならば、その時は、何事かにおいて、それらは一致していなければならず、それはそれらをして諸君主政とするだろうからである。そして何事かにおいて不一致、そして、異なっていなければならず、それはそれらをして諸君主政のいくつかの種類のものとするだろうからである。最初の箇所で、彼は、それら全てが一致していることを我々に示すべきであった。それは、君主政一般の定義でなければならなかった。それが、その論考の基礎である。つまり、一致がなければ、我々は、我々が知らないことを議論することになるからである。私は、言い争いの気分からハントン氏のこの重大な欠落を強調しているのではなく、彼が、君主政一般の定義を決めていると確信しているからなのである。彼自身の定義が、彼の論考全体を反駁しているのである。その上、私は、絶対君主政の見事な定義を彼が喜んで我々に与えることを見出す。ここから、私は、彼が君主政についての全ての他の種類に適するどのような他の定義も知らないことを推断し得る。つまり、絶対君主政以外にどのような君主政も存在し得ないと思われるのではないかということを恐れて彼が書いたことにこれは関わるのである。

ハントン氏が省いたことを、私が提供するよう試みてみよう。そして詳細な検討に出発しよう。そして、それは、君主政の言語的定義であることはもとより実在的なものであるべきだろう。君主政は、一人の者の統治である。この定義がより良く信用されるために、それはそれ自体でも十分可能なのではあるが、それでもなお、私は、ハントン氏の『君主政論考』の諸原理からそれを引き出そうと思う。

我々は皆、君主政というこの言葉が、μόνος モノスと ἄρχειν アルケインという二つのギリシア語の混合物であることを知っている。ἄρχειν アルケインとは「統治すること *imperare*」、支配することであり、μόνος モノスとは、一人のみを意味する。これらの二つの言葉の理解の仕方がハントン氏の文章から選び出され得る。最初に、統治に関して、彼は、我々に、それが、道徳的な「権力の執行 *potestatis exercitium*」であると教える（ハントン、1頁）。次に彼は、全ての君主が（たとえ制限君主であれ）「彼の中に国家の至高の権力を持たなければならない」と我々に認めてみせる。それゆえ、君主の権力は、彼を超えたどのような権力によっても決して制限されてはならないものとなる。というのは、そうでなければ、君主は、君主ではなく、従属的な官僚だからである（ハントン、12頁）。ここにおいて、我々は、ハントン氏の制限君主政における至高の非制限的権力の存在のもっともな自認を得る。もしあなたが「至高の権力」という言葉によって彼が何を意味しているのかを知りたいのなら、彼の著書の26頁を見るがよい。そこであなたは、「至高の権力が、立法権と行政権であり、立法権が、その二つの中でも主要なものである」としていることに気づくだろう（ハントン、12頁）。彼は、双方を至高のものとし、そしてその上、一つを主要なものとする。彼は以前に同じような区別をした。そこにおいて彼は「その程度を顧慮すれば、政治の長の権力は、法律制定的、もしくは、組織的なものであるか、行政的、もしくは実務的なものである」（ハントン、5頁）。立法的、法律制定的、組織的権力というこれらの言葉によって、平明な英語にすれば、彼は法を作る権力を意味している。そして、行政的、実務的という言葉によって、法の侵犯者を裁判し、処罰することによる法を執行する権力を意味している。

ここから我々が得る結論は、ハントン氏の認めるところによれば、全ての君主政は、至高の権力を持たなければならないということであり、至高の権力とは、立法権力であるということである。そして、どれほど、ハントン氏が、至高の権力の一部として行政的権力や実務的権力を挙げたとしても、それでもなお、彼は、立法権力が主要なもの、もしくはより程度の高いものであると自認する。というのは、彼が、まさに、至高の権力という範疇を認めるからである。否、彼は、後には、「立法権力は、絶頂の権力であり、それに対して他の部分は、後続的で、補助的なものである」と我々に教える（ハントン、40頁）。もし、行政的な権力が、立法的な権力に対して補助的なものであるなら、どのようにすれば、補助的な権力が至高のものとなり得るのだろうか。

さて、彼自身の規定によって、ハントン氏の制限君主政を検証してみよう。中庸的、制限的、限定的、条件的、法定的、もしくは減殺的な君主政（全てのこれらの用語を彼はそれを表現するために使用した）においては、「至高の権力は、この権力を与えた者に従う何らかの法によって、そして、この権力が作用しなければならない方向によって拘束されなければならない」（ハントン、12頁）と彼は言う。これは、「君主の権力は、君主を超えたどのような権力によっても制限されてはならない」と彼が言う以前の文章の中にある。それでもなお、彼は、ここで、拘束された至高の権力を主張するつもりなのである。つまり、制限されるのではなく、それでもなお、拘束される至高の権力を主張するつもりなのである。拘束とは、制限のことではないのだろうか。そして、もし、拘束されるのならば、それはどのようにして至高のものとなるのだろうか。そして、もし、なんらかの法によって拘束されるならば、その法の権力が、そして、彼の至高の権力を超えたその法を作ったそれらの権力が至高のものではないのか。そして、もし、そのような法の方向性においてのみ、人が統治しなければならないのならば、そこにおいて立法権が存在し、それが至高の権力の主要なものとはならないのだろうか。その法が、君主を支配し、統治する時、そしてその法が君主のものでない時、彼は、せいぜい、行政的、もしくは執行的な権力を持つだけになるだろう。もし彼の権威が、「その限界を超えているなら、もしその権威が法を超えて命令するなら、そして臣民が、そのような場合（ハントン、14頁）における臣従に対して法的に拘束されないなら」、そしてもし「国の法の最大限の範囲が」制限された王の権力の定量であり、臣民の義務であるなら（ハントン、14頁）、我々はどこにハントン氏が全ての君主政において存在していなければならないという至高の権力、つまり「頂上 *culmen*」の、もしくは「頂点 *apex* の権威 *potestatis*」つまり、「第一権威 *prime* ἀρχὺ 「始め *principium*」を見出せば良いのだろうか。首位と権力を意味するこの ἀρχὺ アルキユという語は、まさにまた、「始め *principium*」をも意味する。つまり、それは、我々に、その君主 prince、もしくは首位 princiaplity という語が、統治の始まり *principium*、もしくは、端緒 beginning を意味することを教える。このことは、それがもし法に対して与えられるなら、それは君主であることを簒奪し、法を、第一可動物 *primum mobile* とする。つまり、単なる道具であり、君主に奉仕するものであったそれが、主人となってしまうのである。「権威」という言葉についてはここまでとしよう。

別の言葉は、「一人のみ μόνος solus」、という言葉である。君主は、制限されない至高の権力を持たなければならないばかりではなく、それをただ一人で、つまり、どのような仲間もなく、持たなければならない。ハントン氏は、「もし、君主が至高の権力を彼一人で持たないのならば、彼は、君主ではない」と我々に教える（ハントン、15頁）。さらに彼は、もし「あなた方が、至高の権力 *apex potestatis* を、組織全体やその部分に置くなら、あなたは、君主の存在を破壊することになる」という（ハントン、17頁）。

さて、ここにおいて、ハントン氏の混合君主政が、上述の彼自身の原理に従いながら形作られているのかどうか見てみよう。第一に、彼は、混合君主政においては、「主権的権力が、三つの階級全ての中に、本源的に存在しなければならない」という（ハントン、25頁）。さらに続く彼の言葉は、「三つの階級は、至高の権力において、全て共有者となる。至高の権力における分担の優先権は、一緒である」というものである（ハントン、25頁）。ここにおいて、我々は、至高の権力が一緒のものでなければならないと我々に教える彼が、いまや、至高の権力をただ一人の者が持つもの以外のものであることを許していることに気がつく。そして、他の階級との分有を許していることに気づく。このようにして、彼は、「至高の権力 *culmen potestatis*」、もしくはその一部を、その部分や全体におくことによって君主政を破壊するのである。そしてその上、以前には、彼は、「政治の長の権力は、分割され得ない、というのは、それは、神の完全性の純粋な一つの事柄、もしくは、不可分の光だからである」と自認していたのである（ハントン、5頁）。しかしながら、彼は、この不可分の光を、三つの分野に分割し得るものとしたのである。「一人のみ」については、以上である。

私は、君主政の定義について長く詳しく述べてきた。なぜならば、ハントン氏自身の基礎からそれを把握することが、法による彼の制限君主政と諸階級と共にある混合君主政を全く打ち倒すものだからである。というのも、統治することとは、他者に法を与えること、そして、統治するために与えられる法を持たないこと、そして統治する彼を制限する法を持たないことだからである。そして、一人で統治することとは、統治者として交わる分有者や仲間を持たないことである。このようにして、君主政に混合された上述の二つの言葉は、彼が弁論する君主政の二つの種類のものと、そして帰結として彼の論考と矛盾するものとなるのである。というのは、制限・混合君主政というこれらの二種類のものは、（ある意味において）彼の作品全体において取り上げられているからである。

さて、わたしはここで、『論考』における若干の特殊な章句を取り扱うことにしたい。

ハントン氏は、最初に次のように自認している。「統治が存在すべきであるということは神の明示された布告である」（ハントン、2頁）。そして彼は、それを、「創世記」三・一六によって証明する。そこにおいて、神は、アダムに、彼の妻を支配するよう命じた。そして彼女の望み求めることは、アダムに従うこととされた。彼女の望みがそうであったので、彼女から生じた全てのものもそうであった。ここにおいて、我々は、全ての人類の父の中に位置する統治の根源的な許可と全ての権力の源泉を得る。それに応じて、我々は、「汝の父の名誉において」という言葉で与えられる統治に対する服従のための法を見出す。権力一般の創設のみならず、一つの種類のもの（つまり君主政、もしくは一人のみの統治）へのその制限、そして、単独であることとアダムの家系の者であることに対するその限定は、全て神の三つの布告なのである。そしてまた、エヴァ、もしくは彼女の子どもたちも、アダムの権力を制限することも、統治において彼を他の者たちと混ぜ合わせることもできなかった。そして、アダムに与えられたことは、彼の子孫に対してアダム本人によって与えられた。この父権的な権力は、君主政的なものとして、大洪水まで続いた。そして大洪水の後には、バベルの塔の崩壊まで続いた。諸王国が、大地の表面に設立され、立てられ、散立させられた時、我々は、それが、全家族の殖民によって行われたことを目にする（「創世記」一〇・二）。それらの家族に対して最初の父親たちは至高の権力を持っており、王であった。彼らは、全てノアの息子たち、もしくは孫たちであった。ノアから彼らは彼らの家族に対する父権的、法的な権力を引き継いだ。さて、もし、この至高の権力が、父であることにおいて神自身によって置かれ、設立されたとするならば、どのようにして人民が、それを他の方法で変更し、捨て去るなんらかの権利を持つことが可能であったのだろうか。制限、もしくは、混合の何れかの権力を彼らに与えるどのような委任状を彼らは示すことができるのだろうか。至高性は、アダムにおいては、制限され得ないということが神の布告であった。そして彼の意志による行為は最大限制限されないということが神の布告であった。そしてまた、彼においてそうであったように、至高の権力を持った者たち全てもそうであった。それは、ヨシュアが至高の統治者であった時、彼に対する人民の判断や言葉に現れている。次のようなものが彼に対する言葉であった。「我々は、御命令を行います。いかなる命令であっても、あなたの口から出る言葉に背いて、従わない者は死に定められねばなりません」（「ヨシュア記」一・一六―一八）。我々は、これらの言葉が、ヨシュアの悪しき助言者、もしくは、媚びへつらう廷臣のもの、もしくはヨシュア自身がそのような専制的権力をもつ暴君であったということはできない。ハントン氏は、そして、公共の同意によって人々にその権力が譲渡されると断言するその他の者たちは、そのような譲渡を作ることを人民に最初に可能にさせるものが父権的権力であることを認めることを強いられる。それゆえ、（彼らが考えているように）我々の祖先がまさに最初に権力を譲渡したとしても、それでもなお、現在生きている我々が、その権力に臣従している理由は、我々の祖先、祖先たち自身、祖先の家族や子孫が至高の権力に対して我々や彼ら自身を放棄させる権力を持っていたということなのである。至高の権力は、どのような制限もなしに、父であることの中に本源的に存在することを聖書が我々に教えるように、その同じ理由がそれをまさに明示する。つまり、もし、神が至高性を定めたならば、その時はその至高性は、必然的に無制限なものとならざるを得ないということである。もしそれが制限されたものならば、それは至高なものではあり得ない。それゆえ、もし、ハントン氏が、至高の権力を神の布告とすることを認めるならば、至高の権力は、その布告によって無制限なものと自ずから証明される。なぜなら、至高の制限された権力というのは矛盾だからである。

生きとし生けるものの父親であるアダムの君主政的な権力は、父であることの権利によって彼と彼の子孫の中に神によって置かれた一般的な拘束力のある布告によるものなのであって、他の形式のための似たような布告が示され得なければ、君主政の形式は、他の形式を超えて推奨されなければならない。そしてまた、どのような人も、彼らが生きるその形式に対する彼らの関係に従いながら、多様な点における彼らの感情や判断に対して、君主政と共に何らかの他の形式を推奨したり、比較したりすることもできない。ハントン氏や多くの他の者たちを困惑させる問題点は、君主政が、神の布告であることが許されるならば、馬鹿げたことが帰結するだろうということである。つまり、我々が、神の布告に違反してその形式を持たない全ての共同体を無慈悲に非難すべきことになるということである。そしてそれらを非合法な他の権力であると宣言すべきことになるということである。君主政の下に生きる者たちが、彼らが生きるその形式を神の布告であると正当化し得るならば、彼らは、彼ら自身の正当化を我慢することに拘束されないだろう。なぜなら他の者たちは、彼らが生きるその形式に対して似たようなことを行うことができないからである。その者たちに、彼ら自身の統治の防衛に対して目を向けさせてみよう。もし、統治の何らかの他の形式がこれまで何らかの合法的な始まりを持っていたことを証明できず、もしくは示すことができず、騒乱によってもたらされ、設立されたのならば、君主政に対する合法的な正当な服従が、神の布告である事を否定されなければならなくなるのだろうか。

ハントン氏と共に先に進んでみよう。3頁において彼は「より高い権力は、神の布告である。そして、それは、一人の、もしくはそれ以上の者に帰属する。その多様な形式は、人間の企てである。神は、人々が彼ら自身の行為によって彼ら自身を義務づけるまで、どのような言葉によっても、それこれの形式に対して人々を義務づけることはなかった」（ハントン、3頁）。なぜなら、統治における人民の権力や同意は、その書物全体の証明すべき重荷だからであり、ハントン氏は、無防備な仮説以上のどのような証明もなしに、それが厳然たる先決条件として認められることを期待しているからである。そして他の者たちもまた、元々の権力、もしくは現在の権力は、人民の中にあること、そして、最初の王が人民によって選ばれたことを主張しているので、彼らは、もし、彼らが「人民 people」という語によって彼らが理解していることを尋ねられたとしても、困らせられることはない。なぜなら、多くの語と同じように、この語は、時には広い意味に取られ、時には狭い意味に取られ、多様な語義を持つからである。字義通りには、そして、最大の意味においては、人民という語は、人類の民衆全体を意味する。しかしながら、比喩的、代喩的には、それは、しばしば民衆の過半を意味する。もしくは、時には、より良き者たち、より富める者たち、より賢い者たちを示す。もしくは、その他の者たちを示す。そして、もし、他に明白に正反対な党派が存在しない場合、しばしば、人民 the people の非常に小さな部分が、僭越にも、人民の名称を持つ。

もし彼らが、民衆全体、もしくは人民全体が、王を選ぶ本源的な権力を生まれながら持っていると理解するのならば、彼らは、彼ら自身の原理と規則とによって、世界の人類全てが生まれながら一つの人民を形作ることを思い出さなければならない。彼らが想定する一つの人民とは、臣従から平等で自由に生まれてくる。つまり、そのような自由が存在するところでは、全ての事物は必然的に共有されなければならないのである。したがって、世界全人類の共有された同意がなければ、どのような事物も、何れかの人の固有のものとはなされ得ず、全ての他の者達の共有の権利への侵害と横領となるだろう。ここから当然の帰結として、生まれながらの自由が一旦承認されたならば、ある瞬間における世界の全ての人民の普遍的な同意なしには、王を選ぶどのような者も存在し得ないことになる。「それは全くの矛盾である *nemine contradicente*」。否、もし、自然が全て人間を自由なものとして作ったということが真実であるとしたら、人類全てが、一つの賛否表示に対して一致すべきなのではあるが、それでもなお、彼らが、自然法を変更する権力を持つことが理に適っているようには思うことができない。というのは、どのような人も、自分自身を殺害するという罪なしには、自分自身の生命を取り去る権力はないとするならば、どのようにして何れかの人民が、彼ら自身の死の従犯であることなしに、そして、個々特別の人々が「自分自身を殺害する*felo de se*」犯罪者となることなしに、彼ら自身がどのような人に対しても持っていないような権力を何れかの人間に授与することができるのだろうかという疑問が生ずるからである。

もし、人民という語についてのこの一般的な意味が否定され、個々特殊の宗教、もしくは個々特殊の国の人民が、彼ら自身の王を選ぶ権力と自由と持っていると想定するならば、その時は、彼らにその帰結のみを観察させてみよう。自然は、住むことが出来る世界を諸王国に区別することはせず、そしてまた、人民のどのような部分がある王国に帰属し、また別の王国に帰属するのかを決定もしないので、当然の帰結として、人類の本源的自由が想定され、全ての人は、彼の好む王国に自由に存在し得ることになる。そしてそれゆえ、全ての取るに足らない一群の人々が、彼ら自身で王国を作る権利を持つことになる。そして、全ての都市ばかりではなく全ての村落や家族までもが、否、全ての個々人までもが、もし彼が望むなら彼自身を王とするために彼自身を選ぶ自由を持つことになる。そして、生まれながらの自由があるならば、自分自身の統治者として自分自身以外の者を選ぶ者は狂人だろう。このようにして、世界全体の一人の王のみを持つことを避けるならば、我々は、世界において存在する人間の数だけ王を持つことになる自由へと至ることになる。その事態は、全く王を持たず、全ての人々が彼らの生まれながらの自由に残される事態である。つまり、それは、生まれながらの自由のための抗弁者が、彼らが最も避けなければならないとまさに口実する事態なのである。

しかしながら、もし人民という語が、世界の人民全体も、世界の何れかの部分の人民全体も意味せず、世界の一部の過半数、もしくは何らかの部分を意味するとしても、それでもなお、その反論は、より強力なものとなるだろう。というのは、自然が、世界にどのような仕切りも作らなかったこと、もしくは、区別された王国に中に人民を入れるどのような仕切りも作らなかったとしても、そして、一致した世界中の同意やその直後のどのような仕切りも作り得ないとしても、それでもなお、もし、世界の個々特殊な部分が、同意によって、彼らの王を選ぶことが合法であるなら、それにもかかわらず、彼らの選挙は、臣従に対してどのような者をも拘束することなく、そのように同意した者のみを拘束することになるだろう。というのは、過半数は、そこにおいて人々が最初にそのように拘束されることに同意した者達のみを、もしくは、そこにおいてより高い権力がそのように命令したもののみを拘束するものだからである。さてここにおいて、神を除けば、自然以上に高い権力がなく、そこにおいては、自然も神も拘束すべき過半数を指定しないのならば、彼らの同意は、同意をした彼ら自身以外の何者をも拘束しないことになる。

それでもなお、ただいまのところは、彼らを喜ばすために、生まれながらに、もしくは人類全ての普遍的な同意によって、世界が、最初に、個々の王国に分割されたこと、そして、集会した各々の王国の人民の過半数が、彼らの王を選ぶことを許すことを認めるとしても、それでもなお、これまで人民全体が、もしくはその過半数が、もしくは実際のところ、何れかの国家の人民全体の少なからぬ部分が、そのような目的のために集会したということが正しいということはできない。というのは、何らかの秘密の奇跡的な本能によって彼らが一時に一つの場所に集まるということを除けば、生まれながらに全ての者が同じように自由であるところで、何れの、人民全体より小さな一人の者、もしくは団体が、選挙の時と場所とを指定する権力を持ち得たのかという問題が残るからである。そして、合法的な召集がなければ、不在である者たちに義務を負わせることは最も不正なことになる。人民全体は、自分自身を召集することはできない。ある者は、病気であるし、別の者は、不具であるし、次の者は、老齢であるし、その次の者は、思慮分別のつかない年である。これらの者達全ては、人間が生まれながらに自由であるように、もし彼らが彼ら自身の時と場所とを選べるなら、早晩、どこかで、集会し得るだろう。

人間による政治的な構成物である諸集会において、そのような集会を布告する上位の権力は、時、所、人物、そしてその他の条件に関して、それらを規定し、制限して来た。しかしながら、生まれながらの平等性が存在するところでは、どのような上位の権力も存在し得ない。そこでは、生まれて一時間の幼児が、この世で最大で、最高に賢い人間に顔をきかせることができる。人類は、常に干満を繰り返す海と似たようなものであり、いつでも、ある者が生まれ、別の者が亡くなる。この時に人民である者達は、次の時には、人民ではない。時間の全ての瞬間と時点には、変化が存在する。全ての人類が集会するために中立で公平などのような時間もない。それは、生まれながらどのような他者とも同じように生来の自由を持ち、したがって、彼女ら自身の同意なしには彼女らの自由を失うことのない女性、殊に未婚女性については言うに及ばず、少なくとも、思慮分別のない年齢や全ての幼児たちにとっては、常に有害なこと以外ではあり得ない。

しかしながら、幾分なりとも上記のことを言い繕うために、幼児や子どもたちは、彼らの両親の発言によって決定され得るということが言われるだろう。この治療策は、惨禍のある部分を矯正することはできるが、正当な根拠全体を破壊し、統治の真の起源に最終的に遭遇する。というのは、もし、両親の行為が子どもたちを拘束し得るならば、その時は、人類の生まれながらの自由という学説よさらば、ということになるからである。両親に対する子どもたちの臣従が生来のものであるところでは、どのような生来の自由もあり得ない。もし、全ての子どもたちが両親の同意によって拘束されるのではなく、年端も行かない者達だけが拘束されるという答えなら、自然の中には、どのような未成年者も存在しないということが考察されなければならない。もし、人が自由なものとして生まれないとしても、彼が彼の自由を獲得する時、国家は、そのために別の時を割り当てはしない。もしくは、国家が行ったのなら、その時は、その年齢を獲得した子どもたちは、両親との契約から解放されるべきである。それゆえ、結論として、人民が生まれながら臣従からこれまでただ一回でも自由であったことが想像されるべきならば、人民民衆に対するどのようなものであれ明白な悪なしには、統治のどのような種類のものもこれまで合法的に導入することが全く不可能であったことが証明される。

普通の子どもたちや召使たちは、両親や主人たちよりはるかに大きな人数であること、そして、それらの大半が、彼らの父親たちや主人たちがどのような統治、もしくは統治者に臣従すべきであるのか投票や指定をすることができるということが不自然なことであることが、そして結果として、彼らの両親に子どもたちが政府を与えることが不自然であることがさらに考察され得る。

以上の全てのことに対して反論することが可能であろう。すなわち、王が人民によって選ばれて来ており、そして今日でもそうである例がたくさん存在するのに、何の必要性があって、どのようにして人民が王を選び得るのかと論ずるのだろうという反論である。それに対する答えは以下の通りである。（一）その疑問は、事実についてのものではなく、権利についてのものである。つまり、それが、自然権によって行われて来たのか、それとも、簒奪した権利によって行われてきたのか、という問題である。（二）多くの王たちは、人民の何らかの少数の者達によって選ばれるし、選ばれて来たが、王国全体、もしくは過半数によるものではまったくなかったということ。ポーランド、デンマーク、スウェーデンにおいてのように、大半が、貴族たち、主だった人々、そして王子によって選挙されたということ。つまり、国民の共同的、もしくは代表的な団体によって選ばれたものではなかったということ。時には、党派的な、もしくは騒乱的な都市が、もしくは反抗的な軍隊が王を設立したことがあったが、それらの何れもが、生まれながら、さもなければそのような選挙によって、彼らが権利、もしくは正当な権原を持ったということがこれまで証明されていない。我々は、以下の二つの命題を、疑問に対して答えとすることができるだろう。（一）人民は、王を選ぶためのどのような権力や権利をも、彼ら自身で持つことはないということ。（二）もし、彼らがそのような権力を持っていたとしても、彼らにとって、それを執行するどのような合法的な方法もあり得なかったということ。

あなた方は、「後継者なしに、王が亡くなった場合、王を選ぶために、何者かに権利が存在しなければならないことは必定である」と言うだろう。私は、世界に何れか一人の生きている人間が存在する限り、後継者なしにどのような王も亡くなることはないと答える。それは、人民に対して知られざる後継者であり得るが、それは、全く欠陥ではなく、それを懸念する者達の怠慢や無知によるのである。しかしながら、もし王が、後継者なしに亡くなったとしても、その場合における王の権力は、人民全体に復帰するのではなく、家族の首位にある者や父たちに復帰するのである。彼らが人民であるからではなく、彼らが人民の父親である「限り quatenus」、彼らの主権者的被相続人の死の後に主権者的被相続人が持っていた権力が父親たちに譲り渡される。そして、もし、何れかの者が、王を選ぶ権利を持っているなら、彼らの別個の父権的権力を一人のみの人に授与するということであり、それは上記の父親たちが持っていることにならざるを得ないのである。聖書における主要な父親たちは、人民のすべてであるように、「イスラエルのすべての子」であるように、「すべてのイスラエル人であるように」（「歴代誌下」一・二）、聖書自体において平明に説明されるように、つまりそこにおいて、ソロモンが「すべてのイスラエル人、千人隊長と百人隊の長、裁判官、全イスラエルのすべての指導者、家系の長」に呼びかけたように、そして、「列王記上」八・一と「歴代誌下」五・二で、イスラエルの長老が、イスラエルの子の父の主要なものであると説明するように、規定された。

もし、王は、現在では、（彼らが世界の最初の創設、もしくは植民においてそうであったようには）人民の、もしくは王国の父親ではなく、そして父権も、統治をすることの権利を喪失している、という反論がなされるなら、その答えは、現在存在する、もしくはこれまで存在した全ての王は、人民の父親かそのような父親の後継者かそのような父親の権利の簒奪者のいずれかであるし、あった、というものである。世界の最も遠方やいくつかの片隅から集まったのではあるが、大きなものであれ、小さなものであれ、どのようなものであれ、そのような人々の何らかの集まりが存在し得なかったことは真実否定し難いことであるが、しかしながらその集まりがそれだけで考察されるならば、アダムの次の後継者であるので、そして全ての他の者達が彼に臣従するので、残りの全ての他の者達の王である権利を持つ彼らの中の一人の者が存在したことは否定し難いことである。全ての人間は、生まれながら、王であるか、もしくは臣民である。全ての臣民が王に対して強いられる服従は、至高の父権に帰されるべき義務を払うことのみである。神は、邪悪な人間の代官を使って、王を退位、設立するために、しばしば、簒奪者自身の行為によってか、もしくはその者を設立した者の行為のいずれかによって、王位の真実の後継者を廃位させた。そのような場合、父権的権力に対する臣民の服従は、神の摂理と共にあり、それを待たなければならなかった。アリストテレスの「すなわち、君主政、もしくは王国は、父権的な統治となるだろう πατρικὴ γὰρ ἀρχὴ βούλεται ἡ βασιλεία εἶναι パトリケー、ガル、アルケー、ブーレタイ、ヘー、バシレイア、エイナイ」（『ニコマスコス倫理学』第八巻第一二章 1160b26–27）ということに従うならば、神のみが、王国を与え、取り去る権利を持ち、それによって、臣民たちを別の父権的権力への服従へと向かわせるのである。

人民の生まれながらの自由は、統治の種類と統治者を決定するための唯一の手段として褒め称えられるのではあるが、それでもなお、最終的には、この意見の全ての支持者たちは、父権的権力に起因する服従が、現在生きている我々が国王に与える臣従の真実のそして唯一の原因であることを承諾することを強いられる。なぜなら、我々の誰も、統治に合意を与えるのではなく、我々の祖先たちの行為と同意のみが、我々を決定づけて来たのだからである。

「理論」においてのみは、統治が神の布告であることを多くの者たちが認めているのではあるが、彼らは、聖書において何らかのそのような布告を証明することができず、父権的権力においてのみ証明している。したがって、我々は、「汝の父の名誉」という用語において仮定して、上位者に服従を要求する神の掟を見出す。それゆえ、統治の権力や権利ばかりではなく、統治する権力の形式も、そして、その権力を持つ人物も、全て神の布告の中にある。最初の父は、彼が、神からの直接の父親であったので、単純な権力ばかりではなく、君主政的な権力を持った。というのは、神の指名によって、アダムは、創造されるや否や、どのような臣民も持たなかったのではあるが、世界の王だったからである。というのも、臣民たちが存在するまでは、実際的にはあり得ないのではあるが、それでもなお、生まれながらの権利によって、彼の子孫の統治者であることはアダムに帰せられるべきものであったからである。「行動」においてはそうではなかったのではあるが、それでもなお、少なくとも、「素性」においては、アダムは、彼の創造から王であった。そして、無罪の状態においては、彼は、彼の子どもたちの統治者であった。というのは、臣民たちの高潔性や卓越性は、統治者の地位や高貴さを取り去ることはないからである。エヴァは、アダムが原罪を犯す以前は、彼に臣従していた。天使たちは、彼らは自然そのものであったのだが、神に臣従する。つまり、それは、国家的統治 civil government や権力が、原罪によって持ち込まれたというものたちの物言いを反駁している。「強制的」な権力に係る統治は、原罪の後に存在した。なぜなら、強制は、なんらかの混乱を想定しているからである。それは、無罪の状態においては存在しなかった。しかしながら、「指導的」権力に関しては、人間の自然の状況がそれを要求する。なぜなら、国家ほどの大きさの社交 civil society は、統治の権力なしには想像され得ないからである。というのも、人々が無罪の状態であり続ける限り、必然的に、そして、道徳的に行われるべきであった物事において彼らはアダムの指導は必要とはしなかったのではあるが、それでもなお、あまり重要ではない事柄、つまり、彼らの自由意志のみに依拠する事柄は、アダムの命令の権力によって指導され得たからである。もし我々が、世界の最初の植民を考察するなら（それは、バベルの塔の建設の後、言語の混乱があった時なのだが）、我々は、いくつかの家族によって大地が別々の王国と国々に分割されたことに気づく。そのうちのノアの息子や孫たちは、父権的権利によって王や統治者であった。そして父親の中にこの権力や権利を保存するために、神は、個々独自にいくつかの家族に言語を進んで授けた。その中でよりよきものが、民族や王国にそれを統合した。それは、聖書の「創世記」一〇・三一―三二の言葉で次のように表現されている。「ノアの子孫である諸氏族を、民族ごとの系図にまとめると以上のようになる。地上の諸民族は洪水の後、彼らから分れ出た」。

イングランドの諸王は、王国の代表として議会の中に庶民院を慈悲深くも進んで受け入れ、認めて来たのではあるが、それでもなお、実際に、そして、真実には、彼らは、王国全体の代表的な団体ではない。

議会における庶民院は、王国全体の代表的な団体ではない。彼らは、王を代表しない。王は、王国の首位の第一の構成員である。そしてまた彼らは、貴族たちを代表しない。貴族たちは、王国の団体のより高貴でより高位の部分であり、議会において個人的に存在する。したがって、そのような代表も必要としない。庶民院は、人民の団体の下級の、もしくはより劣った部分のみを代表する。それは、年に四〇シリングを支払い得る自由土地保有者であり、司教座都市や自治都市の庶民や自由民であるか、もしくはそれらの大半の部分である。それら全ては、王国の四分の一、否、一〇分の一にもならない。というのは、全ての教区において、一人の自由土地保有者に対して、自由土地保有者ではない者を一〇人は見出し得るからである。そして、昔には、つまり地代が改善される以前には、現在見出し得るような、年に四〇シリングの自由土地保有者は全く存在し得なかった。

この論説や論議の範囲や結論は、どのような概念や意味において取られた人民であれ、つまり、拡散的であろうが、集合的であろうが、代表的であろうが、王を選ぶこと、もしくは規定することの何れにおいても、生まれながらの彼らの自身の何れかの権利や権力を持たないし、もしくは執行することができないということである。しかしながら、何れかの人民が合法的に執行するどのような権力であれ、それを、地上の至高の権力から受けとらなければならず、至高の権力が指定する制限を伴ってそれを実行しなければならない。ハントン氏に戻れば、

彼は、君主政を
絶対的なもの
制限的なもの
に分割している。

「主権が、いかにも全く一人の中にある時、つまり、彼自身の意志の他には、神の下で、どのような制限も拘束も持たない時、絶対的な君主政となる」という（ハントン、6頁）。彼のこの定義を、私は喜んで受け入れる。そして、ハントン氏が君主政一般の定義を我々に与えないために、私が以前に彼に課したように、今や私は、絶対的なもの以外の君主政についての他のどのような特別な種類の定義も我々に与えないために彼に注目しよう。それは、彼が絶対的と呼んだもの以外のどのような他の種類のものも存在しないのではな

いのかという疑念をある者たちにおこさせるかもしれない。

絶対君主政に関して、彼は、「それは、古代東洋の君主政であり、今日においては、トルコやペルシアのそれである」と是認している。ここで彼は真実を語っている。そして、我々は、彼が言及しなかったのではあるが、ユダヤ人とイスラエル人の君主が、彼が東洋の君主政と呼んだものの中に含まれていたに違いないことを想起しなければならない。そして、真実、もし彼が、世界の全ての古代君主政が絶対的なものであったと言ったならば、私は、彼を咎めるつもりはまったくないし、彼を論駁し得た者も知らない。

次に、絶対君主政は、「人民が、一人の者の意志によって統治されるべく彼ら自身を絶対的に委託した、もしくは、委託する時に存在し……、そこにおいては、人々は、宣誓と契約とによって臣従のこの最大限の程度に彼ら自身を位置づけるか、もしくは神の摂理によってそこに生まれ、そこに運ばれるのである」というものとなる（ハントン、6頁）。上述の双方の箇所で、彼は、国民の契約、もしくは人民の統治への彼ら自身の委託の他に、君主政を獲得する別の手段があり得ることを認めている。つまり、それは彼が後段で言うこと、すなわち「全ての主権の唯一つの手段、もしくは根源は、国民である人々の同意と基礎的な契約である」（「ハントン」12頁）ということとは反対のことなのである。

さらに、ハントン氏は、「絶対君主政が、合法的な統治であり」、人々が「神の摂理によってそこに生まれ、運ばれ」たこと、「それは彼らを義務づけ、彼らはそれを耐え忍ばなくてはならない。なぜなら合法的な事柄への宣誓は、義務だからである」ということを決定している（ハントン、6頁）。彼のこの立場を、私は是認するが、彼の理由は十分なものではない。というのは、彼ら、もしくは彼らの先祖がこれまで宣誓をしなかったとしても、人々は、合法的な統治者に従うよう義務づけられるからである。

それから、彼は、「ローマの信徒への手紙」一三において、「その時に存在した権力は、絶対的なものであった。それでもなお、それを排除しなかった使徒がそれを「神の定め」と呼び、それに従うように命令する。それ故、キリストは、貢を納めるべきことを命じ、彼自身がそれを支払った。それでもなお、それは、絶対的な権力の産物である独断的な税であった」(ハントン、7頁)ことを訴え、自認する。これらは、絶対的、もしくは独断的な君主政に関するハントン氏の忠実な表現である。私は、ハントン氏からの上記の章句に更なる言及を行う。なぜなら、今日、非常に多くの者たちが、法によって制限されない独断的、もしくは絶対的君主が専制君主と同一のものであることを主張することに固執しないからである。そして一人の人間によって統治されるべきことが奴隷を作ることであることを主張することに固執しないからである。ハントン氏が「絶対的臣従」は、「隷属」であるといった時、彼が奴隷を意味していたのかどうかが問題である。その上に、制限君主政に対する最近の支持者は、王と議会との間の討論におけるその問題についての論考の中で次のように断言する。「神の言葉を基準として王を作ることは、良心の問題として、臣民を奴隷にすることである」(ハントン、54頁)。つまり、厳しく言えば、私は、この非難を与えた彼が、神への不敬から逃れられ得るのかどうか疑問に思っているのである。全てのユダヤの王を専制君主として非難することは大胆な物言いである。もしくは、その王たちの臣民全てが奴隷であるとして非難することは大胆な物言いである。しかしながら、確かに、その人は、専制君主とは何であり、奴隷とは何であるのかを知らない。実際のところ、その言葉は、全ての人が頻繁に口に出し、我が国の聖書の古い訳でも時折その専制君主という言葉が使用された。しかしながら、我が国の新しい翻訳者たちは、その語を一度も使用することなく、「使徒言行録」一九・九において、人間の固有名詞としてのみ使用した。なぜなら、彼らは、聖書において専制君主や奴隷を意味するどのような古代ヘブライ語も見つけることができなかったからである。そしてまた、アリストテレス、ボダン、(9)もしくは、サー・ウォルター・ローリィー（彼らは皆、深い思慮を持つ者たちであったのだが）らも、彼らは、その問題について大いに骨を折って熟慮したのだが、専制君主の定義や叙述において一致していない。そして私は、誰が、専制君主とは何であるのかを叙述することが可能であるのか、そしてその叙述に従いながらこれまで世界に存在した専制君主である人を我々に教えることができるのかどうか問題にしたい。

私は再び、ハントン氏の『君主政論考』に戻ろう。そこで私は絶対君主政についての「三つの程度」というものを見出す。

（一）そこでは、「君主の意志が法であり、彼は、支配のためのどのような法によってでもなく、彼が適当であると考える彼自身の判断の命令によって行うように努める」（ハントン、7頁）。

（二）「それによって彼が通常統治する法を規定した時、彼の自由裁量において彼が適当と判断するたびにその法とは異なる自由を彼自身に留保するので、それにおいて主権者は、その形成者として自由な者である」（ハントン、7頁）。

（三）そこでは、「彼は、規則を規定するばかりではなく、多くの場合において、それを変更しないと約束する。しかしながら、この約束、もしくは契約は、後の譲歩、もしくは恩寵の行為であり、それ以前に行われた臣従についての絶対的な宣誓を崩すものではない」（ハントン、7頁）。

上記の三つの中の最初のものに関しては、それが純粋な絶対君主政である事以外のどのような問題もない。しかしながら、他の二つに関しては、それらが絶対的なものであると彼はいうのではあるが、それでもなお、よく見れば、それらは、統治するために自分自身で制限や法を課している。もし、それらを制限君主政と名づけてハントン氏が喜ぶならば、私はそれに反対はしない。しかしながら、私は、彼に以下のことを教えなければならない。つまり、君主政の彼の第三の程度は、私がこれまで信じたことが無かったか、もしくはこれまで世界に存在し得たことが無かった種類のものであるということである。というのは、多くの事柄において法を変更しないと約束したり、契約したりする君主は、契約締結時にそれらの多くの事柄が明白に表現されるべきであることが最も必須であるからである。ここにおいて、全ての人間の法の本質や状況を理解する彼は、個々の事柄が、無限であり、何らかの規則や法の内部に包含されるものではないことを知る。そして、もし、多くの事柄が包含されたとしても、そして多くの事柄が省かれたとしても、それでもなお、包含された事柄でさえ、解釈や論争の多様性を許すことになるだろう。したがって、ハントン氏は、何れかの君主によって約束されたそのような保留事例を我々に教えること、もしくは教え得ることが不可能なのである。

（9）ボダン（Jean Bodin 一五三〇―一五九六）。『家父長制君主論（パトリアーカ）』訳注（11）参照のこと。

さらに、彼は、そこで、「後の譲歩、もしくは恩寵の行為」は、「それ以前に行われた臣従についての絶対的な宣誓」を崩すものではないという（ハントン、7頁）。ここにおいて彼が言っていることは真実なのではあるが、それでもなお、まだ彼は、宣誓のみが、つまり、彼が我々を信じさせようとしているように、宣誓は、最初は任意であったのだが、それのみが臣従を義務づけることをほのめかしているように思われる。それに反して、臣民たちは、子どもたちが決してそれを誓わないにもかかわらず両親に従うことに義務づけられるのはもちろんのこと、彼らが臣従の宣誓を決してとらないにもかかわらず君主に従うことを義務づけられるのである。

次に、「権力の支配」と「それの執行」との間の彼の区別は虚しいものである（ハントン、7頁）。というのは、支配することとは、権力を執行することだからである。つまり、彼自身が「統治とは、道徳的権力の執行である *potestatis exercitium*」と言っているからである（ハントン、1頁）。

最後に、ハントン氏が、君主は、「罪なしには」約束を「破ることができない」というのに反して、もし、「人民の安寧 *salus populi*」が、君主の約束の破棄を要求したら、その時はその罪は、もしそのようなものがあったとすれば、それは、約束を破ることにおいてよりも、むしろ、約束を守ることの中に存在するということを付け加えたい。人民の安寧は、全ての君主の約束に含まれる例外である。

しかしながら、上述の君主政の三つの程度は、ハントン氏を満足させないように思われる。彼は、それによって統治する法や規則を持つ君主を得ることで満足するのではなく、「誰か他の者から *ab externo*」の制限や法を持たなければならず、君主自身の意志の「決定」からではない制限や法を持つことで満足するかのようである（ハントン、12頁）。したがって、彼は、「最初の設立によって、一般公衆 the society public は、そのような法によって統治されるべく彼らを委託することで、制限された契約権力を一人の人間に授与した」という（ハントン、13頁）。また、以前に、彼は、主権ための「唯一の手段」が「同意と基礎的な契約」であり、「その同意が彼らを権力の中に置く、つまり、それは、そのような臣従の契約によってそれらに譲渡されるものの他のものでも、それ以上のものでもあり得ない」と我々に教えた（ハントン、12頁）。もし、制限君主政のための唯一の手段が、国民の同意と基礎的な契約ならば、君主は「後の譲歩」によって制限され得ると彼が言うことはどのようなことなのだろうか（ハントン13頁）。後の譲歩は、本源的急進的な設立を伴う基礎的な契約と同じものなのか。否、それどころか、何故彼は、「それは、第二の本源的契約である」と我々に教えるのだろうか（ハントン、13頁）。第二の本源的とは、第二ということである。そして、もし、その譲歩が、恩寵の行為なら、君主が、「征服や他の権利」によって持つ絶対的、もしくは専制的権力を、もし彼が（ハントン氏が想定しているように）「正式に、実質的に」捨てるなら、制限に対するその譲歩は、君主の意志の自由な決定から来るのではないのか（ハントン、13頁）。

そして、もし、それが、君主の自由意志から来るならば、何故彼は、その制限が「誰か他の者から *ab externo*」来なければならないと言うのだろうか。以前に彼は、臣従は、後に来た恩寵の行為によって解体されること、もしくは譴責されることはあり得ないと我々に教えた（ハントン、8頁）。しかしながら、彼はより良く熟考して来て、今や、彼は、二種類の恩寵の行為を持つようになった。そして最近の種類のものは、彼が言うように、「絶対君主政の放棄と等しいものとなり得た」（ハントン、13頁）。しかしながら、征服、もしくは別の権利によって、絶対的で専制的な権力を持つ君主は、進んでその絶対的な権力を放棄し、人民が喜んで彼に与えるような権力のみを受け入れるということ、そして彼らが選択するようなそれによって統治を行う法を受け入れることを誰も信ずることができない。これまで君主が、彼の臣民の自由のために彼の合法的な権力を惜しげなく放棄するような恩寵のある者、もしくは情け深い者であったことを示すことができる人はいまい。もしそのような、絶対的君主が、それによって彼が通常統治可能となる彼自身に対する法を規定することで満足し、しかしながら、彼が彼の古来の独立した職権を放棄し、臣民から制限付きで重くなった新しいものを得なければならないのなら、それは十分な恩寵なのだろうか。

最後に、私は、ハントン氏が、どれほど、全ての主権の基として、人民の徹底的、基礎的、根源的な権力について大きく語ろうとも、それでもなお、気分良く、彼は、君主自身からの後の譲歩と恩寵の行為による制限君主政を受け入れ、満足するであろうと見ている。

このようにして、私は、制限君主政についての彼の基礎を手短に取り扱った。もしここにおいて、我々が、彼の学説を正当化するために彼はどのような証拠と実例を持たなければならないのかと問うなら、彼は、魚のように無言となるだろう。すなわち、ピタゴラスのみがそれについて語っている(10)のであり、我々は、彼を信じなければならない。というのは、ハントン氏は、制限されたものとして君主政を持つのであるが、それでもなお、彼は彼の意見が絶対的であり、どのような規則や例に対しても制限されていないことに満足し得るからである。

さて、私がハントン氏に反対して持つ主要な問責が、議論されるべく残されることとなった。そしてそれは、次の事柄である。つまり、『君主政論考』の代わりに、彼は『無政府状態論考』を著してしまったということである。そして彼自身の自認によって、それが十分なものとして作られたということである。

第一に、彼は、もし制限君主が、「法を超えて命令し、そのような場合において臣民が合法的に服従する義務がないならば、制限君主が彼の制限を越えたと考える」（ハントン、14頁）。

さてここにおいて、もし、あなたが、裁判官である著者に、君主が制限を越えたのかどうか、そして主権的権力の限度について尋ねるならば、彼の答えは以下のものとなる。すなわち「この最後の論争を決定する裁判官を設立することは不可能である。（ハントン、7頁）。……私は、制限された合法的な君主政において、君主の行為についてどのような申し立てを行う内的な裁判官も存在し得ないと考える。もし、王と一般社会 the community との間に根本的な不一致が募ってきたならば、統治のその形式の内部には、どのような合法的な、そして、設立された裁判官も存在し得ない」（ハントン、17頁）。上記の答えにおいて、主権者の、もしくは君主の根本的な制限からの超越を決定するどのような裁判官も存在し得ないことが現れている。その上、ハントン氏は、非常に狡猾であり、君主と一般社会との間の根本的な不一致のみを想定している。彼は、その問題を我が国におくことを恥じている。私は、もし、君主と一般社会の最も平均的な人々との間に不一致が存在するならば、誰が裁判官となるべきなのかと彼に問いたい。例えば、王が私に命令し、もしく

（10）ピタゴラスのみがそれについて語っている。（ピタゴラス学派が無理数を否定するあまり、無理数を口にした同派の者を溺死させた故事に基づくものと思われる。）

は私に反する判断を与え、私が、彼の命令が非合法であり、彼の判断が法に従っていないと返答したら、誰が裁判官なのだろうか。もし、君主自身が裁判官ならば、その時は、あなたは、国家の枠組みを破壊し、それを解体させることになると、ハントン氏は言い、その理由を次のように示す。というのは、法に対して君主を限定し、それから、その法からの彼自身の逸脱についての裁判官を彼とすることは、全ての法から彼を解放することだからである。他方、もし、人民の何れか、もしくは全てが判決し得るなら、その時は、あなたは、人民全体に、もしくは、その部分に、主権者を置くことになり、君主政の存在を破壊することになる。このようにして、ハントン氏は、明白な板ばさみの中に自分自身を閉じ込めてしまっている。すなわち、もし、王が裁判官なら、その時は、彼はどのような制限君主でもないし、もし、人民が裁判官なら、その時は、彼はどのような君主でもまったくないからである。それゆえ、さらば、制限君主政よ、ということになるのである。否、もしどのような裁判官も存在しないなら、さらば、全ての統治よ、ということになる。

あなたは、この惨禍のためにハントン氏が見つけ出した助けがどのようなものであるのか、ご存知だろうか。まず、彼は、「臣民は、服従が、破壊なしには不可能な事柄の中にあり、そこにおける彼の行為が、優れた事例とはなり得ず、それゆえ、公共の自由に反する処方になるのならば、「正当に *de jure*」服従に挑むことができないので、政治の長に対して臣従するよう義務づけられる」(ハントン、14頁)という。さらに彼は、「もし、君主の不当で逸脱が想定される行為が、より小さな危機であり、その統治の存在の当否に関わるものでなければ、国家の存在を危険にさらすよりもむしろ、公共の忍耐によって我慢されるべきものである」（ハントン、17頁）という。別の場所で彼が使用する似たような言葉は次の様である。「もし、君主の意志が、法の制限を越えるとしても、君主に従うべきである。それは、神の意志に反するものではなく、また、それは、我々自身に対して悪を持ち込むものではないし、我々が、それに従うことによって従犯するものとはなり得ない国民そのものに対して悪を持ち込むものでもない」（ハントン、49頁）。これらのことは、小さな危機の事柄という虚弱な仮定の上に作られたハントン氏の制限君主政の裸を覆うイチジクの葉にしか過ぎない。というのは、もし、君主政が、法に従ってのみ統治されるべきものなら、君主のどのような逸脱も小さな危機ではあり得ず、もし彼が、法の制限を破壊するなら、それは統治自体の破壊であり、そして、先導的な事例となり、公共の自由に反する処方となり得る。それは、統治の存在そのものを打ちのめし、不快なことを行う諸党派のような悪を持ち込むか、そうでなければ、国民そのものは従犯者とはなり得ないこととなる。そのような事例が、決してそれほど小さなものではないとしても、それでもなお、もし、その行為の中に非合法性があるなら、それは合法的である制限君主政そのものを打ちのめす。彼の言う制限君主政は大きくて公共の事柄においては法に基づいて統治しなければならないということ、そして個々人に関する、もしくは貧困な人々の関する事柄については、王は、彼自身の意志に従いながら支配し得るだろう。

第二に、ハントン氏は、我々に、語っている。

もし、君主の法外な、もしくは逸脱した行為が、致命的なものであり、そのような不快な経験が、統治や公共の自由を解体するものであるなら、その時は、その非合法性は暴かれるべきであり、矯正策が請願によって探求されるべきである。もしそれがない場合には、抵抗による防止策が取られるべきである。もしそれが明白であり、上訴が、人類の良心に対して作られるなら、その時は、君主政の根本法が判断し、全ての人間の良心の中で判決をおこなわなければならない。そして、全ての人間は、（彼に関するものであるかぎり）彼が、統治者、もしくは君主の行為を、良心において、放免し得るか、もしくは非難し得るかに従いながら、反対するにせよ、反対しないにせよ、彼自身の魂における真実の証拠に従わなければならない」（ハントン、17-18頁）。

非合法的な命令の破壊的な本質は暴露されるべきであるというハントン氏の要求どおりに、確かに、彼の考えは、各々の特殊な事例における各個人が、君主の非合法的な行為という世界に対して公的な抗議を行うべきであるということである。そしてその時、もし彼の請願に基づいて、彼の望み通りに救済され得ないならば、彼は、抵抗すべきであるし、それが彼の義務である。ここにおいて、私は、非合法的なものが明らかに作られたかどうかを誰が判断するのか知りたいのである。それが主要な論点である。なぜなら、他の穏健で公平な人々が不正を全く発見できない時、全ての人間は、自分自身の事例を実際より良く見せる傾向があり、それを良いものと考える傾向があり、彼が行った悪や不正が明らかであることを実際より良く見せる傾向があるからである。そしてこの場合、普通の人々の判断は、何らかの可能な手段によっては推測され得ないし、知られ得ないか、もしくはそれが可能であっても、それは多種多様で誤ったものとなり勝ちである。

その上、ハントン氏は、全ての人類の良心に対して作られた上訴を持つつもりであり、作られたそれにおいて、彼は、「根本的な法は、全ての人間の良心において判断し、判決を言い渡す」と結論付けている（ハントン、18頁)。彼が「根本的な法が判断すべきである」と語るので、私は、根本的な法とは何であるのか、もしくは私が言ったように君主の根本法以外に誰がそれを持つのか、喜んで彼に教えていただくつもりであるし、彼に代わって他の誰からでも教えていただくつもりである。私は、コモンローが根本であり、制定法が「上部的」であることを彼が我々に教えていることは認めている(ハントン、38頁)。それでもなお私は、彼が、議会の行為によって取りさらわれ得るもの以外のコモンローの分野、もしくは部分が存在することを、敢えて言わなかったと考える。というのは、コモンローの多くの事項が「事実として*de facto*」保持され、「権利として*de jure*」いくつかの事項が取り去られ得るからである。保持され、そして取り去られ得るものを、そしてその上、制定法が堅固に安定している場合、どのようにして根本的なものと呼び得るのだろうか。基礎が取り去られるということは、建築のための根本的なるものの本質に反することである。

それにまた、コモンローは共通のしきたりや習慣に他ならないことが一般的に承認されており、それは、時間の長さによってのみ獲得された権威である。それゆえ、それは、統治の後に帰結するものであって、統治以前に存在するものでも、何らかの最初で基礎的な設立による統治への規則でもない。

また、コモンローは、不文法なので、不確かで面倒なものであり、それによって統治するには、不確実なものとならざるを得ない。それは、支配の本質と反する。つまり、支配とは、確実であり、確実であるべきものだからである。

最後に、コモンローのみを根本とすることによって、マグナ・カルタが根本の法から排除される。そして、また、君主政に対して制限を課すものから全ての他の制定法も排除される。なぜなら、根本法のみが裁判官であるからである。

全くのところ、全ての人類の良心は、判決が宣言される根本法のためには非常に大きな法廷である。法が、つまりそれはそれら自体の本質においては無口であり、常に判決を宣告する裁判官を必要とするものなのだが、その法が、今や、それ自身で語り、判決を宣言できるかのようである。そのような判決は、確かに、ある党派のみの審問に基づかざるを得ない。というのは、君主にとって、彼の弁明と返答とを作り、君主の統治の合法性に疑問を抱く一人ひとりの事例において、全ての人々の良心の中に彼の証拠を作ることは不可能だからである。もちろん、その判決は、不当なもの以外ではあり得ず、全ての人は、彼自身の良心に従いながら、君主に、賛成、もしくは、反対せざるを得ないだろう。このようにして、最後には、全ての人は、ハントン氏の学説によって、自分自身の裁判官とされるのである。そしてまた、私は、この結論が、全くの混乱と無政府状態ではないのかどうか、全ての人類の良心に訴えることになるのである。

それでもなお、これら全てのことの後にも、ハントン氏は、君主の非合法的な行為を判断する一人ひとりの人間のこの権力が、「判断される人間を超えて判断する者達の優越性を論ずるのではない」（ハントン、18頁）と言う。そして彼は、我々に、そのための意味深長な理由を提示する。すなわち、彼の言葉は、「それは、権威的なもの、そして、国家的なものではなく、理性的な被造物の中にある道徳的なものであり、実行する彼らにとって合法的なものである」（ハントン、18頁）。「権威的なもの、そして、国家的なものではなく、道徳的なものである」という言葉によってハントン氏が意味していることを、恐らく私は理解していない。もっとも、私は理解しようとはしているのだが。それでもなお、それは、次のように彼が言うことで私の役に立つ。つまり、「抵抗は、作られるべきであり、全ての人間は、統治者の行為を彼が放免し得るか、もしくは非難し得るかに従いながら、反対するか、もしくはしないかであらざるを得ない」（ハントン、18頁）。というのは、もし、それが、統治者に抵抗し、反対することを人に可能とさせるならば、疑うことなしに、それは、権威的で国家的なもの「だからである」。「道徳的判断は、理性的創造物に内在する。そして実行する彼らにとって合法的なものである」と彼が付け加えることに従うならば、彼は、権威的で国家的な判断が理性的な被造物に内在していないことを、もしくは合法的には執行され得ないことをほのめかしているように思われる。そのような結論は、無政府状態に良く適したものである。というのは、全ての統治を取り去り、全ての人間を彼の自身の良心に取り残す者は、そしてそれゆえ、人を独立の状態とする者は、権威が、理性的被造物に内在せず、合法的に実行もされ得ないことを良く教えることが可能だからである。

私は、彼の絶対的、そして制限君主政についての議論から、純粋そして混合なもの、すなわち、君主と貴族と一般公衆へ君主政を分割、もしくは分類（というのは彼はどのような分割も許さないので）する彼の議論へ移ろう。

そこにおいて、まず、「平等な混合に中に、堅固な統一が存在し得るのかどうか」というハントン氏の疑問が目に付く。彼は、むしろ、「三つに中の一つに優先的な地位が存在しなければならない。そうでなければ、どのような統一も存在し得ない」と考えている（ハントン、25頁）。彼は、優先的な地位が妨害的なものではないこと、そして、もし、分割が平等ならば、混合の平等性が存在し得ることを知らなければならないと考える。というのは、第一の分割を持つ者は、他の分割を持つ者同様だからである。それゆえ、もし彼が混合の不平等性を導入するつもりならば、分割の優先性は、何の役にも立たないだろう。第一の分割は他のものより大きなもの、もしくはより良きものでなければならず、もしくは平等以外のものでなければならず、その時、彼はそれを混合君主政と呼ぶことができず、そこでは至高の権力における分割の唯一の優先的なものが、一人の者に存在するからである。しかしながら、彼自身の自認によって、彼はそれを、混合君主政というよりも、混合貴族政、もしくは混合民主政と一層良く呼び得る。なぜなら、彼は、議会を、「確かに、最大の立法的権威の二つの部分を持つもの」と我々に教えるからである（ハントン、56頁）。そして、もし、王が第三の部分のみを持つなら、確かに、彼らの分割は平等だからである。

ハントン氏が作った第一段階は、次のものである。すなわち「主権的権力は、三つのもの全ての中に最初からなければならない」。次に、彼は、もし三つの状態への分割に平等性が存在するなら、君主政と称するどのような根拠もあり得ないことを見出す。そしてそれから、彼の混合君主政が、空虚な称号にしか過ぎないと思われるようになる（ハントン、25頁）。したがって、第三の場所で、彼は、全てを取り繕うために、「権力は、君主が即位しなければならないところで探求されなければならない。それは、混合を破壊するほど大きなことではない。また、君主政を破壊するほど有名無実なものでもない」と我々に答える（ハントン、25-26頁）。したがって、彼は、それが、次の諸事項の中にあり得ると心に抱く。

(一) 彼が心に抱くように、「もし、君主が、設立された法を管理し、実行する権力の長であり、源泉であるなら」、混合君主政の君主は、君主であると言われ得る（ハントン、26頁）。つまり、人間は、彼が、設立された法を管理、実行する権力を他者に与えるだけで、君主足り得るということである。このようにして、ハントン氏は、君主を、彼が以前にそうであった地位から一段、もしくは一等級低い地位へ連れて行く。初めに、彼は、君主が、至高の権力を持つことを我々に信じさせる。それは立法権である。それからハントン氏は、その立場から離れ、制限君主政が法のみに従って統治しなければならないと我々に教える。このようにして、君主は、立法者の地位から、行政的な、法を執行するのみの地位へと連れて行かれる。そしてまた、君主は、その地位に留まらず、より低い苦境に連れ込まれる。というのは、いまや、君主は、統治するのではなく、法によって統治するために官僚を指定しなければならないからである（ハントン、26頁）。もし、統治するために選ばれた官僚が統治するのならば、その時は、ハントン氏は、君主が統治者である事を許すだろうし、その他はあり得ない。したがって、至高の権力を、立法的な権力と行政的な権力へと分割した彼は、いまや、まさに、それを、立法権力と法による統治のための官僚を指定する権力へと分割することになる。つまり、後者が、君主に残されたものであると、彼は言うのである。実際のところ、君主を、権力の公平な一部として残すことになる。しかしながら、我々は、君主がこれを享受し得ることを確信できるだろうか。ハントン氏もまた、これを確信していないように思われる。そして別の人たちもそれへの否定を彼に示している。ハントン氏は、この王国の統治について語りながら、官僚の選択は、「私が知るかぎりにおいては」君主の判断に委ねられるという（ハントン、38頁）。彼は、その問題点に関して断固たる態度ではなく、知るかぎりにおいてはとしている。私が知るかぎりにおいては、彼の君主は、有名無実なものである。つまり、どのような権力もない空虚な称号である。

官僚を選択する権力は、全ての権力の中で最低のものである。アリストテレスは、私が記憶しているかぎり、公民は、「官僚を選択し、報告を審査すること」以外は何事にも適さないという（『政治学』1281ᵇ32-33）。そして、実際のところ、全ての民衆統治においては、多数者がこの仕事を実行する。そして王におけるこの仕事は、彼の全ての臣民の下に彼を位置づけることであり、彼を王国における単なる臣民とすることであるか、もしくは統治の不可能な単なる人間とすることである。そこでは、多数者の中の能力のない者ではなく、何らかの職務を果し得る者が、それによっていろいろな場合に、法に従いながら統治を行う。ただ王だけがどのような職務もなく、官僚を選択することのみを行う。

次に私は、どのような意味でハントン氏が彼の君主を「権力の首位者であり、源泉」であると言うのか、正直なところ理解できない。なぜならば、彼の学説は、制限君主政においては、「最初の設立によって、公共社会 the public society は、権力を一人の人間に与えた」ということだからである（ハントン、13頁）。それでは、公共社会は、権力の首位者でも源泉でもなく、そして、王もまたそうではないのだろうか。

さらに、彼が、彼の君主について次のように我々に教える時、つまり、「共同 *conjunctim* はもとより、個別的 *divisim* な双方の状態において、君主は、自分の命令に対して自分で宣誓した臣民であり、彼自身への服従者である」（ハントン、26頁）と言う時、彼はまさに、彼の貧弱な君主を侮辱している。というのは、なぜ、彼らは彼の臣民や彼の平民と呼ばれないのかという疑問が残るからである。（どのようなお世辞も抜きに）君主は、彼らの臣民である。というのは、官僚として彼らは、法に従いながら統治し、命令し得るが、君主は、それが不可能だからである。というのは、君主は、裁判所において彼の裁判官によって裁判を行わなければならないからである。つまり、君主は裁判し得ないし、全く統治し得ないからである。

(二) 第二の点は、至高の権力に「能力を与える単独の主要な権力」(ハントン、26頁)に関することであり、そして、

(三) これに対して第三の点は、そのような人物たちを「召集する」権力である。それらは、双方とも君主を作ることから相当離れた権力である。つまりそれらは、至高の権力において分割を行うために他の者を選択し、召集することによって、君主を何者でもないものにしてしまう唯一の道である。

(四) 最後に、確立した全ての法令における「最終的で最大」である君主の権威に関しては、君主がその権威を持つ単独の者でなければ、それは彼をどのような君主ともしない、ということがある。至高の権力における分割の彼の優越性であれ、最終的な彼の権威であれ、否、彼の持つ最大の権威であれ、もし、彼がそれを「一人」で持たなければ、彼を君主にすることはない。

それにまた、ハントン氏は、彼の混合君主政において、君主の権力が最大であることを、どのように示し得るのだろうか。ハントン氏が立法権において君主に許す最大の分け前は、拒否権である。似たようなものは、貴族院や庶民院にも許されている。そして真実、拒否権は、立法権力を表現するための最低の用語である。拒否権は、消極的な権力であり、実際のところ、何事かを行うどのような権力でもなく、行われる何事かの法令を妨害する権力にしか過ぎない。

それゆえ、私は、彼の四つの何れかのものが、もしくはそれらの全てが、ある人物をして君主政の状態に至らしめることはない、と結論付ける(ハントン、26頁)。

この混合君主政は、まさに制限君主政のように、混乱と全ての統治の崩壊の中に終わりを遂げる。あなた

方は、次のような、ハントン氏の自認を聞くべきである。

一つの不自由さが、全ての混合統治において存在せざるを得ない。それは、私が、制限統治において示したものである。すなわち、三つの階層の間から生ずる根本的な争いについてのどのような設立された合法的な権威も存在し得ないという不自由さである。もし、そのような事態が生じたならば、それはそれらの統治の致命的な弊害となる。というのは、それに効くどのような薬もないからである。それは、そのような統治の予定された準備を超えた事態だからであるし、この問題に対してはどのような合法的判断者も存在しないからである。告訴側の者達は、全ての人々の良心に対してそれを明白なものとしなければならない……。あたかもどのような統治もないかのごとく、その訴えは、社会全体のものとならなければならない。そして、証言によって良心が納得させられるように、彼らは、彼らの援助を与えることが義務づけられる（ハントン、28-29頁）。

人間のこの理知は、無政府状態のため以上のことに関して何もいうことができない。

このようにして、私は制限君主政についての彼の学説からの精華を解釈し、いくつかの短い注記を添えて提示した。彼のプラトン的な君主政の全ての頁において生起しているあいまいな表現と全ての学問的な矛盾とを収集することは退屈な仕事であった。その書物は、政治学というよりも良き詩の一編であるようなたくさんの幻想をはらんでいる。

ハントン氏は、おそらく、彼の表現のいくつかで失敗し、例外を多用するのではあるが、多くの人たちが、制限・混合君主政の主要な学説は、それ自体において、ほとんど信ずべきものであり、強力で明白な理性に基礎付けられていると考えているので、私は、アリストテレスが、制限・混合君主政の根拠や例を見出し得たのかどうかという出すぎた問いを発してみよう。そしてむしろ、ハントン氏が、彼の意見を正当化する理性的な方法を非常に強調することに気づいたのでそうしてみよう。私が思うに、どのような人も、アリストテレスが、国家共同体や王国のいくつかの形態を探求することにおいて十分に慎重であったことを否定しないだろう。それでもなお、私は、彼がこれまで制限、もしくは混合君主政の何れかを夢見ていたことを見出せない。君主政の他の何れかの種類のものを彼は列挙している。『政治学』の第三巻において、彼は、君主政のいくつかの種類について論ずることで三つの章全体を費やしている。

まず、第一四章で、彼は、君主政の四つの種類に言及している。すなわち次の四つである。

ラコニア的、もしくはラケダイモン的なもの
外国的なもの
選挙僭主政的なもの
英雄時代のもの

彼のいう、ラコニア的な、もしくはラケダイモン的な君主は、ラケダイモン（古代スパルタ）の領地の範囲外にいる時、唯一の至高の権力を持つ。それから、その君主は、絶対的な権力も持ち、その王国は、終身の独裁将軍の下の軍隊のようなものであった（1285^a2–7）。

外国的な王は、全て僭主政に似た権力を持っているが、しかし、法律によるもので且つ世襲的なものである。何故なら、外国人は、ギリシア人に比べ、またアジア人はヨーロッパ人に比べその性格が本性上一層奴隷的であるために、主人的支配を少しも不満に思わないで耐え忍んでいるからである。だからこのようなことのためにこれらの王政は僭主的なものであるが、しかし世襲的で且つ法律によるものであるために、倒される危険のないものである。そうしてまたその後衛兵も同じ原因によって王的であって、僭主的ではない。すなわち、国王は臣民が武器を以って護衛するが、しかし僭主は外国人がそうするのである（とアリストテレスは言う）（1285a18–27）。

アリストテレスは「選挙僭主的な王」は「昔のギリシア人のうちにあったもので、選ばれたる僭主政であって、外国人の独裁制に比べ、法によらないものであるという点においてではなく、ただ世襲的ではないものであるという点においてのみ異なっていた」「この形態の独裁制は主人的であることのために僭主政的であり、またあったのであるが、しかし選挙によるものであり、また服する意のある者を支配するものであることによって王政的であった」という（1285b2–3）。

国王的独裁性の第四の型は英雄時代の法律によって生じたもので、服する意のある人民を支配し世襲される王政である。というのは、最初の王たちが技術や戦争に関して大衆の恩恵者となったことのために、あるいは彼らを寄せ集めて国を作ったことのために、あるいは土地を提供したことのために、服する意のある者の王となり、またその後継者たちに世襲されるものとなったからである。彼らは戦争に関する指導と神官に関わる以外の犠牲奉献の権利を持つ者であった（とアリストテレスは言う）（1285b4–11）。

アリストテレスが上記のように分類した四つの王政の種類は、後に一緒にまとめ上げられ、あたかもアリストテレス自身がそれを忘れてしまったかのようにその章の結論付けが行われ、君主政の第五の種類のものが、次のように説明された。君主政は「王がただ一人であって、すべてのことの主権者である場合のものである。というのは、家長的支配が家庭の一種の王政であるように、この王政は一つあるいはそれ以上の国もしくは民族の家政であるからである」（1285a29–33）。

上記のものが、アリストテレスが発見した君主政の全ての種類であり、彼はそれだけの数のものを作ることに懸命に努めた。まず、ラケダイモンの王に関しては、それが戦争における軍隊指揮者のようなものであり、それゆえ、結果として、軍隊の独裁将軍にしか過ぎないことを彼自身が自認している。そしてそれでもなお、この王ならぬ者は、どのような法によっても制限されないし、統治においてどのような仲間とも混合されない。その君主がラケダイモンの領地を出て戦場にある時、アリストテレスがその君主を「終身の独裁将軍」（αὐτοκράτωρ アウトクラトール、1285a7）と称したように、彼は、統治のために、彼自身の意志以外のどのような法も仲間もなかった。

次に、アリストテレスの選挙僭主的な王に関しては、アリストテレスの時代においても、時代遅れであったように思われる。というのは、その君主が「昔のギリシア人のうちにあったもの」（1285a7）とアリストテレスが言っているからである。アリストテレスは、彼自身の国民の名誉のために（もし彼が他の種類のものを欲しなかったのなら）その王を挙げることを十分割愛することが可能だっただろう。というのは、その直前に、ギリシア人より本質的に隷属的な外国人について語っていた彼は、ここにいたり、これらの古きギリシアの諸王たちが選挙僭主であったと語るからである。外国人たちは、まさに、専制君主を辛抱したのであるが、古きギリシア人は、実際のところ選挙したのだからである。その時、我々は、ギリシア人と外国人の何れをより偉大な奴隷であると考えなければならないのだろうか。さて、もし王のこれらの種類のものが専制君主ならば、我々は、彼らが法によって制限されていた、もしくは仲間と一緒であったとは推測できない。実際のところ、アリストテレスは、これらの専制君主のいくつかが一定の時間や行為を制限されていたと言う。というのは、彼らは、終身の権力を持っていたわけでもないし、一定の事柄以外には干渉することもできなかったからである。しかしそれでもなお、彼らが専制君主であった期間やその行為が制限を受けていたところでも、彼らは、彼ら自身の意志に従いながら彼らの望むことを行う絶対的な権力を持っていたし、また、それ以外では彼らは専制君主と呼ばれることはあり得なかった。

アリストテレスの英雄時代の王に関しては、彼は、選挙僭主に対して与えたことと同じような説明を与える。つまり、その君主は、古き時代のものであった。すなわち「英雄時代のものであった」（1285b4–5）という説明である。王国の他の種類のものとは異なる上記の英雄時代の王国を形成した契機は、統治の仕方ではなく、それによって最初の王が彼らの王国を獲得した手段によるものだけだった。というのは、そこにおいては、王たちは、法による制限も、仲間との混合もなく、他の王と同じような絶対的なものだったからである。

最後は、アリストテレスの外国的な王に関してである。彼は、ギリシア人以外の世界の全ての民族を野蛮人と見なした。野蛮な王は、ギリシアを除く、世界のその他の全ての王の種類に及び、それゆえ、一般的に他の全ての種類のものを含み、君主政のどのような特殊な形式でもなかったアリストテレスの五番目の王もそれに屈することになる。

このような真実の説明の上に、アリストテレスによって言及された五つの王の種類は、せいぜい、君主政が最初に獲得された、もしくは、持たれた手段の差異と偶発性にしか過ぎず、制限や混合がなく常に絶対的である統治の形式の真実で本質的な差異ではないことが明白となる。

私は、王についての彼の多様な意見を疑問視することでアリストテレスを誤解した、もしくは不当に取り扱ったと恐らく思われるだろう。しかしながら、アリストテレス自身が、幾分かは同じ気持ちだったように思われる。というのは、まさに次の章で、彼がその問題についてより良く考えた時、彼は、実は、「考察に値する君主政はほとんど二つの種類しかない」（1285b34-35）、それはつまり、第一のもの、もしくはラケダイモンのもの、そして、第五のもの、もしくは最後の種類のものであり、そこでは一人の者のみが他の全ての者に対する至高の権力を持つ、ということを自認しているからである。さて、上記の二つのもののうち最初のもの、つまりラケダイモンの王に関しては、彼は以前に「その君主は軍隊の独裁将軍のようなものである」（1285a7）と自認している。そしてその事実に基づいて、いかなる君主でもないと自認している。そして唯一残された最後の王に関しては「そこにおいては、一人の者のみが至高の権力を持つ」（1285b29-30）と認めている。そしてこれが、事実上、アリストテレス自身の最後の結論であった。というのは、第一六章で、そこで彼は君主政の種類に関する彼の最後の考えを伝えているのだが、彼は、最初に、君主政の何らかの種類からラケダイモン王を取り除き、それから、君主政についての二つの正確な規則を我々に教える。そして、その二つが、制限・混合君主政に反対する断固たる論点であった。したがって、私は、全ての君主政が絶対的であり、専制的であるべきであるということを結論づけるために、それら二つが考察されるべきであると提案するものである。すなわち、

(一) 第一の規則、「法律によって王といわれる者は、統治や王国のどのような類のものにも属しない」ということ（アリストテレス『政治学』第三巻第一六章 1287a3-4）。

(二) 第二の規則、真実の王は「彼自身の意志に従って全てを統治する」ということ（1287a1）。

前者が法による制限から自由に支配を行うように、後者は、仲間との混合と統治における分割から君主を自由にする。

以上にように、手短に、私は、王の多様性に関する難解で断続的な章句においてアリストテレスを調べてみた。そこで彼は、最初、四つの種類のみを見つけ出した。そしてそれから第五のものに遭遇した。そして次の章で、王の二種類のものだけで彼自身も満足することとなった。しかしながら、引き続く章でそれは一つのものとして終わることとなった。つまり、自分自身の意志によって全てを支配する真実の完全な君主というものである。以上全てにおいて、我々は、どのような制限・混合君主政も完全な君主政とは言えないのである。

さらに、『君主政論考』の著者が、（ユダヤ人のものを除く）全ての君主政が人間の意図に依存し、人々の交流からの合意と国民の根本的な契約が、最初の根源的な、もしくは急進的な設立によって権力を授与するという第一原理を断言するのに対して、アリストテレスが、統治の最初を探求することによって、ハントン氏よりも、この点においてより良き神学者であることを示していることを知らなくてはならない。そして、あたかもアリストテレスが創世記を学習し、君主政が、彼らの由来を、人民からの贈与、もしくは契約によるものではなく、父権から得ているかのごとく記していることもハントン氏は知らなくてはならない。アリストテレスの言葉は、次のように英訳できるだろう。すなわち「もろもろの国は最初王によって治められていたし、また今になお未開民族はそうである。何故ならそれらの国は王によって治められるような風に治められていた人々が集まって出来たのであるから。というのも、全ての家は王のような権威を持った最年長者によって治められていたからからであり、したがってもろもろの分家もまた血を同じくするところから、そのようにして治められていたからである」。そしてその直前の箇所で、彼は「一つ以上の家から先ず最初のものとして出来た共同体は村である。そして村はこの上もなく自然に一つの家からの分家によって出来たように思われる。というのは村の人々のことを、或る人々は、子どもたちや子どもの子どもたちとして「同じ乳を呑んだもの」と言っているからである」と我々に教える（1252b15–21）。

それゆえ、我々は、以下のような三つの主要で本質的な論点の中にアリストテレスの判断があることに到達した。

一、法に従う王は、どのような種類の統治も為しえない。
二、王は、彼自身の意志に従って支配しなければならない。
三、王の起源は、父権から由来する。

アリストテレスの判断として二千年来存在したものは、現代の偉大な政治学者ボダンの学説と一致している。制限君主政に関してボダンは次のように語る。

（ボダンのいう）王位、もしくは主権者に、何らかの法に臣従するのではない絶対的な権力が帰属する。……神の法と自然の法の内部に直接的に包含される主権に付随した条件を除けば、条件付きで君主に与えられた主要な権力は、正式には主権ではないし、絶対的な権力でもない。……イングランド王の寛容にもかかわらず、王と彼の人民との間の論争は、時には最高裁判所としての議会によって、時には主席裁判官によって終結される。それでもなお、全ての階層が王に対する十分な臣従をもって残っている。王は、彼らの助言に従うどのような義務もないし、彼らの要求に同意するどのような義務もない。……もし諸法、諸特権、そして国王許認可が、同意表明によって、もしくは継承する君主の寛容によって裁可されなければ、それらは、特に諸特権は、王の存命の間以外はどのような力もない。いわんや、君主が彼自身で作った法に拘束されるなどということは全くあるべきではない（ボダン73頁＝91頁）。……というのは、他者からの法をより良く受け入れることができるのだが、自分自身に法を与えることは本質的に不可能なことであり、それは、自分自身の意志に従う事柄において自分自身に命令しているに過ぎないからである。その法は、「約束者の意志から生ずるどのような義務も存在し得ない *Nulla obligatio consistere potest, quae a voluntate promittentis statum* capit」という（92頁）。主権的君主は、もし、公平さが止むなら、そしてその法が彼ならば、臣民の同意なしに、彼が約束し、守ることを誓った法から逸脱し得る（93頁）。真の主権的君主の王位は、全ての人民の諸身分が集会した時に、知られるべきことである。そこでは、あらん限りの謙遜の中で、君主に対して彼らの要求や嘆願が提示されるが、命令のため、決定のため、発言のためのどのような権力もなく、王に、好悪の念をいだかせ、命令もしくは禁止の念をいだかせるというようなことが、法のために保持されるのである。そこで、人民の権力は君主の権力より大きいと主張することにおいて、統治者の義務について書いた者達は誤っていた。それは、彼らの君主に対する彼らの服従から離反する真の臣民をたびたび生起させる事柄であり、国家共同体の中に大きな災いを起こす事柄であり、それについての彼らの意見には、根拠も基礎もない。というのは、もし、王が、その集会に対して臣従するのなら、そして人民の布告に臣従するのなら、王は、王でも主権者でもなくなるはずだからである。そして、国家共同体は、王国でも、君主政でもなく、単なる貴族政となるはずだからである（95頁）。……それゆえ我々は、主権的王位と絶対的権力の主要な主眼点を、臣民の同意なしに一般的に臣民たちに法を与えることの中に在ることを理解するのである（98頁）（ボダン、『国家論六編』第一巻第八章）。

君主政の政権と民衆的な政権、もしくは貴族的な政権とを混同することは、不可能なことである。そして事実上、それらは両立し難いものであり、想像することさえ不可能なものである。というのは、主権者は一人で存在するので分割不可能なのだから、どのようにすれば、同一時間にそれを、一人の君主と貴族と民衆とで共有するのかという疑問がわくからである。主権的王位の最初の印は、法を与える権力であることである。そして、臣民に対してそれらを命ずることである。そしてもし、彼らもまた法を作る権力を持っているとしたら、誰が、法に対する彼らの服従を強いるべきものとなるのだろうか。そして、法を与える彼自身が彼らから法を受け取ることに拘束されるなら、誰が法を与え得る者となるのだろうか。それゆえ、必然的に、我々は、そのような国家においては、どのような人も特別に法を作る権力を持つことはないと結論付けざるを得ない。つまり、その時には、その国家は、民衆国家とならざるを得ないということである。[185頁]。……これまで、どのような国家共同体も貴族と人民の階層から作られたことは決してなかった。いわんや、三つの階層から作られたことなど決してなかった。そこにおいて主権者の権利が分割されている国家は、正しくは国家共同体と呼ばれることはできず、むしろ、ヘロドトス[11]が簡潔に、しかしながら正しく書いたように、国家共同体の堕落したものと呼ばれるべきなのである（194頁）。……国家共同体の主権的権利や権力を分割するように国家を変化させた国家共同体は、それらが再び三つに形式のどれか一つを回復し、主権が全てその国家もしくは別なもののどこかの一人の者の中に存在するまで、内乱や騒乱から安住を得ることはない（ボダン、194-195頁）。

主権者の権利が、君主と臣民との間で分割されているところでは、ある一人の者が、もしくは極少数の者たちが、もしくは、皆が主権を持つまで、国家の混乱において、優越性に関する止むことのない騒動や口論が存在する（ボダン、194頁）。

制限・混合君主政に関するボダンのこの判断は、ハントン氏の考えに一致するものではないし、その上、ヘンリー・パーカー氏[12]の考えに一致するものでもない。パーカー氏は、この王国における絶対的そして専制的統治を打ち倒すために彼の知力の強さを使用する者であり、その上、彼の論考の主要部分では、もしそれらが公平に比較熟考され考察されるならば、彼が弁護する根拠に対して致命的な傷を与えるような真実を彼の筆から洩らしていることが見てとれる。私は、彼に反対して曲解するために、ここかしこから、一行、もしくは二行と引用するのではなく、彼の書物の一頁全体、もしくはそれ以上を提示するつもりである。つまり、それによって、我々は、パーカー氏の考えについて全体的な見通しを得ることが可能となるのである。

交際なしには人間は生きていけないし、法なしには人間は交際的では在り得ない。そして、法にしたがって判断するところに権威がなければ、法は虚しいものとなる。したがって、理性の命令と一致する法が共通の同意によって裁可されるということがただちに規定される。人が委任された官僚の専制によって人道にも

(11) ヘロドトス（Herodotus 前四八五―四二〇）。古代ギリシアの歴史家。『歴史』を著述し「歴史学の父」と呼ばれる。

(12) ヘンリー・パーカー（Henry Parker 一六〇四―一六五二）。パーカーは、内乱期において最も有名なパンフレット起草者の一人となった法律家である。彼の多くの出版物の中で、最も良く知られているものが、匿名の『陛下の最近のご返答と御表明のいくつかについての考察』（一六四二年）で、それは、王の権威の本質と起源についてとイングランドの国制についての王党派宣伝者と議会派宣伝者との間の長期に渡る論争の発端となった。パーカーは、全ての政治権力は、人民を起源とすると断定した。そして彼は、イングランドにおける究極の権威を二つの議会とした。フィルマーは、その匿名の著者を「物見」と呼んで『無政府状態』の中で『考察』と意見が異なることを明らかにした。また、パーカーは、ハントンとは異なり、もはや均衡憲法論に拘束されることなく、自然の原理によって、議会派の行動を全面的に擁護する憲法論を構築した（Sommerville, *op. cit.*, pp.287–295. 安藤前掲書、124-150頁）。

とる破滅にそれでも臣従することが後に明らかになった時、つまり、惨禍の大半が、全ての官僚の権能がないかのごとく破滅的なものである時、健全な治療策をどのように規定すべきかは、創案されるのに容易なことではない。至高の統治者を制限するための法を創案することは難しいことではない。しかしながら、どのようにそれらの法が実行されるべきかを創案すること、もしくは、誰がその法を解釈すべきかを創案することは、ほとんど不可能なことである。「一体誰が、監視する者を監視するのか *nam quis custodiet ipsos custodes?*」（ユウェナリス[13]、『風刺詩集』五、347頁）。至高のものの上に優越者を据えることは不自然なことである。もしその上、それを強制し、終結する裁判官のいない法は、どれほど生気のないものとなるのだろうか。もしそれが合意を得たなら、つまり、君主に制限が付けられ、その制限に従って裁判官が審理するなら、それでもなお、別の不便さが我々の前に立ち現れるだろう。というのは、我々は、極端に君主を抑圧し得るのではなく、何らかの善を実行不可能とするのだからである。……まもなく世界は、このような両極端から抜け出し得るだろうし、もしくは、それによって一方の手の中にある無制限の大権という危険を避けるための規律正しい手段を発見するだろう。そして、他方の手の中にある過剰な自由という危険を避けるための規律正しい手段を発見するだろう。そして、それほど長い経験ではないのだが、それでもなおその中において全ての人々の考えは十分満足を得るだろう。世界が幼年期のころ、人間は、残虐性や抑圧性において現代のように人為的でも冷酷でもなかった。そして政治は大抵粗野なのものであり、ほとんどの国民は、彼らの支配者に何らかの制限を課すよりもむしろ支配者たちの単純な随意の判断に従うことを選択していた。そして、書かれた法令よりもむしろ専制的な布告によって支配されていた。しかしながら、僭主がより激しいものとなり、政治学がより完璧なものとなったので、ことに学問と宗教とが成長したところでは、ほとんどの国民は、制限されない、無条件の王権を通常は伴ったその奴隷制に甘んずることはなかった。それでもなお間もなく、至高の支配者のその制限と条件とが、それらが現在そうであるように、抜け目無く決定され、密かに保持された。というのは、最初、「古代スパルタの民選行政監督官 *ephori*」、「護民官 *tribuni*」、「全権委員 *curatores*」が、主権者の大きさに反対して均衡を保つために選挙された時、彼らに係わって多くの血が流され、国家は、彼らによって新しい騒乱に巻き込まれ、いくつかの場所では、治療策が、疾病よりも悪いものであることが明らかとなったからである。全ての大きな苦痛において、人民の団体は、これまで反抗するように強いられてきた。そして大勢の者達の力によって、全ての内乱への終結が図られた。そして全ての公共の不満の種の矯正が行われた。しかしながら、しばしば、惨禍は経験したことのないほどの高さに成長し、相当厄介なものとなる前に、人々は反抗し得た。そして反抗が生じた時、その運動は、大きな略奪や流血の事態の後、時折、ただ一人の僭主に取って代わられるほど混乱し、不規律なものとなった。人民の厄介な団体の運動を統制する何らかの方法が創案されるまで、私が思うには専制的な支配が世の中では最も安全なものであった。しかしながら、今や、大半の国々で、公共的な集会のための政策や平和的な秩序が見出されているので、それによって人民は、その権力への騒乱やこの政策や秩序に反対するつもりの君主への侵害なしに、それ自体で正しいことに使用するために自分たちの権力を我が物と成し得るだろう。つまり、君主は、今や、全ての制限や法を超えたものではあり得ないし、いわんや、特定の諸党派の制限の上に拘束されるものでもない。その他から由来したのではない主権における共同体全体は、正義を行うために会合するだろう。そしてその

(13) ユウェナリス（Juvenalis 六〇―一三〇）。古代ローマの風刺詩人、弁護士。誇張した表現で有名。代表作が『風刺詩集』で全一六編からなる。

会合は、広報、一定の時間と場所、そして形式なしには、それを統制するために指定することはできない。そしてそれ自体の巨大さは、二、三の者が多くの者のために行動をし、賢者が愚者のために同意をし、全ての者の徳のある者に及び、そしてある者の慎慮が全てに及ぶ選挙と代表の力によって、混乱を生むことはあり得ない。そして確かに、この見事に構成された裁判所、それは今や議会と呼ばれているのだが、それは、それが大教会会議や賢人会と呼ばれていた時よりも、もしくは人民のこの真の団体が群がっていた時よりも統制が取れ、秩序正しい形式であるので、それゆえ、おそらくそれでもなおそれは何らかの欠陥を有するのではあるが、学芸や政治学によってさらなる改正がなされるだろう。ある分割は、両院の間で近年生じて来ているものであり、ある分割は、不確かな司法権を理由とした王と両院との間のものであり、ある法律家は、議会が新しい形式や先例を作ることが可能であり、自分たち自身に対する司法権を持ち得ることにどれほど時間がかかるのか疑問を抱いている。全ての上記の疑問は、まじめに解決され得るだろう。しかしながら、まず、その存在や効能のみに帰属するのではなく、その名誉や敬意に帰属する議会の真の特権が、明白に宣言されるべきだろう。というのは、議会の特権というまさにその名前が、あたかもそれらが無学の者に対してはキメラのように、そして、学識ある者に対しても全く知られていないかのように、議会の冒頭から、嘲笑をもって迎え入れられているからである（とパーカー氏は言う）（パーカー、13-15頁）。

全ての統治の起源に関するパーカー氏のものから引用されたこの長い段落において、二つの顕著な提案が主に見出され得る。

第一には、パーカー氏が、世の中の最初で最も安全な統治として専制的、もしくは絶対的な統治を認めていることである。

第二には、彼が、制限君主政では、司法権が不確かであり、特権が明確には宣言されないと承認していることである。

彼によって伝えられるこれら二つの明白な真実を、彼は、骨を折りながら偽装しようとしている。彼は、専制的統治が、彼が言うところの世界の幼年期においてのみ存在したとほのめかしているように思われる。しかしながら、もし、我々が、彼に、世界の幼年期とはどれ位続いたのかと問えば、彼は、それは三千年以上続いたことを承諾し、それは、世界が幼年として継続するのには、途方もない時間である。というのは、専制的権力に関して彼がまさに発見した最初の抵抗者は、「古代スパルタの民選行政監督官」、「護民官」、「全権委員」その他であったからである。「古代スパルタの民選行政監督官」は、創造から三千年より以前に存在したし、「護民官」は、それ以後に存在した。「全権委員」に関しては、私は、被後見人の監督者以外には、彼が誰を意味しているのか知らない。私は、それ以上良く「全権委員」という語を英訳することができない。私は、彼が言及する「全権委員」やその他のものが、「古代スパルタの民選行政監督官」より古いものであったことを彼が示し得ることを信じない。「護民官」に関しては、もし彼が君主政を制限し、拘束するために、それらが選ばれたと考えているなら、彼は大変な誤りを犯している。というのは、人民の護民官が最初にたくらまれた時、ローマの政体は、もし、民衆政体でないなら（彼らがそう呼んだように）貴族政であったからである。そして「古代スパルタの民選行政監督官」に関しては、彼らの権力は、君主政を制限、もしくは、統制するものではなく、それから全く取り去るものであった。というのは、アリストテレスの判断によれば、「ラケダイモンの王は、実際のところ、軍隊の独裁将軍のような、名前のみの王に他ならなかった」からである（1285a7）。そして、最高の政治家たちは、スパルタの国家共同体を君主政的なものではなく、貴族政的なものとして数えている。そして、もし制限君主政が、ラケダイモンにおいて見出され得ないとするなら、私は、パーカー氏が、世界中の他のどこにもそれを見出し得ないだろうと疑うのである。つまり、事実上、彼が「[今や]、大半の国々で、公共的な集会のための政策や平和的な秩序が見出されている」（パーカー、14-15頁）という時、あたかも、その[今や]という語が挿入されているので、それが以前ではなく、新しく為された事柄であることを、彼が自認することになるのである。

司法権が不確かであることを自認する中で、そして君主政を拘束し制限するその裁判所のあいまいな特権を自認する中で（パーカー、15頁）、パーカー氏は、まさに結果として、そのような裁判所はどこにも無いことを承認することになる。というのは、全ての裁判所は、司法権と特権とから成り、裁判所を創造し、その本質であるものがこの二つの事柄であるからである。もし、議会の「見事に構成された裁判所」が、彼が言うような改正を受け入れ得る欠陥を持っていたなら、そしてもしそれらの欠陥が、議会を二つに分割することと、王と二つの議会に分割することを惹起するなら、そして、これらの分割が、司法権と特権についての主要な事柄なら、そして新しい特権を創り出す権力なら（パーカー、15頁）、それら全ては、全ての裁判所の基礎となるものなので（というのは、それらが合意されるまで、全ての裁判所の行為は不確かであるばかりではなく、無効なものであり、暴動や騒乱の原因だからである）、そしてもし、「これら全ての疑いと分割とが、パーカー氏が自認するように「まじめに解決される」必要があるなら、その時は、彼は、今や至高の支配者の状態が「ずるがしこく決定され、密かに保持される」（パーカー、14頁）、もしくは「それによって人民は、その権力への騒乱やこの政策や秩序に反対するつもりの君主への侵害なしに、今や、大半の国々で、公共的な集会のための政策や平和的な秩序が見出されている」（パーカー、14-15頁）という理由を全く持っていないことになる。というのは、もし、国家の司法権が不確かであり、特権があいまいなら、どのようにして、自分自身の権力を仮定することによって、人民の「他から由来したのではない主権」が、国家自身の権力をどのように使用するのかを教え得るのだろうか。もしくは君主に対する侵害を行うことをどのようにして避けるのかを教え得るのだろうか。

彼は、我々に、「今や、大半の国々で、公共的な集会のための政策や平和的な秩序が見出されている」（パーカー、14頁）、そして、どの点から見ても「君主は、「今や」全ての制限や法を超えたものではあり得ない。他から由来したのではない主権の中で共同体全体が、正義を行うために会合し決定した」ということを教える（パーカー、15頁）。しかしながら、彼は、そこにおいて他から由来しない主権において共同体全体がこれまでまさに正義を行ったその学芸を発見した一つ国や王国の名でさえ挙げることをしていない。私は、彼に、もしくは、彼のために他の誰かに、上記の学芸、もしくは、平和的な秩序を「今や」、もしくは、これまでに発見したことのあるたった一つの王国の名を挙げることを要求する。我々は、まさに、この時代における中庸で制限的な君主の偉大なうわさを耳にする。ポーランド、スウェーデン、デンマークは、そのような例として語られる。そして、パーカー氏が見出したと意味するような中庸な統治は、それらの王国において、もしくはどこにおいても見出されない。少々の衡平さは、これらの王国の統治の形態に中に作られた。というのは、これらの北方の人々は、ボダンが考察するように、自由に従って生きているからである（ボダン、563頁）。

先ず最初に、ポーランドに関しては、ボテーロ(14)が次のように言っている。

その統治は、全くのところ選挙によるものであって、王国というよりもむしろ貴族政を意味していた。貴族たちは、議会において大きな権威を持ち、王を選び、その権威を制限し、奴隷のような王位のみを王の主権とした。王位の上記の減衰は、最初、ルイス王の欠陥から始まり、そしてヤゲロ王は法に反して王国の継承を勝ち取ったのだが、貴族の投票権を買収するために、彼の娘に一方を、そして彼の息子ために他方を、というように、彼の王権と大権とを分割した。（ボテーロ、412-413頁）

『世界の領有地』と呼ばれる書物のフランス人の著者は、我々に、まさに、次のような情報を与える。

君主の権威は、より自由なものであり、どのような法にも服従しておらず、生と死に関するものばかりではなく、領有地に関しても絶対的な権力を持っていた。キリスト教が受け入れられて以来、最初は司教と牧師の聖なる説諭によって、そしてそれから戦争における貴族の勲功によって中庸化が始まった。宗教的な君主は、牧師と貴族とに多くの名誉と自由とを与えた。そしてたくさんの権利が許され、それらは牧師と貴族との後継者たちに引きつがれた……。超越的な主権は、二つの階層、つまり宮廷の代表と城代とに縮小された。というのは、より以前の時代の王は、彼らが彼ら自身の全てに事柄を行う絶対的な権力をもっていたのだが、つまり、彼ら自身の考えで、命令すること、処分すること、報償を与えること、処罰を与えることの絶対的な権力を持っていたのだが、少しずつ、これら人々を公的な諮問機関とまさに呼ぶようになっていたからである。なぜなら、上記の主権が議会の本体を形成すべきであると彼らが定めたからである。（ダヴィティ[15]、641-643頁）。

王は、貴族もしくは彼らの身分に対して過大な権利や権力を要求しなかったし、牧師たちに対してもまたそうだった。

そして、王の権威は、彼への選挙のために貴族に依存したのではあるが、それでもなお、多くの事柄にお

（14）ボテーロ（Giovanni Botero 一五四四―一六一七）。ボテーロはイタリアの聖職者で著作家である。しばらくの間、ボテーロは、イエズス会の学校で哲学と修辞学とを教えていた。しかしながら、イエズス会と仲たがいをし、一五八〇年に、ミラノの大司教、チャールズ・ボッロメオの秘書となった。一五九九年、彼は、サボイ公爵に仕えることになった。ボテーロの数多くの出版物の中には、都市の偉大さや政体の理由、海洋学についての作品がある。彼は、政治学に対して実用的で経験的な接近法を取ったが、マキャベリとは異なり、彼の結論が、カソリック教会の教えと適合することを保証することに務めた。彼の『国家理性論 *Relazioni Universali*』（ローマ、一五九一―九三年、後の多くの版がある）は、世界中の地理と政体の構成を検分した。『無政府状態』においてフィルマーは、この作品の一六三〇年の翻訳、つまり『*Relatons of the Most Famous Kingdoms and Common-wealths thorowout the World*』から引用を行った（Sommerville, *op.cit.*, pp.287-295）。

（15）ダヴィティ（Pierre D'vity 一五七三―一六三五）。フランスの歴史家・地理学者。百科事典的な世界地理学書を著した。

いて、彼が選ばれた後には、それは絶対的なものであった。王は、王の好む時間と場所とを議会に指定した。王は、俗人の参議を選び、司教を指名し、枢密院の顧問官となるべきものを指名した。彼は、君主の歳入の絶対的な処分者であった。王は、議会の階層の絶対的な設立者であった。王が気に入った者を昇進させ、報償を与えることも彼の権力の内にあった。（ボテーロ、414-415頁）

王は、彼の臣民たちの直接の支配者であったが、貴族たちに関してはそうではなかった。

王は、犯罪の訴訟事件における貴族の主権的な裁判官だった（642頁）。貴族の権力が日々増大し、というのは、王の選挙に関しては、彼らは、法も、規則も、それを行う形式も持っていなかったし、文書や伝統も無かったからである（641-642頁）。王に直属していた臣民たちを絶対的権威で王が統治したように、貴族たちは、彼らの家臣たちを直接的に取り扱った。一人ひとりの者全てが、王的な権力以上のものを家臣たちに振るい、それゆえ、貴族たちは、家臣たちを奴隷のようにあつかった。（ダヴィティ、643頁）。

ポーランドには、「地上の使者、もしくは、使者 *nuntios*」と呼ばれる一定の人々がいる（ダヴィティ、644頁）。彼らは、司法権の代理人、もしくは貴族の仲間のようなものであった。彼らは一定の権威を持っており、ボテーロは次のように語っている。

彼らの議会の会期中に、上記の者達は、貴族院の近くの場所で集会する。そこで彼らは、二人の司会を選び、その者達によって（しかし、護民官に似た権威をもって）彼らは、彼らの要求することを評議会に伝える。

近頃、彼らの権威と評判とは、今や、彼らは彼ら自身を国家の公的な役割の官僚や大臣というよりもむしろ支配者や統治者とするほど、著しく成長した。評議会のある者は、彼の貴族院議員としての地位が上記の官僚の一つになることを拒否した。（ボテーロ、414頁）

王がそれを必要とした全ての宮廷の代表は、王の宮廷代表である全ての貴族を一緒に召集した。そこにおいては彼らが取り扱うべき事柄が彼らに提出されたので、そして彼らの意志が知られたので、彼らは、地上の使者の仲間から四人ないし六人を選んだ。これらの代表者たちは、集会し、一つの団体を形成した。それを彼らは、騎士の階層と呼ぶ（ダヴィティ、643-644頁）。

ポーランドのこの様式や秩序は近年のものであるので、パーカー氏は、「その他所に由来するものではない主権の中の共同体全体が」、まさに、これまで、「正義を行うために集まったこと」、もしくは、共同体の何からの選挙や代表のために集まったこと、もしくは人民が権利自体を行使するために彼ら自身の権力を握ったこともそれらの中に見つけることが不可能である。地上の使者たちは、庶民の代表と考えられたのではあるが、そして、近年その任に就いたのではあるが、それでもなお、彼らは、貴族の代理人や官僚として貴族によって選挙され、選ばれたものである。公衆は、王の家臣であるか、もしくは貴族の家臣であり、何れかの国民と同じほどの少ない自由や解放を享受する。しかしながら、おそらく、公衆は、王を制限しないのではあるが、それでもなお、貴族がそれ行い、それゆえ、王は、制限された君主であると言われ得るだろう。それに対する答えは、真実のところ、彼らの王を選ぶ貴族は、まさに、王の権力を制限し、そして王に宣誓を与えるのではあるが、それでもなお、その後には、彼らは、王を喜ばせ、彼の意志に賛同する欲望を常に持ち、不和を避けることを行うように強いられるというものである。というのは、彼らの大きな権力のために、彼らは、彼ら自身の中ばかりではなく、彼らと地上の使者である騎士たちの秩序との間の大きな意見の衝突の作用を受けさせられるからである。いやそれどころか、諸地域がお互いに内輪もめをしており、宗教に関しては、アムステルダムそのものと同じ程の、もしくは民衆統治が望み得る宗派が存在するので、ポーランドにおいては諸宗派の相違点が人々の中に永遠の衝突と憎悪とを生み出している。騒乱の危険は、王位が貴族の選挙に依存しているのではあるが、それでもなお、貴族たちが、一度以外は、つまり、ラディスラウスを彼の怠慢のために処分した時に（それでもなお彼は、後に、復位したのだが）ボヘミアのウェンチェスラウス王を選挙した時以外は、王の継承者を決して拒否することがないこと、もしくは何らかの別の王家に王国を譲渡することが決してないことが原因である。しかしながら、もし、貴族たちが、王が予め定めた条件で王を保持することにまさに同意するならば、それは、貴族の評議会の助言による以外何事も決定しないということ、もしくは彼らの許可なしにはどのような妻も娶らないということであり、その時は、それは、王権ではなく、共和国であると言われなければならない。そして王は、王国の単なる口でしかない、もしくは、女王クリスチナが「夫は、主権の影でしかなかった」と不平を言ったようなものでしかない」（ボテーロ、413頁）。

次に、もし、どのようにしてポーランドの貴族たちがこの大きな権力へと至ったのかが考察されるならば、それは、なんらかの原始契約、もしくは人民集会によるものではない。というのは、彼らは、王を選ぶための、法も規則も、書面での、もしくは、慣習による形式も持っていないと言われるからである。彼らは、司教や牧師に感謝するかもしれない。というのは、彼らの聖なる説諭と助言とによって、良き、敬虔な君主たちは、彼らの敬神さを示すために、まず初めに、臣民たちに彼らの権利と特権とを与えるように仕向けられ、信心深い王は、王の特権のいくつかを簡単に騙し取られるからである。諸階層の一般集会の権力が、助言のありのままの行為を超えて、どれほど主張され、執行されようとも、それらは、最初、彼らは、それに関して、カトリック牧師に対するものとして見ていた。それらは、初めて、議会の中に、請願と権力を持ち込んだ。私は、カトリックが存在したところ以外のどのような王国においても、議会が名声を獲り、迷信的行為の最大の時において、彼らが最初に言及されたことを見出すことができない。

デンマーク王国に関しては、私は、貴族院議員たちが、王をまさに選ぶ王国の主だった者として、貴族からその全てが選ばれ、二八人の成員を超えることはめったになかったということを読んだ。彼らは、ある程度までは常に王の長子を玉座につけた。「デンマークの貴族たちは、王が、貴族院議員による判断ができるまでは、どのような貴族も処刑しないと誓うまで、一五五九年のフレドリックの戴冠に抵抗した。そして、全ての貴族が、請願なしに彼らの臣下の者達に対する生殺与奪権を持つことができたし、貴族会議の同意がなければ王の統治を認めなかった」（ボダン、100頁）。彼らが、その面前で、全ての諸地域や諸島から請願を行う大法官が存在し、彼が王自身にそれを伝えた。私は、この王国における俗受けの模様についてどのようなことも耳にしていない。つまり、民衆のどのような集会についても、彼らのどのような選挙や代表についても耳にしていない。

スウェーデンは、これまでのところは、選挙された王によって統治されている。しかしながら、今や、グスタフ王家による世襲が行なわれている。スウェーデンは、諸州に分割されている。請願は、全ての地域の代官からレイメン lamen と呼ばれた主権的裁判官へと提出された。そして、lamen から王の評議会へ、そしてこの評議会から王自身へと提出された。

さてここで、上述の全ての国、もしくは、三カ国の中の何れかの国において、それによって人民、もしくは公衆が自分たち自身の権力を想定しえる何らかの学芸を見つけ出せるかどうか、パーカー氏自身に良く考えていただこう。もし、上述の王国の何れからも見つけ出すことができないなら、大半の国でも不可能であろう、否、全ての国で不可能であろう。上述の三つの王国における人々や公衆は、世界の何れかの国と同じような絶対的な隷従にある。統制的な権力は、それがもし存在するなら、貴族の中にあり、そしてまた、見せびらかしのためにそれを作るような貴族の中にはそれはない。王の選挙は、真の権力というよりも、むしろ、儀式的なものである。というのは、彼らは、男子相続人、もしくは王家の血を引く者以外の者をまったくと言っていいほど選ばないからである。もし、彼らが、貴族の一人を選ぶならば、派閥争いとなり、もし、見知らぬ人を選ぶならば、憎むべき者となり、何れにしても安寧とはならない。統治に関して、王は、法に従いながら治めることを誓うのではあるが、それでもなお、彼らが好む者の昇進や報酬の双方に関する権力は持っていた。貴族や貴族院議員たちは、まさに、王に従っていた。そして、ボテーロは、ポーランドの王について、彼は最も中庸であると思われるのであるが、「勇気、機敏、知恵のある者たちが、権力、権威、統治の者たちである」ことを結論づけている（ボテーロ、415頁）。ボダンもまた、上述の三つの王国は、

「貴族が君主よりも強いこともあり、もしくは、君主が貴族よりも強いことのあるような、不安定で不確かな政体であった」と言っている（ボダン、166頁）。そして人民は、自由からはほど遠い存在だった。つまり、ボダンは、種々様々個別の支配者たちが、慣習を押し付けるばかりではなく、年貢も強要し、それは、長期に渡る慣例と判例の慣行化の双方によってより強力に確かにされ、そして増長されたと言っている。

「全ての王たちに関する絶対的権力」の必然性について、そして、特に、イングランドの王の必然性について

絶対的な権力に帰属している王者の位、もしくは主権は、どのような法にも従属しない、(ボダン、88頁)。

他者の命令に対して、いかなる程度であれ、従属しないことが、主権者としてはふさわしい。主権者の職務は、無益な法を破棄し、それらの代わりに別のものを制定するために臣民に法を与えることである。すなわち、彼は、法、もしくは彼に対し命令をするその他のものに自分自身を従属させることはできないのである。つまり、それが、君主は法の権力から放免されていると、その法が語る意味である(ボダン、91頁)。

法、布告、開封勅許状、君主からの特権と許可が、それを承認する次に続く君主の明白な同意によって、もしくは少なくとも黙許によって裁可されなければ、それらのものは、その君主の存命の間以外にはどのような力も持たない(ボダン、91-92頁)。

主権的君主が、彼の前任の者の法から解放されるならば、彼が自分自身で作った法から解放されるのはなおさらである。というのは、人は、他者からの法を十分受け入れられ得るのだが、しかしながら、本質的に、自分自身に法を与えることは不可能だからである。それは、彼自身の意志に依存する事柄において彼自身に命令するに過ぎないからである。すなわち「自分自身に約束する者の意志からはどのような義務も存在し得ない」。それは、王や主権的君主が彼自身の法には従属し得ないことを明白に証明する必然的な理由である。

主権的君主は、彼がたとえそうしたくとも、自分自身の手を縛ることはできない。そして、我々は、全ての法の末尾に、我々の理解を助けるために、次のような言葉も見出す。「御意にかなって *quia sic nobis placuit*」、つまり、主権的君主の法は、それらは理性に基礎付けられてはいるのだが、それにもかかわらず、君主の純粋で腹蔵のない意志以外の何ものにも依拠していないということである。しかしながら、神の法と自然の法に関しては、全ての君主と人民とは、それらの法の臣民である。そしてまた、彼ら世界の全ての君主が、全ての畏敬と崇敬において、腰をかがめ、そのくびきに耐えるべき神の偉大さの下で、神に逆らって戦争を企てることが神の主権に対して大逆罪の罪に当たらなくても、王たちは、彼らの権力においては、神の法と自然の法とを非難することはできない（ボダン、91-92頁）。

君主は、彼が守ると誓った彼の国の法律に対する臣民なのか、それともそうではないのか、という疑問が呈せられるだろう。主権的君主が、宣誓によって、彼の臣民たちに、その法を守ることを約束するならば、彼は、それらを守ることを義務づけられる。それはつまり、一私人であるように、君主が、彼の法、もしくは彼の前任者の法に義務づけられるのではなく、宣誓によって、もしくは全くどのような宣誓によるのでもなしに、彼が作ったまさにその協定や約束に義務づけられるということである。そして、私人は、それが苛酷であるので、もしくはそれが詐欺によるものであったので、もしくはペテンにかけられたので、もしくは錯誤や強制によって、もしくはまさに恐怖によって、もしくはなんらかの大きな傷害によって誘導されたということなら、彼の不正で、不合理な約束から解放され得る、というそれと同じ理由が君主にも当てはまるのである。それと同じ理由のために、君主が彼の主権が損なわれることに関する状況において、復位が図られ得る。そしてそれゆえ我々の金言、つまり「君主は、彼の法には従属しないし、前任者の法にも従属しないが、彼自身の正義と合理的な協定には十分に従属する」（ボダン、92頁）ということは残るのである。

法の衡平が停止するならば、臣民の同意なしに、彼一人で、主権的君主は、彼が守ることを約束し、誓った法から逸脱し得る。臣民たちが、君主によって解放されないのならば、臣民たちは、彼ら自身ではそれを行うことはできない（ボダン、93頁）。

良き助言を受けた外国の君主は、彼らの前任者の法を守るという宣誓を決してしないだろう。というのも、さもなければ彼は主権者ではなくなるからである（ボダン、93頁）。

全ての宣誓にもかかわらず、法の根拠と衡平が消失すれば、君主は、その法から逸脱することが可能である。もしくは、それを無効にすること、もしくは取り消すことが可能である（ボダン、94頁）。

君主が法を守るためには、権利と正義が要求するもの以上のどのような束縛もない（ボダン、94頁）。

そしてまた、サムエル、エリア、そしてその他の者によって聖別された者ではないどのようなヘブライの古代の王もどのような宣誓も行わなかった（ボダン、94頁）。

一般的な、そして、特殊な［法や慣習］に関しては、それは私生活における人々の権利に係わるものなのだが、それらは、フランスにおいて三つの身分の総集会の後でなければ、その他の方法では変更される習慣はなかった。それによらなければ、彼らの助言に依拠するのが王にとって必須であった。もしくは、もし、自然理性や正義がそのように要求するのならば、王は、彼らが要求したことに反することは為し得なかった。そして人民の全ての身分が、命令、決定、投票のどのような権力を持つこともなしに、君主に対して彼らの要求や請願を卑下の中で提出するために集会した時に、真の主権的君主の偉大さや尊厳が知られるべきであった。しかしながら、それ以外の場合には、好むこと、もしくは好まざること、命令すること、もしくは禁止することが王の随意であることは、法のために保持されるのである。人民の権力が君主の権力より大きなものであると主張することのために官僚の義務について書かれたそれらのものは、それら自身を欺いていることになり、それらは、彼らの主権的君主に対して彼らが負うべき服従から真の臣民たちを反抗へと駆り立てる物事であり、そして、国家共同体の大困難の事態に資するものであり、それについての彼らの意見には、理由も根拠もない（ボダン、95頁）。

君主が人民の集会や法令に従うべきであるならば、彼は、王でも、主権者でもなく、国家共同体は、王国でも君主政でもなく、同等な権力における多くの貴族による単なる貴族政であり、そこでは、多数派が少数派に命令を下し、そこでは、法は、支配を行う君主の名前で公布されるのではなく、その身分の名前と権威とによって公布される。それは中世イタリア都市国家の貴族的市会のようなものであり、そこにおいては、最高位者である者は、どのような権力も持たず、市会に対して服従の義務があった。それでもなお、その彼に対して、彼らは全員が、彼らの誓約や服従に義務づけられるふりをしていた。すなわち、全て事柄が馬鹿げており、理性から最もかけ離れたものである事は間違いなかった（ボダン、95頁）。

フランス王シャルル八世(1)は、その時、わずか十四歳であり、ツールで議会を開いた時、議会の権力が、その時代におけるほど大きかったのは、前にも後にもなかったのではあるが、それでもなお、レリ Relli は、その時、人民のための議長であったのだが、王に向き合い、次のように始めた。「最も気高く、最も力強く、最も敬虔な王にして、我々の生まれながら唯一の王に、哀れで、卑しく、従順な我ら臣下が申し上げます。我々は、卑下、崇敬、臣従の中で陛下の御前に、陛下の命により参上いたしました。そして、陛下により、私は、この集会した貴族たちの代表として陛下に奏上するよう命ぜられました。貴族たちの持つ良き意志と心からの望みは、奉仕への燃え盛るような決意と共に、陛下の御用と御命令と御満足に従い、御助力することであります」。これらの演説全ては、王に向けた彼らの良き意志の宣言に他ならなかった。そして、彼らの卑下した服従と忠誠の宣言に他ならなかった(ボダン、95-96頁)。

シャルル九世[2]がやっと八歳になったばかりの時、似たような演説が、彼に対してオルレアンの議会でも用いられた(ボダン、96頁)。

フェリペ王[3]がわずか二五歳になったばかりの一五五二年、フェリペ王によってトレドで開かれた議会の法令において見られるように、スペインにおける議会もまた、他でもなく、全ての人民のこれまで以上により大きな服従が王に対して与えられるということにおいて開かれた。彼の人民の要求と謙遜な懇願に対してスペイン王の返答はまた、次のような言葉で与えられた。すなわち「朕は、命ずる」もしくは「朕は、命ずる、もしくは、定める」という言葉である。否それどころか、スペイン王に対して臣民たちが払った臨時特別税のことを、彼らは、「務め service」呼んだのである(ボダン、96頁)。

イングランドの議会においては、それは、通常三年に一度開催されていたのだが、(北欧の人々がそれに従って安息したように）諸身分が大きな自由を持っているように思われる。しかしながらそれでもなお、彼らは、事実上、嘆願と要求という方法によってのみ王に訴えていた。それは、諸身分が（女王に理解を示し）、女王が王位において彼女を後継する者を最初に指名するまで、共通の同意によって、何事も嘆願しないように決定した時、女王は、彼らに「彼らは、私が亡くなる以前に、私の墓を作る存在ではない」としか返答しなかった一五六六年一〇月に開かれた議会におけるもののようなものであった。その決定は、女王の良き好み以外にはどのような目的も持たないということであり、そしてまた女王は、彼らが要求したどのようなことも行わないということだった（ボダン、96頁）。

イングランド王の黙許にもかかわらず、王と彼の人民との間の論争は、時折、最高裁判所としての議会によって終結させられた。それでもなお、全ての諸身分が、王に対する十分な臣従の内に留まり、王は、彼らの助言に従うようにはまったく義務づけられなかったし、また、彼らの嘆願に対して同意もしなかった（ボダ

（1）シャルル八世（Charles VIII 一四七〇—一四九八）。ヴァロア朝七代目のフランス王。イタリア戦争を開始した。父王の死去により一三歳で即位した。

（2）シャルル九世（Charle IX 一五五〇—一五七四）。ヴァロア朝一二代目のフランス王。早世した兄フランソワ二世の後を継いで十歳で即位した。父はアンリ二世、母はカトリーヌ・ド・メディシス。

（3）フェリペ王（King Philip 一五二七—一五六八）。おそらくフェリペ二世のこと。スペイン帝国の最盛期に在位した王。絶対主義の代表的君主。イングランド女王メアリーと共同統治をしたこともあるが、エリザベスの時代にはその無敵艦隊がイングランドに敗れた。

ン、90頁)。

イングランドの諸身分は、フランスやスペインにおける諸身分がそうであった以上の、つまり、王から出された明白な命令と議会の文書以上の別な方法で集会することは決してなかった。それは、諸身分が、彼らが彼ら自身で集会することも出来なかったという事実からすれば、また、王からの明白な命令を外れては集会することは無かったという事実からすれば、何事かを決定し、命令し、布告することについて、彼ら自身はどのような権力も持っていなかったことを非常に良く示している(ボダン、96頁)。

それでもなお以下のことは特別な事柄であるように思われる。つまり、諸身分の嘆願でイングランド王によって作られた法は、再び撤回され得るのではなく、議会の召集よって撤回され得るものであったということである。そのことについては、私は、良き知識人であり、誇り高きジェントルマンであったイングランド大使のドールDale氏から聞き及んでいたところであるが、それでもなお彼は、私に、王が、彼自身に対して最良であるように法を受け取り、そして、拒絶したことを保証した。そして、諸階層の意志に反対して彼が随意にそれを処分することに躊躇することはなかったことを保証した。それは、ヘンリー八世[4]が常に主権的権力を行使したこと、そして議会の布告を彼の言葉のみが無効に為し得たことを我々が見ているようなものである(ボダン、96頁)。

我々は、全ての人民が君主を彼らの主権者であると承認する事実から、君主の主権が、諸身分の参列、もしくは共同召集によって、変更されたり、もしくは無効にされたりする何ものでもなく、それとは反対に、君主の主権は、非常に大きなものであり、より高貴なものであると結論づける(ボダン、98頁)。

我々は、臣民の同意なしに臣民に法を与えることの中に、主権者と絶対的権力とを構成する主な特徴を見る。事態の要求に従いながら法を変更、修正するために、自らの権力の内に法を持つことが主権的君主の義務である（ボダン、98頁）。

君主政においては、一人ひとりの者は、特に法の遵守を誓わなければならない。そして一人の主権的君主に対する忠誠を誓わなければならない。神（その王位や権力を君主が受けるのだが）の次に位置する彼は、どのような人間にも拘束されない。というのは、宣誓は、それが向けられる者に対する崇敬を常に伴い、上位の者に与えられるように、その者の名前においてそれは作られるからである。主人と家臣とはそれらの一方が他方へと相互に義務づけられるのだが、したがって、家臣は、彼の主人にそのような宣誓を与えるのだが、彼から再びどのようなものを受けることもない（ボダン、99頁）。

トラヤヌス帝(5)は、主権的君主の名において義務が免除されていたのではあるが、法を守る誓いを立てた。

（4） ヘンリー八世（Henry VIII 一四九一—一五四七）。チューダー朝第二代目の王。ローマカソリック教会からイングランド国教会を分離させ、修道院を解散し、イングランドとウェールズの統合も図った。イングランドの代表的な絶対君主。

（5） トラヤヌス帝（Trajan 五三—一一七）。ローマ帝国皇帝。領土の拡大に努め、ローマ史上最大の版図を得た。

しかしながら、彼以前の皇帝の誰も決してそのような誓いを立てなかった。したがって、小プリニウス[6]は、『賞賛的演説』において、トラヤヌス帝の宣誓について語る中で次のような説明を与えたのである。すなわち「非常なる新奇さと、以前には決して耳にしなかったように、帝は、我々が彼に宣誓するように、宣誓した」（ボダン、100頁）。

上記の二つの事柄、つまり、一方が必然的であること、すなわち自分の国の法律を守るという誓いを立てる君主が主権を持たざるを得ないこと、もしくはもし君主が彼の宣誓に反するある法だけを逸脱するにすぎないとしても誓いを破った者とならざるを得ないことは必然であること。他方、時と場所と人物の要求する無限性のために、君主がそのような法を時折逸脱ことが有益であるばかりではなく、彼にとって、それらを変更し、矯正するために必須となる場合がある。もしくは、我々が、君主がいまだ主権者であるといいたいのならば、そしてなおそれにもかかわらずそのような条件、つまり、彼が人民、もしくは彼の評議会の助言なしにはどのような法も作れないという条件をそれに伴わせるならば、君主は、また、法の遵守のために行った宣誓によって、臣民によって不要な者とされざるを得ない。そして、臣民たちも、誓いを破った者となることを恐れ、その法に義務づけられる臣民もまた同様に君主によって不要な者とされざるを得ない。それゆえ、当然の帰結として、ある時はこちら側に、ある時はあちら側に傾く、つまり、時には、君主側に、時には人民の側に運ばれる国家共同体の主権は、安定のためのどのような確かさもなくなるのである。それは非常に馬鹿げたことであり、そして絶対的主権にも全く一致しないことであり、法と理性の双方に反するものである。そしてそれでもなお、我々は、たとえ彼らが賢明な者達であったとしても、君主が彼らの国の法律や慣習を守るために宣誓によって義務づけられるべきであることがもっとも必須なことであると主張する多くの人々を目にする。それを行うことにおいて、彼らは、最も尊敬され、神聖であるべき主権者の全ての権利を弱体化し、打ち倒し、一つの主権的君主の主権と、貴族的、もしくは、民主的主権とを混同させる（ボダン、100-101頁）。

諸身分の集会、もしくは議会における法の公布と認可とは、法を保持するために我々にとって非常に重要である。君主は、そのような何らかの許可に義務付けられるということはなく、もしくは彼一人で、諸身分、もしくは人民の同意なしには法を作ることができないということはなく（というのは、諸身分や人民の同意がないのではあるが、戦争、和平の条項への彼の宣言、貨幣の評価、議会に議員を送るための都市への勅許、そして集会に両院を召集するための令状が法であるので）貴族院議員の好みによってそれを行うということは王の厚意であるということである（ボダン、103頁）。

君主が、法によって殺害や窃盗を禁じられるならば、彼が、彼自身の法に従うために何に義務づけられるのだろうか。私は、次のように答える。つまり、その法とは、彼の法ではなく、神の法であり、それに対して、全ての君主は、臣民たちよりも厳格に義務づけられる。神は、他の者たちよりも、より厳格に君主を説

（6）小プリニウス（Pliny 六一―一一二）。帝政ローマの文人・政治家。伯父の博物学者・政治家・軍人であった大プリニウスと区別するために小プリニウスと呼ばれる。元老院議員としてトラヤヌス帝に捧げた『頌詞』はトラヤヌス帝を知る貴重な資料となっている。

明する。それはソロモン王(7)が次のように語った通りである。つまり、それに対してマルクス・アウレリウス(8)も同意している通り、「官僚は、私人たちの裁判官であり、君主は、官僚たちの裁判官であり、神が君主の裁判官である」ということである（ボダン、104頁）。

我々を支配し統治するために神の御意にかなうような君主の法に我々が従順であることは、自然法においてばかりではなく、神の法の中でもたびたび繰り返されたことである。もしその君主たちの法が、神の法には直接一致するものでなくとも、それに対して全ての君主たちは、彼らの臣民たちのように十分義務づけられる。というのは、家臣が、主権的君主を除く、全ての人への反抗と従順とに関して、彼の主人に、忠誠の宣誓の責任を負うように、臣民は、この世の全ての君主たちの絶対的主権者である神の主権を除く、全ての人への反抗と従順とに関して、主権的君主に、服従の責任を負うからである（ボダン、106頁）。

君主政と、民主政、もしくは貴族政とを混同することは、不可能なことであり、結果として矛盾することであり、到底、想像し得ないことである。というのは、主権者は、自ずから分割不可能であるので、どのようにすれば、それが、一致して、同時に、一人の君主、貴族たち、そして人民の間に共通に分割され得るのだろうか、という問題が生ずるからである。主権者の第一の印は、法を与える権力者ということであり、臣民たちにそれを命令するということである。もし、臣民たちもまた立法の権力を持つというのならば、法に対して服従を強いられる臣民とは一体誰のことなのだろうか。君主自身で法を与える者から拘束を受けるために法を与えることのできる君主とは誰なのだろうか。それゆえ、必然的に、我々は、国家が民主政を取らざるを得ないところでは、特にある一人の者がその国家において法を作るためのどのような権力も持たないと結論付けなければならない（ボダン、185頁）。

これまでどのような国家共同体も、貴族身分と民衆身分から作られたことは決してなかった。いわんや、三つの身分から作られた国家共同体などなおさらなかった（ボダン、193頁）。

主権者の権利が分割されているような国家は、ヘロドトスが最大に簡潔に、しかしながら正しく記述したように、国家共同体とは正しくは言えず、むしろ国家共同体が堕落したものと言える（ボダン、194頁）。

主権的権利や権力が分割されるように政体を変更する国家共同体は、内乱以外の余地を残さない（ボダン、194-195頁）。

主権者の権利が、君主と臣民との間で分割されるところでは、政体の混乱において、止むことのない騒動と優越性に関する闘争がいまだに存在する（ボダン、194頁）。

もし、君主が、フランス、スペイン、イングランド、スコットランド、トルコ、モスクワ、ダッタン、ペルシャ、エチオピア、インド、そして、アフリカやアジアの全ての王国の大半の真の君主のように、絶対的

（7）ソロモン王（Solomon 前一〇一一―九三一）。旧約聖書『列王記』に出てくる古代イスラエルの第三代目の王。父はダビデ。エジプトに恭順の意を示し、ファラオの娘と結婚し、古代イスラエルの最盛期を作った。

（8）マルクス・アウレリウス（Marcus Aurelius 一二一―一八〇）。第一六代ローマ皇帝。ストア哲学に詳しく、よく国を治め、ネルヴァ、トラヤヌス、ハドリアヌス、アントニウスらと共に五賢帝とされる。

な主権者であったならば、そこでは、どのよう疑いも疑問もなく、王自身が、彼らの臣民と分割することのない主権を持つ。この場合、君主が語られ得る全ての邪悪なこと、不敬虔なこと、そして残酷なことに関与したとしても、特に臣民の一人が、もしくは一般に臣民の全てが、主権者の名誉、生命、尊厳に反して、実際の行動によってであろうが、裁判によってであろうが、何事かを企てることは合法ではあり得ない。というのは、裁判によって君主を告発しようとしても、臣民は、主権的君主を越える司法権を持ってはいないし、命令をする全ての権力は彼に依存し、誰も、君主の官僚の権力を無効にし得ないばかりではなく、まさに君主の臨席においては、全ての官僚、団体、身分、公衆の権力が停止するからである（ボダン、222頁）。

さて、もし、臣民たちが、王に反対する告発を裁判によって行うことが合法的ではないとするならば、その時は、どのようにして、実行や力によって王に反対して行われたことが合法になるのだろうか。というのは、ここでの問題は、人々が力や強さによって何を為し得るのかではなく、彼らが権利によって行うべきは何なのかということだからである。つまりそれは、臣民が権力や強さを持つかどうかではなく、彼らが、主権的君主を非難すべき合法的な権力を持つのかどうかというような問題だからである（ボダン、222頁）。

主権的君主を殺害した臣民は、最高程度の反逆罪に相当するばかりではなく、それを企てた者でさえ、そして、それに対して助言や同意を与えた者でさえ、否、その陰謀を持ち、それを構想しただけでも、最高の反逆罪に値するのである。その事実は、何らかの侵犯や犯罪によって非難される以前にその人が死亡した時、その人が、彼の主権的君主の尊厳や生命に反して陰謀を企てたことを除けば、健全で完全な状態で死亡したと思われるほど、その法が忌み嫌っていたものであった。唯一考えられたことは、彼らが、今や、すでに、相当に、侵犯され、非難されているということであった。否、それについての告発以前からそうであったというものであった。そして、その法は、人々のその邪悪な思想にはどのような処罰も課さないのではあるが、その者達を、言葉や行動によって、大罪の思いに至らせる。それでもなお、その人が何事も企てていなくとも、もし、何れかの者が、彼の主権的君主の人格を冒涜する思想を心に抱くならば、彼の持った後悔がどのようなものであったにせよ、死に値する思想であると判断されるのである（ボダン、222頁）。

人々が、上記の法の著者を（王や君主）自身であると考えてしまわないように、つまり、彼らの安全と名誉を守るためのより狭き道として、聖書の法と例とを見てみよう（ボダン、223頁）。

アッシリアの王ネブカトネザル[9]は、戦禍でパレスチナの全ての国を破壊した。エルサレムを包囲し、次に徹底的に、捕縛し、略奪し、崩壊させた。寺院を焼き、神の聖域を侵した。王を殺害し、人民の大部分を、バビロンに捕虜として連れ去った。黄金で作られた彼の像を公共の場所に建立させ、生きながら火あぶりにされるがごとくそれを神をとして崇め、礼拝することを、全ての人々に命じた。そして、それを拒むものは、燃え盛る炉の中へ投げ込まれた。上記の全てのことにもかかわらず、聖なる預言者たちは（「バルク書」一、「エレミヤ書」二九）その時、バビロン捕囚にあった同胞のユダヤ人に対して手紙を送り、ネブカドネザルと彼の子どもたちの良き、幸せな人生のために神に祈りを捧げるよう勧めた。そして、天が永続するように、

（9）　ネブカドネザル（Nabuchodonosor 前六〇六―五六二）。新バビロニア王国二代目の王ネブカトネザル二世のこと。皇太子としてアッシリアに遠征し、残存勢力を攻撃し、アッシリアの援助に出てきたエジプト軍に一時は撃退されるが、カルケミシュの戦いでエジプト軍に勝利し、シリアの大半を制圧した。

彼らに対する永久の支配と統治が可能となるように神に祈りを捧げることを勧めた。否、それどころか、神自身でさえ、ネブカトネザルを「この世で最も強大な君主」と呼び、神の僕と呼ぶことに疑いを挟まなかった。そしてそれにもかかわらず、彼以上に嫌われた専制君主はこれまで存在しなかった。すなわち、彼は、彼自身を礼拝させることで満足せず、彼の像もまた崇拝させ、生きながらの火あぶりも行ったからである（ボダン、223頁）。

我々は、サウル[10]についての貴重な例も持っている。彼は、悪霊に取り付かれており、神の聖職者たちを十分な根拠なしに殺害させた。というのは、彼らの一人が、サウルから逃亡したダビデ[11]を匿ったからである。そして、サウルは数多くの勝利を、無実の君主ダビデによって得たのではあるが、その彼を殺すこと、殺害させることが、まさに彼の権力であったのである。その時に、彼は、二度ほどダビデの手中に落ちた。ダビデは、サウルの死後に王国を継ぐことに確かな希望を抱いているので、彼の不倶戴天の敵が、その時の彼の権力において殺害されることを容赦しないとして彼の兵士たちを責めた。ダビデは、兵たちの助言を忌み嫌い次のように言った。「私の主君であり、主が油を注がれた方に、私が手をかけ、このようなことをするのを、主は決して許されない」。否、それどころか、彼は、彼の側近の兵たちにぶどう酒と睡眠によって力を取り戻すように命じて、彼自身を虐げたその王を彼自身が守ったのである（ボダン、223頁）。

そして、サウルが殺害され、その兵士が、ダビデが喜ぶと思ってサウルの首を差し出した時、次のように言って、その首を持ってきた兵士を殺害した。「主が油を注がれた方を、恐れもせず手にかけ、殺害するとは何事か。お前の流した血はお前の頭に返る」（ボダン、223-224頁）。

その後、全くの偽りなしに、死せる王に哀悼の意を表わした。それら全ては価値のある良き判断であった。というのは、ダビデは、サウルによって死刑に処せられようとしていたのだが、それでもなお、より力の強い王となるために、復讐のための権力は欲していなかったからである。その上、彼は、神に選ばれた者であり、サムエルによって王となるべく油を注がれた者であり、王の娘と結婚した者であり、そしてそれら全てにもかかわらず、王の称号を得ることをひどく嫌い、サウルの生命や名誉に反する何事かを企てること、もしくは、彼に反対して、反乱を起こすこともひどく嫌った。それどころか、王を破滅させる何事かを思い巡らすよりもむしろ自分自身が王国から追放される道を選んだのである（ボダン、224頁）。

我々は、ダビデが、王であり、そして預言者であり、神の精神に導かれ、「出エジプト記」に記されている「神をののしってはならない、あなたの民の中の代表者を呪ってはならない」（「出エジプト記」二二・二八）という神の法を常に目の前に置いていたことを疑うことができない。そしてまた、君主の生命や名誉を侵害し奪うことを禁止するばかりではなく、聖書で言われている「邪悪で無価値な」官僚たちでさえ、彼らの生命や名誉を奪うことを禁止すること以上に聖書においてより良く知られている事柄はないのである（ボダン、224頁）。

---

(10)　サウル（Saul）。旧約聖書『サムエル記』に登場する、前一〇世紀頃のイスラエル王国最初の王。

(11)　ダビデ（David 前一〇〇〇―九六一）。羊飼いから身を起こして初代イスラエル王サウルに仕え、サウルがペリシテ人と戦って戦死した後ユダで王位に着き、ペリシテ人を撃破して、エルサレムに都を置いて全イスラエルの王となった。フィルマーが引用しているのはダビデが旧約聖書『サムエル記』と『列王記』に登場する場面である。

ドイツのプロテスタント君主たちは、皇帝シャルル(12)に敵対して戦闘を構える前に、それが合法であるのかどうか、ルター(13)に問いただした。ルターは、どのような専制や不敬を口実にしようともそれが合法ではないと、率直に彼らに答えた。それにもかかわらず、彼の意見は容れられず、その結果、悲惨きわまる戦争が到来した。その帰結は、臣民たちの異常なほどの殺害を伴うドイツの名門貴族の悲惨な崩壊というものだった（ボダン、225頁）。

あなた方が正当にも国の父と呼ぶことができる君主は、神によって我々に定められ送られた者のように、全ての者にとって、どのような父親よりも尊く崇められるべきものである。臣民たちは、彼らの君主がどれほど無価値で残忍であろうとも、その君主に反対して何事かを企てることを決して容認されてはならない。神の法に反対する事柄においては、彼から逃げ、隠れして、彼に従わないことが合法である。そして、さらに、君主の生命や名誉に反対して何事かを企てるよりは、鞭を耐え忍び、否、死を耐え忍ぶほうがましである。もし、臣民たちが専制君主を殺害することが合法的であるならば、ああ、一体どれほどの人数の君主が必要なのだろうか。どれほど多くの良き、無実の君主たちが、彼らの反対する臣民たちの陰謀によって専制君主として滅ばされるのか。人民の心地の良い楽しみに反して支配し、命令すべき者が、専制君主となる。彼本人の安全にために強力な要塞や砦を保持すべき者が、専制君主となる。彼の政体に反対する反逆者や謀反者に死を課す者もまた、専制君主と数えられる。臣民たちによって守られるべき君主たちが、専制君主という口実でその臣民たちによって殺害され得るならば、そのようにすれば、良き君主たちは彼らの生命を確かにし得るのだろうか（ボダン、225頁）。

良く秩序立てられた国家においては、主権的権力は、国家についてのその何れの部分も分かたれることなく、ただ一人の者の中になければならない（というのは、その場合には、その国家は、民衆国家であり、どのような君主政でもないからである）。賢明な政治家、哲学者、神学者、そして修史官は、他の全ての国家共同体より君主政を高く推奨した。彼らがこの意見を心に抱いたのは、君主を喜ばせるためではなく、臣民たちの安全や幸福のためだった。これに反して、臣民たちが、全身分や評議会に王を従わせるために、君主の主権的権力を制限したり、抑制したりするような場合は、主権者は、どのような堅固な礎も持たず、人民の混乱と悲惨な無政府状態を創出するだけとなる。それは全身分と国家共同体の疫病のようなものである。君主を従わせ、君主に対して法を規定することが必須の事柄であると臣民たちを説得する彼らの御大層な論考を信ずることなく、上記の事柄を真剣に検討することが必要である。というのは、それは、君主政の破滅であるばかりではなく、また、臣民たちの破滅でもあるからである。それでもなお、君主が彼の法に従う、つまり彼自身の意志に従う、という多くの者たちが保持している意見はより奇妙なものである。君主が作った法が君主の意志に依存するということは、本質的に不可能な事柄である。そしてこの見せ掛けの、浅はかな意見の下で、彼らは、国家法と自然法と神の法との混合と混同を行うのである（ボダン、717頁）。

---

(12) 皇帝シャルル（Charles the Emperor）。ハプスブルグ家出身の神聖ローマ帝国皇帝カール五世のこと。ハプスブルグ帝国の絶頂期の皇帝。

(13) ルター（Martin Luther 一四八三―一五四六）。宗教改革の創始者。道徳的・禁欲的実践をいくら続けても心の安らぎを得られないことから、人間の意味・理解を超えた存在である神の認識にいたり、「義認」説に到達し、心の平安を得る。世俗の権力については『世俗の権力――人はどこまでそれにしたがわねばならないか』を書き、人びととの服従を強く求めた。

純粋な絶対的君主政は、最も確かな国家共同体であり、全てのものの中で比類なく最高のものである。その点において、多くの者は反論を唱えるだろう。彼らは貴族政が最高の統治形態であると主張しているからである。なぜなら、多くの命令者は、たった一人の命令者より、良き判断、知恵、助言を持つからである、と。しかしながら、助言と命令と間には大きな差異がある（ボダン、717頁）。

多くの賢者の助言は、一人の者のそれより良きものであり得るだろう。しかしながら、決意すること、決定すること、命令することに関しては、一人の意志の方が、多数の意志より、常により良く実行される。全ての者たちの意見を熟考の上で整理する君主は、論争なしにただちに決定を行う。それに対して、多くの者たちは、容易に実行し得ない。君主の評議会の意見を解決し決定する権力を持ち得ることが、主権的君主には必須の事柄である（ボダン、717頁）。

ホッブズ氏の『リヴァイアサン』、ミルトン氏の『反サルマシウス』、グロティウスの『戦争の法』における統治の起源に関する考察

王政後のギリシア人の中の統治の最初の形態は、軍政であった。

アリストテレス『政治学』第四巻1297b16-17

ἡ πρώτη δὲ πολιτεία ἐν τοῖς Ἕλλησιν ἐγένετο μετὰ τὰς βασιλείας ἐκ τῶν πολεμούντων.

序言

非常な満足をもって、私は、主権者の権利について書かれたホッブズ氏[(1)]の『市民論[(2)]』と『リヴァイアサン[(3)]』とを読んだ。私が知る限り、どのよう人もその本ほど充分にかつ賢明にその問題を扱ったことはない。私は、統治の執行の権利については彼に同意する。しかしながら、それを獲得することについての彼の手段については承諾することができない。私が、彼の構築物を賛美しながら、それでもなお、その基礎を嫌悪することは、不思議に思われるだろう。しかしながら、まさにそうなのである。彼の「自然権 *jus naturae*[(4)]」

(1) ホッブズ(Thomas Hobbes 一五八八―一六七九)。イングランドの哲学者。フィルマーとは生まれが同年である。主要著作『哲学原論』『リヴァイアサン』。当時勃興しつつあった科学革命の影響を受けながらピューリタン革命に帰結するイングランドの内乱が提起した問題に答えようとした。その政治哲学は「人間には生まれながらの自由＝自然権がある」という前提をとる。一般的に啓蒙主義的計画合理性を持つ社会契約論の先駆者として捉えられているが、物体の運動や社会を構成する人間の行動の端緒をコナトゥス（事物が生来もっており、自らを高めようとする自己運動的傾向力）と把握していることから、一般システム理論の先駆として捉えられる側面も持っている。

（2）『市民論』（*De Cive*）。一六四二年出版。ホッブズ『哲学原論』の第三部。『哲学原論』の構成上は第三部であるが、時間的には最初に出版された。人間の社会関係の本質を「万人に対する万人の闘争」と定義づけ、そこから絶対主権国家設立の必然性を提起した。「万人の万人に対する闘争」という定義は、『市民論』に先行する『物体論』と『人間論』を前提とするかしないかによって相当に解釈の隔たりを生む。

（3）『リヴァイアサン』（*Leviathan*）。一六五一年出版。ホッブズの著作。政治的な側面における結論は『市民論』と大きな違いはないが、『市民論』がラテン語で書かれているのに対して、英語を使用して書かれ、また、修辞を多用していること、宗教に関する論考が増大していることから、読者層をイングランドの一般階層と想定しているものと思われる。「リヴァイアサン」とは旧約聖書ヨブ記に登場する海に棲む怪獣のことで、比類なき権力を振るう絶対主権者の比喩である。

（4）自然権（jus naturae）。自然権とは、一般的には、人間が自然状態（国家や社会以前の状態）において持っている生命・自由・財産・健康に関する不可譲の権利と定義される。歴史的には、ギリシア哲学において、自然的正義にもとづいて人間本性が持つ権利であり、中世スコラ哲学においては、神から人間本性に与えられたものであった。しかしながら、いずれの場合も自然法（道徳）を前提としていた。ホッブズの自然権は、それとは逆に、自然権（自由）が自然法（道徳）より優位に立つところに特徴がある。

と彼の「設立による王国 *regnum institutivum*」は、私を降服させることはできない。それらは矛盾と不可能性に充ちているように思われる。それらに対する二、三の短い注記を私はここで提示したいと思う。というのは、彼の構築物が、（彼がそれをそう呼んだように）聖書と理性に従う「父権的王国 *regnum patrimoniale*」の原理の上に立つものより、より堅固に立つものなのかどうかを考察することを彼が望んでいるからである。なぜなら、彼は、「国家の設立以前に父親である者」は、元々「生と死についての権力を持つ」「絶対的主権者」であったと認めているからである。そして「大きな家族は、主権者の権利に関してなら、小さな君主国である」ことを認めているからである（ホッブズ2、121、178、105頁）。もし、自然の秩序に従って、彼が、設立による統治より前に父権的統治を取り扱っていたならば、統治の設立に同意するためのどのような自由も家族の被治者の中には存在し得なかったであろう。

人民のための弁明において、彼は、大きな召集軍隊 commission of array で武装している。それは、人がしたいと思う時に、万人に対して万人が戦争をすることに関する自然の権利である。そしてまた、統治することに関する全ての人民の権利である。後者の問題については、彼は言葉では断言してはいるのだけれども、それでもなお、私が思うに、結果として否定している。

彼は、代表者が、全ての、もしくは、一部の人民から構成され得る、と言う。（ホッブズ、2、94頁）もし代表が全ての人民から構成されるならば、彼はそれを民主政と名づける。それは人民の統治である。しかしながら、どのようにすればそのような国家共同体（コモンウェルス）の生成が可能なのだろうか。もし、全ての人民が代表ならば、誰が信約のために残るのだろうか。というのは、主権者である者は、原理的にどのような信約も結ばないからである。民主政を作るのは集まる全ての人民ではなく、信約によって権力を持つ全ての人民である。このようにして、彼の設立による民主政は失敗するのである。

同じことが、獲得による民主政についても言うことができる。というのは、もし全ての人民が征服者ならば、誰が、生命と自由のために信約するのだろうか。そして、もし全ての人民が征服者でないなら、どのようにして征服による民主政と成り得るのだろうか。

私が確信を抱いている父権的民主政を彼は確言しないだろう。それ故、もし、彼の原理によるどのような民主政も存在し得ないならば、帰結として、哀れな人民は、統治を剥奪される。

次に、もし、人民の一部の貴族的な代表者が、信約から自由ならば、その時は、その集会全体が（その呼び方は読者の自由だが）、それはそれほど大きなものではないのだが、自然状態の中にあり、そしてその集会の各人は、街角で出会った被治者を誰でも殺害する権利を持つばかりではなく、原理的には、会議に同席している間も他者の喉を切り裂く自然権を皆が所有している。設立による貴族的代表は、この悲惨な戦争状態の中にある。

征服によるコモンウェルスは、「敗北した人々が、当面の死をさけるために、彼の生命と身体の自由が許される限り、勝利者が彼の望むがままにそれの使用権を持ち得ると言う時に獲得される」と彼は教える。（ホッブズ、2、104頁）ここで私は、もし勝利者が望むがままにそれを使用する権利を持つときに、どのようにして敗北者の自由が許されるのかを知りたい。もしくは、勝利者が、彼の生命と自由を守るために個々の人間を味方にすることなしに、どのようにして勝利者が彼の信約を実行することが可能なのかを知りたいのである。

「総括と結論」において、彼は、「通常の被治者の生活の手段が、敵の警戒と守備のもとにおかれる時、彼は降服する自由を持つ」と説明している。（ホッブズ、2、390頁）この結果、設立による主権者の権利は、喪失されるように思われる。というのは、被治者は、彼の以前の服従が保護の欠落にために喪失される以外には、征服者に降服することで自由となることはあり得ないからである。

もし、征服者が征服時に自然状態にあるならば、彼は、被征服者との間に作られたどのような信約もなしに権利を持つ。もし、征服が、勝利による主権者の権利の獲得に限定されるならば、なぜ、生命と自由のために臣従を約束する権利が人民の降服において獲得されたというのだろうか（ホッブズ、2、103-104頁）。自然状態における個々人は、征服以前に、それが唯一彼を彼の権利の所有者とする、主権者に対する権利を持たないのだろうか。

もし、征服者が自然状態にあるのではなく、信約によって服従させるのであれば、どのようにして彼は、彼自身が被征服者に対する権利を持たず、そして被治者が降服の自由を持たない時、征服によって主権者の権利を得ることができるのだろうか。なぜなら、合法的に作られた前者の契約は、彼らによって合法的に破られることはないからである。

私は、その書物の題名が国家共同体 commonwealth ではなく、国家共同体 a weal public、もしくは、国家 commonweal であったらと望む。それは我々の翻訳者によってボダンの『共和国 *De Republica*』が賢明に英語に訳された真実の言葉である。多くの無知な人々は、共和国という名辞によって民衆統治を理解しがちである。そこにおいては、純粋な自然状態において平等な共同体を志向する傾向を持ちながら富と全てのことが共有されるのである。

ホッブズ氏の『リヴァイアサン』、もしくは、彼の人工的人間である国家共同体についての考察

I

もし、神がアダムのみを創造し、彼の一部から女性を作ったのならば、そして、もし彼らからの生殖、つまり、二人の諸部分によって全ての人類が繁殖したのならば、また、もし神がアダムに、女性に対する支配権や彼らから生まれる子どもたちに対する支配権を与えるばかりではなく、それを服従させるために地球全体の支配権も与えたのならば、そして地球上の全ての被造物に対する支配権を与えたのならば、それ故に、アダムが生きている限り、どのような人も、彼からの贈与、譲渡、許諾によるもの以外では何事も請求、もしくは、享受できなくなるだろう。私は、どのようにして「自然権」がホッブズ氏によって想像されたのか不思議に思うのである。というのは、それを彼は「各人が、彼自身の生命の保存を切望するために彼自身の力を使用する」ための自由、「万人の万人に対する戦争の状態」「たとえ他者の身体に対するものであろうが、全てのことに対する全ての人の権利」と語るからである（ホッブズ、2、64頁）。特に、彼自身が「元々

全ての人の父親は、彼の生命と死に対して権力を持つ主権的な主人であった」（ホッブズ、2、178頁）と断言しているからである。

Ⅱ

ホッブズ氏は、彼が「そのような「自然権」が存在したことはそれほど一般的なものではない」と信じていることを自認している。（ホッブズ、2、63頁）そしてもし一般的ではないのなら、その時は、全くそうではない。というのは、もし彼がそれに良く注意を払うならば、一つの例外は、全てを除外するからである。これに反して、彼は、アメリカにおいて現在そのような「自然権」が行われ得ると想像している。彼は、そこでの家族の統治を自認しており、その統治は、（彼がそれを呼んだように）どれほど「小さく」もしくは「野蛮」なものであっても、彼の「自然権」を崩壊させるのに充分なものである。

Ⅲ

私は、人々がいかなる相互依存関係もなしに全て同時に創造されており、そしてその最初の時点での人々の交際を想像することなしに、この「自然権」が、どのようにして心にいだかれたのか理解することができない。もしくは、ホッブズ氏の『市民論』第八章第一節にあるように「マッシュルーム（fungorum more）のように、彼ら全てが突然お互いのどのような義務もなしに大地に生えてきた」（ホッブズ、1、160頁）と考えられるのか理解できない。聖書は我々に、別のことを教えている。つまり、全ての人間は、一人の人間から、継承と生殖とによって来たのである。我々は、創造の歴史の真実を否定してはいけない。

Ⅳ

あたかも、神が、本来、お互いに滅ぼしあうという目的以外のどのような目的のためにも人間を作らなかったかのように、神が、どのような野獣よりも悪しき状態の中に人間を創造したと考えるべきではない。彼の子どもたちを滅ぼす、もしくは、破壊するための父親の権利、そして、両親に対して同じことを行う子どもたちの権利は、人食いよりも悪しきものである。ホッブズが、この恐ろしい全くの自然状態を説諭した時、彼の逃げ場所は「どのような息子も自然状態にあると理解することはできない」と答えることだった。（『市民論』第一章第十節）（ホッブズ、1、96頁）。つまりそれは、彼自身の原理を否定することと同じことである。もし、人々が自由の状態に生まれないのならば、自由への自然権を主張するために彼らに何らかの別な時間を割り当て示すことは不可能である。つまり彼らの生まれた時点でそうでなければ。

V

しかしながら、仮に、人間の交際が、彼らを畏怖の中に留める共通の権力なしに最初から存在することが許されるなら（それはそれでも最大の誤りであるが）、私は、なぜそのような状態が、万人の万人に対する戦争の状態と呼ばれなければならないのか分からない。実際のところ、もし、大地が良く育み得ないような、そのような人々の群れが創造されるのなら、食物の不足のために滅びるよりもむしろお互いを破壊するための原因となるだろう。しかしながら、神は、創造において全くのところそのような吝嗇家ではなく、全ての人間に充分な食べ物や場所を用意したのであり、生命の保存を妨害されるまで戦争の原因も効用も存在しなかった。それ故、純粋な自然状態においては、どのような戦争の絶対的必然性も存在しなかったのである。平和の中で生活することが全ての人間のための自然権であるので、人間は生命の保存に向かうものであり、実際に戦争にいる間も彼はその傾向があるのである。戦争それ自体はそれが戦争であるので、どのような人間の生命も保存させない。それはただ生きるための手段を保持することと獲得することを助ける。もし、全ての人間が生命の維持の権利に向かうなら、それは平和において為し得るのであり、そこにはどのような戦争の原因もない。

VI

しかしながら、自然状態が戦争状態であることを許し、ホッブズ氏がそのために得る助けがどのようなものであるのかを見てみよう。自然法とは、理性によって発見された規則であって（私はそれを神によって与えられたものと考えるが）、それによって人は、彼の生命にとって破壊的であることを行うのを禁じられ、また、それをもっともよく維持しうると彼が考えることを回避するのを禁じられる、ということが彼の原理である（ホッブズ、2、64頁）。もし、人が彼の生命を維持するに適当であると考えるどのようなことをも行う自由を自然権であるとするなら、その時は、まず、自然は、生命が保存されるべきであることを人に教えなければならない。そして帰結として、生活の手段を破壊し、取り去ることを行うことを禁止すべきことを教えなければならない。もしくは、生活の手段が維持され得ることを怠ることを禁止すべきことを教えなければならない。つまり、このようにして、自然権と自然法とは一致するのである。というのは、自然権が自分自身の生命を破壊する自由であるとはホッブズ氏も言わないだろうと私は思うからである。自然法は、生命を維持する手段を破壊することを禁止し、それを怠ることを禁止するということの中に存在するというよりは、生命を維持する手段を保持し、怠ることのないことの命令の中に存在するというような言い方でより良く言い表され得るだろう。

Ⅶ

私が遭遇した別の原理は「もし他の人々が彼らの権利を、彼と同じように放棄しようとはしないならば、その時は誰にとっても、自分の権利を捨てるべき理由がない」（ホッブズ、2、65頁）というものである。ここから当然の帰結として、もし、この世の全ての人間が、同意しなければ、どのような国家共同体も設立し得ないということになる。この世の全ての人間が、彼らの権利を放棄する信約を全ての人間と結ぶことなど不可能なことである。否、それは最小の王国においてさえ可能なことではない。もっとも、人間は、彼らの人生全体を、信約を形成したり、崩したりしながら送るものであるが。

Ⅷ

権利は、放棄され得るが譲渡はされ得ない。というのは「自分の権利を放置したり譲渡したりする人は、自分が前に持っていなかった権利を、どの他人に与えるのでもなく」、彼が信約を行わない全ての者たちに対して彼自身の中に権利を保有するからである（ホッブズ、2、65頁）。

共通の権力、もしくは国家共同体を樹立するためのただ一つの方法は、彼らの全ての権力と強さとを、ひとりの人間に与え、または、多数意見によって全ての意志をひとつの意志とすることができるような、人々の合議体に与えることであって、それは、ひとりの人間または人々の合議体を任命して、自分たちの人格を担わせ、彼らの意志を彼の意志に従わせるということである。これは同一人格による、彼らの全ての真の統一であって、この統一は、各人が各人に向かって次のように言うかのような、各人対各人の信約によって作られる。すなわち「私は、この人、また人々のこの合議体を権威づけ、それに自己を統治する私の権利を、与えるが、それはあなたも同じようにして、あなたの権利を彼に与え、彼の全ての行為を権威づけるという、条件においてである」。このことが行われると、こうして一人格に統一された民衆 the multitude は、国家共同体と呼ばれる（ホッブズ、2、87頁）。

権威づけ、彼自身を統治する彼の権利を与えること、彼の全ての権力と強さとを与えること、彼の意志を他者に従わせることが、抵抗することの彼の権利を放置することである。というのは、もし、自然権が、生命の保存のために力を使用する自由ならば、その力を放置することは、生命を保持し防御する力を放棄することに他ならないからである。さもなければ、人間は何事も放棄しないことになる。

多数意見によって集会の全ての意志をひとつの意志とすることとは、正しい発言ではない。というのは、それは、集会を一つの意志とするのは、多数の意見ではなく、全体の意見だからである。つまり、さもなければ、それは、集会の過半数の一つの意志となるだけだからである。何者かの反対投票は、集会が一つ意志であることを妨害する。全体が唯一権利を持つ時、過半数に優勢を許すこと以上に、合法的な集会の真実の本質を破壊することは他にはない。

というのは、保護する信約を決してしない者に自分の権利を与える人間は、大変な愚か者だからである。なぜなら、それは「それと交換にかれ自身に譲渡される何かの権利への考慮」ではなく、また、そうすることによって彼が期待する何か他の利益のためでもないからである。そして、他者は、妨害の同一の量の減少によって、彼からの妨害なしに、かれ自身の元々の権利を享受することが可能となるのである。（ホッブズ、2、65-66頁）

X

ホッブズ氏は、自由について次のように言う。

古代のギリシア人やローマ人の歴史や哲学において、また、彼らから政治学に関する全ての知識を得た人々の著作や議論において、あれほどしばしば、かつ賞賛されて述べられている自由は、諸個人の自由ではなく、国家共同体の自由なのである。国家共同体が君主政的であろうと民主政的であろうと、自由はいぜんとして同じである（ホッブズ、2、110頁）

ここで、私は、ホッブズ氏が大きな誤りを犯していることに気づく。というのは、アテネ人やローマ人の自由は、君主政ではなく、民主政的な状態においてのみ見出される自由だからである。これはアリストテレスによって明らかであり、彼は、都市国家を自由人の共同体と呼び、それは全ての個々の市民が自由であることを意味したからである。全ての個々人が彼の政府に抵抗する自由を持っていたのではなかったし、彼が記録したことを全て行ったわけでもなく、統治する個々人が交代して統治される自由、つまり支配する者 ἄρχει アルケイと支配される者 ἄρχεσθαι アルケスタイの自由というのがアリストテレスの言葉だった（アリストテレス、1277b14-15）。これは、世襲の君主政においては見出されない自由である。それ故、タキトゥス[5]は、ローマのいくつかの統治に言及することで、執政官と自由の結合がブルータス[6]によってもたらされたとした。なぜなら、執政官の毎年の選挙によって、個々の市民が、自分の方針によって、統治したり統治されたりするようになったからである（タキトゥス『年代記』第一巻第一章）。このことは、次のようなホッブズ氏の不満によって確かにされる。

（5）タキトゥス（Tacitus 五五―一二〇）。帝政期ローマの政治家、歴史家。代表的な著書に『ゲルマニア』『年代記』がある。理想主義的なキケロに対して、タキトゥスは現実主義的であり、特に『年代記』においては簡潔で緊張感のある文体で独裁者の下に行われた陰鬱な政治を描いた。

（6）ブルータス（Brutus 前八五―四二）。共和政ローマ期の軍人、政治家。カエサルの政敵ポンペイウスに加担したが、カエサルにゆるされて登用された。しかしカエサルの野心を疑い、暗殺計画に加わり、暗殺後に、アウグストゥス、アントニウスと対戦して敗れ自殺した。

しかしながら人々が、自由というもっともらしい名称にあざむかれるのはたやすいことであって、区別する判断力の欠如から、それが公共体だけの権利であるのに、彼らの私的な相続財産や生得権と間違えるのだ。そしてこの誤謬が、この問題に関する著作で評判の高い人々の権威によって強化されると、それが騒乱や統治の変革を生むとしても何の不思議もないのである。世界の西のこれらの部分においては、我々は、諸国家共同体の制度や諸権利に関する自分たちの意見を、アリストテレスやキケロ[7]やその他のギリシア人やローマ人から受け取るようにされているが、彼らは、民主的諸国家に生活していて、それらの権利を自分たちの民衆的な諸国家共同体の慣行から彼らの書物に書き写したのであって、自然の諸原理から引き出したのではない。そしてアテナイ人は、（彼らに、自分たちの統治を変革しようという意欲をおこさせないでおくために）、彼らは自由人であって、君主政治のもとに生活する全てのものは奴隷なのだと教えられたから、したがってアリストテレスは、それを彼の『政治学』に書きとめている。すなわち「民主政治においては自由が想定されるべきである。なぜなら、その他のどんな統治のもとでも人間は自由ではないと一般に信じられているからである」。それゆえ、キケロやその他の著作家たちも、彼らの政治学説を、ローマ人の意見の上に築いたのであるが、ローマ人たちは、はじめは自分たちの主権者を廃位してローマの主権を自分たちで分有した人々によって、後にはその人々の後継者たちによって、君主政治を憎むように教えられた。それで、こういうギリシア、ラテンの著者たちものを読むことによって、人々は子どもの時から、（自由といういつわりの外見のもとに）、動乱を好み、彼らの主権者たちの諸行為を好き勝手に制御し、さらにそれらの制御者をあれほど多くの血を流して制御するという習慣を得てきたのである（ホッブズ、2、110-111頁）。

「父権的支配」は、「生殖によってではなく、契約によって」得られる。それは「明言された、あるいは他の十分な証拠によって宣告された、子どもの同意から引き出される。（ホッブズ、2、102）。どのようにして子どもが、思慮分別のある年齢以前に同意を明言し、もしくは他の十分な証拠によって宣告するのか、私には理解できない。その上、全ての人々は、それを同意が与えられ得る以前に当然のこととするのであり、私は、アブラハム(8)が神の法のために彼の子どもたちに宣言することに彼らが従うよう義務づけられることをホッブズ氏が教える箇所においてホッブズの同じ考えを見るのである。つまりそれは、服従の徳において、彼らが彼らの両親に義務を負っているということ以外にはあり得ないということである（ホッブズ、2、249頁）。つまり、彼らは、与えることを「信約した」のではなく、「義務づけられる」のである。また、彼が「父および主人は、国家共同体の設立以前には、彼ら自身の家族における絶対主権者であった」（ホッブズ、2、121頁）と述べるところで、子どもたち、もしくは、召使たちが、国家共同体の設立まで「自然権」の状

（7）キケロ（Cicero 前一〇六―四三）。共和政ローマ期の政治家、文筆家、哲学者。共和政の範囲内でローマ社会の改革を計画した。散文の名手であり古典ラテン語の代表者と言われている。その文体は流麗であり、ラテン語の見本とされた。

（8）アブラハム（Abraham）。旧約聖書の創世記に登場する人物。彼と彼の子孫が割礼を行うことを神と契約する。神の命令により息子を生贄にしようとするが、神に止められる。

態にいたとはどのようにして述べることができるのであろうか。ホッブズ氏の『市民論』第九章第七節において彼は「母親が元々彼女の子どもたちの支配権を持っていた。そして彼女から父親たちは彼の権利を引き出した。なぜなら彼女が生み、最初に食べさせたからである」（ホッブズ、1、166頁参照、164-165頁、第九章第三節）と言う。しかしながら、我々は、より高貴で先立つ存在であるために、神が創造の際に女性に対する男性の主権を与えたことを知っている。「母の気付き以外には、誰がその息子の父親であるのかは知られない」ということ、そして、「彼は母が示した者の息子であり、従って彼は母親のものである」ということへの反論の答えとしては、「それは、母親が好んだものを父親として示す時点ではない」ということにある。というのは、もし、母親が、夫に所有されていなければ、その子どもは、どのような父親も持たないものとして見なされるからである。しかしながら、もし彼女が、男に所有されているなら、その子どもは、彼女がその反対のことにどれほど気付こうとも、彼女を所有している男性のものであると見なされるのである。どのような子どもたちも、生まれながらに絶対確実に誰が彼の真の両親であることを知ることはない。その上、彼は通常の世評においてそうであると思われるものたちに従わなければならない。さもなければ、「汝の父と母とを敬え」という十戒は虚しいものとなるだろうし、どのような子どももその服従に義務づけられなくなるだろう。

郵 便 は が き

料金受取人払郵便

左京局
承 認

5236

（差出有効期限
平 成 3 0 年
3月31日まで）

6 0 6 - 8 7 9 0

（受 取 人）

京都市左京区吉田近衛町69
京都大学吉田南構内

京都大学学術出版会
読者カード係 行

▶ご購入申込書

書　　名	定　価	冊　数
		冊
		冊

1．下記書店での受け取りを希望する。

都道　　　市区　店
府県　　　町　　名

2．直接裏面住所へ届けて下さい。

お支払い方法：郵便振替／代引　　公費書類（　　　）通　宛名：

送料　ご注文 本体価格合計額　1万円未満：350円／1万円以上：無料
代引の場合は金額にかかわらず一律230円

京都大学学術出版会
TEL 075-761-6182　学内内線2589 / FAX 075-761-6190
URL http://www.kyoto-up.or.jp/　E-MAIL sales@kyoto-up.or.jp

手数ですがお買い上げいただいた本のタイトルをお書き下さい。

書名）

■本書についてのご感想・ご質問、その他ご意見など、ご自由にお書き下さい。

■お名前

（　　歳）

■ご住所

〒

TEL

■ご職業

■ご勤務先・学校名

■所属学会・研究団体

■E-MAIL

●ご購入の動機

A.店頭で現物をみて　B.新聞・雑誌広告（雑誌名　　）
C.メルマガ・ML（　　）
D.小会図書目録　E.小会からの新刊案内（DM）
F.書評（　　）
G.人にすすめられた　H.テキスト　I.その他

●日常的に参考にされている専門書（含 欧文書）の情報媒体は何ですか。

●ご購入書店名

都道府県　市区町　店名

※ご購読ありがとうございます。このカードは小会の図書およびブックフェア等催事ご案内のお届けのほか、広告・編集上の資料とさせていただきます。お手数ですがご記入の上、切手を貼らずにご投函下さい。
各種案内の受け取りを希望されない方は右に○印をおつけ下さい。　案内不要

もし、一人の人間の統治、そして、二人の人間の統治が、二つの別々の種類の統治をつくるのなら（ホッブズ、2、94頁）、なぜ、二人の統治、そして、三人の統治が似たような二つの種類の統治をつくり、そして第三のものを作り、それ故、全ての異なった人数の統治が、異なった種類の国家共同体を作りえないのだろうか。もし（ホッブズ氏が言うように）「集まる予定の者の全ての者の集会が」民主政ならば、そして「集まる予定の者が一部の者のみである集会が」貴族政ならば、その時は、もし集まる予定の者の全ての者である集会において、集まった者が一部のみであるなら、民主政と貴族政とは同じものとなる。なぜ、部分的な集会が、貴族政や寡頭政と呼ばれなければならないのだろうか。

ホッブズ氏は、心の中では、唯一の統治が存在し、それは君主政であると思っているように思われる。というのは、彼は、国家共同体を一つの人格、そして人々の集会もしくは「一つの同一人格における彼ら全ての真の統一」（ホッブズ、2、87頁）と定義づけ、そのように統一された民衆 the multitude を彼は国家共同体と呼ぶからである。群衆を一つの人格へと鋳造することは、彼の偉大な『リヴァイアサン』、つまりあらゆる高慢の子たちの王（ホッブズ、2、166-167頁）が誕生することである。このようにして、彼は、国家共同体の人格が君主政であることを結論づけるのである。

XIII

私は、ホッブズ氏が「主権者権力に対する被治者の同意は、『私は彼の全ての行為を、権威づけ自分で引き受ける』と言う言葉の中に含まれるが、この中には、彼自身のこれまでの自然的自由に対する制限は全くないのである」（ホッブズ、2、112頁）と言うことに驚きを禁じ得ない。確かにここでホッブズ氏は、かれ自身についてのことを忘れているのである。というのは、彼は、つまり「私は、私自身を統治する私の権利をこの人に与える」（ホッブズ、2、87頁）という言葉で以前にその放棄について語っているからである。これは、生まれながらの自由を人に与えた時の彼自身の以前の生まれながらの自由の確かな制限である。そして、もし人が主権者に彼を殺害することを許したのなら、つまりホッブズ氏はそのように自認しているようなのだが、その時はどのようにすれば彼は、かれ自身を防衛する権利を残して置くことが可能なのだろうか。そしてもし人がかれ自身を殺害する権利や権力を持つなら、彼は、主権者に彼の権利を権威づけたり放棄したりしない。つまり、もし、彼がかれ自身を殺害することを彼に命じた時に彼が彼に従わないなら。

XIV

ホッブズ氏は、服従について次のように述べている。

誰も、言葉そのものによって、自分や他の誰かを殺すように拘束されはしない。したがって、人が時々持つことがあるような、主権者の命令によってある危険なまたは不名誉な職務を実行するという義務は、我々の服従の言葉に基づくのではなく、そのことの目的から理解される意図に基づくのである。だから、我々の従順拒否が、主権を定めることの目的を破壊するならば、その場合には拒否の自由はなく、そうでなければ拒否の自由がある。（ホッブズ、2、112頁）

もしどのような人も、何らか他者を殺害するという彼の服従の言葉に拘束されないならば、その時は、主権者は、戦争の国益を否定され得るのであり、また、彼の人民を防衛することも不可能なものとされ得る。つまり、それ故、統治の目的が挫折することになる。危険で不名誉な職務を実行することの主権者に対する義務が我々の服従の言葉にではなく、意図に依存するのなら、それはその目的によって理解されるということだが、どのような人も、ホッブズ氏の規定によるならば、彼の「服従」の言葉のみによって拘束されることはなく、もしその言葉が拘束しないのならば、「命令」の意図も拘束しないことになる。もし、その意図が拘束するのなら、主権者がそれを発見しなければならないことになる。そして人民は、それを論じ、判断しなければならなくなる。つまり、どのようにすれば、それが主権者の権利と一致するのか、ホッブズ氏は熟考しているのだろう。しかるに、ホッブズ氏は、意図は目的によって理解されるべきであると言う。私は、それを、彼が結果による目的を意味していると受け取っている。というのは、目的と意図は、一つであり同じことだからである。そしてもし、彼がその結果を意味するならば、服従は先に果たされなければならず、結果の理解に依存することにはならない。もし服従がそれに先行しないのならば、それは決してあり得ないからである。結局のところ、彼は、従うことへの拒否が、主権者の目的を何が挫折させるのかの判断に依存しているということで解決することになる。それについては、彼は、人民の判断以外のどのような判断も意味することができない。

XV

ホッブズ氏は、問いかけの形式によって、次のように仮定している。

多数の人々が一緒に、すでに主権者権力に対して不正に抵抗したり、ある重大な罪を犯したりしていて、そのために彼らの各々は死を予期するという場合に、彼らは一緒に結合し、互いに援助し防衛しあう自由を持たないであろうか。確かに彼らは持つ。というのは、彼らは、彼らの生命を防衛するにすぎず、それは、罪ある者も、ない者と同じようになし得ることだからである。彼らが、はじめにその義務を破棄したことに不正義があったのは確かだが、それに続いて彼らが武器を取ったのは、彼らがすでにしたことを維持するためであっても、新しい不正行為ではない。そしてもしそれが、彼らの身柄を防衛するためだけであれば、全く不正ではない。（ホッブズ、2、112-113頁）

武器を取るためにここで強く主張される唯一の理由は、次のこと、つまりそれは新しい不正行為ではないということである。つまり、あたかも反乱の最初のみが不正行為であったかのようにである。そして、その継続が全くないかのようにである。著者自身が同じ段落の冒頭の部分から伝える次の言葉のような答え以外には、この仮定に与えることが可能などのようなより良き答えもない。すなわち「他人を防衛して国家共同体の剣に抵抗する自由は、その他人に罪があるかないかにかかわらず、誰も持たない。なぜならば、こういう自由は、主権者から、我々を保護する手段を取り去るものであって、したがって、統治のまさに本質を破壊するものだからである」ということである。このようにして彼は、最初にこの問いかけに答え、後にそれを作り、反対の答えをそれに与えるのである。似たような目的に対する他の章句に私は出会っている。つまり彼は次のように言うのである。「人は、彼の生命を奪おうとして力づくで彼に襲いかかる人々に、抵抗する権利を放置することはできない。同じことは傷害、鎖による拘束、投獄についても言われ得る」（ホッブズ、2、66頁）。「力に対して、力によって私自身を防衛しないという信約は、常に無効である」。生命を防衛する権利と生きる手段を防衛する権利は、決して放棄され得ない（ホッブズ、2、69頁）。

これらの最後の原理は、全て統治に対しても破壊的なものである。そしてそれは『リヴァイアサン』自体に対してさえそうである。これによれば、もし、主権者が力のみによって鞭打ち、さらし台にかける、どのようなごろつきや悪漢でも彼の主権者を殺害し得る。なぜなら、鞭打つことは傷つけることと言われ得るし、さらし台にかけることは監禁することだからである。それ故、同様に、生活の手段として存在する全ての人の財産も、もし、それらの人々の中にどのような契約もなく、人がそれらを捨てられないのならば、それは決して正当なものではないのだが、守られ得る。このようにして、我々は、ホッブズ氏が最初に生まれながら我々に見出したような戦争状態の悲惨さの中に存在することになる。

XVI

ホッブズ氏は、神の王国が「イスラエルの人民の特定のやり方による投票で設立された王国であり、そこにおいては、彼らは神が彼らにカナーンの地の所有を約束したことに基づいて彼らが神と結んだ信約により神を彼らの王として選んだ」（ホッブズ、2、216頁）ことを意味すると言う。もし我々がこのことに関するホッブズ氏の文章に注目するなら、人民が投票によって指名し、彼らの王として神を選んだのではなく、最初に神自身の予約によって、信約が彼らに対する神であるという内容であったことを見出すだろう。彼らは、もし神がカナンの地を与えなければ、彼らが神の臣民ではなく、神が彼らの王ではないような神と契約したのではなかった。神が彼らの王であるのかどうかの賛否は、彼らの力の与り知るところではなかった。というのは、神は自然的に彼の全能によって全てのものを統治していたことを自認しているからである。もし、神が自然的に統治するのなら、彼は彼の臣民自身の同意によって獲得されたのではなく彼の王国と臣民に対する主権的権力とを持つ。イスラエルの人民の投票によって設立されたといわれるこの王国は、唯一アブラハム一人の投票によるのである。彼一人の声がそれを生み出し、彼は人民の代表だった。というのは、この投票の時点では、王の名前が神に与えられていなかったし、アブラハムに対しても王国の名前は与えられていなかったことが自認されるし、その上そのことは、ホッブズ氏を信ずるならば、同じことだからである。もし、契約が権利の相互譲渡のことであるなら、私は人民はどのような権利を契約によって神に譲渡しなければならないのかを知りたい。シナイ山におけるイスラエルの人民は、神の声に従わない権利を持っていたのだろうか。もし彼らがそのような権利を持っていなかったのなら、彼らはどのようなものを譲渡したのだろうか。

シナイ山で言及された信約は、条件つきの契約にしかすぎず、そして神も条件付きの王だった。そして人民は、神の言葉に従うと約束したのだけれども、それでもなお、それは彼らが実行可能な場合だけだった。というのは、彼らはたびたび神の声に背いたからである。つまり条件違反なので、信約は無効ということであり、神は、契約によって彼らの王ではないのである。

神によって次のような不満が語られる。「彼らの上にわたしが王として君臨することを退けているのだ」(「サムエル記上」八・七)。しかしながらそれは「彼らの契約に従いながら」と語られているのではない。というのは、王の望みが、彼らの契約、もしくは信約の侵犯、もしくは神の声への違反であったことを私は見出せないからである。今なお残っているそのよう法はまったくない。

人民は、臆病さから、神を全体的に拒否するのではなく、部分的に拒否する。アモン人の子孫のナハシュ王[9]が彼らに反対して来るのを見た時、彼らは神が彼らの救出を急には用意しないのではないのかと疑った。

(9) アモン人の子孫のナハシュ王(Nahash king of the children Ammon)。サムエル記に登場するヨルダン川東岸に住んでいたアモン人の王。傲慢で冷酷だったと伝えられる。弱小なイスラエルを攻め、冷酷な和平条約を提示したが、サウルの逆襲を受け敗退した。

それはあたかも彼らが彼らのために戦うことを常に準備している神をいつも持っていたかのようであった。神の統治の下で多くの奇跡的な救出を見てきた彼らの中でのこの絶望が、それほど激しく神に背かせた。彼らは統治の変更を望まなかったし、神の法を放棄することも望まなかった。しかしながら、戦争時における危険からの確実で迅速な救出を望んだ。彼らは、彼ら自身の王を彼ら自身で選び得ることを請わなかった。それは大きな罪だった。つまり、彼らが彼らの王である神の崇拝から離れることがないかぎり、そして彼の法への服従から離れることがないかぎり、それでもなおもし彼らがそれを望むなら、それは彼らに君臨する神の全体的な拒否ではなかった。私は、神の王国がサウルの選挙によって放棄されたということが理解できない。なぜなら、サウルは、神自身によって選ばれたからであり、神の法に従って統治したからである。アブラハムからサウルへの統治は、神の王国とはどこでも呼ばれていないし、神の王国がサウルの選挙の時点で放棄されたとも言われていない。

ホッブズ氏も「モーゼだけが神に次いでイスラエル人に対する主権を持った」(ホッブズ、2、252頁)ことを認めている。しかしながら、彼はそれがヨシュアに対するものであることを認めず、アロンの息子である大祭司エレアゼルに伝えられるとしている。彼の論拠は以下の通りである。神はヨシュアに関して次のように言った。「彼は祭司エレアザルの前に立ち、エレアザルは、主の前で彼のために助言を求めなければならない。エレアザルの言葉によって彼らは引き揚げなければならない」(ウリムによる判断の後は、ホッブズ氏によって省かれている)(『民数記』二七・二一)。「したがって、平和と戦争とを作る最高の権力は祭司にあった」(ホッブズ、2、253頁)ということになる。答えは、すなわち、大祭司の仕事とは、「牧師」であって「官吏」

ではないということである。彼は、戦争において命令するどのような権力も持っていなかったし、平和において裁判を行うどのような権力も持っていなかった。唯一、主権者、もしくは、統治者が戦争へまさに進む時、彼は、大祭司の職として主に尋ねた。そして、ヘブライ人が言うように、彼自身ために祈る人のように柔らかな声で尋ねる人を、求めた。ただちに聖霊が祭司のもとを訪れ、そして彼は彼の顔の前の胸当てを見つめ、彼の顔前の胸当ての上に彼自身が示した文字で、「進め」「進むな」という予言の幻影を見た。もし、この答えが、祭司に主権を与えるなら、サウル王もダビデ王も主権を持たなかった。彼らは双方とも祭司によって主の助言を求めたからである。

サルマシウス[10]に反対するミルトン[11]氏についての考察

I

王の権利と人民の自由に関する数多くの出版物といくつかの論考の中で、私は、最重要な論点に意見がま

(10) サルマシウス（Salmasius 一五八八―一六五三）。フランスの古典学者。パリとハイデルベルグで学んだ。プロテスタントとなり、一六三一年、ライデンで教授職についた。古典についての著作に加えて、利子

とまったことも、もしくはかつて論駁されたことでさえ、今までのところは、見出すことはできない。「王king」という言葉と「人民people」という言葉は良く知られており、人は、全ての普通の人々が皆、彼らが意味していることを教えることが可能であると思ってしまう。しかしながら、調べてみると、最も学識ある者たちが彼らの意味することに同意しえないことが明らかになるだろう。

サルマシウスに王とは何かとたずねてみよう。彼は私たちに「王とは、王国の最高権力を持つ者であり、神以外の誰にも責任を負わないものである。そして彼が好むことを為し、法から自由な者である」と教えるだろう（ミルトン、7、70頁）。この定義は、専制君主の定義であるのでジョン・ミルトンが忌み嫌うものであり、もし彼が我々に、より良き、もしくは別の定義を保証するならば私も彼と同意見であるべきものである。つまりどのようにして王が人間の法からの解放なしに最高の権力を持ち得るのかを我々に教えてくれるのなら私も彼と同意見となるのである。何か別の定義を出すことなくそれのあら捜しをすることは、我々を暗闇に残すことである。しかしながら、ミルトン氏は、我々に、王についての解説も定義ももたらさないのではあるが、それでもなお、我々は、彼のいくつかの章句をまとめるなら、定義に似たようないくつかの章句を選び出すことができる。彼は、「したがって権力は、人民によって王に与えられた。つまり王は、彼を、法に反しては何事もなさないように権威によって委託されたものと見なし、そして彼は我々の法を維持し、我々には彼の法を押し付けない。したがって、王国の裁判所や人民による裁判所以外にはどのような王的な権力も存在しない」と155頁で我々に教える。

そしてさらに彼は「王が最初にある裁判所に呼ばれた場合を除けば、つまりそこでは王ではなく判決を与える普通の裁判官なのだが、その場合を除けば、王は、どのような人も収監し、罰金を科し、処罰することはできない」と断言する。そしてその前に、我々は、「全ての裁判所を開始し、終了させるのは、王ではなく、議会の権威である」と167頁で教えられる（ミルトン、7、462頁）。

の擁護論を書いた（『利子論』、一六三八年）。フィルマーはそれを引用した。一六四九年、サルマシウスは、チャールズ二世によって、『*the Defensio Reigia pro Carolo I*』の執筆の依頼を受ける。この書物は、絶対王政を擁護し、イングランドの独立派の考えと行動を攻撃するもので、特にチャールズ一世の処刑を攻撃するものだった。ミルトンが『第一弁護論』でこれに答えた。フィルマーと他の者たちが、さらにミルトンに答えることになる。（Sommerville, *op.cit.* pp.287-295）（ジョン・ミルトン、新井・野呂訳、482-484頁）

（11）ミルトン（Milton 一六〇八―一六七四）。ミルトンは、イングランド最大の詩人の一人であり、能力のあるパンフレット起草者だった。一六四九年、クロムウェル政権のラテン語秘書となり、その年に『王と執政官の在任期間』を出版した。フィルマーが引用したものがそれである。この作品と『*Eikonoklastes*』において、ミルトンは、全ての政治的権力が人民から引き出されると主張した。人民は、支配者が専制的に振舞っていると判断すれば支配者に抵抗することができるのだった。ミルトンは、もし人民の大半が堕落したならば、極少数の正しい者たちが人民全体という名目で行動することが正当化され得ると論じた。そしてその議論を基にして、議会の粛清や王の裁判と処刑のような政治に軍が介入することを弁護した。一六五〇年、ミルトンは、王の死に責任を負う者たちへのサルマシウスの攻撃に対する返答を書くことを委任された。フィルマーの『サルマシウスに反対するミルトン氏に対する考察』の大部分は、この書物つまりミルトンの『第一弁護論』に対する返答に当てられている（ジョン・ミルトン『イングランド国民のための第一弁護論および第二弁護論』新井明・野呂有子訳、聖学院大学出版会、481-501頁）。

見よ、王についてこの解説を。すなわち、王は「何事も法に反したことがなされないことを検分するために、人民が権力を与えた者の一人である」。そしてその上、彼は「裁判所と裁判官によるもの以外のどのような王権もなく、そこでは、王ではなく、普通の裁判官が判決を与える」とも言う。この解説は、どのようなものであれ王から全ての権力を剥ぎ取るばかりではなく、彼の被治者の中の最下層の者よりも下の境遇に彼を置くものである。

ここまでのところで、全ての人間が、王とは何であるかについて同意するものではないことを示し得た。次は、人々が意味するどのような言葉が合意を得ないのかについてである。アリストテレスに、人民とは何かと問うてみよう。彼は、自由な市民以外の誰にも権力の保持を認めないだろう。もし、我々が、自由な市民とは誰であるのか言えと迫るなら、彼は、我々の疑いを晴らすことはできない。というのは、彼は、ある都市国家においては自由な市民であった人が別の都市国家ではそうではなかったことを承知しているからである。そして、「どのような世俗民も自由な市民ではなく、良く秩序立てられている国家共同体においては投票権を持たない」（『政治学』1278a8–9）というのが彼の意見である。彼は、民主政を（その言葉は、人民の統治を意味するのだが）統治の堕落した種類のものであると説明している（1160b16–20）。彼は、多くの人間が本質的に奴隷として生まれ、人民のある部分の者たちは、統治に適さないように生まれると考えている。このようにしてまさにアリストテレスは人民の権利を縮小し、人民とは何かについて知るどのような確かな規則も我々に与えなかった。我々の現代の政治学者に至っては、彼らの人民とは何かと尋ねられれば、彼らは人民について多くのこと語るのではあるが、それでもなお、彼らは、人民全体の二、三の代表（彼らはそう呼ぶのだが）を取り上げそれで満足する。それはアリストテレスが探求した特質である。これらの代表は、人民全体であるということには立脚していない。しかしながら、これらの代表の過半数は、人民全体と説明されなければならない。否、ジョン・ミルトンは、代表の過半数が人民であることに承服せず、しかしながら、人民の「健全でより良き部分の者たち」（126頁）（ミルトン、7、356頁）を代表とする。そして正当な言葉で我々に教えるのである。つまり、「誰が専制君主かを決定することは、彼らがその理由を見つけ判断することを、数においては少数であるが、人民の中から、少なくともより正しい者たち、すなわち為政者にゆだねるのである（7頁）（ミルトン、5、7頁）。仮に「健全で、より良く、正しい」一部の者たちが人民の権力を持つなら、我々はどのようにして彼らを知り、彼らがそのようなものであることを誰が判断するのだろうか。

II

一　ある章句が人民の権力のためにミルトン氏によって押し出される。すなわち、「あなたが、あなたの神、主の与える土地に入って、それを得て、そこに住むようになり、周囲の全ての国々と同様、わたしを治める王を立てようと言うのならば」（「申命記」一七・一四）という章句である。そして『王の在任権 *Tenure of kings*』[12]で、それは次のように言われる。「これらの言葉は、彼ら自身の統治を選択する権利、否それどころか、変更する権利も、人民の中における神自身の授与によるものであることを我々に確証させる」（ミルトン、5、14頁）。しかしながら、勝手気ままで邪悪なイスラエル人の欲望からの予言や予告が、神自身はそれをとがめたのだが、それが神がそのような邪悪なことを行う権利を彼らに与え授与するという議論を作り得るのだろうか。もしくは、未来の出来事の物語や叱責が現在の権利の贈与や是認となり得るのだろうか。もしくは罪の許しであることがそれを行うことの命令を作り得るのだろうか。サルマシウスに反論する書物の中で著者は、神を寄贈者、もしくは贈与者とすることに失敗している。つまり、彼は証人としてのみ神を引用している。すなわち「神自身が証人であるので、人民が好むどのような統治の形式を使用するのかということやそれを別の形式に変更するということの権力は、常に、人民の中に存在した。神は、これについてヘブライ人に明白に宣言し、他の民族についてはそれを否定した *Teste ipso Deo penes populos arbitrium simper fuisse, vel ea, quae placeret forma reipublicae utendi, vel hanc in aliam mutandi, de Hebraeis de hoc diserte dicit Deus: de reliquis non abnuit*」（ミルトン、7、76-77頁）。人民が好む統治のどのような形式を使用する権利も常に人民の中に存在したということを、この章句の中で神が宣言していると誰が気づくことができるのだろうか。その章句は人民の権利を保障するのではなく、人民の弁護の基礎を全く取り去るのである。つまり、それがこじつけである証拠や承諾以外の何ものも存在しない。

二　イスラエル人が王を望んだ。もっとも、その時は別の統治の形式の下にいたのであるが、次の行の一箇所で、彼らが王を望んだその時、彼らは王を持っていたことが承服される。それは神自身であり、彼の副王、サムエル[13]であった（ミルトン、5、39頁）と言われるところがある。それ故、神は次のように語る。「彼らが退けたのはあなたではない。彼らの上にわたしが王として君臨することを退けているのだ」。その上、次の句で神は「彼らのすることといえば、わたしを捨てて他の神々に仕えることだった。あなたに対しても同じことをしているのだ」（「サムエル記上」八・七—八）と語る。ここには、君主政以外の統治のどのような他の形態の様子もない。神は、サムエルを仲介して、統治した。サムエルは「イスラエルのために裁きを行う者として彼の息子たちを任命した」（「サムエル記上」八・一）。ある者が裁判官を任命する時、我々は、彼を王と呼ぶことができる。もしくは、もし、裁判官を持つことが、まさに統治を変更することならば、その時は、全ての王国の統治は、君主政から変更される。裁判官が王によって指名されるところでは、王の裁判官のみによって裁判をすることが王の義務の一つと数えられる。

三　「王は馬を増やしてはならない（申命記一七・一六）、妻や富を増やしてはならない。つまり、王は他者に対するどのような権力も持たないと理解しなければならないのである。王は、ひとりでに法の外 *extra legem* でどのようなことも命ずることができない」（ミルトン、7、76頁）と語られるところがあるが、もしそれが、神の法に反することと言われるならそれは真実であった。しかしながら、もしそれが、人間の法の外を意味するなら誤りである。

（12）『王の在任権』（Tenure of Kings）。ミルトンの著作。チャールズ一世が処刑された直後に出版されたチャールズ擁護論である『王の像』への反論として出版された。この書物によってミルトンは、クロムウェル政権のラテン語担当秘書官に任命された（ミルトン、新井・野呂訳、482-484頁）。

（13）サムエル（Samuel）。旧約聖書「サムエル記」に登場する預言者。人びとの願いと神のお告げによりサウルを王位につける。

四　もし、人民に与えられた何らかの権利が存在して来たとするならば、それは長老に対してのみであるように思われる。というのは、王に請願するために「イスラエルの長老は全員集まった」（「サムエル記上」八・四）と語られるからである。全人民と言われるのでもないし、人民が長老を選んだと言われるのでもない。長老とは、士師によって権威を与えられた家族の長や父親であった。

五　「周囲の全ての国々と同様、わたしを治める王を立てよう」（「申命記」一七・一四）と語られるところがある。「王を立てる」とは、王を選ぶことではなく、戴冠式の何らかの神聖で公的な行為によって、もしくは別のものによって、選ばれた王に対する彼らの忠誠を承認することである。「必ず、あなたの神、主が選ばれる者を王としなさい」（「申命記」一七・一五）と語られる。長老は、他の国々のように王を選ぶことを望んだのではなく、「今こそ、ほかの全ての国々のように、我々のために裁きを行う王を立ててください」（「サムエル記上」八・五）と言うのである。

Ⅲ

ダビデ[14]が油を注がれた時のダビデと長老との信約に関しては、人民によって作られた何らかの法や条件を遵守するということではなく、当然のことながら、神の法を守り、彼に仕えるということだった。そして人民が神を守るために、人民の財産を捜し求めるということだった。

六　ルベン人とガド人[15]は、彼らの法や同意された条件に従ってではなく、次のような言葉において彼らの服従を約束した。すなわち「我々は、遣わされる所にはどこへでも参ります。我々はモーゼに従ったように、あなたに従います。どうか、あなたの神、主がモーゼと共におられたように、あなたと共におられますように」(「ヨシュア記」一・一六―一七)。ここのどこに明示された人間の法の条件があるのだろうか。反抗的な諸部族がレハブアム[16]に条件を申し出たのではあるが、実行されなかった条件である、全てのイスラエル人がサムエルを廃したということを、我々はどこに見出し得るだろうか。私は、ミルトン氏が、「サムエルは正当に彼らを統治した」と公言する後の、二、三行の内に上記のように語ることが不思議でならない(ミルトン、5、15頁)。

Ⅳ

「王権 *Jus regni*」は、大いによろよろと歩かされる。王の定義が次のように語られる。「王の権力は王国

(14) ダビデ(David)。旧約聖書「サムエル記」と「列王記」の登場人物。初代イスラエルの王サウルに仕え、サウルがペリシテ人と戦って戦死した後、ユダの王位につき、ペリシテ人を打ち破りエルサレムを首都と定めて全イスラエルの王となった。

(15) ルベン人とガド人(Reubenites and Gadites)。どちらもイスラエル十二氏族の一つ。ヨシュアに従った。

(16) レハブアム(Rehoboam)。ユダ王国初代の王。イスラエル王国三代目の王ソロモンの息子。ソロモンの政策を引き継ぐが、重税と賦役を民衆に課し反発を招き、イスラエルが北イスラエルとユダに分裂した。

の中で最高のものであり、彼は、神以外の誰にも義務を負わず、彼は彼の好むことを為し得、そして法には拘束されない」。もしこの定義が正しいのなら、どのような人も専制君主と呼ばれないし、呼ばれることもなかった（14頁）と言われる。というのは、「彼が全ての神の法と人間の法とを侵犯した時、それにもかかわらず、彼は王であり、jure regio 王権（royal right）によって無罪だった」（ミルトン、7、72頁）とミルトンは言うからである。これに対しては、その定義は、彼が神に義務を負っていることを承認しているので、もし彼が神の法を侵犯するなら、無罪ではないと答えられよう。人間の法が、神の法の中に混入されてはならない。それらは同じ権威を持つものではない。もし、人間の法が王を拘束するのならば、王は、人々の中で最高の権力を持つことが不可能となる。最高の権力が、人間の法からの解放なしに存在し得る統治の種類をもし誰かが、発見したならば、まず最初に我々に教えて欲しいものである。しかしながら、もし、創案され得た人民統治の全ての種類のものが、人間の法から解放された専制的な権力なしには一分も存在し得ないなら、何故王の統治が似たような自由を持つべきではないのかということについてどのような理由が与えられるのだろうか。もし、ある人間が専制的に統治をすることが専制君主と呼ばれるならば、なぜ、群衆が法によって義務付けられたり拘束されることのない統治をすることは、より大きな専制君主政ではないのか。また、専制的な権力なしに世界に存在し得るどのような統治がどのように可能なのかもさらに問われることになる。専制でなければ、権力ではない。立法的権力は、人間の法から解放された存在なしにはあり得ない。専制的な権力以外に、どのようにして王が何らかの権力を持つのかを示すことはできない。我々は、「したがって、権力は、人民によって王に与えられた、彼は、権威によって、法に反する何事も彼に委託されてはいないと理解する、彼は我々の法を維持し、彼の法を我々に強制しない、したがって、王国の裁判所と彼ら以外のどのような場所にも王の権力は存在しない」（ミルトン、7、430頁）と教えられる。そしてさらに、168頁で次のように言われる。「王は、人が最初に法廷に召喚された場合を除けば、どのような人を収監することも、罰金を科すことも、処罰することもできない。そこにおいては、王ではなく、普通の裁判官が判決を与える」（ミルトン、7、462頁）。そして、それ以前に、我々は、167頁で次のように教えられる。「王ではなく、議会の権威が、全ての裁判所を設定し、撤去する」（ミルトン、7、461頁）。

見よ、ここに、王についてのミルトン氏の完全な定義がある。すなわち、王は、「法に反することは何事も行うことがないことを検分するために人民が権力を与えた者ということであり、王は、我々の法を守り、彼自身の法を押し付けることはないということである」。これに反して、他の全ての人々は、生まれがなら検分の機能を持ち、王のみが、人民の贈与によってそれを持つ。王が持つその他の権力は、何もない。王は、裁判官たちが望むなら、裁判官たちの法の遵守を検分することができる。王は彼らを強要することができない。というのは、王は、だれも収監、罰金を科すこと、もしくは処罰ができないからである。裁判所がそれを行い得るのであり、裁判所は、議会によって、設定され撤去される。その上、王についてのまさにこの定義において、我々は、王の専制的な権力を見張ることができる。というのは、王は、望むなら、見て見ぬ振りをすることが可能だからである。つまり、どのような他の権力も、王に与えられたこの説明を為すことはできず、検分の権力のみが可能だからである。これに反して、アリストテレスは次のように言ったと伝えられる。「それが、どれほど馬鹿げており、不正義であり、専制的であるのかを示すのに、絶対王政に言及する以上のことはない」（ミルトン、7、88頁）。アリストテレスが、そのような言った箇所はなく、反対に彼は「法律によって、王といわれるものは、国制の類には属しない」（1287a3-4）と言う。王について、五つの種類を数え上げた後、彼は、ラケダイモンの王と絶対君主の二つの形式のみが存在すると結論づけた。その最初のものは、軍隊における将軍のことであり、したがってどのような王でもまったくない。それから「絶対君主とは、かれ自身の意志によって支配するものである」（1287a9-10）と定義づけた。

V

もし、人民という言葉によって何が意味されるのかと問われれば、一、ある時は、それは「人民全体 *populus universus*」、そしてそれから、請われた同意を持つ全ての子どもたちと答えられるが、それは不可能である。二、ある時は、それは「より多数の者たち *pars major*」、そしてある時には、「善良で健全な者たち *pars potior et sanior*」と答えられる。そこにおいて全ての者たちが自由である場合、どのようにしてより多数の者たちが、より少数の者たちを拘束し得るのかについては、今だ解明されていない。

しかしながら、過半数は、それを担い得ないし、また、彼らが「善良で健全な者たちでなければ」（ミルトン、7、356頁）承諾もされないようである。我々は、「健全な者たちは、自分たち自身と国家共同体とが裏切られたと見た時、軍隊の助けを懇願する」、そして「兵士たちが、大評議会よりもより良く判断し、軍隊によって国家共同体を守る。大評議会は、兵士たちの投票によってほとんど壊滅させられる」（ミルトン、

7、54頁）と教えられる。
ここにおいて我々は、人民とは何かを理解する。すなわち「軍隊が裁判官である者たちの中の健全な部分」が人民である。そのような事態の上に、兵士が人民となる。それであればこそ、我々は、そこに人民の自由が横たわるところをしかと認めることが可能であり、「人民が好む統治のどのような形態であろうと人民が選んだ権力の中にその全てが」存在することを教えられるのである（ミルトン、7、192頁）。悲惨な自由とは、我々が我々の自由を与える予定の者を選ぶことのみの場合であり、それを我々が維持できない場合である。人民に関しては『無政府状態 *The Anarchy*』（8、9、10、11、12、13、14頁）を参照されたい。

VI

我々は、「父と王とが、最も異なったものであること」を教えられる。父親は我々をもうけるが、王はそうではない。しかしながら、我々は、王を創る。自然は、人民に父親を与える。人民は、彼ら自身に王を与える。もし、父親が、彼の息子を殺害したら、彼は彼の生命を失う。なぜ、王もまたそうであってはいけないのだろうか（36頁）（ミルトン、7、44-46頁）。

答え。父親と王とは、それほど異なったものではない。まず、彼らは同じものであることが自認される。というのは、「世襲で、代々の支配権 *paternum imperium et haereditarium*」（141頁）（ミルトン、7、394頁）が自認されるからである。そして、この父親の支配権は、それがひとりでに「世襲的」であったように、両親によって「譲渡可能」であり、他の財産がそうであるように、簒奪者によって「差し押さえられる」。このようにして、現存する全ての王は、相続、譲渡、簒奪のいずれかによって、父親の支配権を得る。それ故、父親と王とは同じものであり得る。

父と息子双方に対する上位の父親が存在するところ、もしくはそのような至高の父親の権利が存在するところでは、父親は息子の殺害の故に死亡し得る。しかしながら、父親と息子のみが存在するところでは、どのような息子も、彼らの兄弟の死に関して父親に問いかけることができない。なぜ王が処罰され得ないのかという理由は、彼が処罰の例外であるから、もしくは、それに値しないからなのではなく、彼を自分のものとする唯一のものである神以外に彼を裁くどのような上位の者も存在しないからなのである。

Ⅶ

「人民の好む統治の形態を彼ら自身が選択する権力を持つ人民から取り去る者は、そこにおいて全ての国家的自由の大半を成り立たせるものをまさに取り去るのである」65頁（ミルトン、7、192頁）と言われる。もし、自由の大半が、統治の種類を選ぶことの中にあるなら、人民は、自由についての貧相な安物のみを手にすることになる。つまり、彼らの政府を叩き切り、改変すること以外の自由の行使を誰も行い得ないし、絶え間ない騒乱が存在するので、それ以上の悲惨はないような、彼らの自由を手放す自由のみを手にするのである。

Ⅷ

「専制君主的な権力が王に与えられたことをあなた方が見出し得るようなものが我々の法に中に何らかの制定法として存在するなら、その制定法は、我々の普遍的で根本的な法である神の意志、そして自然と理性に反するものなので、破棄すべきであるし、我々を強制するものではない」（153頁）（ミルトン、7、426頁）。ここで、もし、誰かが、どのような法が神の意志、もしくは自然と理性に対して反するものであるのかを判断する者であるとしたら、直ちに混乱に陥るだろう。罪を犯した大半の者たちは、もし彼らが処罰されたり、罰金を科されるなら、王に対して全ての罰金や没収を与えるその制定法が専制君主的な法であると考えるだろうからである。このようにして、大半の制定法が無効と判断されるだろう。そして全ての我々の祖先は、王に対する全ての刑罰を与える我々の全ての法を作ったために愚か者、もしくは狂人と思われるだろう。

Ⅸ

イスラエルの子孫たちの罪は、王を望んだことにあるのではなく、周囲の諸民族が持つような王を望んだことにあった。彼らは、神が苦難の時代に彼らのために士師を与えた時、サムエルの君主的な権力によって彼らを統治する全知全能の神を信用しなかった。しかしながら、彼らは、彼らが決して欲してはならない永遠の世襲的な王を望んだ。王を望むことにおいて彼らは罪をおかし得たのではない。というのは、それは、神の特別の摂理によって彼らが享受することを望んだに過ぎないからである。

X

人々は、信約を作ることで、何事かが、相互の契約条項によって双方の党派によって実行されることになると説得される。それは、常に真実であるとは限らない。というのは、我々は、神が、洪水によって大地を滅ぼすことがないように、ノアと彼の子孫と、全ての家禽や家畜と信約を結んだことを知っている（「創世記」九・八―一一）。この信約は、神の側が守るべきものだった。ノアも家禽も家畜も、この信約によって何事かを実行するのではなかった。他方で、「創世記」の一七・九―一〇において、神は、アブラハムと信約し、「あなたはわたしとの信約を守りなさい……、あなたの全ての男子は割礼を受ける」と語る。ここでは、それがアブラハムによってのみ実行されるのではあるが、神の信約と呼ばれる。それ故、信約は、王の信約と呼び得る。なぜならそれは王に対して作られ、その上人民のよってのみ実行されるからである。それ故また、「ヨヤダ[17]は、主と王と民の間に、主の民となる信約を結び、王と民の間でも信約を結んだ」（「列王記下」一一・七）という部分は、人民が王の奴隷であり、どのような人間の法を守ることも王の信約ではないことを示し得るものである。というのは、王がわずか七歳の時に、人民と信約したり、宣誓したりすることはありそうもないからである。そしてどのようなイスラエルの王も、示され得る戴冠式の宣誓をとったことはなかったからである。ヨヤダは、主の神殿の中で支配者たちに王を見せた時、人民と誓いを立てた。彼は誓いを列挙したのではなく、次の段落で、「王の家を警護せよ」、そして「各々の武器を手にして王の周囲を固めよ、隊列を犯す者は殺されなければならない」（「列王記下」一一・五‐八）と命じた。

XI

「王という言葉はどこにあるのか、権力のあるところに。そして、あなたは何を行うのですかと誰が彼に問えるのか」（「伝道の書」八・四）という章句に対して、ジョン・ミルトン氏は、次のように答える。すなわち「説教者がここで、サンヘドリン（ユダヤ最高法院）にではなく、元老院にではなく……貴族ではなく、他の全ての官僚ではなく、あえて不平を言う人民全てではなく、全ての個々人に戒めを与えていることは十分明らかである。王が行うことをよしとするたびに」（ミルトン、7、80、82頁）。我々は、ここで、もし大評議会、官僚、貴族、もしくは人民全体が王から彼らの権力を引き出したのなら、大評議会と全ての他の官僚、もしくは、貴族、もしくは、人民全体が王と比較すれば、単なる個々人にすぎないことを銘記しなくてはならない。彼らは、王の下の官僚であり、彼の存在から生まれたものである。というのは、彼が正当な場所にいる時、彼らは多くの個々人としてだけあるからである。ジョン・ミルトン氏は次のように問う。「もし他

---

(17) ヨヤダ（Jehoiada）。ユダ王国アハズヤ王時代のエルサレムの大祭司。アハズヤの生まれたばかりの息子ヨシュアをかくまい成長すると王であることを宣言した。

方で王が神の法と国の法を守ることを誓わされないならば、誰が王に対して誓うのか」（ミルトン、7、80頁）。我々は、イスラエルの支配者たちがヨアシュ[18]の戴冠式で宣誓したことを知っている。しかしながら、我々は、その王によって取られたどのような宣誓も知らない。否、どのような神の法に対する宣誓も、いわんや、国の法に対する宣誓も知らない。

XII

「暴君とは、法、もしくは、公共の善を考慮することなく、かれ自身や彼の党派のために統治する者のことである」（19頁）（ミルトン、5、19頁）。彼の『弁護論 *Defence*』の中で、彼は、彼自身で次のように表明している。「自分自身の面倒だけを見て、彼の人民の便益の面倒を見ない者は暴君である（アリストテレス『ニコマコス倫理学』第一〇巻）（ミルトン、5、18頁）。

一　もし、法を考慮しないものが暴君であるならば、その時は全ての衡平法裁判所[19]と何らかの犯罪の恩赦は、撤廃されなければならない。法を遵守するよりも法に反して救済をした方がさらに良い場合がある。もしその厳格さを減ずるどのような衡平法も存在しないならば、その法と同じほどの暴君はこの世には存在し得ないことになる。「極端な法 *Summum jus*」は、「極端な不正義 *summa injuria*」である。もし、全ての法の刑罰と罰金とが、全ての王によって厳格に実行されるべきならば、最大の暴君は法に従った王であることに気づかされるだろう。全ての法の罰金、刑罰、没収は、最高の権力のみに帰され、そして全ての適切な税をはるかに越えて支払われる義務のあるものとなる。法のみによって統治されないことが、王国の主要な幸福であり、主要な自由である。

二 「公共の善を考慮することなく、自分自身のためにのみ統治すること」は、アリストテレスの判断においても不可能な仮定である。彼は我々に次のように教える。「専制的権力は、奴隷や服従にある者もまた保護されなければ、保持し得るものではない」（1278b36-38）。この真理は、暴君の想定によって、人民の破壊のために存在し得る統治の形態を持つことの本質的な不可能性を強力に証明している。もし我々が統治されるべきものとして人民を認めるなら、我々は、彼らが第一に、保護されなければならないことを承諾しなければならないし、そうでなければ、彼らが統治され得ないことを承諾しなければならない。

王たちは、不道徳な人間であったし、またあり得た。そしてある統治は、別な統治よりよくないものであった。それでもなお、統治の形態が、本質的に悪であるということにはなはならない。なぜなら、統治者が悪なだけであるからである。国家を徹底的に破壊し得るということは、無政府状態、もしくは統治の欠如のことである。我々は、聖書の中に、もしくはそれを表現したヘブライ語のどのような言葉の中にも、暴君として言及され、名づけられた統治を見出すことができない。ギリシアの諸都市が王政の撤廃を実行した時

（18） ヨアシュ（Jehoash）。ユダ王国八代目の王。ヨヤダによって匿われ、七歳で即位し、その際ヨヤダは、宗教的政治的な契約を民に結ばせ、神と新王に対する忠誠を誓わせた。

（19） 衡平法裁判所（Cour of Equity）。コモンローでは救済が与えられない事件を、正義と衡平の見地から救済を求めて国王に請願し、大法官府もしくは大法官が扱った裁判所。

代の後、その時初めて、（それはホメロス[20]の時代の後であったが）暴君の名前が、悪知恵や力によって都市国家の権力を民衆から一人の人間のみのものとしてもぎ取った人として、つまり、統治の「実行」のためではなく、「悪しき獲得」の者の不名誉な言葉として取り上げられた。しかしながら、今や、悪しき統治を行うと思われるだけで、もしくは、悪しき人間である全ての人が、ただちに暴君と名づけられ、彼の臣民たちによってそう判断される。ほとんどの人が、「出エジプト記」二二・二七の禁制を覚えていない。つまり「神をののしってはならない。あなたの民の中の代表者を呪ってはならない」ということをである。そしてそれを理解するものはより少ない。我々は、お互いを裁くことができないのではあるが、それでもなお、我々はお互いを邪悪に語り、ののしることができる。それは合法的に判断され、彼らは、裁判において判決を言い渡される。これは、裁判することではなく、支配者の判決を語ることである。最高の裁判官を邪悪に語ること、もしくは、ののしることは、判決を下すためにこの世にそれ以上の上位者がいないということがなければあり得ない。そしてもし、支配者が、決してそれほど悪しき者ではないのであるが、合法的に審問され得ないのなら、無罪であると常に推定されなければならない。

法を顧みない王を暴君と受け取るジョン・ミルトンは、まさに彼自身が次のような者たちをまったく顧慮していない。つまり「特権、習慣、形式のために争う者、そして不正行為の古くからの騒動にかかわる者、彼らのわけのわからない法律が古代奴隷制の印である者」『王の在任権』（3頁）（ミルトン、5、3頁）。「また、慣例、形式、儀式ばった事柄を議論する者たちもそうである」（5頁）（ミルトン、5、4頁）。

ジョン・ミルトンはまた、「もし、粗野な出自である我々の祖先が、ある時代に彼らの権利を失ったとしても、我々を侵害すべきではない。もし彼らが彼ら自身のために奴隷状態を約束するならそれは可能である。我々に関しては、確かに彼らはそうはできない。彼らは奴隷として誰かにかれら自身を預けなければならなかったのだが、我々は我々自身を解放するその権利を常に持つ」（ミルトン、7、412頁）。この主義主張が、良く実践されたなら、恒常的な無政府状態が出現するだろう。

最後に、もし、人が、ジョン・ミルトンが弁護する人民の自由とは何かを知りたいのなら、彼は我々に次のように解説している。つまり「人民から彼らが望む統治の形態を選択する権利を取り去る者は、全ての自由の大半がまさに存在するものを取り去る」（ミルトン、7、192頁）。全ての自由の「大半」が、統治の形態を選択することに存在するとはジョン・ミルトンのお見事な言い方である。というのは、人民によって実行される別な自由が存在するからである。それに彼は言及していない。それは彼らの宗教を選択する人民の自由である。全ての人間はなんらかの宗教を持ち得る、もしくは、無宗教でもあり得る。ギリシア人とローマ人は、多神教、もしくは、支配者としての多数の神を持つことで有名であった。そして、地上のように、天上においても貴族政や民主政を想像することで有名であった。

---

(20) ホメロス（Homer）。前九世紀ころのギリシアの叙事詩人。『イリアス』と『オデュッセイア』の作者と言われる。

グロティウス[21]の『戦争と平和の法』についての考察

戦争の権利、もしくは、平和の権利、もしくは、至高の権力に関する重要性と困難性についての大半の問題において、グロティウスは、社会生活に最初に集まった者たちの原初的な意志、もしくは、国際法[22] the law of nations、もしくは、「自然法 the law of nature」を頼りとした。したがって、語句についての論争を引き起こす目的ではなく、異なった用語の意味を一致させる願い、もしくは解説する願いによって、自然法や国際法について、国家（世俗）法や教会法[23]の、そしてグロティウス自身における多様性や矛盾点を暴くことが少々必要となる。

ローマ法学者[24]、教会法学者、政治学者、神学者たちは、自然法と国際法との区別において少なからぬ困惑の中にある。「自然法 *Jus naturae*」と「国際法 *jus gentium*」の周りには、統治、所有、共同体の起源を扱った多くの議論が存在する。

ある書物において、「ローマ法 *the civil law*」は、自然法、国際法、「国家法 *jus civile*」の三つの分野に分割されている。しかしながら、別の書物においては、その同じ法が、国家法と国際法の二つの分野にのみ分割されていることに気づく。後者の分割は、ガイウス[25]のものであり、前者はウルピアヌス[26]のものである。ウ

---

(21) グロティウス（Grotius 一五八三—一六四五）。オランダの法律家、学者。国際法研究で有名。一六一

三年、彼は、ロッテルダムの行政長官となるが、五年後、カルヴァンの予定説に敵対する見解を持っていたアルミニウス派との交際を理由として逮捕された。彼は、終身禁固の判決を受けたが、フランスへ逃亡し、そこで一六二五年に国際法についての偉大な論考『戦争と平和の法』を出版した。この書物は、王の権力を人民の同意から引き出し、土地は、最初、人類の共有であったと論じた。フィルマーは、この論点に対するグロティウスの議論に対して『パトリアーカ』のケンブリッジ手稿の二つの章で返答し、さらに、ホッブズ、ミルトン、そしてグロティウスについての『考察』においても返答した（Sommerville, *op. cit.*, pp. 287-295. グロティウス『戦争と平和の法』第三巻、一又正雄訳　酒井書店、「グローチウス考」3-25頁）。

(22)　国際法（The law of nations）。国際法は、国家主権が確立するまでは君主間の法と考えられており、君主は人間であるため自然法によって規制されるという法体系であった。一六世紀から一七世紀にかけて国家主権が確立され、宗教戦争が国家主権対国家主権の争いと想定されるようになり、自然法ではない国際法がグロティウス等によって構築されるようになった。

(23)　教会法（canon law）。教会法とは、広い意味では、国家のような世俗的権力が定めた教会に関する法と教会が定めた法の双方を含めた概念であるが、狭義には、キリスト教会が定めた法のことであり、国家(世俗)法と対比される概念である。さらに狭くはカソリック教会が定めた法（canon law）を意味する場合があり、ここで意味しているものは最後のカソリック教会法のことである。

(24)　ローマ法（The Civil Law）。狭義には、古代ローマや中世東ローマ帝国の法体系であり、広義には、中世西ヨーロッパで復活した普遍法のことである。

(25)　ガイウス（Gaius 一三〇―一八〇）。古代ローマの法学者。ユスティアヌス一世の『法学提要』の典拠となったローマの私法体系を簡略にまとめた『法学提要』四巻を著した。

(26)　ウルピアヌス（Ulpian 一七〇―二二八）。ローマ帝国の法学者・政治家。ユスティアヌス一世の『ローマ法大全』の『学説類集』の三分の一はウルピアヌスの学説と言われている。

ルピアヌスは、自然法を「自然が、全ての被造物に教えているもの *quod natura omnia animalia docuit*」とする（『学説類集』[27] I. i. I. 3: 29頁）。しかしながら、これに関して、彼は、理性を使用する人間に対してのみ自然法は拘束することを主張するグロティウス、サルマシウス、その他の人々によって論駁された。それは国際法も同じことであるとした。つまり、教会法も同意して次のように言っている「自然法は、全ての国家に共通の法である *jus naturale est commune omnium nationum*」（『教令集』[28] I. c. vii）。「自然法が全て人々に使用することを命ずるものが、国際法である」（『法学提要』[29] I. ii. I: 1頁）ということは、テオフィルスがローマ法についての書物の中で言ったことであり、『法学提要』の第二巻第一章においても、自然法は、国際法と混同された。

ローマ法学者は、自然法と国際法とを時折混同し、時折区別し、またある時には、それらをお互いに反対のものともする。「自然法によって、全ての人間は、自由に生まれた。*jure naturali omnes liberi nascuntur*」。しかしながら、奴隷は、国際法による。すなわち「*jure gentium servitus invasti* 国際法によって奴隷は生じた」とウルピアヌスは言う（『学説類集』I. I. 4: 29頁）。

そして、ローマ法は、自然法と国際法とを反対のものとするだけではなく、また、国際法を、それ自体に対して反対のものとする。その法は、「戦争は、国際法によって生まれた」と言う（『学説類集』I. i. 5: 29頁）。そしてその上、その国際法は、「自然は、我々を同類のものとして作ったので、当然の帰結として、ある人間が、他の人間を待ち伏せすることは合法ではない。*cum inter nos cognitionem quondam natura constituit, consequens est hominem homini insidiare nefas esse*」とフロレンティヌス[30]によって言われるのである（『学説類集』I.i.3: 29頁)。

さらに、ローマ法は、「自然法から生ずる男性と女性の関係、子どもの出産と教育について」教える（『学説類集』I.i.I.3: 29頁)。しかしながら、「神に対する信仰と両親への服従」（『学説類集』I.i.I.2: 29頁）に関しては、国際法によって定められるとするのである。

さて、教会法に関しては、我々は、ある箇所において、「人々は、自然法によって、もしくは、慣習によってのいずれかによって統治される *homines reguntur naturali jure, aut moribus*」（『教令集』*Decreti* dist.I）ということを見出すことができる。彼らは、自然法を「神の法と呼び、慣習を、人間の法と呼ぶ *leges aut divinae su- nt aut humanae; divinae naturae, humanae moribus constant*」（『教令集』I.c.i)。しかしながら、次の箇所では、教会法は、「法 *jus*」を「自然 *naturale*」もしくは「国家 *civile*」もしくは「国際 *gentium*」的

(27)『学説類集（*Digest*)』。東ローマ帝国皇帝ユスティアヌス一世が編纂させたローマ法の法典。法学者の学説を集大成させたもの。五三三年に完成。『学説彙纂』とも呼ばれる。いわゆる『ローマ法大全』とは、この『学説類集』に『法学提要』『勅法類集』『新勅法』を合わせたものを指す。

(28)『教令集』(*Decreti*)。中世ヨーロッパにおいて十二世紀半ばから十五世紀半ばにかけてカソリック教会によって編纂された計六編の法典を『教会法大全』と呼ぶが、その中の『グラティアヌス教令集』のこと。

(29)『法学提要』(*Institutes*)。東ローマ帝国皇帝ユスティアヌス一世が編纂させたローマ法の法典。初学者のための簡単な教科書として作られた。

(30) フロレンティヌス (Florentinus)。三九五年から三九七年までローマのウルバヌス枢機卿に仕えた政治家。

なものとするとなっている。(『教令集』I. c. vi)。この分割は、ローマ法におけるウルピアヌスのそれと用語の上では合致しているのではあるが、それでもなお、用語の説明において、相違点がある。というのは、一方では、法は、自然法に属するものを作るといい、他方では、国際法に帰するということは、上記の点において、ローマ法と教会法とを比較することで骨を折るだろうことが容易に見て取れるからである。

分割についてのこれらの相違点と矛盾点の根本的な理由は、異教徒が教える誤りにある。つまり「初めには、全ての事物は共有されていた。そして全ての人間は平等だった」という教えである。この勘違いは、ローマ法について異教徒によって書かれていたものについてはそれほど憎むべきものではない。モーゼの来歴という導きの手が欠落していた彼らは、彼らの指導者のための詩や寓話に喜んで従ったからである。しかしながら、聖書を読んだキリスト教徒にとっては、全ての事物の共有や全ての人物の平等を夢見ることは、容赦できない罪である。

共有や所有についての、そして平等や服従についてこれらの明らかな矛盾点を取り繕うために、「国際法 *jus gentium*」が、最初に創案された。これが十分なものとなり得なかった時、事態を改善するためにこの「国際法」は、「諸国家の自然法 *the natural law of nations*」と「諸国家の人間の法 *an human law of nations*」とに分割され、そして自然法は、第一次自然法と第二次自然法とに分割された。つまり、聞こえは非常に良いのだが、それらが検証の下に置かれれば何ら啓発的ではないものに分割された。

もし、全ての事物が共有であり、全ての人間が平等である時代があったとしたら、そして現在、そのようではないとするなら、我々は、それによって事物が共有とされ、人間が平等とされる法が、現在それによって事物が自分のものとされ、人々を服従させる法と相容れないものであると結論付けなくてはならない。もし我々が、アダムが世界の主人であり、彼の子どもたちの主人であることを認めるならば、自然法と国際法についてのそのような区別の必要性はまったくなくなるだろう。というのは、異教徒がこれら二つの法の下に理解することはどのようなことであれ、道徳法によって構成されるものであるということが真実だからである。

自然法は、道徳法と同一物であるということは、グロティウスによって与えられた定義によって明らかになり得る。彼は「自然法は、正しき理性の命令である。自然法は、ある行為が、それが理性的かつ社会的なる人間の本性に一致するか否かによって、道徳的低劣さをもつか、或は道徳的必然性を持つか、従ってかくの如き行為が、人間の本性の創造者たる神によって、禁ぜられるか、命令されるか、を示すところのものである」という（グロティウス、第1巻第1章第10節第1項）。私は、グロティウスがさもなければどのようにして道徳法を定義し得るのかを語ることができない。そして、教会法も等しくそれを承諾している。つまり「自然法は、法と福音書に包含される」（『教令集』Ⅰ）「人にしてもらいたいと思うことは何でも、あなたがたも人にしなさい」（「マタイ伝」七・一二）と教えている。

自然法という用語は、聖書の中には、元々から見出されるものではない。というのは、トマス・アクィナス[(31)]は、「自然法」が存在することをローマ人への手紙から証明することに従事したのだが、それでもなお、

（31）トマス・アクィナス（Thmas Aquinas 一二二五―一二七四）。神学者、哲学者。シチリア王国出身。

聖パウロは、それらの明示的な用語で表明していないからである。彼の言葉は次の通りであった。「たとえ律法を持たない異邦人も、律法の命じるところを自然に行えば、律法を持たなくても、自分自身が律法なのです」（「ローマの信徒への手紙」二・一四）。彼は、自然が彼らに対する法であると言っているのではなく、彼らが、彼ら自身に対する法であると言っているのである。彼らが国際法と呼ぶものに関しては、それは厳密には法ではない。いわんや自然法に反対するものではない。しかしながら、それはその大きな法の小さな一分枝、もしくは一部分なのである。というのは、それは諸国家間の自然法、もしくは、道徳法に他ならないからである。個人が他の個人から強奪することを禁ずる、もしくは、ある法人が他の法人に損害を与えることを禁ずるその戒律は、また、ある王が他の王を強奪しないように義務づけるし、ある国家共同体が他の国家共同体を害することのないように義務づける。全ての人に、そして敵にさえ、博愛を訓戒するその法は、私人はもちろんのこと、君主や国家にもお互いに博愛を示すよう拘束する。

そして、各々の王国のコモンローや国家法のように、反逆、窃盗、殺人、不貞もしくは似たようなものに対して作られる法は、道徳法のいくつかの特殊な戒律の上に基礎を持つそれらの全てであるので、全ての国際法もまた道徳法に従属させ、還元させせなければならない。

自然法、もしくは、道徳法は、大海原のようなものであり、それは一つのまとまりを持った全体であるのだが、それでもなおそれのいくつかの部分は、それらが縁取られる海岸の多様性に従いながら別個の名辞を持つ。それゆえ、当然の帰結として、国際法は、それは自然法の一部であるのだが、それらが関係する人物や事柄の多様性に従いながら、ほとんど「無限に *in infinitum*」再分割され得るのである。

自然法、もしくは、神の法は、普遍的であり、自ずから周知の事実である道徳的諸原理のみをまさに包含する。もしくは、せいぜい、必然的で明白な推論によってそれらの原理に帰結するそれらのものごとに拡張されるものである。これらに加えて、多くのそのほかの事柄が、国家共同体のより良き統治に対して必須である。したがって、人間理性によって、より特殊な何かが、自然理性のみによっては定義され得ないそれらのものごとに関して決定されるべきなのである。ここから、人間の法が、道徳法の書物にたいする注解として必須のものとなる。そして、この意見に関して、アクィナスは次のように述べている。

人間の法の必然性は、ここから流れ出る。つまり、自然法もしくは神の法は、道徳の一定の自明な原理を包含し、必然的で明白な結果によってそれらの諸原理から帰結することに対して最大限に拡張されるということから流れ出る。しかしながら、これらに加えて、国家共同体における良き統治に必須の多くの他の事柄が存在する。そしてそれゆえ、人間理性によって、ある事柄が、自然理性のみによって決定され得ないことに関してより個別的に決定されるべきなのである。（ルドヴィクス・モリナ[32]、『正義について』）

ここまでで、自然法と国際法についての国家法と慣習法の中間における混乱を十分に示し得たと思う。次

（32） モリナ（Molina 1535-1600）。近世初期スペインの神学者、哲学者。神の恩寵と人間の自由意志の関係について、恩寵は先行するが自由意志との協働で実現すると唱えた。

ドミニコ会士。『神学大全』を著し、キリスト教とギリシア哲学の融合を図り後世の神学・哲学に絶大な影響を残した。

の箇所で、我々は、どのようにしてグロティウスが、諸法を区別していったのか考察することにしよう。

事物の共有が自然であることを主張するために、グロティウスは、自然法の新しい分割を案出した。まず、彼の書物『戦争と平和の法』の序言において、彼は、あたかも彼の着手において自信がないかのように、おぼつかなく、不明瞭で、留保つきの用語で自然法の定義を行っている。次に、彼の書物の第一巻第一章において、別の区分を我々に与える。それは序文における彼の学説とは異なる。

序文における彼の第一原理は、「交際への欲望 appetite of society、すなわち、共有 community への欲望が、人間固有の行動原理である」というものである。ここで彼は直ちに例外でもって彼自身を矯正する。つまり「いくつかの他の被造物にも、交際の欲望が見られる」と言う。そしてその上、彼は、その難点に次のように答える。つまり「動物における交際のこの欲望は、何らかの外的原理 some external principle から来る」(グロティウス、序言、6-7)と答える。「外部的知性の原理 *principium intelligens extrinsectum*」という言葉で、彼が何を意味していたのか、私には理解できないし、彼は説明しておらず、それは重要でもなく、何らかの目的を持った議論でもない。というのは、彼が言ったこと全てが真実であると認めるとしても、それでもなお、彼の原理は失敗しているからである。というのも、その問題は、動物において、この交際への欲望が、どのような原理から生ずるのかということではなく、そのような欲望が存在するのかどうかということだからである。その上彼はここで、交際と共有の欲望とは同じことであるとしている。ところが事実は、共有して生きていないものたちの多くが、交際しながら生きているのである。

次に彼は、「交際を維持すること the keeping of society(*custodia societatis*)は、本来の意味における法の淵源である」と教える。彼はそう表現してはいないのだが、私は、本来の意味における法ということによって、彼が自然法を意味していたと考える。この懇親的な共有 sociable community への欲望に対して、彼は、「他者に帰属するものへの慎み *alieni abstinentia*」（グロティウス、序言、8）を引き合いに出している。しかしながら、ここで彼は自分自身のことを忘れているようである。というのは、共有が存在するところでは、「*meum* 私のもの」も「*tuum* あなたのもの」も存在し得ないし、その上「他者のもの *alienum*」も存在し得ないからである。つまり、どのような「他者のもの *alienum*」も存在しないのなら、どのような「他者に帰属するものへの慎み *alieni abstinentia*」も存在し得ないのである。同じことがらに関して、彼は「自然法によって人々は売買の約束を守らなければならない *juris naturae sit stare pactis*」（グロティウス、序言、15）と言う。しかしながら、全ての事物が本来共有のものであるなら、なんらかの売買の約束はあり得えない。

さらに、グロティウスは、我々に「この法の概念から、他のより広汎な概念が生じてきた」と言う。そしてそれは「いかなるものが我々を利し、いかなるものが我々を害するのかを識別することの中に存在し、そしていかなるものがそれに導くのかを判断することの中に存在する」と言う。彼は、後者を「広義の自然法」と呼び、前者を「固有で厳格な意味での交際法 *jus sociale*」と呼んでいる。そして彼は「人々が神の存在を否定したとしても、これらの二つの法は存在する。しかしながら、神の存在を信ずるものたちに対して、自然のうちにある淵源の他に、他の法の淵源がある。すなわち、それは神の自由意志であって、我々の知性は、理屈抜きに、それに従わなければならないと命ずるのである」（グロティウス、序言、9-12）と言う。

以上のように、私は、彼の序言の中の自然法に関する素材の大意を推測するのである。

- Jus(法)
  - Naturale(自然的)
  - Voluntarium(意志的)
    - Divinum (神的)
    - Humanum (人間的)
      - Civile(国家的)
      - Latius patens (より開かれたもの) Seu Jus Gentium (もしくは国際法)
      - Arctius patens (より閉じているもの) Seu Paternum (父権的なもの) Seu Herile (主人的なもの)

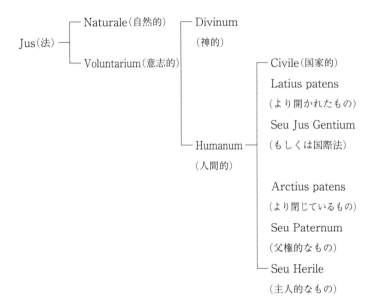

もし我々が、その書物自体に向かうなら、我々は次のように法の分割を得るだろう。

自然法の定義において、彼は、「本来の意味での自然法 *jus naturae proprie dictum*」と「より広汎な意味での自然法 *quod laxius ita dicitur*」についての上記のような細かい区別立てを省いている。我々が彼の序言において見出したものは、道徳法にぴったりと合致し得るような平明な定義である。これによって、自然法と道徳法とは同じものであることがわかる。

これに反して、彼は、次のように断定している。

かかる行為は、必然的に神によって命令されるか、或は禁ぜられる、ということが理解されるのである。かくて、この法は、人意法のみならず神意法とも異なる。何となれば、神意法はそれ自体、またそれらの固有の性質によって、義務的であるか、または許容されざるところのことを、命令したり、禁じたりはしないで、禁ずることによって許容されざるものとなし、命令することによって義務的なるものとなすからである。

（グロティウス、第1巻第1章第10節第2項）

上記において、彼は、自然法と神意法とは異なるものと考えているらしい。これに反して神においては、必然性と意志とは同じものである。サルマシウスは、『利子論 *De Usuris*』の第一二章で、グロティウスのこの意見を非難している。彼はグロティウスを名指しはしていないのではあるが、それでもなお彼はグロティウスのことを言っているのである。もし私が誤っていなければ。

次の箇所では、私は、彼が「本来的ならざる意味において、自然法といわれるあるものが存在するが、それは、還元的な意味において、自然法とは相反しない」というのを目にする。そして、

その自然法は、人間の意志の領域外のことのみならず、人間の意志行為から起こる多くのものに関係するということも、理解する必要がある。かくて、現在行われているような所有権は、人間の意志によって導入されたのである。しかし一度導入されるやいなや、自然法は、私があなたの意志に反してあなたの所有権に属しているものを奪い取ることが、罪となるということ自体を私に教えるのである。（グロティウス、第1巻第1章第10節第3項、第4項）

上記すべてのことにもかかわらず、グロティウスは、「自然法は、神もこれを変え得ないほど、不変のものである」（グロティウス、第1巻第1章第10節第5項）と主張する。彼は、区別立てをすることでそれを良きものとするつもりらしい。すなわち「あるものは、単純に自然法に合致するのではなく、一定の事物の状態のために、自然法に合致することがある。かくて、共通に物を使用することは、所有権が導入されない間は、自然法に合致するのである。而して自己の財産を力によって取得する権利が、法規が制定される前には存していたのである」（グロティウス、第1巻第1章第10節第7項）と彼は言う。ここで、もし、グロティウスが、「単純に自然法に合致するのではなく、一定の事物の状態のために」という代わりに、もっと平明に語っていたら、彼は、「不変的にではなく、一定の時間のために」と語ることになっただろう。そしてそれ

から上記の区別立ては次のようになっただろう。すなわち「あるものは、不変的に自然法に合致するのではなく、一定の時間のために、自然法に合致する」。これが、引き続いて現れる彼の説明によってあきらかにされるように、彼の区別立てのありのままの意味なのである。つまり、「物事の共通の使用は、支配が導入されない限り本来的なものであった」ということである。支配は、人間意志によって導入されたと彼はいう。この学説によって、グロティウスは、神自身が変更できない法を人間が変更できるようにする。彼は、人間に、二重の能力を与える。すなわち、第一に、神が自然法として創ったものを自然法でもないものにする能力と、第二に、神が創ることのできない自然法を創る能力を与える。というのは、支配が導入された今や、別の人間の支配としてそれを受け取ることは自然法に反することであると彼は主張するからである。

その上、私は、次のような言葉の中に、どのような一貫性も見つけることができない。すなわち「諸法が作られる前には、自然法によって、全ての人が力ずくで我がものとすることが権利であった」。なぜなら、自然法によって、どのような人も我がものとして何も持ちえず、諸法が作られるまで、彼の学説に従えばどのような所有も存在しないからである。

「人意法は、より広い範囲のものである *Jus humanum volintarium latius patens*」、つまり、彼は国際法を作り、それを「全ての、もしくは、多くの国家の意志によって義務づけられる権力を受けたもの」と言う。彼は「多くの」という言葉を付加する。なぜなら彼が承諾しているように、「自然法の他にも全ての国家に共通に見出される稀な法が存在するからである。つまり、それもまた、全ての国家に共通しているが故に、国際法と呼ばれるのを常としているのである」。否、彼が認めているように、「さらに世界のある部分においては、他のところでは国際法ではないものが、国際法であることがしばしばあるからである」（グロティウス、第1巻第1章第14節第1項）。

これらの章句によって、グロティウスは、国際法として作られるものは何か、もしくは、それがどこで見つけられるのかについてほとんど何も語っていないように思われる。

彼は、国際法が、人々の意志から義務的な権力を持つと言うのではあるが、人々にとって、義務づける意志を持つだけでは十分ではなく、義務づける力を持つことも必須であることが銘記されなければならない。

いくつかの国家は同一の法を持っているのだが、つまり、多くの国家において、窃盗が死をもって罰せられることが適当であるとされるのではあるが、それでもなお、国際法とはされない。なぜなら、各々国家は、それを彼ら自身の国家の国民の、もしくは、国家の法として持つからであり、そして隣国への侵害、同意、相談なしに、彼らの理由によってその法を変更し得るからである。それは本来の意味での国際法ではあり得ない。それが国際法の源泉であるということは、グロティウスも認めている通り、それが、「諸国家自身の中で国家の相互交際に帰属する事柄に関わりを持つということ」（グロティウス、第2巻第8章第1節第2項）なのである。そして、各々王国の特殊な利益にさらなる関係をもつ事柄には関わるものではないということなのである。というのは、私人が、彼らの国の善のためには彼ら自身のものを無視しなければならないように、個々の国家も、諸国家の善のためには彼の利益の一部を諦めなければならないからである。

まったくのところ、個々の王国や国家共同体には、国家や国民の法が存在し、また、法の力を得た慣習も存在する。しかしながら、それでもなお、そのような諸法は、ある至高の権力によって定められたものであるし、その諸慣習は、その同じ至高の権力によって、検証され、判断され、許容される。神自身以外には、全ての、もしくは多数の国家を覆うどのような至高の権力もないところでは、諸国家を義務づけるどのような法も作り得ない。そのようなものは神自身によって作られる。我々は、神が諸国家を義務づけるために創ったどのような法も見つけることができず、道徳法のみを見つけることができる。裁判法に関しては、それは神によって定められたのではあるが、それでもなお、国際法ではなく、ある一つの国家のみの法であった。そしてその国家共同体に適応された。

もし誰かが、ある一つの国家の慣習が国際法として尊重され得るのはもちろんのこと、そこにおいて多くの国家が同意をした慣習が国際法と呼び得ると考えるなら、その者たちは、それを合法的なものとしたのは、つまり全ての慣習を、悪しき慣習でさえも合法的であるとしたものは、慣習としての存在ではないと考えるべきである。しかしながら、慣習に合法性を与えるのは至高の権力の認可なのである。多くの国々に対するどのような至高の権力も存在しないところでは、彼らの権力は、合法的なものとはなり得ない。

グロティウスの学説は以下の通りである。

世界の創造および洪水があってからの再生の後に、神は人類に対して、下位の自然物に対する一般的権利を与え給うた。……したがって、各人は自己の必要のために、欲しいものを直ちに取り得たし、また消費し得るものは、消費し得た。そしてこの普遍的権利の享受は、当時は私有権の役を果たしていた。けだし各人がかくの如く取ったものは、危害を加える以外は、これを奪い得なかったからである。(グロティウス、第2巻

第2章第2節第1項）

グロティウスのこの断定が、聖書の真実とどれほど矛盾しているかは、セルデン氏が『海洋閉鎖論』（第1巻第4章）において我々に教えている。彼は以下のように言う。「創世記」（一・二八）において「神からの贈与によって」アダムは、

（彼の承諾なしに）彼の子どもを除外するような彼自身への私的な支配権をなしとせずに、すべての事物についての総主人として創られた。そして贈与、譲渡、もしくは、何らかの種類の譲与によって、（彼の死亡、もしくは、継承者の存在以前に）彼の子どもたちは、私的支配の権利による彼らの別個の領地を手にした。アベルは、彼の羊を得、それらのための牧草を育てた。カインは、穀物のための農地を得、そして彼が彼自身の町を作ったエデンの東を得た。（セルデン2、19-20頁）

聖書の歴史と自然理性に一致しているセルデン氏のこの断言は、グロティウスの学説にまさに矛盾するものである。私は、なぜセルデン氏が後に、「自然法も神の法も、全ての事物、もしくは、私的支配を命令したのでも禁止したのでもなく、双方を許可した」（セルデン2、20頁）と断定するのかが分からない。セルデン氏が承諾しなければならなくなるノアと子孫との間の一般的な共有（セルデン2、18頁）に関しては、「創世記」（九・二）はそれを是認してはいない。というのは、そこで息子たちは、ノアと共に祝福をもって言及されているのではあるが、それでもなお、相続において従属している、もしくは、祝福されてい

ると理解することが最良であるからである。彼らの父親の下や後にある息子たちが、私的支配を享受するのなら、その祝福は真に完遂され得るだろう。神が、アダムに与えた、そして彼が贈与、譲渡もしくは譲与によって彼の子どもたちに与えた私的支配が、廃止され、全ての事物の共有が、ノアと子どもたちとの間に設立されたとは到底思えない。大洪水の時代に、ノアは、世界の単独の後継者として一人残された。神がノアの長子相続権を廃し、世界の誰よりも先にノアを彼の子どもたちと共通のただの小作人とすることなどどうして考えられよう。もし、「創世記」(一・二八)でアダムに与えられた祝福と、「創世記」(九・二)でノアと彼の息子たちに与えられたものとを比較するなら、それら二つの文章には無視できない相違が見出される。アダムへの祝福において、我々は、「地を従わせよ、生き物を全て支配せよ」という表現を見出すが、ノアの祝福においては、その表現は見出されないし、一旦は名づけられた地という表現もない。「全ての生き物は、あなたたちの前に恐れおののき、あなたたちの手にゆだねられる」とだけ言われる。それからすぐ後に「動いている命あるものは、すべてあなたたちの食糧とするがよい。わたしは、これら全てのものを、青草と同じようにあなたたちに与える」と続く。最初の祝福は、アダムに、大地と全ての生き物の支配権を与え、後の祝福は、ノアに、食糧として全ての生き物の利用を許したのである。ここには、全ての事物についての所有に対する彼の権原のどのような変更も縮小もなく、彼の食物についての拡張のみがある。

しかしながら、グロティウスと共に、共有が天地創造において開始されたとするにせよ、セルデンと共に、大洪水から開始されたとするにせよ、彼らは両者とも、それが長続きしなかったことについては一致している。「しかしながら、この種の共同所有が長続きしたということは真実ではない *Sed veri non est simile hujusmodi communionem diu obtinuisse*」（セルデン2、18頁）。全ての事物の共有が自然法によるものであり、それについては神が創造者なのではあるが、それでもなお、そのような共有は継続し得なかったとグロティウスが主張することは奇妙なことのように思われる。継続し得ない共有を定めることは、全能の神の慎慮を失墜させずにおくのだろうか。もしくは、そのような所有を導入することによって共有の自然法を廃棄するということにおいて、我々の祖先は傲慢の罪に陥らなかったのだろうか。

　モーゼの十戒の後半の道徳に関するものの最初の義務は、所有の権利についての取り扱いだった。しかしながら、もし、グロティウスが教えるように、所有が、人間の法によって導入されたのなら、その時は、道徳法は、人間の意志に依存する。もし、女性と全ての事物が共有なら、姦淫と窃盗に反対するどのような法も存在し得なくなる。

　セルデン氏は、自然法、もしくは、神の法は、「禁止するのでも、命令するのでもなく、双方を平等に許すのである。すなわち、事物の私有はもとより共有も許すのである *nec vetuit nec jubebat, sed permisit utrumque, tam nempe rerum communionem quam privatum dominium*」（セルデン2、20頁）と言う。そしてその上、所有に関して（彼はそれを「最も初期の時代における所有の形式 *primaeva rerum dominia*」と呼んでいるのだが）彼は、「アダムが神からそれを受け取った *a numine acceperat*」（セルデン2、19頁）と教える。そして、共有に関しては、彼は、「それによってノアと彼の三人の息子が『全ての事物の共通の主人 *domini pro indivisio rerum omnium*』とされた神の贈与において事物の共有の明白な歩みと出会う」（セルデン2、17-18頁）と言う。このようにして、彼は、ノアと彼の息子たちの共通の支配はもちろんのこと、アダムの私的な支配もまた神に意志によるものとする。しかし、彼は、どのようにして、ノアと彼の息子たちが、もしくは、彼らの子孫が、神によって彼らに与えられた共有の法を変更する権威を得たのかは示さない。「領地を分配することにおいて、あたかも（彼らの子孫をも義務づける彼らの約束が通過したように）人類のものであるかのように、同意がまさに介入された。それゆえ、人々は、それらの事物の拝領の栄誉の共通の権利から引き離され、それらの事物は、特定の領主や主人に分配された」（セルデン2、21頁）とセルデン氏は言う。人類の同意によるこの分配を、我々は、信用しなければならない。というのは、古代からそれのために表わされる少なからぬ証拠が存在するからである。

全ての事物が共有であった時、どのようにして、人類の同意が子孫を義務づけるようになり得たのかは、それほど明解にされていない点である。子どもたちが彼らの両親から贈与や相続によって何ものも受け取らず、それらに対して平等で共通の利益を持つところでは、父親たちの行為が息子たちを義務づけるどのような理由もない。

私は、セルデン氏が共有を原始時代の権利と呼ぶ根拠を見つけることができない。なぜなら、彼は、それを、ノアにおいて開始され、ノアの息子たち、もしくは、せいぜい孫たちにおいて終了したとしているからである。というのも、彼は、大地が、「大洪水の後の数世紀にノアの子孫たちによって分割された *a Noachidis seculis aliquot post diluvium esse divisiam*」（セルデン2、18頁）と認めているからである。

セルデン氏の承認によっていたるところで評判を得た古代の伝統は、最も理に適ったもののように思われる。そこで彼は次にように言っている。

ノア自身が、全てのものの主人として、世界の分配の、そして私的支配の権威者であった。そして神の宣託という約束があったので、彼は最後の意志と遺言とによってこの分配を確かにした。それを、死に臨んで、彼は、彼の長男セムの手に残した。そしてまた、彼の全ての息子たちに、兄弟の支配物を侵害しないこと、もしくは、お互いに傷つけあわないことを警告した。なぜなら、そこから仲たがいや内乱が必然的に起こるからである。（セルデン2、19頁）

グロティウスの『戦争と平和の法』における多くの結論は、次の二つの原理を基礎として作られている。

一、第一に、「事物を共同で使用することが、本来的であること *communis rerum usus naturalis fuit*」（グロティウス、第1巻第1章第10節第7項）

二、第二に、「今ある所有は、人間の意志によって導入されたということ *dominium quale nunc in usu est, voluntas humana introduxit*」（グロティウス、第1巻第1章第10節第4項）

本来的な共有と意志的な所有についてのこれら二つの命題は、多様な危険性と騒乱的な結論に依存している。それはいくつかの場所に撒き散らされている。第一巻の第四章において、その章の題名は、従属者の優位者に対する戦争となっているのだが、そこにおいてグロティウスは、「極端にして明瞭なる危険の場合にも、無反抗の法規が、我々を拘束するや否や」（グロティウス、第1巻第4章第7節第1項）という問題を扱っているのだが、彼の結論は次のようなものであった。

無抵抗の法規は、最初に、国家社会を共に形成するものの意志によって効力を与えられたように思われる。さらに統治するものに移った権利もやはり、これから生じたように思われる。もしこれらのものが次のことを問われるならば、即ち、彼らが、全ての者に対して、優位なる者の力を抑えるために武器を執るよりは、いかなる場合にも死を選ぶべしとの義務を課することを欲するや否や、と問われるならば、恐らく、国家の非常に重大な混乱や、多くの無垢の人々の破滅を招くことなしに、反抗を為し得ないという限定なしに、彼らが肯定的に答え得るか否かは、私の知る所でない。（グロティウス、第1巻第4章第7節第2項）

ここにおいて、我々は、もしその事態が国家共同体に対して混乱を起こし得ないなら、大きなそして確かな危険において、人々は彼らの統治者に抵抗し得るという彼の回答を得る。もしあなたが、その危険が大きなものであり確かなものであることを誰が判断するのか知りたいなら、もしくは、それをどのようにして知るのか知りたいのなら、グロティウスは、それについては一言も無い。それゆえ、それとは反対のこと、つまり、彼の思いは、全ての私人がその危険の裁判官であるというものであったと思われるのである。というのも、他のどのような判断者も彼は指定していないからである。多くの時に全く危険ではなく、ほとんど取るに足らない危険であることを、どれほど我々が大きなそして確かな危険であるととがめ、誤解するのかを考えれば、我々が我々の権威者に殴りかかる前にそれによって我々が公共の危険の確かな大きさを判断し得る合法的な手段を隠すことは、上位者への抵抗のように絶望的な奉仕の一つにおけるけがらわしい欠陥であった。そして、騒乱の結果が、確かに判断されるのではなく、結果のみによって判断されるので、我々の上位者に抵抗することによって、我々が我々の国家共同体を妨害することなく名誉ある奉仕をなし得るとひそかに考えることも、汚らわしい欠陥であった。

グロティウスは、上位者への抵抗という学説に反対する異論について、続けて次のように答える。

ある人は、優位者からの一切の危害を排除するよりは、いかなる時も死を受けよとの、この苛酷な義務が、人意法ではなく、神意法に淵源を有すると言うかもしれない。しかし第一には、人々は神の命令によるのではなく、孤立した家庭が侵害に向かってはか弱いものであるとの経験から、彼らの自己の発意で、国家社会を共に形成し、そこから国家権力が生じたということを注意しなければならない。これは、ペテロが人の摂理と呼ぶものである。しかし、他の場合では、それは神の摂理と呼ばれるのである。けだし、神は、人類に有益なる制度を認め給うからである。しかし、神は人意法を認め給いながら、これを、人のものとしてのみ、而して、人の立場からのみ、これを認め給うものと考えられる。（グロティウス、第1巻第4章第7節第3項）

そしてさらに別の箇所で、彼はもっと先へと進む。そして「もし、人民の最初の意志に関して問題が起こるならば、現存し、且つ嘗て存したものと同一なるものと考えられる人民に、このことについて意見を表示せしめるのが至当であって、この人民の意志には、それが以前には異なったものであること、且つまたこの意志から当該権利がまさに生じたものであることが充分確かでなくとも、従うべきである」（グロティウス、第2巻第7章第27節第2項）と彼は我々に教える。

上位者への抵抗についての彼のより充分な説明として、彼は次のように結論づけている。

人が保持するものが重要なるものであればある程、法規の言葉の例外を認める衡平が一層大なるものとなることは、容易に理解し得るところである。しかし、他方、私は敢へて無差別に、公益に対する尊重を欠くことなく、必要ある場合に、最後の救済に訴える個人または少数のものをも有罪となすものではない。（グロティウス、第1巻第4章第7節第4項）

グロティウスの別の学説は、「王によって行使された支配権は、依然として人民の支配権である」（グロティウス、第2巻第14章第14節第1項）。「全ての王は、最初に選ばれたものも、合法的に相続したものも、主権を用益権として保有したのである」（グロティウス、第1巻第3章第11節第1項）というものである。

さらに、彼は、「人民は彼の欲する統治形式を選び得るのである。その権利は、その意志によって量られるべきである *Populus eligere potest qualem vult gubernationis forman, neque praestanita formae, sed ex voluntate jus metiendum est*」（グロティウス、第1巻第3章第8節第2項）と教える。

そしてまた次のようにも教える。

王を選ぶ際、人民はある権力を自己に保留し、他の権力を完全なる権利として王の与える場合が起こり得る。しかし、我々が既に示したように、かかることは、王がある約束した事柄によって拘束される時には起こらない。しかし既に述べた権力の分割が明瞭に規定されたる場合、またはいまだ自由なる人民が、将来王たるものに対して、恒久的命令の様式においてある事を命令した場合、または王を抑制しまたは罰し得ることを意味する何ものかが付加される場合に起こると考えなければならない。（グロティウス、第1巻第3章第17

節第1項）

私が引用した上記のグロティウスの文章の中に、以下のような学説が明瞭に見て取れる。

一、国家権力は、人民の意志に依存するということ。
二、私人や下層民が君主に反して武器を取り得るということ。
三、合法的な王たちは、王国の中に、どのような所有物ももたず、あたかも人民が領主であり、王が彼らの小作人であるように、用益権のみを持つということ。
四、上位者に抵抗しないという法は、人間の法であり、まず第一に人民の意志に依存するということ。
五、最初の人民の意志は、もしそれが知られていないならば、現存する人民によって説明され得るということ。

疑いもなく、グロティウスは、もし主要な権力が人民に存在するなら、その時は、王たちが彼らの権力を誤用するたびごとに沈黙を強要し、処罰することは合法であるということを結論付けることによって、これらの学説を人民が利用する効用を見越していた。したがって、彼は、「まずに、何処においても、且つ例外なしに、人民に主権が存し、それ故、諸王がその支配権を悪用する場合は何時でも、これを抑制し処罰することが人民に許されるということを主張するものの意見を」排斥しなければならないと我々に教える。そして「この意見が全体に深く刻み込まれて、多くの悪害を生ぜしめる」（グロティウス、第1巻第3章第8節第1

項）と言う。この狡猾な排斥は、「何処においても」「例外なしに」「全体に」という用語で限定され、混合的な否定を形成する。つまり、部分的には否定であり、部分的には肯定であるものを形成する（それを我々法律家は、否定的含意と呼ぶ）。それは次のような形式の命題を生ずる。「ある例外を伴ったある場所におけるある種の人々は、彼らの王に沈黙を強要し、処罰をすることができる」。

しかしながら、人民が王を矯正し得るという一般的な意見をどのようにグロティウスが論駁したのかを見てみよう。彼は彼の議論を次のような言葉で組み立てる。

各人には、彼が欲するところの何人に対しても、私的奴隷となることが許されている。しからば、自己の権利を有する人民が、自己を支配する権利を、少しの部分も保留することなく、明らかに、ある一人、または若干の人に移譲するというやり方で、彼らに服従することが何故許されないであろうか。（グロティウス、第1巻第3章第8節第1項）

ここまでの議論は、そこにおいて「人民は、いかなる部分の留保もなしに、彼らの権力を譲渡できる」ということの大半が証明されたものだった（もし我々が彼を満足させ彼の議論全体を良きものとするならばだが）。しかしながら、人民が「行った」こととは一体何なのだろうか。というのは、人民は、彼ら自身に対してどのような部分の留保もなしに彼らの権力を引き渡すことが可能なのではあるが、それでもなお、もし彼らがそうせず、一部を留保するのなら、グロティウスは、王たちが逸脱したならば、人民は王に沈黙を強制し、処罰を与え得ると自認するに違いないからである。それゆえ、彼のひいき目によって、主眼点が、権利によって為され「得た」ことではなく、この疑わしい案件において為されて「しまった」ことになるだろう。なぜなら彼自身の規則によって、子孫の権力を取り締まらなければならないということが社会に結合した最初の人民の意志と意味だからである。

しかしながら、グロティウスの側からすれば、もし人民が一部を保留していると証明できなくとも、全ての仮定において彼らが王に対して彼らの全ての権利を引き渡したということを主張し得る。というのは、もし彼らが留保や例外の利益を持つのなら、彼らの例外を証明することは彼らの側に横たわっており、所有している王の側ではないからである。

この答えは、それ自体においては最も正しく、良きものなのではあるが、それでもなお、誰よりもまず、グロティウスがそれを使用することが不可能なものである。というのは、彼は、現在の人民が、その最初の祖先の意味を充分に説明されたような状態であるとすることによって、人民の祖先の原初的留保を証明する労苦を人民に節約させる。自然法によって、最初の祖先たちが自由であり、全ての事物を共有していた時、最初の祖先たちは、先見の明がなくはなかった、もしくは、彼らの子孫に対して無頓着ではなかったと正当にも仮定され得る。何らかの条件や制限無く、直ちに、自由や共有の権利を引き渡すこと、そして彼ら自身や彼らの子どもたちを、制限無しに誤用し得る統治者の意志に対して永遠に服従させるように引き渡すことなどなかったと仮定され得るのである。

人民に代わって、グロティウスに対して、さらに次のように返答し得る。つまり、我々の祖先は、何らかの条件を表明することなしに、彼らの自由の絶対的な譲渡を行ったのではあるが、それでもなお、ある条件のもとで良き統治が行われていたことが必然的に暗示されざるを得ない。そしてその暗示された条件の不履行は承諾された無効を形成することが必然的に意味された。もしくは、もし、我々が暗黙の条件を許容しないなら、その時は、その承諾自体が、何らかの価値ある考慮を得ておらず、非理性的であり自然法の侵犯なので無効であると言い得るだろう。もし、グロティウスが本来的共有についての第一の原理を保持するのなら、上記のような返答に対して、彼がどのように有効な回答を為し得るのか、私には想像がつかない。

人民に反するグロティウスの議論が有効ではないように、人民のために作られたその議論に対する彼の答えも満足なものではない。グロティウスは「権力を与える者は、与えられたる者に対して優位にあるという見解」に対して次のように答える。

その見解は、その効果が権力を与えた者の意志に常に依存する如き制度においてのみ正しいが、最初は意志から生ずるが、後には必然的となるところの制度においては正しくない。後者の場合は、例えば、婦女が、爾後は常に服従しなければならない夫に権力を与える如きものである（グロティウス、第1巻第3章第8節第13項）

その返答は、グロティウスの前者の学説によって、人民による王の制度のまさにその効果が制定する者たちの意志に永遠に依存するということになり得る。彼は、それが自然法の必然性によるもの、もしくは、神の実定法であると言うつもりはない。彼は、「神の命令によるのではなく、彼ら自身の発意で *Non Dei precepto sed sponte*」国家社会を共に形成した。つまりそれは人間の法令であり、神はそれを「『人のものとし

てのみ *ut humanum*』、而して、『人の立場からのみ *humano modo*』これを認め給うものと考えられる」（グロティウス、第1巻第4章第7節第3項）と教える。グロティウスはさらに我々に「人民は彼の欲する統治形式を選び得るのであり、而してその権利は、その意志によって量られるべきである *Populus potest eligere qualem vult gubernationis formam, et ex voluntate jus metiendum est*」（グロティウス、第1巻第3章第8節第2項）と教える。つまり、人民は、王に、彼らの意志と同じほどの小ささの権力を与えることが可能なのであり、また、彼らが望むものと同じほどの短期間の間それを与えることが可能であるということである。つまり、彼らは現代の王を、古代ギリシアの独裁官や護民官とするのである。それは「古代アフリカにおけるヴァンダル族[33]の王権、およびスペインにおけるゴート族[34]の王権の如きであって、これらの王が人民の機嫌を害したる時は何時でも、人民が王を廃したように、「何時でも取り消される権利、即ち不安的なる権力 *jus quovis tempore revocabile, id est precarium*」である。「というのは、かかるものの個々の行為は、取消を条件として、彼らに権力を与えたものによって無効とせられ得るのである。それ故、効果が同じではないように、権利もまた同じではないからである *horum enim actus irriti possunt redid ab his, qui postetatem revocabiliter dederunt, ac proinde non idem est effectus, nec jus idem*」（グロティウス、第1巻第3章第11節第3項）。ここで彼は、平明な言葉で、効果は人民の意志に依存するとまさに我々に教えている。これによって、我々は、彼が、常に従わなければならない夫を自分自身で選ぶ妻の例（グロティウス、第1巻第3章第8節第13項）を彼が使ったことがどれほど不適当であったのか判断することができる。なぜなら、妻の服従の継続の必然性は神の法に依存するからであり、それは不変の婚姻生活の絆を定めているからである。グロティウスは、君主に対する臣民の服従の継続に対してはそれと同じことは言わないだろう。そしてまた、彼は、人民が望むだけ小さな権力を与えるように、そして人民が望むだけ短い期間を与えるように人民が王を選択し得ることを我々に教えたようには、妻が夫を選択し得るとは言わないだろう。

次に、後見人は、孤児の財産に対する管理が悪い場合には罷免され得るということが反論される。グロティウスは、「自己の上に優位者を有する後見人の場合においては、以上の如きことは、明らかに行われ得る。しかし統治の場合は、かかることは、無限に及ぼされ得ない故、人 in some one person であれ、民衆であれ、どこかで停止せしめることが絶対に必要であるが、これらのものの罪は、それに優位する裁判官が存しない故、神が自らを示すが如く、神が特別なる考慮を為し給い、もし必要あれば彼らに復讐を与え給い、あるいは人民に対する刑罰と試練のために、彼らを認容し給うのである *In tutore hoc procedit qui superiorem habet, at in imperiis quia progressus non datur in infinitum omnino in aliqua perso, aut coetu consistendum est*」（グロティウス、第1巻第3章第8節第14項）。王国においては、我々は「無限に」訴えることが不可能であることは真実である。しかしながら、それでもなお、我々は最高位のものへ向かい得るし、向かわなければならない。それはグロティウスの規則よれば人民である。なぜなら彼らが最初に王を創ったからである。それ故、「人 *in aliqua persona*」で停止する必要はなく、「人民 *in coetu* in the people」において

(33) ヴァンダル族（Vandal）。古代末期にゲルマニアから北アフリカに移住した民族。カルタゴを首都とするヴァンダル王国を建国した。

(34) ゴート族（Goth）。ゲルマン系の民族で東ゲルマン系に分類されるドイツ平原の古民族。いわゆるゲルマン民族の大移動でイベリア半島に王国を築いた。

停止する必要がある。つまり、彼の学説によれば、王は、人民によって処罰され得るが、人民の欠陥は神の判断に残されざるを得ないのである。

私は、ここで、生まれながらの自由と全ての事物の共有という学説に伴う絶望的な不自由を手短に提示した。これらのそしてより多くの馬鹿げた事柄は、もし我々が反対に、アダムの生まれながらのそして私的な支配が全ての統治と所有の源泉であると主張するなら容易に取り去られる。そしてもし我々がそれにより良く注意を向けるなら、グロティウスがちょうど部分的に承諾したことに気づくだろう。現在生きている者たちがなぜ彼らの統治者にまさに従わなければならないのかということの基礎は、先祖の意志である。先祖が最初に君主に従った。つまりその意志に従うことでその子どもたちも服従を継続しているのである。これは、グロティウスの考えに従うことであり、それ故、問題は、王が彼らの被治者に対して父権的な権力を持つのか「どうか」、ということではなく、「どのようにして」、王がそれによって最初に出現したのか、ということなのである。グロティウスは、我々の祖先は、全員が自由であったので、王に対して彼らの権力を譲渡したとするだろう。反対の者たちは、我々の祖先のそのような普遍的自由を否定し、アダムの本源的な支配権から王の権力を引き出すのである。

このアダムの生まれながらの支配権は、グロティウス自身からも証明され得る。彼は次のように教える。「生殖によって、両親は彼らの子どもたちに対する権利を獲得する *generatione jus acquiritur parenitibus in liberos*」（グロティウス、第2巻第5章第1節第1項）、「かかる支配を行うものは、自然的には両親を除いては、誰もいない」（グロティウス、第2巻第5章第2節第1項）。そして別の箇所において、彼は、十戒の第五について言及しながら、次のように語った。「けだし自然によって長官である両親の名の下には、人間の社会のその権威を及ぼす他の支配者をも含めるのが正しい *Parentum nominee qui naturals sunt magistrates, etiam alios rectores par est intelligi quorum authoritas societatem humanam continet*」(グロティウス、第2巻第20章第30節第2項)。そしてもし、両親が生まれながらの長官なら、子どもたちは、生まれながらの臣民でなければならない。

しかしながら、グロティウスは、両親が、生まれながらの長官であることを承認するのではあるが、それでもなお、彼は、子どもたちが十分な年齢に達し、両親から離れた時、生まれながらの服従から自由になるとするのである。これのために、彼は、アリストテレスや聖書から証拠を引き出す(グロティウス、第2巻第5章第2節第1項、第2巻第5章第7節)。

第一に、アリストテレスに関して述べよう。我々は、あたかも年齢に達した人々が彼ら自身で自由意志的に自立し得るし、彼らの生まれながらの服従を放棄し得るかのように、十分な年齢に達した子どもたちの全員の自立が自由の獲得であるということを、彼が、教えたのではないことを銘記しなければならない。そうではなくて、アリストテレスは、受動的な自立にのみ言及したのである。というのは、彼は子どもたちが「まさに自立する」まで両親に服従するといったのではなく、受動態の動詞で、子どもたちが「引き離される χωρισθῇ コーリステー」まで、といったからである。つまり、「法によって」彼らは引き離されたのである。というのは法(それは至高の父親の権力を持っている者の意志に他ならないのだが)は、多くの場合、交際の公共の利益のために、従属的な両親に対して服従することから子どもたちを自由にしたからである。それ故、そのような子どもの解放によって、生まれながらの服従は、消滅させられたのではなく、首長たる両親によってそのように仮定されたか、もしくは、規定されただけなのである。

第二に、グロティウスは、「かくて神がヘブライ人に与え給うた法によって、男子または女子のなした誓約を解除する父の権力は、恒久的ではなく、子が父の家の一員である限りにおいて継続する」ということを証明するために「民数記」(三〇) を引用した (グロティウス、第2巻第5章第7節)。しかしながら、もし、我々がその章を調べるなら、グロティウスが彼自身と我々を欺いていることに気づくことができる。というのは、その章には、息子の誓約に関することは一言もなく、父の家族の中にある娘の誓約に関することのみがあるからである。父の家にある娘という存在は、娘が純潔無垢であり、未婚であるということのみを意味した。それは、その章全体の議論から推測される。つまり、その議論は、人生の諸時期の女性の誓願の個々のきまりを取り上げているからである。最初に、純潔無垢な娘たちに関して、第三節で取り上げられ、第二に、妻たち一般に関して、第六節で取り上げられ、第三に、寡婦と離婚した女性に関して、第九節で取り上げられる。父親の家から出た純潔無垢な娘たちのためのどのような法もない。我々は、もし彼女たちが彼女たちの父親から自由であったとしても彼女たちが省略されていたと考えることはできない。我々は、結婚の後まで女性のためのどのような自由もその文章の中に見出すことはできない。つまり、もし彼女たちが結婚したなら、彼女たちは父親の家にいるとしても、それでもなお、父親は彼女たちの誓約に権力を持たず、彼女たちの夫が持つということである。

もし、自然法によって、父の家からの離脱が子どもたちを解放するのなら、なぜ、自然法に反する国家法が、同意なしに父親たちから離脱し、取り去られた子どもたちを法の行為によって回復するために父親に権力や矯正策を与えるのだろうか。両親の同意がなければ、国家法は、どのような解放も与えない。両親に対する子どもたちの服従に関して、グロティウスは、三つの別々の時代を区別している。

第一は、「不完全判断」の時代である。

第二は、「完全判断」の時代であるが、しかし「いまだ息子が父の家に留まる」時代である。

第三は、「子が父の家から去った時代」である。

第一の時代について、彼は、「子の全ての行為は、親の支配の下にある」と述べている（グロティウス、第2巻第5章第2節第1項）。

第二の時代については、次のように述べている。

第二の時期に入って、すでに判断が年令と共に熟した時は、両親の支配の下に服する行為は、父または母に関係ある家庭の地位に対してある重要性を有する行為のみである。けだし、部分が全体に合致することは正当であるからである。他の行為については、その時期における子は、「権力」即ち、道徳的行為能力を有するが、しかし、これらの行為においても、彼らは両親を喜ばせるように常に努めねばならない。しかし、この義務は、前の場合のように、道徳的能力の力から生ずるのではなく、敬虔、尊敬、報恩から来るのであるから、たとえこれに反する行為が為されても無効とならないことは、あたかも所有者が倹約の法則に反して行った物の贈与が無効とならないのと同様である（グロティウス、第2巻第5章第3節）。

このいずれの時期においても、子にその努めを果させ、またはこれを矯正するために、子を支配する権利は懲罰の権利をも含む。たとえ、両親の支配権が、これを奪い得ず、あるいは他人に対して譲渡し得ないように、父の人格および「品位」に附せられるとしても、父は、国家法が妨げない限り、自然によって、その子を担保に入れ、もし必要あって、他の方法では扶養し得ない場合には、これを売ることすら出来るのである。（グロティウス、第2巻第5章第4節—第5節）

第三の時代について、彼は、「第三の時期に入っても、子は、なお敬虔と尊敬を捧げるべき理由が残っているから、常にその努めを有するのであるが、全ての事柄において「自主的」であり、自己の権利を有している。その正当な理由は永遠である」（グロティウス、第2巻第5章第6節）と言う。この三つの部分からなる区別において、グロティウスは、第二の時期の間のある場合において、そして第三の時期の間の全ての場合において、子どもたちが道徳観念によって自由であり、彼ら自身の支配下にあるとしているのではあるが、それでもなお、全ての場合において、彼は、子どもたちが敬虔と尊敬から彼らの両親を喜ばせることに常に努める義務があることを承認している。そして彼は「その正当な理由は永遠である」と言う。しかし私は、どのようにして、ある場合に、子どもたちが、彼らの両親の許しなしに彼らが好むことを行う権力、もしくは、道徳観念を生まれながら持ち得るのか想像できない。なぜなら、彼らは、彼らの両親を喜ばせるように努めることを常に義務づけられるからである。そして、いくつかの諸国民の法によって、子どもたちは、彼らが思慮分別のある年令に到達した時、多くの行動において権力と自由を持つのではあるが、それでもなお、この自由は、実定的な人間の法によって許されるものである。つまりそれは、君主の至高の父権によって作られるのであり、彼は、国家共同体の便益のために下位の父親の権威を、規定し、制限し、掌握するのである。それゆえ、子どもたちに対する両親の生まれながらの権力は、どのような自立によっても決して停止することはなく、至高の君主の卓絶した父権的権力によってのみ、子どもたちは、下位的な両親への服従をある場合において免ぜられるし、特権を与えられる。

子どもたちの誓約の解消に関して、グロティウスは、彼の書物の最終版において、彼の書物の初版を改訂した。というのは、初版において彼は、「父親の権力は、息子に対してよりも、彼と共に住む娘に対するもののほうがより大きい、なぜなら、娘の誓約を父親は無効にできるが、息子のものはできないからである」と教えている。しかしながら、これらの文言と代わって、最終版において、彼は「息子もしくは娘の誓約を解消する権力は、永遠のものではなく、子どもたちが父親の家族の一部である限り持続する」と教える（グロティウス、第2巻第5章第7節）。彼がこの結論を引き出したその文章の意味について、私は、既に語った。

グロティウスが提出した、それによって至高の権力を持ち得る三つの方法とは、

第一に、完全な所有権

第二に、用益権

第三に、一時的な権利

というものだった。

彼は、次のように言う。ローマの独裁官は、

至高の権力を一時的なる権利として保有した。しかしほとんど全ての王は、最初に選ばれたものも、合法的に相続したものも、至高の権力を用益権として保有したのである。しかし、ある王は、完全なる所有権として至高の権力を保有しているのであって、これは正しき戦争によって獲得し、あるいはより大なる災害を避けるために、留保なしに行った人民の服従によって獲得した場合である（グロティウス、第1巻第3章第11節第1項）。

このように、我々は、それによって王が王国の中に完全な所有権を獲得し得るグロティウスによって承認されたただ二つの方法を見出す。すなわち、正しい戦争によるもの、もしくは、人民の贈与によるものの二つである。

どのようにして、戦争が、征服者において、先立つ権原なしに正当化されるのかを、グロティウスはまさに今示した。そしてもしその権原のみが戦争を正当化するのなら、その時は、その権原がもたらすこと以上の権利が戦争によって獲得されることはない。というのは、正しい戦争は、まさに、新しい権利を創造するのではなく、征服者の古い権利の所有に彼を位置づけるのみだからである。グロティウスが相続について語ったことと同じことが戦争についても言われ得る。彼は「相続は、この王国に特質を与える王国の権原ではなくして、古くより存する王国の継続である。家族内の選任によって成立する権利は相続によって継続する。したがって相続は最初の選任行為によって与えられたと同じだけの権力を与えるのである」（グロティウ

ス、第1巻第3章第10節第5項）と言う。それ故、権原を持つ征服者に対して、戦争は、まさに与えるのではなく、権利の位置に彼を就かせるのである。そして、最初に完全なる所有権を持った征服者を除けば、征服は、征服者にそれを与えることはできない。というのは、もし、元来、彼と彼の先祖が、用益権のみを持っており、簒奪者によって王国を追われたのなら、再征服は最も正しい戦争なのではあるが、それでもなお、この場合、征服者は、完全なる所有権を獲得するのではなく、彼の用益権のみが許されたとしなければならないからである。というのも、第三者、つまり簒奪者の不正義が、グロティウスが考えたように用益権のみを与え、選任した彼らの王に対する最初の贈与が保持されている所有権を人民から奪う侵害を起こし得るということをどのような正義が為し得るのかという問題があるからである。それ故、グロティウスの原理に従うなら、それによって完全な所有権が獲得し得る正しい戦争が存在し得るということは不可能であるように思われる。というのは、もし、王が征服によってその立場となるなら、彼は、統治者を持つ彼らを征服しなければならないか、もしくは、何も持たない人民を征服しなければならないかのいずれかだからである。もし彼らがどのような統治者も持たないなら、その時は、彼らは、自由な人民であり、それ故、その戦争は、自由であるその者たちを征服ために不正義なものとなるだろう。殊に、人民の自由が、グロティウスが教えるように自然の第一の法であるならなおさらである。しかしながら、もし、征服された人民が統治者を持っていたなら、その統治者は、権原を持つか持たないかの何れかである。もし、権原をもっていたのなら、それは彼から王国を取り去る不正義な戦争である。もし権原を持っておらず、王国を所有しているだけなら、それでもなお、所有のみの彼を征服して権原もまた欲する他者は、不正義となる。というのは、「事態が等しいところにおいては、所有にある者が、より良き状態である *in pari causa possidentis melior condition*」というのが正しい規則だからである」（グロティウス、第2巻第23章第2節）。そしてこれは、自然法によって、グロティウスの判断においてさえ妥当する。しかしながら、征服を企てる者が権原を得、所有にある者が何も得ないということが認められるならば、征服者は、征服者をより首位の権利に置き、新しい権原を生じさせることはない所有行為の本質においてのみ存在する。というのは、「戦争は、司法的解決が失敗したところで始まるからである *ubi judicia deficient incipit bellum*」（グロティウス、第2巻第1章第2節第1項）。以上によって、私は、いかなる場合に正しい戦争によって人が「完全な所有権 *pleno jure proorietatis*」を得た王となることができるのかをいうことを、彼の『戦争と平和の法』においては見出すことができないのである。

全ての統治と至高の権力は、公的な服従の上に築かれる。それはグロティウスのよって次のように定義された。「公的服従とは、一人民がある他の人または若干の人、または他の人民に対してすら、従属するところの状態である *Publica subjection est, qua se populus homini alicui, aut pluribus hominibus, aut etiam populo alteri in ditionem dat*」（グロティウス、第2巻第5章第31節）。もし、服従が人民からの贈与なら、どのようにして至高の権力は、「完全な権利 *pleno jure*」を正しい戦争によって獲得し得たのだろうか。

それによって王が、完全な所有権において至高の権力を獲得し得る他の手段については、グロティウスは次にように言っている。「より大なる災害を避けるために、留保なしに行った人民の服従によって獲得した場合である」（グロティウス、第1巻第3章第11節第1項）。どのようにして、ある人民が、戦争なしに、そのような生命の危険の状態に入り込めるのか検討されるべきである。つまり、彼らは、彼ら自身を防衛するどのような他の手段も見出せないからであり、もしくは、彼らはさもなければ彼ら自身を保持できないほどの貧困に押し遣られるからである。それで、彼ら自身を統治する全ての権利を放棄し、王に譲渡するのである。しかしながら、もしそのような場合が起こり得ず、戦争によってのみ、全ての主権の放棄を人民に強いるような極端な状態が起こり得るなら、その時は、戦争、つまり、それがその必然性を引き起こすのだが、戦争がそのような主権を強奪する第一の手段であり、人民の自由贈与ではない。人民は、人民が保持し得ないその権力を放棄すること以外に選択の余地はない。

以上の判断によって、グロティウスによって提出された二つの方法は、一つであること、つまり、結論として、その一つの方法が、それによって至高の権力が完全な所有権において保持され得るどのような方法でもないということになる。彼の二つの方法は、正しい戦争、もしくは、人民からの贈与ということである。正しい戦争は、権原なしにはあり得ない。どのような権原も人民の贈与なしにはあり得ない。戦争以外には何ものも寄贈者にはもたらさないのだから、必然性のないどのような贈与もない。それ故、グロティウスは、言葉の上では、王が完全な所有権を持ち得ると承認するではあるが、それでもなお、結論として、彼は、相互を同時に破壊する循環論によってそれを否定するのである。そして結果として、彼は、「威しにせよ、威嚇にせよ *per minas or per dures*」、どのような君主の所有権にも反対する裁判所における弁護の権利を全ての人民に残すのである。

しばしば、グロティウスは、次のようにいう。戦争は、「補充的正義 *justitiam expletricem*」によって基礎付けられることがある。それは、「人がその人に当然属すべきものの代わりに、而して、人がそれ自体を取得し得ない故に、これと同等の価値を有する他の物をとる場合であり、それは道徳的評価において同じとされるものなのである」（グロティウス、第2巻第7章第2節第1項）。というのは、戦争において、権原を持っている人にその領土が取り戻され得ない時、その人は、同様の価値のある別のものを取り戻すからである。この回復は、完全な所有権を与えることはできない。なぜなら、そのような戦争の正義は、別の事物に対する前の権利のための償い以上のものではないからである。

私は、統治の全ての権利を放棄し、他者に贈与するように人民を動かすとグロティウスが考えている原因の中で彼によって提示された例に注意を払う義務がある。彼は「広大なる土地を有する家長が、他の条件の下においては、何人も、彼の土地に来往することを許すことを欲しないことは起こり得ることである」（グロティウス、第1巻第3章第8節第3項）と言う。そして別の箇所で、彼は、「全ての王が人民によって擁立されたのではない」（グロティウス、第1巻第3章第8節第13項）と言う。それは、服従の法の下で異邦人を受け入れている家族の父親の例によって十分理解可能である。両者のこの文言において、我々は、家族の父親が、人民の選任なしに、異邦人に対する絶対的王であることの簡略な承認を得る。ここにおいて、私は、家族のそのような父親たちが、異邦人に対して持っていたような権利を、人民の選任なしに彼ら自身の子どもたちに対して同じ絶対的な権力を持っていないかどうか知りたい。もし彼らが持っているのであれば、私は、グロティウスは平明な用語でその権原を与えることを好まなかったのではあるが、彼らを絶対的所有権を持つ王と呼ばざるを得ない。というのは、実際のところ、そのような王を許すことは、「支配は人民の意志から生ずる」（グロティウス、第1巻第1章第10節第4項）という彼の原理を非難することであり、それ故、帰結として、彼の用益権を捨て去ることになるからである。このことを私は次に語るつもりである。

グロティウスは、「さてここに論ずる法規（無抵抗の法規）は、最初に国家社会を共に形成するものの意志によって効力を与えられているように思われる。さらに統治するものに移った権利も、やはり、これから生じたように思われる」（グロティウス、第1巻第4章第7節第2項）と言う。そして「彼らの自己の発意で、国家社会を共に形成し、そこから国家権力が生じた」（グロティウス、第1巻第4章第7節第3項）と言う。そして、「人民は彼らの欲する統治形式を選び得る」（グロティウス、第1巻第3章第8節歳2項）と言う。これらの仮定の上に、彼は、人民に選任された王は、用益権のみ、つまり、王国の利益や果実を取る権利のみを持ち、所有権やそれを譲渡する権力は持たないと結論付ける。しかしながら、何故、彼はそれを用益権と呼ぶのだろうか。私には、その用語は、王の権利を表現するのにはあまりにも見すぼらしいもの、もしくは、卑しいものであるように思われる。そして至高の陛下の尊厳を損なうものであるように思われる。用益というその言葉は、所有権なしに使用され得る何らかの有形的事物の果実もしくは便益、もしくは、使用の自由を持つ者を表現する法律家によって使用されるものである。一時的な事物（*res fungibles* ローマ法学者はそう呼ぶのだが）、それらは、穀物、ワイン、油、貨幣のように使用において消耗、もしくは、消費されるものであり、用益権ではあり得ない。

それは、王国と農場とを同じものとすることであり、あたかも、その大半を作る者に貸与以外の何ものも与えないかのごとくである。それに反して、真実、それは統治を行う王の一部であり、義務であり、彼はそのように行う権利を持ち、その目的に対して彼に至高の権力が与えられたのである。王位の家督を利用すること、もしくは、その利益を得ることは、統治の偉大な仕事を実行することを彼に可能にするための手段としてのみ存在する。

その上、グロティウスは、王を選任するばかりではなく、王の合法的な継承者もまた用益権のみを持つとする。それ故、王は王位を持ち、彼の子孫にそれを伝えるのではあるが、それでもなお、王はどのような所有権を持つこともできない。なぜなら、彼は、それを譲渡するどのような権力ももたないからである。というのも、人民の意志は、至高の権力を相続するものとして授けるということであり、譲渡し得るものとして授けるということではなかったからである。しかしながら、これに関して、グロティウスは、無防備な仮定以上のより良き証拠を持っていない。「人民の意志によって与えられたる王権の場合には、王に支配権の譲渡を許容することが人民の意志でないと想定することに私は同意する *in regnis quae popli voluntate delata sunt concede non esse praesumendum eam fuisse popoli voluntatem ut alienation imperii sui regi permittererur*」（グロティウス、第1巻第3章第13節第1項）。

しかしながら、彼は、王に彼の王国における所有権を許さないのではあるが、それでもなお所有権は、何者かには存在しなければならない。そして、その者は、人民以外にあり得ない。というのは、彼は、「王によって行使された支配権は、依然として人民の支配権であるからである」（グロティウス、第2巻第16章第16節第1項）と言うからである。この意味は、使用権は王のものであるが、所有権は人民のものであるということである。

しかし、王国を譲渡する権力が所有権を持つ者にあるならば、このことは人民にとって満足のいく学説を示すことになり得るだろう。しかし、それでもなお、王国における継承の権利を、そして所有権を人民の中に許すことは、ある矛盾を生ずるのである。というのは、継承は、人民にある譲渡の権利を妨害せざるを得ないし、もしくは、譲渡の権利は、グロティウスによって認められた選任された王を出席させ得る継承の権利を破壊せざるを得ないからである。

グロティウスは、至高の権力が「一つ *unum quiddam*」であり、分割できないものであることを認めているのだが、それでもなお、彼は「時には『権力的部分と従属的部分』と呼ばれる部分に分けられる」（グロティウス、第1巻第3章第17節第1項）と言う。私は、この意味を、支配権と被支配権とに分割し得るというように受け取る。例として彼は、ローマ帝国が西洋と東洋とに分割されていたことをあげる。しかしながら、これに反して、彼は「さらにまた王を選ぶ際、人民はある権力を自己に保留し、他の権力を完全なる権利として王に与える場合が起こり得る *fieri potest*」（グロティウス、第1巻第3章第17節第1項）と言う例として彼がプラトンやヘラクレスから引用したものは、それを証明していない。そして、それは、これまで決して名づけられたことも、どのように建設された王国においても、統治の形式としては夢想以外のなにものでもなかったし、奇妙な混合物以外の何ものでもなかった。

もし、彼らが彼ら自身を服従の下に置くことがそれほど自由意志的であり、思うがままの自由であったなら、何故彼らは、彼らの思うがままに服従から離れ、再び自由へと復帰しないのだろうか。

彼らが、彼らの生まれながらの自由を、自由意志から出た服従に変化させる自由を持つならば、彼らが彼らの自由意志から出た服従を生まれながらの自由に変え得るより強力な理由が存在する。なぜなら、彼らの意志を変更することが彼らの判断であるということが人々にとって合法的なものとなるからである。

確かに、この世界の全ての人間がある瞬間に、全ての事物の生まれながらの共有を私的な支配へと変更することで一つの精神に合意集合することはめったに無い慶事であった。というのは、そのような満場一致の同意が無ければ、共有が変更されることは不可能だったからである。というのも、この世界のただ一人の人間が、意見を異にしたら、その変更は、不正義となるからである。なぜなら、自然法によってその人は、この世界における全ての事物の共通使用権を持っているからであり、それ故、ある事物の所有権を他者に与えることは、全ての事物の共通使用権を持っている彼の権利を強奪するからである。そしてこの判断について、イエズス会のルドヴィクス・モリナは、彼の著書『正義について』で、同意見であるように思われる。彼はそこで「誰か他の者たちと一緒に住むのなら、云々 *si aliquis de cohabitantibus*」について語っている。もし、近隣の一人がそれに同意を与えないなら、国家共同体は、彼に対する権威を持たないだろう。なぜならその時、全ての他の人が彼に対してどのような権利も権威も持たないからである。したがって、彼らは、彼に対する国家共同体へどのような権威も与えることができないからである。

もし、我々の最初の先祖、もしくは、我々の祖先の他の者が、財産所有や統治者への服従をまさに自由意志的に持ち込んだのなら、そしてそれが、彼らの権力において、彼らに持ち込まれたにせよ、そうではないにせよ、もしくは、彼らの精神を変更するために持ち込まれたり、共有と自由の最初の状態に戻すために持ち込まれたにせよ、今生きている者たちがその同じ権力を持つべきではないと断言するどのような理由も存在し得ない。それ故、もし、この世界の何れかの者が、彼は決してそれほど卑しくも下品でもないのだが、その彼が彼の意志を変更し、彼の生まれながらの権利を再び共有に復帰させるとするならば、そして彼の生まれながらの自由を回復させ、帰結として彼が好むものを採り、好むことを行うならば、権利によって彼が為し得ること以上のことを行っていると誰が言えるのだろうか。そしてそれから、彼が望む時に全ての統治を解体し、全ての所有を破壊することが全ての人にとって合法的ものとなるだろう。

一方で、グロティウスは、自然法によって、全ての事物は最初は共有であったと言う（グロティウス、第1巻第1章第10節第7項）。そしてその上、所有が導入された後、共有して使用することは自然法に反することになったと教える（グロティウス、第1巻第1章第10節第4項）。それによって彼はまさに、自然法を可変的なものとするばかりではなく、彼は神さえそれが不可能であるといったのだが、自然法をそれ自体に対して矛盾したものとするのである。

統治形態に関するアリストテレスの政治学についての所見

——危険で不確かな時代において統治者に服従するための覚書を併録する

無政府状態より悪しきものはない。　ソフォクレス[1]『アンティゴネー』672

Ἀναρχίας γὰρ μεῖζον οὐκ ἔστιν κακόν.

王は、人々の中で神のように存在する。　プラトン

ὁ βασιλεὺς ὡς θεὸς ἐξ ἀνθρώπων.

序　文

統治の全ての変更において新しい何事かが存在し、それについては、どのような者も、時が試みるまで、予知することも判断することもできない。我々は、統治について多くの別々の方法を読み知っている。しかしながら、それらは、全て、もしくは大半が、最初はそれらに帰属するどのような領域もないか、もしくは非常に小さな領域だけが帰属する特殊な都市国家についてのものだった。現に今も、低地地方[2]とスイスの統治は、それらの何れも一つの都市国家としてはふさわしいものではない。というのは、それらは、各々が特

殊で異なった法と特権とを持つ小さな公国の混合物だからである。その程度といえば、低地諸州連合とスイス諸州連合は、同盟や連盟にしか過ぎず、二つの完全なる国家commonwealthではなく、相互防衛のために連合するというものである。否、スイス諸州連合は、いくつかの共和国であったばかりではなく、国家の異なった形態を持つとさえ見なされていた。つまり、山地の住人として、いくつかは貴族的な統治であり、他のいくかは民主政的であるといわれていた。そして、諸州のいくつかは、カソリックであり、いくつかはプロテスタントであり、いくつかはその混合であった。我々は、一つの統治と同じ法の下に統一されたなんらかの広範で大きな領地や王国が、なんらかの民衆的統治の中に直ちに服従させられたことを見出すことができないし、一つの都市国家の征服に甘んじたことも見出すことができない。このことはいまだ為されたことがない事柄であるので、先例のない事柄として、より有能な人々に、望まれるべき平和的な統治としてその解決が要求されるものである。行われ得る解決の全ての中で第一のことは、この世でこれまでに存在した他の統治において探求を行うことである。そのような探求の序章として（もし、古代のものに限るならば）聖書の意見を聞くべきであろう。それから、アリストテレス、つまり政治学の大学者である彼が調べられるべ

（1） ソフォクレス（Sophocles 前四九六―四〇六）。アテネの悲劇作家。アイスキュロス、エウリピデスと並んでギリシア三大悲劇詩人の一人に数えられる。『アンティゴネー』は、ソフォクレスの代表作で、反逆者である兄を埋葬したいというアンティゴネーの人間的情念と、それを許さず主権を貫徹しようとするクレオーンの意志との対立と葛藤を描いている。

（2） 低地地方（Low Countries）。現在のベルギー、ネーデルランド、ルクセンブルグなどの海面より低い地域を持つ国々のこと。

きであろう。そして、彼の後に、民衆統治の時代に生きていたギリシアとローマの歴史家たちが念入りに検証されるべきだろう。より大きな能力のある他の人々により厳格な探求に対する気持ちを起こさせるために、私は、大胆にもアリストテレスのいくつかの学説を吟味してみよう。もっともそれは聖書のより簡潔な筆致を先触れとしなければならない。

この世の創造の仕方に無知であったプラトン、アリストテレス、キケロ、ポリュビオス[3]、もしくはその他の異教徒の著者たちの中に、統治の端緒の何らかの確かな方向性を見出し得ることはありそうもない。我々は、統治と正義の主要な本源である支配と所有権の基礎に関して聖書をおろそかにしてはならないし、哲学者たちの中にそれを探し求めるべきではない。この世の最初の統治は、人類の父による君主政だった。アダムは、増殖を命じられ、そして人々が大地に満ち、それを服従させることを命じられ、全ての被造物に対する支配権を与えられたので、世界全体の君主であった。彼の子孫の誰も、彼の承諾と許可によるもの、もしくは彼からの継承によるもの以外のどのような権利も所持できなかった。「地は人の子への賜物」（「詩篇」一〇五・一六）とダビデ王はいう。つまり、それは、その権原が父権より来ていることを示している。最初から共通の享受に対して自然権を持つような相互依存関係のない群衆というような事態は決してなかった。これは、今日あまりにも多くの人々に抱かれている虚構、もしくは幻想であって、彼らは、自由への何らかの権原を彼らに約束し得るような統治の起源を発見するために、哲学者や詩人の意見を好きなように追い回し、キリスト教の名誉を傷つけ、無神論をもたらす。なぜなら、人類の生まれながらの自由は、アダムについての創造の否定なしには想定不可能だからである。そしてその上、本源的自由についてのこのうぬぼれは、異教徒の哲学者ばかりではなく、ローマ法の原理についての著者たち、そしてグロティウス、セルデン、ホッブズ、アスカム(4)その他の者達が、国家共同体と呼ぶいくつかの種類の統治の学説を生じさせ、作り上げる基礎でもある。

アダムは、彼の家族に対する父であり、王であり、支配者であった。息子、臣民、召使い、もしくは奴隷は、最初は同じものであった。父は、彼の子どもたちや召使を処分し、売り払う権力を持っていた。聖書における財貨の最初の列挙から我々が気づくことからすれば、男の召使と女の召使たちは、他の財貨と同じように、所有者の所有物や財産の中に数え上げられていた。臣民、奴隷、そして専制君主という名辞に関して、聖書においてそれらは見出し得ないが、我々が現在そう呼んでいる臣民や奴隷は、他でもなく召使と名づけられていた。私には、ヘブライ語、ギリシア語、もしくはラテン語の中に、専制君主、もしくは奴隷に関する固有で最初の語があるかどうかの学識はない。それらの語は、後の創案によるものであり、君主政的統治が嫌われる中で取り上げられたように思われる。

私は、人民自身が、人民自身を統治するために、もしくは人民自身が統治者を選択するために、もしくは、彼らの随意によって統治のあり方を変更するために、彼らに何らかの権力や委任が与えられたことを語

(3) ポリュビオス (Polybius 前二〇四—一二五)。古代ギリシアの歴史家。代表作は『歴史』であり、第一次ポエニ戦争を詳細に記述している。政体循環論を主張した。

(4) アスカム (Roger Ascham 一五一五—一五六八)。イングランドの教育者、人文主義者。エリザベス女王の家庭教師。人文主義の教養を持つ統治者の重要性を強調し、マキアベッリ的な統治を批判した。

る一文も聖書の中に見つけることができない。統治権力は、「敬われる汝の父」の掟によって据えられ、固定された。もし、父権的なものよりも高次の権力が存在するならば、その時は、この掟が、存立することも遵守されることも不可能だろう。我々は、聖書の中において、王を設立する人民のいくつかの行為を目にするのだが、それらの諸行為の総計がはるかに及び得ないほどの人民の服従の赤裸々な宣言を見出し得る。つまり、我々は、人民が何らかの権力を授けなければならないどのような委任も見出し得ないのである。作られるべき人民の真の代表は、統治すべき人民全体と同じように不可能なことである。貴族政、民主政、国家commonweal、政権 a state、もしくはその他の似たような意味のものには、旧約聖書、もしくは新約聖書のいずれにおいても出会うことはない。

最初の王は家族の父であった（『政治学』1252b18–21）ということを通して、君主政に関して事実としての基礎が存在することをアリストテレス自身が断言している。統治の何らかの他の形態の基礎に関しては、仮定である生まれながらの人類の自由以外には、強く主張されるものは何もなかった。その証拠については、私は、それが承諾されるように請われたこと以外には、どのような保証も見出し得ない。我々は、神自身の人民の統治が、家長、長老、(5) 士師、(6) 列王などの称号の下で多様であったことを見出す。しかしながら、上記の全てのものの中において、その至高の権力は、一人の人物のみの中に依然として留まっていた。我々は、聖書において、人民、もしくは群衆に対して与えられた、もしくは彼らによって執行された何らかの至高の権力をどこにも見出すことはできない。人民は、主に油を注がれた者でも、神の召命を受けた者でも、王位を授けられた者でも、［「イザヤ書」四九・二三のように］養父の称号を持つ者でも決してなかった［また、王については、「創世記」三五・一一を参照のこと」。陛下の不可分の梁である至高の権力は、群衆の中に分割することも、据えられることもできない。神は、一人の人物の中にそれを据えたのであり、時には人民のある部分の中に、時には別の中に、そして時にはその大半の中にというようにそれらが据えられたことはない。つまり、集会が解体された時、それが議場の空気や壁の中に存在しなければならないようには決して据えなかった。

もし、神の民の中に民衆統治に似たような何かが存在するならば、それは士師記の時代のものであり、「イスラエルにどのような王も」存在しなかった時であった。というのは、彼らは、そのころは、統治のようなものを持っており、それは聖書が次のように、つまり「そのころイスラエルには王がなく、それぞれが自分の目に正しいとすることを行っていた」(「士師記」一七・六)というように、汚名を着せるような、哀れで貧相なもの以外ではなかったからである。それには「どのような統治もなかったからである」ということが理由とされるのではなく「どのような王もなかったからである」ということが理由とされるのである。聖書の判断の中には、王の統治以外のどのような統治も、人々が欲することを行うことから彼らを抑制し得ないという判断があるように思える。全ての人間が、彼の好むことを行うところでは、どのような統治も存在

(5) 長老(captains)。キリスト教世界における職制の一つ。キリスト教では、一般的に長老会を構成して教会員の指導的立場にあった。

(6) 士師(Judges)。ヨシュア以後の王国時代の前から預言者サムエルの間まで、古代イスラエルで裁きを司った者たち。『旧約聖書』「士師記」に描かれる指導者たち。

していないということが真実として言われ得るだろう。というのは、統治の目的は、全ての人間に、彼の好むがままに行うことをさせず、自分の事件を自分で裁判することのないようにさせることだからである。というのも、どのような王もいなかったということを言うために、聖書は、イスラエルにおいては、統治のどのような形態もなかったと言ったからである。

そして、旧約聖書が我々に教えることを、我々は、新約聖書においても確認することができる。もし、聖パウロが「人は皆、上に立つ権力者たちに従うべきです」（「ローマの信徒への手紙」一三・一）とだけ言い、それ以上のことを言わなかったのなら、その時は、人々は、聖パウロが「上に立つ権力者たち」と言うことによって、王はもとより他の統治者のことを意味しなかったのかどうか、もしくは君主政のような統治の他の形態を意味しなかったのかどうか議論することになるだろう。しかしながら、幸運なことに、聖パウロは、彼自身の解釈者であり、注釈者であった。というのは、上に立つ権力者たちに対して全ての人々によって与えられるべき服従の一般的な原理を示した後、彼は、それが深々と胸につきささるように語りつづけ、地獄行きの苦しみという思いへと導いた。そして、「あなたは、その権力者を恐れないことを願っている」と語ることで、個々の人々の良心にそれを向けた。つまり、その権力者を彼は、「権力者は、神に仕える者である」と言い、一人の人物に服従を制限することを単数形で説明した。すなわち、「権力者たちは、あなたに仕える者である」ということではないのである。そしてそれから、さらに、「権力者は、いたずらに剣を帯びているのではありません」と言い、それから、同じ節において三度も、あなた方がそれを忘却することを恐れ、「神に仕える者として、悪を行う者に怒りをもって報いるのです」と言う。もし、聖パウロが、「彼らは、神に仕えるものである」もしくは「彼らは、いたずらに剣を帯びているのではない」と言ったのなら、「彼ら」ということで、王のみを意味していたのかどうか、もしくは、他の統治者もまた意味していたのかどうか、疑わしい。この疑念は、使徒自身によって取り去られる。そして、聖パウロが、上に立つ権威ということによって彼が意味することを説明したように、また聖ペテロも似たような説明を行った。というのは、ペテロの手紙において「上に立つ」と言うことに関してペテロが使用した同一の言葉は、「至高」と訳されており、それゆえ、我々の英語の聖書においては言葉が異なっているが、それでもなお双方とも元々は同じ言葉だったからである。それゆえ、聖パウロの言葉は、「全ての魂は、至高の権力に従わされるべきである」と語釈され、もしくは聖ペテロの言葉は、「上に立つ者としての王であろうと……」と語釈されて来た。しかしながら、それでもなお、次のような差異が存在する。つまり、聖パウロがこの言葉を複数形で語ったことに反して、聖ペテロは、それを単数形で語り、王に適用したのである（「ローマの信徒への手紙」一三・一―四、「ペテロの手紙1」二・一三）。

聖ペテロは、王を至高の者としたのではあるが、それでもなお、彼は、我々に王は、「人間の立てた制度」である、もしくは、人民の創造物であると教えるということが言われるかもしれない。しかしながら、王は、人民の一人の者のために作られた人間の立てた制度であると呼ばれるべきであると答えられるであろうし、また、人民によってではなく、つまり作用因[7]ではなく、質量因[8]の面からすれば、人間であると、答えられるだろう。もし、聖ペテロが、王は、人民によって作られたということを言おうとしていたのなら、彼はまた、統治者も人民によって作られたことを言わなければならない。というのは、彼は、統治者を、人間の立てた制度と呼ぶことはもちろんのこと、王とも呼んだからである。というのも、彼の言葉は、「主のために、すべて人間の立てた制度に従いなさい。それが、至高の者としての王であろうと、統治者であろうと」というものだったからである。しかしながら、聖ペテロは、統治者が人民によって作られるものではないことを示した。というのは、彼は、「悪を行なう者を処罰するために、王（人々ではない）が派遣した統治者たち」と言うからである。それゆえ、統治者たちは、王によって派遣されたのであり、人民によってではないのである。ある人々は、「王によって派遣された」というところを、「神によって派遣された」と受け取るが、しかしながら、その関係詞は、次の先行詞を受けなければならない。それは王であり、神ではない（「ペテロの手紙1」二・一三）。その上、もし、統治者が神によって派遣されたのなら、そして、王が人民によって作られたのなら、その時統治者が至高の者なら、それは聖ペテロの考えと反対のものとなるのである。そして当然の帰結として、もし統治者が神によって派遣されなければならないならば、人民は統治すべき代表を選ぶ権利を持たないことになる。

聖ペテロの言葉の最も間違いのない意味は、すなわち、王によって作られたものであろうが、彼に従属的な統治者によって作られたものであろうが、全ての人間の法に従えということである。それゆえ、王は、ものを言う法と同じ存在という意味で、人間の立てた制度と呼ばれるべきなのである。起源においてその言葉は、全ての人間の立てた制度に対して従うべし、というものだった。人民の選択、もしくは王の立てた制度についての王の宣言よりも王によって作られたもの、つまり制度の創設が法であると、より適切に呼ばれるべきなのである。

しかしながら、あなたが、その言葉をどのような意味に取ろうとも、聖ペテロが、この箇所で、人民によるのではなく、王によって派遣された統治者や王以外のどのような政府や統治者にも気づいていないことは最も明白なことである。そして、二人の中心的な使徒である聖ペテロと聖パウロが、次のような時代に彼らの書簡を書いたことが銘記されるべきである。つまり、人民の政府の名が、もしくはローマの人民の権力の名が、少なくとも多くの者たちに、まさに皇帝が強力な手腕によって軍事権力を強奪したにも関わらず、それでもなお、その政府は、長い間、多くの事柄において人民と元老院[9]にあったというほどの外観と名声であった時代であることが銘記されるべきなのである。しかしながら、以上の全てのことにもかかわらず、二人の使徒のいずれも、そのような人民統治に全く注意を払っていない。つまり、だれも、もしくは我らの救世主自身も、彼は神のものは神に、皇帝のものは皇帝に、と語ったのではあるが、彼も、我々が人民のために見出し得るどのようなものも許してはいないのである。

(7) 作用因 (efficient cause)。アリストテレスの唱えた自然現象の発生原因の一つ。現実に作用する原因のこと。フィルマーのここの箇所に関しては、王は「人間の立てた制度」であるということなので「人民」の行為のこととなる。

(8) 質料因 (material cause)。アリストテレスの唱えた自然現象の発生原因の一つ。材料や資材のこと。

フィルマーのここの箇所に関していえば、王は「人間の立てた制度」であることを議論しているので、その材料は「王」であるということになる。

(9) 元老院 (the senate)。王政ローマにおける王の助言機関、共和政ローマのおける統治機関、帝政ローマにおける諮問機関。

統治形態に関するアリストテレスの政治学についての所見

多くの者たちは、聖書において見出し得ないことを、アリストテレスの中にまさに捜し求める。というのは、君主政のほかの統治の何らかの形態が存在するとすれば、彼は、それが何かを語り得る、そして、それをどのような名で呼ぶべきかを我々に教え得る最高の能力者だからである。なぜなら、ギリシア語は、ほとんどの事物を表現するために最も重要な名辞を合成することにおいて最も妙を得た言葉だからである。今の時代の、通常の用語、つまり貴族政や民主政を表現する通常の用語は、君主政とは最も異なる統治の形態を表現するために彼から採られた。したがって、我々は、上記の二つの用語に関してアリストテレスへの調査を始めなければならない。

確かに、アリストテレスは、公共の利益のために、主権者が一人か少数か多数の者であることによって区別した統治の三つの種類を作ったように思われる（アリストテレス 1279a27–29）。「それらは、正しい、もしくは完全な統治ではあるが、一人、あるいは少数者、あるいは多数者の私的利益のための統治は、逸脱したものである」と彼は言う（1279a29–31）。公共の利益のための君主の統治を彼は王国と呼ぶ。

少数ではあるが、しかし、一人以上の人々の統治のうち、公共の利益を目標にするものを貴族政と呼び慣わしている。こう呼ぶのは貴人たちが支配することの故か、あるいは国や国の共同員にとって貴重なるものを目標にすることの故かである。しかし多数 a multitude が共通の利益を目当てに政治をする場合には、全ての統治に共通な名前、すなわち国家 a polity と呼ばれている。そしてそれがそのように共通の名前で呼ばれるのは当然なのである。というのは、一人、あるいは少数は、徳に関して傑出することが出来るが、しかし多数となると、徳の全てに関して完全な者であることは難しく、彼らが特にそのような者であり得るのは軍事的徳に関してであるからである。なぜなら、その徳は多数のうちに生じてくるからである。それ故、その国家では国のために戦い、武器を所有する人々が最も権力を持つ。上に述べられた統治から逸脱したものとして、僭主政は王国の逸脱であり、寡頭政は貴族政の侵犯であり、民主政は国家の逸脱である。というは、僭主政は独裁者の利益を目標とする独裁政であり、寡頭政は、富裕者の利益を目標とするものであり、民主政は貧困者の利益を目標とするものだからであって、それらのうち、何れとして、公共の有益なものを目標とするものではないからである。（アリストテレス 1279a34–b10）

ここでアリストテレスは、もし彼自身の原理原則に立つならば、「寡頭政は、少数者で貴人である者の利益を目標とするものであり、富裕者の利益を目標とするものではなく、民主政は、多数の利益を目標とするものであり、貧困者のみの利益を目標とするものではない」と言うべきであった。しかしながら、その時、アリストテレスは、彼の民主政がどのように逸脱したものでもなく、完璧な国家であると見ていた。そして彼の寡頭政は、少数者の利益を目標とするものでも、貴人の利益を目標とするものでもないと見ていた。というのは、自分たちの個人的利益のみを探求するものは貴人となり得なかったからである。この章における統治のいくつかの種類についてのアリストテレスの考えは、『政治学』の彼の全ての巻の基礎として最も明白に伝えられている。それゆえ、彼の学説について入念な所見を作ることがなおさら必須の事柄である。まずは、彼は、一人の人間の統治、もしくは君主政について、それが統治の完璧な形態であることを承認している。

君主政に関して、アリストテレスは、我々に、その起源を教える。というのは、「多くの家々から作られた最初の共同体は村である。そしてその村は本質的に家族で作られた村、もしくは養子や子どもの子どもたちによって作られた村であったように思われる。したがって、始まりにおいては、都市国家は王の統治の下にあった。というのは、全ての家において最年長者が王であったからである。したがって、もろもろの分家もまた血を同じくするところから、そのようにして治められていたからである」（アリストテレス 1258b16–21）と述べているからである。

このようにして、彼は、人民の選挙からではなく、父であることの権力から統治の起源をたどった。このことを彼は、彼の師匠であるプラトンから学んだように思われる。プラトンは『法律』第三巻において、権威の真実で最初の根拠は、父と母が、そして子をもうけ生じさせた者達が、単純に全ての彼らの子どもたちに対して命令したことであることを断言している。アリストテレスもまた我々にそれをホメロスが[10]「全ての男は、その妻や子どもを治める」と言ったことを通して教えている。

『政治学』第四巻第二章において、彼は、僭主政を「第一の最も神的な統治から逸脱したもの」であると定義することで、君主政に対して、「第一の最も神的な統治」という称号を与えた（1289a39–41）。

さらに、アリストテレスは、『ニコマコス倫理学』第八巻第一二章において、統治の正しい種類について語り、「その最善のものは君主政であり、最悪なものは民主政である」と言った（1160a35-36）。

最後に、『政治学』第三巻第一六章においては、君主政に関して、彼は、「完璧な王国とは、王が自分自身の意志に従いながら全ての事柄を支配する王国である。というのは、法に従うことで王と呼ばれる者は、統治のどのような種類のものも作り得ないからである」（1287a8-10, 3-4）と言っている。

次に、彼は、「少数」者の統治が存在すると言う。しかしながら、幾人がその少数であり得るのか、もしくはその少数でなければならないのかを我々に教えることはしない。唯一彼が語るのは、彼らが一人以上であるということであるが、しかし、幾人であるのかについては不確かなまま残した。

少数者によるこの完璧な統治について、ある人は、アリストテレスがそれを寡頭政と呼んでいたと考えるかもしれない。というのは、この言葉は、それだけのことを正当にも意味するからである。しかしながら、少数者の統治の代わりに、アリストテレスは、それに全く別の名辞を、つまり貴族政という用語を与えた。それは、貴人たちの権力を意味した。それが貴族政と呼ばれた理由については、アリストテレスは、そこでは貴人たちが統治を行ったからである、もしくは（常に真実であるとは限らないので）「被治者にとって最善のものを目標としていたからである」（1279a36-37）と言う。後者の理由によって、どのような統治も、殊に君主政は貴族政と呼ばれ得る。なぜなら、貴族政の目的はもとより、君主政の目的は、被治者の最善を目指すことだからである。それゆえ、少数者の統治を貴族政と呼ぶことの上記の二つの理由のうち、前者は、めっ

（10）ホメロス（Homer）。前九世紀ころの叙事詩人。『イリアス』『オデュッセイア』の作者とされる。

たに真実であることはなく、後者は、区別を立てるために決して十分なものではない。このことについては、アリストテレス自身が次の章で以下のように言うことで認めている。「さきにあげた原因は、種的差異とはならない。むしろ、民主政と寡頭政との間の差異を作るのは少数あるいは多数ということではなく、貧困と富裕である。そうして、富裕者が支配しているところでは、少数であれ多数であれ、それは寡頭政とならざるを得ないが、しかし、貧困者が主権を得ているところでは、それは民主政であるのが必然である」（アリストテレス 1279b38-80a1）。

さて、ここにおいて、もし、アリストテレスが、寡頭政と民主政との間の差異を作るために富裕と貧困とを認めたのなら、これら二つのものは、同様に、貴族政と国家との間の差異も作らなければならない。というのは、それらの間にアリストテレスが作った差異は、ただ、それらの目的において存在し、それらの事態において存在するのではないからである。というのも、その同じ少数者は、もし彼らの目的が公共の利益であるなら、貴族政を作り得るからである。そして、もし彼らが個人的な利益のみを目指すなら、寡頭政でもあり得るからである。

このようにして、アリストテレスは、貴族政を区別する場合、貴族の数の少なさによるのか、それとも彼らの財産の大きさによるのか、困惑させられ混乱させられていた。否、もし我々がアリストテレスの『修辞学』（第一巻第八章）を調べるならば、我々は、貴族政についてばかりではなく、統治の種類についてもまた、新しい思いつきを発見するだろう。というのは、彼が『政治学』において我々に、権利、もしくは完璧な統治の三種類、そして悪しき統治の多くの種類、それを彼は逸脱、もしくは堕落と呼んだのだが、それらの存在を教えた一方で、彼は、『修辞学』（第一巻第八章）において、統治には四つの種類があると我々に教えるようになるからである。すなわち、

一、民主政とは、籤によって支配職を分け合うものである。
二、寡頭政とは、財産によるものである。
三、貴族政とは、法の下で定められた教育によるものである。最善の者が現れることが必須であるので、そこからこの名前が由来したのである。
四、君主政とは、その名辞に従う通り、そこにおいて一人の者が全ての者たちに君臨しているものである。（1365b31-66a1）

ここで、我々は、貴族政が、数の少なさによって区別されているのでも、富によって区別されているのでもなく、法における熟練において区別されていることを目にする。というのは、彼は、法において訓練を受けた者たちが貴族政において統治すると言うのだが、その点に関しては、『政治学』でそれが夢想されることはなかったからである。それによって、アリストテレス自身が、貴族政としてどのようなものが挙げられるべきなのか良く知らなかったように思われるのである。そして、貴族政とは何かを彼が我々に正しく教えることができなかったので、彼は、貴族政がこれまでどこにあったのかを我々に教えるために探求していたのである。そして彼自身でさえ、統治のそのような形態のものがどこかに存在したのかどうか疑わしかったように思われるのである。『政治学』第三巻第五章で、彼は次のように言っている。「仮に、彼らが貴族政と呼

んでいるような統治の形態が存在したとしても、職人のような人たちが貴族政の市民となることは不可能である」(1278a18-19)。

彼の「仮に」という言葉は、彼がそれを疑っていることを思わせる。それでもなお、私は、カルタゴ[11]の国家共同体が貴族政であったことを彼が確信していることを見出す。彼は、それが貴族政であるとは言わない。というのは、その国家共同体が、他の国家共同体が持ち、そしてまさに民主政、もしくは寡頭政のいずれかに傾きがちな逸脱の多くを持っていることを認めているからである。すなわち「カルタゴの統治は、貴族政から寡頭政へとまさに逸脱していた」(アリストテレス 1273a21-22)。

そして、彼は、もし何か災難が起こって、カルタゴ人自身の間で不和が生じたならば、法律によって作られた平和回復の医薬は一つも存しない有様であると結論づける。そこにおいてアリストテレスは預言者のようであったように思われる。というのは、カルタゴの市民の間の不和は、ハンニバル[12]がイタリアを失った原因であったばかりではなく、カルタゴそのものを失った原因でもあったからである。

上記のわずかな推断からも、我々は、貴族政とは何か、どこに、いつ、そのような統治が存在したのかを決定することにおいてどれほどアリストテレスが不確かであったのかを見出すことができる。

貴族政から、完璧で正しい統治の第三の種類のものへ進んでみよう。というのは、それに対して彼は、「国家 *politia*」という全ての統治に共通の名辞以外のどのような特別な名辞もつけていないからである。ギリシア人が国家共同体のこの種のものを「統治の中の統治、国家の中の国家　καατ᾽ ἐξοχὴν　カト　エクソキエン」と呼ぶほど最高に卓越したものと尊重していたことを、我々が信じないということでもなければ、ギシリア人が、だれよりもまず、そのような統治の完璧な形態のための名辞を合成することができなかったとは驚くべきことであったように思われる。

しかしながら、アリストテレスがいかに、彼の『政治学』の中で、我々に名辞を与えることがなくとも、それでもなお、『ニコマコス倫理学』において、彼はそれが、「そこにおいて支配者が財産によって選ばれる有資産者政」と適切には呼ばれ得ることを確言している（アリストテレス 1160a33-34）。しかしながら、なぜ、アリストテレスがそのような名辞をそれに与えたのか、私はどのような理由も見出すことができない。というのは、国家は、彼の学説によれば、多数者、もしくは群衆の統治であり、そして彼が意味する群衆とは、それほど数が多くはないのではあるが、彼が群衆の統治であるとそれを許さないほどの貧困者は除く程度のものであったからである。というのも、彼は貧困を庶民階層の真の印としていたからであり、そしてあたかも、貧困であることと自由であることとは同一のものであるかのようにしていたからである。彼は、似たように解放を庶民階層の印とした。というのは、『政治学』第四巻第四章において、彼は「民衆国家とは、自由人の統治するものであり、寡頭政とは、富裕者たちが支配するものである」（1290b1-2）と説明しているからである。それはあたかも富裕者たちは自由人ではあり得ないかのようであった。ここにおいて、全てが貧

(11) カルタゴ（Carthage）。イタリア半島の南西対岸の北アフリカに存在した古代の国家。古代ローマ帝国と第一次から第三次までポエニ戦争を戦い、敗れて滅亡した。

(12) ハンニバル（Hannibal 前二四七―一八三）。カルタゴの将軍。第二次ポエニ戦争でローマと戦い敗れた人物。巧妙かつ奇抜な戦略を持って戦いローマ史上最強の敵とされている。

困者である中でどのようにして支配者 ἀπὸ τιμημάτων アポ・ティーメーマトーンが彼らの資産によって選ばれるのか、私には不可解なものとなる。

ここで私は、アリストテレスがそれに対し統治の逸脱、もしくは堕落、もしくは退廃という汚名を着せた時、なぜ、現代の政治家の全てが、彼らは彼ら自身をアリストテレス主義者であるというのだが、彼らが彼らの偉大な師匠を見捨て、民主政を統治の正しく完璧な形態と説明するのか驚愕せざるを得ない。彼らは、アリストテレスを引き継ぐためにより良く行った。アリストテレスは（他のギリシア人は行い得なかったのだが、それでも彼は）正しい民衆統治に有資産者政という名辞を見つけ出したのだ。しかしながら、現代の政治家たちは、有資産者政という語を使用することを慎んでいる。なぜならアリストテレスがそれに悪しき性格づけをしたからである。つまり全ての統治の正しい種類のものの中で、「君主政が最高のものであり、有資産者政は最低のものである」(1160a35–36) と言ったからである。それでもなお、後にアリストテレスは、同じ章において、「民主政は悪しき種類としては最もその程度のはなはだしくないものである。なぜなら有資産者政から少しばかり逸脱しているに過ぎないからである」(1160b19–21) と言って修正をはかっている。

しかしながら、名無しの統治のこの名辞について長々と説明しないで、事柄自体を探求してみよう。それで我々は、アリストテレスが言ったことが「多数者、もしくは群衆の統治は公共の利益を目指すものである」ということが理解できるだろう。

この多数者、もしくは群衆は、人民全体でも、人民の過半数でも、彼らの代表として人民によって選ばれたものでもない。否、アリストテレスは、そのようなことを決して言わなかったし、示唆したこともなかった。というのは、彼は我々に「最善の国は、熟練工や手工業者を国民としない」（アリストテレス 1278a8-9）と教えているからである。

そしてもし、上記の者たちが国民の数から除外されたら、有資産者政を作るために全ての国家に少数者のみが残されることになるだろう。なぜなら、熟練工、もしくは賃金労働者は、国家の最大の部分を形成するからである。もしくは、「国家は、自由人の共同体である」（アリストテレス 1279a21）ということ、それでもなお、国民である者たちからその住民の大半を排除することは、自由をあざけるものだからである。というのは、より良く生きることを目的として集まった人々の交わりである国家が、つまり国家は彼らなしには存続できず、彼らは公然と必須の仕事や公務を行うのであるが、その国家が、国民であることから彼らを締め出すことなどだれも考えない。それでもなお、アリストテレスは次のように言う。彼らが、必須とされる仕事を放棄することとは別として、「国が存在し得るためになくてはならぬ人々の全てを国民となすべきではない」（アリストテレス 1278a3-4）。「なぜなら世俗的生活、あるいは、日傭取り的生活を送りながら、徳に係わりのあることに努めることはできないからである」（1278a20-21）。

そして彼は次のようなことを結論の一つとする。「二、三の国においては職人たちは、昔は支配に与らないものだったが、極端な民主政になって初めて与るようになった」（アリストテレス 1277b1-3）。

さらに、アリストテレスは、自由人によって構成された最善の民衆統治を持ち、人民の貧困層が自由人であると説明する。その時、彼は、どのようにして、統治への参加から公共のために働く貧困な熟練工を排除するのだろうか。

さらに、アリストテレスにおいては、ギリシア語の名辞の意味と全く反対のことが観察し得る。つまり、もし群衆が富裕者であるなら、群衆の統治が寡頭政と名づけられ、もし彼らが貧困で自由であるなら、少数者の支配が民主政と名づけられるからである。

名辞が求められているこの国家統治の本質についての多大な不確かさの後、アリストテレスは、最後に、この一般的な国家共同体、もしくは、「国家」が「民主政と寡頭政」の混合物であると結論付ける。「というのは、端的に言えば、寡頭政と民主政の混合だからである」（アリストテレス 1293b33-34）。つまり、一つの完全な形態が、二つの不完全な形態から作られるというのである。これは、選挙によって選ばれた富裕な支配者のための寡頭政の処罰を定め、籤によって選ばれた貧困な支配者のための民主政的報酬を定めることによって二つの堕落を修繕するという、統治の混合と言うよりもむしろ混乱である。

最後に、アリストテレスは、そこにおいて彼が国家と呼ぶような統治がこれまで存在したような世界のどのような都市国家、もしくは国家共同体に対してもそれを名づける試みをしていないことが銘記されるべきである。彼にとって、それを完全な国家として数えること、そしてそのような卓越性のために他の全てのものから区別する名辞を勝ち得ること、そしてそれでもなおこの世に決して記録が残っていないということは、驚きであったように思われる。そして人は、もし、それが、何であるのか、いつ存在したのか、どこで存在したのを明白に出来ない時、そのような形態が本質的に可能であったのかを疑うこと、もしくは否定することが許される。

結論として、アリストテレスは、完全な統治の形態として三つの種類をのみを数えたのであって、つまり、それは、第一に一人の支配による君主政、第二に少数者の支配による貴族政、第三に群衆の支配による民主政であったということになる。そして、もし、上記の後者二つのものが、彼によって良きものとしてはなされ得ないのなら、君主政のみが統治の一つの正しい形態として残ることになるだろう。そして、アリストテレスは、「ギリシア人の間では、王政後の最初の国家は、戦争をする人に授けられた」（アリストテレス1297b16-17）ことを我々に教える箇所で、ある意味において、そのことを認めているように私には思われる。つまり、ギリシア人は、彼らが王によって統治されるべく残された時、軍隊によって統治されるようになったということである。彼らの君主政は、軍政へと変化した。そして、貴族政や民主政には変化しなかった。というのは、もし、統治における統一が、それは君主政においてのみ見出し得るものだが、それが一旦破壊されたならば、それは恒常的常備軍が現れるまで、どのような安定も基礎もあり得ないからである。というのも、アリストテレスが我々に教えるように、「人民や群衆は、徳においてではなく、軍事的徳において傑出することができる」のであり、そしてそれは「彼らにとって自然なことであり」、したがって、民衆国家においては「主権は、武力と軍隊を所持する者達の中にある」からである（アリストテレス1279a40-b4）。それゆえ、王の維持に挑戦しない国家や王国は、永遠に、軍隊の保持と涵養を引き受けなければならないのである。

統治についてのアリストテレスのいう完全な形態に対する上記の短い考察は、彼が言及する堕落した、もしくは不完全な形態についてどのように判断すべきかを指図する。というのは、「正しいことは、それ自体に対する、そして、逸脱に対する指針だからである。*rectum est index sui et obliqui*」そして彼は、それらを、質料と形相[13]とにおいて全く同じものとみなし、目的においてのみ異なるものとみなした。つまり、被治者の善のために存在する完全な統治の目的と統治者の利益のみのために存在する不完全な統治の目的である。さてここで、アリストテレスは、統治についての彼の正しく完全な形態をどのように定義するのか、もしくは評価するのかについて教えることが出来なかったので、彼が不完全と呼ぶものに関して我々を満足させることができると期待することはできない。ほとんど徒労に終わったのだが、それでもなお、彼は、その仕事に精を出し、努力を重ねた。というのは、彼の書物の題名が、『政治学 πολιτικῶν ポリティコン』であったとしても、そして、彼が、統治の特別な形態として「国家 πολιτεία ポリテイア」について言及したとしても、それは国家の共通の名辞なのであるが、それでもなお、彼が民主政と寡頭政についてだけを議論する統治の特殊な形態についての論議に至る時、彼は言葉数が多くなる。なぜなら、彼が統治の堕落した形態と呼んだそれらは、彼の時代のギリシアにおいてありふれた形態だったからである。彼が言及した貴族政、もしくは国家に関しては、それらは、もし君主政に勝るものでなければ、世界を惑わすために発明され、それらの風変わりな用語の下で少なくとも平等であり得る名状しがたい統治が見出し得るように人民を説得するために発明された思弁的な概念、もしくは空虚な名辞だった。そしてそれらの見事な名辞の発明者たちは、アリストテレスの言葉によれば、つまり彼はそこで「王政後の最初のギリシア人の国家は、戦争をする人々で構成された」（アリストテレス 1297b16–17）と言っているのだが、君主政に対する反乱者以外ではあり得なった。

アリストテレスが、何が真に完全な貴族政であり、国家であるのかを決定することに優柔不断であったように、彼は、また、寡頭政はもとより、民主政に関しても、その統治の不完全な形態を叙述することにおいて優柔不断であった。したがって、彼は、それらについてのいくつかの種類を発明することを余儀なくされた。そして、細分化による混乱を余儀なくされた。彼の言葉のいくつかを挙げてみよう。

国家の多くの種類が存在する原因は、どの国にも多数の部分があることによる。そしてこれらの部分が、国家の多数あることの原因になるのは、ある時にはこれらの部分の全てが、ある時にはその比較的少数の部分が、またある時には比較的多数の部分が国民となるからである。だから、種類の相互に異なっている多くの国家がなくてはならぬということはあきらかである。それは実にこれらの部分が種類の上で相互に異なっていることに基づくのである。というのは、国家とは、役職を分担する者たちの力に従いながら、もしくは富裕者や貧困者に帰属する共通な等しさに従いながら、もしくは双方に対して共通の事柄に従いながら、分配された役職の組織だからである。したがって、国家は、ちょうど優越なり、部分の相違なりを基準とした組織の数と同じだけのものがなくてはならないことになる。しかし、大抵、国家にもただ二つのもの、すなわち民主政と寡頭政だけがあると思われている。というのは、彼らは貴族政を一つの寡頭政であると思って寡頭政の一種に数え、また、いわゆる国家を民主政となしているからである。しかしながら、それは我々が分類したように二つの正しい形態とするのがより真実であり、より勝っている。その他のものはそれの逸脱

(13) 質料と形相 (matter and form)。アリストテレスが論じた自然現象の四原因の中の二つ。その他には作用因と目的因がある。質量因とは、事物の原因・材料のこと。形相因とは、事物つまり質料に一定の形を与える内在的な本質のこと。

したものである。（1289b27-90a26）

ここに、我々は、いろいろな考えのアリストテレスを見出す。彼は、時には、多数の国家という考えであり、時には、二つの国家という考えであり、時には一つの国家という考えをとる。彼の多数の国家という考えに関しては、もし彼がそれらを都市国家のいくつかの部分に従うものであるとするなら、彼は三つはもとより、三〇〇〇の国家を作り得るだろう。もし、二人の熟練工と三人の兵士が統治するなら、第一の種類の国家となるだろう。もし、四人の農夫と五人の商人が統治するなら、第二の種類のものとなるだろうし、六人の仕立て屋と一〇人の大工が統治するなら、第三の種類のものとなるだろう。もしくは、一ダースの水夫や一ダースの担ぎ人夫が統治するなら、第四の種類のものとなり、そのようにしてそれは「無限 *in infinitum*」に続くことになるだろう。というのは、アリストテレスは、どれほどの数の部分が都市国家を作るのか説明していないし、もしくはどれほどの数の組み合わせがあるのかも説明していないからである。したがって、それらについての彼の説明において、彼は、時にはより多くの部分を作り、時にはより少ない部分を作るというように、彼自身において異なっている。そしてたびたび、「その他 *et ceteras*」を伴う説明で結論としている。そして一人の同じ人物がいくつかの部分で行為できることを認めている。つまり、兵士である者は、農夫にもなり得るし、熟練工にもなり得る。そして彼の書物の第四巻第四章において、彼は都市国家の八つの部分を数え上げたが、総計を行う際に、彼は六つに省略したか、もしくはいくつかを総計し忘れている。すなわち、一、農夫。二、職人。三、商人。四、日雇い人夫。五、兵士である（ここでアリストテレスは、都市国家を形成する四つの部分のみを挙げているプラトンと衝突している。すなわち、プラトンは、一、職工、二、農夫、三、仕立屋、四、大工の四つを挙げているからである。その後、あたかも上記の四つでは十分ではなかったかのように、彼は、鍛冶屋と必要な家畜の飼育者、商人、そして小売商人を付加した。）アリストテレスは、プラトンについての上記の批判に懸命な一方で、彼自身としては、六番目のものを忘れて抜かし、七、富裕者、八、支配者（1290b39–1291a36）と挙げている。同じ章において、彼は、都市国家、もしくは国家についての諸部分の別の区分を提出している。そこにおいては、最初に、民衆と貴族とが分けられる。民衆を彼は最初に「農民に分け、第二に職人に分け、第三に売買を営む商人に分け、第四に海に関連のあるものに分けた。この種のものは、多様であり、ある者は海戦に関係し、ある者は金儲けに関係し、ある者は渡舟に関係し、ある者は漁に関係した。第五に余暇を持ち得ないほどに僅かしか財産を持たぬ日雇い人夫に分け、第六に国民を両親とする自由人でない者や、他に何かそのような種類の大衆に分けた。他方で、貴族の種類は、「富、血統、徳、教育、その他のこれらと同じような物事によって」（1291b17–29）分けられた。

ここで数え上げたもの以上の国家の部分があり得ることは、アリストテレスも承認し、想定している。そして諸部分の群衆とその諸部分が混合された群衆が、寡頭政と民主政の形態として世界を構成していることも承認している。

この諸部分の混同と国家の種類は、アリストテレスをして、他の分割よりも富裕者と貧困者との分割ということに彼の態度を安住せしめた。少数者と群衆、もしくは人民全体という区別は、寡頭政と民主政とを分けるためのより固有のものであるように思われる。しかしながら、真実は、それはギリシアの危機を目にしたアリストテレスがアテネ自身も含めた全ての国家において見出したことなのだが、統治に参加すること、そして国民であることを許されない多数の人民が存在するということなのである。そしてたびたび彼が、別の種類の統治であれば国民とはなり得ないある種の統治の国民であったということなのであり、つまり、国民は一つひとつの国家に従いながら異なるということである。彼は、もし彼が、人民全体の中に、統治するための、もしくは統治の形態を選択するための、もしくは統治すべき党派の権利を配するならば、結果として、ギリシアにおける全ての都市国家の統治を非難することになることを、そして、特に、彼が言うように、どのような職人も国民として認めない貴族政を非難することになることを熟考した。そしてその上、彼は、それによって、彼自身の『政治学』の主要な原理を反駁することになった。それは、ある人々は、生まれながら奴隷である、つまり全ての人間は生まれながら自由で平等であるという命題に全く反対する命題を反駁することになったということである。したがって、アリストテレスは、残りの全てを非難し、破壊し得るような統治の形態を提出するよりも、つまりある一つの都市国家を誹謗し得ないように、統治の想像し得る全ての形態を認めたほうが良いと考えたのである。

アリストテレスは、堕落した統治の形態の多くのものを認めたのではあるが、それでもなお、彼が定義し得る、もしくは叙述し得るそれら全ての中の何れについても強調することはなかった。つまり、全ギリシアにおいてどれかひとつの都市国家が、まさに道理に適った形態にしたがって統治されているということを言い得るようなものはないということだった。彼の精勤は、日がくらむほど、不安定に変化する都市国家の起こり得る多くの形態を数え挙げることのみだった。彼は、彼がそれらの統治の一つひとつに欠点を発見できるという条件で、人民が望む統治の多くの種類を発明する自由を彼らに惜しげもなく与えた。それは、彼にとって、それらのある一つをどのように修正するのを教えることよりも全ての形態の欠点を見つけることの方がより易しい仕事であったことを明らかにしている。彼は、彼が我々に国家とは何か、もしくはそれのどれ位の種類が存在するのかということ教える前に、彼がそれらを非難することを控えることができない多くの種類の国家における不完全性を見出していた。この目的に対して、彼は、ギリシアの主要な国家を規定し、矯正することに彼の書物の第二巻の全てを費やした。そして他の国の中では、ラケダイモン、クレタ、カルタゴの国家について言及し、その三つの国を彼は他の国々よりも良いものとして尊重したように思われる。それでもなお、彼は、アテネに対して行ったように、それらの国の不完全性を開陳することをためらわなかった。そこにおいて彼は、国家とは何かを我々に教える前に、国家のその欠点を伝えるということによって、議論の順序を崩壊させている。というのは、第一巻において、彼は、都市国家、もしくは国家を構成する諸部分についてのみ語るのだが、第三巻になるまで、都市国家、もしくは国家とは何かということを我々に教えないからである。そして、そこで統治の種類を操作しながら、彼は、どのような方法も全く遵守せず、混乱した道筋で、ある種類のものから別の種類のものへあちこちへと飛び回る。そして、一般的に統治に関する国家の規則が彼において観察されようとも、それでもなお、疑いなく、彼の論考が特殊な形態に差し掛かったところでは、彼は矛盾、もしくは混乱、もしくはその双方に陥っている。彼が、簡潔で難解であることは真実である。人が彼に対して行い得る最善の策は、彼は、自分自身を理解できなかったと認めることである。それでもなお、勤勉な読者は、どのような我々の時代の新しい政治家たちも、現代流行の唯一の主題である人民における生まれながらの本源的権力についての確証のための彼の原理の有利な証拠を挙げることが不可能である注意散漫さや混乱の傾向をアリストテレスの『政治学』における多くの不規則性や相反の中に容易に識別できるだろう。というのは、アリストテレスの論考は、特別な人々によって見出された、つまり、カルケドンのパレアス、[14] ミレトスのヒッポダマス、[15] ラケダイモンのリュクルゴス、[16] クレタのミノス、[17] アテネのソロン、[18] その他似たような人々によって見出されたような国家共同体についてのものだからである。しかしながら、見つけられるべき人民の自然権、もしくは統治の種類を選択する権利は、彼によって一度も議論されていない。人民についての「本源から由来しない尊厳」（パーカー15頁）は、我々の偉大な哲学者の熟知せざる思索の形而上学的断片であったように思われる。彼は、「人民は、自分ものに関しては拙い裁判官である」（アリストテレス 1280a15-16）と確言している。そしてまた「そのことに関しては、多くの者は、どのような動物とも相違はない」（アリストテレス 1281b19-20）。そしてさらに彼は、「普通の人々、もしくは、自由人は富裕でもなく、徳の上での評判も高くはない。そして、彼らに大きな政府を任せるのは安全ではない。というのは、彼らの不正義や未熟によって、彼らは不正義や多くの誤りに関与してしまうからである。つまり、大衆にとっては、節度のある生活よりも、無秩序な生活のほうが楽しいものだからである」（アリストテレス 1319b31-32）とも言う。もし、アリストテレスが、統治に関して自己決定者であることを人民自身に可能とするために、公共の利益は人民の中に存在すべきであると信じていたなら、彼は、彼自身がどのように説明するのか語れず、彼の注釈者のいずれもがどのように理解すればよいのか、もしくはどのように利用すればよいのか分からないほど複雑で不明瞭な統治の形態によって彼自身に紛糾を起こさせるようなことは決してしなかっただろう。

私が、アリストテレスを読むことによって見出した一つの恩恵は、彼の『政治学』が、「そのころイスラエルには王がなく、それぞれが自分の目に正しいとすることを行っていた」(「士師記」一七・六)と語られる聖書の本文への賞賛に値する注解が与えられていることである。というのは、彼は、手練手管によるものであろうと、力によるものであろうと、一人の者もしくは群衆が好む統治を立ち上げるために全ての都市国家において自由を認めるからである。そして、彼は、それに国家という名辞を許すだろう。それは結果として、全ての人々にもし彼が可能であることなら、彼が望むことを行うことを許すことである。ここから「王政後のギリシアにおける最初の国家は、戦争をする人々によって構成された」(1297b16-17)ということがア

(14) カルケドンのパレアス(Phaleas of Chalcedon)。古代ギリシアの政治家。「財産平等」に基づく「理想のポリス」を提案した。(アリストテレス『政治学』牛田徳子訳、西洋古典叢書73-79頁)。

(15) ミレトスのヒッポダマス(Hippodamas of Miletus)。前五世紀頃に活躍したギリシア人都市計画家。三分法によって国民と国土と法律を三種類に分けた。(アリストテレス『政治学』牛田徳子訳、西洋古典叢書79-81頁)。

(16) ラケダイモンのリュクルゴス(Lycurgus of Lacedaemon 前二一九—二一〇)。スパルタ初期の王。(アリストテレス『政治学』牛田徳子訳、西洋古典叢書89-97頁)

(17) クレタのミノス(Cretan by Minos)。クレタ島の伝説の王。(アリストテレス『政治学』牛田徳子訳、西洋古典叢書96-100頁)。

(18) アテネのソロン(Solon of Athens 前六三九—五五九)。古代アテネの政治家。ソロンの改革を主導し、民主主義の基礎を築いた。(アリストテレス『政治学』牛田徳子訳、西洋古典叢書105-109頁)。

リストテレスによって承認される。上記のいくつかの統治の種類が軍隊の統治の中に収斂させられるのである。というのも「なぜなら、武器の支配者は、また、国家存亡の支配者でもあるからである」（アリストテレス 1297b16-17）とアリストテレスは言うからである。そしてそれは、軍政、もしくは軍隊統治以外の何ものでもなかった。もし、彼が異教徒であったことを斟酌するならば、我々は、統治の種類についての彼の意見の中の不確実性と矛盾に関してあまり非難することはできない。というのは、天地創造時に、一人の人間のみが創造され、その者に対して全ての事物の支配権が与えられ、その者から全ての人間が彼らの権原を引き出したことを知る人以外は、統治の原理もしくは最初の基礎（それは必然的に財産の起源に依拠する）を探求することは、人知にとっては、不可能なことだからである。この点に関しては、聖書からのみ学び得るのであるる。人民の架空の契約に関しては、それは、人間の群衆が最初から一斉に芽生え、大地に発生するということを除けば、ありそうもないものであるばかりではなく、不可能なものである。そしてそれについてアリストテレスは、彼がそれを信じているにせよ、いないにせよ、関知しなかった（アリストテレス 1269a4-8）。もし、正義（それは全ての人間に当然行われるべきものとして与えられているのだが）が、統治の目的であるなら、どのようにしてある人間が、正当に彼のものと呼べるそれを持つ権利を得ることに至ったのか知るための規則の存在が不可欠である。これは、アリストテレスが議論しなかった問題点であり、そしてまた、これまで人民の間で本源的な契約として夢想されてきたものであった。彼は、国民の間の無秩序な闘争以上のことを、どの都市国家においても見出していない。そこでは、全ての人間が、彼が入手可能なものを掴み取り、それゆえ、暴力による所有が彼の知る最初のそして最善の権原であった。

不完全で堕落した統治の形態から完全で正しい統治の形態を区別するアリストテレスの観点は、単に以下の点にあった。つまり、被治者の利益が尊重されているところには正しい統治が存在するが、統治者の利益が重んぜられるところでは、統治の堕落や逸脱が存在するということである。これによって、アリストテレスによれば、統治者の利益のためのみの統治が存在し得ることが想定される。この想定が誤りであることは、アリストテレス自身から証明され得るだろう。専制政治に関して例を挙げてみよう。

「専制政治は、独裁的、もしくは主人の君主政である」（アリストテレス 1279b16-17）とアリストテレスは言う。ここにおいて、彼は、「真実、主人の支配は、本性上奴隷である者と本性上主人である者に対して双方に利益となるものである」（アリストテレス 1278b33-35）ということを認める。そして彼は、「奴隷が滅びれば、主人の支配は維持されえない」（アリストテレス 1278b37-38）と言うことで、そのための堅固な理由を与える。もし専制政治の主人の支配が、被治者たちの維持なしには安全にはなり得ないということが推論されるのならば、当然の帰結として、専制政治は彼自身の利益のみのためには統治し得ないことになる。そしてこのようにして、彼自身が認めた不可能な想定に基礎付けられるので、専制政治についての彼の主たる定義は誤りとなる。アリストテレスが専制政治として叙述したようなこれまでこの世に存在したどのような統治の例も示し得ない。というのは、最悪の王の下で、多くの個々の人間が不当な苦痛を経験して来たのではあるが、それでもなお、大衆、もしくは人民は、統治による利益や便益に気づいて来たからである。

アリストテレスにおける統治の種類の差異は、統治者の数の差異からのみ生ずることは明らかなので、つまり、それが一人であるのか、少数であるのか、多数であるのかから生ずることは明らかであるので、そして統治者の数と同じだけ種類も存在し得るので、それは無限なものとなる。それゆえ、都市国家、もしくは国家のいくつかの部分はもとより、その諸部分のいくつかの数もまた、アリストテレスの原理によれば、統治の形態の多様性を引き起こす原因となり得る。

統治権を持つものは集会全体ではなく、その集会の過半数であるということが諸集会においてさらに観察され得る。というのは、「大半の者を喜ばすことができるものは、常に承認される」（アリストテレス1291b37-38）とアリストテレスは言うからである。これによって、全く同一の集会が、一つの会期中に、国家の幾つかの形態になり得る。というのは、いくつかの討論や投票において、同じ数の人々、もしくは全てが全く同一の人々が彼らの投票において通常一致することはないからである。そして、人々の顔ぶれにせよ、人数にせよ、最小限の不一致が統治の形態を変更する。国家においては、このようにして、公共の事柄の一部が、統治のある形態によって秩序づけられ、別の形態によって、別の部分が第三の形態によって第三の部分が秩序づけられ、それが「無限に *in infinitum*」続く。行うべき仕事の一断片についてのみの瞬間だけ継続する統治の形態は、いかなる名称を持ち得るだろうか。というのは、まさにその瞬間において、目の瞬きのように、彼らの投票が継続する間だけ、その統治は開始され、終了しなければならないからである。

統治されることとは、他者の意志、もしくは命令に対して従順であり服従することに他ならない。すなわち、統治する者の意志に対してである。普通、人間の意志は、彼らの幾つかの目的や興味にしたがって分割される。それは大抵の時に異なるものであり、多くの時に、あるものが他のものと反対となる。そしてそのような場合、集会における過半数の意志が、まさに統一され、一つの意志へと一致し、それは複数の人物という側面から貴族政や民主政と呼ばれるのではあるが、それは一つの意志の中に多数の意志がある君主政のことである。それは、多くの統一体ではなく、統治する群衆の一つの意志、もしくは魂である。「なぜなら、多数の人々から一つのものとして構成された民衆が君主になるからである。というのは、多数の人々は個々人としてではなく、全体として支配者なのだからである。このような民衆は、あたかも君主であるように、独裁的支配をすることを求めて専制的になる」(アリストテレス 1292a11-13, 15-16)。

過半数のみが支配するところでは、群衆全体、議会、評議会、もしくはどのようなものであれ、なんらかの群衆がまさに統治を行うと言うことは、間違った、そして、不適切な言い方である。なぜなら、そのように集会した群衆の多くは、彼らの意志に反対して、そして反して彼ら自身が統治される統治に参加することから最も遠い者達だからである。全ての統治においては、多様で異なった議論や協議が存在するので、全ての集会における過半数は、人々のいろいろな気質、もしくは嗜好に従いながら異なるということが当然起こってくる。ある考えに合意し、ある問題点において合意した者たちが、別の問題点において意見を異にする。用件の全ての変化、もしくは新しい事態が、新しい過半数を獲得し、統治と統治者の双方を変化させる。統治する人物たちの資質、もしくは人数における差異は、統治の種類を一人、少数、多数という数で分割したアリストテレスに従うならば、異なった統治を生じさせる唯一の事柄であった。ローマ人の間で、彼らの護民官法が、登用されそれらを作った人民の護民官の名前に従いながらいろいろな称号を持っていたように、他の統治においても、それらの法令や布告をする組織体はつかのまの君主である群衆から構成された。彼らは、力や党派の権力によって、いまだ内乱状態にあり、いろいろな統治の寄せ集め、もしくは立法権力の寄せ集め状態のために戦い、足を引っ張りあっていた。もし、我々が、それが構成されたより高貴な部分に従いながら各々の統治を考察するならば、それは、キリスト単意論[19]の君主政、もしくは大抵は一つの事案についてのみなのであるが、一つの意志となった多数の人々の君主政に他ならない。しかしながら、もし我々が、より低俗な部分、もしくは統治する諸人物の組織のみに注目するなら、無政府状態という合間を伴った短命な統治する群衆の中断的な継続が存在する。それゆえ、どのような人であれ、そして何時においても、彼が何らかの統治の形態の下にあるということができない。というのは、いい終る前に、全ての統治が始まり、そして終焉するからである。さらに、全ての集会において、それらがどのような質のものであれ、つまり、いわゆる貴族政であろうと民主政であろうと、それらは次の一点については全て同意するのである。つまり、彼らがまさに全ての集会における過半数と勢力のある部分を一人のものとして理解する君主政に対して名誉ある敬意を与えることという一点に関しては同意するのである。

聖書においては、どのような教えも実践もなく、また、その上、統治の形態に関して君主政以外のどのような形態もアリストテレスによって断言されなかったのではあるが、それでもなお、古代のローマにおいて、そして現代のベニスにおいて、そして低地地域諸国において、君主政とは異なる統治の形態が享受されていることは常識的に明白なことであるといわれるかもしれない。これに関しては、家畜の群れの行動を我々が見ても、彼らが統治の下で生活しているとは言えないように、人々が社交と相互扶助の中で一緒に生活していても、それでもなお、我々は何らかの統治の形態の下で生活しているとは言えないと答えることができる。というのは、統治とは、生きるための共同生活というだけではなく、より良く、そして、道徳にかなって生きるためのものでもあるからである。そして、このことは「都市国家の目的は、幸福にそして立派に生きることである。したがって、国家共同体は、共に生きることの為ではなく、立派な行為のためにあるとしなければならない」（1280b39-81a4）ということを教えるアリストテレスによって承認されていた。

さて、ここにおいて、幸福にそして立派に生きるために主に要求される二つ事柄が存在意する。つまり、神に対する宗教と人々に対する平和、すなわち「常に信心と品位を保ち、平穏で落ち着いた生活を送る」（「テモテへの手紙一」二・二）ということである。ここで次のような疑問が生ずるだろう。つまり、信心と平和とが、君主政以外のどのような統治において見出し得るのだろうか、もしくは、ローマ、ベニス、もしくは低地地域諸国の何れが民衆統治の下でそれらをまさに享受し得たのだろうかという疑問である。上記の二つの点に関して、最初に、最も栄光あるものであったと思われているローマの統治を手短に検証してみよう。

宗教に関しては、我々は、ロムルス[20]による建国の後、次の王ヌマ[21]が、宗教を非常に信心深く設立し、神の助けと共に彼の王国を開始したことを直ちに見出すことができる。彼は、神の像を作ることをローマ人に禁じ、その法は一七〇年もの間存続し遵守された。その期間においてどのようなローマの寺院や教会の中にも

(19)　キリスト単意論（monothelites）。キリストにはただ一つの神としての意志があるという説。これに反して「キリスト両意論 Dyothelite」は、キリストは神と人間の両方の意志を持っているという説。

(20)　ロムルス（Romulus）。伝説上、前七五三年ローマを建設しその最初の王になったといわれる人物。

(21)　ヌマ（Numa）。伝説上のローマ第二代目の王。サビーニ族出身と伝えられる。

神の像や描画は全く存在しなかった。また、彼は、大神祇官団を設立し、彼自身が最初の主教、もしくは「大神祇官 *pontifex*」[22]となった。これらの主教は、元老院、もしくは民会の何れに対してもどのような説明をすることも強要されなかった。彼らは、私人の間はもちろんのこと、聖職者の間の宗教に関する全ての疑問を解決した。彼らは、もし下級の聖職者たちが確立された祭式や儀式に何かを付加し、何かを削除したならば、もしくは宗教に何らかの新しい事柄を挿入したのならば、彼らを処罰した。「大神祇官長 *pontifex maximus*」は、神をどのように崇拝し、仕えるべきかを全ての人に教えた。この管理が、宗教の君主政を維持した。

しかしながら、諸王の排除の後、つまり人民の権力の期間に、我々は宗教の便益と執行のために作られた唯一つの法も見出せない。宗教に関しては二つの護民官法があるが、しかしながら、それは、単に人民の権力の便益のためであり、宗教のためのものではない。護民官[23]、L・パピリウス L. Papirius は、「パピリア法」と呼ばれる法を作った。それは、どのような人にとっても、人民の決定なしに、家屋、土地、祭壇、もしくはその他のものを神に献ずるのは合法的ではない（キケロ『家屋について *De Domo Sua*』50（128‐129））という法律だった。別の護民官ドミニティウス・アエノバルブスは、「ドミニティア法 *Domitia Lex*」と呼ばれる法を制定した。それは、大神祇官団が、そうしてきたように、彼らが聖職の位階を認めるべきなのではなく、それは人民の権力の内に置かれるべきであるという法律だった。そして、教会の威厳は、庶民によって授けられるべきであるということは、彼らの宗教に反対することであるので、不名誉のため、王は、人民のより小さな部分、すなわち一七部族が彼らが適すると考えた者を選ぶことにした。そして後に、その選ばれた党派が、大神祇官団からの確認と承認を得た（キケロ『農地法について*De lege agraria*』第二巻七・一八）。このようにして、三五部族から選ばれた一七部族の委任によって、宗教の古代の形式が変更され、人民のより小さな部分の権力へと縮小された。これは、平信徒たちに按手式と聖職叙任式を持ち込むための人民の大きな配慮だった。

ベニスと低地地域諸国における宗教は、十分に知られているので、それらについて多くを語る必要はない。彼らは、見かけ上は相反するものに驚くべき合意を行った。彼らの一人が全ての宗教を持ち、他の者たちはどのような宗教も持たないということが通常言われている。つまり、ベニスの無神論者は、アムステルダムの分離派と手を結び得たのである。これは、民衆国家が自慢し得る自由であり、全ての人間は、どのような宗教を持つことも可能であり、もしくは持たないことも可能であるということだった。彼らの主たる専心は、君主政に反対し、抑圧することにおいてのみ実行された。彼ら相互は、統治における聖職者の干渉を排除することで一致した。これに反して、全ての君主政において、モーゼの法以前とそれの下においては、そしてこれまではかならず、全ての野蛮人、ギリシア人、ローマ人、無信仰者たち、トルコ人、インド人は、彼らの法を聖職者たちに信託するように一つの同意によって聖職者たちへの尊敬と崇敬が与えられていた。そして、現在の我々の国においては、キリスト教以前の最初の聖職者は、私が読む限りでは「Druids

（22）大神祇官（pontifex）。古代ローマの国家神官職。全ての神官を監督した。古代ローマでは、専任の神官が存在せず、政務官が神官を兼ねた。

（23）護民官（tribune）。古代ローマの官職。平民の利益と権利を擁護するために選ばれた。

ドルイド（古代ケルト民族の司祭たち）」であり、それについてカエサルは次のようにいっている。「彼らは、彼らの随意の判断に見合うように、殺人についての論争、相続についての訴訟、土地の境界を解決し、決定した。彼らは、報酬と処罰とを授けた」（カエサル『ガリア戦記』第六巻第一三章五）。トルコ人でさえ、彼らのムフティー、もしくは大司教に高い尊敬の念を与えていたことは驚きに値するものであり、それゆえ、宗教が、法の方向性を指し示しそれを強めるということは必然的なことなのである。

平和の問題についての考察に関しては、どのような人民も、君主政なしにはこれまでそれを享受したことはなかったことが良く知られている。アリストテレスは、ラケダイモン人が、「戦闘をしているうちは安きを得ていたが、しかし覇を遂げると、閑暇の生活を送る術を知らず、また戦闘的な修練とは別のもっと高級な修練を何一つつつんでいなかったために滅びたのである」（アリストテレス 1271b3-6）と言っている。ローマがたった一度閉鎖された。しかしながら、一年にも及ばず、数ヶ月だった。オロシウス[25]が言うように、「ほとんど七〇〇年間、つまり、トウッルス・ホスティリウス[26]Tullus Hostilius からアウグストゥス皇帝[27]Augustus Caesar まで、一夏の間でさえ、ローマが王統の血を絶やすことはなかった」（オロシウス『異教徒反駁史 *Historiarum adversus paganos*』Ⅳ、一二、九）。ローマのために、次のことが言われるべきである。つまり、ローマの王統の血が絶えることはなかったが、それでもなお、彼らは、国外において栄誉ある勝利をまさに獲得したということである。しかしながら、次のことが偽りなく語られるべきであろう。つまり、もし全てのローマの征服が不正義以外のどのような根拠も持たないのなら、ローマの勇武な行為についての全ての栄光を汚すのみとなるということである。ローマが行った中で最も華々しい戦争は、カルタゴとのものだった。その戦争の端緒に関して、サー・ウォルター・ローリィーは、ローマ人によって不当に着手されたものであることを証明した。つまり、ローマは、彼らの同盟者を守ると称して、「マメルティニ[28] the Mamertines」と共謀して反乱の手助けをしたのである（ローリィー、I、V、I、iii）。王が、継承や婚姻によって彼らのものとなるような支配のための権利を守り、回復するために正当な戦争を数多く起こしたのに反して、民衆国家は、つまり、決して継承や婚姻によるものではない国家は、外国と戦争する場合に、そのような権原を持つことはあり得なかった。そして実を言えば、ローマの民衆的な全時代を正当に考察するなら、ローマ人は、世界の中の繁栄した華々しい泥棒であり、強盗である以外の何者でもなかった。

(24) ヤヌスの神殿（the temple of Janus）。ヤヌスはローマ神話における門の守護神。ローマの広場にヤヌスの神殿があった。

(25) オロシウス（Orosius）。五世紀ごろのスペインの神学者・歴史家。ペラギウス派への論駁で知られる。

(26) トゥッルス・ホスティリウス（Tullus Hostillius 前七一〇―六四一）。王政ローマにおける伝説上の第三代目の王。

(27) アウグストゥス（Augustus 前六三―後一四）。ローマ帝国の初代皇帝。

(28) マメルティニ（the Mamertines）。前二六四年当時、シチリア島は西半分をカルタゴが押さえ、東半分をギリシア人の勢力であるシラクサ・メッシーナ領に属していた。シラクサ王アガソクレスが死亡すると、傭兵達がメッシーナの町を乗っ取り、マメルティニ（マルスの子）と名乗って恐怖政治を敷いた。これに危機を感じたカルタゴが討伐にかかると、メッシーナがローマに救援を求め、第一次ポエニ戦争が始まることとなった。（モンタネッリ『ローマの歴史』藤沢道郎訳、中公文庫147-152頁）。

我々が、ローマ人の統治をより精密に見るならば、ローマ人が最も勝ち誇り、最も民主的であったとも思われるまさにその時代において、ローマがその栄光を明白な君主政に負っていたことが明らかになるだろう。というのは、リウィウスが語っているように、王が持っていた微塵も弱らせられることもないそれと同じような司法権と絶対的権力を持ち、そしてローマの全ての征服を助けた至高の尊厳の王の旗を保持しているということが、王のような執政官の権力だったからである（リウィウス、第二巻第一章七―八）。護民官が、行政官の選択、法の制定、釈明、もしくはその他の民事について元老院と国内で闘争している間に、王のような執政官は、国外での全ての勝利を獲得した。このようにして、ローマは一時に、統治の二つの側面に壊れ、分裂する。つまり民衆統治は、壁の内の不和と騒乱とを引き起こし、他方、王的なものは、外国の人々、王国との征服を成し遂げたのである。ローマは、絶望的で危険な状況において、つまり全ての他国がローマの破滅を願う時、一定期間だけ絶対的な王となり、彼への人民に対するどのような訴えも承諾されることがない、つまり、世界の中で王であることのもっとも明らかな証拠を持つディクテイター［独裁官］[29]の創設に踏み出るほど、君主政の必然性と便益とに敏感であった。というのは、ローマにおけるどのような王も容赦しないという誓いに誘われた彼らは、独裁官や執政官[30]という新しい名前の下で彼らの内での反抗を押さえるという王的な権力を認めることによって、その偽の誓いにおいて、そしてその誓いを破ることにおいてのみ、安全を見出すことができたからである。つまり、尊大であるという口実で王を追い出すという彼らの浮気のまさに報酬がそれであった。しかし、尊大であるということは、王である者達の態度の中で最も容赦されるべきものである。そしてそれにもかかわらず、私は、王がローマ人に下水の溝を掃除し、下水道を舗装するための労働を命じたこと、つまり都市国家に便益と装飾とを与えること、したがって、王としては立派なことを命じたこと以外に彼が責められる尊大さの特別な問題点を見出すことができない。ローマの国民は、彼らの周りの諸国民に対する征服者であったのだが、戦士であった彼らは、石切工や日雇い人夫となることに耐えられなかった。タルクイニウスが[31]、ルクレティア[32]に対する彼の息子による乱暴のために排斥されたと言われるのではあるが、息子の罪のために父親が非難されることは、不当なことである。犯罪者の処罰を父親に請願するということがふさわしいやり方であった。青年タルクイニウスの犯行は、許されるべきものではないのだが、それでもなお、純潔な淑女であるというルクレティアの当然得るべき評価に対する害悪を除けば、彼女は、純潔である以上に純潔であると思われるような過大な望みを持ったと言われ得る。もし、彼女が純潔でないことのために誹謗中傷されることを恐れていなかったなら、彼女は、無垢のまま死ぬ

(29) 独裁官(dictator)。古代ローマの官職。国家の危機に際して絶対的な権力を付与された一時的な官職。

(30) 執政官(consul)。古代ローマの官職。最高官職で定員二名。任期一年。

(31) タルクィニウス(Tarquinius)。王政ローマ第七代目の王にして最後の王。タルクィニウスが追放された後、ローマは共和政に移行した。王子であったセクストゥス・タルクィニウスが貞淑な妻で名高いルクティアを強姦し、自殺に追い込んだことからルキニウス・ユニウス・ブルートゥスが反旗を翻し、民衆も同調し、追放されることとなった。

(32) ルクレティア(Lucrece)。ローマの軍人コッラティヌスの妻。コッラティヌスと王子タルクィニウスが妻を比べあい、その結果、ルクティアに横恋慕したタルクィニウスに強姦され自害する。ルクレティアの物語は多くの文学・美術作品の主題となっている。(モンタネッリ『ローマの歴史』藤沢道郎訳、中公文庫60-61頁)。

ことができたであろう。シラクサ王の子であったハリカルナッソスのディオニシオス[33]とリウィウスは、彼らは双方とも彼女の友人であったのだが、あたかも彼女が、みだらな女性と思われる以上にみだらな女性であることを選んだかのごとく語っている。実のところ、我々は、ローマ人民の身持ちの悪さと放蕩以上のことをタルクイニウスの排除の理由として見出せない。

以下のことが、ローマの統治についてさらに考察されなければならない。つまり、彼らの王の時代と彼らの皇帝の時代との間の全ての期間において、貴族と庶民との間の絶え間ない闘争があったということである。そこにおいては、次第に、庶民が、最終的には、ある意味で君主政の最後の痕跡が消滅させられるように執政官と元老院との権威を弱めるほど優勢となっていった。そして、その直後から、王的な権力が国内に急いで導入され君主政が確立されるまで継続する内乱が始まった。元老院の権力が、執政官の選挙のために健全である間は、王的な権力は、彼らの間で保持された。というのは、元老院は、その創設を君主政から得ていたからである。最も民衆政治的であると思われるそれらの全ての場所において、つまりそれらの中で執行されてきた統治の程度を弱める場所で、集会による権力と助言の仕方のための双方の君主政的原理を見つけ出し、観察することは価値のないことである。というのは、人民の全体的な、そして総体的な組織体は、統一すること、もしくは集まること、もしくは完全なまとまりの中で熟議することが不可能であり、ばらばらな状態の中で、ぶかっこうで散漫な形態をとるからである。それは、まず初めに君主政によって統制されるのである。

さらに、ローマの民主政の顕著な時期において、ローマが、国家を維持するために子どもに対する父親の君主的権力に頼っていたことが観察される。この父権的権力を用いて、ローマは、護民官が騒乱に資するような法を提出したので父親たちがその集会から彼らの息子たちを排除した時、全ての名誉と徳とを成長させ、たびたびそれによって最も差し迫った危機から彼らの国家を救ったと、ボダンは言う。その中でも特にカッシウスは、[34]「人民のための（土地分割法である）*agraria* 法を提出する集会から息子を強引に連れ出し、彼自身の個人的な判断によって息子を死に至らしめた」（ボダン、23頁）。つまり、官僚、法廷弁護士、人民が全ての彼の権力と共に土地分割の法を作ったのではあるが、彼らは、その事態に驚き、彼の父権的権力にあえて逆らうことをしなかったのである。それは、官僚や人民の意志に反対のことであったとしても、父権的権力が神聖で不可侵なものであったということばかりではなく、良きこと、もしくは悪しきことによって、自分の子どもたちの生殺を処理することが父権にとって合法的であったことの十分な証拠である。

諸王の排除の後のローマの統治が民主的であったことが一般的に信じられている。ボダンはそれを証明する努力をした。しかしながら、私は彼の議論には満足していない。そして矛盾していると思われるだろうが、それでもなお、私は、それが真の民主政ではなかったと主張しなければならない。まず、民主政とは何かについて合意を見ることは困難である。アリストテレスは、それは、多数者、もしくは群衆が支配を行うところにあると言っているが、人民とはいっていないし、もしくは人民の過半数とも

（33） ディオニシウス（Dionysius）。帝政ローマ初期の歴史家、修辞学者。『ローマ古代誌』が代表作。

（34） カッシウス（Cassius）。共和政ローマ初期における最も名高い人物。三度執政官となった。「土地分割法」を最初に作った。

言っていないし、人民支配者の代表とも言っていない。

ボダンは、「もし全ての人民が統治に興味を持つのならば、それは民主的な国家である」（ボダン、第二巻第一章、183頁）と確言している。しかしながら、後に、同じ章において、彼は、「全ての人民が、もしくはその過半数が主権を持つ時、その国家は民主政である」（184頁）と解説する。そして、彼は、もし六万人の国民が存在するなら、それらのうちの四万人が主権を持ち、一万人が排除されても、その国家は民主政であると呼ばれるべきであると仮定する（196頁）。しかしながら、私は、それらのうちの五万九九九九人が統治をしても、それでもなお、その国家はどのような民主政でもないと彼に告げなければならない。というのは、仮にただ一人の人が排除されたとしても、同じ理由によって、一人の人が、数百、数千、否、過半数の人々を排除することができるからである。人民が生まれながらにして自由である、もしくはこれまで自由であった、そして彼ら自身の同意によらなければ統治されることはなかったということが認められるならば、統治における彼らの権利から何れか一人の者を排除することは最も不正なこととなる。そして、（あたかも彼らが、手渡す自由のみを与えられ、それを使用する自由を与えられなかったかのように）過半数の者達に彼らの権利を手渡すことを全ての者達が最初に同意するということを人民に不自然に想定することは、起こりそうもないことであるばかりではなく、不可能なことである。というのは、人民全体というものは、刻一刻と変化する不確かで、移ろいやすいものだからである。というのも、もし、あなたが人民全体の同意がこれまであったというのなら、生まれたばかりの全ての新生児からも統治への同意を取り付けなくてはならなくなるからである。

さらに、もし一二人の陪審員による独断的な裁判が、通常信じられているように、見事に完璧で正しい事態であるとされるなら、そこにおいては、一人ひとりの人物の反対票は、保護されるのであるが、それゆえ、一二人のうちの何れかの者の異議表示は、全体の判決を妨げることになる。一人ひとりの生まれながらの自由が、どれほど、これ以上、拒否権を許すことによって保持されるべきなのだろうか。それは、はっきり言えば、自然が最初に彼を置いた状態に彼を居続けさせるだけなのではないのか。正義は、どのような一つの法も、それに対する全ての者の同意の場合を除けば、全ての者を拘束するものではないことを要求する。過半数の者達に、もしくは全体よりも少ない何れかの者たちに、人民全体を拘束させること以上に暴力的であり、自然に反することはない。

民主的な国家とは何かを発見する次の困難性は、ローマの統治においてどこに至高の権力があったのかを見出すことである。「ローマの国家においては、統治は、為政者たちのなかにあり、権威と評議は元老院にあった。しかしながら、主権的権力と尊厳は人民の中にあった」（ボダン、第二巻第一章190頁）というのがボダンの意見である。それゆえ、彼の書物の第一巻における彼の学説は、「古代ローマ人は、［権利による命令権は、為政者の中にあり、権威は元老院にあり、権力は平民の中にあり、尊厳は人民の中にあった］『*imperium in magistratibus, authoritatem in senatu, potestatem in plebe, majestatem in populo jure esse dicebant*』（ボダン、157頁）と言っている」ということになる。これら四つ言葉、つまり、「命令権」「権威」「権力」「尊厳」は通常全く同一のことすなわち、主権、もしくは至高の権力を意味する。私は、ボダンが、どのようにしてそれらを区別する方法を知ったのか見つけ出すことができない。というのは、それらは、いろいろな臣民たちに置かれる区別された機能ではなく、多様な意味づけを持つ全く同一の事柄だからである。というのも、より大きく見れば、執政官は、元老院に対する意見や賛意を持つのであるが、「*imperium* 命令権」「*authoritas* 権威」「*potestas* 権力」「*majestas* 尊厳」は、全て元々は執政官の中にあったものだからである。つまり、彼らが同時に召集されることは決してなかったし、元老院の助言を待つこともなく、執政官の望む時と望む問題のみを提出することができたのである。それゆえ、元老院決議 *senatusconsultum* は、正式には、元老院の助言を伴った執政官の決議にしか過ぎなかった。それゆえ同様に、執政官も、より広い助言の援助を受けたいと思う時には、百人隊を集めた。彼らは国民全体として考えられていた。そして執政官が、彼らに対して重要な問題を提出すると思わない時には決してそれが集められることはなかった。それゆえ、*jussus populi*、つまり人民の命令権、それをボダンは、大変に賛美したのではあるが、それは正式には、*jussus consulum*、つまり元老院と貴族の残りの者たち、騎士、そして地方名望家層、もしくは庶民と共にある貴族全体で構成された百人隊の集会の助言、もしくは同意による執政官の命令権のことであった。というのは、元老院で投票した人と同じ人が、また、いろいろな能力に従いながら百人隊の集会で投票することを許されたからである。

ローマの統治が、決して真実には民主政ではなかったことをさらに明らかにすることができる。というのは、民主政のローマの最大の状況においても、一人ひとりの国民、もしくは自由人について一〇人を超える召使の存在が見出され、それらの召使については、誰一人として、統治への参加や投票を許されなかったからである。もし、ローマの召使が戦争において連れてこられた奴隷であり、したがって自由人としてはふさわしくないと言われるなら、そのことに対して次にように答えられるだろう。つまり、もし、全ての人間は生まれながらに自由であると言う意見を持つ我々の現代の政治家の意見が良きものであるのならば、もしくは、もし「生まれながらある者たちは奴隷であり、ある者たちは支配者である」（1255a1-2）と言うアリストテレスの意見のみが正常ならば、その時は、戦争における全ての罪人を召使（現代のいわゆる奴隷、ローマとギリシアの民主政においては使用されなかった用語）とすることは不自然であり、不正義であり得ると答えられるだろう。というのは、双方の言語において、奴隷という現代の我々の用語にまさに応答する通常の言葉は、ラテン語においてはservus、そしてギリシアに語においてはδοῦλος ドゥーロスだからである。その上、もし、それによって多くの召使を獲得したローマの戦争が、もし不正なものであるなら、つまり私は全ての攻撃的な戦争が神の特別な委任なしに行われたと受け取っているのだが、そして、私はローマの全ての戦争が領土拡大のためのものであったと信じているのであるが、その時は、我々は、ローマが、世界最大の人さらい、もしくは誘拐者であると結論付けることができる。

　しかしながら、自分たち自身をローマの国民と呼びローマ人民の一部であることから多くの召使を排除する正当な権利を持つことを主張するローマ人民のより少数の者達を許容し、国民であることを許容されたそれらの者たちの過半数がローマの統治を持ちえたのかどうか検討してみよう。つまり、それによって我々は、どのようにしてその国民のより貧困な者たちが、そしてより多くの部分の者たちが、統治において彼らの取り分を巻き上げられたのかを容易に発見することができるのである。ローマ人民の集会の仕方には有名な二つの方法があった。第一のものは、階層によるもので、彼らがそう呼んだように百人隊に分けられていた。第二のものは、平民会によるもの、もしくは行政区画によるものだった。上記のもののうち前者は、人民の能力や財産に従いながら等級づけをするものだった。後者は、国民が居住する場所や区画に従うものだった。人民の過半数を持つ上記の集会の何れの集計においても、統治の権力は、民主的に作られることはなかった。

まず、百人隊[35]の集会に関してであるが、そこには、彼らの富に従いながら、六つの等級、もしくは階層があった。第一の階層は、ローマにおける最富裕の人々だった。彼らの中には、資産評価額二〇〇ポンド以下の者はいなかった。第二の階層の資産額は、八〇ポンドをくだらなかった。そしてそのようにして、第三、第四、第五の階層の資産額は段々と下がっていった。第六の階層は、貧困層と下層社会層とを含んでいた。これらの六つの階層が、百人組、もしくは百人隊に再分された。

第一階層	98	
第二階層	22	
第三階層	20	百人隊
第四階層	22	
第五階層	30	
第六階層	1	
	193	

このように順序づけられた階層と百人隊は、集会が彼らの投票を行なった時、投票数によって投票権を与えたのではなかった。それが真に民主的な方法によるものだった。しかしながら、各々の百人隊は、独自に投票を行った。各々の百人隊は、一つの投票権を持っており、諸百人隊の過半数がそれを行使した。さて、第一の階層には、九八の百人隊が存在したので、その中には、ローマの全ての貴族、元老、高貴な者達、騎

(35) 百人隊（the centuries）。古代ローマにおける軍事単位及び政治単位。百を一つの単位として組織されたためその名がある。一つの百人隊で一票の投票権があった。

士、そして地方名望家層が登録されていたのであるが、そして、数において優勢であり、百人隊の半数を超えていたのであるが、もし彼らが彼らの投票で一致すれば、統治を掌握するのが必然だった。なぜなら彼らが最初に投票したからである。というのは、九七の百人隊が彼らの投票において一致した時、下層階層の他の百人隊は、決して投票のために招集されなかったからである。このようにして、庶民と比較すれば極小数であった貴族と富裕者とがまさに支配を担っていた。なぜなら、全ての貧困層、もしくは最下層階層は、第六階層に組み込まれていたからである。つまり彼らは、数の上では、一つの百人隊の一票としてのみ数えられていただけであり、決して投票には来ることがなく、それに反して、数の上では、彼らは他の五つの全ての百人隊や階層を凌駕していたのである。そしてもし、彼らが他の国民と同様に扱われたなら、彼らは、集会における投票、もしくは百人隊において一、〇〇〇の数となり得ただろう。数千人を一つの百人隊にしてしまうというこの仕掛けは、まさに統治において一部を担うことから人民の最大部分を排除していたのである。

次に、平民会[36]によるローマ人民の集会に関しては、平民が得票総数によって投票権を与える民主主義的な真の方法だったことに注目しなければならない。しかしながら、各々の平民会、もしくは地区は、独自に投票を行った。そして（人民のではなく）平民会の過半数の投票を得た者がまさに統治を担った。というのは、地区による全ての分割が通常そうであるように、一つの平民会の人民の数が各々の他の平民会の人民の数と丁度同じ数とはいかず、平民会が不同であったので、当然の帰結として、平民会の過半数が、人民の過半数には至らないという事態が生じた。それは人民の過半数の権力の破壊であった。

以上のことに、ローマの貴族たちが平民会への臨席から排除されていたこと、そしてそれゆえ人民の最も重要な部分が欠落していたことを付け加えよう。したがって、それは人民の過半数の投票権であることは不可能であったし、そこでは人民の大多数は全くどのような投票権も許されなかった。というのは、民主政と称すべきなのは、人民の「全体」なのであって、「一部」であってはならないからである。

さらに、平民会が、ローマの人民の権力の源ではなかったことが銘記されるべきである。というのは、その権力の源は、平民会が思案され、それについて語られる以前に、王の排除の後の四十年目に存在したからである。というのも、王の排除に一致し、王の位置に執政官をつけることが百人隊による人民集会だったからである。また、有名な十二表法(37)が裁可されたのも百人隊による集会においてだった。百人隊によるこの集会は、平民会によるものよりも古代的なものだったのでより真実に民主的だった。なぜなら、庶民はもとより全ての貴族がそこにおいて投票権を得たからである。平民会は、人民の護民官とより軽い犯罪を解決するための下位の官僚を選出すること、そして平和が作られるべきことのみを最初は口実とした。しかしながら、彼らは、来るべき戦争のための休戦の停止を宣告することに手出しはしなかった。というのは、その重要な問題は、その集会に帰属する問題でなかったばかりではなく、また、反逆罪や死に値する犯罪もまたそうだったからである。平民会と百人隊の集会との差異は、まさにその構成要素に中にあった。というのは、

---

(36) 平民会 (tribes)。貴族のとの闘争の結果、平民が勝ち取った公的な民会。一人が一票を持っていた。

(37) 十二表法 (the laws of the twelve tables)。古代ローマにおいて初めて定められた成文法。名前は、12枚の銅版に記されたとする伝承に由来する。

上記の二つの集会の何れもが民主的国民集会的なものと通常は考えられてきたのではあるが、それでもなお、実際にはそうではなかったからである。というのも、百人隊の集会のみが、民主的国民集会的なものと言い得るからである。なぜなら、庶民はもとより全ての貴族がその中に包含されたからである。そしてこれに反して、平民会からは、貴族たちが排除されていたからである。それでもなお、結果として、百人隊の集会は貴族や高貴な者達のみの集会となった。なぜなら、平民会で庶民のみがそうであったように、人民のより少数でより富裕な部分が主権を持ったからである。

ローマの民主政治の持続において、ボダンは、二人の執政官にはどのような王的な権力もあり得なかった、つまり「彼らは立法もできなかったし、戦争の停止も開始もできなかった」（ボダン、188頁）と異議を唱えている。それに対する返答は次のものである。つまり、二人の執政官が存在したのではあるが、それでもなお、それらのうちの一人が王権を持っていたということである。というのは、彼らは一人ずつ一ヶ月交代で統治したからである。もしくは、一日交代で統治したからである。執政官がどのような立法もしなかったということは誤りである。彼らは、たびたび護民官によって妨害されたのではあるが、立法、開戦の権力を持ち、その権力をまさに行使していたことをリウィウスが明白に示している。立法、もしくは開戦の権力が執政官から取り去られた、もしくは護民官と話し合われたということばかりではなく、執政官の権力でさえ、護民官の調停という見かけ上はへりくだった方法によって停止させられた。執政官は、彼らの最初の設立によって、上記の物事を行う合法的な権利を持っていた。それでもなお、彼らは、彼らの統治の短さのゆえにそれを行わなかった。しかしながら、かれらはむしろ、（彼らの個人的な助言者である）元老院の布告という名目で彼らの行為が奨励されることを選択した。否、時には（彼らの公的な助言者である）百人隊の集会の布告としてそうすることを選択した。というのは、元老院の集会と百人隊の集会の双方は、執政官の随意の下にあり、執政官の意志なしには、どのようなこともそれら何れの集会にも提出されなかったからである。つまり、そのことは、元老院や百人隊を超えて執政官の中に主権が存在したことを立証するのである。ローマの元老院は貴族院と似たような存在であり、平民会は庶民院と似たような存在だった。しかしながら、百人隊の集会は、投票するために一つとなった貴族と庶民とで構成された組織体だった。

人民の護民官は、平民会の中の全ての支配を担っていた。護民官は、どのような命令もなしに彼らが好む時に、平民会を召集した。これに反して百人隊は、卜占官(38)による鳥占いの儀式なしには集められることが決してなく、それゆえ、「吉兆 *auspicata*」そして「元老院の権威による *ex authoritate partum*」と呼ばれた。

考察された上記の事柄から、百人隊の集会が、ローマ人民の唯一の合法的総会であることが明らかとなる。ローマ人民の何らかの受託者、もしくは代表の集会、もしくは選択に関しては、現代の議会の本質に似通ったものは、ローマのどこでも使用されていなかったし、知られてもいなかった。

王の排斥から二二〇年以上も経ってから、憂鬱な事件がローマの庶民を襲った。つまり、都市国家を去り、テルベ川西岸のジャニコロの丘に定着する必要性が出てきたのである。彼らは、「国民投票」*a plebisci-*

（38） 卜占官（Augur）。古代ローマで置かれた終身制の公職の一つ。鳥の鳴き声や飛び方を観察して、その様子を基に神の意志を判断した。

tum もしくは平民会の布告が、法とし遵守されるまで、都市国家に復帰しなかった。この法は、信教の自由と庶民によって実行された権利侵害という劣悪な事態において、立法権力の一部を庶民に与えることで騒乱を鎮めるために独裁官であったホルテンシウス(39)によって作られた。私には、彼らが彼らの権力の対象となる事柄を拡大することを望んだのではなく、彼らの布告に従う者たちや貴族たちの拡大を望んだように見える。開戦、より大きな官職の創設、死に値する犯罪への裁判などの大権は、元老院と百人隊と共に執政官に残った。

ローマの破壊された、狂気のような統治についてのさらなる現われに関しては、執政官と通常は人民の護民官と呼ばれた護民官の権力が発生するところを考察することが適当である。

まず、王の排斥の上に、王的な権力が取り去られたのではなく、二人の執政官の間で一年毎に交代するようにそれが作られたことは否定のしようがない。彼らは、交代で、慣例にしたがって主権と全ての王的な権力を持ったのである。このことはリウィウスが明白に書いており、彼は、我々に、執政官であったウァレリウス・プブリコラ(40)のみが、一人で法を制定し、それから総会を召集したと教える。

テレンティウス・ハルサ(41)は、「あまりにも絶対的であり、名のみ王よりも穏健であるが、実際には無慈悲である。というのは、一人の支配者の代わりに、都市国家は無期限で無制限で全ての尺度を越えた権威を持つ二人の支配者を持つことになったからである」という理由で、執政官の統治を痛烈に非難し、不満を述べた（リウィウス、第三巻第九章二―四）。セクスティウスとリキニウス(42)は、貴族が命令権について主権的地位と開戦の権利を保ち、一方で貧しい庶民が円楯のみを持っている間には、どのような冷淡な行動方針も決して存在しなかったと不満を言った（リウィウス、第六巻第三七章四）。彼らの結論は、「庶民が執政官の職務も担うことになった。というのは、それが彼らの自由の砦だからである。その日より、庶民階級は、貴族が彼らを凌駕していた、すなわち主権的支配者であり権威であった事柄の同伴者となった」（リウィウス、第六巻第三七章一〇―一一）というものだった。

一二表法は、「*Regio imperio duo sunto, iique consules appellantor*」すなわち「両者に王的な権力を持たせる。そして彼らを執政官と呼ぶことにする」（キケロ『共和国について』第三巻三・八）と確言している。リウィウスの判断は、「主権的権力が、以前に王から執政官に移ったように、執政官から一〇大官 decemvirs へと移った」というものだった（リウィウス、第三巻三三・一）。これらは、執政官の王的な権力を示す十分な証拠である。

執政官の創設からおよそ一六年の後、庶民階級は、打ち続く戦争における彼らの財産の浪費によって莫大

(39) ホルテンシウス（Hortensius）。ローマの独裁官。ホルテンシウス法を制定。この法によって貴族と平民の法的な平等が実現された。

(40) プブリコラ（Publicola）。共和政ローマ初期の政治家。単独の執政官となるが、ローマ市民の自由と権利を守る法を作った。

(41) テレンティリウス・ハルサ（Terentilius Harsa）。ハルサは、共和政ローマの護民官。

(42) セクスティウスとリキニウス（Sextius and Licinius）。ローマの護民官。両者によって「リキニウス・セクスティウス法」が制定された。この法によって富裕者の大土地所有が制限され、執政官二名の内の一名を平民から選出するようになった。

な借金を抱えていることに気づいた。そしてそれによって彼らは高利貸しによって悩まされ、執政官の裁判と判決によって投獄されるまでになった。彼らは、高利貸しと執政官の権力について悲痛なほど不満を語り、徹底した騒乱によって、人民の護民官と呼ばれる支配者を彼ら自身の中から選ぶ許可を獲得した。護民官は、彼らの調停によって、執政官から蒙る不正と抑圧から庶民階級を守った。そして、護民官が神聖なものとされ誰によっても侵害されないことが同意された。全ての逮捕や暴力から護民官の身体を免除することによって、護民官は、時節を得て次第に、執政官の訴訟手続きを停止させるような奔放自在なものに成長していった。(彼らが随意に調停に入る時)彼らは、(本来は彼らに帰属していなかった)彼らの望むどのような権力をも利用して行動し得たので、統治においてたびたび無政府状態を引き起こした。護民官のこの剛勇こそが、自由への苦労と偽りを言ったローマの庶民階級と政治の分野の偉人たちが、唯一の有名な自由の維持・保護者と思われた原因なのである。そしてそれを正しく行うために、彼らが、拒否権を正しく理解する唯一の者たちであることが承認されなければならなかった。もし我々が、全ての人間は、拘束されることに同意を与えるまで生まれながらに自由であることを認めるならば、全ての個々の人間に拒否権を認めなければならない。それゆえ、全ての者たちが同等の権力を持ち、それが同輩の官僚や役人と同じものであるとするならば、個々の人間が、同輩の役人の訴訟手続きにおいて彼らを弾劾、もしくは妨害することができる。このことが、共通なところを持つ全ての者達の総意の上に根拠づけられた。そこにおいて、禁止し、拒否するその者は、最も正しい者だった。なぜなら、その場合の彼の地位は、命令し、訴訟を起こす者よりも良きものであったからである。というのは、全ての法や命令は、本質的には新制度であり、人民の自由のある部分の縮小であったからである。というのも、自由を拘束しない法はないからである。拒否権によって新しい法の手続きをまさに禁止、もしくは、妨害する者は、自然が彼をそこに置き、彼が現在所有する自由の状態の中にまさに自己を保護するものである。所有における彼の状態がこのようにより良きものになればなるほど、彼の禁止の力はより強力なものとなり、群衆が彼らの断定に対して持ち得る以上に、どのような個人も拒否権に対するより正当な権原を持ち得るようになる。人民が自由であるということ、そして彼ら自身の同意以外によっては統治されない、そしてそれでもなお、過半数が全体を支配することが許されるということは、明白な矛盾であり、もしくは生まれながらの自由の破壊である。このことをローマの庶民階級は正しく理解していた。したがって、何れかの護民官の拒否権の卓絶した権力は、ひとりでに執政官や元老院や他の官僚の訴訟手続きを止めるばかりではなく、彼の同輩の護民官のそれも止めることが可能であったので、それを持つ者は、ローマにおける最高に権力のある者と見なされたのである。それにもかかわらず、彼らは、実のところは、どのような権力も司法権も全く持っていなかったし、官僚でもなく、合法的な何れかの者を招集することもできなかった。というのは、彼らは、裁判の監督者として指名されたのではなく、不当な抑圧が為されたと訴えるような仲裁によって官僚の虐待と暴力とに対抗するためのみに指名されたのだからである。というのは、そのためにまず、彼らは、元老院の扉の外に座り、扉の内部には入ることを許されなかったからである。彼の拒否権は、力としては、裁判所における訴訟手続きの促進を妨害することのみであり、人民を抑制し人民を統治することではなかった。そして、彼らは、どのような立法権も持ってはいなかったのではあるが、それでもなお、彼らは法の提出は請け負った。そして土地均分法と穀物法によって庶民階級に媚びへつらい、ご機嫌を取った。まず、彼らは共有地と征服地とを庶民階級に分割した。後者によって、護民官たちは、人民に安価、もしくは低価格の穀物を提供した。これらの手段によって、人民の護民官、もしくは扇動政治家たちは、統治において作られるどのような随意の権利侵害をも許されるように自由に人民たちを引き回した。

執政官の王的な権力は、その最終局面においては、庶民階級によってある特別な場合において妨害され、不満がこぼされていたのではあるが、私が耳にするどのような法によっても彼らから取り去られることは決してなく、彼らの偽りの民主政の間中、彼らの内にあった。

護民官のどのような権力も、もしくは拒否権も、人民に満足を与えることは久しくなく、したがって、人民は、執政官の一人が人民から選ばれることを望んだ。庶民階級のためのこの問題についての熱心な請願、そして貴族と元老院による苦心の反対は、執政官の主権的な権力を双方の党派がどれほど大事なものと考えていたのかを物語る。この問題は、双方の党派の間で八〇年間も議論された。全ての機会を利用してそれを強要しようとした護民官は、五年間もの間、「執政官 *curule*」や上位の為政者の選挙妨害をしながら、力ずくで、もしくは不屈の強情でそれを勝ち得るまで諦めなかった。それによって貴族たちは執政官の座の一つを庶民階級に譲ることに屈服させられ、さもなければ、無政府状態が彼ら全ての崩壊へ向けて準備された。そしてそれにもかかわらず、貴族たちは長い間、庶民階級に執政官の権力を伴った軍事的護民官を許した。それは結果として、実質的には庶民を執政官の一人とすることと全く同じことだった。それゆえ、それは庶民階級が貴族と長い間それをかけて闘争してきた執政官そのものだった。この闘争において、数年間は執政官が選ばれ、数年間は軍事護民官が選ばれ、そのような混乱の中で、ローマの歴史家たちは、カピトル神殿の戒律やシチリア王国とギリシアの記録、年次目録、カピトル神殿の大理石の遺稿、それらを補助するリネン紙本や記録を持っていたのではあるが、各々の年にどのような執政官の名前を割り当てるべきか合意を見ることができなかった。長い間、庶民階級は、執政官の一人を庶民から選ぶ自由で満足していた。しかしながら、彼らが彼らの特権を享受してから二〇年の後、欲望が彼らをして「平民会決議 a *plebiscium*」と呼ばれた庶民院の布告を法として尊重されることを法として制定させた。独裁官であったホルテンシウスは、それによって騒乱的な庶民階級を治めようとした。庶民階級は、テルベ川西岸のジャニコロの丘に退去していた。なぜなら、彼らは、長期間の騒乱と不和によって相当な負債を抱えるようになっていたからである。リウィウスの第八巻には、この騒乱が記述されているのだが、それは失われている。我々は、フローラス Florus においてそれに関する彼の梗概を得るのみである（リウィウス、第一一巻 Periocha）。そして、聖アウグスティヌス[43]は、庶民の退去時の彼らによる多くの家々からの略奪について言及している（アウグスティヌス『神の国』第三巻一七）。この騒乱は、王の排斥の後二〇〇年以上経ってから起こったものであった。この期間中、ローマの人民は、全イタリアからの略奪品と多くの富裕な都市国家からの財貨を獲得した。そしてそれにもかかわらず、庶民階級は非常に貧困であり、負債に苦しめられていた。そこで彼らは国民の間の

（43） アウグスティヌス（Augustine 三五四—四三〇）。北アフリカの司教。初期キリスト教会の指導者。『神の国』で有名。

富裕層に対する略奪に走ることになり、それはおよそ民主政の名誉とはならないものだった。この庶民階級に対する立法権力の分割、つまり、同盟から解放することに干渉する権力、刑罰や科料について判断すること、庶民の財産にかかわる布告（それは、平民会決議 *plebiscita* と呼ばれた）は、至高の権力の分割であり、執政官はもとよりその他の者へもその分け前を与えることだった。そして帰結として、立法権力を崩壊させることになった。というのは、二人の至高の権力者を持つということは、誰も持たないことと同じだからである。なぜなら、一方が他方を破壊するので、それは主権の不可分性にまったく矛盾するものだからである。真実は次のようなものだった。つまり、一年のみの主権を持つ執政官は、喜ばしいものであった。というのは、非常に重要で責任のある事柄において執政官たち自身の安全と負担軽減のために、時折、元老院の通常の会議を召集し、例外的な評議会である百人隊を数多く召集し得たからである。つまり、彼らの助言によって、彼らは危険と妬みに満ちたそのような行為を黙認し強めたのである。そしてこのようにして、執政官自身の元々の権力を弱めることによって、統治を混乱、内乱、そして破滅に導いたのである。庶民階級に媚びへつらうことはそれほど危険なことであり、彼らは、全ての恩恵と好意とを彼らの権利と自由のためのものと解釈してしまうのである。元老院や人民の助言に従う執政官が彼らの権力を失わないのは、王が議会における助言を受けることで至高性を失わないことと同じである。

執政官ばかりではなく、法務官[44]や監察官[45]（これらは二つの重要な官職であり、執政官の負担軽減のためにのみ布告を行った。彼らからの上告が執政官に伝えられた）もまた、執政官の不在の場合、独断的、立法的な権力を多くの事柄においてまさに実行した。彼らには、彼ら自身を制限するどのような法もなかった。というのは、執政官が創設されて多年が過ぎてから、法の選択のために一〇人委員会が設置され、一二表法が確定された後で、法務官が、もちろん彼は執政官に従属するものだったのだが、彼が命令したことはどのようなことであれ、「名誉ある法 *jus honorarium*」と呼ばれたからである。そして、彼らは、役所の入り口で、彼らが監視する裁判の運営の形式を公衆の面前で矯正し、詰問することを常としていた。そして、「法務官の布告 *edictum praetoris*」は、法務官の職務と共に消滅するのではあったのだが、それでもなお、それは、「永遠の布告 *edictum perpetuum*」と呼ばれたのである。

低地地域諸国での反乱が明らかになって以来、どのよう平和が彼らのうちに見出されただろうか。彼らが独立を開始してからおよそ一〇〇年近くが経つのだが、その期間、スペインと休戦していたのはわずか一二年であった。それにもかかわらず、休戦が合意された次の年に、ユーリヒ＝クレーフェ継承戦争[46]が勃発した。それには双方の党派が参加した。それゆえ、彼らは、ほとんど百年もの間、継続し続ける戦争の中で生きた。

---

(44) 法務官（praetor）。共和政ローマ時代に最初は最高政務官、政務官、後には執政官に次ぐ司法・行政を行った官職。

(45) 監察官（censor）。共和政ローマの時代に住民調査、風紀の取り締まりなどに当たった官職。

(46) ユーリヒ＝クレーフェ継承戦争（the war of Juliers）。神聖ローマ領邦国家であったユーリッヒ公国の継承を巡って、ルター派とカソリック派の諸侯の間で開始された戦争。三十年戦争の前哨戦とも言われている。

活したことになる。フランスのアンリ三世(47)が彼の臣下となるという低地地域諸国の申し出を拒否した後、彼らがイングランドの女王に、彼らの新しく孵化した国家と彼ら自身が臣従する申し出をへりくだって行っていたのだが、近隣の諸国の援助はなく、彼らは久しい間、戦乱の渦中に置かれた。彼らが手にしたわずかな休戦は、戦争と同程度の犠牲を伴うものだった。彼らは、三万の兵士を要塞に保持するために強いられた。彼らが戦いの第一の理由としている二つの事柄は宗教と税であり、そして彼らは、それに打ち克ったと思われる。というのは、彼らはキリスト教界における全ての宗教を獲得したからであり、そしてこの世における最高の税を支払ったからである。彼らは、売買物の価格と同じ値段で年貢を払いながら、必要物や食糧のための半分の半分を年貢として支払った。消費税が、ワインと他の生活必需品を扱う全て小売商人によって支払われた。それは、ビール一トンについて六シリング、牛乳桶一杯について毎週二オランダセント、雄牛、馬、羊、その他家畜を市場で売った場合には少なくとも売値の一二パーセントというものだった。それらは年毎にあちこちで頻繁に売買されるものではけっしてなく、新しい持ち主が同額を払い続けた。彼らは、彼ら自身の小麦一ブッシェルにつき五オランダセント支払った。それは彼らが公共の製粉所で粉にすることを常としていたものだった。上記のものが低地地域諸国の戦争の成果だった。

ベニスは、平和を享受した国家共同体であるといわれるかもしれない。ベニスは、実際のところ、全ての他の諸国の中で、最後まで最大の平和を享受した。しかしながらベニスは、それを統治の形態から得たのではなく、敵がベニスに近づくのを阻む六〇マイルにおよぶ中州、似たような沼地というその都市国家の自然の形態から得た。国内の平和に関しては上記のことに大きな要因があり、外国との平和に関してはベニスは法外な出費を重ねた。そしてそれにもかかわらず、ベニスの平和は継続する戦争より少しだけましな程度だった。ベニスは、より安全を求めて常に、包囲網を狭めてくる都市国家群の永続的な恐怖に悩まされていた。上院議員や郷紳は、ベニスの異邦人と知己になることを避け、敢えて服従することもせず、交流することはなかった。彼らは、全ての人間社会に対するならず者にしか過ぎなかった。否、この世界のどのような人民も、そのようなお互いの妬みの中では生活していなかった。このゆえに、彼らの官僚の選挙における入り組んだ壮麗さやむしろくじ引きとでもいったようなものが存在することになったのである。それは他の諸国においては馬鹿げたものであり、不要のものであった。元老院や郷紳は、庶民を妬むばかりではなく、彼らから武器を取り上げ、お互いにも妬みあっていた。彼らは、彼ら自身の市民の間から軍隊の指導者を信託することをあえてせず、自分たちの戦争から自分たちの市民を排除し、自国に他者を雇い入れるようにして、彼らの軍司令官として外国の君主を傭い受け入れることを強行した。そのような継続的な恐怖の中に生きる人々を、平和の中で生活した人々と言うことはできない。

最初、ベニスの人々は、ローマ帝国に臣従していた。そしてフン族(48)の侵略への恐怖のためにパドバとイタリアの別の諸地域を見捨て、現在ベニスがある島々へ彼らの全財産を退去させた。私は、彼らが彼らの君主や財産を獲得した国を防衛することを放棄したり、彼らの政府を樹立する許可を得ていたことを目にしたこ

(47)　アンリ三世（Henry Ⅲ一五五一―一五八九）。ヴァロア朝最後のフランス王。イングランドのエリザベス一世に政略的な求婚を行ったが成就しなかった。

(48)　フン族（Huns）。北アジアの遊牧騎馬民族。四世紀中頃から西へ移動し始め、ゲルマン民族大移動を誘発し、結果として西ローマ帝国崩壊の遠因となった。

とがない。それは、ローマ帝国への反乱や反抗と同じことだった。最初に彼らは寡頭政の下で生活した。というのは、いくつかの島は護民官を持ち、彼らは全員が集会に参加し公共で統治を行ったからである。しかしながら、護民官の扇動政治が終身の大公を設置することを不可避とし、数百年の間、大公が絶対的権力を持った。つまり、その時代にベニスは最も繁栄し、大きな勝利と富裕な財産を手にしたのである。しかしながら、きわめて徐々に、郷紳の大評議会が大公の権力を減少させ、ついにはそれを全く取り去った。ベニスの統治が、今あるような状態をずっと継続して来たと人が信じていることは無知による誤りである。ベニスの歴史のみを読む者は、彼らの大公の中に主権的権力が長い間あったことを見出すことができる。そしてその権力が衰えたこの二〇〇年の間に、その国によって獲得されたどのような偉大な勝利も征服もなかったことを見出すことができる。

賞賛を超えることは、コンタリーニ[47] Contariniが、ベニスの現在の統治が、君主政、民主政、貴族政の混合統治であることを断言する確信を持ったということである。というのは、彼が、大公を王の外観と人格を持つ者としたにもかかわらず、彼は、後に、大公が一人では全く何も出来ないことを認めたからである。そして、他の官僚と共にあり、彼ら以上のどのような権威も持っていないと認めたからである。また、その官僚たちの権力も、彼らがどれほどの者であろうとも、評議会の許可なしにはどのような重大事件の決定もできないほど小さなものだった。それゆえ、この大公は、もし彼が無断で行動するなら紫の衣を着ただけの者であり、虚飾と装飾のみの王であり、権力においては元老にしか過ぎないということであり、都市国家の内部の捕虜であり、外部においては売国奴であるということになる。大評議会、もしくはS. P. Q. V［ベニスの元老院と人民」において、民主政が見出し得るという理由はほとんどない。というのは、それは人民の四〇分の一で構成されていたのではなく、それらが貴族、もしくは郷紳と呼ぶ者達のみで構成されていたからである。というのも、庶民階級は、彼ら自身によっても、もしくは、彼らの代表を選ぶためのどのような選挙によっても、大評議会のどのような席を占めることも許されていなかったからである。そして、もし、ベニスの郷紳が、彼ら自身の手に統治を保持し、庶民階級を排除する何らかの権利を持っていたとしても、彼らは、決してそれを人民から得たのではなく、彼らの貴族性に関しては君主政のおかげを最初は蒙っていた。そして次のことは、さらに銘記されるべきである。つまり、最近まで、ベニスは、国外における安全を享受していたのだが、それでもなお、それは次のような負担とともにあるものだったということである。すなわち、要塞や防衛施設、もしくは（それによって何とか彼らは彼らの平和を購入していた）高額な賄賂のことである。つまり、キリスト教徒は、ベニスの下に生活するより、トルコ人の下に生活するほうが一般的により良い生活ができるほど、彼らは税金を取られていたと言えるのである。というのは、関税のかからない一粒の穀物も、一さじのワインも、塩も、卵も、鳥も、獣も、家禽も、魚も存在しなかったからである。時折、人夫や職人は、毎月人頭税として地方税を支払った。彼らは、ユダヤ人高利貸しから法外な利益を受け取っ

（47）コンタリーニ（Contarini 一四八三―一五四二）。おそらくヴェニスの外交官、ガスパロ・コンタリーニ Gasparo Contarini のこと。彼は『ヴェネツアの行政官と共和国 *De magistratibus et republica venetorum*』を書き、それはイタリア語、フランス語、英語に翻訳されてヨーロッパ思想に大きな影響を与えた。（永井三明『ヴェネツィア貴族の世界』刀水書房65-94頁）。

た。というのは、全ての都市において、彼らは、一五パーセントの抵当をつけながら質屋と金貸しを営んでおり、もし、年の終わりに質受けが出来ない場合には、それらの品は流されるか、もしくは大きな減額を伴って売り飛ばされるかしたからである。高級売春婦が許可のために支払った額は、一ダースのガレイ船に相当した。

以上のことによって、ローマ、ベニス、現在の低地地域諸国の民主政が、どれほど宗教的にも安全に関しても（この二つは統治の主要な要素なのだが）割に合わないものであるのかが判断できる。そして帰結として、一種の形態として数え上げるには適さないものであるのかが判断できる。なぜなら、彼らの統治が、どれほど良きものであり、寛容であったとしても、それは、君主政からのつぎはぎだらけの借り物だからである。最後に、ベニスと低地地域諸国は、君主政を拒絶しているこの時代における並ぶもののない顕著な場所なのではあるが、それでもなお、それらの何れも、彼らの統治が人民の元々の権利に基づいているとも、人民の中に権力があるとも、彼らによって選ばれたともいつわりをいうことはできない。平和の内に、彼ら自身を保持し得た名のある民主政国家はこの世に決して存在しなかった。彼らの栄光の全ては、口論や闘争のために存在した。

統治の権力が元々人民の中に存在したことを説得すべく活動する者達は、そのような権力を人民が実行することがどれほど不可能なことであるのかに気づきながら、人民は統治できないのではあるが、それでもなお、彼らは代表や信託者を選ぶこと、つまりその権力を人民のために運営することができるとまさに推測する。そしてそのような代表が人民そのものであると推量されるのである。そしてそのような代表は、人民によって選ばれることは本当にはあり得ないので、彼らは人民を、諸地方、司教座都市、特権的自治都市のようなものに喜んで分割する。そしてそれらの諸部分の全てに一つの代表、もしくはそれら自身には過分のものを選択することを許す。そしてそのような代表は、それらの何れの者も、人民全体、もしくは人民の過半数によって選ばれたものではないのではあるが、それでもなお、人民であると推量されなければならなかった。否、それらのたった一人でさえ、人民によって、もしくは、諸地方、司教座都市、もしくは特権的自治都市の過半数によって選ばれたものではなく、過半数に至らぬ人数によって選ばれたものであったのだが、人民であると推量されなければならなかったのである。ここにおいて、そのような人民の代表がまさに集会する時、彼らの全てが同時に集会し得たと思われることは決してなく、それゆえ、一部が欠席しているそれらは、国家の人民全体の真実の、もしくは十分な代表であるとは決して思われないのである。しかしながら、いまだ彼らは、人民であると想定されるべきであるとされている。そして、そのような不完全な諸集会が会合し、つまり半分も参加していないのではあるが、彼らは活動し続ける。そして、彼らの数は決してそれほど少数ではないのではあるが、それでもなお、刻下の問題を議論することにおいて、彼ら自身よりより少ない数にそれを裁決させることなしには、それをどのように扱えばよいのか知らないのである。もっとも彼ら自身も彼らがそうあるべき人数よりも少ないのではあるが。このようにして人民を代表するものとして選ばれたその者達は、彼ら自身の代表として他の者達を選ぶことが必要となる。北部の被信託人は、まさに南部の被信託人に代表権を委任する。そして、東部の者は、代理権によって西部の者の代理となる。この結果、王国の総集会とされるべきものと想定される公的な議論は、個々の特殊な集会へと縮小される。つまり、どのよう集会もそれ以上に、公的な集会の本質に対してこれほど破壊的で矛盾することはない。そのような被信託人たちの各々の仲間たちは、司会者や議長を持ち、その者たちは、最も活動的な彼の仲間の三、四人の助けによって、お互いを満足させることを容易に受諾した。それゆえ、彼らは、彼らの順番になると、被受託者たちを自由にし、ある者が、彼自身のため、もしくは友人のために、ある仕事を支配し、別の者は、彼自身のため、もしくは友人のために、別の仕事を解決した。そしてそれは、被信託者の数が、君主と同じ位に少数になるまで続けられたのである。それゆえ、一般評議会や人民の総集会がある全ての民主政国家において、人々は、もし公共の自由な議論が許されたとしても、迅速かつ内密に偉大な行動を取ることは不可能であることに気づくのである。したがって、それは最終的に君主政の原子の中に消滅していくまで細分化されることになる。それは無政府状態の一歩手前の状態である。というのは、無政府状態とは、破壊された君主政にほかならず、そこにおいては、全ての人間が、彼自身の君主であり、統治者であるからである。

あたかも人民が統治と統治者を選ぶ目的のために最高で最も優れた者達を選ぶことができるかのように、統治と統治者を選ぶことにおける人民の権力が近頃過度に賛美されるのに反して、我々は、アリストテレスが言っていることが真実であると気づくべきである。つまり「正しく選挙することは識者の働きである。例えば、土地測量士を選挙することは幾何学の知識を有する者以外にはできないように」ということである（アリストテレス 1282a8–10）。というのは、「全ての人が、同じように同一の卓越性を尊重するものではないからである」と彼は言うからである（アリストテレス 1288a23–24）。

人々の言うこの世に存在する自由や解放についてのたくさんの話は、民主政国家の中に見出されるべき話である。どれほど、そしてどのような意味でこの自由についての話が真実であるのかを探求することは価値のあることである。すなわち、「真の自由とは、全ての人々が、彼の欲することをなすこと、もしくは彼が好むように生きること、もしくはどのような法にも拘束されないことである」。しかしながら、そのような自由は、どのような国家においても見出されるものではない。というのは、他のどこよりも民主政国家の中には法がたくさんあるからである。そして帰結として、自由が少なくなるからである。そして多くの人が言うとおり、統治は、自由を取り去るために創案されたものだからである。そして全ての者にそれを与えないために創案されたのである。そのような自由は存在し得ないし、もし存在するなら、どのような統治も存在しなくなる。したがって、アリストテレスは、第六巻第四章で「何でも自分の好きなことをするのを許されないのが有益なことである。なぜなら、何でも欲することを為すという自由は人間のそれぞれの内にある悪を防ぐ力を持っていないからである」（1318^{b}38-19^{a}1）というのである。それゆえ、真の自由は、どのような国家においても存在し得ないし、存在すべきではないということになる。しかしながら、自由について語る者が意味し得る唯一の自由は、ある者が「支配し、支配される」（1277b14-15）自由である。というのは、それをアリストテレスは次のように説明するからである。ある者が統治する間に別の者は統治され、午前中に王であった者は午後には臣民となる。これが、民主政国家が自慢し得る唯一の自由である。つまり君主政においては王は一人しかいないが、彼らの統治においては、交代で多数の王を持つ自由があるということである。もし庶民階級が、身体にせよ財産にせよ、何らかの別の自由を探すなら、惨めに欺かれることになるだろう。というのは、永続的な軍隊と税金とは全ての民主政体の主要な構成要素だからである。すなわち、それらなしに持ちこたえたどのような民主政体も決してなかったし、それらと共にあっても継続し得た民主政体はめったになかったのである。多くの民主政国家がにわかに立ち上がるのだが、ほとんどが永続しない。つまり「たとえどのような国制が定められても、一日か二日か三日か持続するのは何も難しいことではない」（アリストテレス 1319b35-36）からである。というのは、自由への希望から生まれるそのような全ての事柄は、統治の新しい形態を打ち立てることを試みるからであり、アリストテレスは次のような慎慮ある訓戒を与えている。「もしそれらの手段が立派なものであるとしたら、それらがその間において気づかれずに済むことのなかった長い時日、多くの年数に注意を払わなければならないということである。なぜなら、ほとんど全てのものがすでに発見されているからである。もっとも、それらのあるものは集め整理されず、また、そのあるものは人々がこれを知っても用いはしないが」（アリストテレス 1264a1-5）。

多くの者たちによって、人民の最初の集会時において、まず、過半数の同意が全体を拘束すべきであることが満場一致で合意されたと信じられている。そして、この最初の合意は、どのように、そして誰によって作られたのか証明することが不可能なのではあるが、それでもなお、それがなければ合法的な統治が全く存在し得なくなるので、不可欠のものとして信じられ想定されている。人民全体の総意が最初に推測されなければ、どのような合法的な統治もあり得ないというのは、全く正常な主張ではない。それでもなお、それなしにはどのような民主的統治も存在し得ないことは真実である。しかしながら、同意のために人民に恩義を受けることのない統治が最初に存在したのなら、その存在を認める全ての人のように、私は、群衆の許可を問うことなしにいまだその統治が存在し得るということ以外に他に理由を見つけることができない。

もし、人が生まれながらに自由であることが真実であり、合意なしには統治されないということが真実ならば、そして、自己保存が第一に尊重されるべきならば、自治以外のどのような統治も合法的ではなくなる。何らかの別の統治への同意を企てたり、望んだりすることは人民の罪ということになる。仮に、父親たちが自分たち自身が奴隷となる約束をしたとしても、それでもなお彼らの子どもたちをそうすることはできない。父親たちが奴隷となる自由があったように、子どもたちは、彼ら自身を自由にする同じ権利を常に持っているのである。

過半数、もしくは一部の者達の沈黙の同意は、人民全体を拘束し得ると解釈することができると偽ることは、非理性的であり不自然である。人々が自分たち自身を拘束することが自然に反しているところでは、人々が他者を拘束することも全ての理性に反する。生まれながらの自由をそれほど誇りとする人々は、過半数の権力が、どれほど人民全体の生まれながらの自由を破壊し、矛盾するかを進んで考察することはない。被治者たちの二つの基本的なお気に入り、つまり、自由と財産とは（ほとんどの人々は、それのために戦うと偽るのだが）水に対する火のように相反するものであり、両立しない。人間の法によれば、自由意志的な行動において過半数の者たちは、群衆全体を拘束することに寛容であり得るのではあるが、それでもなお、自由意志的ではない必然的な行動においては、つまり、自然がそうさせるので、寛容ではあり得ない。その上、もし人民全体が彼らの代表を選ぶことが可能であったとしても、その時は、それらの代表の一人ひとりが人民全体によって個々に選ばれなければならず、そして一部による一部の代表ではなく、別の部分の別の代表でもないようにしなければならず、もしくは継続的に代表者の全体の数が存在することが必須となる。なぜならば、さもなければ、人民全体は、決して代表されないからである。さらに、人民が統治や統治者を選任しようとしても、それを永続的にすることができるということはあり得ない。というのは、人民とは、真に正確に言うのなら、絶えず変更、変化する組織体、もしくは実体だからである。それは、その多様性が衰退し滅びる諸部分の群衆と、他方で同じ場所で再生し継続する群衆とで構成されているのであって、同じものとしては一分たりとも決して継続しない。この時にその人民である者達は、次の時にはその人民ではない。もし、人民全体の同意を持つことをそれほど厳密なこととすることは不可能なことであると言う者があるなら、したがって、それは、人民全体の行為であるべきと想定されなければならないということが不可能であるということになり、最初に人民の同意を持つことの必然性を確言しておきながら、次に、それを持つことの不可能性を承認するという奇妙な物言いとなる。もしただ一回、その自由が、つまりそれはそれほど神聖なものとして尊重されるのだが、その自由が全ての人民の中の最も卑しく最もみすぼらしい者の一人のみから破壊され取り去られたとしたら、広い断絶が彼ら自身を人民と呼び得る（もしくは彼らが好むものたちを人民と呼び得る）どのような群衆にも開かれることになるだろう。

どれほどの人々が、全ての主権が人民の同意から流れ出るということ、そしてそれなしにはどのような真実の権原も最高権力に対して作りえないということを自然に進んで受け入れようとも、そして、近年の雄弁家が矛盾なく確かにそれを流通させているように、それが現今に流布している公理であったとしても、それでもなお、決して決定されることなく、また、議論さえされることもない問題点における多くの困難が存在する。その雄弁家はそれら全てを議論することを次のように公言して辞退するのである。つまり、彼は、「人民が可決した彼らの同意のあり方に関する特質を要求することも、それらのいずれかが重要であるのかを決定することもしない。そしてそれは権利や権原を作るものではないとする。すなわちそれが所有に対して先行するものでなければならない、もしくは帰結であることがあり得るのかどうか、すなわち、表現されたものか、黙認か、共同的なものか、代表的なものか、絶対的なものか、便宜的なものか、自由なものか、強制的なものか、廃止できるものか、廃止できないものか、要求することも、決定することもしない」のである（ギー、第一章）。これら全ては、人民の権限に関する実体に関する疑いである。そしてその雄弁家は、彼自身ではどのような同意が十分なものであり、どのようなものが権利や権原を作るものではないことを決定しないのではあるが、それでもなお、彼は、我々がこの問題における解決に向かって進むべき方向を指示することのできる親切な者であり得るのである。しかしながら、実を言えば、人民の同意の必然性を弁護する全ての者達の中で、彼らの誰一人としてこれまでそれほど必然的であるこの原理を取り扱った者はいないのである。人民の可決した同意の仕方に関して良心に説明することがどれほど不可欠の事柄である事かを考えること、そして人民から権利や権原を引き出す、もしくは引き出さないということをそれには何が重要であるのかを考えることが、あまりにも困難な仕事と思われるのであり、そうでなければそれは確かにこれまでおろそかにされてきたのである。

どのような国家の群衆や総集会も、彼らの全てが善良で有徳であることは決してないのであって、おそらくは統治することは可能ではない。このことは、大きな、数多くの諸集会の行為を考察することによって、つまりどのように彼らが執行するのかと考える至高の権力を放棄することを彼らが余儀なくされるのか、そして、二、三の者へそれを委任することを余儀なくされるのかを考察することによって明白に発見することができる。至高の権力には、「立法的な部分」と「行政的な部分」という二つの部分が存在する。これらの何れもが大集会では正しく行うことができない。もし、新しい法が作られるとしたら、それは、総会の一つ、もしくはそれ以上のものからその提案を受け入れることが一般的は可能であろう。しかしながら、その法の形を表わし、形を整え、中身を充実させるためには、少数の者にそれを委任せねばならない。なぜなら、諸個人の総集会は、退屈で緩慢な議論なしには、その法の利点や欠点を検証できないからである。このようにしてまさに冒頭から、総集会の意図は挫折させられる。それから法が形成され、整えられた後、それが可決されるか否かが問題にされることとなり、総集会において投票されることになるではあるが、それでもなお、集会の規則によって彼らは、各人が提案理由の説明を行う自由で活発な議論により縛られ、つなぎとめられる。もし、その提案理由が反論を受けるなら、彼は説明や弁明を許されず、一旦発言した彼はそれ以上のことを聞き入れられない。つまり、それが、「立法的」な権力という高い観点から定められるべき大集会という申し立てに関する討議の自由についての主要な否定なのである。

「行政的」な権力に関しても、同じことが言われ得る。もし訴訟事件が総集会の前にもたらされたならば、行うべき最初のことは、集会の少数の者達に照会し委任することであり、その者達は、証拠や証人を検証することを信託され、総集会への報告を作ることになる。つまり、彼らは、その報告の上で、承認への公聴や尋問なしに彼らの判断を与え続けるのであり、その証拠の精査を勤勉に行うことで、良心的な判断を行う全ての者達の返答が形作られる。このようにして「立法的」権力と「行政的」権力とは、総集会において正しく実行されることは決してないのである。その真の理由は、もし、自由が議論に与えられるならば、終わることの無い議論なしには何事も合意を得ることはないということである。単純な必要性が、個別の会議や委員会に対して問題の主要な処理を差し向けることを強いるのである。

民主的であると思われているそれらの統治は、つまらない君主政の一種である。統治というものは、統治者と被統治者との関係であり、一方は、他方なしには存在できないのであり、「彼らは一緒に上下する *mutuo se ponunt et auferunt*」。命令や法律が過半数に由来するところでは、投票において一致する個々の人物たちが統治者である。なぜなら、その法は、特に彼らの意志のみに存在するからである。過半数の権力は、偶発的、もしくはその時々の出来事であるので、投票することまさにそれ自体の行動において消滅する。過半数のその権力は、彼らがより強い党派であるという想定に基づいている。投票が通過した時、その投票者たちは、つまりそれらは過半数なのであるが、元に復帰し、集会全体に合同される。そして、一まとまりとして埋め込まれ、さもなければそのように考えられる。そのような投票によって定められた法令や法律は、以前にそれが従うべきとされた法の製作者を失う。というのは、それが実行に移された時、それは、法の製作者から引き出された権力の徳によってではなく、それを享受しそれに対する服従を強制する者達の意志となるからである。ヘンリー八世やエドワード六世の時代に作られた多くの法律がエリザベス女王の下で遵守され実行されたとしても、誰も女王の治世において、ヘンリー八世やエドワード六世が統治したとは言うことができない。しかしながら、それらの法律は、女王の先行者によって作られたのではあるが、それでもなお、女王の現在の統治のための法律となるのであり、女王は、それらの実行を意志し、命令し、その法の最初の製作者が持っていたような、それらを矯正し、解釈し、軽減する権力を持つ。全ての法は、生存し現在その法を知る人物を常に持たなければならない。その者の意志が現在それを法律とするからである。これは、何らかの集会の過半数についてのことではない。なぜなら、過半数は、それが投票するや否やただちに消滅するからである。つまり、それについての全く誤りのない議論は以下のようなものとなる。その過半数、すなわち投票の後の過半数は、その法を、矯正し、変更し、軽減し、もしくは実行を停止させるどのような権力も持たないということである。それゆえ、その法を実行に移す者は、彼自身を、元々は他者の意志であったその法の命令者、もしくは意志者とするのである。ホッブズ氏は、『リヴァイアサン』(141頁)で次のようにいっている。「立法者が知られえない場合には、何ものも法ではない」、というのは「それが主権者の意志から出ているという明白な印がなければならない」からであり、「法の宣言だけでなく、権威づけるものと権威との十分な印が必要だからである」(ホッブズ『リヴァイアサン』第二部第二六章)。

そこにおいてまさに至高の権力、もしくは立法の権力が存在する元老院や大評議会は、そこにおいて彼らが彼らの立法権を行使するまさにその時に、実際にそれに従いその法を侵犯すれば直ちに犯罪となる者たちで構成され、その一方で、彼らは、別の法を作る。というのは、それは、その集会における全ての個々の人物の全体の意志ではなく、過半数の意志への一致が偶然に起こった者たちの一部の意志だからである。それゆえ、立法権力を分有する者達は、(本来は分割できない)その立法権力の一〇〇分の一の権力も恐らく持たないだろうし、彼らが投票を行うその間だけ、ある特殊な問題についてだけ、「行動」においてではなく、

「可能性」において、立法権力を持つことになる。この問題を締め括るために、それはある者たちにとっては奇妙で新奇なものと思われるだろうが、私は、ボダンの判断を示したい。彼の『国家論六篇』の第四章には次のような言葉がある。

国家共同体の最高の重要事項、つまり主権者の権利は、正確に言えば、君主政以外においては存在しないし存在し得ない。というのは、どのような者も、一人でなければ国家共同体において主権者ではあり得ないからである。もし、主権者が、二人、三人あるいはそれ以上であれば、主権者は存在しない。というのは、彼らの誰もその同輩から法律を授受することがあり得ないからである。そして、我々は、主権を持つ貴族たちや人民全体の組織体を想像することはできるのだが、それでもなお、それが、彼らを統一する絶対的な権力を持つ支配者を持たないならば、真の基礎も支持者も持つことができない。それは主権的権威のない単なる官僚であり、何事も行うことができない。そして、図らずも貴族院、もしくは庶民院が分割されるなら（よくあるように）互いに武器を取り争う事態とならざるを得ない。そして、最大の党派が一つの意見となっているのだが、それでもなお、多くの軍団を持ち反逆する少数派が、多数派に反抗し勝利を得るということたびたび起こるのである。我々は、民主政国家には、相反する諸党派が存在し、多様な為政者が存在するので、常に困難を抱えて来たし、抱えていることを知る。ある者達は平和を希求し、他の者達は戦争を望む。ある者達は、こちらの法を希望するが、他の者達はあちらの法を希望する。幾人かの者達はある将軍を得ようとするが、他の者達は別の将軍を得ようとする。ある者達はフランス王と同盟しようとするが、他の者達はスペイン王と同盟しようとする。開戦するのに、ある者達は頽廃した、ゆがんだ方法を取り、他の者達は別な方法を取る。つまり、以上のように、グリゾン the Grisons（アフリカの肉食性四足獣）の中のようなことが今の我々の時代に見受けられるのである。（ボダン、715頁）。

先に引用したアリストテレスの文章に基づき、そして、アリストテレスは見ることのできなかったローマの民主政の変わり易さから、学識ある者達に、上記のもしくは似たような矛盾が、アリストテレスの明白な精神、すなわち、一、君主政以外のどのような統治の形態も存在しない、二、世襲以外のどのような君主政も存在しない、三、絶対的、もしくは専制的以外のどのような世襲的君主政も存在しない、四、貴族政や民主政のようなものは存在しない、五、僭主政というような統治の形式は存在しない、六、人民は生まれながら自由ではない、ということに対して言及され得るということがあり得ないのかどうか、考察することを私は託したい。

危険で不確かな時代において統治者に服従するための覚書

この時代において、人民の中に存在すべき本源的な権力のために熱心に努力をする者達全ては、元来、至高の権力が父親である事に中に存在したということ、そして最初の王が家族中の父親であったことを満場一致で承認する。このことは、明白であるばかりではなく、アリストテレスによっても確言されているし、またグロティウス、セルデン氏、ホッブズ氏、アシュカム氏、そしてこの党派のその他の人々によって、私の知る限り、一人の例外もなく、同意されていることである。

ここにおいて、両親によって統治されるために子どもたちの中にある本源的な服従を認める者達が、人類における本源的な自由を夢想することは自己矛盾となる。そして、被治者を自由にし、王に制限を設けること、そしてこれまで作られたことが証明されたこともなく、もしくは、そのような契約がこれまで存在することを叙述したり、想像したりすることが困難な王と人民との間の協定や契約を想定することは、驚くほど厚かましいことである。

セルデン氏は、次のように認めている。

神からの贈与によって、アダムは、（神の承諾なしに）彼の子どもたちを排除するような私的支配権を常に持つように、全ての事物の総支配者として創られた。そして贈与、もしくは、譲渡、もしくは、何らかの種類の譲与によって、（アダムが亡くなる以前、もしくは、後継者を残す以前に）彼の子どもたちは、私的支配の権利による彼らの限定された支配地を得る。アベルは彼の羊の群と牧草地を手にした。カインは、彼の穀物畑と彼自身の国家を建てるためのノドの地を得た。（セルデン、2、19-20頁）

世界の幼年期においては、父権的統治が、君主政であったことが認められる。しかしながら、世界が人々の群れに満たされた時、父権的統治は終了し、消滅した。そして、人民の選挙による統治がもたらされたと言われる。これに対しては、父権的権力は、消滅し得るものではないと返答することができる。それは、譲渡されたか、簒奪されたかの何れかであり、決して消滅も、終了もしていない。権力を与えた者である神は、それを父親から他者へと移すことができる。神は、サウルの父キシュからサウルに父権的権力を引き渡した。神は、また、他者に対して子どもたちに対する父親の権力を譲渡する権利と自由とを父親に与えた。人々が、他の財産のように相続財産や所有物として召使を持っていた時、世界の始まりにおいて非常に通常に行われていた子どもたちの売買や贈与の由来を見るのである。そのゆえに、古代においては、去勢や宦官を作ることが通常に行われていたことに我々は気づくのである。父権が、合法的に譲渡、移転されるように、それはまた不正に簒奪され得たし、簒奪において、簒奪者の権原は、以前に権利を持っていた者の権原より優先し、より優越したものであった。というのは、彼は神の黙認によって所有することになるからである。その黙認がどれほど続くのかは、どのような人間にも通常は分からないのであった。全ての人間は、神と王と父への奉仕のために自己の生命を保持するものである。そして、さらに、王や父へのための保存ばかりではなく、時には、簒奪者が彼自身の真の優越者の恵みと矯正に留め置かれることができるように、簒奪者自身の保存にためにも服従するものである。人定法によっては、時効により権利が取り去られることがあるのだが、それでもなお、神の権利は、滅びることも、消滅することも、取りさられることもない。

誕生した全ての人間は、彼のまさに誕生によって、彼を生んだその人の被支配者となるということであって、自由に生まれたということからほど遠い存在である。その服従の下で、彼は、もし、神からの直接的指名がなければ、もしくは、彼の父の死や承諾がなければ、彼が服従している権力に所有されるものとなる。

父権的統治の権利は、人類の保存のために神によって定められたものである。もしそれが簒奪されたなら、簒奪者は、被治者達の保存に役立つ限りにおいて服従され得る。彼らは、それによって、奉仕すべき時に、彼らの真の正しい主権者に対する彼らの義務を実行することができる。そのような場合において、簒奪者に従うことは、正当に、第一の正しい統治者に従うことであり、その者は、彼の被治者の安全を希求していると想定されなければならない。簒奪者の命令は、統治者である人物の破壊性の故に従われるべきものではなく、彼の在り方が先ず顧られるべきである。

全ての王が簒奪者であり、もしくは、簒奪者の子孫、もしくは、継承者である全ての王国において征服による多くの簒奪が存在して来たといわれている。したがって、もしある簒奪者が、王国を獲得したからといって他の簒奪者たちと同等の権原を得たというのなら、それへの返答は以下のようなものとなる。すなわち、最初の簒奪者が最高の権原を持つ。なぜなら、神の許しによってそれを所有したからである。そして、簒奪者の統治が長きに渡り、後継者についての正しい知識が全ての被治者から喪失しているようなところでは、所有の状態にある簒奪者が、被治者たちによって、真の後継者と受け取られ、見なされ、被治者たちによって、彼らの父親のように従われる。どのような人間も、道徳的な知識以外には、全然誤りのない確実な知識を持つことはできない。それは、平和的な所有に基づく確からしい信念にほかならず、両親や統治者への服従のための正当な根拠である。というのは、子どもたちは、誰が彼らの真の両親であるのかについて絶対確実で必然的な確かさを持つことができないので、したがって、その不確かさの故に従う必要がないということはできないからである。子どもたちにとって、確かな信念を信頼することは、人間本性にとってあり得ることであるばかりではなく、有意義なことでもある。というのは、さもなければ、「汝の父を敬え」という戒律は、虚しいものとなり、遵守されえないものとなるからである。

人間による制定法によって、つまり、証拠によって決定できず、帰結として全ての国家統治を打ち倒すことになる論争の中に全ての権利を運び込む全体的な惨禍を避けるために、占有は、太古から、人と人の間の譲与、贈与、契約における以前の権利を取り去り、禁ずる。しかしながら、それらの根源を神や自然から持つ譲与や贈与においては、父親が持つ権利のように、どのような人間の下等な権力も、それらに反するどのような時効の法をも作りえないし、それらを制限することもできない。この根拠の上に「どのような時間も王を妨げない *nullum tempus occurrit regi*」という普遍的な格言が作られた。

地上の全ての権力は、父権的な権力から引き出されたものか、簒奪されたものであり、他に起源を持つどのような権力も見出すことはできない。というのは、もし、一方が他方に従属することなしに、二つの種類の権力が存在し得るなら、どちらかが優越となるまで永遠の闘争に入ることになるからである。というのも、二つの至高者は、並び立つことが不可能だからである。もし、父権的権力が至高であるならば、その時は、人民の権力は、従属的なものとならざるを得ず、それに依存するものとなる。もし、人民の権力が、至高であるならば、その時は、父権的権力は、それに服従するものとなり、人民の承諾なしには、執行され得ないものとなる。つまり、それは、自然の枠組みと成り行きを全く破壊せざるを得ないものである。神自身が人類に対して執行する権力でさえ、父親たる権利によるものである。すなわち、神は、我々全てのものの王であり、父である。「あなたたちは神々なのか」（『詩篇』八二・六）ということによって、神自身の権原を彼らに分かつようにして、神が地上の王の尊厳を高めたように、その一方で、神は、人民の権力の権原ではなく、王の権原を、あたかも神の権力を表現するものとして引き受けることによって彼自身を卑しめることを進んで享受した。我々は、「ホセア書」(三・四)において、「王を持たない」ことが処罰であったことを見出す。そして、「創世記」(一七・六)において「王たちとなるものたちが、あなたから出るであろう」とアブラハムを祝福しながら約束した。

全ての人間は、遍く、人類の保存のための役目や役割を持つ。もし人が、より忌まわしいことにかかわることによって憎むべき犯罪をさらに悪化させるつもりがないのならば、優越者の権力を簒奪する者は、それによって、彼が簒奪した者達に対する保存における優越者の義務を行う必然性の中に彼を置くことになる。優越者の権力を奪うものは十分に罪を行っている者であるが、要を得た者である。しかしながら、優越者と優越者の下にある者達双方の破壊を継続する者は、殺人や強盗などによって、より過度な強要を行うことになる。もし、統治が妨げられるなら、人類は滅びる。他者の統治を妨げることによって簒奪者は、統治を行う必然性を自分自身に負うことになる。簒奪以前の彼の義務は、彼の服従による他者の保存のための道具、もしくは、召使いとなることだけであった。しかしながら、彼が、自分自身の服従を拒み、他者の服従を阻害する時、彼は、拒絶するばかりではなく、自分の義務を実行する優越者を阻害することにおいて混乱の原因ともなる。彼は、彼自身の義務を作るのである。もし、優越者が不可能であるならば、それを行い得ることを希求することが彼の役割である。もし現在、統治の欠落のために彼らが崩壊しているなら、未来において彼にも行うことが不可能となるだろう。したがって、優越者は、彼に服従する者達の保存を希求するものであることが想定されるべきであり、同様に、簒奪者は一般に、統治によって人民を保護することによって彼の優越者の意志を実行するということが想定され得る。そして、我々の服従が、臣従する者達の保護を目的とし、真の統治者の破壊を志向するものではないかぎり、簒奪者に服従することにおいて、我々は真の優越者に第一に従い得るということは不適当ではない。簒奪者ばかりではなく、権力が簒奪された者たちでさえ、彼ら自身の保存に合流できる。否、時には簒奪者自身の保存にさえ合流できる。

このように、統治すべき簒奪者の中には条件付の義務、もしくは、権利が存在し得る。すなわち、簒奪者とは、簒奪を行うほど邪悪であることが想定されるので、その簒奪を進んで引き渡し、棄てるようなことはないので、彼は、統治によって保護するよう義務づけられるか、もしくは、彼の罪を増加、増殖させるかになる。

簒奪者は、真の優越者から権利を獲得し得ることは決してないのではあるが、それでもなお、服従する者達から得ることは可能である。というのは、もし、彼らが、簒奪者より別の誰かがより良い権原を持つことがないことを知れば、占有において簒奪者は、彼らに対して真の権利を持つからである。

そのような条件付の権利は、財貨を盗んだ盗賊たちにおいて、彼らが、それらを占有している間は、真の所有者以外の全ての者達に対して法においてそれらについての権原を持ち得るように、全ての簒奪者において初めは、見出されるものである。そしてそのような簒奪者は、どのような点から見ても、従われ得るものである。

彼のみが統治を獲得した簒奪者であるばかりではなく、合法的な主権に対する援助を与えることに失敗した者達全て、もしくは、彼らが生まれ、保護されてきた統治者を破滅させるための助言、財産、人力を援助した者達全てが、簒奪における仲間である。というのは、「保護」と「服従」とは互恵的なものであることが承認されるべきであり、それゆえ前者が終了すれば、後者も消滅する。それでもなお、人が長期の平和的な統治の保護の下で生まれたところでは、その者は、彼を守ってくれたその統治を維持するための助力をすべきであり、不服従の張本人であることが記憶されるべきだからである。

簒奪された権力は、それが合法的な事柄においては、従われ得るということが言われることがある。しかしながら、そのことは、合法的な事柄においてばかりではなく、神によって命令されるのでもなく、禁止されるのでもない事柄においても言われ得る。神によって命令されるのでもなく、禁止されるのでもない事柄における服従は、必然的なものであり、神によって命令されるものでも、禁止されるものでもない。というのは、必然的に善である事柄において、神は、直ちに、従われ、優越者は、結果として、従われるからである。もし、人々が悪事を命令するなら、服従は、彼らが要求することを「実行すること」によってではなく、彼が罰を課すことを「寛容すること」のみに起因する。まず最初に、彼らは、「為すべき」と神が命じたことを宣言し、その後に、どのような「災いを蒙る」のかを宣言する。それゆえ、神が命令も禁止もしない事柄のみが、人間の法の固有の対象であるということになる。諸行為は、単純に、単独で考察されるべきであり、それゆえ、発起人に依拠する行為が良きものである。もしくは、状況に照らしながら考察されるべきである。そして二重の仕方で考察されるべきである。すなわち、一、それらが為され得る間の「能力」と「可能性」とに関することから。二、それらが実行された時の「行為」から。それらが為される以前には、それらは、神が命じたものでも、禁じたものでもなく、一旦行為に移されると、それが行われた状況に従いながら、善と悪とに区別される。ここにおいて、命令された行為は、（それゆえヘブライ人は、来世の命令法と呼ぶのだが）いまだ為されぬものと想定され、しばしば、神が命じたものでも、禁じたものでもないものとして残るのである。

ある者たちは、もし、神が命じたものでも、禁じたものでもない事柄において、合法的な権力に対してはもとより、簒奪者に対して服従が与えられたら、その時は、合法的な権力に対するものと同等の服従が簒奪者にも与えられるという。しかしながらそれは誤りである。というのは、神が命じもしないし、禁じもしない事柄においては、合法的な統治者はもちろんのこと、簒奪者でさえ服従され得るのではあるが、それでもなお、そこには大きな差異が横たわっているからである。つまり、ある事柄は、合法的な優越者にとっては、神が命じもしないし、禁じもしない事柄なのであり、それは、簒奪者が命ずる場合には、神が命じもしないし、禁じもしない事柄ではなく、非合法であるということになるのである。簒奪とは、合法的には取り去られ得ないような簒奪者が統治する以前の権利を持っていた人の権力に抵抗し奪い去ることである。それゆえ、簒奪者にとっては、彼自身の非合法的な行為を利用すること、もしくは、彼自身の不正義の継続によって彼自身に権原を創り上げることは正しいことではあり得ない。それは彼の罪をさらに悪化させることはあっても、決して軽くすることはない。そしてもし、合法的な主権者に従わないことが、簒奪者自身に対して神が命じもしないし禁じもしない事柄の行為では決してあり得ないなら、いわんや、彼が彼自身としてはどのような権利も持たないことに対してそれを行うことを他者に命ずることは、神が命じもしないし、禁じもしない事柄ではあり得ない。命じられた行為が、神が命じもしないし、禁じもしない事柄への似たような、もしくは別の制限によって、被治者に便益を供給するために、合法的な優越者が神の法によって命じられたものの様なものである時、その時のみ、簒奪者にとって、神が命じもしないし、禁じもしない事柄の行為を命令することとなる。そして、もし彼が妨害されなければ、それを、もしくは、似たような法を命じることとなることが想定されるのである。

有徳な妻を讃えて(a)

「箴言」一二・四　有能な妻は夫の冠。恥をもたらす妻は夫の骨の腐れ。

十戒の第五の戒律[1]の中で、三つの義務が課される。一、優れた者たちと劣った者たちの間のもの。二、同等の者たちに関するもの。三、我々自身に関するもの。第一の種類のもののあるものは、個人的なもの、もしくは公的なものである。個人的なものとは、たとえば、両親と子どもたちに対する、もしくは召使と主人に対する、妻の義務である。これらに対しては、懲罰の教訓と年長者への尊敬が属する。公的なものとは、たとえば王の職務のようなものである。同等な者たちに関しては、傲慢の反対である礼儀の教訓が属する。我々自身に関しては、我々自身の良き世評への顧慮が属する。

妻の身分についての最初の記述は以下のとおりである。有徳な女性については、第一にソロモンの『箴言』[2]によって記述され、第二に、シバ[3]によって記述された。ソロモンの箴言によっては、女性はもたらされたものとともたらすものによって規定された。もたらされたものには三つの要素がある。第一には、第二節における名誉。第二には、一四・一[*1]の利益。第三には、反対のもの、すなわち、一九・一三[*2]によって表現された放縦である。もたらすものは、一八・二二[*3]と一九・一四[*4]の神の御加護である。

名誉は、もたらすものによってより詳しく説明される。以下の言葉つまり「有徳な妻 *A virtuous woman*」

もしくは、ヘブライ語「能力のある女性 *A woman of strength*」もしくは、「勇気 *courage*」を持つ女性ということにおけるもたらすものは、三一・一〇、[*5] そして「ルツ記」三・一一[*6] において取り上げられている。ここから、我々は、勇気が、「聖書」「理性」「実例」によって証明され、女性の中に存在すべきものであることを知る。というのは、聖書に関しては、「ペトロの手紙一」三・六で、「たとえばサラは、アブラハムを主人と呼んで、彼に服従しました。あなた方も、善を行い、また何ごとも恐れないなら、サラの娘になるのです」とあるからである。理性に関しては、「勇気は、真の美徳 Courage is true vertue」と言われる。そして真の美徳は、女性の中に存在し得るし存在すべきである。勇気が真の美徳であるということは、真の美徳が、信仰と慎慮によるあなた方の情愛の中庸さであるので、一方では、何が合法であることかを示すこと、他方では、何が「可能」で「好都合」なものかを示すこととして現れる。ここにおいて、この中庸こそが勇気であることに他ならないことになる。さて、その他にも、女性の中に存在し得るし存在すべき真の美徳はまず、聖書の「創世記」一・二七、[*7]「エフェソの信徒への手紙」四・二四[*8] によって証明される。以上の箇所から、神をかたどって造られた存在である女性は、知識、神聖さ、そして、正しさを持つべきであるという

（1） 第五の戒律（Fifthe commandement）。旧約聖書「出エジプト記」二〇・一二、「あなたの父母を敬え」のことと思われるが、妻からの視点に変えて多様に解釈している。

（2） ソロモンの『箴言』。旧約聖書の「箴言」のことと思われる。フィルマーはここから「有徳な妻」に関して多数引用を行っている。

（3） シバ（Sheba）。教えを請うため多数の宝物を持ってソロモン王を訪ねた（「列王記上」一〇・一―一三）。

ことになる。ここにおいてこれらを持つことが美徳を持つことになる。さらに、「創世記」三・七[*9]において は、(目によって)「良心」が造られたとある。ここにおいて、たとえ「良心」が告発するにしても、それは許すものとして造られたものとなる。というのは、神は、どのような悪もお造りにはならないからである。その上、十戒の四つの戒めの中で、女性は、名指しされ、暗示された、すなわち、「第四」「第五」「第七」「第一〇」においてである。したがって、その法は、女性に対して与えられたのである。最後には、以下の箇所で明瞭である。「しかし婦人は、信仰と愛と清さを保ち続け、貞淑であるならば、子を産むことによって救われます」(「テモテへの手紙一」二・一五)。もしくは、我々のそれに関する新しい訳[*10]、つまり「彼女は、出産によって救われます」という箇所が明白に示している。同じように、「夫たちよ、妻を自分よりも弱いものだとわきまえて生活を共にし、命の恵みを共に受け継ぐ者として尊敬しなさい。そうすれば、あなたがたの祈りが妨げられることはない」(「ペテロの手紙一」三・七)とある。第二に、女性の中に存在し得るし、存在すべきであるその美徳は、十戒の第四の戒律に、女性の特権として現れた。それによって、彼女たちは、傲慢になるのではなく、徳に関して、感謝と希望に満ちた者とされた。これらの特権は、「物語」の中か、もしくは事柄の中の何れかに存在した。女性創造の物語は、「創世記」一・二七、二・二二、五・二の三箇所に存在する。それは男性を助けるための創造以外のなにものでもなかった。その事柄の中には三つの特権がある。第一に、創造以前に、女性に対する二組の是認がある。一つは神によるものである(「創世記」二・一八)[*11]。二つは、男性の必要物についての経験に基づく感情であり、それは「自分に合う助ける者は見つけることができなかった」(「創世記」二・二二)というものである。第二に、創造において、女性は、順番として最後に造られ、それゆえ、最高のものに対する完全性として付与された。女性は、大地からではなく男性のあばら骨から、最後に「楽園」において創造されたというものである。第三に、創造の後に、諸特権が、法や福音書の中に存在する。

「モーゼ五書 *Lawe*」の中においては、第一に「天使的なるもの」としてある。最初の天使は、「ハガル」によって目にされた。つまり、シェル街道に沿う泉のほとりである。[*12] 第二に、裁判的なものとしてある。つまり「女、子ども、家畜、および町にあるものは、すべてあなたの分捕り品として奪い取ることができる」(「申命記」二〇・一四)。

福音書 the gospell の中には二つの事柄がある。第一に、「創世記」三・一五[*13]において最初に女性と名指しされた予言と「レビ記」一二・六の儀式によって約束されたものとして。というのは、食べたことと欺いたことの二重の罪のための二重の清め払いのために、二重の悔い改めが暗示され、それゆえ、二重の恩赦と名誉とがあることになるからである。第二には、それが実現されたように、キリストの顕現と復活とが、女性に対して最初に現れたことである。そして彼女たちは、キリストの生と死を最も愛した。これらの特権は、もし女性が有徳なものではあり得ないなら、授けられなかったものである。これは、良心の呵責と邪悪な嘲笑に反対する彼女たちの慰めの中に存在すべきものである。

異議Ⅰ「女性は、最初の罪人である」

「答弁」。一、それは、もたらすもの、つまり原因ではなく、誘因である(というのはそれは男性の意志であったのだから）。二、彼女は、（魔王のような）悪意に満ちた知識ではなく「無知の愛」からの誘因であった。三、彼女は、罪における最初の者であったので、全ての人類から最も苛酷に処罰を受けた。というのは、悪魔は、女性には二つ、男性には一つだけという三つの処罰を行ったからである。女性は、まさに、誤りからだましたが、悪魔は、知っていてだましたのである。男性はまさに食べたのであり、それゆえ、女性は、嫌われるのではなく、哀れみを受けるべきなのである。四、彼女は、キリストにおける我々の救済についての原因ではないが、誘因であった。

異議Ⅱ「女性は、最も邪悪なものであった」

「答弁」。良い天使たちは、男性より良いものなので、悪魔は、より悪い者となる。それと同じように、もし、幾人かの女性が最も悪い者たちであったのなら、その時は、幾人かの女性たちは、男性たちよりはより良い者たちである。最高のものの頽廃が最悪のものである。最高のワインは、最強のワイン酢を作る。勇気が女性の中に存在し得るし、存在すべきである事を証明する例は、「直接的」で立派なもの、もしくは「間接的」で悪いものである。直接的な例は、一二個ある。「出エジプト記」一・一九に二つ。「士師記」には四つある。それは、デボラ、ヤエル、アビメレルを石で打った女、そして、ヤコブ、ダニエル、ヨハネ以上に天使の光景で強い信仰を得たマノアの妻の例である。[*14]『サムエル記上』には、ダビデを逃がしたミカルとアビガイルの二つの例がある。[*15]『サムエル記下』の中にも、二つの例がある。テコアの女とアベルの女の二つである。[*16]一一番目の例は、「エステル記」にある。最後のものは、「マカバイ記二」第七章から引用された

「ヘブライ人への手紙」一一・三五にある。[*17] これらの例は、男性に、女性の勇気がまさに互角のものであるという思いを起こさせる。間接的な例は、全てが悪いものである八つの事例の中に一二例ある。第一に、デリラが愛人であるサムソンを裏切り、欺いたように女性が勇気を持つという例。第二にラケルが彼女の父親であるラバンに行った例。[*18] 第三に、ラカブが彼女の王に行った例。第四に、ヨブの妻、エバが、そして、リベカ、ティポラが、彼女たちの夫に行った例。[*19] 第五に、ミカルとワシュティが彼女らの夫と王に行った例。[*20] 第六に、アタルヤが彼女の子どもたちに行った例。[*21] 第七に、イゼベルが、彼女の臣下に行った例。[*22] 第八に、コズビが近隣の者や寄留者に行った例。[*23] 彼女たちが悪きことにおいてこのように勇気があるなら、我々は、どうして、恩寵による良き勇気が彼女たちにあることを否定できようか。

用例一、女性は、「吐き気」と「出産」の日に備えて我慢を要する。「未亡人」と「殉教」。というのは、彼女は、あばら骨を、骨であるのはもちろんのこと、肉でもあると言ったからである。[*24] 用例二、勇気を獲得する手段は三つある。第一に主婦としての技術、そして身体と魂の恐怖を防ぐ宗教。第二に、「勤労」。第三に「禁酒」である。

「異議　女性は弱きうつわである」(「ペトロの手紙一」三・七)。

「答弁」一、それは堅忍不抜ということであって、性急な「行為」にあるのではない。二、彼女の弱さは、父親と彼のいたいけな子どもたちを組み合わせる適度な中間の用語である。さらに、もし、双方が同等の強さなら、双方とも屈服しないだろうし、どのような調和もなくなるだろう。三、神の力は、我々の弱さの中に現れる（『コリントの信徒への手紙二』一二・九）[*25]。

もたらすものによる証明はここまでとし、ここからは、「似ているもの」と「反対のもの」による敷衍を追ってみよう。「似ているもの」に関しては、「彼女は、夫、もしくは主人の冠である」というものがある。冠は、王の頭の合法的に得られた黄金の装身具である。ここで作用している正当な理由は、それが「合法的」でなければならないということである。それはつまり「正当な委任状」「選挙」「神、もしくは、人間による寄進」「空位を満たすこと」「簒奪によるのではない継承」によるものであるということである。それゆえ、もし、彼女が、「欲望」「美貌」「名誉」「富」のためではなく、「有徳」で進んで結婚するのならば、一人の女性が神によって与えられる。さもなければ、彼女は、地獄のフクロウであって、天国のナイチンゲールではない。第二に、冠が黄金で造られているという事態は、それが「衰弱」と「天罰」の敵であるということだった[*26]。それゆえ、良き女性は、憂鬱からの衰弱と心を失った「姦淫」の天罰から男性を守る（Osia、4.11）。

「異議、黄金の冠は、重苦しいものである。それゆえ、女性もそうである」（『コリント信徒への手紙上』七・二六）。

「答弁」。重苦しい迫害を持つことは、重苦しい誘惑を持つことより、より良きことである。国家が苦難に陥っている時に、神は、たびたび、自制と克己の恩恵を与えた。しかしながら、もし、神がそれを否定するなら、情欲に取り付かれてそれに熱中することの方が結婚することよりも良きこととなる。さらに、王冠が使用される事態とは、王の頭に関する事態である。宝石や耳飾は、他の人々によっても身に着けられるが、王冠は王だけのものである。それは、「創世記」三六・三一[*27]において書かれた言葉の通り、絶対的な統治者を意味するものだった。さて、王は、種々様々な方法において、王冠を処理するのだが、それでもなお、彼は、「イングランドのジョン王」が行ったようには、それを与えることも、売ることもできない[*28]。それゆえ、男性は、もしそれが結婚以前に不正に隠されていたものではなかったのなら、「らい病」や「てんかん」のような身体の病気でなければ、彼の妻を離縁することができなかった。というのは、婚姻の後、別居が「夫婦暮し」に関して必然的となるのではあるが、それでもなお、必然性の観点から、禁欲という贈り物が期待されたからである。それでもなお、彼女が進んで別れ、戻る意志がないのでなければ、心の罪、もしくは誤った宗教は理由にはならなかった。そしてまた、もし彼が、行政の長官であるか、もしくは彼に不平が訴えられなければ、殺人、もしくは「緊急な犯罪」のようなものも理由にはならなかった。「姦淫」も理由にはならなかった。というのは、キリストが教会で行ったように、もし彼女が後悔しなくとも、それでもなお許しは期待されるべきものであったし、もし彼女が後悔するのなら、レビ人は彼女を受け入れたからである（「士師記」一九・三）[*29]。そして、それでもなお外面的な「不便」の理由で、（それは単純には合法的なのではあるが）我々の法によって不適当なものとされるのであるし、そして彼女と一緒に暮らさないことは、危険である。なぜなら我々は、この点に関しては、神の召命のどのような必然性も持っていないからである。もし姦淫がまさに「異教徒」をも拘束するような死に値するものであったなら、そのすべての疑いは容易に解決する（「創世記」二〇・六、「エレミア書」二九・二二―二三）[*30]。第三に、「王冠」の形態と目的とは、「光彩を与えるもの」という語の中に存在する。というのは、それは、君主の勝利と権威のために彼に対する名誉の印だからである。そして、王冠は「君主のため」にそれ自体が名誉づけられる。それゆえ、女性は、欲望を超えた権威と勝利の印と報酬として男性に与えられる。そして彼女は、もたらすものとしてではなく、彼の名誉と象徴として、彼にふさわしくいっそう名誉となる（「コリントの信徒への手紙一」一一・七）[*31]。

「似ているもの」については以上である。さて次にそこにおいて我々が「働いていること」と「働き」を考察し得る「反対のもの」を見てみよう。すなわち、「彼女は彼女の夫を恥じている」というような言葉の中の働きを見てみよう。これは、「従順」の欠落を通して、一、「善」、二、「悪」、三、「良くも悪くもないこと」という三つの事柄に中で為される。「善」の中には三つの場合がある。第一に、もし、彼女の夫がそれを命じないので必然的な善を彼女が行わないという場合である。というのは、（キリストは教会の夫なので）彼女の精神的な夫であるキリストに対する彼女の従順性に加えて、彼女自身の夫もまた、不適当な妻を選択したことによって疑わしい者となるからである。第二に、夫が命じても、妻が良きことを行うことを拒否するという場合がある。ここにおいて、妻は、「神」と「男性」の双方に対して罪を犯す。第三に、妻が、「良きことがら」を行うことを、彼女の夫に懇願したり、勧めたりせず、命令するという場合がある。「悪」の中には、二つの場合がある。第一には、夫がそれを禁止したにもかかわらず、妻が悪を止めない場合である。もしくは、夫を悪に交わるように誘惑する場合である。第二に、夫が実際には悪を行動に移してはいないのに、他者の前で夫を罵る場合である。もしくは、許可なしに密かに罵る場合であり、もしくは、知ることがふさわしくない者たちに語ることである。

「『サムエル記上』二五・二五のアビガイルに異議が唱えられる」。

「答弁」一、彼女は、預言者であった。というのは、彼女は、「サウル」と「ナバル」の死、「ダビデ」の王国、そして、彼と彼女自身との結婚を預言したからである。二、彼女は、それを、彼女の夫を告発するためにではなく、夫の命を救うために行った。三、彼女は、どのような秘密を暴いたのでもなく、今攻撃と激怒の対象となっている主に対する知れ渡っている罪を承認した。「良くも悪くもないこと」の中には、三つの事柄があった。第一に、妻が夫に良くも悪くもないことを行うことを命ずる場合である。第二に、妻が、夫の費用で良くも悪くもないことを行うことを拒否する場合である。第三に、妻が自分の考えでそれらを行う場合である。「婦人が教えたり、男の上に立ったりするのを私は許しません。むしろ、静かにしているべきです（『テモテへの手紙一』二・一二）。

「アビガイルにはさらに異議が唱えられる」。

「答弁」彼女の贈与は、必要性の極端さによって許される。

働いていることについてはここまでにし、妻は、夫の骨の腐れ、もしくは衰弱という言葉の中に残っている、働きについて見てみよう。ここにはあまりに良く知られた、もしくはそれに似た病気にたいするほのめかしがある。それは人を心の内に苦しめるものである。すなわち、その病気にかかるのではないかという恐怖、絶望、疑いによって苦しむものであり、それが起こってしまった悲嘆、恥辱、怒りのために苦しむものである。また、忌まわしいものでもある。というのは、夫は、妻の良さを見つけることも、良くさせることもできないからである。我々は、聖書の中で、「良き」男性が、「邪悪」な妻を持っている記述を目にすることはない。

「異議一、アダムは、彼の妻によって堕落させられた」。

「答弁」一、エヴァが良き女性であったことは、明からである。なぜなら、「創世記」三・一五で彼女に対する約束が作られているからである。そして、「創世記」四・二五で同じことが受け入れられているからである。それはまた、「知恵の書」一〇・一―二において、公然と明言された。彼女はだまされた。しかしながら、彼女は、最初彼女自身がだまされた（「テモテへの手紙一」二・一四、「コリント信徒への手紙二」一一・三）[*32]。したがって、アダムと共に彼女に咎めを置くことをせず、二人のうちより賢き者であったアダムに責めを負わせよう。

「異議二、ヨブの妻に対して異議が唱えられる」（「ヨブ記」二・九、一九・一七）[*33]。

「答弁」。最初のものにおいては、彼女は、夫に、彼の秘密の罪を承認し、神に祝福することを請うているのみであり、それはまた、彼の三人の友人の誤りでもあった。その三人はこの世の中で賢き者たちであり、その中の一人は預言者でもあった（「ヨブ記」四・一二）[*33]。他の事実は、人間の弱さによる誤りにしか過ぎない。

「異議三、チィポラの偽りに異議が唱えられる」（「出エジプト記」四・二五）[*34]。

「答弁」、それでも彼女は、神の像についてのラケルほど狡猾ではなかった（「創世記」三一・一九）[*35]。さらに彼女は、父と一緒に「モーゼ」の下へ帰った。そして彼女の兄は、すべてのイスラエル人の旅の中で「イスラエル人」に対して良き者であった。最後に、神は、ミレアムに反対して語り、らい病で彼女を処罰した（「民数記」一二・一〇[*36]）。

「異議四、ミカルは子を持つことがなかった」（「サムエル記下」六・二三）。

「答弁」。彼女は、「ダビデ」がはしたないことをしていると思ったか、もしくは彼の歓喜があまりにも節操のないものと思ったか、もしくは王侯の重厚さにはふさわしからぬものと思った。というのは、その誤りのために、彼女は、不妊の罪で処罰されたのではあるが、それでもなお、我々は、彼女の父親の意志に反対してダビデの命を救った彼女を嘲笑する者とは数えないからである。

「問題、その時、良き男性が、邪悪な妻を持ち得ないだろうか」。

「答弁」この後に示されるようなあり方でならば、持ち得る」。

女性がもたらす名誉についてはここまでである。次に「利益」を追ってみよう。一、規定、第一に、もたらすものによって、第二に、働きによって、第三に、反対のものによって。以上の言葉におけるもたらすものは、賢き女性という語にある。女性の知恵は、二組存在する。一、彼女がキリスト教徒であるように精神的な事柄において。二、この世の事柄において。そして後者は三組存在する。第一に、音楽のような楽しみのために。第二に、主婦の必需品として。第三に、信用のためのものがあり、それは二重のものだった。一、「興味ある技芸として個人的に」二、「内科医と外科医のような公的なものとして」。これらのことは、男性に対して「力と学識」とが行うように、女性に対して高貴さをもたらす。ここにおいてのみ、我々が目標とすべき主婦像がある。そして三つの手段によってその到達が保持される。一、彼女たちが若き日に彼女たちの願いが破壊されていないかどうか。二、奉仕が家庭で行われているかどうか。三、彼女たちが主婦業に熟達するまでに結婚していないかどうか。それはまた、三つの手段によって保持され得る。一、彼女たちが、「浪費家」でもなく、家庭内暴力を振るうものでもない夫と結婚し得るどうか。二、彼女たちが、「協力できる母親」、もしくは命令し得る他の者たちを持ち得るかどうか。三、彼女たちが矯正する勇気の欠落のために年毎に召使を交換しないかどうか。そして、それゆえ、新しい様態で「新しい召使」を訓練し得るかどうか。もたらすものに関してはここまでとし、引き続き、働きを見てみよう。それは「彼女の家を造り得るかどうか」ということである。それは三つの方法によって行われ得る。第一に、貯蓄によって。第二に、増収によって。第三は、「夫の社会的地位の絶対的な向上」によってである。最後のものが女性にとっては最も高貴なものであるが、男性にとっては、最も危険なものである。「反対のもの」とは、次のような言葉、つまり「愚かな女性は、彼女自身の手で、彼女の家を壊す」というような言葉の中にある。似たようなものは、火事の時、もしくは敵が接近した時、自分自身の家を引き倒すものから取られた。

有徳な女性の名誉と「利益」については以上である。さて残っているのは「放縦さ」でありそれは、「反対のもの」によって、すなわち「論争を好む妻」（「箴言」一九・一三）の中で叙述されたものである。「論争好き」というこの語は、「裁判官」を意味するヘブライ語が起源である。というのは、不和・反目は、我々が、「知識」「才能」そして「慈悲心」なしに他者を裁く時に生ずるからである。これらは、二組の比較によって詳説される。第一に、「不釣合い」であり、それは次のように言われる。「愚かな息子は、父親の重荷である。いわんや論争好きの妻はなおさらである」。その息子は、その父親とは「釣合う」ものではなく、「拘束」「勘当」「放逐」され得るような父親の一部にしか過ぎないものである。「他の息子たち」は釣り合うものを持つ。全てのこれらのものが妻にも欠けている。第二の比較も似たようなものである。すなわち、「したたり落ちる雫」であり、それは、最も堅固な石に穴をあけ、最も頑強な家をむしばむということである。

用例一、男性は、妻の論争好きを妨げるために二つの方法を学ばなければならない。つまり「選択すること」と「使用すること」の二つである。「選択すること」においては、男性は、「精神」「身体」「身分」に注目しなければならない。「精神」においては、彼女の「思慮・分別」と「情愛」に注目しなければならない。「思慮・分別」に関しては、女性は、その「言語」と「宗教」とを知らなければならない。情愛に関しては、一般的にまず、女性は、「傲慢」「色情」「強欲」にひどく堕落していてはならない。そして最後には、寛容でなければならない。そして特に、女性は、夫たちの「天職」と「人格」とを我が物としなければならない。身体に関しては、「永遠の離婚」ではないにしても、少なくとも「別居」を引き起こすような強い「伝染性の」病気を避けなければならない。彼女の地位に関しては、その地位にふさわしい行動をとらせるか、もしくは勇敢で国家のためになる行動を試みさせなければならない。それは、「ヨセフ」と「マホメット」のような場合である。結婚の後の「使用すること」においては、第一に、戸外では、妻は、どのような「規則」もなく、穏健な「自由」がある。家の中では、「規則」と「自由」の双方がある。それゆえ、妻は、はなはだしい怠惰、強欲、傲慢、もしくは無知であってはならない。第二に、妻の能力を超えた、どのような秘密も妻にもらしてはならない。第三に、もし妻の悪徳が非難を免れないものでも、法外なものでもないならば、「子ども」「召使」「寄留者」の前では、彼女の名誉がある。以上のことを怠るならば、あなた方は、「争い」のとどろきのみを響かせることになる。用例二、我々は、「貞操」を祈らなければならない。というのは、力によってではなく、堕落によって誘惑に陥ることが、我々を、蝕むことがあり得るからである。

用例三、もし、争いを好む妻が煉獄に値するものなら、従順な妻はどのような天国に値するものなのだろうか(「ペトロの手紙二」三・五)[*38]。良き女性の努力のこれまでのところは、今や、良き女性のもたらすことになる。すなわち、神は、「結婚制度」によって栄えを与え、幾分かは宣言した(「箴言」一八・一二)[*39]。「妻を見つけた夫」とは、次のような者、つまり妻が堕落する(彼女は後にエバと命名された)以前の「イサク」のようなもの、もしくは、(「エゼキエル」二七・一八で、羊毛を運んできたような)[*40]良き妻を見つけた者、つまり、この男は、神の栄えの根拠として良き者を見つけ、彼女を受け入れた。そして幾分かは例えとして(「箴言」一九・一四)。この教説は、良き妻が神の栄えの象徴であることを平明に表している。

「異議、ベリアルの息子ナバルは、アビガイルを妻とした」(「サムエル記上」二五・三と二五)。

「答弁」、彼は、彼の許しがたい頑固さを作るためにさらなる非難として、そして、彼女の忍耐を試みるために、彼女を妻とした。というのは、実際のところ、彼女は、「ダビデ」に対して運命付けられていたからである。「良き男性が、邪悪な妻をめとることなどできるだろうか」。我々は、そのよう例を聖書の中に読むことはないのではあるが、それでもなお、これは、過去の罪の「懲らしめ」として、もしくは来るべき何事かを防ぐためとして、もしくは「家庭内殉教」として起こり得ることである。したがって、結婚する意図のある男たちは、一、少なくとも彼らの妻たちの邪悪さの中に彼らの「鏡」を見つけて、「若き日」の罪を悔悟しなければならない。二、彼らは、それが、かれら自身の幻想、もしくは友人の経験に対する以上に神の慎慮に都合よく任されているのならば、地上のこの天国を享受し得るよう祈らなくてはならない。ここまでが「ソロモン」の言葉である。

さて、我々は、シバの歌（「箴言」三一・一〇―三一）まで来た。この歌は、我々が、「詩篇」の中の七つ、つまり、第二五章、第三四章、第三七章、第一一一章、第一一二章、第一一九章、第一四五章が、そのように書かれたことに気づいているように、そして、「哀歌」の最初の四つの章がそのように書かれたことに気づいているように、ヘブライ語の「文字」の順序に従って書き留められた。さて、あなた方の「記憶」を助けるためにこのことが為されたので、我々は、全ての合法的な手段によってそれが強化されるように努力しなければならない。そして、我々は、「場所」「像」そして「行為」による「人為的な記憶」が、むしろ「助け」よりも「混乱」を生むのではないのかと疑っているのではあるが、つまり、全ての人間が「記憶の真の技芸」である「論理学」に到達し得ないのではあるが、それでもなお、それをより強化することができなかったカミル Camill が強制したように、人を常に最後の審判に向かわせることを条件にするほど教養のない者は存在しない。というのは、それは、理解できない事柄を保つ規則正しい記憶ではなく、異国語の記憶だからである。

この歌は、二つの部分を持つ。提議が第一〇節であり、解説が残りである。提議は、疑問と比喩によって述べられる。疑問は、「見出すのは誰か」というような言葉であり、三重のものである。第一は、「どのような種類の男性が、そのような女性を見出すのか」ということであり、答えはソロモンによって「神に愛される者」と答えられる。第二には、「見出すことがどれほど困難なことであるのか」ということであり、答えは、非常に困難なことであるということになる。というのは、そのような女性を知るためには四つの道しかないからである。第一に、「場所」であるが、それは「人は多くの小魚が泳ぐ水を知る *Nouit qua multo pisce natatur aqua* 〈ti〉」。それゆえそれは、現世の教会であるほどに大きい。そしてまた、多くの子羊たちは、「羊の群れ」の外にいるし、狼は「羊の群れ」の中にいるのでそれは最も不確かなことである。つまり、知ることは困難なのである。第二には、「仲間」がある。これもまた不確かである。なぜなら娘たちは、彼女たちの友人によって押し付けられたのではあるが、彼女が好きではないような仲間を持ち得るからである。第三に、「評判」がある。これは「無知」で「悪賢く」「部分的」なことがあり得る。第四に、「彼女の徳についての試し」がある。これは、ロクステス Locustes が死の年まで隠れていたように、危険で不確かな道である。それゆえ、若き日に取り繕っていた種々様々な罪が、「結婚」と「支配」においてどっと出てくる。さらに、妻にとって次のことは困難となる。つまり、以前に「約束された」ままでいること、もしくは「夫たちに影響を及ぼさないこと」、もしくは「夫の天職に不似合いとならないこと」である。したがって、我々は、この務めにおいて、神が我々の前に天使を送ってくれることを祈らざるを得ない。第三に、「そのような妻を見出した夫はどれほど幸福なのか」ということである。答えは、夫は、彼の家族の中で、そして近隣の中で幸福であるということである。家族の中においては、第一に、彼自身が次のように描かれる。「夫は名を知られた人で、その地の長老らと城門で座についている」(「箴言」三一・二三)。第二に子どもたちの中では「息子らは立って彼女を幸いな人と呼び、夫は彼女をたたえて言う」(「箴言」三一・二八)。第三に召使たちの中で。「雪が降っても一族に憂いはない。一族は皆、衣を重ねているから」(「箴言」三一・二一)。近隣の中においては、一、貧しい者たちに対して、「貧しい人には手を開き、乏しい人には手を伸べる」(「箴言」三一・二〇)。二、豊かな者たちとは、「彼女が第二三節で名誉づけるその地の士師たち」と「彼女が喜ばせる商人たち」である。我々は、疑問から比喩、つまり「真珠よりはるかに貴い妻」という言葉にたどり着いた。真珠は、その希少さからばかりではなく、その美徳からも尊重された。

用例一、美徳は、結婚において尊重されるべきである。

「異議一、神は「女性の美徳に対して尊重を与えることなしに子をもうけることを兄弟に命じた」(「申命記」二五・五)[41]。

「答弁」ある者たちは、兄弟が、靴を脱がされ、顔につばを吐きかけられるような処罰[42]にあえて踏み込んだだけではないかと考えるだろう。しかしながら、むしろ、彼は、それを行うことに絶対的に拘束されていたと考えられるべきなのである。というのは、彼が、神の法への服従と信仰において彼女と結婚したという事実からすれば、彼は、彼女の改心に関する希望の確からしさを持っていたからである。

「異議」二、「ホセアは、二人の売春婦と結婚するように命じられた」(「ホセア書」一・二、三・一)。

「答弁」、我々は彼らに賛同はしない。しかしながら、それでもなお、これが幻影や比喩ではなく、三・二から考えられるように真実の話であると考える[43]。つまり、神が一つの典型として命令したという事実から、売春婦への預言は、彼女たちを「貞節」なものにすることだったのであり、誘惑するためのものではなかったのである。

「異議」三「イサク、ヤコブ、ヨセフ、そして、モーゼは偶像崇拝をする女性と結婚した」（「創世記」三一・三九、四一・四五、「出エジプト記」四・二五）[*44]。

「答弁」、「リベカ」は、（多少の混乱はあるが）ラバン本人によって真の宗教を持っていたように思われる（「創世記」二四・三一、五九）。ヨセフスの妻に関しては、彼女は、「ファラオ」によって彼に与えられたので拒むことは不可能だった。その上、我々は、彼女に平凡な美徳が備わっていなかったとどうして知り得ようか。チィポラに関しては、我々は、以前に答えている。さらに、彼らは、第一に、「美徳」が「富」と分離しているところでは結婚すべきではないと非難される。しかしながら、反対のことを、我々は、「創世記」二九・一七のヤコブ、「ルツ記」三・一〇のボアズ、神に命令によって妻を買ったホセア（「ホセア書」三・三）において見る。第二に、美徳を尊重しない者たちは、「列王記上」一一・一でソロモンが行ったように名誉を顧慮して、もしくは「創世記」四・二二と六・二においてのように美しさを顧慮して結婚した[*45]。

用例二、女性は、美徳において真珠のようでなければならない。きれいな真珠と甘いものは、その所有者の前でだめにされる。美徳の妻は、娘の夫の到来を予告する。「緑柱石 *Berel*」は、それでもなお太陽の象徴を持っていた。すなわち、良き妻は神の息子の象徴だった。「ざくろ石 *Pyropus*」は、暗闇でも輝く。それゆえ、良き妻は困難な時において最も快活である。「紫水晶 *Amathist*」は、男性を暗闇から守る。そして、「胃石 *Bezoar*」は、ペストから守る。第一のものは、文字通り良き妻にあり、後のものは、みだらな女から夫を守ることを意味する。[*46]

「提議」についてはここまでとし、次に、女性が二つの部分で説明される「解説」を追ってみよう。一、良き女性の「働き」は、第二節から第二八節までであり、女性に関して与えられた「神の掟」は、第二八節から終わりまでである。働きにおいては、「誠実」と「慎慮」の二つが見受けられる。「誠実」は、第一一節の「富」と第一二節の「状況」において述べられる。富は二重の出来事によって明らかに知らされる。第一に、「夫は、心から彼女を信頼している」ということであり、一、「言葉」の点から、二、「行動」の点からである。もし、夫が、国事のような妻の理解を超えるような、もしくは、妻を、疑惑、深い悲しみ、怒り、もしくはそこにおいて妻が助言や助成を与えられないようなどのような「秘密」を妻に告げないとしても、妻の言葉、もしくは沈黙を信頼することができる。ユダヤ人は、レアが、ヤコブと寝た最初の夜の沈黙のために（神の主要な秘書である）レビの母となったという。[*47]

さらに、妻の行動に関しては、夫は、三点を妻に任せ得る。一、「貞節」。二、「家政」。三、「家計」。「貞節」に関しては、妻が姦淫やそれに関して妥当な疑いから免れているとき。妻が善行の者であるとき。「創世記」三四・一のように頻繁に土地の娘たちを訪ね歩くようなことを許すことなく、もしくは、「テモテへの手紙一」五・一三のようにおしゃべりをして徘徊するようなことを許すことなく、夫が妻を妥当な自由に抑えることができるとき。「家政」に関しては、第一に、夫は、「娘」や「女中」に関して妻に任せ得る。第二に、息子たちが若年の場合は彼らをも任せ得る。最後は「家政」に関してであるが、それはここで特に主要に記される。すなわち、もし「傲慢な放蕩」や「強欲や虚栄心を伴った贅沢」が過度に見出されないならば、夫は、妻に家政を任せられる。そして任せることが、妻を信用に足る者とする。第二には、夫が「どのような戦利品も必要としない」ということである。戦利品という語は、「ヘブライ人への手紙」七・四におけるギリシア語で表現されるように「富」もしくは「最高の品々」を意味するヘブライ語であった。というのは、「アブラハムは、戦利品はもちろんのこと彼自身の財貨の十分の一もまた支払った」からである。さらにこれらの言葉は、次のように説明され得る。つまり「征服軍は、どのような戦利品の必要もない。すなわち、良き妻を持つ夫は、生計を得るためのどのような貧しいやりくりの必要もない」。これらのことが可能であるなら、それは以下のことを必要とする。第一に、「家事」において知らないことはない女性であるべきである。第二に、「怠惰」ではなく、第三に、「好戦的」ではなく、第四に、「色情的」ではなく、第五に、（他所の女性の）服装や住宅に対して「虚栄心」を求めるべきではない。以上の強欲の中で最も危険なものが、「怠惰」と「好戦性」である。「怠惰」には以下の種類のものがある。第一は、「ここちよさであり、それは女性が常に何事かを求める場合である（これは贅沢の罪である）」。第二は「軽率」であり、それは事物管理と世話の欠落のために損なわれる場合である。第三は、「ものぐさ」であり、仕事において「早さ」も「情熱」も「根気」も、そして「きちょうめんさ」も、すなわち十分な援助も迅速さもない場合である。第四は、「臆病」であり、彼女らが召使を矯正するのではなく、改心させるよりもはやく交換してしまう場合である。これに反して、第一の法は、「召使を七年より早く交換してはいけない」と示している。「好戦性」は以下の部分で構成される。第一に、贅沢好み。第二に、家での社交。でなければ戸外での社交。これらのまむしのような病と共にある妻を得た者は、堕落する運命を持つ。「富」についてはここまでとする。さて、

「誠実さの状況」は二つある。一、「完全さ」、二、「忍耐と勇気」である。完全さは以下に言葉で述べられる。「彼女は生涯の日々、夫に幸いはもたらすが、災いはもたらさない」。つまり「彼女は、無慈悲な饒舌、もしくは好色なたくらみを示すことはない」。ここで次のように述べることになる。「良き女性は、彼女の夫も良き者とし得る」。第一に、夫の思慮分別において。もし妻が夫より上手に彼に宗教を教えるなら、これは、つましく密やかに行われなければならない。第二に、夫の情愛において。というのは、妻は夫を神聖にすることができるからである（「コリントの信徒への手紙一」七・一五）[*48]。この種の妻は、恐怖や悲しみに抗って彼女の夫を慰め得ることに最大の幸福を感ずる。しかしながらこれは「黒い白鳥」のようなものである。そしてその上で我々は、ポントスのミトリダテス王の妻ヒプシクラティア[*49]について読む。彼女は、彼女の夫の全ての紛争と戦いに同行した。彼女の次は、「怒りから夫を守った」女性である。最後は、「嫉妬という不治の病から夫を治療した」女性である。これもまた、希望されるというよりもむしろ願望される事柄である。誠実さの「忍耐と勇気」とは次の言葉のことである。「彼女は生涯の日々において……」。そして白髪となってもなお実を結び命にあふれ、生き生きとし……（「詩編」九二・一四）[*50]。そしてこれらは誘因でもあり得る。つまり、一、彼女が青年時代を適切に過ごしたのかどうか、もしくは、年老いてからの罪で報復される若き日の罪を悔悟しているかどうか。二、彼女が、彼女の愛において、熱情よりもむしろ知恵を使ったのかどうか。というのは、暴力的な事柄は、永続的ではないからである。三、彼女が忍耐を継続的に賞賛しているかどうか。

誠実さについてはここまでとし、次に、第一三節での三つの事柄つまり、一、「得ること」、二、「雇うこと」、三、「保護すること」における「慎慮」を見てみよう。「得ること」は、第一三節で提議され、その後の五つの節で説明される。それは、二つの事柄において提議される。第一に、妻が労働の材料として羊毛と亜麻を求めること。第二に、妻がその求めたものを自分で望み通りのものに仕立てること。ここに我々は、「神」「自然」「技術」の差異を見る。というのは、神は材料なしに働き、無から世界を創造する。ある物質の自然は別のものを形づくる。技術は新しい品質のみを生ずる。すなわち、神は、我々がそれを良くなし得るなら、我々に全てのものを供給する。女主人の労働は、召使の労働より価値がある。なぜならそれは、恐怖に由来するのではなく、家族や主人への愛の美徳に由来する元気で快活なものだからである。召使の見かけだけの奉仕をなくするために余暇を支配させることをはじめさせ、そして命令の意地悪さではなく、働くことの快活さにおいて主人であると思わせる。さらに、厳しい態度や言葉や行動で妻の精神を困らせないようにせよ。それは、肋骨であった妻を排泄物としてしまうから。

求めることと働くことにおける勤勉さという、以前に名づけられたその諸部分の双方から、得ることにおける慎慮が説明される。求めることは、商人の船の例えによって第一四節[*51]で述べられる。その船舶が運ぶパンや食物は、「羊毛」や「亜麻」そして似たようなもののような、食物や利益を生ずる全てのものを意味する。この探求において、二つのことが思い出されるべきである。一、女性は、戸外を遊び歩くものではなく、怪しからざる仲間と合法的な仕事のための旅人である「主婦」であるべきである（「テトスへの手紙」二・五）[*52]。彼女は、彼女の国にとって利益となるような事物を捜し求めなければならない。というのは、ある場所においては、出来合いの服を買うことの方がそれを作ることより妥当であるからである。

用例一、我々は、不毛の土地でさえ全ての事物を実らせることができる骨の折れる産業を目にすることができる。もっとも、羊毛が、ミリタス Militus から運ばれたというわけではないのではあるが。というのも、神は、利己主義を取り去るために、ある国にとって別の国を必要とさせたからである。

用例二、全ての天職の中で商人のそれが最も危険なものなのではあるが、それでもなお女性にとって模倣し得るものである。もっとも、より弱き者を基準とすればだが。それゆえ、女性がある程度まで達成することを希望し得ないほど異なった美徳が男性に存在することはない。というのは、航海、戦争、王国の統治でさえ、たびたび女性によって上手に行われて来たからである。ディド女王 Queen Dido はどこからみても適切な例である。もしくは、むしろ、その時代に上記の全てが栄えていたエリザベス女王の方が適切な例である。

用例三、女性は、彼女の夫によって、定時に定額を給付されなければならない。さもなければ彼女はどのようにして上記の事柄における使者やお金を使用することができるのだろうか。しかしながらこの定額の給付においては、愛と思慮分別が応じられなければならない。

得ることの第二の部分、それは労働についてなのだが、それは三つの時間において述べられる。つまり一日の「始まり」「中頃」「終わり」である。「始まり」もしくは「朝」において、彼女は、三つの事柄を為す。「起床」「指図」「熟慮」の三つである。*53

用例一、つまり、夜は寝るためにのみにあるものだと考える者たちは、ここで論難される。というのは、彼女は、もしそれが彼女の健康に適うなら、夜の明ける前に起き出すからである。その上、「月」と「星」

は、眠るために造られたのではなく、働くために造られたのである。そしてまた、実際のところ、一年の幾つかの季節の昼と夜との間の時間は釣り合ってはいない。その上、一六時間も続けて眠ることはおかしなことであるし、さらに、六カ月も眠るのはもっとおかしなことであり、ある国では、全ての時間が夜でさえある。

用例二、早朝の起床は、そこらじゅうで人間の自然に命令されたことである。そして野獣には反対のことが命令された（『詩編』一〇四・二二―二三）[*54]。その上、睡眠は、「内面」と「外面」の二重の必需品を生み出すことが見出される。内面には三重のものがある。それは、知性を尖らせ、記憶を強化し、心を快活にする。というのは、寒さや湿気から生じた眠りは、心の元気を抑え、驚くべき罠の中へ落とすからである。寒さが知恵を傷つけることによって、湿気が記憶を傷つけることによって、元気が心を活気づけることを押下げることによって。外面にも三重のものがある。第一に睡眠は、不規則な食事から人を守る。というのは、早起きの人は、暴飲暴食を伴い必然的に不規則な食事の元となる遅い食事を避けることが可能となるからである。第二に、睡眠は、適切ではない交際のたくさんの機会を取り去る。というのは、怠け者は、早朝には来ないからである。もし、朝九時前に飲むべきであるというペテロ[*55]を論駁する者が誰もいないとしたら、通常は、「飲む人は、夜に飲んだ」ということが当たり前のこととなる。それゆえ、早く床につく者は、大きな騒動の可能性を減らすのである。第三に、その上、もし、夫が早朝に睡眠を中断されず、ほとんど誰にも邪魔されず朝寝をするなら、彼の仕事は、破滅の危険に突入する。

用例三、我々はまた、早起きをすることが精神的な事柄である事も学ばねばならない。『詩編』一一九・

一四七―一四八には次のようにある。「夜明けに先立ち、助けを求めて叫び、御言葉を待ち望みます。私の目は夜警に先立ちあなたの仰せに心を砕きます」。朝の第二の働きは、食物や分け前を家の者に与えることであり、これは「詩編」三・三[*56]に出てくる。

用例一、家族の中の食事、と仕事のための秩序が最も必要なものであって、第一の例は、「出エジプト記」一六・一八、「列王記上」四・二二、またそれに対する暗示は、「箴言」三〇・八、「ルカによる福音書」一二・四二である。[*57]第二の例は、「創世記」三九・二三[*58]である。

用例二。女中達の統治は、「アビガイル」と「ヘステル」の話によって明白であるようにあなた方の妻に任せられている。しかしながら、「サライ」は、アブラハムからの許しなしにはあえて「ハガル」を苦しめることはなかったと異議が唱えられるだろう（「創世記」一六・六）[*59]。答弁は以下のものである。「サライ」は、第二婦人であったので単なる女中ではなかった。もっとも、実のところ、彼女は、財貨を管理する女主人ではなかったし、結婚した唯一の者として永続的に存在したわけでもなかったのだが。

用例三、我々は、神が与えた食物で満足しなければならない。というのは、世界が神の家族であり、それゆえ、愚かな者が茶碗いっぱいの食物を得ることに不満を述べてはならないからである。

用例四、仮に、妻が非宗教的な事柄に関して家族においてそのような権威を持っているとして、どうして我々は、キリストの妻である教会からこの権力を取り去らないのであろうか。朝の第三の働きは、「箴言」三一・一六[*60]ように熟慮することである。そこにおいて我々は、行為、行動、そして手段を良く考えることができる。行動とは、畑やブドウ畑を購入することである。手段は二つある。一、賢き熟慮。二、合法的に得たお金で購入すること。

「異議」「土地を売ることは禁止されている」(「レビ記」二五・二五)。従って買うことも禁じられる。

「答弁」、買うことのあるものは必須のものであり、あるものは合法的であり、そして公平である。必須のものとは、子孫が失敗した時、一般的に神の法において命令される場合である(「ルツ記」四・六)[*61]。もしくは、城壁で囲まれた町の中の家屋を売った場合である(「レビ記」二五・二九)[*62]。もしくは、アラウナのような特殊な場合である(「サムエル記下」二四・二二)。そして「マタイによる福音書」一九・二二におけるような青年。「使徒言行録」四・三五における弟子たち。なぜなら彼らは家族と共に旅をし、永遠に国を去らなかったからである。そして「教会」は、「コリントの信徒への手紙二」八・三において現れているように、大きな必須のものであった[*63]。これらの場合において、売ることは必須のことであり、またそれゆえ、また必須ではなくとも売ることも合法的である。それは上述の幾つかの場合に明白である。しかしながら他の場合においては、売ることは非合法であるが、それでものなお買うことは十分合法的である。というのは、「ヤコブ」は「エサウ」から権利を買い戻し得たからである。エサウはそれでもなお彼はそれを売ることにおいて最も不敬なものであった(「創世記」二五・三〇)[*64]。そしてまた、次のことはあなた方にとって非合法ではない。つまり、兄弟を「正当」に売ることができないような、あなたの兄弟を不正に監禁していた略奪者から取り戻すことは非合法ではない。同様に、もし、浪費家が彼の土地を売るならば、「ナボトが彼のぶどう畑をアハブに売らなかった」(「列王記上」二一・三)[*65]にもかかわらず、それを買うことはあなたがたにとって合法的である。

「異議、アブラムは土地を買った」(「創世記」二三・一六)。「ヨセフもそうである」(「創世記」四七・二〇)。「エレミアもそうである」(「エレミア書」三二・七)[*66]。「返答」、「アブラム」と「エレミヤ」は特殊な希望からそれを行った。というのは、彼らは、彼らの子孫が土地を持つことを保証されていたからである。同様のことがヤコブによっても行われた(「創世記」三三・一九)。「ヨセフは、フィラオのために、所有の関係ではなく、支配の関係からそれを買った」。

「異議」「レビ記」の法は、儀礼的なものであり、諸部族の区別のために作られた」。

「答弁」「その法の目的は真実ではない。というのは、その法は「彼らが自分の部族からそれを売るべきではないということ」のためだけに作られていたからである」。この目的は、十分に守られて来た。諸家族の差別に関しては、我々は、それを道徳、そして「殺人」や「窃盗」の侵犯と取るべきである。その上、一〇部族が捕囚へと連れ去られた時、この法は意見として占める場所がなかった。この真実についてのつまづきは、我々の法にも残っている。というのは、もし、人が無遺言で死亡したなら、共通の法によって、最年長の息子が土地を受け継ぐものであり、もし、人が遺言執行者を残したなら、彼が財貨を受け継ぐが土地は受け継がないからである。それゆえ、どれほど事態が「非道な行い」や「権利侵害」によって頽廃していたとしても、それでもなお土地の通常の販売は、正当なものではなかった。

「異議」、種々様々な良き行為が、土地を売ることによって行われ得る。

「答弁」、この販売が、公的な仕事に歳入を投入する人々にその当時示された時、寺院や種々様々なユダヤ教会が作られた。ここでその時、良き女性は、ヨベルの年 years of *Jubile* までに、借地契約証書を買うか、もしくは、「都市 *City*」における家の権利を買い上げた。それでもなお、家族からどのような相続財産も削り取ることはなかった（「レビ記」二五・二四）[*67]。早朝の働きについてはここまでである。

「昼には、妻は、力強く腰に帯し、腕を強くする」（「箴言」三一・一七）[*68]。つまり、彼女は、昼に寝ることはなく、労働のために己の腕を強くするのである。ここには、労働に行った時に、長い外套を羽織った「東洋」の人々から取られた「比喩」がある。

用例一。以下のような労働の障害物は避けられるべきものであった。一、「色情」、二、「暴飲暴食」、三、家の内外での「みだらな仲間」、四、それによって身体を弱め、精神を頽廃させる「労働の不使用」、「最後に、灯火は夜も消えることがない」だった。すなわち、彼女は、健康に反してではなく、利益のために寝ずにいたのである。そしてその誘因は、「商売が好調かどうかを味わうこと」（「箴言」三一・一八―一九）[*69]。第二に、その結果として、「彼女は、手を糸車に伸べ、手のひらに錘をあやつる」。例として、ペロポネイアやルクレティアその他がある。

用例一。「実例は、強い説得力を持つ」。女主人の例は、召使にとって統領のようなものであった（「エステル記」四・一六）[*70]。彼女は廷臣であり、異教徒の中で生活していたのではあるが、そして断食は厳しい教義であったのではあるが（「マタイによる福音書」九・一六）、それでもなお、彼女は、彼女の例によって、女中たちがそれを行うように動かした。神の例としては我々は「出エジプト記」二〇・一一を見る。そして議論のために提出された「士師記」九・二二のアビメレクの例を見る[*71]。

用例二。糸車と錘によって、身体的なものばかりではなく精神的な労働をも含めた全ての労働がわる。もし、何れかの女性が、「外科医学」「内科医学」国家共同体の「統治」に優れているなら、彼女は、君主が「農耕」に拘束されないのと同様に、「糸車」に拘束されないのである。したがって、もし妻たちが家事をおろそかにせず、病気もないなら、夫たちが、彼らの妻の中の卓越した恩恵を妨げることは、「狭量」なことである。

得ることにおける妻の慎慮についてはここまでとし、次に、「箴言」第二〇節にある「雇用」について見てみよう。それは材料とその上に方法に関して三重のものである。材料としては、一、「必要」、二、「装飾」、三、「利益」の三つである。「必要」も二重である。第一に、「貧しい人」に対して（「箴言」三一・二〇）[*72]。ここで、「手を開き」と「手を伸べる」という言葉によって意味されていることは、妻が、近くの貧困な者はもちろんのこと遠方の貧困な者たちも助けるということである。同様に、「貧困」もしくは、「悩む者」、そして「非常に乏しい者」もしくは「懇願する者」とは、妻が、求める者たちはもちろんのこと、求めない者たちもまた助けていることを意味する。その理由で、ヤコブに祝福をもたらすものが「信心」であると言われる（「ヤコブの手紙」一・二七）[*73]。それは、「放浪者」の叫びによってうるさくせがまれるというよりもむしろ、人間の必要物を探求するというようなあり方である。

用例。ここから、夫たちは、寛大さという点に関して、試みに妻に対する一般的な同意を、次に特殊な同意を与えることを学び得るのである。「必要」の第二のものは、家族に関するものである（「箴言」三一・二一）[*74]。そこにおいて「緋色の衣」とは、その言葉がどれほど一般的であったとしても、召使たちが装うには不適な二重に染められた「緋色の衣」ではなく、むしろ「重ね得る、もしくは好感し得る衣がある」と理解されるべきである。

用例、「創世記」三八・二五。それは、「ヨセフ」が「ベンヤミン」に与えたようにであり、「サンプソン」が彼の友人たちに与えたようにであり、「バルタザール」が「ダニエル」に与えたようにであった。というのは、服装においては、不潔であることが女性におけるずぼらさの論拠であったからである。「装飾」には二要素ある。第一に妻自身において、それから夫においてである。妻自身に関しては、彼女は、家族と自分個人とを飾り立てる（「箴言」三一・二二）[*75]。彼女の家に関しては、彼女は、「敷物」を織り、彼女自身に関しては紫と絹の着物を着ているからである。いくつかの訳語では、それをきれいな亜麻、もしくは、それ以上のものとしているが、しかしながら、「創世記」四一・四二、「出エジプト記」二五・四の例に同意することはできない。各々の糸が虫から産出された六本で作られたというところでは、それを絹とすることが最もふさわしいのである。それに反して、彼らは、虫は穢れていると断言する。それに対しては、「出エジプト記」二五・四において、虫が直接名指しされていることが考慮されるべきである。

「異議、派手な衣服は非難された。「イザヤ書」三・一八、「テモテへの手紙一」二・九、「ペトロの手紙一」三・三。

「答弁」これは、二つの事例において行われた。第一に、「ヨセフ」の残酷な破滅が忘れられたところで（「アモス書」六・六）。第二に、能力もしくは、召命の程度が卓越している時の虚栄心において。

用例。好奇心をそそる働きが以下の二つで許された。個人としては、「士師記」五・二五の「デボラ」の歌にように。そして教会としては、ベツアルエル、オホリアブ、「歴代誌下」二・一四のフラムによって現れているように。[76]そのころ、神の家を荒廃のままにしておくことは罪であった（「ハガイ書」一・四）。[77]さらに彼女は、「名の知られた人で、その地の長老らと城門で座に着いている」夫を、彼女が夫ために作った立派な衣装で飾り立てた。

用例。衣服は、恥ずかしさを隠すためばかりではなく、戦時、平時のいずれにおいても、健康もしくは、安全のためにも作られた。そしてまた身分の区別のためにも作られたのだが、彼らはそれを破壊し、巨人族のようにその働きも壊した。

「利益」は、第二四節で書留められている。「彼女は亜麻布を織って売り、帯を商人、もしくはカナン人に渡す」。[78]というのは、カナン人とは最も主要な商人であり、彼らの多くが海のそばのティルスとシドンに住んでいた「フェニキア人たち」であった。それは、「マタイによる福音書」一五・二一、そして「マルコによる福音書」七・二六によっても明白である。

用例一。売買や貿易は、（「エゼキエル書」二七・三三）[79]ユダヤ人たちによって行われていたという事実から、いずれも、推奨されないものではなかった。それでもなおまた、（呪われたカナン人によって使用されたので）熱心に追求されるべきものではなかった。すなわち、彼らが自由な良心を持つことが出来ない場所や、彼らが取引を行う者たちが圧迫を受けている場所では。

用例二。快活さは、異邦の商人たち全てに対してさえ示されなければならない。「妻の使用の仕方」は第二五節[80]に述べられている。「力と気品とをまとい、未来にほほえみかける」。力によっては富が意味され、それによって、ごまかしのない公開された売買が意味され、名誉がほほえみについていく。その語は笑いを意味する。しかしながらそれによって青年時代を良く過ごすことによる老年時代の喜びが意味される。これは、その精神が「男性性」で満たされるような年老いた女性においては見出されない。

「使用」の慎慮はここまでである。「管理」が残っている。それには「聖的なもの」と「俗的なもの」の二つの要素がある。聖的なものの中でより貴く、それゆえ第一のものは、第二六節である。「口を開いて知恵の言葉を語り、慈しみの教えをその舌にのせる」。

用例一。宗教について語るそれらには二つの事柄が要求される。それらの材質に関しては、第一に、彼らは、我々に対する哀れみとして、そして我々の近隣に対する我々の哀れみとして神を取り扱う。さもなければ宗教はおしゃべりにしか過ぎない。第二に、方法に関しては、彼らは、法を、もしくは、その語が意味するばらばらにされた文章の断片に甘んずるのではない「教養上の方法」を知っている。

用例二。宗教と学芸の知識は哀れみに関係し、特に、外科手術と歌謡の技芸は女性にとって非常に都合の良いものである。扶養の世俗的な手段は、第二七節[*81]に書き留められている。そこには、一、「目配り」、二、「勤労」の二つがある。すなわち、目配りとは、物事が時間通りに良く為されたか、また、物事が、害されなかったか、無為の中に置かれなかったかということである。というのは「彼女は、一族の様子によく目を配り」とあるからである。同様に「勤労」とは、お手本となる快活さを示すと同じように個人的には骨を折っているということである。というのは「彼女は怠惰にパンを食べることはない」とあるからである。

用例。紳士や淑女は、所帯持ちの良い主婦の公的な労働においてではなく、怠惰に領地に住むことで非難される。

働きについてはここまでとし、次に第二八節[*82]の「証人」について見てみよう。これも二つある。第一に彼女を祝福する「子どもたち」であり、第二に「彼女をたたえる夫」である。祝福は、権威、もしくは懇願と共にある。権威は、「神」においてのもののように「絶対的」なものか、「統治者」や「良心」のように「委任的」なものである。しかしながら、懇願を伴う祝福、むしろ賞賛を伴う祝福の宣言が存在する。

用例一。子どもを育てることは母親の義務であるが、それでもなお、子どもたちは母親を祝福し得る。すなわち、それは、子どもたちに良き手本を与えることであり、「ヤコブ」「エリ」「ダビデ」が罪を処罰されたように、えこひいきなく愛することである。女性がそれを行わないわけがない。

用例二、子どもたちは、彼らの母親に従わなければならず、必要物においては母親に感謝すべきである。夫は、妻を、時期を得た賞賛で勇気付けなければならない。そしてその上で彼ら自身の重きを保持しなければならない。というのは「彼女の主人が、彼女を賞賛する」といわれるからである。彼の賞賛は、「物語」や「訓戒」を含む息子に託された彼の死の擬人法もしくは、弔辞で述べられている。物語は二組の比喩を含んでいる。第一に違った者についてであり、それは「有能な女は多いが、あなたはなお、そのすべてに優る」（『箴言』三一・二九[*83]）。ある者はそれを「富を得る」（『ルツ書』四・一一[*84]）と訳している。

我々が引用した富という語は、「強さ」を意味する。その理由は、我々が「箴言」一〇・一五[*85]で、弱い人の貧乏は破滅ということとともに、富の中に強さを配しているからばかりではなく、富が美徳の、つまり、「正義」「仁慈」「解放」の強力な道具だからである。

用例一。聖人[*86]は、礼拝はされないのではあるが、生きている時はもちろんのこと死んでからも賞賛される。

用例二。いくつかの比喩は、それらを作った者たちが、天賦の才と思慮分別を持つところでは憎むべきものではない。そして、義務の事柄において「同等の地位」にある者たちの間で作られたものならば、憎むべきものではない。似たようなことは、「フィリピの信徒への手紙」二・二一。二番目の比喩は、これに反して「あでやかさは欺き、美しさは空しい」(「箴言」三一・三〇)[*87]。あでやかさという語は、色欲を顧慮すれば「苦労して獲得されたあでやかさ」を意味する(「創世記」四・二二、六・二、「ルツ記」一・二〇)[*88]。それは本来は調和から生ずるものである。美しさは、「創世記」九・二七のように「誘惑」を意味する。そしてそれは、「混合された色」ほどには、「一つひとつの色」の中には存在しない。我々が「空しい」と訳したその語は、人生は空しくはかないと称したアベル Abel の通称だった。「熱心な勧め」は、「箴言」三一・三一[*89]にあり、それは二つの要素からなる。第一に、「彼女にその手の実りを報いよ、私の人生で彼女が得たもの、息子たちよ」。私の死後、彼女に、重宝で名誉ある分け前を享受させよ。彼女が再び結婚してもその享受したものをねたんではならない。そして第二に、「彼女の業を城門でたたえよ」。もし彼女が、「魔力」もしくは「邪教」で「最後の審判」の門で告発されたなら、もしくは、一連の法によって苦しめられるのなら、それまでの彼女の潔白を宣言し彼女を守れ。

用例一。「疑わしき行為」は、これまでの高潔な行為に従いながら、慈悲深く解釈されるべきである。

用例二。子どもたちは、戦争や法において両親を守らなければならない。ここや、『詩編』第一二七・五[*90]でのように。

編者エテェルの注

（a）この論文は、ロバート・フィルマー卿（一五八八―一六五三）の手による自筆の文書である。この手稿は、縦一九センチ、横一五センチ四方の紙を使用し、一七枚が表裏使用の、二二枚からなる。原文は明らかに不完全なものである。それはかなり良い状態の羊皮紙で表紙付けされている。しかしながら、装丁は色あせ、ねずみのかじりあとがある。紙片のふちは、本文に影響を与えるほど断片が取れているようなもろい状態である。「有能な妻は、夫の冠」（「箴言」一二・四）から引用された聖書的な表題が付されている。この手稿は、一九三九年に、ケント州東サットンパークのフィルマーの田舎の屋敷からピーター・ラズレットによって発見された。そして、フィルマーについての競売において、手稿購入者から一九四六年にラズレットによって獲得された。一九八六年におけるその所在地は、ケンブリッジ大学トリニティカレッジのピーター・ラズレットの部屋であった。関連文献に関しては、G. J. Schochet の『ロバート・フィルマー卿――いくつかの新しい文献の発見について』、*The Library*（一九七一年六月号、136-160頁）参照のこと。（この書誌的情報は、ピーター・ラズレットによって提供された）。

『神学、もしくは、神の研究』の二つの写しと同じく、これも、ロバート卿の手稿作品の一八世紀のリストに現れていた。この二つのものは、筆者の意見によれば、フィルマーの手によるものではないと思われる。しかしながら、『神学、もしくは、神の研究』の主題に関する事柄とより特殊にはその修辞的な表現方法は、その著者にふさわしいものとしてフィルマーへと注意を向ける一群の証拠をはっきりと兼ね備えている。フィルマーの手稿のおびただしい写しの存在は、さらに、一七世紀の知的生活における手稿回覧の重要性をはっきり示している。

＊1 「箴言」一四・一「知恵ある女は家庭を築く。無知な女は自分の手でそれを壊す」。
＊2 「箴言」一九・一三「愚かな息子は父の破滅。いさかい好きな妻は滴り続けるしずく」。
＊3 「箴言」一八・二二「妻を得るものは恵みを得る。主に喜び迎えられる」。
＊4 「箴言」一九・一四「家と財産は先祖からの嗣業。賢い妻は主からいただくもの」。
＊5 「箴言」三一・一〇「有能な妻を見出すのは誰か。真珠よりはるかに尊い妻を」。
＊6 「ルツ記」三・一一「私の娘よ、心配しなくてもいい。きっと、あなたが言うとおりにします。この町のおもだった人は皆、あなたが立派な婦人であることを良く知っている」。
＊7 「創世記」一・二七「神は御自分にかたどって人を創造された。神にかたどって男を創造された。男と女を創造された」。
＊8 「エフェソの信徒への手紙」四・二四「神にかたどって造られた新しい人は、真理に基づいた正しく清い生活を送るようにしなければなりません」。
＊9 「創世記」三・七「二人の目は開け、自分たちが裸であることを知り、二人はいちじくの葉をつづり合わせ、腰を覆うものとした」。
＊10 「新しい訳」、つまり（一六一一年の）欽定訳聖書は、フィルマーがウエストミンスターに居住している期間に準備された。「子どもを生むことによって」とはジェノバ聖書（一五六〇年）からのものである。
＊11 「創世記」二・一八「主なる神は言われた。『人が一人でいるのは良くない。彼に合う助ける者を造ろう』」
＊12 「創世記」一六・七―一四。
＊13 「創世記」三・一五「お前と女、お前の子孫と女の子孫の間に私は敵意を置く。彼はお前の頭をくだき、お前

は、彼のかかとを砕く」。

本文では「「レビ記」一二・六」となっているが、「レビ記」の一二・三から八までが子どもが生まれた後の子どもと母親に関する儀式の記述に当てられている。

＊14 「デボラ」とは女性の預言者であり、イスラエル人がシセラを打ち倒す手助けをした（「士師記」四・四―一六。「ヤエル」とは、シセラを殺害した女性、イスラエルを侵略しようとしたカナンの軍隊を防いだ。「アビメレクを石で打った女」とは、「士師記」九・五三―五四「一人の女がアビメレクの頭を目がけて、挽き臼の上石を放ち、頭蓋骨を砕いた。彼は、急いで武器を持つ従者を呼び、『剣を抜いてわたしにとどめを刺せ。女に殺されたと言われないために』と言った。従者は彼を刺し、彼は死んだ」と言う記述の中の出てくる女性。「マノアの妻」とは、天使が現れてサムソンを生むと告げられた女性（「士師記」一三・二―二四）。

＊15 「ミカエル」―ダビデと結婚したサウルの娘であり、彼女の父からサウルの逃亡を助けた女性（「サムエル記上」一九・一二―一三）。「アビガイル」―彼女は、彼女の夫がダビデを厚遇しなかったことに対してダビデの報復を妨げながら彼の怒りを和らげた。「主はたたえられよ。主は、ナバルが加えた侮辱に裁きを下し、僕に悪を行わせず、かえって、ナバルの悪をナバルの頭に返された」（「サムエル記上」二五・一四―四二）。

＊16 「テコアの女性」―彼女は、王に嘆願することによって、追放されたアブサロムを連れ戻すことを果すためにヨアブによって使わされた（「サムエル記下」一四・一―二〇）。「アベルの女性」彼女は、都市に対するヨアブの攻撃を防御した。「女は知恵を用いてすべての民のもとに行き、ビクリの子シェバの首を切り落とさせ、ヨアブに向けてそれを投げ落とした。ヨアブは角笛を吹き鳴らし、兵はこの町からそれぞれの天幕に散って行った。ヨアブはエルサレムの王のもとへ戻った」（「サムエル記下」第二〇章）。

＊17 「ヘブライ人への手紙」一一・三五「女たちは、死んだ身内を生き返らせてもらいました。他の人たちは、更

にまさったよみがえりに達するために、釈放を拒み、拷問にかけられました」。また、「マカバイ記二」七・二〇には次のようにある。「それにしても、称賛されるべきはこの母親であり、記憶されるべき模範であった。わずか一日のうちに七人の息子が惨殺されるのを直視しながら、主に対する希望のゆえに、喜んでこれに耐えたのである」。

＊18 「ラケルとラバン」――「ラケルは既に守り神の像を取って、らくだの鞍の下に入れ、その上に座っていたので、ラバンは天幕の中をくまなく調べたが見つけることはできなかった」（「創世記」三一・三四）。

＊19 「ヨブの妻」――「彼の妻は、『どこまで無垢でいられるのですか。神を呪って、死ぬ方がましでしょう』と言った」（「ヨブ記」二・九）。「リベカ」――「イサクの妻である彼女は、彼女の息子ヤコブに、イサクに代わって父の祝福を受けさせるために父を欺くようにヤコブを勇気付けた」（「創世記」二七・一―二九）。「ティポラ」――モーゼの妻である彼女は、息子の割礼を行うことによって夫を非難した（「出エジプト記」四・二五）。

＊20 「ミカル」――ミカルはダビデの妻であり、夫のふさわしくない振る舞いを非難し、結果として子をもうけなかった（「歴代誌上」一五・二九）（「サムエル記下」六・二〇―二三）。クセルクセス王の妻であった彼女は、彼の命令を拒んだ。「今日この日にも、ペルシアとメディアの高官夫人たちは、この王妃の事件を聞いて、王にお仕えするすべての高官に向かってそう申すにちがいありません。なんとも侮辱的で腹立たしいことです」（「エステル記」一・一―二〇）。

＊21 「アタルヤ」――イゼベルの娘であった彼女は、ユダヤの王位を独占した女性だった。彼女は、ダビデ家の男たちを暗殺することで権力を掌握した（「列王記下」第一一章）。

＊22 「イゼベル」――アハブの妻であり、彼女は、数ある罪の中でも、夫の印を偽造することでナボトのブドウ畑を手に入れることでナボトを死に至らしめることを行った（「列王記上」第二一章）。

＊23 「コズビ」――彼女は、メディアン人であり、シティムでイスラエル人をそそのかし、ピネハスによって殺害さ

せた（「民数記」二五・一―一八）。

＊24　おそらくこれは、タルススのジュリエッタに関する言及である。彼女は、三〇四年頃、息子である聖キュリクスによって迫害された。彼女の行為は、後に、聖書外典と宣言されたのではあるが、彼女は、コーンウォールの聖者として広く崇拝された。彼女の受難の説明は、バロニウス Baronius の『教会年代記 *Annales ecclesiastici*』の中に含まれており、それには一七世紀の最初の四半世紀の間の無数の再版が存在した。

＊25　「コリントの信徒への手紙二」一二・九「力は弱さのなかでこそ十分に発揮される。だから、キリストの力がわたしの内に宿るように、むしろ大いに喜んで自分の弱さを誇りましょう」。

＊26　「ペストの解毒剤としての黄金」――ロベルト・バートン Robert Burton（『憂鬱の分析』*The Anatomy of Melancholu*, 1621）は、議論はあるのだが、これが公衆の治療薬であり、パラケルススやレオナルド・フィオラバンティ Leonardo Fioravanti『概論 *Compendium*』（これはジョン・ハスターによって一五八二年に翻訳された）においても見られると言及している。「Osia、4.11」――「ぶどう酒と新しい酒は心を奪う」（「ホセア書」四・一一）。

＊27　「創世記」三六・三一「イスラエルの人々を治める王がまだいなかった時代に、エドム地方を治めていた王たちは次の通りである」。

＊28　「ジョン王」――ローマ教皇の使節を承認することを拒んだために破門された後、一二一三年に教皇インノケンティウスⅢ世に対してジョン王が王冠を委ねたことへの言及。

＊29　「士師記」一九・三―一・三「しかし、その側女は主人を裏切り、そのもとを去ってユダのベツレヘムの父の家に帰り、四カ月ほどそこにいた。夫は、若者を伴い、一匹のろばを連れて出で立ち、彼女の後を追い、その心に話しかけて連れ戻そうとした」。

＊30　「創世記」二〇・六、「エレミア書」二九・二二―二三「その夜、夢の中でアビメレクに神が現れて言われた。

『あなたは、召し入れた女のゆえに死ぬ。その女は、夫のある身だ』」。「エレミヤ書」二九・二二―二三「この二人のことは、呪いの言葉として使われ、バビロンにいるユダの捕囚民は皆、『主が、お前をバビロンの王に火あぶりにされたゼデキヤとアハブのようにしてくださるように』と言うようになるだろう。これは彼らがイスラエルにおいて愚かな行いをし、隣人の妻と姦通し、また命じもしないのに、わたしの名を使って偽りを語ったからである」。

＊31「コリントの信徒への手紙一」一一・七「男は神の姿と栄光を映す者ですから、頭に物をかぶるべきではありません。しかし、女は男の栄光を映す者です」。

＊32「テモテへの手紙二」二・一四「しかも、アダムはだまされませんでしたが、女はだまされて、罪を犯してしまいました」。「コリント信徒への手紙二」一一・三「ただ、エバが蛇の悪だくみで欺かれたように、あなたがたの思いが汚されて、キリストに対する真心と純潔とからそれてしまうのではないかと心配しています」。

＊33「ヨブ記」二・九「彼の妻は、『どこまでも無垢でいるのですか。神を呪って、死ぬ方がましでしょう』と言った」。「ヨブ記」一九・一七「息は妻に嫌われ、子どもにも憎まれる」。

＊34「ヨブ記」四・一二「忍び寄る言葉があり、わたしの耳はそれを聞いた」。

＊35「出エジプト記」四・二五「チィポラは、とっさに石刀を手にして息子の包皮を切り取り、それをモーセの両足に付け、『わたしにとって、あなたは血の花婿です』と叫んだ」。

＊36「創世記」三二・三四参照のこと。

＊37「民数記」一二・一。エチオピア人と結婚したモーゼを非難した後、「見よ、ミリアムは重い皮膚病にかかり、雪のように白くなっていた」。

＊38「ペトロの手紙一」三・五「その昔、神に望みを託した聖なる婦人たちも、このように装って自分の夫に従いました」。

＊39 「箴言」一八・一二―二二「妻を得るものは恵みを得る。主に喜び迎えられる」。

＊40 「エゼキエル」二七・一八「ダマスコスはお前の多くの産物と豊かな富のゆえに商いをし、ヘルボンのぶどう酒とツハルの羊毛を運んで来た」。

＊41 「申命記」二五・五「兄弟が共に暮らしていて、そのうちの一人が子どもを持たずに死んだならば、死んだ者の妻は家族以外の他の者に嫁いではならない。亡夫の兄弟が彼女のところに入り、めとって妻として、兄弟の義務をはたし」。

＊42 処罰――「義理の姉妹は、長老たちの前で彼に近づいて、彼の靴をその足から脱がせ、その顔に唾を吐き、彼に答えて、『自分の兄弟の家を興さない者は、このようにされる』というべきである」（「申命記」二五・九）。

＊43 「ホセア書」一・二、三・一。「ホセア書」一・二「主は、ホセアに言われた。『行け、淫行の女をめとり、淫行による子らを受け入れよ。この国は主から離れ、淫行にふけっているからだ』」。三・一「主は再び、わたしに言われた。『行け、夫に愛されていながら姦淫する女を愛せよ。イスラエルの人々が他の神々に顔を向け、その干しぶどうの菓子を愛しても、主がなお彼らを愛されるように』」。三・二「そこで、わたしは銀一五シェケルと、大麦一ホメルと一レテクを払って、その女を買い取った」。

＊44 「創世記」三一・三九、「ラケル」、四一・四五「ヨセフの妻は、アセナトであり、祭司ポティ・フェラの娘だった」、「出エジプト記」四・二五、「チィポラ」。

＊45 「ヤコブ」――「創世記」二九・一七。「ボアズ」――ボアズはルツと結婚したものであり、ルツは「若者なら、富のあるなしにかかわらず追いかけるというようなことはしなかった」。「列王記上」一一・一「ソロモン王はファラオの娘のほかにもモアブ人、アンモン人、エドム人、シドン人、ヘト人など多くの外国の女を愛した」。「創世記」四・二二と六・二「神の子らは、人の娘が美しいのを見て、おのおの選んだ者を妻とした」。

＊46　「緑柱石 *Berel*」――トーマス・ニコルスは次のように述べている。「*Beryll* 緑柱石は球状で、その光線によって太陽から得られた火を獲得することと同じ力、つまり水晶と同じ力を持った」（『宝石通、または装飾石の歴史』116頁）。「ざくろ石 *Pyropus*」――ざくろ石はガーネットであり、その名前は、「炎の目」を意味するギリシア語に由来する。「紫水晶 *Amathist*」は、「酔っ払いではないこと」を意味するギリシア語に由来し、プリニウスによれば、それは、全ての他の事物を目の前で消してしまうような魔術師を意味し、酩酊に抵抗する特殊な美徳を我々に担わせるものであったらしい（『博物誌』フィレモン・オランド訳、一六〇一年、621頁）。「胃石 *Bezoar*」――想像上、パルマと呼ばれたヤギのような生物の糞の中から見出されたとされている石。それは、Fioravanti と Burton において毒と伝染性の病気に対する解毒剤として言及された。そしてまた、リチャード・ホーキンズ卿の『南洋航海記 Voyage to the South Seas』（一六二二年）やニコラス・モナルデスの『新しく発見された世界からの喜ばしき報告 Joyful Newes Out of the Newe Founde Worlde』（一五七七年）のような探検において幾つかの説明がある。ラズレットは、一九四五年まで東サットンパークにほとんどそのままで残っていたフィルマーの図書館には「ありふれた古典と共に、新しいヨーロッパの歴史、宇宙論、探検記」があったと記録している。「ロバート・フィルマー卿」（526頁）。どれほど特殊な出所であろうと、この章句は、フィルマーの興味と読書の広さのもう一つの特徴である。

＊47　「レア」――「創世記」二九・二一―三四

＊48　「コリントの信徒への手紙一」七・一四―一五「信者でない夫は、信者である妻のゆえに聖なる者とされ、信者でない妻は、信者である夫のゆえに聖なる者とされているからです」。

＊49　ヒプシクラティア――ミトリダテス大王（前六三年）の妻の一人。「彼女は、常に、正しく雄々しい精神を発揮し、何事も恐れずに行動し、……ペルシャ人のように鞍をつけ馬を乗り回した。彼女は、長旅でも決して音を上げることもなかったし、王と王の馬の世話に疲れることもなかった」（プルタルコス『ポンペイウス伝』五・三二）。

＊50 「詩編」九二・一四第「白髪になってもなお実を結び、命に溢れ、生き生きとし」。
＊51 「箴言」三一・一四「商人の船のように遠くからパンを運んでくる」。
＊52 「テトスへの手紙」二・五。女性の振る舞いを監督し、以下のように秩序づける、つまり「分別があり、貞淑で、家事にいそしみ、善良で、夫に従うようにさせることができます。これは神の言葉が汚されないためです」。
＊53 「箴言」三一・一五「夜の明ける前に起き出して一族には食べ物を供し、召使の女たちには指図を与える」。
＊54 『詩編』一〇四・二二―二三「太陽が輝き昇るとそれらは帰って行き、それぞれのねぐらにうずくまる。人は仕事に出かけ、夕べになるまで働く」。
＊55 ペテロは、口々に使徒の言葉を嘲った者たちを論駁した。「今は朝の九時ですから、この人たちは、あなた方が考えているように、酒に酔っているのではありません」。
＊56 「詩編」三・三―五。ジェノバ聖書においては「彼は、彼を恐れる者たちに食物を与えた」とあり、欽定訳聖書では、「彼は、彼を恐れる者たちに食事を与えた」とある。
＊57 「出エジプト記」一六・一八「しかし、オメル枡で量ってみると、多く集めた者も余ることなく、少なく集めた者も足りないことはなく、それぞれに必要な分を集めた」。「列王記上」四・二二―五・二「ソロモンの得た食糧は、日に上等の小麦粉三〇コル、小麦粉六〇コル」。「箴言」三〇・八「貧しくもせず、金持ちにもせず、わたしのために定められたパンでわたしを養ってください」。「ルカによる福音書」一二・四二「主はいわれた。主人が召使たちの上に立てて、時間どおり食べ物を分配しさせることにした忠実で賢い管理人は、いったいだれであろうか」。
＊58 「創世記」三九・二三「監守長は、ヨセフの手にゆだねたことには、一切目を配らなくてもよかった。主がヨセフと共におられ、ヨセフがすることを主がうまく計らわれたからである」。
＊59 「創世記」一六・六「アブラムはサライに答えた。あなたの女奴隷はあなたのものだ。好きなようにするがい

い」。
＊60「箴言」三一・一六「熟慮して畑を買い、手ずから実らせた儲けでぶどう畑をひらく」。
＊61「ルツ記」四・六「そこまで責任を負うことは、わたしにはできかねます。それではわたしの嗣業を損なうことになります。親族としてわたしが果すべき責任をあなたが果たしてくださいませんか。そこまで責任を負うことは、わたしにはできかねます」。
＊62「レビ記」二五・二九「もし、城壁で囲まれた町の中の家屋を売った場合、その人はその年の終わりまでは、それを買い戻す権利を持つ。この権利はその期間だけのものである」。
＊63「アラウナ」――祭壇を築くためにダビデに土地を売った（「サムエル記下」二四・二一）。「マタイによる福音書」一九・二一―二二「イエスは言われた。『もし完全になりたいのなら、行って持ち物を売り払い、貧しい人々に施しなさい。そうすれば、天に富を積むことになる』」。「使徒言行録」四・三四―三五「信者の中には、一人も貧しい人がいなかった。土地や家を持っている人が皆、それを売って代金を持ち寄り、使徒たちの足もとに置き、その金は必要に応じて、おのおのに分配されたからである」。「コリントの信徒への手紙二」八・二―三「彼らは苦しみによる激しい試練を受けていたのに、その満ち満ちた喜びと極度の貧しさがあふれ出て、人に惜しまず施す豊かさとなったということです」。
＊64「ヤコブ」は「エサウ」――「創世記」二五・二九―三四。
＊65「ナボトのブドウ畑」――「ナボトはアハブに、『先祖から伝わる嗣業の土地を譲ることなど、主にかけてわたしにはできません』と言った」。
＊66「創世記」二三・一六。アブラハムのヘフロンへの支払い。「創世記」四七・二二「ただし、祭司の農地だけは買い上げなかった。祭司にはファラオからの給与があって、ファラオが与える給与で生活していたので、農地を売ら

なかったからである」。「エレミヤ書」三二・七「見よ、お前の伯父シャルムの子ハナムエルが、お前のところに来て、『アナトトにあるわたしの畑を買い取ってください。あなたが、親族として買い取り、所有する権利があるのです』と言うであろう」。

＊67 「レビ記」二五・二三―二四「土地を売らなければならないときにも、土地を買い戻す権利を放棄してはならない。土地はわたしのものであり、あなたたちはわたしの土地に寄留し、滞在する者にすぎない」。

＊68 「箴言」三一・一七「力強く腰に帯し、腕を強くする」。

＊69 「箴言」三一・一八―一九「商売が好調かどうか味わい、灯火は夜も消えることがない。手を糸車に伸べ、手のひらに錘をあやつる」。

＊70 「エステル記」四・一六「早速、スサにいるすべてのユダヤ人を集め、私のために三日三晩断食し、飲食を一切断ってください。私も女官たちと共に、同じように断食いたします」。

＊71 「出エジプト記」二〇・一一「―七日目を安息日として宣言した」。アビメレクと「士師記」九・二二―四八「アビメレクは、自分の率いる民をすべて伴って、ツアルモン山に登り、斧を手にとって木の枝を切り、持ち上げて肩に担い、自分の率いる民に向かってこう言った。私が何をするのかお前たちは見た。急いでお前たちも同じようにせよ」。

＊72 「箴言」三一・二〇「貧しい人には手を開き、乏しい人には手を伸べる」。

＊73 『ヤコブの手紙』一・二七「みなしごや、やもめが困っているときに世話をし、世の汚れに染まらないように自分を守ること、これこそ父である神の御前に清く汚れのない信心です」。

＊74 「箴言」三一・二一「雪が降っても一族に憂いはない。一族は皆衣を重ねているから」。

＊75 「箴言」三一・二二「敷物を自分のために織り、麻と紫の衣を着ている」。

＊76 『士師記』五・二五―三〇「染めた布が戦利品、染めた布が戦利品、刺繍した布、染めた布、その首には刺繍した布二枚、これが戦利品」。「ベツアルエル」――彼は主によって指導されたタベルナクルの工芸師の頭であった。「金、銀、青銅による細工に意匠をこらし……」（「出エジプト記」三一・一―一二）。「オホリアブ」――彼はベツアルエルを助ける者の中で中心であった。「歴代誌下」二・一四のフラム――ティルスの王フラムは、「金、銀の細工に長けた」者を寺院の建築のためにソロモンに送った（「歴代誌下」一・一七）。

＊77 「ハガイ書」一・四「今、お前たちは、この神殿を廃墟のままにしておきながら、自分たちは板ではった家に住んでいてよいのか」。

＊78 「箴言」三一・二一「彼女は、亜麻布を織って売り、帯を商人に渡す」。

＊79 「エゼキエル書」二七・三三「お前は海を越えて商品を輸出し、多くの国々の民を飽き足らせ、豊かな富と産物で、地上の王たちを富ませた」。

＊80 「箴言」三一・二五「力と気品をまとい、未来にほほえみかける」。

＊81 「箴言」三一・二七「一族の様子によく目を配り、怠惰のパンを食べることはない」。

＊82 「箴言」三一・二八「息子らは立って彼女を幸いな人と呼び、夫は彼女をたたえていう」。

＊83 「箴言」三一・二九「有能な女は多いが、あなたはなお、そのすべてに優る」。

＊84 「ルツ記」四・一一「あなたが家に迎え入れる婦人を、どうか、主がイスラエルの家を建てたラケルとレアの二人のようにしてくださることを」。

＊85 「箴言」一〇・一五「金持ちの財産はかれの砦、弱い人の貧乏は破滅」。

＊86 「聖人」――ジュリエットに対するフィルマー言及も参照のこと。

＊87 「箴言」三一・三〇「あでやかさは欺き、美しさは空しい。主を畏れる女こそ、たたえられる」。

＊88　「創世記」六・二「神の子らは、人の娘たちが美しいのを見て、おのおの選んだものを妻とした」。「ルツ記」一・二〇「どうか、ナオミ（快い）などと呼ばないで、マラ（苦い）と呼んでください。全能者がわたしをひどいめにあわせたのです」。「創世記」四・二二、フィルマーのこの節の引用の理由は不明である。

＊89　「箴言」三一・三一「彼女にその手の実りを報いよ。その業を町の城門でたたえよ」。

＊90　「詩編」一二七・五「いかに幸いなことか、矢筒をこの矢で満たす人は。町の門で敵と論争する時も恥をこうむることはない」。

イングランドの陪審員に対する魔女に関しての警告

ケント州の夏季巡回裁判での最近の魔女の処刑が、この短い論文の誘因となった。この論文は、魔女とは何であり、誰であるのかを明らかにすることの大変な困難さについて深く考えないような者たちに語りかけるものである。もし人が、現代の公衆の信念以外には何も持たないならば、その人は、最高の証言者には全くならない。もし、先祖の時代の一般性が、以下の学説に一致しないのなら、暗黒の時代の無知がそれを生じさせたのであり、光の今日において軽信が継続しているからである。

この小冊子に満足できぬような者たちには、魔女についての有罪判決に関して「パーキンズ Perkins 氏」[1]によって数え挙げられた以下の全ての証拠や推定が、全て有罪とは限らないのではないか、もしくは、彼自身によって、不十分で、不確かのものと承認されているのではないかと考察する自由が残されている。

パーキンズ氏は、それによって魔女が発見され得る一八もの印や証拠を持ち出した。それは、全てを真実であるとするにはあまりにも多すぎる。最初の七つは、彼自身が、魔女についての確証のためには不十分であることを認めている。次の八つの証拠に関しては（それを彼は、人々が適切な場所で使っていると言うのだが）彼は、誤りであり、不十分であると承認している。大いに喧伝された彼の一八の証拠についてはこのように、それらのうちの一五のものが彼自身によって放棄される。そこで第一六番目のものが残ったのであるが、それは、魔女の自白だった。それでもなお、直ちに、譲歩するよう強いられた。つまり、ただ自白だけでは、十分な証拠ではないとされた。そしてそれゆえ、彼は第一七番目のものへ移ることとなり、それは、二つの信頼できる証拠だとされ、彼は次のように是認した。つまり、魔女と悪魔と間の同盟は、密接に形成された。そして魔女の陰謀は非常に秘密裏なものであり、人間の知識はそのような事柄に証言し得るようなことは到底あり得ないと言うのである。したがって、全ての証拠が失敗した時、最後に、彼は第一八番目の証拠に飛躍するよう強いられた。そして彼は我々に次のように教えるのである。つまり、それでもなお、魔女についての知識へと至る道は存在する。それはつまり、悪魔は、魔女を発見するための全ての手段を使用するということである。そのことは、どれほどそれが首尾よく為されようとも、悪魔が、魔女に不利な証拠を示す義務を負わされるのでないとすれば、理解され得ない。

そして、パーキンズ氏が全ての彼自身の証拠にぐらつき、疑ったように、彼は、ジェームズ王[2]についても

（1） パーキンズ（Wiliam Perkins 一五五八―一六〇二）。イングランドの聖職者。エリザベス朝のイングランド教会のピューリタン運動における主要なリーダーの一人。死後に出版された『魔女の呪われたわざについての論考 *A Discourse of the Damned Art of Witchcraft*』の中で、魔女や魔術の諸特徴について論じた。

（2） ジェームズ王（King James 一五六七―一六二五）。スコットランド王ジェームズ六世、後のイングランド王ジェームズ一世。一五九七年に『悪魔学 *Daemonologie*』を出版し、魔女の特質や処罰法について記述している。ジェームズはまた、イングランド王として即位した翌年の一六〇四年に、エリザベス女王が一五六三年に定めた魔術取締り法を強化した制定法を作った。（田中雅志編著・訳『魔女の誕生と衰退』三交社、二〇〇八）。

同じようなことを行った。ジェームズ王は、私は記憶しているのだが、魔女の発見についてただ三つの論拠を持っていた。第一は、魔女の秘密の印である。それについては、パーキンズ氏は、それは神の布告よるどのような力も持ってはいないと言う。第二は、仲間の魔女による発見である。これに関しては、パーキンズ氏は、良き証拠であるという了解を決して行っていない。第三は、魔女を泳がせることであり、魔女は、ウィエルス Wierus(3) がそれを説明したように、右手の親指を左足の親指に縛り付けられ、左手の親指を右足の親指に縛り付けられ、十字型にされ水に放り込まれるというものである。魔女が涙を流すことの不可能性を伴いながら、水によるこの試験に反対して、(それはジェームズ王が言及したことだが) デルリオ Delrio(4) とパーキンズ氏の双方が議論した。というのは、彼ら双方はジェームズ王の後に書いた。ジェームズは青年時代に悪魔学を出版していたからである。それはスコットランドにおいて彼が三〇歳の時であった。

それは、この国の人々が、他国の人々よりも、魔法の学説においてより勤勉な教授を受けたいということにかかわっている。なぜなら、ここで彼らは、他国の者たちよりも彼らの判決を与えることにおいて、より厳密で厳格な規則に縛られているからである。というのは、彼らの全てが彼らの評決において一致しなければならないからである。それは、極端に難しい裁判においては非常に危険である。そして、その窮地に人々が追い込まれるのは悲しいことである。つまり、彼らが、良心や生命の危険を冒さなければならないからである。

「イングランド」と「ヘブライ」の魔女の間の差異について

問題の要点を手短に言えば次のようになる。つまり、この国の慣習や制定法によって有罪を宣告されるような魔女は、モーゼの律法によって禁止された魔女と全く同一のものであるのかどうか、ということである。

我々の制定法によって有罪となる魔女は以下のようなものである。

ジェームズ一世　第一二章

何らかの意図や目的に対して、もしくはそのために、邪悪で凶悪な精神の何らかのまじないや魔法を使用、実行、行使しようとするつもりの者、もしくは意見を聞き、契約をし、好意を持って迎え入れるか雇用し、邪悪で凶悪な精神に満足もしくは報酬を与えるつもりの者、もしくは彼、または彼女の家、もしくは墓場、

（3）　ウィエルス（Wierus 一五一五―一五八八）。オランダ出身のプロテスタント医師。魔女裁判に反対した最初の一人。主著は『悪霊の信望、および呪文と虫毒について *De Praestigiis Daemonum et Incantationibus ac Venficiis*』（ロッセル・ホープ・ロビンズ『悪魔学大全』松田和也訳、青土社）。

（4）　デルリオ（Martin Delrio 一五五一―一六〇八）。現在のベネルクス地域で生まれたイエズス会の神学者。聖書解釈に関する多数の著作を残したが、最も有名なものは、魔術、迷信、魔女について書いた『魔術の探求 *Magical Disquisitions*』である。

もしくは他の場所の死体を安置してある場所から死亡した男性、女性、もしくは子どもを拉致する者、もしくは死人の皮膚、骨、もしくは他の部分を、魔法、魔術、妖術、もしくは聖体拝領の秘蹟のために利用もしくは使用する者、もしくはなんらかの魔法、魔術、妖術、拝領の秘蹟を使用、実行、行使して、それによって何れかの人物を殺害し、滅ぼし、もしくはその身体やその他の部分を衰弱させ、消滅させ、やせ衰えさせる者、すなわち、そのようなことを有罪と証明されながら闘争的にそして非合法的に獲得する犯罪者たちは、死刑を受けるべきである。

もしある者が、金や銀の創造物がどこにおいて発見され得るのか、もしくは大地のどこに埋もれているのか、もしくは他の場所にあるのか、もしくは失われ、盗難された財貨や事物がどこで見つかり、出てくるのかを教え、言明するために、もしくは何れかの者を非合法的な愛情を引き起こすために、もしくはそれによって何れかの者の財貨や家畜が殺され、衰弱させられ、もしくは傷つけられる意図をもって、もしくは何れかの人物の身体に打撃を与え、傷つけるために、魔法、魔術、妖術、もしくは聖体拝領の秘蹟を利用する場合、同じ結果が生じないとしても、一年の投獄、もしくはさらし台の罪とし、そして二回目の有罪判決を受けた場合には、死罪とする。

この制定法のいくつかの点が検討される

一　この制定法は、エリザベズ女王治世五年に初めて案出され、ここにおいては処罰のみが多少変更され、そして愛すべき人を挑発し、財貨や家畜を殺害する云々という最後の章句は、そのように変更されたこと。私は、その立場が廃止されたより以前の制定法の言葉に従いながら矯正されたものを除けば、それをよく理解することができないということ。

二　その制定法は離節的接続詞「もしくは *Or*」を全体的に伴って形成されてはいるのだが、そしてそのようにして全ての個々の犯罪の頭文字を作るのではあるが、それでもなお、裁判官は、習慣的にいつも、好みの解釈によって、その離節的接続詞「もしくは *Or*」を連結接続詞「そして *And*」と受け取る。したがって、通常彼らは、魔女達がある人物の殺害で告発されないならば、魔女に関してどのような有罪判決も行わない。

三　この制定法は、全ての人が、学識ある最高の神学者のように、魔法使い、魔女、妖術使い、呪文使い、魔術師とは何であるのかを知っていることを前提としている。したがって、その法は、それらの間の区別や描写をしてはいない。そしてそれでもなお、その法は、「当然与えられるべきであり、合法的な有罪判決」を要求することにおいて非常に正当なものである。

魔術の定義

上記の諸犯罪の特質についてのより良き発見のために、それらの技についての神学による定義の論考に時間を費やしてみよう。すなわち、魔術の罪の定義についての同意とその方法において、ローマ教会はもちろんのこと、宗教改革後の諸教会のそれの双方について検討してみよう。私は、最近の二人の著者、すなわち、ウィリアム・パーキンズ William Perkins 氏の魔法に関する論考と、ロレーヌのイエズス会修道士マーティン・デルリオ Martin Delrio 氏の『魔術の探求』という著書から引用を挙げるつもりである。

「魔女」という我々の英語は、オランダ語の*Wiechelen*、もしくは*Wijchelen*に由来し、それは正確には「すすり鳴くこと」もしくは馬のように「いななく」ことを意味していた。そしてまた予告や予言も意味していた。そして*Weicheler*は「占い師*Southsayers*」を意味した。我々の祖先であるサクソン族が由来するゲルマン民族においては、タキツスが我々に教えるように、習慣的にいつも、主として、彼らの馬の*Wiechelen*、もしくは*Wijchelen*によって、来るべき事柄の占いや予言が行われていた。「いななくこと*Hinnitu*とうなること*fremitu*」というのが彼の言葉だった。

その定義に関しては、パーキンズ氏は、第一章で次のように言っている。

「魔法とは、神が許す限りにおいて、悪魔の援助によって、驚くべき仕業のために奉仕する技芸のことである」。

デルリオは彼の著書の第一巻第二章において次のような定義をしている。

「魔法とは、悪魔との間に結ばれた契約の力によって、人々の普通の理解を超えた何らかの驚くべき出来事が為されることである。*Ars quavi pacti cum Daemonibus initi mira quaedam communem hominum captum superantia officiunter.*」

これらの二つの定義において、幾つかの点は、価値がない。

一　彼らは双方とも主要な根拠について同意している。それは悪魔との契約であり、したがって、パーキンズ氏は、それが最も重要なものであると考えた。つまり、この主要な根拠が、証明されるべきなのである。そのために彼は、「旧約聖書と新約聖書において伝えられたように、魔法の本質を公開することによって」（第二章）魔女を定義すると約束をする。そしてそれでもなお後に彼は、「明白な信約は、聖書にはそれほど十分には書き留められてはいない」（第二章）と告白する。すなわち、彼は、上記のように約束したのではあるが、『新約聖書』からはどのような証拠も全く提出できないというのである。それにもかかわらず、彼は、我々に「信約は最も明白であり、確かな真実である、つまり異議を唱えることは不可能である」と（第二章）説くのである。

信約の証拠に関しては、彼は、旧約聖書からたった一つの原文のみを示す。そしてまた彼は、その原文が、悪魔との契約を証明するとも言わず、それが大いに「暗示」していることのみを示す。すなわちこのようにして、第一に、彼は証拠から暗示のみに転落することになるのである。その原文は、「詩編」五八・五の五であり、それについての彼の言葉は以下のようなものである。「どれほど通俗的な訳が他の用語で書かれようと、それでもなお、前述の言葉は以下のように正確に読まれるべきである。すなわち、それは狡猾な交遊に喜びつぶやく者の声を担うものではないということである。つまり、人間と人間との間の呪文や交遊の主要な根拠、もしくは狡猾に作られた同盟でもないし、魔法使い *the Enchanter* と悪魔との間に持ち込まれた言葉を担うものでもないということである」（第二章「申命記」一八・一一も参照のこと）。「答弁」。詩編のここには聖霊や悪魔についてのどのような言及もないではあるが、それでもなお、パーキンズ氏は、我々に、悪魔以外にはどのような連合も合同もないことを信じさせようとする。しかしながら、パーキンズ氏と同様に偉大なラビ Rabby[5] であるエーンズワース氏[6]は、この原文についての別の解釈を見出している。そして彼は悪魔との親交に言及しているのではあるが、それでもなお、彼はそれを、最新で最近の解釈として第三番目の最後の箇所に置いている。というのは彼は我々に以下のように教えるからである。「魔法使い *the Enchanter* は、蛇を攻撃しないように従順に飼いならすことができるという理由で、もしくは魔法 Sorcery によって癒されるか、もしくは傷つけられるために枷をはめ、身体を拘束することを常としていた人々という理由で、「詩編」五八と「申命記」一八の双方で自分の肩書きを得る」。そしてまた彼は我々に次のようにも教える。「魔法使い *a Charmer* は、意味もない奇妙な言語の言葉をつなぎ合わせ、話す云々」。

デルリオは、パーキンズ氏のこの原文に対してどのような信頼も置いていないように思われる。というのは、彼は契約を証明するためにそれを引用していないからである。それでもなお、彼はまたその目的のために原文を引用している。それは「イザヤ書」二八・一五であり、そこには「我々は死と契約を結び、陰府と協定している。*Percussimus foedus cum morte, & cum inferno fecimus pactium*」とある。

そして、デルリオは我々に次のように教える。トマス・アクィナスは、「更に十分に賞賛に値する解釈として *Magis satis probabili interpretatione*」この「イザヤ書」原文を魔女 *Witches* に対して適用した。「答弁」。もしこの原文が考慮されたとしても、それは全く何も証明しない。というのは、それは、エフライム人[7]の飲酒や傲慢さをいさめるものではないし、彼らは陰府と契約を作ったのだが、それはただ彼らの偽りによる邪悪さを正当化するための彼らの誤った自慢であるからである。というのは、死と信約を行うことは不可能だからである。それは本質的に、存在しない雌馬 a meer not being に他ならない。そして陰府と契約すると言われるのだが、なおその上に、もしそれがここにふさわしくないものなら、それは「墓場と契約する」と訳し得る。それゆえ、行間翻訳聖書 Interlineary Bible[8]にはそれがある。そしてトゥレメリウス *Tremelius*[9]とユニウス *Junius*[10]がそれを翻訳した。「死と契約を結び、墓場との保証契約を交わす *Pepigimus foedus cum morte, & cum sepulcho egimus cautum*」。それを彼らはうぬぼれの強い誇張表現と名づける。そしてデオダッス Deodatus は彼のイタリア語の聖書で、「*Habbiamo fatto lega colsepolcro*」とし、同様に、「スペイン語聖書は」それを「*Concierto tenemos hecbo con la muerte, e con la sepulture hazimos acuerdo*」と訳した。

パーキンズ氏もそのイエズス会修道士も、魔女と悪魔との間のこの契約を証明するために何か別のより良い原文を取らないことは不思議である。しかしながら、真実は、彼らがこの重大な点について殆ど何も語らず、おざなりにやり過ごしたということだろう。おそらく、ジェームズ王は、この点において、よりたくさ

（5）ラビ（Rabby）。ユダヤ教の律法博士。

（6）エーンズワース（Ainsworth 一五七一―一六二二）。イングランドの非国教徒聖職者であり、学者であった。旧約聖書に対する注解は大きな影響を与えた。

（7）エフライム人（Ephraimites）。旧約聖書のヨセフの子孫と伝えられるイスラエルの一族。

（8）行間翻訳聖書（Interlineary Bible）。同一原文を行を並べて違った訳で記した聖書。

（9）トゥレメリウス（Tremelius 一五一〇―一五八〇）。イタリアのキリスト教徒。ユダヤ教から改宗した。ヘブライ学者、そして聖書翻訳者として著名であった。

（10）ユニウス（Junius 一五九一―一六七七）。ゲルマン語派文献学の開拓者。古代の手稿の収集家。重要なテキストの現代版を作った。

んのより良き証拠を語り、持ち込んだものと思われる。しかしながら私は、彼がそれをいじくりまわしたことをまったく見い出せず、もし魔女が存在するなら信約が存在しなければならないし、それゆえ更なる証拠なしにそれをそのままにすることは当然のことと思うのである。

二　第二の特徴は、魔女と悪魔との間の合意を彼らが信約と呼び、それでもなお何れの立場の者も自分の役割を実行することを義務付けられていないということである。そして悪魔は、疑いなく、彼の全ての技にもかかわらず、取引ではひどく損をしていた。その取引は、パーキンズ氏によれば次のようにして為された。「魔女は、奴隷のように、誓約によって、悪魔を信じることを誓った。そして、手書きで、身体もしくは魂、もしくはその双方、もしくは血の一部を悪魔に与えることを誓った。悪魔は、何らかの被造物に似たものとして現われ魔女の臣下として意に従う用意があるように約束した。また助言をし、そして、楽しみ、名誉、富、もしくは昇進を獲得するために魔女を援助する約束をした。魔女のために行き、魔女をどこへでも連れて行き、どのような命令も行うことを約束した」。それによって我々は、悪魔が魔女の死まで取引の利を得ないことを理解する。その間に悪魔は常に魔女の命令に従うようであり、魔女のために行い、どこへでも連れて行き、どのような命令も行うのである。それは悪魔が魔女の奴隷であり、魔女が悪魔の奴隷ではないことを立証する。

「悪魔は、彼の協定を実行することも破棄することも自由である。というのは、どのような人間も悪魔の約束を守らせることを強制できないからである」とデルリオが確言したことは真実なのではあるが、それでもなお、他方で、魔女は、もし彼女が潔く後悔するなら、悪魔との契約を挫折させることが可能である。悪魔が彼の約束を果さないように見えたならば、契約を挫折させるに十分な理由が存在し得る。その上、魔女は、悪魔によって為されるべきことを何度も要求できる。それは神が悪魔に行うことを許さないことである。悪魔は、彼が約束したことはどのようなことであれ成し遂げるために彼の力を最大限発揮できるように努力するのではあるが、上記のように、彼の意志に反して、悪魔は、彼の信頼を失い得る。そして悔恨の機会を与える。そして悪魔は、デルリオが想像したように、手書き、もしくは彼の安全のための魔女の血の一部、もしくは証人を前にした儀式を持つのではあるが、彼の取引の便益を喪失するのである。

私は、魔法とは、聖霊に反する容赦できない罪と似たようなものであるということを彼らが言うつもりがないことを確信している。というのは、パーキンズ氏はその反対のことを承認し、デルリオもそれを否定しないからである。というのも、彼は、有罪を宣告された魔女に対して行われる「聖体拝領の秘蹟」を許すからである。それは次のような制限を伴っていた。つまり聖体拝領式と処刑執行との間に四時間の猶予が存在し得、その時間において（彼らがそう呼ぶ）「秘蹟式のパンとぶどう酒」とが使い尽くされ得ることが考えられたのである（第五巻第一八章）。

三　デルリオは、彼の書物の第二巻の四番目の問題において、以下のような規則を提示した。「悪魔との全ての契約に共通のものは、第一に彼らが信仰、キリスト教性、神への服従を否定し、聖母マリアを拒否し、彼女をののしること」である。同じ論点に対して、パーキンズ氏は、「魔女は、神とその洗礼式とを拒絶する」と確言する。しかしながら、このことが、悪魔との全ての契約に共通のものであるなら、当然の帰結として、最初にキリスト教徒であった者以外のどのような者も魔女にはなれない。否、デルリオが言ったことが真実なら、ローマカソリックでさえそうである。というのは、彼らもまた聖母マリアを拒否したからである。そして、ラップランド[11]やフィンランドの、そしてアフリカの多様な地域の偶像崇拝的な国民、そして多くの他の異教徒の国民に関しては推して知るべきである。そこにおいては、我々同胞の旅行者が魔女について満ち溢れんばかりの報告をしているではないか。そして実際のところ、悪魔は、そのような偶像崇拝者と契約することによって、どのような必要物や便益を獲得するのだろうか。悪魔は、何らかの信約で偶像崇拝者たちをそう仕向けるより、自分自身でそうしたほう確かではないのか。

四　「魔法 Witchcraft は驚くべきことを行う技芸である」と言われるのだが、その技芸は、魔女 Witches の技芸として理解されなければならない。そしてそれは悪魔のものではないと理解されなければならない。さもなければ、それはどのような魔女の技能 Witch-craft でもなく、悪魔の技能 Devils-craft となってしまうからである。魔女は驚くべきことを行わず、悪魔のみが行うということは、四方八方で承認されることである。自分の技芸によって自分自身では何も為すことができないのだが、他者にその技芸を実践させることが出来る魔女の技芸というものは珍奇な技芸である。その他の技芸において、パーキンズ氏は、「技芸に熟達する者は、彼自身によって、彼自身の技芸を実践することができる。そして他者の助けなしにそれに関する事柄を行うことができる。しかしながら、このことにおいて、以下のことは別問題である。つまり、驚くべき仕業を生み出す力が魔女の技術から来るのではなく、悪魔から全て引き出されるということである」ということを承認した。(第一章第四節)。同じ論点に対して、彼は「驚くべき仕業の手段は、驚くべきことを悪魔にさせるための悪魔に対する合言葉のように使用される呪文である」という。(第四章第一節)。それゆえ、悪魔は、驚くべきことの働き手であり、魔女は、相談役、説得役、もしくは命令者にしか過ぎず、事実以前の付属物であり、悪魔のみがその中心である。さてここにおいて困難なことが生ずる。つまり、もし中心である悪魔が最初に有罪判決を受けず、もしくは少なくとも不法と宣言されないのなら、どのようにしてその「付属物」が我々の法の要求に従いながら正当にそして合法的に有罪判決を受け、公権喪失に至らせることができるのだろうかという問題が生ずる。それは不可能なことである。なぜなら悪魔は、我々のコモンローの規則に従いながら合法的に法廷に出頭を命ぜられることなど決してないからである。上記のような驚くべきこと全てにおいて悪魔がその中心であることの更なる証拠に関しては、私はそれを殺人事件におけるジェームズ国王の証言によって示そうと思う。それは我々の法が最も死に値すると見ているものである。第一に、国王は我々に「悪魔は、魔女に、どのようにして蝋と粘土による生き写しを造るのかを教える。つまり、それを火であぶることによって、その生き写しが担う名前の人物を絶えず溶解させる方法、もしくは絶えざる病魔によって消散させる方法を教える。つまり、彼女達に教えられたこれらの方法は、それ自体としてはそれらが暗示する成り行きに対してどのような援助もすることのないもの（毒を除く。毒は自然物によって合成される）」であることを教えるのである。第二に、ジェームズ国王は、「魔女は、魔法をかけ、生き写しを火あぶりにすることによって男か女から命を奪うことができる。それは彼女達の師匠にとっては実行す

（11）ラップランド（Lapland）。現在のノルウェー、西北部のコラ半島を含む地域。スウェーデン、フィンランドの北部およびロシア連邦

ることが非常に容易なことである。というのは、蝋という道具はそれを転化して行うどのような力も持っていないのではあるが、それでもなお、何とかそれは可能であり、火の前で魔法をかけられた魔女の奴隷であるその蝋が溶けるというその方法によって、同じ時間の内にとは言わないが、聖霊のような希薄さで、それ故に受苦者の命の魂を弱め、吹き飛ばすので、一方において受苦者の体液を蒸発させ弱め、他方において、受苦者の同化吸収を引き起こすこれらの聖霊の不一致のために、衰弱した受苦者の胃袋、つまり体液がその一部で急激に絶えず蒸発し、他方の同化吸収の欠落のためにその場所においてどのような新しい良き吸引も置かれず、最終的には、あたかも生き写しが火の前でそうなるように消散する」ということを確言する。ここにおいて我々は、魔女によって火あぶりにされた蝋による生き写しが殺害においてどのような力を持つものでもなく、それは悪魔のみが持つことを見る。まず、殺害された者たちが悪魔によって殺害されたことが十分に証明されたことは必須のこととなる。というのは、もしそうでなければ悪魔にとってそれは恥であり、もしそれが聖霊のような希薄なものによっておこなわれたなら、それは証明不可能であるからである。

五　我々の魔法の定義者たちは、悪魔が奇蹟を行い得るのかどうか、活発に議論する。そして彼らは悪魔が「驚くべきこと」は行い得るが、「奇蹟」は行い得ないと結論付ける。つまり「驚くべきもの *Mirum*」ではあるが「奇蹟 *Miraculum*」ではないということである。パーキンズ氏は、奇蹟とは「純粋に、自然を超え、自然に反するものであり、驚くべきこととは、それが自然の通常の推移からは生じないものである」という。デルリオは、奇蹟を「自然が創造した人間を越えたもの、その上にあるもの *to be praeter, or supra naturae creatae vires*」と捉える。すなわち双方とも次の点では一致しているのである。つまり、悪魔が、賞賛に値する深遠な哲学者である必要があるということである。つまりその哲学者は、驚くべきことと奇蹟とを区別し得るということである。それは、アリストテレスが、自然の力によって行われ得る全てのことと行われ得ないこととを我々に教えるために、彼自身によって提案したことだった。というのは、日々多くの事柄が発見され、それは日々増大し得るし、それは我々の祖先が全く知り得る可能性がないものであったからである。我らの救世主によって転換させられたそれらのものは、自然の力とは何かを哲学者たちが問うことに留まってはいなかった。彼らが為された事柄を見た時、そしてそれが見たことも聞いたこともなかったものである時、それが奇蹟である事を彼らに信じさせるに十分なものとなった。

六　悪魔をして魔女と約定を形成させる原因は魔女の魂や身体を獲得する欲望であるということがパーキンズ氏によって通俗的に信じられ、確言される。しかしながら、私は、どのようにしてこれが彼の別の学説と一致するのかを理解することができない。そこにおいて彼は次のように語っている。「魔法の格言は、全ての人に対して中立普遍に伝達されるのではなく、邪悪な者である彼自身の家来に伝達される。そして家来たち全てに対してではなく、特別な信頼できる者に伝達され、進んで学び実践するという側面から最も彼の役に立つ者として、そしてまた他者に対して意図される惨禍の道具となれる能力を持つ者として、その者に彼は彼の秘密を打ち明ける」。これら全ては、魔法についての悪魔の規則の目的が、新しい家来としての「初心者」を獲得するためのものではなく、彼に役立たせるために古参の者を利用することを示す。

七　パーキンズ氏の定義の最後の説は以下のようなものである。つまり「魔法は、神が許す限りにおいて驚くべきことをまさに行う」。私はここで、悪魔が契約以前に持っていた力以上のものを、魔女と悪魔が契約することで悪魔に対してさらなる力を神が許した、とパーキンズ氏が考えていたことを知っていたかどうかを明確にすべきだろう。というのは、もし悪魔が、その契約以前に同じ許しを持っていたのなら、その時は、悪魔は、以前に彼が喜んで行ったことと同じ惨禍を行うことになるからである。その点に関しては、パーキンズ氏は次のように言う。「全ての人間に対する悪魔の悪意は、非常に大きなものである。つまり悪魔は、人間たちが世界を享受すること、もしくは（もしそれが可能であれば）一時間たりともこの世の便益を享受することに耐えられない」。しかしながら、それでもなお、後に私は、パーキンズ氏が悪魔により好感を持っていたことに気づくのである。そこにおいて彼は次のように書いている。「もし、悪魔が魔女によって刺激され、扇動されなければ、彼は彼が行ったようなひどい侵害を行うことがなかっただろう」。

魔女の発見と識別について

「行政長官は、どのような罪についてであろうと誰にどのように犯すつもりであるのか検証するために人を捕縛することはできず、そしてまた、取るに足らない訴訟申し立てを受けることもできず、もしくは彼の権威を示すこともできず、悪意をもって訴訟を申し立てることもできず、もしくは悪意に復讐することもなく、諸党派を危険と疑いに連れ込むこともしない。しかしながら、彼は特別な事実の推定は行わなければならない」とパーキンズ氏はいう（第七章第一節）。

彼はそれらの「事実の推定」を次のように言う。「それはまさに少なくとも十中八九は、そして憶測的にある者を魔女であると示すものであり、それによって魔女が発見され得る確かな印である」（第七章第二節）。

私は、彼が「事実の推定は検証の機会を与えるのではあるが、それでもなおそれらは有罪の判決のどのような十分な根拠でもないこと、そして事実の推定は決してそれほど強力なものではないのではあるが、それでもなお、それらが有罪確定の十分な証拠なのではなく、検証のためにのみ十分な証拠であること」を承認する時、パーキンズ氏が次のように言うことに驚かざるを得ない。つまり、その事実の推定がまさに少なくとも十中八九は、そして憶測的に魔女に関することを示し、魔女を発見するための確かな印であると言うことである。したがって、彼が数え上げる次の事実の推定に与えられるどのような信用も存在しない。一、世間一般のうわさに関して、彼は次のように言う。「無実の者が疑われ得、より良き人物の幾人かが悪名高く中傷されるということはしばしば起こることである」。二、彼は、「魔女仲間の証言は、ある者が魔女であることを示すことは恐らく疑い得ない」と承認する。「もし、ののしること、けんかすること、威すことの後に、現在の惨禍が帰結するなら」。同じようなことが彼の第三と第四の推定についても言われ得る。そして五番目の推定は、「もしその当事者が魔女の息子、もしくは娘、もしくは友人、もしくは近隣、もしくは古くからの仲間であるなら」というものなのであるが、それは、いっそう取るに足らないものである。第六の推定は、パーキンズ氏が進んで行うものではなく、自分のものとすることを拒むものであるのだが、次のようなことである。「もしその当事者が悪魔の印を持っていることが疑われるなら、幾人かの者が加えられる。そしてそれでもなお、もしそのような印が見出されたとしても、それがどのような明白な根拠も全く与えることができないなら、疑いは晴れる。行政長官は、そのような者達を尋問させることが可能であるし、彼自身の手でそれを行うこともできる」。しかしながら、彼は、どのようにしてその真実が現われるべく作られ得るのかについては教えない。彼が挙げる最後の推定は、「もし尋問されたその当事者が、一貫性がなく、矛盾していたなら」、ここで彼は次のように承認する。「良き人間は、良き原因によって、時には生来のものによって、時には、裁判官の臨席によって、時には聴衆の多さによって恐れ、ある者たちは、突然行なわされ、他の者たちは、人々が持つ言論の自由を奪われ得る」。

尋問について、パーキンズ氏は、純粋な質問によるもの、もしくは拷問によるものという訴訟手続きの二つの種類を挙げている。「拷問とは、言葉での追求の上に、行政長官が自白を強要するために拷問台、もしくは何らかの他の暴力的な手段を使用する場合である」。これについては、彼は次のように言う。「これらは、合法的に使用され得るのだが、とはいえ全ての告発においてそうなのではなく、堅固で大きな推定がある場合にのみ可能となる。そしてその当事者が頑なな場合に可能となる」。ここにおいて以下のことが特に言及され得る。つまり、拷問することは、どのような人にも合法的なのではなく、裁判官のみが合法的となるということである。すなわち、疑い深い近隣同士が、思い込みで、脅迫、攻撃、もしくは拷問を行ってはならないのである。私は、拷問を使用することを行政長官に保証するに十分な前述のような推定を一つも知らない。もしくは当事者が事実を絶えず否定する時、それが頑なであると説明され得るのかどうか知らない。反逆罪の場合においては時折、主要な事実が承認され、もしくは何らかの絶対確実な証拠が明らかにされた時、行政長官は、時と場所と人物、もしくは似たようなものについての何らかの証拠のさらなる発見のために、拷問台を利用してきていた。そしてその上、拷問のその種のものは、この王国においては古代にはその用例が存在しなかった。というのは、もし私の記憶に誤りがなければ、私は、その拷問台が、「エクセター公爵の娘」[12]と呼ばれており、ヘンリー六世の時代に「最初に使用された」と目にしたからである。

パーキンズ氏は、魔女についての推定から証拠へと論を進める。そしてここにおいて、彼は、「より少ない十分さ」もしくは「より多い十分さ」という証拠の巧妙な区別を論ずる。より少ない十分さということによって、彼は不十分さを意味する。しかしながらそれらに対して、より少ない十分さ、という温厚で奇妙な言い回しを与える。つまり（私が思うに）彼はそれらを魔法も同然であると説明するのではあるが、それでもなお十分とするにはより十分さが少ないと認めるような友人たちを喜ばすことができるものである。それらの不十分的で十分な証拠は、彼の推定より弱く、悪いものである。彼が承認するそれは全く証拠とはならない。それでもなお、我々は、それらを数え上げなければならない。彼の第一のより少ない不十分な証拠とは次のものである。「赤く焼けた鉄をつかむこと、もしくは煮えたぎる湯の中に手を入れるというような古代の裁判は、実際のところそれがそうであるので、悪魔的であり、邪悪なものとして非難されてきた。というのは、無実の人間がそれによって有罪の宣告を受け得るし、全くの魔女が処罰から逃れ得るからである」と彼は言う。第二の不十分な証拠は、「疑わしい当事者を傷つけること、そしてそれの現段階の回復を見ること」である。第三のものは、「豚、雄牛、もしくは他の被造物のような魔法をかけられた事物を燃やすことであり、それは、魔女に自分自身を現わさせる強制的な手段であると思われた」。第四のものは、「疑わし

(12) エクセター公爵の娘（Duke of Exeters Daughter）。ロンドン塔にあった拷問用具。手足を縛りつけ引き伸ばした。元来イングランドには拷問はなかったが、ローマ法を参照してエクスター伯爵がそれを導入したためにその名で呼ばれる。

き当事者の家の屋根のふきわらを燃やすことである」。第五のより少ない十分さの証拠は、「当事者の手足を縛り、水の中に投げ込むことである。もし彼女が沈めば、彼女は無実と説明され、もし彼女が水の上に浮かび沈まなければ、彼女は魔女であると受け取られ、有罪を宣告され、処罰される」。ドイツ人は、この審判を冷たい水で行った。そして、水よりも空気がより軽い特性を持つように、悪魔は最も軽い者なので、悪魔の背中で、もしくは悪魔と結合して、そして魔女全体の体を持つように、魔女の下で彼女たちを押しながら、そして彼女たちをひっぱりながら水の上で彼女達を支えていると想像された。

全てのこれらのより少ない十分な証拠は、「十分なものからほど遠いものである。つまりそれらのいくつかは、もし、全てではないとしても、神の定めによってどのような力もないとされた魔法の一種の実践である」と彼は言う。これによって、彼は、主要な証拠として泳ぐことによる魔法の審判を許容することにおいて、魔法を支持するようなジェームズ王の審判をきっぱりと非難する。そして私もそうしたように、彼が神の何らかの定めを発見した場合を除いては、彼もまた彼自身を非難する。つまり、矯正不能で、気づかないほどの印、もしくは古傷を持つということが、魔女の推定となる、もしくは確かな印となるということを非難する。

第六のより少ない十分さの証拠は、「男魔法使い、魔女、もしくは魔女の顔を鏡に映すことが出来ると言い張る狡猾な者の証言」である。別の魔女による魔女のこの告発は、パーキンズ氏によって「十分なものではないとされ、以下の場合が提示された。すなわち、もし悪魔がある知られた人物に似せて大陪審に現われ、当の人物が魔女であることを彼の宣誓で申し述べたとしても、陪審員は、その当事者を非難し、告発する彼の宣誓を受け入れるべきだろうか。彼は、まったくそうではないと答える。そしてその上、それが別の魔女の証言と同程度のものであると答える。その別の魔女とは悪魔の助けによってのみ魔女の正体を暴く者である。すなわち、もし、これが十分な証拠であると受け取られるなら、悪魔は、この世に生きる一人の良き人間も残さなくなるのである」。

魔女の証言のこの不信用は、魔女の発見のためのジェームズ王の主要な証拠の他方を（彼はその方法を二つだけ持っていたので）取り去る。というのは、「魔女以外のだれが、証明する者であり得、そして魔女の行うことの目撃者であり得るのか」と彼が言うからである。そしてそのことに関して、パーキンズ氏自身、次のように承認している。つまり「魔法のきまりは、伝達されるのではなく、邪悪な悪魔自身の家来に渡される」。

第七のより少ない十分な証拠は以下のものである。「私と不和であり、私をののしっているある人が私自身や私の財産がただでは済まないと脅しながら、公開法廷で証言する時、上記の脅迫に基づいたかのように、悪と損失が直ちに私に降りかかるような場合である。これは有罪判決のためのどのような根拠にもならない」。パーキンズ氏は次のように言う。「魔女の周旋なしに、人物や財貨に手を出すことは神のたびたび好むことだからである」。そしてその上でパーキンズ氏は次のようにも言う。「経験は、無知な人々がそのような推定の強力な証拠を作るだろうことを示す。その上、時折、陪審員たちは当事者の無実に反して彼らの評決をまさに与えることを示す」。

最後のより少ない十分な証拠は以下のようなものである。「もし病気の人間が、死の疑いを持つのなら、つまりそのような者が魔法をかけるなら、それは重要なものではない」と、パーキンズ氏は言う。「それはある人物の自分のための疑いにしか過ぎず、彼に反対する別の人間の言葉に力がないように力がないものだからである」。

「これら全ての証拠は、どのような人間も決まった場所で通常使用するのだが、誤っているか、もしくは不十分な印である」とパーキンズ氏は言う。

最後にパーキンズ氏は、「より十分な証拠」を論じる。それはたった二つにしか過ぎない。つまり、魔女の自白、そして二人の目撃者という証拠である。魔女についての自白に反対して、パーキンズ氏は、次にように言う。「人は、力や脅しによって、もしくはこの世から抜け出したいという深い悲しみの欲望によって駆り立てられながら彼自身に反して虚偽を自白し得る。もしくは少なくとも問題にかかわりあっているので、そして彼らの自由を保護し、彼らの自由を獲得する最善の道であると説得することで、彼らは、単純に、彼らが決して行ってはおらず、彼ら自身に反することでさえ自白することを誘発される」（第七章第一節）。この主張の真実性に対して、パーキンズ氏は否定せず、それを是認する。それに関する彼の答弁は次のものである。「彼は、ただそれだけの自白が十分であるというのではなく、意味深長な推定の上に取られた正当な審問の後の自白が十分なものであるというのである」。しかしながら、もし、ただそれだけの自白が十分な証拠ではないのなら、意味深長な推定もまたそのようなものとすることは決してできない。もしくはもしそれが可能であったとしても、その時はそれは十分な証拠とはならない。というのは、魔女ではないかと疑われている者の自白をより弱体化させることに関して、我々は、以前にパーキンズ氏が答えていることを思い出すことができるからである。以下のことが申し立てられた時、「つまり、憂鬱な気質の上に、多くの者がひとりでに物事が失敗し不可能となると自白すること、それらは瞬間的に空気を通して運ばれるということ、それらはドアの隙間と鍵穴を通して入ってくるということ、それらは時には、猫、野うさぎ、そして他の被造物、そしてそれと似たようなものに入り込むこと、以上のことは全て単なる作り話、そして不可能な事柄である」ということが申し立てられた時、ここでパーキンズ氏は次のように答える。「魔女が連合し始めた時、彼女たちは、知性において健全で正常なのであるが、一旦連合した後は、彼女たちの理性と知性は悪化させられ、記憶は弱らせられ、そして彼女たちの魂の全ての力が傷つけられ得る。彼女たちは惑わされ、夢中にさせられる。つまり無数の幻想的な想像物へと陥る。つまり他の被造物の形態へと変化したと考え、空気の中を伝播すると考え、実際は不可能である数多くの奇妙な事柄をなし得ると考えるのである」（第七章第一節）。

ここにおいてパーキンズ氏は、以下のことを承認するだろう。つまり、魔女と疑われる者の審問と自白は、常に魔女の契約が作られた後のことであることを承認するだろう。彼女が自白によって惑わされている時、そして彼女自身に反対して証言を与えることに適していない時であることを承認するだろう。

彼の第二の「より十分な証拠は（彼は「もし当事者が自白しないなら通常争いがおこるのだが」）二人の証人が彼らの知っていることを公然と明言することである。つまり、告発されている当事者が悪魔と同盟を結んでいるということ、もしくは知られている魔法を使ったということ、もしくは悪魔を呼び出す呪文を唱えたということ、もしくは悪魔の助けを懇願したということを公然と明言することである」。しかしながら、悪魔を呼び出す呪文を唱えた、もしくは悪魔の助けを熱望する全ての人が、悪魔と同盟を形式的に作らなければならないなら、その時は、国民全体がそうであるし、私はそのようなことは誰も言わないと思う。

同盟と魔法の証拠に関しては、パーキンズ氏は以下のことを承認している。「ある者たちは、もし、魔女の有罪判決のための唯一の強力な証拠が存在したとしても、その者を死刑とすることは不可能だろう。なぜなら、悪魔との同盟が綿密に形成され、そして魔法の実行もまた秘密であり、彼自身の知識に基づいてその事柄が真実であると断言できるような人間が気づき得ることはほとんどないからであると言う」。これに対するパーキンズ氏の答弁は次のような承認である。「どれほど根拠や実践が秘密であろうとも、そして多くの人に知られなくとも、それでもなお、それを知ることに至る道がある。つまり、悪魔は発見に努力し、魔女を見つけるための全ての手段を使用するからである」。彼が語るこの手段は、裁判官の権力の中にあるべきものであり、もしくは魔女の発見のためのどのような助けでもなく、唯一悪魔が喜ぶ場合におけるものである。私は、そのような発見に努力することが悪魔にとって普通であると彼が証明したことを見出せない。そしてまた、私は、どのようにしてそれが悪魔によって実行可能となるのか理解できない。というのは彼がそれを彼自身の関係によって行うにせよ、報告によって行うにせよ、それは彼がこれまで行ったことを証明することはできないからである。それゆえそれは虚しいものであり、もし彼がそれを行うとしてもどのような目的もないのである。というのはパーキンズ氏は、根拠薄弱として、そして有罪判決にはどのような力もないとして、悪魔の証言を信用してこなかったからである。もしくはまた悪魔は、何らかの第二の手段によってそれを発見しなければならないからである。そして、もしありふれたなんらかのそのような第二の手段が存在していたのなら、パーキンズ氏は我々にそれらが何であるのかを教えていたであろうからである し、そしてまた、我々を、彼が絶対確実なものではないと承認していた彼の二つのより十分な証拠に対して のみ残すようなことはなかっただろうからである。

ジェームズ王は我々に次のようなことを教える。「魔女を獲得するために一人で最初に発見している悪魔は、野原を一人さびしく歩いているか、もしくは寝床に横たわっている。しかしながら常にどのような仲間を伴うこともない。そして魔法陣や呪文を作る際に、誰もそのわざを見ることが許されない」（第二巻第二章）。悪魔と彼の弟子たちが彼らの振る舞いにおいてこのように親密で秘密的な時、悪魔が彼の最も特別で信頼できる弟子を発見するために全て手段を使用するつもりであることは想像することが不可能である。そして、パーキンズ氏は我々に「悪魔は、予約の力によって、彼の道具に自信たっぷりである」（第七章第二節）と教えるのだが、それでもなお、二、三行にも行かないうちに、彼は、彼の評釈と信念とを次のように変更する。「悪魔は弟子達に見込みを抱いているのだが、それでもなお、彼は弟子たちの持続に確かではいられない。なぜなら、神の御慈悲によって、幾人かは矯正されてきたし、信約から自由となってきたからである」。さらにパーキンズ氏は次のようにも言う。「悪魔は、弟子達に、秘密の長生きを申し付ける。つまり彼らはこの世で悪魔の悪意のより大きな程度のものを実践し得る」。もしパーキンズ氏の二つの真実の証拠、それは魔女の自白、もしくは十分な目撃者のことであるが、それが駄目であるなら、「我々は」彼が言うように「この世には、ある者に死罪を申し付けるどのような保証もない」ということが残ることになる。

私は、パーキンズ氏の以下の言葉における趣旨を結論としたい。「私は、全ての陪審員に次のことを助言する。つまり神の栄光を増すために骨をおり、行うことに慎重であること。そして健全で十分な証拠もなく推定ただそれだけで疑わしき当事者を有罪としないこと。早計な判断が罪なのではなく、無実の人々の血を流すことが罪であること」。

ヘブライ人の魔女について

一　「申命記」一八において、魔女は、占い師、卜者、易者、呪術師、呪文を唱える者、口寄せ、霊媒、使者に伺いを立てる者などというように、似たような非合法的なわざを使用する多様な形態の者として呼ばれている。申命記では続けて次のようにある。「これらのことを行う者をすべて主は厭われる。これらの厭うべき行いのゆえに、あなたの神、主は彼ら[国々の民 the Nations]をあなたの前から追い払われるであろう」。もし、我々がそれらの国々の民への忌み嫌いとは何かを知りたいのなら、同じ章の一四節において一般に教えられる。すなわち「あなたが追い払おうとしているこれらの国々の民は、卜者や占い師に尋ねる」。「偽りの預言者に対して規定された」罪以外には、この章においては、全ての告発に対して規定された、もしくは上記のような非合法なわざの実践者に対して規定されたどのような罪もない。したがって申命記は以下のように続ける。「あなたの神、主はあなたの中から、あなたの同胞の中から、わたしの預言者を立てられる云々」。

ヨブの場合を除けば（そこで神は特別で極端な使命を与えているので）私は、聖書の中に、悪魔、もしくは魔女、もしくは他の者が、ある人間を殺害する、もしくは傷つける、もしくは誰かの財貨に手出しをする普通に彼らに許された力を持つことを見出せない。というのは、人間の心を試すために、神は、悪魔に人間たちを誘惑することを通常は許すのではあるが、それでもなお、悪魔は、人間の生命もしくは財貨を破壊するなどのような使命も持たないからである。神がそれによって彼の全ての被造物を保護する感嘆すべき神慮について、何事かを語ることは神に対する冒涜も同然である。

非合法なわざの上記の全ての実践者にとって、まやかしや偽りの預言者によって人々を欺くこと、それによって神への依拠を忘れさせること、そして主が「レビ記」二〇・六で「口寄せや霊媒を訪れて、これを求め淫行を行う者があれば、私はその者に私の顔を向け、彼を民の中から絶つ」というように、それらは十分な罪である。この精神的な淫行は、旧約聖書の決まり文句における全くの偶像崇拝のことである。そしてそれによって人々の魂を破滅させるように努める誘惑者たちは、人々の身体や財貨のみを破壊する者たちより、多くの場合、死に値するものである。

もし、全ての者たちが死罪となる法が存在するなら、それは、上記の禁止されたわざ、もしくは来るべき事柄の予言に熟達している者、もしくは悪魔と契約している者、そしてそれによって人々を殺害し、財貨を破滅させることが出来る者を慎重に説得するよう努力する作用を持つだろう。私は、それらの法が、「モーゼ」の法と一致し最も調和するものであることを決して否定するつもりはない。

しかしながら、私は、上記のわざの質についての聖書の理解が欠落しているある者たちによって上記の禁止されたわざの支持者、と思われてしまうので、私は、魔女の友人が全くおらず、この点におけるその者の学識が否定されることのない者を選択した。彼自身の言葉において、私は、それらの禁止されたわざのヘブライ語の名辞から来るものが、もしくはユダヤ人の博士の解説から来るものが、それらの理解のために推定され得ることを規定しよう。

預言者が行うようなことをする「ヘブライ語における占い師 *Diviner*」、予知者、もしくは予示者、来るべき事柄の予告者について。ヘブライ人は、占い師とは、それによって彼が来るべき事柄を予告し得る者、そしてそのような事柄が来るのか来ないのかを語る者、もしくはそのような事柄を行うことが良きことであることを語る者であるとする。占いの手段について。ある者は砂でそれを行い、ある者は石でそれを行い、ある者は大地に横たわることでそれを行い、ある者は鉄で、ある者は杖でそれを行う。占い師を呼ぶものは鞭打ちによって懲らしめられた。(エーンズワース、「申命記」一八)。

二　「卜者 *observer of times*」もしくは占い師 soothsayer、Observer of the Clouds, 占星者、もしくは鳥の飛び方で占った卜占官について。占い師が心の中の精神的な運動によって動かされるように、上記の者たちは、被造物の外的な観察によって動かされる。ヘブライ人は、事柄が行われる時を立て、その日が良き日であり、ある日が良くない日であることを語る。

三　「易者 *Observer of Fortunes*」とは、幸運や悪運の印を注意深く探求する者であり、それは経験によって知られる。それはヘブライ語では、経験によって発見することである。それゆえに、ここで使用される語は、あまりに注意深く観察し、幸運、もしくは不運と判明する事柄をあまりに口汚くののしることである。ヘブライ人はそれを次のように記述している。あたかも人が以下のように言うべきであるかのように、つまり、一片のパンが口から落ちたので、もしくは私の手から杖が落ちたので、私はそのような場所へ行くつもりはない。すなわち、狐が、私の右手を通りすぎたので、私は今日家から出ないというようなものである。我々の新しい訳は、この語を「呪術師 Inchanter」と訳している。

四　「魔女 Witch」、魔法使い、事物の形態を別に変更することによって人々の感覚や精神に魔法をかけるような者について。魔女に関するそのヘブライ語は、正式には手品師を意味し、そして「変化すること、もしくは交代すること」を意味する語から引き出された。そしてモーゼは「出エジプト記」七で以下にように教える。つまり「魔女は、魔法を使うことによってわざをなす。すなわち、秘密の早わざ、手品、瞬間移動、もしくは炎の枠に似た閃光、もしくは剣の光、それによって人々の目をくらますもの」。

五　「魔法をかける妖女 Charmer」、もしくは呪文を唱える者について。そのヘブライ語は、「結合すること連合すること」を意味する。「魔法をかける妖女 Charmer」は、意味をなさない奇妙な言葉を発するものであると言われた。もしある者がそのように、もしくは蛇にそのように語るなら、蛇は彼を傷つけることができなかった。傷の上に語りかける者、もしくは恐れを知らない幼児に読み聞かせる者、もしくは眠る子どもの上に聖書を横たえる者は傷つけられることがなかった。

六　「妖術使い *Wisard*」もしくは狡猾な者について。ヘブライ語では、その者の知識や悪知恵についての名辞だが、ヘブライ人は次のように記述している。その者は、口の中に鳥の骨を置き、香を焚き、倒れるまで、そして来るべき事柄が彼の口からでるまで他のまじないを行う。

七　「占い師 *Necromancer*」、死を捜し求める者について。その者についてヘブライ人たちは次のように言う。その者は自分を飢えさせ、墓地の中に寄留する。つまり、死が夢の中で彼に訪れることができるように、彼が彼に尋ねることを知ることができるように。そして他の者たちはその目的のために黒服をまとい存在する。そして一定の言葉を発する。そして香を焚き、彼らだけで眠る。そのような死人は、夢の中で、彼ら自身と語る。

八　最後に、「使い魔を使う霊媒 *The Consulter with Familiar Spirits*」について。ヘブライ語では「*Consulter with Ob*」であるが、ここでは、魔術師に適用される。その者は悪霊に取り付かれ、瓶の底からのようなうつろな声を出す。ヘブライ人はそれを次のように説明する。使い魔を持つその者は、地下の声で、つまり非常に低い声で、彼が望む者の声を耳にし、彼が尋ねることに答えるまで立ちながら香を焚く。似たように、その者は、使者の頭蓋骨を取り、香にくべ、彼がその非常に低い声を耳にするまで魔法をかけ続ける云々。使い魔を説明する我々の英訳におけるこの原文は、そして口寄せ女[13] Endor の歴史によって補佐される使い魔は、悪魔が魔女と信約する強力な証拠であるように思われる。しかしながら、もし、望み得るものが全て承諾されるなら、この使い魔は悪魔を意味するのだろうが、それでもなお主要な問題点を証明することを確信させるものではない。というのは、使い魔が信約を引きつぐ、もしくはその人物を殺害するために他者に力を与えることができる、もしくは他者の財産を破滅させるということはどのような証拠でもないからである。ジェームズ王は次のように承認している。「悪魔はある者に取り付くことができる。そしてその者は非常に悪魔的になる。そして「使徒言行録」一六の占いの霊に取り付かれている女Pythonは、それによって主人たちに多くの利益を得させていた。霊は、彼女が進んで命ずるような自主的な呼び出しや命令ではなく、個人的にはもとより公的にも彼女の舌を借りて語る」。我々は「その女占い師Pythoness」が命令し、叱責するのを見出すことはないが、「イエス・キリストの名によって命ずる。この女から出て行け」とパウロによって命じられた悪霊については見出すことができる。悪魔と信約するにはあまりにも若すぎる「子ども」は「聾唖の霊に取り付かれる」。そして悪魔が退散するよう命じられ、それ以上彼に留まらなかったこと（「マルコによる福音書」九）。「この女はアブラハムの娘なのに、一八年間もの間サタンに縛れていたのだ。安息日であっても、その束縛から解いてやるべきではなかったのか」とある（「ルカによる福音書」一三・一〇―一六）。

「申命記」一八には次のようなことが述べられている。そこでは、全ての非合法なわざが数え上げられ、十分に禁止され、それらの罪が、それらの実践に対して当てられている。しかしながら、使い魔を呼ぶ罪が、そこでは非難されていない。しかしながら使い魔を呼ぶ霊媒について、「レビ記」一九・一三において、その禁止が次のようにある。「使い魔を訪れてはならない」。そしてまた「レビ記」二〇・六においては、「使い魔を訪れる者があれば、私はその者に私の顔を向け、彼を民の中から断つ」とある。それゆえ、使い魔を持つことではなく、それを呼ぶ霊媒が非難されたのである。

（13）　口寄せ女（Woman of Endor）。「サムエル記上」二八・三―二五に出てくる霊媒使いの女性。

もし、我々が原文の言葉にさらに注意を払えば、以下のことが見出されるだろう。つまりこれらのことば、「使い魔を使う霊媒 *a Consulter with a Familiar Spirit*」が「*Ob* の霊媒 *a Consulter with Ob*」に他ならないことが見出せる。そこにおいては、問題は「*Ob*」が意味することは何かということになる。解説者たちは次のことで一致している。つまり、元来「*Ob*」は、ビンを意味し、悪霊を持つ者に適用される。そしてビンからのような恐ろしい声で話す。しかしながら、このことに関して、私は、彼らが聖書から持ち出すどのような証拠も見出すことができない。つまり、「*Ob*」は、腹部に使い魔を持つ者であると言い、解説することの証拠を全く見出せない。唯一の証拠は、ギリシア人の聖書解釈者がそれを「*Engastromuthi*」つまり、腹の中で語ることと訳したものである。そしてその語は、昔は、そして70人訳ギリシア語聖書[14]の訳の後に間もなく、巧妙に、もしくはわずかに自分の口を閉じる者、そして腹話術を使用する者に対して専ら使用された。それはつまり、使い魔の助けなしに行われ得るものであり、この時代の経験がアイルランド人に対して示された。我々は、次のように言われたことを見出せない。つまり、「口寄せ女」が腹の中に使い魔の低い声によって「サウル王」に何事かを予言したということを見出せない。そしてまた、サウルがそれを要求したことも、もしくはその女性が彼に答えると約束したことも見出せない。しかしながら、彼は次のことを要求した。つまり「私があなたに名を告げる者をつれて来い。そして彼女はそれを行うことを請け負った」ということである。それは死者と協議をすることに対する「サウル」の望みを示し、それは「死者との占い *Necromancy*」もしくは「死者との協議」と呼ばれた。

「サムエル書」においては、似たように、彼女が悪魔を呼び出すと言われて来たのだが、それでもなお、聖書原文においてはそのような事柄は全くない。その女性が彼女のわざにせっせと努めた時、記録された最初の事柄は、「彼女がサムエルを見た時、彼女は低い声で叫んだ」ということであった。すなわち、彼女は、彼女が期待しなかったあるものを見ることで恐怖に襲われたということである。すなわち、彼女が「サウル」を知った時ではなく、彼女が「サウル」を見た時、「彼女は低い声で叫んだ」のである。彼女が「サウル」を知った時、彼女は恐れるどのような理由もなかったし、むしろ安心した。というのは彼女は彼女の安全を保証する彼の宣誓を得ていたからである。

もし彼女が使い魔を持つか、もしくは空虚に話すわざを持つならば、彼女の意図は「サウル」を欺くことであり、そして彼女の秘密の声によって彼を信じさせること、つまり「サムエル」が別室で彼に答えたということは、もっともなことである。というのは、「サウル」は、彼女が「サムエル」を生じさせることを見せびらかしたところにはいなかったように思われるからである。というのも、彼女が低い声で叫んだ時、「サウル」は彼女を安心させ、恐れることのないように命じ、「何を見たのか、どのような形のものを見たのか」とたずねたからである。もし「サウル」が寝室で魔女と一緒であったのならば、そのような質問が存在する余地があっただろうか。ジェームズ王は、「サウルは、魔法の時、別の寝室にいた」と承認している。そしてその女性は何か恐ろしい光景を見たと「サウル」に語り、それがサウルをして彼女に何を見たのかと

(14) 七〇人訳ギリシア語聖書 (Septuagint)。旧約聖書最古のギリシア語訳。伝説では、エジプト王プトレマイオス二世の要請によりアレキサンドリアで七〇人のユダヤ人学者によってなされたとされる。

問わさしめたように思われる。そして彼女の答えが「私は、大地から立ち上る神々を見た」というものであったように思われる。そして「サムエル」を天使たちが訪れ、彼は、彼女が魔法をかけた何らかの傀儡や悪魔ではなく、神によって立ち上らされたと理解され得るだろう。さもなければ、その言葉は、彼のイタリア語聖書の余白に *Deodat* として訳されたようなものであり得る。「彼女は立ち上る威厳ある者、もしくは神の権威を帯びた者 *un'homo di Majesta e d'Authorita Divina*」を見た。それは、彼の質問に良く答えているのではないか。それは単独のものであって、複数のものではない。

「イザヤ書」二九・四で次のように言われている。「お前は倒されて地の下から語り、お前の言葉は塵の下から鈍く響く。亡霊のようなお前の声は地の下から聞こえ、お前の言葉は塵の下からかすかに響く」。それは *Ob* の声が、腹の中からよりもむしろ大地からのものであったことを示し、それゆえ、私が以前に引用したヘブライ語の引用を確かにする。学識ある幾人かの者たちは、なぜ幾つかの場所における大地の下からの呼び声がある予言的霊に対して与えられ得るのかという疑問に対して、自然的な理由が与えられたという意見である。ここに加えて、異教の神託のいくつかは、大地から語られると言われる。そしてそれらのうちの「魔術 *Necromancy*」の五つ種類のものが「聖書外典」についての「レイノルズ博士 *Doctor Reynolds*」の非難の七六の講義において、彼によって言及され、それらの何れもが腹の中に使い魔を持つと言われている。ローマカソリック教徒たちは、彼らは皆魔女の偉大な力を確信しているのではあるが、「サムエル」の魂は、神によって口寄せ女に送られたと一致する。すなわち、このことに対しては、デルリオばかりではなく、彼以前にベラルミーノでさえ同意していた。真実に「サムエル」が行ったことは、彼がイスラエルのオチョシアス Ochosias 王にエリアス Elias を送ったように、神によって送られたことのように思われる。「病気であった王は、エチィロン Echron の神エルゼブブと協議するために送られた」。そのことに関して「サムエル」は、「サウル」に対する彼の予言において真実であり、確かである。そこではどのような魔女も、どのような悪魔もこれまで語り得なかった。というのは悪魔の知恵と経験とが数多くの出来事の推量を彼に可能とさせたのだが、それでもなお「明日はお前が、そしてお前の息子が亡くなる」と明確に言うことは、悪魔が知り得る以上に自然なものだったからである。

パーキンズ氏は、悪魔が「サウル」の死の確かな時間を予言できなかったと承認する。したがって、彼は次のように答える。神は、彼の道具である「サウル」を打ち倒すことを悪魔に示した。ほかでもないその手段によって、悪魔は「サウル」の死を予言することが可能となった。ここでパーキンズ氏は、悪魔が「サウル」を打ち倒すために神によって指名されたこと、もしくはそれが為されるべき時を彼に知らせることができたことを証明していない。

「サムエル」の言葉の残りが真実であるように、次の彼の言葉、つまり「なぜあなたは私の注意を喚起することで私を不安にするのか」もまた真実である。もしそれが悪魔によって語られたのなら、それはあり得ない。もしくは何故悪魔が全ての他の事柄においてではなく、この事柄において真実を語るのか、私にはその理由が分からない。レイノルズ博士は、サムエルの出現に反対して次の言葉を強調した。すなわち「もしサムエルが、設置された悪としてそれらを語ったとしても、しかしながらサムエルは、設置することが不可能だった。というのは、サムエルは不安にさせられ得なかったし、サウルによって呼び出されもしなかったからである」。神のみが「実際のところサムエル」を呼び出したことは真実である。しかしながら、「時折サウル」も彼を呼び出し得た。しかしながら、レイノルズ博士は、次のように言う。「サウルは特殊な場合だったのではあるが、それでもなおサムエルは、サウルが彼を不安に陥れたと偽りなく言うことはできなかった。というのは、使い魔は主の死において彼らが祝福されたと言うからである。なぜなら彼らは彼らの労働から解放されたからである。そしてサムエルは、「マタイによる福音書」一七で、モーゼとエリアがキリストの栄光を示すために現われた時と同じように（もし彼が神によって送られたなら）不安になったからである」。それに対する答弁は次のものである。天使の役目を負わされることは、サムエルにとって迷惑なことではなく、彼は喜んで神に従った。それでもなお、彼の現われの特殊な場合は神を喜ばせなかったので、その理由のためにサムエルも喜ばせなかった。その上、我々は、人類の共通で普通の状態に従いながら、死後に平和の中に安住することを許さないことによって、サムエルの精神を不安にさせたことを理解する必要があるのではなく、彼の身体を不安にさせたことを理解する必要がある。すなわち、これは元々のものがより良く担われたことを意味する。さらに、悪魔がこれまで「サウル」に対してそれほど神的で優れた説教を行って来たことを信ずることはできない。それは改心と悔恨を彼に起こすことができていた。これは、悪魔にとって、「サウル」もしくはその女を神と絶縁させるための方法ではなかった。最後に、原文は、その女が「サムエル」を呼び出したことは言っていないが、それでもなお、「サムエル」を呼び、「サウルは、それがサムエルであったことを知覚もしくは理解した」と言う。

パーキンズ氏や多くの他の者たちは、「バラム Balaam」が魔女、もしくは魔法使いであったと考えている。しかしながら私は、原文の中にそのような事柄を全く見出せない。彼が「イスラエル」の民を呪うように要求された時、彼の答えは次のものであった。「主がわたしに告げられるとおり、あなたたちに伝えよう」（「民数記」二二・八）。そして神は同章九節と一三節において、バラムの前に現われた。そしてバラムは「あなたは彼らと一緒に行ってはならない」と主が言われたと告げた。そしてバラクが二度目の使いをよこした時、彼の答えは次のようなものだった。「たとえバラクが、家に満ちる金銀を贈ってくれても、私の神、主の言葉に逆らうことは、事の大小を問わずできません」（同章二〇）。神がバラムのもとへ来て、こう言われた。「これらの者があなたを呼びに来たのなら、立って彼らと共に行くが良い。しかし、わたしがあなたに告げることだけを行わなければならない」。そしてバラムはバラクの前に来た時、次のように言った（同章三八）「御覧のとおり、あなたのところにやって来ました。しかしわたしに、何かを自由に告げる力があるでしょうか。わたしは、神がわたしの口に授けられる言葉だけを告げねばなりません」。そして第二三章一八節においてバラムは次のように言った。「神が呪いをかけぬ者にどうしてわたしが呪いをかけられよう」。そして一二節においては「主がわたしの口に授けること、わたしはそれだけを忠実に告げるのです」と言った。一緒置かれたこれらの箇所は、バラムが主の真の預言者であったことを証明する。そして彼は主の命令に反することは何も予言しなかった。したがって聖ペテロは彼を預言者と呼んだ。

それにもかかわらず、バラムが、魔女や魔法使い、もしくは誤った予言によってではないのだけれども、悪名高い罪を行ったことは真実である。彼の誤りは以下のようなことであった。つまり神が彼に、バラクのもとへ行くべきではないと告げた時、それでもなおお占いの報酬と昇進の約束に誘惑されて強欲によって彼が行くことを望んだことである。それゆえバラクからの第二の伝言に対して、神が彼を行かせるよう申し付けるかどうかを見るために伝言者を寄留させたのである。それゆえ、主は彼の怒りをバラムに向けたのである。また神がバラムにイスラエルを祝福するよう告げた時、それでもなおバラムは神の誘いと戦い、幾つかの祭壇と供物とによって神の御心を変更させようとした。さらに、バラムが、イスラエルを祝福する神の不易を目にした時、彼は、「イスラエルの子らの前につまずきとなるものを置くようにバラクに教えた。それは、彼らに偶像に献げた肉を食べさせ、みだらなことをさせるためだった」(『ヨハネの黙示録』二・一四)。これに反して「バラムは、イスラエルを祝福することが主の良いとされることであると悟り、いつものようにまじないを行いに行くことをせず」(「民数記」二四・一)とある。つまり元々は「まじない」に行くつもりだった。すなわち、彼は、彼が行った(「民数記」二三・三―五)ように供物によって神と出会うことを望んでいたのではなかったのである。

「申命記」において禁止されたこれらのすべてのわざの間の正確な区別については、私が思うには、誰も与えられなかった。つまりある面においては彼らは一致し、他の面においては一致できなかったということだろう。彼らが全て偽りの不正な預言者であったことは、別々なやり方であったけれども、誰も否定できないことだと私は思う。彼らが彼らの処罰の程度で異なっていたということはあり得ることである。すなわち、死刑に処されるべきであると証明されたものは三種類ものだけだった。つまり魔女、使い魔、魔法使いの三種類である。魔女に関しては、そう考えることについてのいくつかの疑いが存在して来た。モーゼの法に精通したヘブライ人の博士たちは、ある者がその法によって死刑となるべき時は何時でも、その法が常に

「肯定的な戒律」であったことを認めた。つまり、その者は、石たたきの刑に処されるべきである、死すべきである、死刑に処されるべきである、もしくは似たような表現であったということである。しかしながら、次の原文においては、そして聖書の他のどこでも、判決は、「否定的な禁止」である。「汝は、魔女が生きることを妨げない」。その他似たようなことであった。ここから、ある者たちは、魔女を生かすべきではないということは、魔女の尻を追い回すことによって、もしくは魔女に報償を与えることによって、魔女を維持し、助けるべきではないことを意味したという意見であった。ヘブライ人は、二種類の魔女を持っていたように思われる。一方の種類は侵害を行うものであり、他方の種類は眼識を持つもの、すなわち、奇術や些細なことで人間の感覚を欺くものである。彼らは第一の者は、石打の刑に処せられるべきであり、他の者は、その者は言葉の固有の定義に従いながら真の魔女であったのだが、鞭打ちの刑にのみ処せられるべきであると言う。

七〇人訳聖書は、魔女を、薬屋、薬剤師、毒薬を調合する者と訳していた。そしてそれゆえ、魔女に関するラテン語は、「毒殺者 *venefica*」、毒を作る人であった。すなわち、もし何れかのそのような者がこれまで存在した、もしくは存在するとしたら、つまりそれは悪魔の助けによって毒殺を行うわけなのだが、そのような者は、死刑に処せられるべきなのである。なぜなら彼女は、悪魔による何らかの驚くべきざわによってではなく、毒の自然的な、もしくは神秘的な特質によって、彼女自身が行為者であり、本人であるからである。

「キリストの時代に関しては、」パーキンズ氏は以下のように言う。「そのような魔女に関して作られたどのような特殊な言及も存在しないのではあるが、それでもなお、そこから全く存在したことがなかったということが帰結するわけではない。というのも、生起した全ての事柄が記録されているとは限らないからである。そして私は、そのような人物たちについて、彼らが悪霊に取り付かれていたのかどうか、そして精神異常で悩んでいなかったのかどうか、キリストが癒した者たちは、我々が魔女と呼ぶような魔法をかけられた人々ではなかったのかどうか、出来ることなら知りたいものである。もし、彼らがそうではないというのなら、彼らに反証させてみたい」。

ここにおいて、パーキンズ氏は、彼の敵を大きな危機に追い込んだように思われ得る。しかしながら、それはそのようには証明されない。というのは、問題はただ我らの救世主の時代に悪霊に取り付かれた者たちが魔法にかけられたのかどうかということであるからである。パーキンズ氏の敵対者たちは、彼らは魔法にかけられたのではないと言う。しかしながら、もし、彼、もしくは他の者が、そうであるなら、その証拠は、良き彼らの「肯定命題」を作るために彼、もしくは彼らに完全に残されただろう、と彼らは言う。彼の敵たちが「否定的命題」を証明することは道理上、期待できない。それは、それに対して要求される討論の規則に反する。

論争に関する探求、もしくは、利子を取ることは合法であるかどうかについての論考

序文

以下の覚書の議論か、もしくは著者のいずれかに対して異議が唱えられたとしても、それに対する回答は、「利子 usury(1)についてのこの問題は、どのような信仰箇条とも関係せず」、それは、道徳の問題であり、道義上の問題であると言うことにならざるを得ない。そしてそのことについては、教会の名誉を汚すことなしに論争の余地がある。その件に関して、イングランドの教会は、利子についての定義も記述もして来ていないからなおさらである。改革派教会の神学者たちは、この論争において分断されている。彼らの大半の者達は、貸付による利益のための全ての契約を非難するような厳格な主張に反対し、不快の念を抱いていた。それらの主要な者達は、国内においては、バビントン主教、パーキンズ氏、ウィレット博士、メイヤー博士、ブリンズレイ氏、その他の者たちであった。そして国外においては、カルヴァン、マーチャー、ブケル、ブリンガー、ダナエウス、ヘミンギウス、ザンチウス、ウルシヌス、ユニウス、ポラニウス、モリネウス、スクルテツス、アルステディウス、アメシウス、グロティウス、サルマシウスである。

著者は、職業が神学者でもなければ、学者でもないのだが、それでもなお、道理をわきまえた人間とし

（1） 利子（usury）。ヨーロッパにおいては古来より利子を伴う貸付は広く行われてきたのだが、アリストテレス（「利子は貨幣の子たる貨幣として生まれる。従ってこれは取財術のうちでは最も自然に反したものである」『政治学』第一巻第十章1258b40）、旧約聖書（「もし、あなたがわたしの民、あなたと共にいる貧しい者に金を貸す場合は、彼に対して高利貸しのようになってはならない。彼から利子を取ってはならない」「出エジプト記」二二・二四）、新約聖書（「敵を愛しなさい。人に良いことをし、なにも当てにしないで貸しなさい」「ルカによる福音書」六・三五）というように、利子は一般的に禁止の対象であった。さて、利子概念に対応して現在一般に使用されている英語はinterestである。それに対してフィルマーのこの利子論において最も頻繁に使用される英語はusuryである。この語は、元々は「使用・用益・利息」を意味するラテン語のウスラusuraに由来する。ウスラは中世初期ヨーロッパにおいては、利率の高低とは無関係にあらゆる「利息」を意味した。教会法は聖書における利子禁止を受けてウスラを忌まわしいものとして排斥した。しかしながら、十二世紀ルネッサンス以降の中世経済の発展に伴ってウスラを認めざるを得ない状況が出現する。ここで初めてウスラは「高利」つまり不当に高い利子と適法な「利息」に分離する。このようにしてキリスト教徒の金融業が幅をきかせるようになった現実への対応として、スコラ哲学では利子取得を許容する幾つかの条件が規定された。例えば返済が遅れたことによって生ずる損害の賠償という名目で利子を徴収することはウスラではなく合法とされた。そして、ラテン語のinteresseは名詞化して損害賠償金の意味で用いられるようになり、利子を意味する英語のinterestの語源となった。以上のように、ウスラ、そしてその影響をうけたusuryの意味は歴史的状況によって変化してきた。それゆえ単に「高利」と訳しては意味が伝えられないと考え「利子」と訳し、適宜に原語を挿入することとした（ジャック・ル・ゴフ『中世の高利貸』渡辺香根夫訳、法政大学出版局144-145頁）。

て、そしてキリスト教徒として、自分自身の実践の方向性のために、間違いのない良心と共にどのようなことは行うことができて、どのようなことは行うことができないのかを検証し得るし、そうすべきなのである。ローマ法学者と教会法学者は、頻繁に、利子の本質について論争しているし、著者は、俗人がそれと同じことを議論し得ることを知っている。その議論は、最初、他者の良心の優しさを満足させるために開始されたものであり、著者の何らかの実践を正当化するためのものではなかった。著者は、常に貸与することはあったが、利子を取ることはなかった。利子についてのこの問題は、今日論争されているように、全くカソリック的な問題にしか過ぎない。それは、最初にスコラ哲学者と教会法学者によって発議されたものであり、私が知る限り古代の教父や古代の著作者もこれまでそれについて定義をしたり、議論したりしていない。宗教改革以降は、国外では、メランヒトンとケムニティウスとが唯一注目されるべき人物であり、国内では、現在アイルランドのロンドンデリーの主教であるドーナム博士、フェントン博士(2)、そして後にウィンチェスターの主教となった学識あるアンドリュー博士がそうである。私は、検証のためにフェントン博士の論文を選択した。なぜならそれが最近のものだからであり、彼の作品以外には重要な論点がほとんど見出せないからである。私は、最初に、彼の書物が徹底的に読まれることを希望する。というのは、さもなければ、私が書いたものは、容易には理解されないからである。この小冊子において散在する議論の中身について読者に短い説明を与えるために、読者は、利子が、聖書のどこにおいても、キリスト教徒に対して禁じられていないことを示すことがこの冊子の目的と意図であることを知らなくてはならない。しかしながら、国法が、政策や国家の問題としてそれをまさに禁じていなかったり、緩和していなかったりするならば、それは、他の契約や約定と同じように合法である。そしてどのような政策や国家共同体もこれまでそれなしには存立し得なかった。もしくは、契約においては金利は契約と同義であった。なぜならば、金利の見積もりは、約定の他の全ての種類の見積もりを統制する基礎と規則であったからである。私は、さらに、利子が、ユダヤ人に対しても決して禁じられなかったことを主張したい。唯一（彼らは神の特別な指名によって、多くの異邦人の中に住むようになったので）モーゼが、妥当な裁判法を作り、ユダヤ人は異邦人から利子を取るべきであることを、そして、彼らの貧困な兄弟からは取ってはならぬことを定めただけであった。それは、あたかも国王がロンドンにおいて、市民はミドルセックスの人々から利子を取るべきであり、シティの貧しい商人から取るべきではないと定めたことと似ている。より詳しくは、私は、利子の定義が（そこにおいては、ドーナム博士とフェントン博士とが意見を異にしているのだが）学術の規則によって保証されるものでもなく、聖書における根拠や証拠によって正当化されるものでもなく、教父や公会議における古代の宣言によるものでもないことを明白にすることを請合う。そして利子について神によって与えられた法は、聖書の原句の一貫性と他の場所での会議によるものであって、それらの法は、極端な窮乏化を借り方に招いたりする利子の取り立てや、慈善によってしか生計を立てることが出来ないほどの貧困者からの利子の取立てを禁止することのみをまさに意図していた。そしてそれでもなお、ユダヤ人に対する利子を禁止する場合にのみまさに適用される

(2) フェントン（Fenton 一五六五―一六一五）。イングランドの聖職者。欽定訳聖書の訳者の一人。一六一一年に『利子論』を出版した。

それらの法は、道徳的なものでも、永遠のものでもなく、公平で一時的なものであり、決して我々を拘束するものではなく、我々の契約に我々を導く王国の慣習や法に我々を残すものであった。私は、所有物を賃貸することが金銭を得ることにふさわしいものであること、そして利子それ自体が、不自然でも、不信神でも、不正義でも、無慈悲でもないことを示す。最後に、私は、まさに、ドーナム博士、フェントン博士、そして利子を非難する全ての他の者たちが、利子が合法であり得ることを最後には認めることを強いられることを示す。彼らは全て、多年に渡って利子 interest、担保、年金、賃貸借用料を取ることを許している。それら全ては、彼ら自身の説明と承認によって、利子と同じ本質を持つものであり、契約と保証の仕方において異なっているだけであることは明らかである。貸すことによって収益を得る全ての契約が、利子的なものであることを熱心に論駁した後で、最後には、彼らは、契約が、利子となるのではなく、心の中の隠された意図が、それを利子としたり、しなかったりするのであると静かに結論づけている。

このようにして、手短に、彼らは最後には、かれら自身の学説を投げ捨てる。そして、民衆の優柔不断な区別によってもてあそばれることになる。それゆえ、彼らの結論は、利子が合法であるということにならざるを得ないか、もしくは、何事も全く結論付けることが出来ないかの何れかになる。

私が、フェントン博士を不当に扱うか、もしくは、正当に扱うかの何れかであるにせよ、私は、私の誤りが示されることを心から願っている。私は、一行ごとに彼を検証するようなことはここではしなかった。というのは、それでは私は疲れ果ててしまうし、不必要な重複で読者をいらだたせてしまうだろうからである。私は彼の根拠の典型を抽出し、それらの検証に尽力することのみに精力を傾けた。私が異議を唱える彼の根拠に対して、それが正当なものか不当なものかを他者に判断していただくために、私は以下の論文を彼らの譴責の下へ提出する。

私は、福音の代理者について喜んで知りたいと思う。彼らは、説教壇において、捨て置けぬ罪の中に利子をたびたび数え上げた。そのような大胆さのために彼らが福音書の中で手にしている保証とは一体どのようなものなのだろうか。我々は、我らの救世主や使徒たちによって数え上げられたいくつかの罪を知っているが、しかしながら、利子は、新約聖書全体において罪であると名指しされたわけでは決してない。聖パウロは、ガラテヤの信徒への手紙第五において、彼が非難する一七の罪を一気に数え上げたのだが、それでもその中に利子は含まれていなかった。しかしながら、多くの説教者は、利子を七つの死に値する罪の一つとしなければ、その七つを数え上げることができないのである。

R・F

フェントン博士の利子についての論文の検証——利子の定義に関して

私は、利子についての名辞に関する章は顧みない。なぜならフェントン氏が、それらによっては「少しも、もしくは、何事も」（12頁）証明し得ないことを認めているからである。

主要な問題点は定義であり、彼が言うところのそれは省かれてはならないし、軽く通り過ぎられてはならない。なぜなら、それは、「我々が議論する利子とは何かということを理解するための重大で必須の問題」（13頁）だからである。したがって彼はまさに、彼の書物の第一巻全体を利子の定義に当てた。もっとも、彼がそれを論ずることになった時、彼は、それを定義しないも同然なことを行ったのではあるが。つまり、それは以下のような定義だった。「（彼は15頁で言うのだが）現実の利子は、多様なものについて多様に記述され、語るに飽き飽きするほどの変化に富んだものである」。まず、全ての不法な利子の代わりに、彼は、一部の種類についてのみ語る。すなわち、「現実の利子 actual usury」について語る。彼は最初に定義をし、それから分けて行くのだが、方法の規則を変換し、彼の説明から逃れるために（彼がそれを罪とする）「心の利子 mental usury」を黙認する。

そしてまた彼は、現実の利子についても説明し得ず、ただ他者の説明の多様性を我々に語るだけであり、彼が是認するものを決して我々には教えない。それでもなお最後には、彼は、三語で核心部分を要約する。しかしながら、我々がどのようにそれを信用すべきかについての説明はなく、それゆえ、我々は、以下のごとく、取り残されることになる。第一に、彼は、「収益 *lucre*」をその種類のものと分類し、「信約 *covenant*」[3]を別のものと分類した。第二に、彼は「信約 *covenant*」をその種類のものと分類し、「貸すこと *lending*」を別のものと分類した。最後に、彼は、「貸すこと *lending*」をその種類のものと分類し、「収益 *lucre*」を別のものとする。このように、分類をひっくり返すことによって、つまり異種を同種とすることによって、彼は、我々を、彼の記述に関して不確かな状態に置き、それでもなお、「三語の範囲内で我々は利子を見つけることができる」と結論づける。しかしながら、多様な位置を占め、多くの場合に異なった意味を生み出し、時には反対の意味となる三つの語など、誰が理解し得るのだろうか。それでもなお、これが、あなたが彼において見出し得る定義の全てなのである。このようにして、手短に、彼は、利子とは何かということについての我々の理解を決定すべき必須の問題を軽く通り過ぎて行く。

（3） 信約（covenant）。フィルマーは「利子」を定義する際に「信約 covenant」」という語を使用する。これは「収益 lucre」「貸すこと lending」と比べて、現代の我々にとっては分かりにくい説明である。この箇所以降でも「信約」という言葉は多用されており、それは「契約」と対照されて使用されるのだが、我々の感覚からすればどちらも「合意」である「信約」と「契約」のうち、フェントン博士が「信約」を利子と関係付けて説明し、フィルマーがそうではないと主張することを理解するためには、当時の「信約」という語と「契約」という語の意味を知る必要がある。一七世紀初頭においては、「信約 covenant」とは捺印証書による同意であり、権利や事物の即座の移動の必然性はないものだった。これは捺印証書がない場合にも同様だった。その場合は訴訟の対象にもならなかった。つまり、現代の同意に相当近いものだった。それに対して「契約」は、契約者相互において即座に権利を含む財の移動を伴うものだった。それは必ず訴訟の対象になり、問題は財や権利の相互移動が確かに行われたかどうかという点だった。そのためフェントン博士は、利子を否定するために比較的法的拘束力の低い「信約」を例とする。つまりフェントン博士にとっても「契約」による「利息」は罪ではないのである。これ以降頻出する「信約」と「契約」という語を含む文脈の理解を助けるためには、「契約」が権利を含む財の即座の交換を前提としていること念頭に置くことが重要である（トマス・ホッブズ『哲学原論／自然法及び国家法の原理』伊藤宏之・渡部秀和訳、柏書房、1453－1459頁の訳注を参照されたい）。

しかしながら、もう少し注意を傾け、フェントン博士によって引用された上記の三つの記述の核心を検証してみよう。そして三つの言葉を簡単にまとめてみよう。

相互利益の協定 *Pactum ex mutuo Lucrum*

利子とは、次のことである。………

信約に基づく貸付に関する利益、もしくは、
貸すことに関する利益の信約、もしくは、
利益に関する信約に基づいて貸すこと。

一　彼が言うところによれば、利子は、利益であり、彼は、利益や儲けを得ることが利子の一種であると思っていた。これは疑いもなく誤った分類である。というのは、確かに、利子は、違反の罪、したがって、作動、もしくは作為の罪だからである。それゆえ、貸すことの受動や産物にしか過ぎない利益、もしくは儲けは、その種類のものではあり得ないからである。

二　彼は、信約をその類のものとする。以下のことを問いたい。つまり、やる気を起こさせるために、息子に事業を試みさせるために父親が、息子から全く利子 interest を取る意図もなく儲けに関する暗黙の信約で一〇〇ポンド貸した場合、一体誰が、父親は利子を取ったというのだろうか。父親は、息子から最小限の

いだろう。

利益も取る意図はないだろう。そして確かにこの場合には、ただそれだけの信約は、利子の罪にはなり得ないだろう。

三　彼は「利子とは、利益に関する信約に基づいて貸すことである」という。この記述において、また前の二つの記述のように、私は、彼自身の原理と基礎についての明白な矛盾を見出す。儲けのために貸すことは、貸すことではまったくない。「（というのは16頁で彼は）貸すことは、それ自身の固有の本質において、無償なものだからである。賃貸しが、使用料、もしくは儲けに関するものである」。それゆえ、これによって彼の学説は、儲けのために貸すことは、全く貸すことではなく、賃貸し、もしくは損料を取って賃貸しすることであるということになる。したがって、もし、フェントン博士が、彼自身の原理に忠実であるならば、彼は利子を、利益に関する信約に基づいて賃貸しすることと定義すべきである。もしくは簡潔に、賃貸し、もしくは貨幣の賃貸借と定義すべきである。しかしながら、フェントン博士と全ての他の肯定者たち anti-daenists は、利子を、賃貸し、もしくは貨幣の賃貸借と呼ぶことに耐えられなかった。

さらに、私は、上の三つの記述において、彼が、儲けや利益を、貸すことのただそれだけに関する行為であると想像していることに気づいた。そこにおいて彼は、大いに誤っている。というのは、それは貸すことに関することではなく、人々が利子を与える賃貸しされた事物の使用に関することだからである。そして、貸すことの純粋な行為は、双方において似ているのではあるが、貨幣が賃貸された時間に相応して、利息 the increase、もしくは利子が多少は生ずるものだからである。普通の利子という言葉は（それをフェントン博士は「事物の使用 *usus rei*」という言葉から由来させるのだが）、利子が事物の使用に関して与えられ、単なる貸することによって与えられたのではないことを教える。それは子どもにさえ理解可能なことである。

さらに、上の三つの記述において、「信約 *Covenant*」という語が、止まずに見出される。聖書からのどのような根拠もないのであるが、それでもなお彼は、「あなたは彼に対して高利貸のようになってはならない。彼から利子をとってはならない」(『出エジプト記』二二・二五)というところから、推論によって、偽ってそれを引き出してくる。元々は、それは「汝は厳しく取り立てるべきではない」、そして汝は「利子を強いるべきではない」というものだった。ここから、フェントン博士は、信約によるもの以外には自由な人物に対するどのような強制取立ても賦課もあり得ないと結論付ける(26頁)。こう申しては失礼だが、この彼の推論は誤りである。というのは、強制取立ては、信約を受けた事物に関するものでも、当然支払うべきものでもないからである。我々のコモンローの説明や民衆一般の言葉においては、無理取り extortion と強制取立て exaction とは次にように区別される。つまり、無理取りは、当然支払うべき以上のものを取ることにおける悪であり、強制取立ては、全く支払うべきものではないものを取ることである。その強制取立てが、先立つ契約によるものに違いないならば、その区別は誤りである。貧しいユダヤ人たちは、聖書の多くの箇所によって明らかなように、食べ物、金銭、そしてその他の必需品を質によって借りていた。貸主は、彼の元金の保証としてまさに担保を取ったのだが、彼は彼の元金を超えた利得を得るまで貧しい借り主からその担保を預かることができた。そしてそのような不正義な手段によって、何らかの先立つ信約なしに不当な利息 increase の強制取立て、もしくは、賦課を行った。

モーゼによって記述されたような貧困な人々が、彼らは当座の欠乏に間に合わせるためにのみ借りたのではあるが、利息 increase の支払いに関する信約もしくは義務に値し得るような、長期間に渡る大きな額の借金を皆済するに十分な信用を受けていたと想像する少しばかりの理由がある。借用証書を持つことが出来ない者は、それでもなお質草のために受け取った衣服 garmet を持つことができた。そしてその質草は、素早い質受けの意図として通常は与えられた。なぜなら衣類は、ほとんど食物と同様の必需品であったからである。そのような小さな価値の事物を理由として借りることは（小さいという理由のためのそれらの効用がほとんど無価値なので）そのような場合には、モーゼによって利子の禁止の大きな理由となり得た。質草を取って貸した人の中に借用証書で貸したり、担保で貸す危険をおかす人はいなかった。

フェントン博士は、「利子を禁止した法が発生した時には、必要品や必需品のために借りる貧困な者たち以外にはどのような借りる者たちも存在していなかった」ことを認めた。したがって、フェントン博士は、「信約によるもの以外は、もしくは少なくとも何らかの黙契によるもの以外は、どのようなものも利子ではない」と結論づけたのではあるが、聖書からの直接の文章の証拠によるより良き保証なしには、この「信約 *Covenant*」という語が、利子の定義、もしくは記述において必然的に要求されなければならないということは証明され得ない。

ドーナム博士は、利子についての彼の定義の中でこの信約という語を省いた。私は、「ネヘミヤ記」の一節によって、利子が、儲けのために契約することの中には存在しないと強く確信した。私は、第六章において、苛酷な抑圧が記述されていることに気づいた。「人々から、同胞のユダの人々に対して大きな訴えの叫びがあがった。かれら自身や息子や娘のために穀物を得るためには、畑も、ぶどう園も、家も抵当に入れなければならない。子どもたちを手放して奴隷にしなければならない」。これらは契約によって抑圧された人々であり、第十一節で明らかなように、一二パーセントを支払う人々であった。そしてこれら全てにもかかわらず、この抑圧が利子固有のものではないと私を考えるように動かす聖書の文章の章句や状況がある。

第一に、ネヘミヤは、決してそれを利子とは呼ばず、重荷と呼んだ。そしてさらに、この章には、ネスヘック *Neshec* もタービス *Tarbith* もマービス *Marbith* という語も見受けられないが、それでもなお、それらが、利子を表現するための法における数少ない語であった。

第二に、ネヘミヤは、貴族や支配者たちに、彼らが利子を禁止する法を侵犯したことを告げない。誰もが、その者たちの罪に対してその者たちを譴責し、返還を要求するために、特にそれが名づけられている方法、もしくはそれが禁じられている法を考えるだろうが、ネヘミヤは、それらを行わず、彼らに次のように語っただけであった。「彼らが行ったことは良きことではない」。そして彼らにたずねた。「敵である異邦人に辱められないために、神を畏れて生きるはずではないのか」。つまり、ユダヤ人たちがお互いに抑圧し合うことがどれほど不幸なことであるのかを異邦人たちが見た時、利子を禁止する特殊な法ではなく、異邦人によって神の名が冒瀆されないようにと語ったのである。

第三に、ネヘミヤは、貴族たちに「私も私の部下たちも、他の貴族と同じように貸している exacted」と言う。しかしながら、この貸していることが利子であったならば、彼は、「貸している」とは正当には言い得なかったはずである。というのは、それは法に反することだったからである。

最後に、ネヘミヤは、重荷である貸すことを止めさせるために、行政の長官として彼らを処罰すると威したのではなく、彼が行った慈悲の例によって懇請した。

それゆえ、ネヘミヤは、その時、決して利子と名づけたのでも、それを禁止する法について言及したのでもなく、合法であるべき貴族たちの行為を想定したのであり、一時しのぎの便法ではなく、この抑圧は儲けのための信約を持つのではあるが、利子固有のものではなかったとまさに私の信念を導いたのである。

儲けのための全ての契約が利子的なものとして禁じられていたのではないことを確信するために私にとって役に立つ別の根拠は、我らの救世主の「ルカによる福音書」一九・二三の証言である。そこで彼はユダヤ人国家共同体の銀行の利子について言及している。そこでは、自分のお金で行う者は、十分に利子を受け取り得ることが示されている。我らの救世主は、そのような銀行について嫌悪も禁止もまさに示すことはなかったのではあるが、それでもなお、それはイスラエルの国家共同体の何れかの都市の出来事であり、その君主もしくは官僚の布告や許しがなければ、ありそうもなかったことなのである。そして、全ての利子がそれ自体において不法なものであるなら、そしてまたフェントン博士が偽ったようにその抑圧性によって国家共同体に対して有害なものであるならば、その国家がその銀行に対して寛容であることは到底ありそうもないことである。

律法学者やパリサイ人の誤った注解や解釈に対する福音書の中の多くの譴責を私は見出した。その誤った解釈によって、彼らは多くの事柄において法を曲解した。しかしながら、私は、利子に関しては為政者に対するどのような譴責も見出せない。それが法についての公的な違反ならば、我らの救世主によって、そして、彼の全ての使徒たちによって、譴責されることが忘れられて来たということはあり得ないだろう。

しかしながら、フェントン博士においてそれが明白に現れる時、つまり、貸すことの信約ばかりではなく、（彼の意見によれば）買うこと、売ること、賃貸すること、交換することその他が、利子についての契約全てとなり得る時、利子について記述する用語について議論することはどのような目的のためだろうか。もしくは、どのような種類の契約のためだろうか。例証すれば、以下のものが彼の言葉である（12頁）「一〇〇ポンドで、私は、一〇年間において年に二〇ポンドの年賦金を得る。これは、信約の方法とは異なる協定や取引であるが、それでもなお、それは、実際のところは、利子がついていることと同じことである」。そして別の箇所で彼は似たようなことを言っている（129頁）。獲得することは、「買うことであり、貸すこととは異なる信約の別の方法である」。そしてそれでもなお、「実際のところは、利子がついていることと同じことである」と断言することは、明白な矛盾であると私は言わなければならない。彼が言うことは貸すことであり、これは、買うことと借りることを同一のものとすることであり、全ての契約を混同することである。

信約の用語が、利子を予想して聖書の言葉の中に見出されないように、教父たちの中においても、それについてのどのような言及もない。したがって、彼らは、貨幣の使用に関するもうけの全ての契約が強く非難されるということが原始教会において合意されたと偽りをいい、我々を裏切る。真実は、教会法学者とスコラ哲学者が、利子についてのこれらの記述の最初の提唱者であったということなのである。それは今やいくつかの現代神学によって我々に押し付けられている。古代は、聖書の文言についてより慎み深く、遵法的であった。それはまさに利子を予想する法を伝えており、貧困な者達の苦しみの除去のみに関して、慈善と平等の支配に対して専ら適応するものとして作られた制限のある用語で構成されていた。

教会法学者たちから（彼らは、法におけるカソリック教皇の学識ある相談役であったのだが）フェントン博士は、彼の記述を借用したばかりではなく、彼の議論、分類も二番煎じのものだった。というのは、彼は、全てをドーナム博士から引用しており、ドーナム博士は、メランヒトンやケムニティスから引用していたからである。そして彼ら二人は、それを、教会法学者、懐疑論者、スコラ哲学者から取ってきたからである。そして、フェントン博士は、何ら新しい議論や根拠という利息も支払うことなく、ドーナム博士から彼の論文全体を自由に借りることによる利子の罪を免れていたのではあるが、それでもなお、もし、フェントン博士が、論文を借りるためにドーナム博士と契約をしていなかったら、彼は、ほとんど、剽窃者と同じである。そして、我々が、彼らの行った高利貸しについての行為を最大限の意味に受け取るならば、当然の帰結として、フェントン博士は、利子を支払うことについては罪ではないのだが、それでもなお、「出エジプト記」二二・一六、「申命記」二四・七における別の法を侵犯していることになる。それはより大きな罪である。というのは、神の法は、利子に関するどのような処罰も定めてはいないのではあるが、それでもなお、剽窃は死によって処罰されるべきものであったからである。

聖書からの証拠について

さて、ここにおいて、私は、貸すことと賃貸しとの特質を検証し、それらがどのように異なるのかを調査するために、さらに前進すべきことになる。なぜなら、私は、私の著者のいろいろな書物においてそれらへの言及を見出しているのではあるが、それはしばらく保留しておいて、まず、この議論において最も重要な素材である聖書の本文を取り扱うべきだからである。

利子 usury については、三つの本文のみを、モーゼの法において見出すことができる。最初の二つにおいては、貧者は、明白に名指しされており、三番目のものにおいては、もちろんのこととして、暗示されている。「出エジプト記」二二・二五には次のようにある。「もし、あなたが、わたしの民、あなたと共にいる貧しい者にお金を貸す場合は、彼に対して、高利貸しのようになってはならない。彼から利子を取ってはならない」。「レビ記」二五・三五には次のようにある。「もし同胞が貧しく、自分で生計を立てることができないときは、寄留者ないし滞在者を助けるようにその人を助け、共に生活できるようにしなさい。あなたはその人から利子も利息も取ってはならない。その人に金銭や食糧を貸す場合、利子や利息を取ってはならない」。これらの二つの本文によって、我々は、貧者に関する正確な記述を手にする。つまり彼らは、貧困となった者であり、生計を立てられない者でなければならず、（本文によれば）その者の手は、労働ができないほど弱く、震えている者であり、迎え入れられ、救済されるべき必要のある者であり、必要に迫られて食糧を借りることを強いられる者である。第三の本文は、それは明白には、貧者を名ざししているのではないのだが、それでもなお、そのような者たちのみに関係する言及を持つことは非常に明白である。第一に、レビ記における上述の本文のように、そこにおいては貧者が記述されているのではあるが、そして彼らの所有物の一つが、借りた食糧であると言及されているからである。そして、「申命記」二三・一九においては、そこでは、貧者の名前は省かれているのではあるが、それでもなお、借りた食糧としての所有物についての規定があり、それは極端な困窮の場合における貧者への慣習のみであるべきであることは、我々の日々の共通の経験が我々に教えるところである。第二に、ここではその法は、かみつきbitingもしくは「ネスチェル*Nescher*（へび）」という語のみを使用しており、その語はまた第一の本文でもそのように使用されており、その本文では貧者が名指しされていたのであった。第三に、（全ての人がそのように行い、我々もそうしなければならないので）我々が、申命記にあるこの法を、出エジプト記やレビ記にあるものと同じものであることを許容するならば、その時は、それは同じ対象を貧者とせねばならず、同じ目的を持たねばならず、それはその貧者の救済である。というのは、我々は、利子の禁止に関しては聖書において、「貧しき同胞が汝と共に生活し、必要なものを十分に持ち得る」こと以外には、十分に主張された目的、もしくは他の理由を見出せないからである。人々の貸付を神が拘束するところでは、神は自由に貸し付けることを規定し、拘束するのだが、その法は次のようなものであった。「あなたの神、主が与えられる土地で、どこかの町に貧しい同胞が一人でもいるならば、その貧しい同胞に対して心をかたくなにせず、手を閉ざすことなく、彼に手を大きく開いて、必要とするものを貸し与えなさい」（「申命記」一五・七、八）。この法の遵守に関して、神は、この貸すことが利子なしのものであるべきということに苦心した。すなわち、神は、富裕者に貸付する人々を拘束するどのような法も作らなかった。したがって、彼らから利子を取ることを抑止するためのどのような法も存在しなかった。すなわち、貧者に貸すことは、与えることのすぐ次ぐらいであるほど物惜しみしないものであるべきなのである。そして我々は、貸すことを命ずるこの法に、次の文言が付加されることに気づくのである。「彼に必ず与えなさい。また与える時、心に未練があってはならない」。同様なことが「レビ記」二五にもあり、そこでは次のように言われる。「あなたは彼を助けなさい」。それからただちに「彼から利子を取ってはならない」という言葉が続く。このようにして、聖書は、利子の禁止と慈善の行為とが同一の対象についての信約であることを教えるために、まさに、利子の禁止と慈善の行為とを一体のものとする。したがって、申命記においてこの法の対象に富裕者も含める神は、必然的に、聖書が与える以上の理由と何らかの新しい目的とを考え出さなければならない。そしてまた、その法自体を異なるものとして作らなければならない。その法が申命記においてなぜそのような短い用語であるのかということの真の理由に反して、おそらく、というのは、その法が特に規定される以前に二回も出てきているからであるが、モーゼはまさに「申命記」において、彼らの記憶に対してそれを十分に呼び戻すために、短い数語でそれを繰り返すのみであり、ここにおいて、彼らは、約束の地に喜んで入ることになったのである。我々が、また、ユダヤ人の間での彼らの無慈悲さを考察するならば、貧者のための規定を作るのに機は熟していたのであり、日没前に返さなければならないその法に現れているように、もしそれらが「彼らがそこにおいて睡眠を取る彼の唯一の衣服、肌を覆う着物」（「出エジプト記」二二・二六）だとすれば、負債のために素寒貧である貧者からさらに奪い取るようなことはなかった。そのうえ彼らは、貧者に貸すことをさし控えた。なぜなら、彼らは、もし七年以内にそれを取り戻さなければ、彼らの負債帳消しの危険があったからである。その法は、「申命記」一五・一で次のようにある。「七年目ごとに負債を免除しなさい。だれでも隣人に貸した者は皆、負債を免除しなければならない。同胞である隣人から取り立ててはならない」。この負債の免除は、利子の禁止と貧者の救済と同じ目的を持っていた。そして、救済のこの法は、隣人や同胞という一般的な言葉によって伝えられてはいるのだが、それでもなお、この救済によって「貧しいものはいなくなる」という第四節において続く例外によって明白に現れているように、そして、負債の免除と規定された貧者へ貸すことの後に第一一節で結論として「この国から貧しい者がいなくなることはないであろう。それゆえ、わたしはあなたに命ずる。この国に住む同胞のうち、生活に苦しむ貧しい者に手を大きく開きなさい」と言われていることから明白なように、貧困な同胞についてのものであると理解されなければならない。これらの箇所は、まさに、我々に、この同胞という語が貧者のための特別な意味で時折使用されていることを教える。救済のこの法は、人々が貸すことを恐れるように仕向ける。したがって、神は、第九節で次のように警告した。「「七年目の負債免除の年が近づいた」と、よこしまな考えを持って、貧しい同胞を見捨て、物を断ることのないように注意しなさい。その同胞があなたを主に訴えるならば、あなたは罪に問われよう」。

さて、三つの箇所においてのみ利子を禁ずる神のその法は、最初の二つ箇所で明白に貧者を名指しし、彼らについて記述し、第三の箇所において、明確に、それらを暗示した。どのような理由、良心、慈悲心によって、誰がその法を人間一般に拡大し得るのだろうか。どの聖霊がそれほど注意深く貧者に対して制限されるのだろうか。そして、利子に反対して最初に与えられたその法が、貧者の苦難についてまさに言及しているので、私は、フェントン博士が、その本文から彼の定義を取ることがなく、利子を貧者に対する抑圧的貸付と呼び、しかしながら、決して、貧者の苦難には言及せず、「貸付による儲けの信約」と呼ぶことに驚く。それは全く本文をないがしろにすることであり、我々の慈善によって救済されるべき困窮者への利子を禁ずるのみであるように思われる。

そしてこの理由のために、私は、カルヴァンが言ったこと、つまり、聖書のどのような証拠によってもそれが自分にとっては明らかではないので、全ての利子が一緒に非難されるということは明らかではないと言ったことを推測するのである。なぜモーゼの法が利子に関するすべての種類の裁判による処罰をも定めていないのかということの理由が、推測されるのである。なぜなら、その罪は、人間自身の良心の判断によってのみ決定できるものであり、儲けのための何らかの先行する契約によるものではないからである。

詩篇、箴言、エゼキエル書における本文に関しては、それらの一般的な言葉は、どのような新しい法を作ることが可能でもなく、彼らの譴責と訓戒とは、モーゼによって以前に与えられて法の侵犯と遵守に対して語られるだけである。利子に反対して最も熱弁を振るったエゼキエルでさえ（一八・一七）、それを次のような文章の後に配したのである。「飢えたものに自分のパンを与えず、裸の者に衣服を着せないことは、貧者を嘆き悲しませることになる」。そしてまた、それらの本文は、利子に反対するモーゼの法の何らかの説明でもあり得ない。なぜなら、その法自体が、その法を与えたのではなく言及したに過ぎないダビデ、ソロモン、もしくはエゼキエルによる以上に、モーゼによって、より詳しく十分な用語において表現され、説明されているからである。

利子という名辞について

私は、全ての利子に戦いを挑む者たちを知っている。彼らは、利子という言葉がヘブライ語に起源を持つことをまさに得意満面に話す。なぜなら、そのヘブライ語の起源がだますことを意味していたからである。それゆえ、彼らは、それを、蛇の毒牙のようなものとして結論づけ、そして、その点において、忌まわしき罪として考えることができた。それに対する返答としては、第一に、我々は、フェントン博士が「その名辞は、どのような定義でもなかった」、したがって、どのような疑問における論証的な意見の主張ではなかったとまさに認めていることを思いださなければならない。第二に、私は、起源的な言葉「ネスヘック *Neshec*（へび）」が利子における有害な質をより良く表示していることをまさに承認する。そして、私は、それが真実の理由であるという考えを抱く。というのは、この世界に存在した借りることとの最初の種類のものは、もしくは利子を禁止する法が与えられたまさにその時に存在した借りることとの最初の種類のものは、困窮の場合においてのみであったのであり、そして、そのような場合において利子的なものを要求することは、最悪の名辞を十分受けるに値する罪だったからである。我々は、皆、学芸や貿易が人間の勤勉や理知によって増加させられたように、貨幣の富や他の財産が次第にこの世に持ち込まれたものであることを知っている。堂々とした建築物、豪華な家具調度品、華美な衣装、上品な饗宴は、アダムの創造に備えて用意されたものではなかった。銀が掘り起こされ鋳造され金庫に満たされるほどになるためには、つまり、彼らが他者との商業や交易によって莫大な量を用立て、使用するほどになるためには相当の時間がかかった。人々は、最初、必需品の面倒のみを求めた。そして、そのような事物の欠乏が、彼らにお互いに貸すことを教えた。

また、その法が与えられた時、（フェントン博士は10頁で言うのだが）「神の民は、砂漠を旅しており、後に、カナンの地における戦争で困難に巻き込まれた。貨幣を借りるということはほとんどなく、貧者の欠乏物のためにのみ借りたのであって、そして、彼らから利子を取ることは、明白な詐欺であり、抑圧だった。そこにおいて、彼らは、商品を陳列するために借りたのではなく、必要不可欠なものを消費するために借りた。したがって、ダビデは、彼の骨の折れる日々において、最も貧困な者が、この罪によって最もだまされるところであったその時代に最高に適合する形で、*Neshec*（へび）というその語を、利子のためのみに用いた」。

フェントン博士の上述の文章において、我々は、借りることのどのような仕方が、利子の最初の名辞を引き起こしたのか銘記することができる。その名辞は、無慈悲な本質を持っていたわけではなかったのであるが、後に、増加 increase の類似性のみのために、借りることの他の全ての種類のものに適用された。悪い事柄に関して使用された良き名辞についての似たような観察を、フェントン博士は、利子のラテン語名辞においてて行った。「（彼が言うには）「使用・利子 *Usura*」は、「利子 *usury*」がそれを傷つけるまで、もともとは良き正当な言葉だった」。というのは、*usura* は、実際のところ、「使用すること *usus rei*」に他ならず、元来「お金はもとより他の事物の使用」という意味だったからである。

結論として、余儀なくされた借用の上に行われた無慈悲な儲けは、「だますこと」というふさわしい名辞をまさに受けるに値するものになったのではあるが、それでもなお、そのような借用から取られた儲けは、困窮が強いることのないところでは、だますという意味ははっきりとしたものではなかった。なぜなら、抑圧が存在したところ以外では、そして抑圧が貧者に対するものだけであったところでなければ、どのようなだましbitingも存在し得なかったからである。人は、富裕な者も欺くことができるのだが、抑圧することはできない。そしてその理由は明白である。なぜなら抑圧は、不当な暴力的行為だからである。必要が、貧者をして借用を促し、貸し方は、利子increaseをその者が支払うよう強いる。ここにおいて、富裕者は、暴力には服従し得ない。なぜなら、どのような必要性も彼をして借用を促すことはないからである。彼が増加額を前提として借用するかどうかは、必要性の問題ではなく、任意の問題である。というのは、彼が借用するなら過剰分を支払わなければならないことは道徳的必然性であるが、それでもなお、彼が借用しなければならないことは、絶対的な必要性からではないからである。それゆえ、貸し方の暴力的な行為の必然性は借り方の困窮だったのである。

富裕な者が、借用証書に関する全体的科料を支払うように強制されるならば、それは、困窮なしにそのような義務に立ち入ることになった彼自身の愚挙であり、それによって彼は、貸し方を、法的手段によってまさに彼を欺くことを可能とさせる。貸し方は極端な場合、彼の賠償金のための警告だけが記述されていた法から全ての利益を生み出す。貸し方のこの詐欺行為は、不当なものであるのだが、しかしながら、専ら「詐欺的」利子において見出されるような抑圧の暴力的な罪ではない。

彼らが言うところの聖書において見出される第二の言葉は、聖書解釈学的な付加であり、それは、「何らかの増加額全て *any increase at all*」を意味する。もし言われたことが真実なら、それは、その本文が貧者のみについて理解されるべきなのかどうかという問題を損なうことも援助することもしない。というのは、増加額は、全て貧者からのものなのではあるが、それでもなお、富裕者から利子を取るとはどういうことなのかが問題だからである。しかしながら、彼らが増加額に関するこの言葉（*tarbith*）をどのように曲解しているのか一瞥してみよう。第一に、もし「利息 *tarbith*」が、まさに、実際のところの増加、もしくは加増の増加のように、増加すること自体を意味するなら、その時それは、*neshec* と同一のものとなる。フェントン博士はそれを儲けの量の中にあるとしたが、しかしながら私は、それが取られる人物の質の中にあると思う。そしてその時、それらの用語が同義であるならば、彼らは、彼らの「聖書解釈学」を見出すことになるだろう。第二に、私は、聖書が貨幣の利子のために *tarbith* を使用することをどのようにフェントン博士が証明し得るのかを知るつもりである。（彼が言うには）その法についての真実の説明者である預言者は、「全く同一の事柄に常に無頓着に双方を適用することで双方の言葉を結合した」。預言者エゼキエルが、*neshec* と *tarbith* とを結合し、ソロモンもそのようにしたことは真実である。しかしながら、彼らがそれら双方を全く同一の事柄に常に無頓着に適用したということは誤りである。というのは、彼らはそれらを全く適用していないからである。彼らは、貨幣も食糧の何れも名指ししていない。私は、聖書全体の中で一回だけそれらが適用されたところを見出した。それは「レビ記」二五・三六におけるモーゼによるものである。そこにおいてフェントン博士は、それら双方が一緒に名指しされることを発見し得たのであり、それから、貨幣の増加額に対して*neshec*を適用した。そしてその主眼点は、我々の聖書の翻訳者たちによって注意深く遵守された。というのは、彼らは、*neshec*を利子とのみ訳すことに皆が同意し、一致したからである。*tarbith*もしくは*marbith*という言葉を彼らは決して利子という名辞では訳さなかった。そして、「箴言」二八・八において、もともとは*tarbith*であるものを、我々の神学者たちは、「不正な儲け」とし、それによって、彼らが、全ての増加額や儲けを意味しているのではなく、そのような不正なもののみを意味していることをほのめかした。

貨幣や食糧の双方が同じ本文にあるので、それら双方は同じ本質であり、それゆえ、*tarbith*は、それらの何れに対しても無頓着に言及され得ると言われるだろう。返答はこうである。本文は、まさにそれらを結合してはいるのだが、それは消費や使用における同じ本質のためにではなく、その法はまさに、極端な貧者が、食糧自体にせよ、貨幣にせよ、貧者が最も容易に、最も早く食糧を獲得し、生命を維持するために必然的に借用するような事物の記述にのみ言及しているということである。さもなければ、これら二つのものは、フェントン博士が、消費されるものと使用されるものの例として、一塊のパンと貨幣とを示したように異なったものであったろう。彼らが消費した時、食糧は、全く消滅したのであって、それらについてのどのような更なる使用も作りえなかった。さもなければ、消費されたとは正確には言うことができない貨幣と同じことになる。ある者によって使用されてきた一〇〇は、引き続いて一〇〇人の人々によって後に使用され得るからであり、その経過において、何らかの他の必需品がそれによってより大きな価値で、もしくは同等の価値で獲得され、それは増加額のために使用されるのである。それゆえ、貨幣のその使用は、ある種、永遠的なものである。この差異が良く考察されるならば、貨幣のみについての利子よりも、食糧の利子と増加額が禁止された大きな理由が存在し得る。しかしながら、私は、*neshec* と *tarbith* との名辞からのその議論は信頼しない。そしてさらに、私は、それらの真実の用法が（他の多くの言葉と同じように）我々には全く喪失しているという理由でその議論を信頼しない。

フェントン博士の第三の曲解は、*neshec* という用語を解説し説明するために *tarbith* という語を使ったことである。我々は、*neshec* が、「出エジプト記」、「申命記」、「詩篇」においてのみ使用されていることを見出した。*tarbith* は、決して単独で使用されることはなく、レビ記、箴言、そしてエゼキエル書において *neshec* と並べて使用される。それゆえ、前者は、全ての本文において使用され、後者は、一部のみにおいて使用される。ここにおいて、問題は、常に使用される特殊な言葉が、時折使用されるのみである一般的な言葉を解説すべきであるのかどうかということになる。もしくは、反対に、フェントン博士が考えるように、というのは彼は39頁で我々にそのように語るので、法が与えられそして目立つ用語で罪が禁止された後、人々がより「狭く」前の用語を制限する中で自由を探求することのないように、神の趣意をより十分に説明するためのより一般的な付加によること、それが聖書の方法であったのかどうかということである。彼によればそういうことになるのだが、しかしながら、「一般的な用語によって、目立つ用語を説明する」という彼の言葉は、何を意味しているのだろうか。彼は、一般的な用語で特殊な用語を、もしくは目立たない用語で目立つ用語をというべきであったのであり、その時、彼の誤りは、より目立つものとなるはずだったのである。というのは、私は、フェントン博士によって断言された例によって明白に明らかなように、目立たない事物を表現することが目立つ事物の本質であり、一般的なものを表現することが特殊なものの本質であると信ずるからである。そしてそれが、フェントン博士自身に反対する何事かを作ることを信ずるからである。（彼が言うには）「窃盗 Theft は、盗むこと stealing を目立つ用語で規定したものである。聖霊は、狡猾な約定によって出し抜くことが窃盗である事を教えることで、それに不正もしくは不実な振る舞いを付加した」。ここで私は、次のように問いたい。つまり、もし「盗むこと *stealing*」が目立つ用語であるならば、「狡猾による不正もしくは不実」は一般的な用語であるのかどうかを問いたい。確かに、フェントン博士が、そう言っているわけではない。というのは、契約における詐欺は、窃盗や盗むことの特殊な種類にしか過ぎないからである。したがって、「盗むこと *stealing*」より一層多く一般的なのではなく、より一層少なく一般的なのである。それゆえ、フェントン博士の学説とは全く反対の事柄となり、盗むことの一般的な罪は、振る舞いにおける詐欺の特殊な罪によって表現され、説明される。したがって、「*biting*」についての特殊な用語が「*increase*」というより一般的な用語の意味を説明すべきであるということが正当なこととなる。なぜなら、何事も、より一般的な用語において表現された後にそれに言及するために、事柄が特殊に表現された時以上に、ありふれたものとなることはありえないからである。

その上、より一般的な用語によって目立つ用語を表現するというこの交代は、あたかも神が、人間たちのあら捜しまで、そしてその用語を抑圧するための彼らの自由の探求がそれをどのように繕うのかを神に教えるまで、神の法を完遂不可能であるように、人間の虚弱性に神の知恵を従わせることを想像させるものである。疑いもなく、神の法が、全ての増加額の禁止を意図していたならば、汝らは貨幣を貸したり、賃貸ししたりすることでどのような増加額を取ってもならぬということを、（殺人、窃盗、姦淫のような）平明で短い用語でそれを行っていたはずである。しかしながら増加額の代わりに、その法は「貧者への詐欺や抑圧」と言う。殺人や利子が禁じられ、似たように許されるならば、なぜ神の戒律は、「汝は汝の兄弟を殺害してはならない。しかしながら異邦人を殺害することは許される」と言わないのだろうか。確かに、神は、つまらぬことのためにこれらの制限条件を使用することはないのである。「汝は、寡婦や父を失った子どもを苦しめてはならない」という法に基づき、フェントン博士によって、それでは、私は、結婚している女性を苦しめることが可能である、もしくは、父を持つ子どもを苦しめることが可能であることになるのだろうかと問われる。返答はこうである。つまり、私にはできない。しかしながらそれでもなお、その理由は、私が、寡婦や孤児に関するこの特別な法によって禁止されているということではなく、「盗んではならない」という一般的な戒律によって、私がどのような人間も苦しめたり、抑圧したりすることが禁じられているということなのである。似たようなことがソロモンの言葉の中にもある。「汝は、貧者から奪ってはならない」。これらの言葉は、私に富裕者からの簒奪を禁じてはいないのだが、一般的な戒律によって、それでもなお、私は、富裕者からも奪ってはならないのである。しかしながら、同じことは、利子については言うことができない。富裕者の増加額を取ることを禁ずるどのような一般的な法も存在しないからである。

しかしながら、フェントン博士は、利子は、貧者と同様に富裕者にもかみつくと言う。そしてそれを証明することをまさに約束する。しかしながら、彼はそれを忘れているように思われる。私は、彼が決してそれを行い得ないのではないかと疑っている。実際のところ彼は、富裕者に貸すことは、富裕者に国家共同体を抑圧させることになると我々を説得する。そしてそれゆえ帰結として貧者に対してもそうなると説得する。しかしながら、彼は、どのようにして国家共同体が利子によって害されるのかをまさに示さない。そしてその上、どのような特殊な人間が最初に抑圧されるのかについても示さない。私は、その本文が国家共同体の抑圧について語ってはおらず、明白に、抑圧されるべきではない借り主である貧困な同胞を名差ししていることを確かに知っている。それゆえ、その法は、利子が欺く明白で顕著な人物を指摘しているのである。

しかしながら、フェントン博士は、(36頁で)我々に次のように教える。「哀れな、良き純朴な寡婦たちよ。彼女たちは、いつ、誰から、何回、利子を騙し取られたと言えるのだろうか。否、彼女らの最も賢い高利貸しもその全てが言えるだろうか」。このようにして、フェントン博士は、ある場合においてどのような特殊な人物が利子によって抑圧されたのか示すことができないので、群衆の中に彼自身を隠すために、国家共同体という聖域に逃げ込むのである。彼は誰が抑圧されているのか語ることが出来ないことを認めなければならないのではあるが、それでもなお、国家共同体、もしくはそこにおけるある人物(神のみがそれを知っているのだが)が抑圧されるのである。

しかしながら、国家共同体が利子によって抑圧されるということを一般的に彼がどのようにして知ったのかを見てみよう。なるほど、彼は、「それは、市場の価格を上昇させ引き上げる」(86頁)という。それについての返答はこうである。「事物の高価さは、事物自体の不足によってか、もしくは貨幣の過剰によって起こる」。必需品の不足に関しては、それは、利子によっては起こり得ない。というのは、利子は、穀物や家畜を食いつくものではないし、衣服をすり減らすものでもないし、何れかの国の土着の必需品を破壊するものでもないからである。しかしながら反対に、(利子によって交易が可能となる) 商人や他の人々は、他国において、自国における値段より安価にそして豊富にそのような商品を輸出し得る。それゆえ彼らは他国において利益を得ることができる。そして、自国には最も高価で最も必要なものを持って帰る。それゆえ、また、商人たちは、自国で利益を得ることができる。それゆえ、利子は、不足の原因どころではなく、王国における豊かさのための手段なのである。というのも、利子は、我々の持つものを使い尽くさないようにしながら、我々が欲しているものを供給するからである。貨幣の過剰による高価さに関しては、それは、その欠乏で苦しむ王国の惨禍を除いた場合の問題である。事物が最も安いところは、最も富裕ではないところである。というのは、その時は、スコットランドが、イングランドを凌駕してしまうからである。しかしながら、そのような国において事物を安くするものは貨幣の不足である。そしてまた、もし利子が存在しなければ、事物がより安価なものとなるとは誰も考えない。というのは、フェントン博士も(38頁)「利子が存在しなければ、人々は、彼らの理知をかれら自身の貿易をすることや他者を雇用することに張り巡らすだろう」と承認しているからである。それゆえ、同じ儲けが別の方法から上がることになるだろう。というのは、利子に関しては、その問題点は、儲けが貨幣から作られたのかどうかということではなく、誰が儲けを手にしたのかということだからである。

利子に起因しない相場の上昇に関しては、全ての事物の料金や値段についての支配者や統治者は、貨幣の所有者と在庫品の所有主である。というのは、貸主が借主を支配し、より富裕な者がより貧困な者を支配するからである。金のある人々が財産の価格を釣り合わせ、そして、取引、販売、賃貸、そして似たようなことの契約によって生ずる共通の儲けにおいて合意された習慣や慣行によってまたその釣り合わせが行われる。例えば、この王国の貨幣の所有主は、取引することによって、一年の終わりには通常一〇〇において二〇もしくは三〇相当の儲けを生じさせる。それは貧困な人々の側から考察されるならば、もし彼らが一〇〇において一〇で借りることが可能であるなら、その時はそのような取引による彼らの儲けは、使用料 use を支払っても、彼らに二〇もしくは一〇残すということが予期されることになるだろう。それゆえ、借り手は、まさに、貨幣の所有者が行うものと同じ価格で市場において売買によって取引を行うのである。そして、それがこの利子を支配する市場の相場であり、彼らの利子が市場を支配するのではないのである。差異は、唯一、彼らの獲得物の一部を保持する借り主より、所有主がより大きな儲けを引き出し、富を増大させるということである。なぜなら、彼らの在庫品はかれら自身のものではないからである。そして疑いもなく、それが借り手と貸し手の双方に十分な増加額 increase を通常のように産出しないならば、人々の共通の意見としては、一〇〇において八、もしくは、一〇ほども価値づけることはないだろう。もし何れかの者が、売買によって得られ、金利の相場によって導かれた主要な儲けが、あまりにも大きいと異議を唱えるなら、私は、次のこと以外のどのような返答も知らない。つまり、共通の慣習が妥当な儲けを決定できないのならば、私はどのようにしてそれを決定すべきなのか知らないということである。なぜなら、それに関しては聖書においてどのような規則も存在しないからである。しかしながら人々は、儲けによって富を増加させることができる。私は、聖書による慣行と保証の双方を見出した。そしてまた、どのような人々も、生命の存在のために純粋に必須である以上の物を取引によって獲得することを禁止されてはいない。

フェントン博士と全ての利子を非難する者たちが、彼らがまさに偽るその法の文字通りの字義を遵法するならば、彼らは、その法において名指しされてはいない契約の大半に困らされることは決してないであろう。しかしながら、むしろ、利子もしくは増加額（それは契約されてはいないのだが）をまさに取ることは、「レビ記」二五・三六におけるその法によって、不法なものとなると結論付けざるを得ない。そこにおいては、「あなたは、彼からどのような利子を取ってはならない」とある。それならば、上記の人々は、どのようにすれば彼らが推奨する「自由利子 *faenus liberale*」、もしくは、彼らが許す「船の利子 *faenus nauticum*」、もしくは、彼らが激賞する「共同契約 *contractus societatis*」もしくは組合営業を取ることを正当化できるのだろうか。なぜなら、何らかの増加額が不法ならば、これら全ては明白にその法によって禁じられるからである。ユダヤ人自身にとってその法の字義は、心づけを取ることを非難することであるように思われていた。否、もし彼がそれを借りる以前にそのように行いをしていなかったら、人が彼に金銭を貸した者に挨拶をしただけで、もしくは、おはようといっただけで、彼らの幾人かは、それを利子だと考えていた。なぜなら、元々「申命記」二三で「あなたは、どのような言葉の利子も取ってはならない」と言われているからである。我々の訳ではそれを「どのような利子も」としている。たしかに挨拶は契約されていないし、妥当な価格を持つもの、もしくは貨幣価値に値するものではない。

私は、フェントン博士によって引用された利子に反対する新約聖書からのどのような原文も目にしていない。というのは、ドーナン博士と他の幾人かが二つの原文を引用しているのではあるが、真実としては、そのようなものはあり得ないからである。第一に、「マタイによる福音書」五・四二に「求める者には与えなさい。あなたから借りようとする者に、背を向けてはならない」とある。我々が、ドーナン博士に、全ての人は皆、求める全ての者たちに貸すことを義務づけられているのかどうかを問うならば、彼の答えは、「斟酌すべきは、汝の能力の不都合であり、必要性であり、（もし危急、現下の必要性のものでなければ）その者の誠実さである。もし、その者の必要性が彼を借用に駆り立てるなら、汝の財産をして貸与せしめよ。汝は彼に貸与することを義務づけられる。殊に、もし彼の誠実さが尊重に値するものなら」というものである。すなわちそれは、「詩篇」一五においても語られることではあるが、なぜ、それと同じ斟酌が、利子を禁止する全ての本文の解釈で遵守され得ないのだろうか。第二に、彼は、「ルカによる福音書」六・三五を引用する。すなわち「何も当てにしないで貸しなさい」ということである。最後に、彼とフェントン博士の双方は、その名辞が、非難されるほどのものとしては新約聖書全体において、見出されることはなかったのではあるが、利子を禁止する多数の箇所の例として、惜しげなく貸すこと、もしくは、貧者に対して慈悲深いこと、もしくは、隣人に対して情け深いことの言及を全ての原文に適合させた。私とすれば、慈善に対する全ての熱心な勧めに喜んで耳を傾けるものであり、それを必要不可欠なもの以上のものと考える。そして、何れかの人間が、貧者に対して慈悲深くはあり得ないほどの高利貸しであるならば、そのような人間は、正当に非難されるべきものであり、私は決してそのような者をかばうつもりはない。しかしながら、結論として言えば、人は、貧者に与えなければならないので、したがって、人が富裕者に「賃貸し」はできないということは、良き結論とは言えない。惜しげもなく貸与することを私に命ずる原文は、まさにそれによって、

「賃貸し」を全く禁ずるのではなく、いくつかの場合においてのみ禁じており、そして、多様な状況に従いながら、私はいずれかを行い得る。契約の一つの種類のものの遵守を命ずることが、他の全ての種類の禁止となるならば、当然の帰結として、私は、貧者に金銭を与えることは出来ないし、富裕者に食糧を売ることもできなくなる。なぜなら、私は、双方に貸与したとして非難されるからである。

しかしながら、旧約聖書と新約聖書の双方において、利子を禁止するその法が、道徳的であり、案出され得る限りにおいて一般的な用語で伝えられたと認めてみよう。ありのままの字義が知らせる以外の、そして自然理性と両立し得るような意味に従う、それゆえ、それが何らかの平明で、もしくは必然的な学説と矛盾することがなく、そして信仰から類推を打ち倒すこともない必然的に説明されるべき多くの法や原文が存在しないのだろうか。我らの救世主の法が存在する。「ののしってはならない」。さらに彼は「求める者に与えよ」ともいう。これらの法の何れも、文字通りに理解されてはならず、自然理性の規則と思慮分別にしたがって解釈されなければならない。キリストは、彼の弟子たちに金、もしくは銀、もしくは財布の中の貨幣を運ぶことを禁じた。つまり、私は、フェントン博士や他の者たちが、上述の法の字義を理解してきたとは思えず、彼らが文字通りの字義を他のそしてそれを超えた解釈を承諾しようとしていると信じている。次のような原文がいろいろと存在する。「もし、汝の目が罪を犯したなら、それを引き抜きなさい」「ひたすら祈りなさい」「もし何れかのものが汝の上着を求めたら、それもまた与えなさい」。これらの全ては、それが字義通り理解されたのならば、大きな混乱を呼び起こし、どのよう理性も法も、いずれにせよ許されないような不便さを招来させる。自然の光は、多くの原文の解釈において我々を導くことを助ける。次のものは38頁でフェントン博士自身が認めたことである。「利子は、聖書において神の法によって確定できるばかりではなく、自然法によっても確定できる自然についての問題でもあり、その一般的な公正についての格言と原理とは、神の指によって人々の心の中に書かれている」。このことについてはより良く考察される必要がある。なぜなら、フッカー氏が言うように、「もし、神の事柄において、人々が神の何らかの力を人間の理性に帰すのなら、彼らが敬服すべき神の言葉の権力や権威に敬服できないと考える者達が存在し、その理由のために、彼らは、理性を辱めるためにすすんで理性を使用することなど決してしないだろう」（97頁）。「そしてまた（彼が言うには）どのような人にも、自然的思慮分別による判断に従うことなど考えさせないようにしよう。我々は、神を喜ばすどのような保証も持てないからである。というのは、自然の製作者である神に対して、どのようにして、その自然から生じたものであるなんらかの働きが、その点からして受容されないことがあり得るのだろうか、ということになるからである。我々が神の戒律に反対することなしに何らかの働きを実行する時、神自身が働きを与えた自然は、神を喜ばせること以外ではあり得ない」（60頁）。さて、聖書の中のどこかの箇所が、自然理性の規則と原理からの解釈を受け入れているならば、なぜ、利子の原文はそうではないのだろうか。なぜなら、それらはすべて信約や契約と緊密な関係にあるものであり、自然と諸国民の法に上にのみ基礎付けられるものだからである。そして、慈善のどのような明白な侵犯でもなく、それらの中にはどのような不正義も見出せないと全ての者たちによって承認される多くの場合がある。それゆえ、ドーナン博士は、それによって、次のような主張をしなければならない窮地に追い込まれた。つまり、「隣人を侵害することの他に利子を不法とする他の斟酌すべき点が存在する」（44頁、25頁）という主張である。しかしながら、博愛がその法全体に満たされているならば、私は、欲しいだけ取ることの許しを彼らに与えるだろう。それでもなお、私は、それが隣人を侵害しないのならば、どのようにして、利子が罪であり得るのかを信ずることができない。富裕者から利子を取ることによって国家共同体が苦難に陥るという彼らの口実は、無知なる者の単なる避難所にしか過ぎず、そして、決して証明されることのない虚構であるにしか過ぎない。なぜなら、それは、最も富裕な国家共同体において常に行われていることだからである。

利子の法は、裁判法であるのかどうかについて

利子を禁止するその法が道徳的なものであり、裁判的なものではないことを証明するために、ドーナン博士が、フェントン博士にはない精一杯の論拠を作り出した。彼の言葉は「無料貸与を命ずるその法は、裁判的なものではなく、道徳的なものである。というのは、肯定的に命ずるその法は、否定的なものを禁ずるからである」というものである。それに対する第一の返答は、ドーナン博士が、肯定と否定という用語で、無料貸与と儲けのための貸与とを考えることにおいて誤りを犯しているというものである。すなわち、貸すことと貸さないことという言葉が、唯一、肯定的、そして否定的な用語であり、真正面からぶつかり合うものだからである。無料で貸すこと、もしくは儲けのために貸すことは、貸すことのいくつかの種類にしか過ぎないのであり、質において異なっているものである。そしてそれらの質は異なってはいるのだが、それでも

なお、それらは、双方とも実定的positiveで肯定的である。というのは、「いつでも、反対の一部は、肯定である *contrariorum utrumque membrum est positivum*」ということが公理だからである。矛盾語と欠性語において、ある用語は、常に否定的であるが、それは、相反する性質においてそうなのではない。第二に、より有力なドーナン博士の議論を報告してみよう。それは「安息日に休息することを命ずる法は、裁判法ではなく、道徳的な法である。したがって、安息日に火をつけることを禁ずるその法は、「道徳的」である」。というのは、肯定的に命ずるその法は、否定を禁ずるものだからである。ドーナン博士は、この彼自身の議論に対してどのように答えるのだろうか。ここには、肯定も否定もあり、火を起こすことに安住することも、安住しないこともあり、相反する性質であるばかりではなく、矛盾対当でもある。それでもなお、私は、安息日に火を起こすことが道徳的な法の侵犯であることをドーナン博士が結論づけるつもりはないだろうと推測する。フェントン博士は、「我々が、信者仲間を抑圧し、欺くことの自由をキリスト教徒に与えるだろうということを除けば、もし神が、神の法によって、欺き、抑圧する利子のみを禁ずるなら、その時は、その法は、道徳的な法であるべきであり、裁判法ではない」という意見である（44頁）。それに対する返答は、「その法の公正は、いまだ、強制の中にあり、それについての厳格さは、破棄された。もしくは、貧者は抑圧されるべきではないということは、道徳的なものであり、彼らは利子によって抑圧されるべきではないということが、裁判的なものである」ということである。この区別を明白にするために、我々は、全ての裁判法が、道徳法を囲い込み、含みこむために作られたこと、しかるに、道徳法は、一般的な肯定的命令、もしくは否定的禁止の何れかから引き出されたものであり、裁判法はその後に由来し、それらを遵守することにおける特殊な政治的指示を与えるものであることを知らなければならない。例えば、道徳法は、一般的に次のようにいう。「汝は、安息日を神聖なものとしなくてはならない」。それから、裁判的な法は次のようにいう。「安息日には、あなたたちの住まいのどこででも火をたいてはならない」（「出エジプト記」三五・三）。それゆえ、道徳法は我々に「汝は盗んではならない」と教え、裁判法は「人が牛、あるいは羊を盗んだならば、代償として牛五頭、羊四匹で償わねばならない」そしてほとんどの箇所で二倍に償わなければならない、と付加する（「出エジプト記」二二・一、四）。それゆえ、そこから、全ての裁判における一般的な公正が引き出され、それは道徳的で永遠なものとなる。「レビ記」二五・二三には次のような法がある。「土地を売らねばならないときにも、土地を買い戻す権利を放棄してはならない」。それによって、相続財産を売ることが禁じられ、この法が、ナボトを、王であるアハブに彼の嗣業の土地を売ることをさせないように拘束したのである（「列王記上」二一・三）。この法の公正、それは、彼らの子孫のために所領や相続財産を保護し、獲得するために、異教徒をさえ含む全ての人間を拘束するものなのだが、いまだ強制の中にあるものである。それでもなお、絶対的に、どのような土地も売らないことは、ユダヤ人の国家共同体に関して適用された裁判法と同様に尊重された。それゆえ、安息日を神聖なものとすること、そして、盗まないことという永遠の公正は、残った。もっともその日に火を起こさないことは、今や任意なものとなったのではあるが。そして、盗むことへの償いは、各々国家の実定法として残された。我々に盗みを禁ずるその法は、我々に、貧者を救済することを命ずる。それゆえ、利子の法の公正を行う。この法の一般的な公正が遵守され、貧者が救済されることで十分なのではあるが、殊に、彼らは、利子を取らないことによってではなく、それが必要ではないことによって救済されなければならない。ユダヤ人は、他の方法で貧者を救済したのではあるが、どのようなユダヤ人にとっても、貧困な同胞から利子を取ることは罪であった。なぜなら、神は、貧者を救済することの特別な方法においてユダヤ人を拘束するからである。しかしながら、我々に関してはそうではない。もし何らかの他の手段によって我々が貧者を十分に救済するならば、その時は、彼らから利子を取ることでさえ、どのような罪でも抑圧でもない。

モーゼの裁判法に関してもまた我々は述べなければならない。それらは特殊個別的なものではなく、多くの事柄が、為政者や高位聖職者の法令のために残されていた。そして（フッカー氏がまさに述べるように）人間の法令は、しばしば、神の成文法の基礎として前提された（「申命記」二四・一〇）。どのように担保が取られなければならないのかについての方法のみが命令された裁判法が存在する。これは、必然的に、担保が取られ得ることをまさに命令した何らかのより先行する人間の法をまさに前提する。たとえ、悪しき法、もしくは「申命記」二四・一のような離婚の慣習が、裁判的な法によって規定されていたとしても、それがそれによってより有害さを減ずることはない。私がこれらのことを明記する理由は、利子に関する神の法が、実際問題として用いられ、行われてきた先行するユダヤ人の法、もしくは習慣に基礎付けられ、まさにそれを前提とするからである。そして貧者に関する特別な警告が、富裕者に、契約の全ての種類をまさに常に規定する為政者の法や習慣を残した。しかるに、モーゼの法は、異邦人に対してのみ利子をまさに許した。貧者でもなく異邦人でもない他の者たちがその国の普通の法に残されること以外の帰結はなかった。どのような為政者も、貧者に対する利子の特別免除を与えることができなかったし、異邦人に対する利子の禁止を行うこともできなかった。それはまさに、神がどのような人間の法も規定せず、変更もしなかったようなものであった。いちいち名を挙げられることのない他の場合に関しては、それらは、国家の普通の政策として残された。というのは、我々は、神が、イスラエルの国家の法を全て用意したと考えてはならないからである。すなわち、神の特段の配慮は、エジプト在住の神の人々によって学ばれたような罪の改善のために、もしくは、カナン在住の彼らに教えられ得たような予防策のために、法を定めることだった。

私は、フェントン博士が、45頁で、異邦人に対する利子の許可が、唯一の裁判法であるので、利子を禁じた法が道徳的な法であるとまさに推断していることを知っている。というのは、もしそれが罪ではないのならば、何が寛容を必要とするのか分からなくなるからである。なぜなら、合法的な事柄は許可のどのような必要性も持たないのだろうかという問題が生ずるからである。答えの第一のものはこうである。もし、異邦人に対して利子を許可することがどのような法でも全くなく、例外、もしくは先行する法に付加された条件にしか過ぎないのならば、その時は、それはどのような裁判的な法でもない。全ての法は、何事かを、まさに命令し、禁ずるのであるが、これは、もしそれが例外ならば、何れも行い得ない。なぜなら、それは、法令における全てのそのような条件の本質のように、無関心な事柄を残すからである。しかしながら、それらがもし法としてそれを持つならば、その時は、それは断言的に拘束しなければならず、人が可能であるというばかりではなく、人は異邦人から利子を取らなければならないということになる。というのは、原文は、「汝は、利子を取って貸すべきである。もしくは、汝は、欺くべきである」であり、ヘブライ人は、これを、許可としてばかりではなく、神の掟として理解したからである。

第二に、彼らは利子を禁止しないこと allowance と離婚を許可すること permission とを比較したのではあるが、悪名高い誤りを犯した。というのは、禁止しないことと許可することとの間の差異は、ドーナン博士が、298頁で承認したように最も明白なことだからである。我々は、我々が良きものと想定するものを、もしくは少なくとも公平と想定するもののみを禁止しない。そして我々は、悪と考えられるようなものだけに許可を与える。神はモーゼを通じて「汝は、異邦人から利子を取ることができるし、取るべきであると」語った。神は決して「汝は、もし汝の妻が汝を立腹させたら、汝の妻と離婚することができる。もしくは、汝はその妻と離縁すべきである」と語ったわけではない。しかしながら、その法は、「人が妻をめとり、その夫となってから、妻に何か恥ずべきことを見出し、気に入らなくなったときは、離縁状を書いて彼女の手に渡し、家を去らせる。その女が家を出て行き、別の人の妻となり、次の夫も彼女を嫌って離縁状を書き、それを手に渡して家を去らせるか、あるいは彼女をめとって妻とした次の夫が死んだならば、彼女は汚されているのだから、彼女を去らせた最初の夫は、彼女を再び妻にすることはできない」(「申命記」二四・一、二、三、四)というものであった。それゆえ、離婚についてのその法全体の目的は、第二の結婚の後に、彼女の最初の夫に戻ることから女性を妨げることのみであった。それ以前のことは、方法としての仮定にしか過ぎない。すなわち、もし、何れかの男性が、離縁状がその法において規定されていると強く主張するなら、当然の帰結として、それは許可ではなく命令であり、我らの救世主の教えに反するものである。我らの救世主は、「マタイによる福音書」一九・八においてそれを許可と呼んでいるのである。そしてそれがもし命令であるならば、我々はそれを形式的にのみ理解しなければならず、後に、どのような仕方で、すなわち、離縁状で離婚となるべきであると理解しなければならない。しかしながら、離婚すべきと単純に人間にまさに命令するような規定としてではない。モーゼの法が、悪であった何事も許していると言うことは、神をののしることと同じである。規則とそれに対する例外の双方を作ることは律法者の権力である。モーゼの法がユダヤ人に異邦人から利子を取る自由を与えているにもかかわらず、それでもなお、それを行うことは罪であるとフェントン博士が言うこと、そして、彼らが外的な法廷においては放免され得るのではあるが、内面の法廷においては放免され得ないと言うことは、大胆すぎる物言いである（45頁）。

フェントン博士は異邦人に対する利子というこの罪を許すように神を動かす理由は、神自身の民の大きな抑圧を防ぐことであったと偽る一方で、そして、ユダヤ人の心が頑なであることはさようのごとくであったと偽る一方で、もし彼らが異邦人から利子を取り得ないのであったならば、彼らは同胞を餌食としたであろうと言う（同上）。それ対する返答は次のようなものである。つまり、このことが、どれほど神の法の価値を減ずることになるのか、ということである。あたかもそれらは、ある罪を抑圧し得るのではなく、何らかの別の寛容によってそれが可能となるかのようである。そして、もし、人々の頑固さが、それで堪忍されるのならば、なぜなら、人々の心は、利子においてと同じように他の罪においても頑固にされるので、なぜ、利子はもとより、何らかの他の罪が、堪忍されないのだろうか。確かに、ユダヤ人の偶像崇拝は、彼らの利子と同じくらい大きなものであり、彼らの心は邪教を崇めていた。それでもなお、フェントン博士は、何らかの偶像崇拝が彼らに何らかの種類においては許されたとは示すことができない。

私は、異邦人を意味する聖書におけるヘブライ語名辞についてのドーナン博士による用例批判を目にする

（208頁）。しかしながら、私は、フェントン博士が利用したものを見出すことは不可能だった。すなわち、異邦人に関して、彼によって強調された *Ger, Toshab, Nocre* の三種類である（それを彼は、「外国人 *Advena*」、「借家人 *Inquilinus*」、「敵 *Hostis*」と訳した）。彼は、*Nocre* を、生まれ、宗教、情愛、住家によって外国人 alien を意味するとした。彼が骨を折ったこの区別は、証明されていない。そしてまた、私は、それを正常なものとも思わない。なぜなら、私は、その外国語に熟練した者たちから情報を得ているからである。つまり、その語は、ヘブライ語の起源においては、まさに無知であること、もしくは、知らないことを意味するものだったからである。それゆえ、もしその人が見知らぬ家族の者であったならば、その人が他国の者でなくとも、誰であろうと、知らない者は *Nocre*、つまり異邦人だったのである。その言葉は、「箴言」五・二〇と六・二四でソロモンによって使用され、そこにおいて彼は、異邦のみだらな女と呼んでおり、どのような人も彼が、そのみだらという語を、他国、もしくは他の宗教のみを意味したとは考えるべきではなく、それ全ては、妻ではない者を意味したと考えるべきである。それゆえ、神はユダヤ人に、同胞でない外国人をあなたの上に立てることはできないと、「申命記」一七・一五で禁じた。確かに、彼は、そのような異邦人を彼らの中に住む者として意味した。他国に住む敵を彼らが選んだ危険性は全くない。私は、「レビ記」二二・一〇において、「どのような異邦人も聖なる献げ物を食べてはならない」と記されているのを目にする。つまり、どのような人でも、祭司の家族以外のものはいけないと記されている。それゆえ、その異邦人という語は、時には、イスラエル人である別の家族や部族も意味し得たのである。

ドーナン博士は、ユダヤ人が、情愛、宗教、生まれ、慣習において敵であり、外国人であるような異邦人から利子を取ることを許されたことを確言する。それゆえ、異邦人が、ユダヤ人の間に住み、もしくは交際をする者ならば、ユダヤ人は彼らから利子を取ることは出来なかった。しかしながら、ドーナン博士は、レビ記の中にある律法においては、同胞や異邦人が、「区別された仲間 *membra dividentia*」、つまり同胞ではない者は、異邦人であったこと、そして、「区別される者 *e contra*」であったことを思い出すべきである。さて、ここにおいて、「レビ記」二五・四二においてあるように、同胞とは「エジプトの国から私が導き出し割礼をされたイスラエル人」のみであるということになる。したがって、その法が、イスラエル人から利子を取ることのみを禁じていたならば、そして、敵である異邦人からそれを取ることのみを禁じていないのならば、その時は、その法は、不完全であり、欠陥のあるものであった。なぜなら、寄留者、もしくは改宗者であったような異邦人に関してその法においてはどのような指針も存在していなかったからである。その者たちは、敵でもなければ、同胞でもなかった。何れかの者が、改宗者、もしくは寄留者は、同胞と数えられ得ると考えるならば、「レビ記」二五・三九、四〇、四二、四四、四五、そして四六のみをその者に読ませていただきたい。

私は、46頁で、ドーナン博士が、ユダヤ人は異邦人から利子を取ることができる、なぜなら、ユダヤ人は、また、異邦人を殺害できるからであると我々を考えさせようとしていることを知っている。しかしながら、私は、何れかの私人が、公的な戦争以外で異邦人を殺害できるということを否定しなくてはならない。そしてまた、私人による異邦人の殺害を禁じない聖書本文を示すこともできない。ユダヤ人が異邦人に対して慈悲深くあるように命ずる多くの箇所がある。「寄留者を虐待したり、圧迫したりしてはならない」（「出エジプト記」二二・二〇)。「あなたたちは寄留者を愛しなさい。あなたたちもエジプトの寄留者であった」(「申命記」一〇・一九)。「汝は、寄留者を圧迫してはならない。というのは、汝は、寄留者の心を知っているからだ。なぜなら、汝はエジプトでは寄留者であったからである」(「出エジプト記」三・九)。多くの箇所に、貧者に対するものと全く同一の慈悲深さを示すべきことが示されている。畑の隅、落穂、ブドウ畑の落ちた実については「汝は、これらを、貧しい者や寄留者のために残しておかなければならない」(「レビ記」一九・九)。また、三年毎の一〇分の一税、忘れられた穂束、五旬祭と秋祭りの食物は、異邦人、孤児、寡婦のための救済と慈善のためのものと指定された。

モーゼの書には、貧者の慈善のために作られたより多くの法が存在する。それらの公正さは、確かに、今日まで継続している。しかしながら、ユダヤ人以外のどのような人も、それらの厳格な遵守を我々に要求するほど狂信的ではない。その際、なぜ、残りの他の法よりも利子を禁止するその法が、より必須のものとなるのだろうか。それに関しては次のように言えないこともない。つまり、全ての裁判法は、道徳法であるということである。裁判法が、どのような規則によって道徳法から区別されるのか示してみよう。私は、まさに、裁判法が、外面的な行為の道徳性に関係することを理解する。つまり、権利の区別、遺産の配分、犯罪への処罰についてのように、そして、神への不敬、偽証、殺人、姦淫、故殺、私通、もしくは似たようなもの、そして、結婚、離婚、屈従、利子、証人、そして多くの他の行為のようなものの道徳性に関係することを理解するのである。それら全ての公正は、ある一つの戒律、もしくはその他の道徳法に還元されるものである。

もし、レビ記の中にある全ての律法が通読されたならば、個々の何れの裁判法も、利子についての法のように、すなわち「汝の同胞」「汝の貧しき同胞」「汝と共にある汝の貧しき同胞」というように、制限的、限定的、そして縮小的な用語で伝えられてはいない。隣人について一般的な名辞は、それほどたくさん使用されてはいない。すなわち、「汝は、汝の隣人から利子を取るべきではない」ということはどこでも言われていない。その上、その法は、どのような他の裁判法を持つことも禁じていない。そして、最後に、我々の敵（富裕者からの多くの増加額もまたそうだが）という意味で使用された利子についてのこの法は、どのような場合においてもどのような慈善の侵犯でもあり得ない。そしてそれから、その中には、どのような公正さもあり得ず、それは、全ての裁判法においてまさに見出されるものである。実際のところ、私は、ドーナン博士が「隣人を侵害すること以外に、利子を不法とさせる他の諸事項」が存在することを主張するために厳格さを導入したことを見出す（295頁）。しかしながら、もし、それが道徳法によって禁じられるならば、そしてその法が（ドーナン博士が確言しているように）モーゼの第二の戒律の侵犯であるならば、どのようにして、隣人への博愛の侵犯なしに罪となるのか、それは私の理解の範囲を超えるものである。なぜなら、博愛は、その法の完遂だからである。

ドーナン博士は、好意からの偽証は、隣人を傷つけないのではあるが、好意からの偽証と利子とを比較し、それは罪であるとした（277頁）。好意からの偽証が罪であることは真実である。そして、神の本質的な属性である真実に矛盾するような十戒の第一の碑銘の第一戒律に反する罪である。すなわち、偽証する全ての者は、それによって、まさに、真の神を捨て、見放すからである。第一の碑銘の戒律が利子によって侵害されると、ドーナン博士に言わせてみよう。全ての利子が神に対する我々の忠誠の侵害であるということは十分な言い方ではない。この不服従が、好意からの偽証が第一の碑銘の戒律に対するように十戒のある特定の戒律に言及するものではないならば、これは論点を巧みに回避し、仮定を真としたに過ぎない。一般的な不服従に関しては、それは、全ての戒律が踏まえられた罪であり、その幾つかの対象に従いながら、個別の戒律に言及されるべきものである。

さらに以下のことが強調されるべきである。つまり、「エゼキエル書」一八において、利子の禁止が道徳法に反する罪と一緒にされたということである。そこから、それ自体が道徳的でなければならないという推測が生まれた。

それへの返答は以下のものである。第一に、我々が、聖書の他の箇所に目を移すならば、我々は、その法が与えられる際に裁判的なものと道徳的なものとが混合されていることに気づくということである。我々は、「レビ記」一九・九において、畑の隅まで刈り取ること、ブドウ畑から一粒残らず収穫することを禁ずることを見ることができる。それは裁判法であり、道徳法の一部分である窃盗、偽証、宣誓を禁ずることのすぐ前に置かれた。同じ章の第十三節には以下のようにある。「あなたの隣人を虐げてはならない。奪い取ってはならない。雇い人の労賃の支払いを翌朝まで延ばしてはならない」。これらの前者のものは道徳的なものであり、後者は裁判的なものである。また、第十六節においては、呪術や魔術の禁止が、血を含んだ肉を食べることと揉み上げをそり落としたり、ひげの両端をそることの禁止の間に規定されている。

第二に、ドーナン博士は、219頁で、「聖霊は、邪悪な者をはっきりとさせる。つまり、その者が上記の何れかのことを行ったならば処刑される」という。しかしながら、我々は、その言葉は元々は、「もしその者が上記の何れかのことを好むのなら」、もしくは我々の新しい訳は欄外にそれを持つのだが「上記の何れか以外のことを同胞に行うこと」というものであった。

第三に、ドーナン博士は、これらの罪を、「もしくは or」という離節的接続詞によって連結しているが、我々の新しい訳では、「そして and」という連結的接続詞によって結合している。

最後に、ドーナン博士の意見を覆すかのように、第十三節において、原文は次のようになっている。「これらの忌まわしい全ての行為を行った者は、確かに処刑されるべきである」。そして、偶像崇拝や姦淫などの、モーゼの法によってその犯罪のいくつかは死刑とされることは道理に適っているのだが、利子、もしくは担保を取り、留保することは、モーゼによって名指しされたどのような種類の罪の中にもない。そしてまた、担保を返還することの法が、裁判的なものであって、道徳的なものではないことを否定するどのような人もいない。

しかしながら、(彼はそれを決して証明することはできないのだが)、利子が、エゼキエルによって、死に値するとされたことを承認してみよう。それでもまだ、それは裁判的な法ではないのだろうか。「出エジプト記」二一・一におけるその法は、裁判的なものではなかったのだろうか。そこにおいては次のように規定されている。「あなたがヘブライ人である奴隷を買うならば、彼は六年間奴隷として働かねばならないが、七年目には無償で自由の身となることができる」。それでもなお、神は、「エレミヤ書」三四・一七で、剣、疫病、飢饉に対して奴隷を再び解放すると語ることによって、この法を破ることに関して人々を威しつけた。また、「民数記」一五・三五には、安息日に薪を拾い集めている男が神の命令によって石で撃ち殺されたとある。それでもなお、この法は、裁判的な法だけのものであり、道徳法ではないのだろうか。

　利子を禁止するその法の本質についてこの疑問に対して結論を下す前に、反対を受けるであろう疑念を取り払うことが適切である。利子を禁止していまだ効力のあるどのような法も聖書の中には存在しないと主張する私に対して、それが合法的であるとどのような原文が示し得るのかということが問われ得るだろう。

　それに対する返答は次のようなものである。つまり、それに関してはどのような必要性もないということである。というのは、もし、神の法がそれを禁じていないのならば、自然法、理性、そして慣習がまさにそれを合法的なものとすることで十分だからである。（フッカー氏も次にように言う）「常識的に平易で明白な事柄については、それ以上のどのような高度な協議の必要もない。つまり、何事かについての手段、つまりそれらを定めたことに関して聖書を探索することは、尊ぶべき権威と聖書の尊厳を減ずることになる」。

　もし、私が、フェントン博士に、土地を貸すことが合法的であることを証明するためにどのような原文を彼が持っているのかを尋ねたら、もしくは、どのようにして彼は、「レビ記」二五・二三で明白に禁じられている土地の販売を正当なものとし得るのかと尋ねたら、彼はそれを見い出すのに時間を要するであろう。私は、利子に関する原文を都合の良いものとして申し立てることが可能である。私は、利子に反対するために断言された「ルカによる福音書」第六章が、正当な理由を伴ってそのために書かれたと思う。そして、我々が、元々のその言葉の字義と常識に固執するならば、利子は、禁じられないばかりではなく、そこで命令されていると結論づけることができる。人が「ダネイゼテ δανείζετε」という語を「利子を取って貸すこと」と訳すならば、取られ得るべきどのような例外があるのか。それは全ての著者においてその語の固有の意味ではないのか。ラテン語は、「高利貸し *danista* ダネイステース δανειστής」、そして「利子 *danisma*」という語をギリシア語から取り入れなかったのだろうか。我々の訳は、「貸す lend」とばかり言うが、この一般的な語は、また、用益のために貸すという意味も含んでいた。それは、元々の意味と一致し、訳の意味とは交差しない。しかしながら、我々が、何も当てにしないということが本文において引き続く様を調査するならば、それは、恐らくここの場所の本文においては、敵に対して禁じられていない利子を取って貸すことだろう。何も当てにしない、もしくは、何も望まないというこれらの語は、一般的な訳にはふさわしいものではあるのだが、それでもなお、それらは、元々は、利子に対しては全く賛成していなかったベーズ Bezaが示しているように、より固有の別の意味を持っていた。「ルカによる福音書」六・三五への彼の注解は次のようなものである。「(彼は言うのだが) 私は、この「アペルピゼイン ἀπελπίζειν」という語が正当にも絶望を意味している時、この意味 (hope 希望・望みという意味) で使用されているどのような別の箇所も目にしたことがない。そして確かに、我らの救世主は、この箇所で、貧しき同胞に金銭を貸すことを何度も妨げることを (すなわち、彼らが貧者に貸したものを失いはしまいかという恐れ) を考察していたように思われる。したがって、彼は、その恐怖を我々から取り去り、それを成し遂げるように思われる。つまり、神の目的に適って隣人を助けるたびに、それが我々の損失になり得るなどとは決して思わないようになるのである。なぜなら、神は、我々が貸したどのようなものであれ非常に多くの利子を我々が受け取れるように自分自身を担保・抵当としたからである。我々が、この解釈についていくならば、その時は、「当てにする *looking for*」の代わりに、「絶望する *despairing*」といわなければならない。そしてそれゆえ、シリア語の解釈者は、この箇所を次のように理解したのである。つまり、彼らは、この箇所が利子を禁じているとこじつける誤りを犯したのである。それはあたかも、キリストが、元金を越えた何事かを信約するか、もしくは、強制することを我々に禁じているかのようであった」。ベーズが述べるのは以上のことまでである。そこにおいて我々は彼の意見や根拠を得、そして彼の示唆によって、その本文は、最も適切に次のように翻訳される。「利子を取って貸すことは、絶望ではない」。貸すことに関して、何も当てにしないことは、ウィンチェスターの主教が述べたように、貸すことではなく、与えることである。

賃貸しの特質について

フェントン博士とドーナン博士は、利子が、貨幣を賃貸しすることと呼ばれるべきであるということを聞くことに耐えられない。（彼らが考えているように）賃貸しから分離することができない多くの特質がある。そして、貨幣を貸すことにおいて見出され得ない多くの特質がある。賃貸しすること、もしくは貸し出すことは、その使用で消費されてしまうものではなく、それ自体において自然に利益を生む使用のようなものであると彼らはいう。その使用は、区別して値踏みされ、そして賃貸される。所有権は貸主に残り、もしそれが借り主の過失なしに失敗に終わったなら、その事物は、貸主だけに帰属する。もし我々が、彼らがこれらの区別と貸すことの考えをまとめたところから尋ねるならば、もしくは、彼らが聖書においてそれらのための何らかの規則を得ているかどうか尋ねたならば、彼らは、それらのためのどのような原文も存在しないのではあるが、それでもなお、全ての人間の契約を定め規定する自然法と理性とがまさに彼らを導くと答えるだろう。そのように仮定して、理性の法と常識とによって貸すことの特質について吟味するほんの少しの許可を得させていただこう。そしてそれらのいずれかが、もしくは全てが貨幣に適用され得るのかどうか見てみよう。

私は、賃借りした事物が、それらの使用において使い尽くされないことを承認する。そしてまた貨幣も、当然その使用において使い尽くされるとは言えない。何事かがその使用において使い尽くされるということは、文法家のように語ることとは意味が違っている。というのは、使い尽くすことと使用することとは、言葉使いの作法において異なった行為であるからである。しかしながら、それらの間のいくつかの類似性によって、それらは、一般的な言い回しの中で混乱して使用される。使用された事物は、再び使用されるものとしてその使用の後にも同じ物として残る。しかしながら、使い尽くされた事物は消滅する。もしくは、使い尽くすことにおいて消耗する。それゆえ、さらなる使用もそれについては為され得ない。貨幣は、このように使い尽くされるものではない。せいぜい、貨幣を有効に使用し得なかった人に対して使い尽くされたと表現されるにしか過ぎない。それは本質的には使い尽くされず、他者のために有効なものとして残る。ここまではフェントン博士は良く分かっていた。したがって、彼は、ドーナン博士が行ったようには、この特質を熱心に説き立てることはなく、以下のように譲歩しながら語ったように思われる〔65頁〕。「第一の用法における貨幣を使い尽くすということは、スコラ哲学（彼はまた教会法学者とも言うが）によって頻繁に主張されたように、あたかもその使用と特質・所有とが分離できないかのごとく、非常に揚げ足取りを被りやすい。というのは、パン一個を使い尽くすことと、儲けのために貨幣を支出することとの間には相当な違いが存在するからである。つまり、一個のパンは食べられてしまえば、それを食べた人に対して、もしくは他の人に対して、どのような次の利用もあり得ないからである。しかし、使われた貨幣は、同じものが、他者によって使用されるべく残る。そしてその貨幣は、それを使用した人に対しても等価であり、そしてその貨幣の一個一個は、一旦交換されたならば、その同じ人物に再び運よく戻ってくることは決してあり得ない。哲学者の頭においては何らかの差異は存在し得ようが、商人の財布の中においてはそうではない。それが同じシェリングであろうと別のものであろうと全く同一である」。

賃貸しされた事物は、それらの本質において利益を生む使用を自然と持たなければならないと彼らは言う。もし、この特質が真実であるならば、私は、貨幣が賃貸しされるべきものではあり得ないことを承認することになるだろう。しかしながら、常識は、この断定を論駁する。利益を生むいかなる使用が自然と家を持つのだろうか。人は、家を、別のものから設ける、もしくは生じさせるのではないのだろうか。それは、道具、器具、建具などのように人工的なものではないのだろうか。それらは、貨幣が本質的には自然に利益を生む使用を持たないのと同様に、利益を生むいかなる使用も持たないのではあるが、全て合法的な賃貸しである。有益な全ての事物は、それが、自然によるものであるにせよ、人工的なものであるにせよ、つまり、本質的に「果実 *fructum*」であるにせよ、産業による「利得 *questum*」であるにせよ、賃貸しの対象なのである。いかなる人も貨幣の人工的な使用を否定しないのではあるが、それでもなお、私は、フェントン博士が貨幣の使用についてのこの点において矛盾したことを言っているのを見出した。彼の言葉は次のようなものである（20頁）。「商人の貨幣は、彼の道具である。それによって彼は彼の生計を得る。したがって仮に、貨幣が留め置かれて、彼の顕著な不利益になったとしても、賠償は、利子に関することなしに、正義と公正の中に帰されることになる」。別の箇所（94頁）においては、上記のことを忘却し、彼は「人工的なものであろうと、自然的なものであろうと、どのようなものも、食べること、もしくは着ること、もしくはその上で働くこと、もしくはその上で遊ぶことに役立つものである。それでもなお、貨幣に関しては、それから構成されるどのような使われ方もない」と決定する。

それを使い尽くすこととは性質が異なるこのような人工的な使用を持つ貨幣は、その使われ方については、別に評価される。そして何らかの別の賃貸しされ得る事物の真の値踏みに役立つ同じ規則によって導かれる。すなわち、我々は日々の経験によって、貨幣を使用する値踏みが他の事物より確かであることを理解する。そういうわけで、貨幣は、人工的な使用を持ち、価値があり、その点において、他の人工的な事物のように賃貸しされ得るということに帰着する。

続けて、（16頁で、次にように言われる）賃貸しすることの他の特質は、「その使用権のみが、引き渡され、所有権は貸主にそのままで残る。しかるに、貸すことは、それが貸されている期間は使用権と共に所有権も引き渡すことである」。これは真実であろうか。それから、もし、人が貸すときに、貸した lent 事物の所有権を失うとしたら、人は貸すことに用心する必要があるだろうか。確かに、使用権と占有（所有権ではない）

のみが、貸すことにおいて、そして賃貸しにおいても譲渡されると考えるべきだろう。自分の貨幣を貸した人は、それが借りられ占有から離れるその期間でも法においては権力を持ち、随意に与える権利や遺言で残す権力も持つ。もしそれについての所有権を持たない場合にはそれを処分することはできない。貸された総額における所有権、そして同等の価値のものへの所有権は、フェントン博士が率直に承認したように全く同一である。彼が貸した一つひとつのシリング銀貨における所有権を彼は持ってはいないということは馬鹿げた異議である。なぜなら技術は、全てのシリング銀貨を一つのシリング銀貨であるように全く同一なものとして製作したからである。全ての他の自然的そして人工的な事物が、それらは賃貸し可能なものとして承認されるものだが、それらは同等の価値と使用を持つならば、仮に、全ての馬と羊が、それらの優秀さと使用における何らかの真の差異なしに、全ての事柄において似ているならば、彼自身の馬もしくは別のものを受け取るために彼の馬を貸す者に対しては、それは全く同一のものとなるだろう。

（フェントン博士は次のように言う）「我々は、貸すことの特殊な種類のものを理解しなければならない。それは、語彙の貧困さの故に、英語の狭量さの故に、固有の用語の欠落の故に、難解なものである。ラテン語において、それは「借用 *mutuum*」もしくは「借金 *mutuatio*」と呼ばれており、（彼が言うに）それは、再び似たようなものを受け取りその期間が終了するまでの間の使用権と所有権双方の自由引渡しである」。もしそれがしばらくの間だけ引き渡され、それからその期間が終了し、同じものが再び返還されるなら、その時何故、彼は再びその似たようなものにだけ命名するのだろうか。もしただ似たようなものが返還されるだけならば、その時に事物それ自体は、永遠に引き渡されたままではないのだろうか。

ローマ法学者であったウィルソン博士は、利子についての彼の著作において、どのようにして貨幣を借りることが合法的となるのかを仮定している。人が、自分は一〇〇ポンド持っているのだと、ある銀行、もしくはさもなければ、世の中を説得する目的で見せびらかすためだけに一〇〇ポンド借りるなら、そして、もし彼がそれを使い尽くすことなく彼が借りた全く同じ一〇〇ポンドをただちに返還するならば、この場合においては、貸主は、彼の貨幣の使用や借用を合法的に得る、または、契約することができる。なぜなら、それは使用において使い尽くすことではないからである。たとえその人自身は貨幣の欠乏によって意気消沈することはないとしても、この事例はカソリック教徒からの借用であり、世の中をだますことを助けるために利子を取る人間を許すことである。

しかしながら、貨幣を賃貸しすることの根本的な障害物は、（彼らが17頁で言うように）「借り手が不運な事態に陥ることである」。彼らはそれを、「出エジプト記」二二・一四の法に反することだと考える。

返答は以下のようなものである。不運な事態に陥ることに関しては、我々は、保管するためだけに隣人に家畜が預けられた場合について、「出エジプト記」二二・一二で記されている法を見出すことができる。つまり「もし、家畜が盗まれた場合には、所有者に償わねばならない」ということであり、その事例は、所有者が不運な事態に陥ったのではなく、保管者のみが陥ったことを示しており、保管者はそれでもなお使用権、もしくは所有権さえも持っておらず、家畜を占有していただけなのである。それゆえ、「創世記」三一・三九でヤコブはラバンに「昼であろうと夜であろうと、盗まれたものはみな弁償するようにあなたは要求しました」言った。したがって、彼らが17頁で「全ての事物は、正しい所有者において消耗される」という規則は誤りとなる。

それに対しては次のように応酬されるかもしれない。つまり、預けられた事物に関する法がどのようなものであろうとも、それでもなお、賃貸しされた事物に関しては、借り手が弁償する必要がないこと、もしくは、不運に陥らないことは、その法において明白である。なぜなら、「出エジプト記」二二・一四に「それが賃借りしたものであれば、借り賃は支払わねばならない」とあるからである。我々が最も明りょうにこの本文全体を引用するならば、この本文は、理解されないか、もしくは、誤った意味に曲解されるかのいずれかである。それをフェントン博士は、自分の主張の役に立つように省略した。それは以下のようなものであった。「もし人が隣人から借り、それが傷ついたり、死亡したりしたら、それを借りたその所有者でない者は確かに弁償しなければならない。しかしながら、もし所有者が一緒にいたならば、弁償する必要はない。それが賃借りしたものであれば、借り賃は支払わねばならない」。

それに対する返答は次のようなものである。その本文は、家畜のみを意味し、他の財産や貨幣を意味するものではないと考えることができる。なぜなら、その本文が言及する先行の四つの節は、雄牛、ろば、羊、その他の家畜に限定されているからである。そして傷つくことや死亡することについてのその同じ言葉が、第一〇節において使用されているからである。そこにおいては家畜のみが意味されており、その言葉は、他の財貨の不運な出来事すべてについてもふさわしいと表記されてはいない。その上、家畜の不運が借り手の責任とはならないさらに大きな理由が存在する。なぜなら、それらは、自然の成り行きに従って、日々、衰退と消滅にさらされるものだからである。そして多くの病気がそれらの中に隠れているものだからであり、それは借り手には見分けることができないものだからである。然るに他の財貨は、そして殊に貨幣は、何ら腐敗しやすいものではなく、それらの破壊は大抵の場合、人間の愚かさや行為によるものであって、神そのものによるものではないからである。しかしながら、もし、その本文が全ての財貨のことであると理解されるならば、その時は、実際のところ、それは利子の問題に深く突き刺さってくる。しかしながらそれは、それを促進もしないし、阻害もしない。というのはその法は、「賃貸しされた事物に関するものだからである。つまり、もしそれらが傷つけられ、その所有者が傍にいないのならば、彼（借り手）は確かに弁償しなければならないからである」。さて利子において、所有者は、どのようにして彼の貨幣が不首尾に終わるのかをたいていの場合傍観することはできない。実際のところ、事物がある特殊な目的のために借用された時、それによって貸し手が知らされるわけだが、その時に彼はどのようにしてそれが消滅するのか傍観することが可能であり、そのような貸すことについては引用文が最も良く理解される。貸し手は（彼が所有権を持っているのではあるが）常に不運を耐えるわけではなく、（フェントン博士が17頁でいうように）借り手の不履行が明らかではないときのみそれを辛抱するのである。この引用文の律法学者の説明はそれについての理解に対して幾ばくかの光を投げかける。その言葉は以下のようなものである。「もしそれが傷つくか、もしくは死亡した場合、すなわち使用において傷ついた、もしくはそのために賃借りされた仕事において死亡した場合には、（彼らは言うのだが）もし人が、ある特殊な道具を賃借りした時ならば、もしそれがその仕事を行うなかで傷ついたとしても、それは弁償される必要はない。それゆえ、私が耕作のために馬を賃借りし、そして彼が耕作している最中に馬が死んだのなら、私は、罪に問われないことになる。しかしながら、もし私が財貨や家畜を借用し、それらが喪失、盗難、損傷、もしくは暴力によって奪われるか、もしくは死亡させられたなら、私は、全てに関して弁償するように義務づけられる。そのような暴力がその仕事の最中にふりかかったならば、もし私が耕作のために馬を借用し、馬が耕作の前後に死亡したならば、私は、馬を弁償しなければならない」。

この引用文を貨幣に適用するなら、推測され得る大半のことは次のことである。つまり、借用者の過失なしに、貨幣がその使用において損傷するならば、それは貸与者の不運とならざるを得ない。しかしながら、貨幣は、わざわざある特殊な目的にために賃借りされることは通常はあり得ず、一般的に、借用者の随意に使用される。ではどのようにすれば貨幣の貸与者がその法の中に包含され得るのか、つまり、それが借用された特殊な使用において消耗された賃借り物の場合においてのみ、借用者を救済するその法に貸与者が包含され得るのか。その法の公正の基礎は、賃借りされた事物がその本質においてそれが賃借りされた事柄を行い得ないなら、消耗せずとも、賃借り者は、それについて不運であるということではない。貨幣については全ての人が、それが賃借りされた事柄を為すことが本質的に可能であることを知っている。なんらかの偶然の、もしくは偶発的な事故によって、貨幣が消耗したら、その法はその場合におけるどのような救済策も用意していない。消耗しないというその本質が貨幣の特権であり、特異な利点である。国家が貨幣の使用を考え出した目的は多数あるが、その中でも主要な理由は、その恒久性、軽便性、分割性にあるだろう。

しかしながら、不運を耐える者が全てのもうけを得るべきだということを承諾するとしても、貨幣の借用者と同じように賃貸し者において見出される不運は存在しないのだろうか。証書や担保などによって利子に関する契約をした多くの者が元本や用益権の双方を失っている。そしてそれによって破滅している。確かにそのような人々はその中に不運を見出す。「全ての借金は、大抵の場合、財産の損害をもたらす。そしてそれはまた、賠償の責務を招く *Omnis mutuatio plerumeque damnosa, eoque meretur compensationem*」ということは、ローマ法における規則である。したがってそれは衡平法にふさわしいものである。なぜなら、貸与者もまた彼に当然与えられるべきもうけが存在する破滅にあえて立つからである。

しかしながら、このもうけは、もし借り手が獲得するなら、彼らに禁じられることはなく、それゆえ、条件付きであり得る。そしてこの条件付のもうけは、共同経営 partnership によってのみ可能となる。借り手のもうけという条件の上の貨幣の賃貸しは、似たような条件で土地を賃貸しする場合のように有害で難しいものである。経験なしには、どのような人もそれを十分に述べることはできない。それは、法において適合している全ての取引を作るだろう。どのような借金も、証拠や尋問された証人に基づくもの以外では支払う義務がない。否、彼らの良心を拷問にかけ、彼自身に原因のある浪費に関する偽証をあばくこと以外には、人々のもうけや損失を知ることのどのような可能性も存在しない。もしくは、仮に損失やもうけが発見され得たとしても、どのようにしてそれが現れるのか、その双方の過失によってであろうか、もしくは、神の行為によってであろうか。多くの場合、それら双方が一致する。そして理性のどのような目も区別できないほどその二つは撚り合わされる。事実上これによって、全ての人間は、彼が貸した全ての金銭を支払うことを注意深く見守る目を持つことに拘束される。それは、不可能な事柄であり、したがって、理性の法、そして全ての国際法は、条件付きの信約に従い、全ての国家共同体の契約を投げ捨てる永遠の不便を禁ずることよりも、絶対的な契約の上に不適当なもうけによって起こり得る惨禍を時折大目に見ることがよりふさわしいと考えるのである。全ての賃貸しにおいて、損害についての対価が存在する。そして法外なもうけの可能性が存在するので、何事かが起こったら、法外な損失に等価の反撃をしなければならない。それらは偶発的であり、めったに起きないことなのではあるが、それらは一方が他方に反対して規定される。そしてそれらの間の公平な中間の相場が設定される。それはまさに普通に起こるものであり、貸し手に帰属し、貸し手は、極端な場合には共にすることはない。なぜなら、何らかの損失が、怠慢、無知、無分別、強情、その他の似たような人間の何らかの欠陥の一致なしに、神の行為によってのみ、人を財産喪失に落とし入れることはあり得ないからである。結論として言えば、全ての契約における見積もり価格を導く規則は、どのような損害があるのか、あり得るのかということではなく、どのようなことが普通には起こるのかということに起因する。

共同経営（それは利子に対する敵によって非常に賛美されたものではあるが）とは何であるのかを検証してみよう。それらは偽りなく、共同仕入れにおいて苦労と遠征とで伝達し合う共同出資関係のことである。それゆえ、平等な勤勉と内々の知識とが、仕入れの仕事に伴う。その信頼は相互的であり、信約は平等であり得、そして法は、まさに、人々を、そのような組合関係における彼らの信約と相互合意の上に救済する。しかしながら彼らの偽りの共同出資関係においては、そこには一方の側の信頼のみが存在し、どのような苦労の平等もなく、商売におけるどのような内々の知識もなく、仕入れの仕方、もしくは、商議の同意の形式におけるどのような共同出資関係もなく、ただ、もうけにおける共同出資関係のみが存在し、これは、真の共同出資関係と呼ばれ得ることはなく、別の名辞、もしくは、誤った肩書きの下の主人と奴隷の職務のみがある。そして、差異は、賃金のあり方にのみ存在する。それは、共同出資関係のこの場合においては、付随的なものであり、別な場合においては絶対的なものである。その上、この彼らのまがいものの共同出資関係において、人は、法において良きものとなり得るどのような信約も作ることができない。もしくは、元本のためのどのような保証も得ることができず、友人の正直さにのみ期待を寄せなければならない。なぜなら、高利をむさぼること以外にはどのような適法な約款も作ることができないからである。もしくは、正直な人がそれらによって義務づけられることがそれほど筋の通ったこととして引き出され得ることもなく、また、不正直な人がそれらを安全に破ることが出来ないことも確実だからである。

利子 usury についていろいろとかき回した後、フェントン博士と彼の全ての追随者は、interest という別の名前の下に利子をまさに許したように私には思われる。つまり、彼らは全ての人が合法的に利子を取り得ることに合意した。それがその人の意志に反するものであろうとも取り得るとした。つまり、人が彼の意志に反するものとして彼の貨幣を保留する時、合法的に取り得ることに合意した。しかしながら、もし、他者がある人の貨幣を保存することに同意するほど礼儀正しいのならば、彼はその時には借り手の礼儀を守らなければならない。

さて、彼らがまさに interest と呼んだそれを、彼らはまさに二つの事例において許した。第一に、「損失発生 *dammum contigens*」、そして、第二に、「もうけの停止 *lucram cessans*」の場合である。それゆえ、仮に、人が損害を受けるか、もしくは彼のもうけが妨害されるかの場合でも、彼は、利子を取ることができる。いまやここにおいて、全ての貸すことにおけるもうけが妨害されることになる。なぜなら、彼は機会が訪れ、申し込まれた時、使用すべき彼のお金を持っていないからである。そしてまた、もうけの停止が確かに証明されることも不可欠なことではない。というのは、それは偶発的な事柄であるので不可能だからである。しかしながら、それについてのありえそうな判断は許され得る（ドーナン博士の承認によれば、166頁）。そして、おそらくもうけが停止することにおいて、もしくは、妨害されるところにおいて、それがどこであろうが、貸すことが存在する。したがって、この彼らのスコラ哲学的区別によって、全ての貸すことに当然与えられるべき利子 interest が存在する。彼らが喜んで排除した支払いの遅延以前の継続的な、もしくは、中間利子 usury が存在する。しかしながら、仮に、interest が（かれら自身のメランヒトンが言うように）自然法によって彼が支払いの義務を持つ借金なら、彼は、他者に対して、損害の有効な原因であったことになる。もしくは、彼のもうけを妨害したことになる。なぜなら、パウロの「コリントの信徒への手紙二」八・一三の「他の人々には楽をさせて、あなたがたに苦労をかけるということではなく」ということに従って、自然は、どのような人も、他の人を妨害することによって富んではならないことを教えるからである。それから当然の帰結として、支払いの遅延は、貸すことの最初の時間一分から自然と始まる。誰かが、支払うための日を与えることによって生まれながらの特権を自分自身から奪うとしても、それでもなお、それが信約によって指定された日にそれだけの interest を支払うことが条件ならば、その時は、そのような契約は、借り手の利益のために遅れた支払いを伴った本来の借金を承認することにしか過ぎない。

このような、賃貸し貨幣についての彼らの全ての偽りの妨害の後、最後に次のようなことを承認するように強いられる。つまり、interestは、正当に支払われるべきであるし、取られるべきであるということである。それは、賃借りhire、償い、もしくはそれについての増加額に他ならない。彼らが作るただ一つの疑いは、利子間inter-usuryに関する契約についてである。フェントン博士とドーナン博士の何れも、その問題点に来ると、彼らが最初に示したように、契約に反対し頑固になる。フェントン博士は、64頁で、次のように述べている。「借り主が、貸し主の博愛を信頼し、貸し主が借り主の誠実さを信用することはもっともなことである。そしてある場合には、借用証書が合法的に作られ得ることももっともなことであり、それはそれほど合法的には強制されないものである」。これは、明白な不運についてのどのような条件もない契約について彼が語ったものである。

また、ドーナン博士は、次のように付け加える。「仮に、一方の側に「もうけを目的とする *eventum lucri*」信約があり、他方の側には、損失の分担の意図のみがあっても、私は、そのような契約を咎めるつもりは全くない」（163頁）。

このように二人の神学者は、貸主がそれによって強制、もしくは圧迫しない目的のみが存在するならば、利子のための契約が作られ得ることに同意する。それでもなお、結論は不確かで疑問を持つ人々のように、彼らは時には利子を取ることを許し、それゆえ、その人はそのための契約はせず、また別の時には、そのための契約をするのだが、利子を取らないということが起こる（27頁）。一方では借用証書が合法的に作られ得ると同時に、それゆえ厳しい取り立てではないと同時に、他方では、信約と契約が合法ではないところで利子を取ることが合法となる。さらに、フェントン博士は129頁で次のようにいう。「利子の毒は、精神のあり方の交替番が事例を正義、もしくは不正義とすると変更するように、ある契約において、密接にそして巧妙に伝達される。つまり、その契約は、全く同一のものとして残る」。全く同一の契約が、正義であり、不正義であり得るならば、その時は、全ての契約が、彼自身の承認によって不正義ではないことになる。別なところでは（125頁）彼は、我々に次のように教える。「我々は、巧妙に工夫されたいくつかの事例で彼を困惑させられ得る。そこにおいて我々は、正義においても、もしくは他の合法的な契約からの博愛の何れにおいても、どのような差異も見出すことはできない。その時、それが利子の定義の内にあるのかどうかあえて問う。つまり、それが正義で合法的なものとして現れるならば、それは利子的なものとしては現れないのであり、それは利子の境界やはずれに現れ得る。それでもなお、我々の結論は、無傷で残る。つまり、適当にもそのように呼ばれる利子 usury は、単純に不法なものであるということである」。以上が整理された結論である。しかしながら、彼が何が利子 usury と適切に呼ばれるのかを我々に教えないのならば、全ての利子が不法である事を知ることのために我々はどのように賢くなるのだろうか。何が利子であり、何が利子ではないのかということが問題の中心である。全ての増加額なのか、もしくは、貧者からの増加額のみなのか、貨幣によるもうけの全ての契約が利子なのかどうか。フェントン博士が、困惑させられ、どのような契約が正義や博愛とは異なり、どのような契約が異ならないのかを我々に教えることができないならば、もし、全く同一の契約が正義であり、不正義であるならば、もし、利子的な契約が「利子の本質を変化させるほど平等性に近づくならば」、その時は、我々は、いまだ何が利子であるのかということに無知なのであり、我々は、ただ、我々がそれが何であるのかを知っていたのならそれは不法である事のみを知り得るだけである。

これがフェントン博士が見出した最後でもっとも安全な隠れ家なのである。

教父、公会議、神学者、異教徒、そして法からの人間的な証拠に関して

教父と公会議からの証拠に関しては、我々は、まさに、どのような教父も公会議もこれまで、もうけのための契約に存在する利子を定義したことがないことを断言する。彼らは、それを十分に定義するほどその時代においては興味を持たなかったし、敏感でもなかった。しかしながら、彼らが書いた中に存在する数少ない章句の大半が、利子は、貧者に対する抑圧であることを意味すると理解されるのが最良である。

アリストテレス、プルタルコス、カトー、セネカ、プリニウスに関しては、私は、フェントン博士が（65頁で）認めていることを示そう。彼は以下のように確信している。「哲学者達の議論の以下の思考の非常なうぬぼれは、存在する正しい根拠以上に利子自体を好意的に考えるように人々を動かした。つまり、哲学者たちの議論の力は、貨幣の不妊性と利子の不自然な孵化から得られており、隠喩と混合していたので、もし、それが正しからざるつかまれ方をした場合、あいまいで、疑わしいものであった。第一の使用権において貨幣を消費することもまた、あたかも使用権と所有権とが分離していないかのごとく、多くのあら捜しを受けた」。

これらの章句によって、我々は、フェントン博士が、利子に反対する異教徒の哲学者の議論をほとんど信

頼していなかったことが分かる。上記の人達のわずかな権威に関しては、つまり、そのような極少数の哲学者の机上の空論は、あらゆる世代の実践と慣習とによって証明されてきた国家全体の偉大なる知恵とは比べようもない。私は、利子の悪用が、それに反対する痛烈な反論ための正当な根拠をキリスト教徒と異教徒との双方に与えていることを知っている。（フェントン博士が我々に教えるように）土地の賃貸しの商品化が、そして、交易が種々の悪用を生じさせたのだが、それでもなお、事柄は、それ自体においては合法的であった。全ての他の交易が、かれら自身の領域や範囲以外をまさに抑圧する一方で、そこにおいて彼らが取り扱い、高利貸しをし、貨幣を商った特殊な者達が、それは全ての交易において使用されたのではあるが、より一般的に悪用を行った。したがって、全ての人々が、頻繁な機会に悪用に反対する演説を行うことになった。

ローマ法、それは異教徒とキリスト教徒双方の全ての最良の古代法からの集成なのであるが、そしてそれは今日最も使用されてはいるのだが、利子を許している。ヴェニス、ジェノバ、低地地方（ヨーロッパにおける三つの明らかに最も富裕な国家）の法もそれを許し、その上、貧者とも係わりがない。それは、利子が国家に対してそれほど有害ではなかったことを納得させる。我が国の制定法に関しては、それらはまさに多様であり、ある制定法は嫌悪し、別のものは廃止をするのだが、それらは全て孤児についての利子を許している。そしてジェームズ王の治世二一年において、フェントン博士の死後作られた最近の法は、八パーセントの利子を許した。

我が国のコモンローの恒常的な慣例、衡平法裁判所による慣例もまた、それのために契約が存在する利子を許したばかりか、契約がまったくないところでも利子を与えた。

この問題を終わるに当たり、全ての法と国家とが、全ての利子が非合法であると考え、また、国家共同体に対して惨禍となるものと考えるならば、そしてもしその共同経営が、合法的で利益のある手段であるならば、何れかの国家のどのような慣例も法も、後者の法を確立してこなかったことは奇妙なことである。そして、それほど容易な治療法が手許にある時、世界が罪を大目にみるために全般的に狂気の状態にあったということは奇妙なことである。

利子に反対する議論

「それは、かなり疑わしく、したがって、非合法なものである。なぜなら、どのようなものであれ信仰に基づかないものは罪だからである」と言われる。それに対する返答は以下のようなものである。この議論は、利子を、全ての者に対して単純に不法なものとはせず、ただ疑わしいものとする。したがって、問題点を明示しない。というのは、フェント博士の立場は、全ての利子がそれ自体で罪であるということであり、それゆえ何事も関係しないということだからである。この主張によって、彼はまず弱者についての理解を混乱させ、それゆえ彼らを疑わせる。そして、彼が彼らを疑わしいものとして見つけた時、彼は彼らの疑いをそれが不法であると証明するために使用する。なぜなら彼らが疑っているからである。しかるに、もし、それがそれ自体で単純に罪であるなら、人が疑っている時にそうであるように、疑わずとも当然に罪である。そして、パウロが「ローマの信徒への手紙」一四での断言によって、罪について語るのではなく、（食べることのような）無関係な事柄について語ったのは、疑うことのみによって疑う者を罪と為し、他の誰も罪としなかったということである。さてここにおいて、人々が全ての利子が罪であるのかどうか疑う理由が、フェントン博士と他の幾人かの者がそのように教えるからだとすれば、その時は、その理由を問う者に強く疑いを抱かせる者達の罪となる。そして、フェントン博士が利子を疑わしいものとさせて置くなら、それは、そのことによって単純な者達の良心を確かにするために、利子についてのどのような疑いもないことを決定するための無分別な議論以外ではあり得ない。

その他の使徒たちによって語られた疑いは、無関係な事柄ではあるのだが、それでもなお、キリストが来る以前には、それらは法によって必然的に規定されていた事柄であったのであるが、キリストの後には、使徒達によって取り去られ、それゆえ、利子についての疑いは、帰結として、福音批判、そして、キリストに対する信仰の否定となった。しかしながら、利子について疑うことは、どのような儀式的・形式的な法を設立することにもならなかったし、福音に対する我々の信ずることや信仰を打ち倒すこともなかった。そしてまた、それは全ての疑いであったのではなく、信仰を打ち負かすもののみのことであった。というのは、何らかの疑いが入り混じるところにはどのような信仰もないからである。最後に、信仰が神の言葉の上に常に基礎付けられるべきであるということは必然的なことではない。というのは、人が理性の光、もしくは感覚によって何らかの事柄を納得させられたならば、人は、それを信じていると正当に言われるからである。この教理を確定するために賢人フッカーのいくつかの章句を示さなければならない。「（彼は次のように言う）我々がそれによって我々の行為を判断すべき神の意志は、この世における健全な神学が、たとえ自然の光によって、聖書のみによってではなかろうとも、一部分として作られたことを明白には否定していない（97頁）」。そして彼は別に場所で次のように付け加える。「聖書以上の他の確信に根拠を持つ確かな信念が存在し得る。つまり、それが理性によってであろうが、感覚によってであろうが、我々が確かに納得したものは、どのようなものであろうとも我々が信じていると言われるのである（60頁）」。そして第三には彼は次のような理由を語る。「我々は、我々が同意することについて持つべき証拠にまさに答える以上のことを、他者の同意する事柄に対して譲歩することを要求されることも、強要されることもない。すなわち、その理由のために、神学的な事柄においてさえ、我々は合法的に疑い得る。ある事柄については、我々は、それらがもっともらしく、真実であることを疑い得ないという意見を非常に良く保持し得る。そしてまた、我々の良心は、それらが辛抱し得る説得の基礎をもって説得された時、最も良く決心させられ得るし、定められた神と自然に最も合致した形で解決を見る。この事柄に関しては、私は、なお一層の説明を行いたい。というのは、私は、擦り切れた放逸な結論が彼らの精神に注入された時、多くの魂が、この問題に関する正しい情報の欠落のためにたびたび悲しいほどに悩まされているのかを目にしているからである。すなわち、それについての何らかの大きな確かさを持っていることに気づいていない彼らは、このことが、真の信仰においては行われているはずの信仰の欠落から、そして神の聖霊が彼らの中で働いていないことから生ずると想像する。これによって、彼らの心は、非常に困惑させられ、苦悩と困惑に陥る。しかるに真実は、我々がどれほど言葉においては大胆で確信があっても、事柄が試練の事態に陥ると、その確信は、真実がそれ自体においても証拠からあったとしても、それに対して心が承諾していても、それがそうあるべく基礎付けられているものより強いものとなることはできない（73-74頁）」。以上がフッカー氏の言い分である。したがって、聖書が利子を許さないので、それを使用することができないということを結論づけることには根拠がない。というのは、聖書がそれを絶対的に非難しないのならば、理性や感覚がその実践のために我々の信念を導くだけで十分だからである。

フェントン博士がその同じ75頁の数行で自分自身で示した疑問を引用してみよう。「我々が手元に持っているこの利子は、信念の単純性においてつかまれるべきどのような信仰の原理でも、救済への神秘でもない。しかしながら、モーゼの十戒の後半即ち道徳に帰属する問題である。そして、公正と博愛とに限定し得るものである」。

それは（77頁で）次のように批判されている。「それは、醜聞的なものであり、したがって非合法的なものである」。

それに関して私は次のように答える。もし、醜聞が立つだけで、それを与えるのでなければ、それ自体では不法ではない。いまだ彼は問題から逃げ去ることができない。

利子が自然の理に反するということについて

（91頁の）フェントン博士の第四の理由は、「貨幣の増加額は、不自然であるので、したがって不法である」というものである。

返答はこうである。第一に、このことに関しては、聖書からの神学のどのような根拠もなく、あるのはアリストテレス哲学からのものだけである。

第二に、もしそれが束縛する力を持っていたとしても、それはただ貨幣の利子に反対することに資するのみであり、他の事柄に対してはそうではない。

第三に、金属であると考えられる貨幣が、自然に増殖し、増加することはないことが恐らく承認される。そしてそれでもなお、それが疑われ得る。しかしながら、それが自然によってではなく人工的に作られた考えられる貨幣は、家屋、船舶、そして他の自然物ではないものと同じように、人工的に増加し、獲得されることが許され得る。政治は、売られる全ての事物の価値のために共通の規則と尺度である金属の価値を定める。そして共通の価値判断によって、それらの事物に代わるものとして受け取られる。それゆえ、評価と使用の双方において、貨幣は、それによって値踏みされた土地、家屋、馬、穀物、もしくは何らかの事物である。他の被造物を越えた存在として創られた人間でさえ、神自身の査定によって、貨幣の一定の総額に評価される。そして、「レビ記」二七・三には、聖所のシュケルで銀五〇シュケルが成人男性の誓願の代価として神に受け取られたと記されている。

貨幣が技芸によって作られ、人間と神自身（神は献納物として聖所のシュケルで彼固有の貨幣を持っていた）との双方によって金銭的に見積もられる全ての事物のために使用されることは明らかなので、当然の帰結として、道理上、値踏みされ売られる大半の事物の本質は、増加額を生ずるので、それらのために尊重される貨幣自体もまた似たようなことを行うことになる。さもなければ技芸が神の意図をくじく。神は貨幣の使用を商業の便益と容易さのためにのみ見出したのだからである。もし増加額の便益が貨幣に転化することによって失われるなら、それは不便さであることを証明する。

フェントン博士は、さらに、次のように異議を唱える。「貨幣は、馬や家、もしくは雌牛のように、賃借りのために賃貸しされることはあり得ない。なぜなら、それらの事物は、賃貸しのために劣化するからである」。

返答は次のようなものである。「人が自分にも十分わかるようによく手入れをすることにおいて賃借人に対して彼に家の使用を許可する時、その人は、家の賃借りを可能とするのだが、このことについてフェントン博士はどう考えるのか」。しばしば、長い休息の後の適度な旅行によって、馬は、より良い状態となるのだが、賃貸し人は、彼の賃借料のために貨幣を取り得るのかどうか。この議論が正常なものならば、事物が使用によってより悪くなった場合以外には、どのような賃借料も取られるべきではないし、私は、ノアの洪水以来、土地に関して支払われてきたすべての小作料が不当に取られてきたのだと信ずる。というのは、どのような田畑も、ノアの時代より悪い状態になったと思われることはまずないだろうからである。なぜなら、多くの田畑が、耕作と施肥によってより良いものとなっているからである。それはそのままにして置かれることによって、荒地がますます荒廃することになっていたものであった。そして家々は、住民の不在によって大半が腐敗するものだった。賃貸しの真実の規則は、貸し出された事物の損傷における貸し出し人の損失ばかりではなく、それを使用することによる借りた人のもうけによるのである。そして、我々は、所有者が、それの使用の欠乏によってどのように悪くなったのかはもとより、貸し出されたものがどのように損傷したのかも考察しなければならない。もし、他者が私の土地を使用し、それを悪くすることがなかったのではあるが、それでもなお、彼は、その収穫物を手に入れることによってより良くなり、私は彼が作ったそれからの便益だけ不足させより悪くなる。したがって、私は、それに関する賃借料を正当に要求することができる。貨幣に関する多様な事例は以下のようなものである。つまり、借り手がその使用権を持ち、その貨幣は使用によってそれを悪くすることはなかったではあるが、それでもなお、貸し手は他者がそれを利用する財貨を捕え損なうことによってより悪くなる。そして借り手は、それを使役することによってより良くなる。

また、(148頁には)次のような異議がある。「第三者がそれを享有している間は、貨幣は、占有者に対してそれ自体では全ての直接使用を無益とする」。

このことへの返答は次のようなものである。それは土地も同様である。土地は、直接的には、どのような人に衣服をまとわせることも食べさせることもしないのだが、耕作と牧草地双方の仲立ちによって、目的を果すことになる。そしてどのような人も直接的には貨幣を食べ、まといはしないのではあるが、それでもなお、それを用いて食料や衣服が獲得されるからである。

別の異議は、貨幣は、それが増加すればするほど、より増加するということに対するものであり、それは不自然であり、他の増加物とは反対であるということである。

返答はこうである。それは、他の増加物の種類において同様である。というのは、一匹の羊が一匹の子羊を産み、早晩その羊と子羊は二倍の増加物を生む。そしてそれは第三のものを生み、そのようにして続いていく。それゆえ、一〇〇ポンドは、一〇ポンドを生み、そして双方一緒に早晩一一ポンドを生み出す。唯一の違いは、貨幣が、他の実を結ぶ事物より恒久的であるということであり、他方は自然の慣例したがってより腐敗しやすいことである。

利子の不信心性について

「利子は、十戒の前半、すなわち宗教に関するものに反する不信心で不敬なものである。なぜなら、それは神の摂理を信頼するのではなく、神の不可抗力に反する枷によって確実にされるものだからである」。

それに対する返答は次のものである。第一にフェントン博士が、「利子は、十戒の後半、すなわち道徳に関するものに帰属するものである」と自分自身で言ったことを忘れているということである。それがなぜここでは、十戒の前半の侵犯となっているのだろうか。

第二に、金貸しの安全保障は、借り手の通常の詐欺、過失、もしくは愚行に備えて彼自身を防備するためのものである。もし、神の手によって法外な損失が生じたら、そして時には、似たような手段によってまた法外なもうけが生じたら、その双方は、借り手を救済し、借り手を信ずる貸し手の慈悲を除けば、借り手に帰属することになる。そして確かに、金貸しは、より大きな根拠を持ち、他の人々より神を信頼しているように思われ、そして彼に備えて防備することは最も少ないように思われる。彼は、悪天候、大嵐、台風、そして難破に対して祈る必要があった。というのは、彼は、農夫でも、卸売商人でも、小売商人でも、労働者でもないのであるが、それでもなお彼は、これらの人達の繁栄によって生活しなければならないのであり、もし、これらの人達全て、もしくは、幾人かが不成功だとしても、それは、彼を助ける保証であることはめったにない。そしてまた、神の手に備えて防備しないばかりではなく、人々の詐欺に備える彼の安全保障もまためったに彼を守ることはない。どれほどの多くのものが、贈与の詐欺行為、財産の隠蔽、他の様々な方法によって彼らの元本の負債を騙し取られてきたのだろうか。利子によって明記される富に時折到達し得る者は、都市における極少数のものであったということが真実である。しかしながらこれらの者達は、一〇〇人に対してほとんど〇人に近くしかおらず、貨幣のそのような使用によって生活する者は、それによって最初の状況における彼ら自身を保持するための穏健なもうけにさえほとんど到達することはなかった。そしてしばしば、最高に熟達した金貸しも、時には利息の損失から、時には元本の損失から、時にはその双方に関する他の労力から、そしてしばしば妥当な安全保障の欠落のための彼らの貨幣の退蔵から、彼らの商いによって結局は完全なこじきとなった。永遠の破滅と共にある貨幣における二倍の利子以上に安全で確かな単純世襲地における小さな収入を尊重するという、世の中に普通にある意見ほど、貸し出す貨幣の危険と破滅についてはより意義深い議論もあり得ない。この根拠により土地は、貨幣よりも愛すべきものとなる。

支払いの保証を取ることに関しては、それが神の摂理を傷つけることではないことは、小作料の支払いのために小作人と信約もしくは保証証書を作ることが彼らを傷つけることではないことと同じである。というのは、天候不順、もしくは神の不可抗力によって数年間で、土地が契約した小作料を産出し得なくとも、それでもなお、小作人は、その土地による相当のもうけの状態なしに小作料を支払うことに絶対的に拘束されるからである。そしてその理由が、重要な公正の上に基礎付けられ、そして土地も貨幣も契約に関して絶対的であることは全く同一だからである。

そしてまた、神と自然のいずれも、土地、日用品、もしくは貨幣を釣り合わせてきてはいない。どのような聖書の本文も、田畑の正当な価格を証明することはなく、もしくは日用品の相場を証明することはなく、お互いに釣り合う事物の価値は、いくつかの必然性と個々別々の国民の意見に基づく人間の任意の習慣による。このような共通意見は、不慮の傷害、破滅、負担と共に取られる土地、財産、貨幣を、一定の価格で各年平均したものとして扱うことを許容する。そして、そのような一定の価格が契約されるべきものであることは、理に適ったことである。それゆえ、売り手や賃貸者が、生じ得る法外なもうけに預かることのないし、彼は何事かが起こったとしてもその損害を蒙ることはないのである。

利子の不正について

（98頁では）さらに次のように主張される。「利子は不正である。なぜなら、それは賃借料を賃借物のために取り、無料であるべき施し物・博愛を売るからである。それゆえ、もしそれらが賃借のために行われるなら、その事物は貸し出されるのではなく、賃貸しされるからである」。

それに対する返答は次のようなものである。まず、フェントン博士は、貸し出し可能な家や馬はもちろんのこと、そしてまた貨幣が貸し出し得ないことはもちろんのこと、それらが賃貸しし得ない理由を示すことができない。私は、重要な必然性において、貧者に無償で貸し出すべきであると考える者ではあるが、それでもなお、施し・博愛というこの働きは、そのような必然性のないところでは、私がその同じ事物を賃貸しすることを妨げるものではないと考える。

（99頁で）フェントン博士が「さしあたりの貨幣の使用権が売買における貨幣の価値である」と承認しているように、その規則は、賃貸しにおいてより良く保たれる。賃貸しすることや売ることの双方においては、博愛というものは我々の導き手なのではあるが、それは博愛の働きではない。当然のことながら、私が一日一シェリングを貸し出さなければならないので、私は一年間一ポンド貸し出すことはできないということにはならない。その上、賃借料のための賃貸においてさえ、博愛と友愛とがしばしば存在し得る。すなわち、あたかも私が半分の価格でその事物を賃貸しするかのような場合であり、その使用権は、他者があえて彼らの財産を信託しない者に価値がある。もし、最初の使用権において費やされるある事物が増加額のために売られ得るなら、なぜ使用される他の事物が同じ種類において賃貸しされ得ないのであろうか。なぜならば、賃貸しすることは、売ることとの当座の種類のものに他ならないからである。そして売ることは事実上永遠の賃貸しに他ならないからである。もし、明日一一ポンドで売られる事物が今日一〇ポンドで売られるなら、売買によってこのように一一ポンドに増加させられ得るその同じ一〇ポンドは、賃貸しによって一年間にそのように増加される額ではあり得ないだろうか。

そしてまた、（ソロモンが「全ての事柄に答えた」ように）貨幣が実質的に利益の上がる効用を持って以来、私が私の貨幣で購入した一〇〇ポンドの価値の蓄牛、家屋、土地と同じように、貨幣において一〇〇ポンド賃貸しすることが可能ではない理由も示されていない。そして彼らはたびたび我々に「破滅を負う者は、儲けを得ていたに違いない」と教えるので、私は、そこにおいて双方の当事者が危険を冒すのであるが、一方がもうけを得る終身の借地・借家契約に対してどのようなことを言うのか尋ねなければならない。

ウィンチェスターの主教であったアンドリュー博士は、「ルカによる福音書」六・三一の「人にしてもらいたいと思うことを、人にもしなさい」という我らの救世主の教えから取られた利子に反対する議論を行った。彼は「どのような人も、すすんで自分から利子を取る人はいない。したがって、人は自分自身から取ってはならない *Nemo sibi vellet usuras infligi, cum fratre sic agat igitur*」という。全ての人は無償で借りることを望んでいる。したがって、彼は無償で貸し出さなければならない。

それに対する返答は次のようなものである。我らの救世主の教えは、必然的に以下のように説明されなければならない。つまり「どのようなことであれ、汝が意図したことは」、すなわち、どのようなことであれ、あなたが、正しい理性もしくは公共の正義に従いながら意図したことは、というようにである。というのは、もし何れかの者が、他者が彼を殺害しようと意図していると無分別に狂気じみて考えたとしても、それでもなお、ウィンチェスターの閣下は従ってその者が他者を殺害し得るとは言わないだろうからである。それゆえ、無償貸借を望む彼は、彼の近隣の財貨を横領することによって、公共の衡平の規則を破壊し、理性を堕落させる。というのは、他者の財貨の利用によって彼自身を富ませることを望む者は、まさにそこにおいて彼の近隣への妨害を無慈悲に望むことになるからである。

そしてまた次のような異議も出される。「利子によって作られたもうけが大きいことは、不法なことである」（100頁）。

それに対する返答は次のようなものである。第一に、これは貨幣の全ての増加額に反対するどのような証拠でもなく、法外なもうけに反対するもののみの証拠である。すなわち、それは、一〇〇ポンドで一〇ポンドの利子はもちろんのこと、一〇〇ポンドで一ペニーの利子も罪であるとしてしまうのである。

第二に、この規則によって、売買することの全てのもうけが非難されることになる。それは通常、一〇〇につき一〇の利子に遠く及ばないものである。

第三に、貸し出しによるもうけの大きさは、その国の一般的な意見によって算定されなければならない。さもなければ、どのような者の良心も、何らかの相続財産を購入する彼を正当なものと保証しえない。人々は、彼らと彼らの子孫のために、永遠に、つまりこの世の終わりまで土地を購入する。この世の終りがいつ来るのかは誰も知らないが、それでもなおあたかも全ての購入者は、一五年間、もしくは一六年間の収益高に相当する値で土地の売買約束をする。しかしながら、最後の日は、一年以内、もしくは一五年以内、もしくは一五〇年以上後に来るかもしれない。すなわち、それがどれほど不確かなものであろうとも、それでもなお、一般的な見積もり価格は、それを一定のものとして見積もる。そしてどのような人でも、その前にこの世の終わりが来ないという条件で、一五年間の収益高に相当する値で土地を購入する人はいない。なぜならおそらくその時、彼は有利な取引ができるからである。もしくはまた、もしこの世の終わりが一五年より長いならば、それ以後の合計も支払うという条件で購入するものもいない。否、神の純粋な不可抗力によって有利な購入が行われ得るのではあるが、習慣は、絶対的な売買契約を行うことが適当であると考えるだろう。

利子における大きなもうけについての議論が、交易や商売に反対して行われるように、年単位の賃貸借の売買契約もまた不正なものとされる。そしてこのことは、もし我々がこの種の利子のフェントン博士の例を検証するならば、より良く明白なものとなる。（彼は21頁で）「もし、故意に法令を避けるために、私が、一〇年間に一〇〇ポンドと共に、一年につき二〇ポンドの年金を購入するつもりなら、これは、売買契約、もしくは取引なのではあるが、それでもなお、利子と共にあるそのまさに同じものは、羊皮紙文書であることのみが異なっているのだが、そして信約の仕方のみが異なっているのだが、同じ不公正と不平等とに従うことになる。法令を忌避する目的や利子の処罰を避ける目的に毒されているからである」と言う。

以上のことに対する返答は次のようなものである。第一に、法令を回避するための目的のみが、彼の事例を利子とするならば、その時は、その法令以前には、それはどのような利子でもなかった。というのは、存在していなかった処罰を回避するためのどのような目的も存在し得ないからである。そしてこれは、神の法ではなく、人間の法を侵犯するために利子を作ることである。貨幣によって購入された数年間の、そして、年毎の賃貸借が利子、純粋に本質的に利子であるのかどうか、フェントン博士に尋ねよう。彼はあえてそれには答えない。彼の返答は次のようなものである。「我々はそれを利子としては非難できない」(129頁)。そしてそれでもなお彼は、それを、約定の上に貸借することと共にあるものと全く同一の本性を持ったものであり、抵当物の面だけが異なっているものと見ていることは明白である。約定の上では、人は、自分自身を義務づけるし、賃貸借の上では人は、自分自身の土地に結びつける。それら双方において、貨幣による似たような増加額が存在する。そして双方とも最終的には似たように報酬を受ける。

第二に、私が見つけたこの事例は、一〇〇につき一〇を超える利子を生ずる賃貸借であり、それによってより憎むべきものである。しかしながら、他の名辞でそれを置くことを我々に許す。そしてそれから彼の意見を尋ねる。もし一〇〇ポンドで私が一年につき一〇ポンドの年金を得たら、そして一〇年間の毎年二〇シリングを超える年金を得たら、これは利子なのかどうか。なぜなら、それは元本を超えた増加額だから。それは彼のものと本質的に全く同一の売買である。それは増加額の量だけが異なっている。さてここにおいて、彼の定義と議論とによって、一〇〇ポンドに付き一〇ポンドはもちろんのこと、一ペニーでさえ利子となる。それゆえ、彼の教義によって、人は、彼の元本を一ペニーでも超える賃貸借権も買えないことになる。もし賃貸者権の売買契約や取引が合法であると見せかけられるなら、もしそれが合理的なのであればそうであるが、さもなければそうではない。それから、もし売買の不合理性のみがそれを利子の罪とするのなら、その時は、その前者の教義は、それは「全ての増加額が利子であるというのだが」、それは、それによって否定される。そして、私は、利子ではない一般的な窃盗以外の非合理な売買が罪であることを承認する。

第三に、数年間の賃貸借、もしくは売買における年賦金の元本の目的は、一〇〇ポンドによってもうけることであり、それは約定によっては安全には行われ得ないので、第二次的観念によって、人々は、制定法をさけるために骨を折り、それゆえ、もうけるために、そしてもうけることにおいて、制定法を避けることは、そのような契約の目的であり、制定法を避けることが真っ先に行われるものではない。それは、全く取得しないことによって最良に避け得るからである。

第四に、合法的な手段によって制定法を避けることは、どのような罪でもない。もし、売買や売却の約定が、それ自体では合法的であるなら、なぜそれが法の処罰をさけるために悪徳となり美徳とはならないのだろうか。なぜなら、法は、合法的な手段によって処罰を避けることを人々に故意に強いるものだからである。

第五に、フェントン博士は（129頁で）「もし、どのような口実もなしに、単純にそのような賃借料の年賦金が買われ、もしくは、売られるなら、我々はそれを利子として非難することはできない」と結論づける。当然の帰結として、胸中の口実、もしくは意図は、そしてその契約は、それを利子とはしない。そして（彼自身が128頁で承認しているように）「もし意図が正しければ、それは形式的には利子的なのであるが、正義の問題に関しては、合法的な契約と同じ内容なものとなる」。もし、形式的な利子がどのような利子でもあり得ないのなら、我々は、人間の良心における利子についての新しい定義を探し出さなければならない。そしてそれはフェントン博士の論考の中にはない。そして、もし、利子が買うことや売ることにおいて関わり合いを持たせられるべきものなら、どのような契約も利子なしにこの世において見出し得ない。

いくつかの他の契約における実例に対して、土地の無条件売買について考察してみよう。もしくは終身の年賦金の取得について考察してみよう。なぜならこれらの二つの契約は、大半の人々によって、全ての他の諸契約の中において最も合法的であると評価されるものだからである。それでもなお、これら双方において、単純世襲地と終身の賃貸借の正当性と通常の見積もり価格は、利子のみによって基礎付けられ、導かれる。そして、貨幣の使用権が上下するように、これらの価格も上下する。それゆえ、まさに実際のところ、土地を取得する者は、この世で最大の高利貸しである。なぜなら彼は、彼の売買の約定によって最大で最も確実な利益を手にするからである。例えば、土地が一六年間取得される売買を認めること。そして土地の相続が一六年間にその土地が回復するものと同等の少ない合計で使い果たされたとしてみよう。そのような短期間のうちに彼の元本を取得者に支払うそこにはその土地を永遠に保つためのどのような良心があるのだろうか。次のこと以外にはこの最大の不均衡が許される理由は存在し得ない。つまり取得者と販売者の双方が、貨幣の使用権を同等に見積もったのだし、まさにそれに従いながら売買の約定を作ったということである。その使用権と共に考慮される仕入れ代金は、その土地の賃借料として年毎に支払うことにおいておよそ千年は継続するだろう。したがって、取得者は、享受することを期待し、販売者は、永遠にその土地を手放すことを意図する。なぜなら、千年の後の土地の相続は、金銭的価値のあるものではないからである。というのは、大抵、四〇〇年、もしくは五〇〇年以内に、最古の家族の所有物は、終わるか、朽ち果てるか、するからである。同じように、終身の年賦金は、九年間取得で買われる。それは人間の命が通常は九年継続するという理由ではなく、使用権と共にある貨幣が、年賦金を支払うことにおいて九年の二倍継続するからである。それゆえ、もし年賦金の取得者が、一八年以内に亡くなったのなら、譲与者は、売買の約定によって、獲得者となり得るし、少なくとも救助者にはなり得る。しかしながら、もし、彼が一八年を超えて生きるならば、譲与者は、途方にくれるしかない。終生の賃貸借についてのこの不慮の損害は、そこにおいて買い手は、彼自身の生において利得者であることを望み、売り手は、買い手の死によって利得者となることを望むのであるが、（もし我々がトマス・アクィナスを信ずるなら）それはある人々を次のように考えるように仕向ける。つまり、終生の賃貸借は、最悪の種類の、もしくは、二重の利子である。なぜならば、もうけのために譲与者はもちろんのこと、被譲与者の双方の側に高利をむさぼる意図が存在するからである。

天職に適する多くの人々が利子の上にのらくらと生活をするなら、彼らの土地を賃貸しする以外にはない者達は罪である。すなわち、彼らは、彼らの天職において彼らの国や神に奉仕すべきであるし、そうできるのである。もし彼らがそうしないのなら、それは利子の欠陥ではなく、利子の悪用である。そしてまた、利子がこの世に怠惰を持ち込むという恐れを人々に与えないようにしよう。というのは、もし全ての人間が怠惰であるならば、利子は存在し得ないからである。それが、貨幣の使用権を高い価値のものとするのは、商業によって人々の利子を得る職業である。そして多くの者は、もし彼らが仕事に従事し得るような元手を借りられなければ、怠惰で居ざるを得ないのである。

利子の無慈悲性について

フェントン博士の第二の書物の最終章において、私は、利子に反対する非凡な議論を期待した。なぜなら、それは、利子による博愛の侵犯とそれらの間の対抗関係を論じているからである。私は、それが証明されていることを目にすることを切望した。しかしながら、私は、今その箇所に到達し、それが彼の書物の中で量と証明との双方で最小の章である事に気づいた。彼が述べている些細なことは、結局のところ、高利貸しとは一般的に無慈悲であるということであった(106頁)。

それに対する返答は次のものである。私は、全ての利子が本質的に無慈悲であること、そして彼が全て高利貸がそうであると我々に教えることが証明されていることを期待した。すなわちそれは人々の欠陥であり、事柄の欠陥ではない。博愛の妨害物として乱用されても倹約は自然と美徳である。それでもなお倹約は博愛のどのような侵犯でもない。倹約家と高利貸とが貧者に対して慈悲深くあり得る。なぜならば、彼らはしばしば他の者たちより有能であり得るからである。利子が自然と博愛の侵犯であるならば、その時は、貸し出さないことが利子に対する博愛の行為である。それは単なる困窮以外の何ものでもなく、全く何も行わないことである。高利貸が普通は無慈悲であるように見受けられる理由は、多くの人々において貪欲が彼らを高利貸しにするためであり、彼らを貪欲にするのは利子ではないのである。多くの高利貸しは、博愛とうまく付き合っているように見受けられる。そして土地財産を二倍持っている者で高利貸しでない者は二倍の博愛を与えている。それから、全ての高利貸しが無慈悲ではないので、そうであるその者達は、利子によってそのようになったのではなく、いうなれば小さな博愛であり、利子は自然に博愛の侵犯である。

解説

本書の公刊の目的は、サー・ロバート・フィルマー（一五八八—一六五三）の諸著作の日本語版を読者に提供することにある。英国ばかりでなく、世界的にも比較的その名前は知られているとはいえ、その多くはジョン・ロック『統治論』（一六八九年）の批判の対象人物であって頑迷な絶対王政擁護論者というイメージに止まっている。ロックの批判が、フィルマーの代表作『家父長制君主論（パトリアーカ）』全編とその他の関連著作にわたるものであったにもかかわらず、よく知られているように、ロックの側の原稿の紛失という事情によって、『家父長制君主論』第一章への批判のみが現在に伝えられている。加えて、フィルマーの諸著作は、一八八四年のモリーの世界文庫（Morley'Universal Library）出版の『家父長制君主論』を除けば一九四九年のピーター・ラズレットの編集本『サー・ロバート・フィルマーの『家父長制君主論』及びその他の政治的諸著作』に至るまで、二〇〇年以上、英語本すら普及していなかった。（ただし、カッティカは、アメリカの独立戦争への論難としてメリーランドの王党派ジョナサン・ブッチャーの説教にフィルマーへの言及が見られるとしている。）この事情がフィルマーの実像を大きく歪めたままになった。したがって、年譜を含むフィルマーについての素材提供の意義は少なくない。

また、フィルマー研究は内外ともにこれまでそれほどの蓄積はない。英国においても、一七世紀の中期、および一六八〇—九〇年代において出版されたが、その後はさきに触れたように二〇世紀中期にラズレットの編集本出版まで関心を引かなかった。しかし、ラズレット版を契機に、ピュウリタン革命（大内乱）期および排斥法危機と名誉革命期の社会思想の中でのフィルマーの比重が見直されてきている。そして個人主義や民主主義、あるいは議会制民主主義論に対抗する絶対主義的保守主義の代表者の一人として、ホッブズやロックとの思想的交錯が本格的に取り上げられるようになっている。そして、ホッブズやロックの思想はフィルマーのいわば家父長主義的な社会思想を十分に批判尽くしたと言えるのであろうか、むしろ、フィルマーの思想の方がはるかにヨーロッパ大陸での呼応を含めて現実に相応しい現実性を保持しえていたのではないだろうか、という問題が浮かび上がってきているのが現状である。※

※ C. Cuttica, Sir Robert Filmer (1588–1653) and the Condescension of Posterity : Historiographical Interpretations, *Intellectual History Review* 21 (2) 2011 : 195–208 は、最新のフィルマー研究史概括として有益である。

しかも、フィルマーの思想世界は、欧米においては、その近代が失った前時代の社会像として歴史的考察の不可欠の対象なのであり、非欧米世界においては現在もなお日常的な世界として現存している社会像として過ぎ去っていないのである。いずれにしても、個人主義や民主主義を考える場合には、これは避けて通ることができない。

私たち訳者は日本においても、この問題は他人事ではない、と考える。否、むしろ日本においてこそ、重視されなければならない。個人主義や民主主義思想の底の浅さは危機の再来のたびに露呈しているからである。戦後日本のいわば上滑りの超近代化は、いまや個人主義や民主主義の寄る辺なき漂流と疑似的家族主義をもたらしている。「三・一一」後はそれを増幅していると言える。個人主義や民主主義、あるいは議会制民主主義が制度としてのみならず、日常生活において定着するということはどういうことなのか、がいま問われていると私たちは考える。戦後直後に「日本社会の家族的構成」や「家族国家観」が近代化の課題の中で問われたが、この課題は未解決のまま放置されてきたのである。フィルマーが正面から研究対象にならなかった理由の一つはここにある。

私たちは、本格的なフィルマー研究が必要と考える。それもホッブズやロックとの比較研究という視野においてである。そのことこそが、フィルマー研究の意義を高めるからである。同時にそれこそがホッブズやロック理解の深化にも繋がる。これらの政治思想は、近代憲法の生誕を支えている。したがって日本の読者が近代日本の憲法史、特に日本国憲法を理解する際にも、不可欠である。

私たちは、ホッブズの『哲学原論』全三巻、すなわち『物体論』『人間論』『市民論』、および『自然法および国家法の原理』の邦訳と研究、ならびにロックの『統治論』の邦訳と研究に従事してきた。そして、ホッブズとロックの比較研究は一定程度進めてきたが、ホッブズとロックの「個人」がそれぞれ何を具体的に想定しているのか、その「個人」は前近代社会の何を克服してきたものとして位置付けられているのかという論点については、研究の余地があると考えている。この論点は土地所有に直結している。これについては、欧米の研究も日本の研究もジェンダー研究家を含めてもいままで極めて少ない。

フィルマーの家族主義的絶対主義思想は、ケント州など英国東南部の土地所有のみならず、植民地アメリカの所領と交易を基盤としている。※〈家族と個人〉ならびにその基盤をなす土地所有というフィルマーの論点は、ホッブズ、ロックにおいても鍵である。この論点は、理論的には、「生まれながらの自由」＝「自然権」理解に関わる。それらは相互にどのような交錯をしているのであろうか。比較思想史的方法は、この論点にとって不可避の方法的要諦なのである。フィルマー研究の比重は大きい。

※ Peter Laslett, Sir Robert Filmer: The Man versus the Whig Myth, *WILLIAM AND MARY QUARTERLY*, 5 (1948), 523-546 が先駆的研究である。

邦訳の底本は、現在のところ定評のあるサマーヴィル版およびそれに未収録の著作とする。本書は、日本で初めてのフィルマーの全容紹介の試みである。誤解が多いのではないかと恐れるが、今後の本格的な研究の捨て石になれば、これに勝る喜びはない。

作品について収録順に簡単な解説を行っておきたい。

（一）『家父長制君主論（パトリアーカ）』

フィルマーの代表作である。執筆と手稿回覧は一六三〇年—四〇年代である。死後の排斥法危機の時期の一六八〇年に国王派によって初めて出版された。邦訳は、すでに伊藤が一九九四—五年に行っているが今回大幅に改稿した。

第一章：最初の王たちは、家族の父親であったこと
第二章：人民が統治者を制御し選任するということは、不自然である
第三章：実定法は王の自然的かつ父権的な権力を侵害しない

『家父長制君主論』はこれら三章編成である。全編を通じて、人類の生まれながらの自由を否定して、家父長権的絶対君主制を論証することを目的にしている。『家父長制君主論』執筆の時期においてフィルマーの論究の課題は、ロバート・ベルラミーノ枢機卿、ジョン・ブキャナン、ロバート・パーソンズ、それにフランシスコ・スアレスらの「法王派」とジョージ・ブキャナン、フィリップ・ハントン、ジョン・ミルトン、ヘンリー・パーカー、ウイリアム・プライ、ジョン・セルデンらの「愛国者」を批判する一方で、アダム・ブラックウッド、ジャン・ボダン、ウイリアム・キャムデンらを援用して「王党派」を擁護することであった。法王派は君主を法王の下に位置づけた。そして臣民に法王への殉教をも厭わぬ信仰を求めるとともに、臣民は君主を選ぶことができるとした。「愛国者」は「権利の請願」（一六二八年）に見られるように、国王大権と闘い、立憲主義的統治を求めた。すなわち、「古来の国制」によって、自由に生まれた英国民の生得の財産権、信仰の自由、議会の本源的役割の尊重、つまりは「コモンウェルスの保全」を希求した。財産権については、戦費等公的必要性を根拠に課税の正当性を説く国王派と議会の同意なしの課税は違法と主張する議会派が対立したが、一六二六―七年には「強制的ローン」をめぐって対立が深刻化した。

この政治的背景をふまえて、カッティカは興味深い理論的分析を行っている。カッティカによれば、

ジェームズ一世もチャールズ一世も、すべての政治的不安定は民衆的権力と自由についての「ピューリタン教徒」の意向に起因していると見なしていた。だが、ジェームズ一世は、全ての議会派の要求拒絶を主張するフィルマーと異なり、コモンローの比重を考慮する立場をとった。第一に、フィルマーの「アダムの子孫モデル」はジェームズの著作にはない。フィルマーの主権理論には父権的イメージが礎石としてあった。ジェームズ一世は、神の法に背反する主権者の命令には臣民は服従することはない、と言ったが、フィルマーはその場合でも服従の必要を説いた。第二に、ジェームズは、暴君は自己の主要な特殊利益のみを追求するものとし、その場合、暴君への神の処罰があるとした。フィルマーは、支配者が権力を獲得する手段に関わりなく支配者と臣民との相互の絆があるとした。第三に、ジェームズは、主権の絶対性を主張したが、専断的権力を否定した。フィルマーは、専断的権力は公共的利益の追求を目的としているという理由で、絶対君主制と専断的権力を同一視した。第四に、ジェームズからさらに離れて、フィルマーは、君主政は議会との協調の義務を持たないと言い、議会は「政治的少数者」の状態に置かれ、国王が総攬する、と主張した。これは主権の非分割性論である。

フィルマーにとっては、「アダムの子孫モデル」だけが「万人が平和に生活し、生存を維持し、自然状態では不可能な事が出来る」保障であった。これに加えて、「アダムの子孫モデル」は「母親や妻」を『家父長制君主論』から除いたが、それは、フィルマーによれば、アダム一人が夫婦の権力や両親の権力を一括しているからであった。

ところで、サマーヴィルによれば、家父長権論者はフィルマーだけではない。『欽定英語訳聖書』一六一一年の訳者ハドリアン・サラビアは「人は父親に従属するものであって、自由に生まれていない」、「初めの家族は政治的共同体であったし、父親の政治権力は長兄を通じて継承された」、「その権力は神のみに責任を持つ」と主張した。ベラルミーノを批判するサラビアの著作は一五九三年に出版され、さらに一六一一年に再版され、当時の政治権力の起源と性格論争に一石を投じた。また、ジョン・バックリッジ司教は「父権は王権と同質」と説いた。サマーヴィルはその他にも家長権論者として、ランスロット・アンドリュウス、トマス・ジャクソン、サー・エドワード・ロドニーらをあげて、一七世紀初期には家父長権論はごく普通のことだった、と述べている。

この論点については、先にあげたカッティカから、フィルマーが「庶民 common people」批判を基軸にしていたこと、いいかえれば国王の家父長権力が簒奪されることがありうることと簒奪者や征服者に議論の余地なく服従すべきことを説いていること、そしてこのことがクロムウエル政権時の著作『危険で不確かな時代において統治者に服従するための覚書』（一六五二年）で非正統的だが新たに獲得された権威に服従すべきことを明言していることを根拠にして、フィルマーが『家父長制君主論』を基軸にしていなかったとの異論が出されている。この論点、すなわちフィルマーの思想の独創性というきわめて重要な論点についてはここでは紹介にとどめたい。

『家父長制君主論』の要旨は次のようにまとめることができようか。

フィルマーにおいて、議会制民主主義批判は家父長権的絶対王政擁護論と表裏一体なのである。これはフィルマーが「絶対的で専断的な権力 absolute and arbitrary power」への志向を基調としていることを雄弁に物語る。

一、人類の生まれながらの自由は、アダムの創造を否定しなければ想定不可能である。この世の最初の統治は、人類の父（＝アダム）による君主政であった。統治権力は、「敬われる汝の父」の掟によって据えられ固定された。作られるべき人民の真の代表は、統治すべき人民全体と同じように不可能なことである。貴族政、民主政、国家共同体、国家もしくはその他の類似の意味のものは、旧約聖書、もしくは新約聖書においても出会うことはない。

二、この世の創造の仕方に無知であったプラトン、アリストテレス、キケロ、ポリビウス、その他の異教徒の著者たちの中に、統治の端緒についての何らかの確かな方向性を見出し得ることはありそうもない。

三、全ての人間が自分の好むことを行うところではどのような統治も存在しないということは、真実であるというのは、統治の目的は、全ての人間に自分の好むまま行うことをさせず、自分の事件を自分で裁判することのないようにさせることだからである。

四、見つけられるべき人民の自然権、もしくは統治の種類を選択する権利は、アリストテレスによっては一度も論議されていない。人間の群衆が原初から一斉に芽生え、大地に発生するという事態を除けば、人民の架空の契約は有りそうもないことであるばかりでなく、不可能なことである。

五、仮に人民全体の同意がこれまで存在したと言うのなら、生まれたばかりの全ての新生児からも統治への同意を取り付けなくてはならない。

六、二人の至高の権力者を持つということは、誰も持たないことと同じである。なぜならば、一方が他方を破壊するので、それは主権の非分割性とまったく矛盾するからである。元老院や人民の助言に従う執政官が権力を失わないのは、国王が議会の助言を受けることで至高性を失わないことと同じである。

七、平和の中に人民自身を保持することができた名のある民主政国家は、この世に決して存在しなかった。彼らの栄光の全ては口論や闘争のためにのみ存在した。統治の権力がもともと人民の中に存在したことを説得すべく活動する者たちは、そのような権力を人民が実行することがどれほど不可能なことであるかに気づきながら、人民は統治できないのではあるが、それでもなお、彼らは代表者を選ぶこと、つまりこの権力を人民のために運営することができる、とまさに推測する。そしてそのような代表が人民そのものであると推量されるのである。

(1)そのような代表は、人民によって選ばれることは本当にはあり得ないので、彼らは人民を、地方、都市、特権的自治都市などに喜んで分割する。……たった一人でさえも、人民によって、もしくは地方、都市、もしくは特権的自治都市の過半数によって選ばれた者ではなく、過半数に至らぬ人数によって選ばれた者であったが、人民であると推量されなければならなかったのである。

(2)ここにおいて、そのような人民の代表がまさに集会する時、彼ら全てが同時に集会し得たと思われることは決してなく、それゆえ一部が欠席している場合は、国家の人民全体の真実の、もしくは十分な代表であるとは決して思われない。……それでもなお、刻下の問題を議論することにおいて、彼らよりもより少ない人数にそれを裁決させることなしには、それをどう扱えばいいのか知らないのである。……この結果、王国の総集会が裁決すべきものと想定される公的な議論は、個々の特殊な集会へと縮小される。つまり、どのような集会も、公的な集会の本質に対してそのように破壊的で矛盾する。……それゆえ、一般評議会や人民の総集会が存在する全ての民主政国家において、人々は、仮に公共の自由な議論が許されたとしても、迅速かつ内密に偉大な行動をとることは不可能であることに気づくのである。したがって、それは最終的には君主政の原子の中に消滅していくまで細分化されることになる。それは無政府性の一歩手前の状態である。と言うのも、無政府性とは、破壊された民主政に他ならない、そこにおいては全て人間が自分自身の君主であり、統治者であるからである。

(3)過半数、もしくは一部の人々の沈黙の同意は人民全体を拘束することできるとの解釈が可能であると偽ることは、非理性的で不自然である。……生まれながらの自由をそれほどまでに誇りにする人々は、過半数の権力がどれほど人民全体の生まれながらの自由を破壊し、その自由と矛盾するかを進んで考察することはない。

八、至高の権力には、立法的部分と執行的部分がある。これらのいずれも大集会では正しく実行しえない。……諸個人の総集会は、退屈で緩慢な議論なしにはその法律の利点や欠点を検証できないのだから、立法作業を少数者に委任せざるをえない。……執行も同様である。……その真の理由は、仮に自由な議論が与えられるならば、終わることのない議論なしには何事も合意を得ることはないということである。単純な必要性が、個別の会議や委員会に問題の主要な処理を差し向けることを余儀なくさせるのである。

九、ボダン『国家論六編』（一五七五年）よりのフィルマーの引用

「国家共同体の最高重要事項、つまり主権者の権利は、正確にいえば、君主政以外においては存在しないし、存在しえない。というのは、どのような者も、一人でなければ国家共同体において主権者ではあり得ないからである。……我々は、民主政国家には相反する諸党派が存在し、多様な官僚が存在するので、常に困難を抱えてきたし、抱えていることを知る。ある者たちは平和を希求し、他の者たちは戦争を望む。

ある者たちはこちらの法律を希望するが、他の者たちは別の法律を希望する。ある者たちはフランス王と同盟しようとするが、他の者たちはスペイン王と同盟しようとする。開戦するのに、ある者たちは退廃した歪んだ方法をとり、他の者たちは別の方法を採る。」

(二)『今上陛下と彼の議会に関する自由土地保有者の大陪審』

一六四八年一月三一日、王党派印刷業者リチャード・ロストンによって、匿名で出版された。カッティカは、一六四三年出版のウイリアム・プリン『議会の主権的権力』への応答として、一六四四年に執筆された可能性を指摘している。

ラズレットの考証によれば、『自由土地保有者の大陪審』は「『家父長制君主論』の第三章第一〇―一八節部分の拡張と仕上げ」である。英国議会の歴史的経緯を例証として引用し、国王と議会の関係、すなわち議会は国王に従属する位置にあることを説いている。

フィルマーによれば、「貴族と庶民との間の差異は、生まれながらのものではなく、国王のご慈悲GRACEによるもの」である。「貴族に授けられる全てのご慈悲は、自然法から引き出されるものから遥かに遠い。」さらには、貴族院のみならず、庶民院についても、「両院の自由と特権は、一つの同じ基礎を持つ」のであって、「それは、全く唯一、国王のご慈悲に他ならない」のである。

フィルマーは、「議会は至高の法廷」とされているが、これも国王自身が貴族院に臨席していてこそのことである、と言い、「至高の法廷は至高の権力を持たねばならない」のであって、「地上にそれを制御するどのような超越者を持たないという意味」で「至高の権力とは常に専断的」と説く。そして、「統治における最後の手段は専断的ならざるを得ない。さもなければ、訴えは決して尽きることがない。立法権は専断的権力である。と言うのもそれらは同義語だからである」と説く。

フィルマーによれば、庶民院はそもそも決定過程に参加できないし、庶民院は国王のために諮問する貴族院によって「定められたものに同意する」ことだけができるのである。

また「聖俗貴族の貴族院の投票は、助言事項を扱うのであって、最終判断は国王のみである。」

（三）『制限王政、もしくは、混合王政の無政府状態について』

ハントンの『君主政論』（一六四三年）への批判である。民主政論に基づいて君主政の問題を取り上げたハントンは、フィルマーによれば、「制限王政や混合王政の本質や方法について内容豊富に論じている」からである。

制限王政や混合王政の問題点は、最終決定権が不明にならざるを得ないことであるとフィルマーは指摘する。そして、民主政が生まれながらの自由を基礎にしていることについて批判を加える。「生まれながらの平等性が存在するところでは、どのような上位の権力も存在することができない。そこでは、生まれて一時間の幼児が、この世で最大で最高に賢い人間に顔をきかすことができる。……両親の行為が子どもたちを拘束することができると言うのであれば、その時には、人類の生まれながらの自由学説よ、さらば、ということになる。」

フィルマーは、自然権理論と契約理論を一笑に付す。そして、ジェスイット（イエズス会修道士）や法王至上主義者である「ローマ法学者」と民衆的統治の支持者である「平民派」が、国王への反逆を先導していると言って厳しく批判する。支配者が「審判者」でなければ、無政府状態が確実になる。コモンローは「それによって統治するには不確かな規則」であって、カオスを招来する。フィルマーによれば、ハントンの著書は「政略というよりも詩作」というのが適当である。加えて、フィルマーは、ヘンリー・パーカーの『直近の国王陛下の回答と表明への所見』（一六四二年七月）について、「この王国の絶対的専断的統治」を転覆するものと批判している。そして、ポーランド、デンマーク、スウェーデンもパーカーの理解とは異なり、国王は「穏健化」されても「制限」されてもいないことを事実を以って強調している。

(四)『全ての国王に関する絶対権力の必然性について』

おもに、ジャン・ボダンの『国家論六編』のリチャード・ノールズよる英訳本（一六〇六年）からの抜粋からなる。ボダンからの引用の一つ。

「あなた方が正当にも国父と呼ぶことのできる君主は、神によって我々に定められた者のように、全ての者にとって、どのような父親よりも尊く崇められるべきである。臣民たちは、彼らの君主がどれほど無価値で残忍であろうとも、その君主に敵対して何事かを企てることを決して容認されてはならない。神の法に反する事柄では、君主から逃げ隠れして、彼に従わないことが合法である。そして、さらには、君主の生命や名誉に敵対して何事かを企てるよりは、鞭を耐え忍び、否、死を耐え忍ぶ方がましである。もしも、臣民たちが専制君主を殺害することは合法的であるというのならば、ああ、一体どれほどの人数の君主が必要なのだろうか。」

「純粋な絶対君主政が最も確かな国家共同体であり、全てのものの中で比類なき最高のものである」という点で、フィルマーはボダンと一致する。しかし、王権神授説をとるボダンとその王権をアダムに由来する家父長権と重ね合わせるフィルマーとの間には差異があることを見逃すべきではない。君主は「どのような父親よりも尊く崇められるべき」とボダンが説いているからである。

(五)『ホッブズ氏の「リヴァイアサン」、ミルトン氏の「反サルマシウス」、H・グロティウスの「戦争の法」における統治の起源に対する考察』

一六五二年公刊。ホッブズ、ミルトン、グロティウスに対する、特に契約論、社会と共和主義への原理批判を内容とする一連の論考である。

ホッブズの「コモンウェルス」という用語は、富とすべてのものが共有であり純粋な自然状態という誤解を招きやすいと疑義を提示した上で、絶対主権という統治論を首肯しつつも、その設立論について批判を加え、自然権と絶対主権との相克といういわゆる「ホッブズ問題」における矛盾を指摘している。

ミルトン論は、チャールズ一世処刑の責任を問うフランスの絶対主義者クロード・ドゥ・サルマシウス（『カルロ一世統治擁護論』、一六五一年の著者）を『英国民の擁護』（一六五一年）で応答したミルトンについて、国王の全ての権力を剥奪し最も卑しい臣民以下に国王を貶めるもの、と批判している。

グロティウスについては、「法は最高の父親の権力を持った人の意思以外の何物でもない」との観念を言い繕っているとして打撃を加えている。

フィルマーは本編において、すべての権力が最高であるばかりでなく「専断的」であるとの見解を強調している。

（六）『統治形態に関するアリストテレスの政治学に対する所見――危険で不確かな時代において統治者に服従するための覚書を併録する』

一六五二年五月二五日、ロイストンによって刊行。ここで、フィルマーは混合統治形態をとるヴェニス、オランダの例を引きながら、そこでの君主政に認められる道徳的確かさがないこと、宗教的混乱、重税、常備軍の存在、立法の狭窄さ等の問題を挙げている。

この時期は、共和制のクロムウエルに服従すべきかどうかという「危険で不確かな時代」である。敗北した王党派は新しい統治にどう対処したらよいのか。フィルマーの基準は、抵抗は合法的でないということである。服従優先である。簒奪者は「臣民の保護の義務」がある。そのような正当な簒奪者への服従は、第一の正当な統治者に服従することを意味する。このことは、国民が「簒奪者よりもすぐれた権原」を持つのは誰か、つまり誰が「本当の権利」を持っているのか、がわからない時に該当する。フィルマーは、「簒奪者には合法的事柄だけでなく、非本質的な事柄についても服従すべきである」ことを確信していたのである。

（七）『有徳な妻を讃えて』

M・エテェルの『パトリアーカの妻― 文献的証拠と家族史』（一九八七年）の付録に原稿を編集して収録されている。

フィルマーはここで伝統的な女性劣位論に与することなく、家政における女性の役割に新しい見解を開示している。フィルマーは、女性の特性として、「どんな恐怖も恐れず本当の美徳を表す」勇気と力強さを挙げている。注目すべきは、フィルマーが王国における議会の役割と家政における妻の役割の類似性を強調し、議会と妻が最も苛酷な状況においても国王と夫に対して責任ある義務を遂行する必要性を説いていることである。その際、夫婦相互の役割の独立性と愛情が結合の核心なのであり、仕事を通じて両者は生産的であらねばならないのである。ここには同時代の見解から離れた革新的で啓蒙的な女性論が認められる。とはいえ、近代的な両性平等論には達しているとは言えないであろう。

（八）『魔女論』

ジャン・ボダンに魔女処刑を推奨する『悪魔崇拝』（一五八〇年）という著作がある。一三世紀ごろからフランスで始まり、西欧を席巻した魔女狩りは、一七世紀に最高潮に達し、一七世紀末に新大陸アメリカに伝播したが、その後は急速に収束した。

魔女狩りは一三一八年二月二七日の法王ヨハネス二二世の教書によって決定的となり、それまでの異端審問の管轄に加えられ急増した。ジャン・ボダンは「魔女は悪魔と結託することによって自己の目的を遂げようとする者」と定義した。ルターは「食卓談話」で、「私はこのような魔女に何の同情も持たない。私は彼女らを皆殺しにしたいと思う」と書いている。

イングランド王を兼ねた翌年の一六〇四年に、ジェームズ一世は魔女狩り強化令（一七三六年廃止）を制定し、魔女狩り王と呼ばれた。

フィルマーの論点は「魔女と悪魔の結託」に焦点化されている。そして、フィルマーは、ピューリタンのウイリアム・パーキンズやジェスイットのマーチン・デル・リオらを俎上に挙げて、「彼らは魔女と悪魔とのこのまさに契約を証明していない」と批判した。フィルマーによれば、この信託は神の授権の論理と矛盾する。魔術を信じることは人々を神から遠避けるのであり、それは、政治体についての契約論者の信条が父なる主権者の優れた配慮から臣民の忠誠をそらすことと同じことであった。

（九）『利子論』

「論争に関する探求、もしくは、利子を取ることが合法であるかどうかについての論考」と題されて、一六五三年にサー・ロジャー・ツィスデンによって出版された。執筆年代は特定されていないが、ツィスデンの「読者への序文」には、ほぼ三〇年前とあるので、一六二〇年代と推定される。未定稿である。「利子論」は、ロジャー・フェントンの「利子論」（一六一一年）を批判の対象としている。フェントンは、利子は悪徳であり、経済的に破壊的で法的に疑義がある、と主張したが、フィルマーは神の規制に沿うだけでなく、公共の利益を増進するものとの見解を示す。これに基づいて、君主が臣民の金融的利害に介入すべきでないと言う。フィルマーは、教会法学者やスコラ神学者の利子規制を批判する。モーゼの律法に照らして、「支配者と自然理性の原理」への損害は純粋に不合理なのである。利子のような人事は、「正しい理性と公共の正義」によって取り扱われるべきなのである。フィルマーは社会の進歩を阻害するとして、怠惰を拒否したのであって、利子が国民や母国に富をもたらすと言って、是認した。

付記　フィルマーを主要な対象とした研究書を参考までに挙げておく。

（1）Gordon J. Schochet, *Patriarchalism and Political Thought*, Oxford, 1975.
（2）James Daly, *Sir Robert Filmer and English Political Thought*. Toronto, 1979.
（3）Cesare Cuttica, *Sir Robert Filmer (1588–1653) and the Patriotic Monarch*, Manchester, 2012.

ここで、ピーター・ラズレットのいわゆる「フィルマーの懐疑」について付言する。

ラズレットは、彼が編集した『サー・ロバート・フィルマーの『家父長制君主論』及び政治的諸著作』の序論において、「フィルマーの懐疑」という概念を提示した。「フィルマーの懐疑」とは、ラズレットによれば、「生まれながらの自由」＝「自然権」への「懐疑」に他ならないのであって、そこから必然的に「社会契約説」＝「啓蒙主義的計画的合理性」批判が派生し、王権神授説や家父長権論は、その「懐疑」の帰結を示す。

このことをラズレット自身は次のように語っている。「三人の思想家、ホッブズ、フィルマー、ロックの比較によって、フィルマーの心理的想定は、ロックによってもホッブズによっても検討されず、またその後も解決されていないことが分かる。フィルマーは、社会が意識的な思考によって創造されたものではなく、また意識的思考によって存続し続け機能し続けるものでもないことを主張した。ホッブズの『リヴァイアサン』は、完全に利己的で独立した諸個人からなる社会において合意によって創造された。絶対主権を構成した者たちは、それに従った。なぜなら、その社会が彼らを代表し、彼らの意識的必要性を完遂し、彼らの意識的な目的を体現するように注意深く構築されたものだったからである。ロックの契約的な統治は、個人間のより限定的な同意の上に打ち立てられたものだが、しかしそれでもなお、意識的思考が具現化されたものであり、社会の素材は意識的な推論であるということを仮定していた。ホッブズもロックも、諸個人はこのことが出来るように心理的に作られていることを前提としていた。……フィルマーにとっては、社会は人間に対して身体的に自然 physically natural なものであった。社会は、人間の意識的思考によって成長するものではなく、更なる思想によって変更可能なものではなかった。社会は、純粋に人間的自然 human nature の一部だった。」(Laslett, introduction to *Patriarcha and other political works of Sir Robert Filmer*. Basil Blackwell Oxford. 1949年)。

ラズレットの読みは、『家父長制君主論』に明瞭に現われているように、フィルマーの批判の矛先が、「生まれながらの自由」に向かい、それを否定するために、事実としての、そして「自然」としての家族や家父長権や王権の歴史を提示し、またそれを補強するため「歴史的事実」として聖書等を引用していることから、まずは妥当であるように思われる。つまり「社会が思考や意志によって創造される」＝「啓蒙主義的計画的合理性」を持つという思想に対して、現代の人類学や社会史が批判するように、フィルマーが家族主義に基づく「自然主義」と「歴史主義」によって、初期近代においてすでに「生まれながらの自由」批判でもって応答していたというものである。このことは、「自然」か「作為」かの二分法論にも関連する。

ラズレットが提示した論点は、検討に値する、と私たちは考える。本格的研究は別の機会に譲るとして、以下、試論として提示しておきたい。

結論から言えば、フィルマーが批判している「生まれながらの自由」＝「自然権」とホッブズやロックの主張する「生まれながらの自由」＝「自然権」とは断絶している、つまり、それらは異質なものであるということになる。そしてそれゆえ、ラズレットの批判は当たらない。また、フィルマーが批判しているカソリックの抵抗権理論とホッブズやロックの「自然権」理論との間には、大きな差、もしくは断絶が存在した。「生まれながらの自由」＝「自然権」という、用語こそ双方で同一であったが、フィルマーは、ホッブズの「生まれながらの自由」＝「自然権」論の内容を理解することなく批判したのである。（ちなみに、フィルマーは、ホッブズの『市民論』や『リヴァイアサン』を明示的に批判しているが、ホッブズは応答していない。他方で、ロックは、周知のように、フィルマーを正面から批判の対象にしている。しかし、このロックのフィルマー批判は、フィルマーの死後のことであって、フィルマーはロックを読んでいないし、また、ホッブズもロックを読んでいない、という事情がある。ホッブズ自身も、フィルマーの批判を目にしたかどうか、定かではない。したがって、はっきりしていることは、フィルマーだけがホッブズ批判を行ったということである。）

したがって、この三者の思想的交錯を問題とする場合には、用語の類似性に捕らわれてはならず、三者それぞれの用語の意味を理解した上で、しかも補助線を使って比較しなければならないのである。その際、交錯の発端がやはり大事である。

では、フィルマーが理解し損なったホッブズの「生まれながらの自由」＝「自然権」と何か。何よりも注目すべきは、ホッブズの自然権理論が、自由意志を否定した社会契約理論であるということである。ホッブズは明白に自由意志を否定している。では、自由意志を否定した「自然権」や「社会契約論」とは一体どのような性質を持つものなのだろうか。

ホッブズの自然権や社会契約論を知るためには、彼の人間論を知らなければならない。彼の人間論の出発点は、『自然法および国家法の原理』においても、『リヴァイアサン』においても、『人間論』においても感覚である。感覚とはもちろん、目に関しては光、色、形であり、耳に関しては音であり、鼻に関しては匂いであり、舌に関しては味であり、皮膚に関しては触感である。しかしながら、ホッブズは、この感覚物がこの感覚を誘発している外部の物体に起因するものではなく、感覚を捨象した「物自体」が目や耳や鼻や舌や皮膚に到達し、神経を経過して、脳に到達し、その反作用として脳に形成された人間にとって固有の意識・意味が人間の感覚であるとする。つまり、「物自体」には人間が感じている感覚物や「意味」は存在しない。

例えば「青いチョーク」であるような「物自体」から光が出て目に到達し、神経を介して脳に到達し、脳が形成するのが「青いチョーク」という感覚なのであるが、それはあくまで人間の感覚であって、その感覚物が「物自体」としての「青いチョーク」に存在するわけではないと考えるのである。そしてその「感覚」は、慣性の法則を持つ物体のように運動する。つまり、感覚の対象となっていた「物自体」が除去された後でも、人間に残存する。この残存に向かう人間の運動の端緒をホッブズは「努力（英語ではendeavour、ラテン語ではconatus）」と呼ぶ。そしてホッブズは、意志による行為は常に、どこへ、どの道で、何についてというような先行する思考に依存するのだから、「残存する感覚」が意志による運動の内的な端緒であると言う。そしてこの運動が目に見えるほど大きなものになる前にも常に「無限小な努力」が働いているとする。

この「無限小な努力」がそれを引き起こす対象に向かう場合を、ホッブズは、「欲求」と呼び、「最後の欲求」を「意志」と呼ぶ。この「意志」によるホッブズの「生まれながらの自由」＝「自己保存権」＝「自然権」の本質である。

しかしながらこの「意志」による運動は多様性を持つ。当然のことながら自己保存のための運動を誘発する。これは文字通りの「生まれながらの自由」＝「自然権」である。しかしながら、この「意志」による運動は、科学的な「探求・発明」（『リヴァイアサン』第3章「規制された思考系列」、『物体論』第20章第6節）やコモン‐ウェルスを生じさせる「洞察」（『リヴァイアサン』第17章「コモン‐ウェルスの目的」）を誘発する性質を持つ。ホッブズにとっては「探求」や「発明」や「洞察」も「生まれながらの自由」＝「自然権」の特質の一つなのである。

自由意志の否定という、一見奇異に思えるホッブズの「生まれながらの自由」＝「自然権」概念は、むしろこの科学的な「探求」や「発明」を例にとったほうが理解しやすいのかもしれない。というのは、科学的な「探求」や「発明」は「計画」できないからである。自由意志的に計画できるならば、それは科学的な「探求」や「発明」ではない。これはラズレットの言う「啓蒙主義的計画的合理性」を真向から否定するものである。つまり、ホッブズの「生まれながらの自由」＝「自然権」にはラズレットの言うような自由意志的計画性は本来含意されていなかった。むしろそれが含意されていないからこそ、強力な「リヴァイアサン」が要請されざるを得なかったのである。

ホッブズの「生まれながらの自由」＝「自然権」は、あえて名づけるなら「探求的合理性」とでもいうものであった。もちろん科学的な「探求」や「発明」であるので「自由意志的な計画」はできない。しかしながら、「探求」された事柄は合理性によって精査されるので、結果として合理的な系統をもつことになる。これは、常に自由な思考の可能性に満たされながら、計画の束縛を受けない合理主義ということである。ここには本来の意味での自由がある。しかしながら、その自由は合理主義にのみ束縛を受ける。ホッブズは、また社会をこのような意味で人間的自然＝人間本性 human nature から捉えていたのである。

次に、ロックに目を移してみよう。ロックの「自然権論」の特徴は、「自然権としてのプロパティ」ということであり、それは個人を「神の作品モデル」と位置づけることに依る。そして、「『神の作品モデル』がロックの全著作の基本的な特徴である」とするジェームズ・タリーは、ロックの中に、事実上M・ウェーバーが「理念型」として構成したプロテスタンティズムの世俗内的禁欲＝天職倫理と基本的に同一のものを読み取っている。あの圧倒的に個人主義的なロックの所有論、つまり獲得した産物を共同体で分配しようという心的傾向を微塵も感じさせないあの所有論の背景に、ウェーバーのいわゆる「預定説」の影響を見ないわけにはいかないのである。

「預定説」とはカルヴィニズムの中核となる考えであり、神によって救済される者とされない者とは、すでに神によって預定されているというものである。これは、常識的・直観的には受け入れ難い考えである。現世において人間的な努力により「道徳的」な行為の研鑽に励んだとしても救済されるとは限らないとしたならば、人はどのようにして正しい生活を営むことができるのだろうか。ところがウェーバーは、それは逆だというのである。「人間的な努力」に価値を見出すことができる限り、真の人間的な正しさは実現できないというのである。すなわち「預定説」は理解できないというのである。人間が諸々の活動によって生み出す意味や価値は、神とは何の関係もないという自覚の生起が「預定説」が帰結させた意識変革の本質だというのである。それは、一切の意味を捨象し、神と自己だけが存在するという世界観である。この意識がロックの所有論の背景にあることは間違いないであろうし、歴史的事実としては、ロックが誕生したころイングランドでは、「預定説」の普及運動が盛んであり（『岩波講座世界歴史16、主権国家と啓蒙』所収の小泉徹「国家・教会・民衆」を参照）、ロックがそのような精神的思潮の中で成長したという事情がある。これは、ロックの「財産に対する自然権も、自己保存という基本的権利の系であって、契約その他の社会的行為から派生したものではない。」（L・シュトラウス著『自然権と歴史』、塚崎智・石崎嘉彦訳　昭和堂、一九八八年）というシュトラウスの解釈に妥当性を与える。

ロックの所有権の優位は、ホッブズの自然権の優位をバネにしていることは明白である。そうでなければ、人間は自然法を越えた富を一人で独占することなど本来的にできない。ロックは、人類史に通底する物質代謝過程を見据え、生存権＝「自然権」を「自己労働に基づく私的所有権論」として「発見」＝構築することによって――「所有権 property」概念をロックが自らの「創見」と語っていることは、この意味で重視されるべきである――、ホッブズによる自然法に対する自然権の優位の拡充を図った。『統治論』第2編第5章の一節を引こう。

「人間は労働するように神によって命じられ、また必要上から労働したのである。……労働と労働の対象とを必要とする人間生活の条件が、必然的に私有財産を導入するのである。」（35節）

「自然のいろいろなものは、共有物として与えられているけれども、人間は（自分自身の主人であり、自分の身体とその行為または労働の所有者だから）自らの中に所有権の大きな基礎を持っているのだということ、そして、発明や技術によって生活がますます便利になっていくにつれて、自分の生活を支え快適にするために用いられるものの大部分を構成したものは、完全に自分自身のものであり、他の人との共有物ではなかった、ということは明らかである。」（44節）

ロック『統治論』の「所有権論」は、フィルマーの『家父長制君主論』への根源的批判を意図していたのである。そして、所有権論の哲学的基礎として、『人間知性論』における「事象記述的で平明な方法」（historical plain method）による感覚論が据えられていたことは言うまでもない。（なお、ロックの「自由意志論」については、『人間知性論』第2巻第21章を参照。）

ホッブズとロックは共に「社会を所与と見る心的傾向」を無にする経験をしているのである。ホッブズには「世界消去」という方法的前提があり、ロックには「預定説」が前提としてあった。そして、この経験の時点でホッブズとロックの双方は、自然状態＝アナーキーの中にいることになる。しかしながら、その状態には「自然権としてのプロパティ」が存在し、自然法の執行が個人に許される状態だった。しかも、ロックは（この点ではホッブズと異なり）、労働に基づく私的所有の余剰を相互に交換する「社会的分業＝経済連合」を視野に収めていた。そして、その中に、生存権を相互に保障し合う政治的結合の基盤を見出した。このようなロックにとって、契約論の帰結がアナーキーにしか過ぎないというフィルマーの批判はほとんど意味を持たないものであった。絶対君主が「自然権としてのプロパティ」に手を伸ばし得る新しいアナーキーを作ることなど論外であったのである。

人間は、近代以前においては「探求的」「発明的」に変化する歴史に対して「自然法」を利用して社会の安定を図るという方法を取ってきたのだが、それは同時に自然法＝道徳＝自然権という図式を生み、ともすれば、道徳の名によって「自然権」を抑圧するものとなっていた。現在でも道徳＝自然法に対して「自然権」を主張することへの漠然としたうしろめたさの感覚は誰しもが感ずるものであろう。しかしながら、ホッブズやロックは「自然権」＝「生まれながらの自由」を人間の自然＝本性として把握した。それは自然であるのであって、善悪の彼岸にあるものである。人間はそのようにしか振舞えないように自然によって規定されている存在である、ということになる。

しかしながら、「生まれながらの自由」＝「自然権」は時には自己の意志を妨害する外的障害としての他者を脅かす可能性を有する。そこで理性の帰結としての自然法とそれを顕現させるための実定法＝統治が要請されるのである。自然法もそこから派生する法一般も、自然権の帰結として、自然権のために存在する。このことは、神が自然法に基づいて自然権を付与するという中世のスコラ学の考え方を否定した。法は人間によって創設されものであって、自然法もまた自然権から発生したものであるというホッブズやロックが打ち立てた法概念の転回の意味はここにある。それは同時に、「探求的合理性」を本質に持つ「生まれながらの自由」＝「自然権」を抑圧することが、人間の自然＝本性、さらには社会そのものを死滅させることも説示している。

フィルマー、ホッブズ、そしてロックの思想的交錯とは、「社会を所与＝自然として位置付けることが妥当性であるかどうか」をめぐるものであった。フィルマーは「所与＝自然」としての社会の重みを改めて力説した。しかも、ケントの郷紳フィルマーが眼前にする社会は、イングランドのみならず、新大陸アメリカにも及んでいた。そこには、自然主義＝家族主義ではもはや抱摂しきれないほどの人間関係の拡大があった。この視界は、ホッブズもロックも共有していた。人間関係の展開の中で、生存を維持するために、人間は何を「発見」できるか。三者は、17世紀英国において、この問題と格闘したのであり、そこに思想的交錯を認めることが出来るのである。

ラズレットが指摘した「フィルマーの懐疑」という論点は、近代を超える共同性への展望を持とうとする人類学や社会史の先駆であったのかもしれない。しかし、フィルマーと同時代を生きた、つまり、中世と近代の狭間を生きたホッブズやロックは、フィルマーの「家族主義」的狭隘性を克服した人間本性論を探求することによって、近代を「発明」し、さらには近代を超える展望を持っていた。決定的な差は、フィルマーには「自然権」＝「人権」概念が欠如していることであり、ホッブズやロックはそれを「洞察」したということであった。「社会契約」も「憲法」も「自己保存権」＝「自然権」＝「人権」を前提として初めて必須なものとなる。その前提を意識しない議論は歴史を前に進めることには決してならないであろう。

*

最後ではあるが、フィルマーの著作の邦訳の意義を認め推薦いただいた田中秀夫京都大学名誉教授ならびに本書作成に尽力された國方栄二氏はじめ京都大学学術出版会の皆様、そして知友の根本昭三氏、佐藤陽一氏、菅野重信氏のご協力に深甚な謝意を表したい。

また、私たち訳者の伴侶、伊藤久子、渡部和枝にもこの機会に感謝を述べておきたい。

Anno Regni Regis Edwardi tertii post Conquestum xxii』、ロンドン、1567 年。

	である。
スアレス	フランシスコ・スアレス Francisco Suarez、『法と立法者たる神について *Tractatus de Legibus ac Deo Legislatore*』。参照は書物、章、節に対して行われる。この作品は、1612年にコインブラで初版が出版された。そして再版が繰り返された。
ヴォエル	ジョン・ヴォエル John Vowell、(別名ジョン・フッカー John Hooker)『議会維持の秩序と慣例 *The Order and Usage of the Keeping of a Parliament*』、ロンドン、1575年。
ウイング	ドナルト・G・ウイング Donald G. Wing、『1641年から1700年にかけて、イングランド、スコットランド、アイアランド、ウェールズそしてブリティッシュアメリカにおいて出版された書物、そして他国において出版された英語文献の簡略書名目録 *Short-Title Catalogue of Books printed in England, Scotland, Ireland, Wales and British America and of English Books printed in other Countries 1641-1700*』、全3巻、ニューヨーク、1972年、1982年、1951年。
エドワードⅢ世治世22年年報	『ノルマン征服後エドワードⅢ世王の統治期間について *De Termino Hillarii*

修道士によるイングランドの新時代史』ロンドン、1642年。

スペルマン	ヘンリー・スペルマン卿 Sir Henry Spelman、『アングロサクソン系英国人にして騎士のヘンリー・スオペルマンによる考古学、すなわち、古代以降の出来事に関する語彙の様態について *Henrici Spelmanni Equit. Anglo-Brit. Archaeologus. In modum Glossarii ad rem antiquam posteriorem*』、ロンドン、1626年。
スターキー	ラルフ・スターキー Ralph Starkey、『イングランド議会の特権と慣例 *The Privileges and Practice of Parliaments in England*』ロンドン、1628年。
制定法大典	『制定法大典』全2巻 *The Statutes at Large* 2vols』. ロンドン、1618年。頁の参照は、この版の第1巻に対して行われる。加えて、参照は、君主名、治世年、章に対して行われる。
アイルランド法令全書	『エドワードⅢ世から開始されたアイルランド法令全書第2巻 *The Statutes of Ireland, Beginning the third yere5 of K. Edward the second*』ダブリン、1621年。
ストウ	ジョン・ストウ John Stow、『ロンドン検分 *The Survey of London*』エブリマン叢書版、ロンドン、1912年。これは増補版である。この書物の初版は1598年

	in Parliamento』全 6 巻、ロンドン、1783 年。フィルマーはこれらの資料の手稿を使用した。
サルマシウス	クラウディウス・サルマシウス Claudius Salmasius,（Claude de Saumaise）『利息論 *Usuris Liber*』、ライデン、1638 年。
セルデン 1	ジョン・セルデン John Selden、『名誉の称号 *Titles of Honor*』第 2 版、ロンドン、1631 年。初版は 1614 年である。しかしながらフィルマーは、大きく修正し増補された第 2 版を使用した。
セルデン 2	『海洋の支配権、もしくは所有権について *Of the Dominion, or Ownership of the Sea*』。マーチャント・ネッドハム英訳、ロンドン、1652 年。ラテン語の原典は、1635 年に『海洋閉鎖論、もしくは海洋支配権について、全 2 巻 *Mare Clausum seu de Dominio maris libri duo*』。フィルマーはラテン語版を自ら翻訳し、それを使用した。全てのフィルマーの参照は、第 1 巻第 4 章に対するものである。
セルデン 3	『イングランド諸侯の特権について *The Privileges of the Baronage of England*』ロンドン、1642 年。
セルデン 4	ジョン・セルデン編集、『*Eademeri Monachi Cantuarensis Historiae Noveorum* カンタベリーのエアドメルス

ロンドン、1642年。

パーソンズ　ロバート・パーソンズ Robert Parsons、『ドールマンによって出版されたイングランド王位の継承権についての協議 *A Conference about the next Succession to the Crown of England…Published by R. Dolman*』、1594年。

プライ　ウィリアム・プライ William Prynne、『教義と実践における、カトリック教徒による主権者に対する反逆と不忠 *The Treachery and Disloyalty of Papists to their Sovereigns, in Doctrine and Practise*』、第2版、ロンドン、1643年。フィルマーは、初版を使用し、それは同じ年に出版された。

ローリィー1　ウォルター・ローリィー Sir Walter Raleigh、『世界の歴史 *The History of the World*』初版、ロンドン、1614年。たびたび再版された。参照は、書物、章、そして節に対して行われる。

ローリィー2　『イングランド議会の特権 *The Prerogative of Parliaments in England*』、ロンドン、1628年。フィルマーは、この作品の手稿を所持していた。

議会記録　議会記録 R. P.『議会記録、すなわち、議会に対する請願と意見 *Rotuli Parliamentorum ; ut et petitiones, et plactia ad annum Domini 1307*』、ロンドン、1570年。

ミレス　トマス・ミレス Thomas Milles、『真実に貴族であることの名誉と財産の目録 *The Catalogue of Honor or Treasury of Ture Nobility*』ロンドン、1610年。

ミルトン5　ジョン・ミルトン Jhon Milton、『ジョン・ミルトン著作集 *The Works of Jhon Milton*』第5巻、1頁－59頁所収『王と執政官の在任期間 *The Tenure of Kings and Magistrates*』、コロンビア版、ニューヨーク、1932年。初版は1649年である。

ミルトン7　ジョン・ミルトン Jhon Milton『ジョン・ミルトン著作集 *The Works of Jhon Milton*』第7巻、所収『イングランド人民のための弁護 *Pro Populo Anglicano Defesio*』コロンビア版、ニューヨーク、1932年。初版は1651年である。

モリア　ルイス・モリア Luisde Molia、『正義と法について *De Justitia et Jure*』全6巻、マインツ、1607年－1609年、これについては他の多くの刊本がある。

パーカー　ヘンリー・パーカー Henry Parker、『陛下の最近の御返答と御表明のいくつかについての考察 *Observations upon some of his Majesties late Answer and Expresses*』

年、53頁－70頁。この書物は、1598年が初版である。

ランバード1	ウィリアム・ランバード William Lambarde、『Archeion アルケイオン、もしくは、イングランドの高等法院についての論考 *A Discourse upon the High Courts of Justice in England*』。C. H. マックルヴェイン Mcllwain とポール・W.・ワード P. W. Ward 編集、ケンブリッジ・マサチューセッツ、1957年。『*Archeion* アルケイオン』の初版は、1635年である。フィルマーは、この書物の手稿版を使用した。
ランバード2	『ケント州巡回 *A Perambulation of Kent*』第2版、1596年、初版は、1574年である。
マシュウ・パリス	マシュウ・パリス Matthew Paris、『マシュー・パリスの大年代記 *Matthaei Paris Historia Maior*』ロンドン、1640年。
マシュウ・ウエストミンスター	マシュウ・ウエストミンスター Matthew Westminster、『マシュー・ウエストミンスター、世界の始まりから支配者の年までの特にイギリスの出来事についての格言集1307年 *Matthaeus Westmonasteriensis, Florilegus dictus, praecipue de rebus Britanicis ab exordio mundi usque*

『君主政論 *A Treatise of Monarchie*』、1643 年。

『法学提要』　『ローマ法大全 *Corpus Iuris Civilis*』所収『ユスティアヌスの法学提要 *Iustiniani…Instiutorum*』。P. クレーガー P. Krueger、T. モムゼン T. Momsen、R. スコエル R. Schoell そして W. クロル W. Kroll 編集、全 3 巻。ベルリン、1954 年－1959 年、第 1 巻、第 1 論題。

ジェームズⅠ世 1　ジェームズⅠ世 James Ⅰ、『ホワイトホールにおいての貴族院と庶民院に対する演説、1609 年、3 月 21 日水曜日 *A Speech to the Lords and Commons of the Parliament at White-Hall, On Wednesday the XXI. of March. Anno 1609*』。C. H. マックルワイン Mcllwain 編集の『ジェームズⅠ世の政治論集 *The Political Works of James I*』、マサチューセッツ・ケンブリッジ、1918 年、306 頁－325 頁。その演説は、1610 年に初版が出された。

ジェームズⅠ世 2　ジェームズⅠ世 James Ⅰ、『自由な君主政についての真の法 *The Trew Law of Free Monarchies*』。C. H. マックルワイン Mcllwain 編集の『ジェームズⅠ世の政治論集 *The Political Works of James I*』マサチューセッツ・ケンブリッジ、1918

	tical and Civil』、ロンドン、1651 年。1651 年版の頁数を含む、C. B. マクファーソン Macpherson の簡易利用ペンギン版。
ホリンズヘッド	ラファエル・ホリンズヘッド Raphael Holinshed、『イングランド、スコットランド、アイアランド年代記 *Holinshed's Chronicles of England, Scotland, and Ireland*』、全 6 巻、ロンドン、1807 年－1808 年。初版は 1577 年。
フッカー	リチャード・フッカー Richard Hooker、『教会統治法論 *Of the Laws of Ecclesiastical Polity*』。参照は、書物、章、そして節に対して行われる。フィルマーは、第 8 巻の手稿を参考にしている。その初版は 1648 年である。
ホヴェデン	ロジャー・ホヴェデン、もしくは、ハウデン Roger Hoveden or Howden 1596 年ロンドンで出版されたヘンリー・サヴィル卿 Sir Henry Savil 編集の『審判後のイングランド歴史家 *Rerum Anglicarum Scriptores Post Bedam*』229a 頁から 471b 頁の中の「ロジャー・デ・ホヴェデンの年代記第 1 巻と第 2 巻 *Rogeri de Hovedeni Annalium pars prior & posterior*」。
ハントン	フィリップ・ハントン Philip Hunton

グロティウス	ユーゴ・グロティウス Hugo Grotius、『戦争と平和の法 *De Jure Belli ac Pacis*』1625年、パリ、初版。重要な修正が加えられ1631年に再版され、その後頻繁に再版された。フィルマーは、初版と再版の双方を使用している。参照は、書物、章、節、そして適宜、項に対して行われる。
ヘイワード1	ジョン・ヘイワード卿 Sir John Hayward、『確定会議の第一部に対する返答 *An Answer to the First Part of a Certaine Conference*』、ロンドン、1603年。
ヘイワード2	同上、『3人のノルマン王の生涯 *The lives of the III. Normans, kings of England*』ロンドン、1603年。
ホッブズ1	トマス・ホッブズ Thomas Hobbes、ハーワード・ウォリンダー Howard Warrender 編集『ラテン語版市民論 *De Cive The Latin version*』、オックスフォード、1983年。初版は1642年であり、1647年に再版された。参照は、ウォリンダー版の頁に対して行われる。また、章や節に対しても行われる。
ホッブズ2	『リヴァイアサン、すなわち、教会的および世俗的国家共同体の質料、形相、および力 *Leviathan or the Matter, Forme and Power of a Commonwealth Ecclesias-*

から、支配者の年まで *Chronicon ex chronics, ab initio mundi usque ad annum Domini*』ロンドン、1592年。

フラー　ニコラス・フラー Nicholas Fuller、『トーマス・ラッドと彼の依頼人であるリチャード・マウンセルの事例におけるニコラス・フラー師の議論 *The Argument of Master Nicholas Fuller, in the case of Thomas Lad, and Richard Maunsell his clients*』ロンドン、1607年。この書物は、1641年に再版された。

ギー　エドワード・ギー Edward Gee、『簒奪された権力に関する論議 *An Exercitation concerning Usurped Powers*』ロンドン、1650年。

グランヴィル　ジョン・グランヴィル卿 Sir John Glanville、『議会における二つの演説の写し。一方は、ジョン・グランヴィル様のものであり、他方は子爵ヘンリー・マーチン卿によるもの。1628年5月22日、両院の総委員会において *The Copies of two Speeches in Parliament. The one by Iohn Glanville Esquire. The other by Sir Henry Martin Knight. At a Generall Committee of both Houese, the 22. of May. 1628*』。写しの場所や日付はない。[ロンドン、1628年]

全集、補遺、一覧 *Aristotelis Opera Omnia Quae extant, Graece et Latine…accessit brevis…Synopis…authore Guillelmo Du Val*』全2巻、パリ、1629年。『政治学 *Politics*』のラテン語訳は、デニス・ランバン Denis Lambin によるものである。参照は、巻と頁に対して行われる。より早い版が1619年にパリで出版されている。

エガートン	エルズミア男爵にしてブラックレイ子爵であるトーマス・エガートン卿 Sir Thomas Egerton, Baron Ellesmere and Viscount Brackley『特別な出来事の後に生まれた者に関する財務卿府における大法官の演説 *The Speech of the Lord Chancellor of England, in the Eschequer Chamber, touching the Post-nati*』第2刷、ロンドン、1609年。第1刷も同じ年に出版されている。
フェルネ	ヘンリー・フェルネ Henry Ferne、『臣民によって現在武装されている軍隊を弁護するための幾つかの論考に対する返答 *A Reply unto Severall Treatises pleading for the Armes now taken up by Subject*』、オックスフォード、1643年。
ウースターのフロレンス	ウースターのフロレンス Florence of Worcester、『大年代記、世界の始まり

Ewes、『エリザベス女王の全治世中における貴族院と庶民院双方の票決、演説、討論の完全国会議事録 *A Compleat Journal of the Votes, Speeches and Debates, both of the House of Lords and House of Commons throughout of the whole reign of Queen Elizabeth*』、ロンドン、1693年。フィルマーは上記の資料の手稿を参考とした。そして彼の手稿は、上記のドゥーズによって出版されたものと常に一致しているとは限らない。

『学説類集』　『ローマ法大全 *Corpus Iuris Civilis*』所収『学説類集 *Digestorum et Pandectorum*』、P. クレーガー P. Krueger、T.モムゼン T. Momsen、R. スコエル R. Schoell そして W. クロル W. Kroll 編集、全3巻。ベルリン、1954年－1959年、第1巻、第2論題。頁の参照は、この版に対するものである。しかしながら、標準的な節も参照した。

『問題に対する論説』　『王と議会との間の討論における問題についての論説 *A Discourse upon the Questions in debate between the King and Parliament*』、ロンドン、1642年。

デュヴァル　ギョーム・デュヴァル Guillaume Duval、『ギョーム・デュヴァルが編集したギリシア語とラテン語で残るアリストテレス

でフィルマーが使用した上記双方への参照は、『コットン遺稿、すなわち、高名な古物収集家であり、騎士にして準男爵であるロバート・コットン卿の多様な選集 *Cottoni Posthuma : divers choice pieces of that renowned antiquary, Sir Robert Cotton, Knight and Baronet*』、第3版、ロンドン、1679年からである。

クロンプトン	リチャード・クロンプトン Richard Crompton『至上権及び司法権の権威と権限の推移 *L'Authorite et Iurisdiction des cours de la maiestie de la Roygne*』、ロンドン、1594年。この書物は1637年に再版された。
ダヴィティ	ピエール・ダヴィティ Pierre D'Avity、『世界の領有地、帝国、公国 *The Estates, Empire, & Principalities of the world*』、エドワード・グリムストーン Edward Grimstone訳、ロンドン、1615年。
『教令集』	『教会法大全　全2巻 *Corpus Iuris Canonici, 2 vols*』所収の『教令集、第1部 *Decreti prima pars*』、ハレ Halle、1747。フィルマーによる引用の全ての章句は、この版のコラム1－2の中にある。節による参照が記される。
ドゥーズ	シモンズ・ドゥーズ卿 Sir Simonds D'

た。これらには多数の後の刊本がある。参照は、書物と章に対して行われる。

キャムデン	ウィリアム・キャムデン William Camden、『ブリタニア、もしくは、最も繁栄した諸王国、イングランド、スコットランド、そしてアイルランドの地方地誌の叙述 *Britain, or a Chorographicall Description of the most flourishing Kingdomes, England, Scotland, and Ireland*』、フィレモン・ホランド Philemon Holland 訳、ロンドン、1637 年。この書物は、1586 年にラテン語で初版が出された。フィルマーが使用したものは、1610 年初版の英訳である。
クック 1	エドワード・クック卿 Sir Edward Coke『リトゥルトン注解 *The First Part of the Institutes*』、ロンドン、1628 年。
クック 4	エドワード・クック卿 Sir Edward Coke『リトゥルトン注解 *The Fourth Part of the Institutes*』、ロンドン、1644 年。
コットン	「イングランド王は、婚姻について、平和について、戦争について、大評議会において貴族と議会における庶民院議員と意見を交換することを喜ばれたこと」(11 頁－39 頁) 「主権者は、大評議会と下院において命じられたこと」(41 頁－57 頁)。手稿の中

Membris Ecclesiae Militantis』の第3巻である。参照は章に対して行われる。
『神の言葉 *De vervo Dei*』。参照は書物と章に対して行われる。
これら全ての作品は、『論争問題研究 *Disputationes*・・・ *de Controversiis*』全3巻，Ingolstadt インゴルスタット，1586年－1589年に出版された。これについては多数の版がある。

ボダン　ジャン・ボダン Jean Bodin、『国家についての6篇 *The Six Books of Commonweal*』（リチャード・ノエルズ Richard Knolles 訳）。ロンドン、1606年。

ボテーロ　ジョバンニ・ボテーロ Giovanni Botero、『世界中で最も有名な王国と国家共同体の関係 *Relations of the Most Famous Kingdoms and Common-wealthes*』。ロンドン、1640年。

ブラクトン　『ヘンリチ・デ・ブラクトン　イングランドの法と慣習　5巻　*Henrici de Bracton De Legibus et Consuetudinibus Angliae, libri quinque*』、ロンドン、1640年。

カルヴァン　ジョン・カルヴァン Jhon Calvin『キリスト教綱要 *The Institutes of the Christian Religion*』。この書物の最終版は、1559年に出版され、1561年に英訳され

フィルマーが引用している文献の略号と原典

以下の一覧は、本書において略号で参照されたフィルマーの引用原典の書誌学的な詳細である。出版についての特定の記述のないものは、その本について多数の刊行本が存在することを示している。それらの場合における参照は、通常、章数や節数で行った。加えて、フィルマーは、アリストテレス、キケロ、クラウディウス、カッシウス　ディオ、リウィウス、ルカヌス、オロシウス、プラトン、プルタルコス（トーマス・ノースの訳で）、ポリュビウス、ソホクレス、そしてタキトゥスを含む多くの古典的な著作者を参照している。これらの著作者への参照は、慣習的な形式で与えられる。例えば、アリストテレスの作品への参照は、標準的なベルリン版の、頁数、段落数、行数で与えられる。

アンブロシウス	聖アンブロシウス Saint Ambrose、『預言者ダビデの弁明 *Apologia Prophetae David*』。参照は章に対して行われる。
アリストテレス『政治学』	『アリストテレスの、政治学、もしくは統治についての諸論考 *Aristotles Politiques, or Discourses of Government*』ロンドン、1598年。
ベラルミーノ	聖ロバート・ベラルミーノ枢機卿 Bellarmine, Robert, Cardinal and Saint 『ローマ教皇論 *De Romano Pontifice*』。参照は書物と章に対して行われる。 『教会の構成員論 *De Laicis*』。これは、ベラルミーノの『教会の軍隊の一部 *De*

1692　スコットランド、グレンコーの虐殺。

1694　イングランド銀行創立。

トマス・スコットは、1670年代と80年代の中心問題は、「排斥法危機」というよりも、「王位継承の危機」と言うべきだと説き、「法王教」と「恣意的統治」という一対の問題があったと指摘している。

1679 『家父長制君主論（パトリアーカ）』と『必然性』を除くフィルマーの政治的著作集が支援者のエドモンド・ボーンによって出版。「1679年にフィルマーにとって、最大の名声の時代が始まり、1680年代にはそれが大きく展開した。」（カッティカ）

1680 『家父長制君主論（パトリアーカ）』の初版。著作集も再版。

1681 ジェームズ・ティレル『家父長制は君主政にあらず』出版。

1683 チャールズ2世とヨーク公ジェームズ暗殺を目的とされる「ライハウスの陰謀」発覚。アルジャノン・シドニーら処刑。

1685 大司教ウィリアム・サンクロフト William Sancroft の支援でエドモンド・ボーンによる『パトリアーカ』修正版が出版。チャールズ2世死去に伴い、ジェームズ2世即位（－1688）。ルイ14世、ナント勅令を廃止し、ユグノ（プロテスタント）難民発生。

1688 9年戦争（－1697）。6月、ジェームズ2世に皇太子誕生、「名誉革命」始まる。11月、オラニエ公ウイリアム、イングランドに上陸。12月、ジェームズ2世、フランスに亡命。

1689 2月、権利の宣言。ウイリアム3世（－1702）とメアリ2世（－1694）即位し、共同統治。寛容法成立。12月、権利章典。ジョン・ロック、フィルマー批判の『統治論』（匿名）出版。スコットランド・エディンバラで権利要求。

1690 アイルランドで、ジェームズ2世とウイリアム3世の会戦。ウイリアム・アトウッドが『英国統治の基本法』出版し、ロックを高く評価し、フルィマーを批判。

への忠誠を行うようイングランドの成人男子に求める法律が制定。クロムウエル、スコットランド出征。

1651 ジョン・ミルトンの『イングランド国民のための第一弁護論 Pro Populo Anglicano Defensio』とトマス・ホッブズ『リヴァイアサン』出版。スコットランドのエデンバラで長老派、チャールズ2世の戴冠式。

1652 フィルマーの『統治の起源に関する考察』出版（2月）、ホッブズ、ミルトン、グロティウスを批判。フィルマーの『危険で不確かな時代における統治者に服従するための覚書』を併録する『統治形態に関するアリストテレスの政治学への所見』を出版（5月）、内乱によって生じた忠誠問題を論ずる。7月30日、イースト・サットン近傍のメイドストン巡回裁判で「悪魔の印」と「自白」を証拠に魔女グループ処刑。それを機に生前最後の著作『魔女論』執筆。対オランダ戦争（－1674）。

1653 フィルマー死去（5月30日）。イースト・サットンの教会に埋葬される。今もそこに眠る。サー・ロジャー・ツィスデン Twysden が未定稿『利子論』出版。
統治章典によってクロムウエルが護国卿に就任し、ブリテン諸島は単一の共和国に。

1660 チャールズ2世即位し（－1685）王政復古。国教会、三王国復活。

1661 フランスでルイ14世の親政（－1715）。

1665 ロンドンでペスト大流行。

1666 ロンドン大火。

1679－81 庶民院議員がチャールズ2世の弟ヨーク公ジェームズを王位継承から排斥しようとする行為で政治的危機。歴史家の『カトリック教徒による主権者への反逆と不忠』出版。

1643 − 7　フィルマー、このころ国王派を支持し、43年冬には議会派によってケント州のリーズ城に送られ投獄される。獄中にある間、妻のアンが家政を取り仕切る。40年代の中ごろ『有徳な妻を讃えて』執筆。また、同じころ、未刊の『安息日について』、『神学または神性』を執筆。

1644　サー・エドワード・クックの『イングランド制定法史第4巻』出版。

1647　フィルマーの『聖霊への涜神』出版（2月）

1648　匿名で『自由土地保有農の大審問』（1月）を出版し、プライ、クックその他に応答。

カーリス Carlisle とベルビック Berwick が国王支持派によって占拠される。

匿名で『制限王政、もしくは、混合王政の無政府状態について』出版（4月）、フィリップ・ハットンの『君主政論』を批判。

ケントで国王派の反乱（5月21日 − 6月2日）。

フィルマーの『全ての国王の絶対的権力の必然性』（8月）出版。

プレストン Preston でオリバー・クロムウエルによってスコットランド王党派敗退（8月17日）。

コルチェスター Colchester で王党派降伏。

1649　チャールズ1世、特別法廷で有罪、処刑（1月30日）。5月、イングランドで君主制と貴族院廃止、イングランド共和国。8月、クロムウエル、アイルランド出征。フィルマーは死去まで執筆に専念。

1650　国王と貴族院なしに設立されたコモン・ウェルス（共和国）

1628　最近の王政への苦情が、庶民院をして議会の同意なしの課税ならびに訴因なしの投獄を無効とする「権利の請願 the Petition of Right」に導く。財政難のため、チャールズ 1 世は請願を受諾するものの、すぐにその条項を反故にしようとする。

1629　国王と庶民院議員との対立が再燃し、チャールズは議会を解散、以後 11 年間、議会なしの統治、いわゆる「Personal Rule」が続く。

1632　『家父長制君主論（パトリアーカ）』の出版許可申請が拒否される。フィルマーはケント州イースト・サットンの父親の所領等を正式に相続し、居住する。以後、サー・エドワード・ダーリング、サー・ジョン・マシャム、サー・トマス・カルペパ、サー・ロジャー・ツィスデン、リチャード・ラヴレースらの友人と社会事情や文筆の議論を交わす。それらの友人たちの外延には、歴史家リチャード・ノールズ Richard Knolles（キャムデンの『ブリタニカ』やボダンの『国家論六編』の英訳者）、ベン・ジョンソン、ジョン・ダン、コットン、セルデン、ジョージ・ハーバートらが連なっていた。

1637 – 40　チャールズ 1 世がスコットランドに新祈祷書を導入しようとしたが、スコットランドの反乱を引き起こす。反乱制圧に失敗し、国王は 1640 年 4 月、議会招集を余儀なくされる。短期議会。11 月長期議会（– 1660）

1641　ストラトフォード伯処刑。

1642　イングランに内乱勃発。ヘンリー・パーカーの『最近の国王陛下の応答と発表への所見』出版。国王の権力の本質ならびに類似の問題についてのパンフレット論争拡大。

1643　フィリップ・ハントンの『君主政論』とウイリアム・プライ

できる法律を議会が制定。英国聖職者が、国王への権威を主張する法王の権利を非難し、統治の起源についての家父長権主義を明示する教会法を制定。（この教会法は、1690年の『全英国聖職者司教会議書 *Bishop overall' Convocation – Book*』として公刊された。）

1607　アイルランドにおけるプロテスタントのアルスタ植民。プロテスタントの北アメリカ・ヴァージニア植民。

1608　ジェームズ1世がカソリックの批判に対して忠誠宣誓を擁護する本を出版。この国王の書物は、ベラルミーノ、パーソンズなどのカソリック教徒によってすぐに批判される。

1611　『欽定英語訳聖書』完成公刊。

1613　ジェスイットのスアレス Suarez が『カソリック擁護論 *Defensio Fidei Catholicae*』を出版し、ジェームズⅠ世の思想を論難する。スアレスの著作がロンドンで焼かれる。

1618　フィルマーとアン・ヒートン Anne Heton（1671年死亡）との婚姻。夫妻は父エドワードの死去（1629年）まで、ウエストミンスターに住む。30年戦争始まる（– 1648）

1619　フィルマーが1月24日、同じケント州のジェントリで文人のエドワード・ダーリングとともにニューマーケットでジェームズ1世によってナイトに叙せられる。

1621　庶民院の特権の本質と起源をめぐる国王と庶民院の激しい論争が、議会を消耗させる。

1623　アンボイナ事件。以後オランダが東・東南アジア貿易を独占。

1525　チャールズ1世、王位継承（– 1649）。

1626 – 27　「強制的ローン Forced Loan」をめぐり国王と議会が対立。

サー・ロバート・フィルマー年譜

フィルマーの生きた16世紀末から17世紀中葉は激動の時代であった。しかもその著作は17世紀末に復活した。参考資料として年譜を付す。サマーヴィル版フィルマー著作集およびCESARE CUTTICA, Sir Robert Filmer (1588-1653) and the Patriotic Monarch, Manchester U. P., 2012を参考にして作成している。

1558 エリザベス1世（－1603)。国教会の再確立。

1558 ネーデルランド（オランダ）で独立戦争始まる。

1567 スコットランド、ジェームズ6世（－1625)

1588 ケント州イースト・サットンEast Suttonでロバート・フィルマーは長男として誕生、父親はサー・エドワード・フィルマー、母親はエリザベス・アーガル。父エドワードの膨大な蔵書がロバートの後年の著作に役立つ。従兄にフィルマーと思想と行動を異にする愛国派のトマス・スコット（1566－1635）を持つ。スペイン艦隊、イングランドに向け出港、アルマダ海戦。

1603 スコットランドのジェームズ6世が、ジェームズ1世（－1625）としてイングランド王位を継承し、スチュアート朝始まる。

1604 フィルマー、ケンブリジのトリニティ・カレッジ入学。

1605 フィルマー、リンカーンズ・インに入学。ジェームズ1世と議会を爆破する目的のカソリックの火薬陰謀が発覚する。

1606 国王廃位を可能とする法王の権利は認められるべきであって、それを認めない忠誠宣誓は拒否するというカトリック教徒に対して、国王が意のままに財産没収と投獄による処罰が

［ま］

［や］

［ら］

［な］

［は］

［た］

［さ］

［ま］

［や］

［ら］

［た］

［な］

［は］

人名・神名・地名索引

［あ］

訳者紹介

伊藤宏之（いとう　ひろゆき）

1945 年　愛知県生まれ。福島大学名誉教授。

主な著訳書に、『イギリス重商主義の政治学 ── ジョン・ロック研究』（1992 年、八朔社）、『近代政治理論の古典と現代』（2004 年、北樹出版）、ジョン・ロック『全訳　統治論』（1997 年、柏書房）、ホッブズ『哲学原論／自然法および国家法の原理』（2012 年、柏書房）がある。

渡部秀和（わたなべ　ひでかず）

1963 年、福島県生まれ、福島県公立学校教諭。

主な訳書に、ホッブズ『哲学原論／自然法および国家法の原理』（柏書房）がある。

フィルマー著作集《ちょさくしゅう》　　近代社会思想コレクション19

平成 28（2016）年 11 月 5 日　初版第一刷発行

著　者　ロバート・フィルマー

訳　者　伊《い》藤《とう》宏《ひろ》之《ゆき》
　　　　渡《わた》部《なべ》秀《ひで》和《かず》

発行者　末原達郎

発行所　京都大学学術出版会
京都市左京区吉田近衛町69
京都大学吉田南構内（606-8315）
電話　075（761）6182
FAX　075（761）6190
http://www.kyoto-up.or.jp/

印刷・製本　亜細亜印刷株式会社

ISBN978-4-8140-0052-4

Printed in Japan

定価はカバーに表示してあります

近代社会思想コレクション刊行書目

（既刊書）

01 ホッブズ 『市民論』
02 J・メーザー 『郷土愛の夢』
03 F・ハチスン 『道徳哲学序説』
04 D・ヒューム 『政治論集』
05 J・S・ミル 『功利主義論集』
06 W・トンプソン 『富の分配の諸原理1』
07 W・トンプソン 『富の分配の諸原理2』
08 ホッブズ 『人間論』
09 シモン・ランゲ 『市民法理論』
10 サン―ピエール 『永久平和論1』
11 サン―ピエール 『永久平和論2』
12 マブリ 『市民の権利と義務』
13 ホッブズ 『物体論』
14 ムロン 『商業についての政治的試論』
15 ロビンズ 『経済学の本質と意義』
16 ケイムズ 『道徳と自然宗教の原理』
17 フリードリヒ二世 『反マキアヴェッリ論』
18 プーフェンドルフ 『自然法にもとづく人間と市民の義務』
19 フィルマー 『フィルマー著作集』